教育部人文社会科学重点研究基地重大项目
（13JJD720014）

现当代新儒学思潮研究

郭齐勇/著

人民出版社

目　　录

自　序

　　现当代新儒家为我们确立了一种精神文化的方向。梁漱溟、熊十力、马一浮、钱穆、张君劢、冯友兰、贺麟、方东美、唐君毅、牟宗三、徐复观先生等，他们都非常了不起。严格说起来，每一位学问家都有他的贡献与缺陷。现当代新儒家的理论有创新性，当然也有他们自身的限制，这都是难免的。现当代新儒家最重要的功劳，我觉得是指明了中国文化的精神方向，他们最重要的贡献是在文明对话中如何发掘和创造性转化本土的精神与文化资源（包含儒释道等），来回应时代的挑战，以及基督教等各宗教文化的挑战。他们面对现代思潮的挑战，在现时代人生存的意义危机与生态危机、与政治自由主义的对话等问题上，对传统文化思想作出积极的转化，坚持了我们中华民族文化的本体与主体，这是他们的一个最重要的贡献。在欧风美雨的冲刷之下，在全盘西化的思潮之中，这三代四群十多位现当代新儒家的代表守先待后，阐幽发微，揭示了中国文化的主体性，要把它坚持下来并对现代世界文明作出中国的贡献。他们既不排拒，也不盲从于西方文化，特别是像杜维明、成中英、刘述先这一代思想家，对西方文化非常精通且有深度的批判。他们三代学者都潜心融会东西文化，在东西文明的碰撞和交融中，在文明对话的过程中，最先强调了文化自觉，挺立了文化的主体性。这样一个学者群落的出现，也是时代的产物。

　　熊十力是我们湖北人，过去学界连他的生平事迹都不太清楚。在恩师萧萐父老师的指导下，我于1982—1984年写硕士论文与1987—1990年写博士论文期间，集中研究熊十力的哲学思想系统，从他的年谱做起，对他的所有资料及前人对他的评论进行了整理与研究，写了几本关于他的书。应该说，是萧老师指引我走上了学术道路，这是我终身难忘的！他与汤一介先生还指导我与景海峰兄、王守常兄等同仁共同编纂了熊先生的选集与全集。还应当特别感谢方克立先生、李锦全先生,自 1986 年 11 月以后的十年,我有幸参加了他们负责的"七五"、"八五"期间的国家社科基金重点项目"现代新儒学思想研究"课题组,承担了若干工作,得到了锻炼。我的有关著作与编著的出版,与这一课题有不解之缘。

我和我的研究对象熊十力先生的思想逐渐发生了共鸣。熊先生是弘扬中国文化并重建中国文化、中国哲学的本体与主体的老前辈,在他的精神感召之下,我逐渐地回归传统。我年轻时西化倾向比较严重,后来慢慢地在前辈们的影响下体悟到,我们过去批判中国文化传统,很多东西不是实事求是的,没有体悟到博大精深的中国文化的一些真实内涵。过去我们受"文化大革命"的影响,受五四以来的批判思潮的影响,把现代人错误的根源都归结到中国文化的传统上,而且对中国文化传统的评论,基本上是隔膜的、不讲道理的,不是内在性的批评。后来我们才慢慢地认识到中国的传统文化特别是儒家文化的价值。

令人难忘的是 1988 年岁末,中国香港法住学会霍韬晦先生邀请两岸三地的一些儒家学者齐聚香江,出席第一届"唐君毅思想国际会议"。萧萐父先生与我等有幸参加了这一会议。尔后的十多年,我主要关注并从事现当代新儒学思潮的研究工作。这次会议结交的朋友们快三十年了,至今彼此间常有互动,相互支撑,十分难得。唐代志勤禅师有诗云:"三十年来寻剑客,几回落叶又抽枝。自从一见桃花后,直至如今更不疑。"剑客,比喻修行悟道的人。唐君毅先生曾引用这首诗,表明自己在少年时代确立的志向与志业,终身持守,矢志不渝。唐先生早慧,个人万不及一。但个人在中年时代真正领悟了现当代新儒家学者的精神世界之后,也是至今不疑,儒学就是我的生命与生活。

我的一位忘年交朋友谢远笋博士帮我整理书稿,他给我写电子邮件说:"这本书是您集一生之力持续对现当代新儒学思潮进行研究的结晶,具有鲜明的人文特征和学术个性。"这话的前一半基本是事实,我个人在这个领域耕耘了二三十年。当然我后来的主要兴趣在先秦哲学,且由于本书是教育部人文社会科学重点研究基地重大项目"现当代新儒学思潮研究"的结题成果,不能不充分吸收课题组成员们的成果与意见,体现了人文社科课题研究的分工与合作。我请肖雄博士、秦平副教授、丁为祥教授、廖晓炜讲师分别撰写了本书第六章、第九章、第十六章、第十七章。第十八章系我与王晨光博士合撰。介江岭讲师协助我整理了部分章节，统了部分书稿，并核对引文。谢远笋讲师协助我整理了部分章节与参考书目，统了全部书稿，并核对引文。他们二人又帮我校对清样。对以上各位及课题组其他同仁的支持与帮助，谨此表示衷心的感谢！本书由我拟定整体研究框架与细目，承担了主要的研究与撰写任务，并最后审订全稿。本书的错误与缺失，理应由我负责，敬请读者批评指正。

本项成果经教育部社科司请专家鉴定，准予结项，鉴定等级评为"优秀"。

是为序。

郭齐勇

2016 年五一节于珞珈山麓寓所

2017 年元旦修订

第一章　现当代新儒学思潮的背景与走向

现当代新儒学思潮①是从中国文化自身的大传统中生长出来的、面对强势的西方文化的挑战应运而生的、20 世纪中国最具有根源性的思想文化的流派，是在现代中国反思与批判片面的现代性（包括全盘西化或俄化）的思想流派，也是在现代中国积极吸纳西学、与西学对话，又重建传统并与传统对话的最有建设性与前瞻性的思想流派。这一思潮是非官方、非主流的，其代表人物

---

① "新儒家"（Neo-Confucianism），用以指宋元明时期的道学或理学，最初是冯友兰为方便西方汉学界而使用的名词，卜德（Derk Bodde）译冯氏《中国哲学史》使之成为英译宋明道学或理学的专门用语，张君劢、陈荣捷、狄百瑞（Wm.Theodore de Bary）等都使用之，这一术语后又返输中土。自 20 世纪 70 年代中期以降，台湾与旅居美国的华人学者又用"新儒家（学）"指五四新文化运动以后旨在复兴精神性的儒家或儒学的思潮、流派与学者。为区别于宋明理学，后来一般又以"现代新儒学（家）"或"当代新儒学（家）"代指后者。1976 年，张灏的英文论文《新儒家与当代中国的思想危机》在美国正式发表。1982 年 8 月 1 日，台北《中国论坛》杂志社在台召开"当代新儒家与中国现代化"座谈会，会议由李亦园、韦政通主持，余英时、刘述先、张灏、林毓生、金耀基等发言，对现当代新儒家的定义、范围、意义等作了广泛的讨论。一般以这一会议作为从学术上研究现当代新儒学思潮的滥觞。刘述先又区分前面说的一般的"现代新儒学"（Contemporary New Confucianism）与"当代新儒家"（Contemporary Neo-Confucianism），后者指熊十力至刘述先一系强调心性之学的学者。我持开放的儒学观，对现代新儒学（家）广义视之，没有这种细分。

中国大陆学者全面性地评述、研究这一思潮的著作有：郑家栋：《现代新儒学概论》，广西人民出版社 1990 年版；宋志明：《现代新儒家研究》，中国人民大学出版社 1991 年版；方克立：《现代新儒学与中国现代化》，天津人民出版社 1997 年版；郑家栋：《当代新儒学史论》，广西教育出版社 1997 年版；颜炳罡：《当代新儒学引论》，北京图书馆出版社 1998 年版；郭齐勇：《郭齐勇自选集》，广西师范大学出版社 1999 年版；黄克剑：《百年新儒林——当代新儒学八大家论略》，中国青年出版社 2000 年版；陈来：《现代中国哲学的追寻——新理学与新心学》，人民出版社 2001 年版；景海峰：《新儒学与二十世纪中国思想》，中州古籍出版社 2005 年版；李翔海：《民族性与时代性——现代新儒学与后现代主义比较研究》，人民出版社 2005 年版；罗义俊：《生命存在与文化意识：当代新儒家史论》，学林出版社 2009 年版。请读者详参。

都是在野的公共知识分子,故深具批判性与反思性,又是专家、学者兼教师,在哲学、史学与教育界等领域有着卓尔不群的建树。这一思潮发扬中国传统的人文精神,既有终极性的信念信仰,又不与自然或科学相对立,坚持社会文化理想与具体理性,扬弃工具理性,开启了 21 世纪中国重释、重建传统与批判现代性弊症的文化走向,又延续至今,在中国思想文化界继续发挥着积极健康的作用。一百年来,在西化思潮席卷全球、包举宇内的时代,国人把儒学弃之如敝屣,洋人视儒学为博物馆、图书馆,当此情势下,有现当代新儒家兴焉,正视儒学为活的生命,真正能继承、解读、弘扬儒学的真精神,创造性地转化包括儒家、道家、佛教等思想资源在内的传统文化,把中华文明的精华贡献给全人类,积极参与世界与中国现代文明的建构,其功甚伟! 所以,这一学派虽然很小,影响力有限,在台湾也是寂寞的①,但因思想深刻,不随波逐流,值得人们珍视。

第一节 文化反省的多维性与五四传统的另一面

现当代新儒学思潮不是孤立产生的,它属于文化守成主义的大的范畴。文化守成主义并非中国的特产或土产,并非我们一国的文化现象,而是国际文化现象。伴随着现代化由西方向全世界推进,每个地区、每个民族的现代化过程几乎都表现为对西欧近代文化的普遍价值既吸纳又排拒的双向对流过程。西方和非西方皆出现了形式上反现代化而在实际上成为促成各民族文化现代化的一个重要方面军——以认同、回归民族文化传统为特点,表面上排拒,实际上吸纳西方近代文化的某些重要价值的文化思潮。典型的代表人物有德国浪漫主义思想家与文化民主主义思想家哈曼、谢林、赫尔德和耶拿大战以后的费希特,英国的柏克、卡莱尔,俄国的陀思妥耶夫斯基,印度的辨喜、古斯、依克巴、泰戈尔、甘地,中国的辜鸿铭、吴宓、梅光迪与后期梁启超、梁漱溟、张君劢、熊十力、马一浮,以及他们的前驱章太炎,日本的冈仓觉三、北一辉、和辻哲郎、

---

① 详见牟宗三、唐君毅等:《寂寞的新儒家》,台北鹅湖出版社 1996 年版。

西田几多郎,及非洲、中东的某些学者①。

　　这些思想家为大势所裹挟,逐渐认同西方科学与民主的价值,同时提出了值得深究的两个方面的课题:其一,经济、政治层面的现代化固然带来文化习俗、观念的现代化,但这种变化并不一定是全盘的,并不必然蕴含文化价值层面上的全面反传统,现代化终究是各民族的现代化;其二,科技理性的过分膨胀和工业文明对整合的人性的肢解,出现了人的真实存在性的丧失并化为抽象性的危机,因此,不能不重新省视人与自然的关系问题(环境污染与生态破坏)、人与社会的关系问题(社会异化),特别是人的生命存在、道德境界与精神价值的问题,人性的全面发展的问题。前者是现代化的民族化问题,后者是现代化过程中的人的问题,我们显然不能把提出如此重大问题的思想流派排除在现代化、启蒙或五四传统之外。我们更不能认为他们对现代化的负面影响的批评都是错误的、不识时务的,实际上,批评本身就是现代化的一个重要组成部分。

　　美国学者史华慈(B.Schwartz)认为,18 世纪末与 19 世纪初出现的保守主义与自由主义和激进主义是不可分离的整体,他们三者是“在许多共同观念的同一架构里运作”的,“而这些观念是出现于欧洲历史的某一时期”的;西方“保守主义起于对启蒙运动之主流的‘辩证的反动’”,英、德的保守主义是针对法国革命这样激烈的社会政治变革的;“现代中国保守主义主要是‘文化的保守主义’,根本上并不是墨守现行之社会政治现状的‘社会政治的保守主义’”;“可以用‘传统主义者’而不用‘保守主义者’来描述现代中国的所有这些人,如章炳麟、熊十力、梁漱溟和其他宣称过去的理念和价值对他们仍具有效的人”②。史华慈认为,20 世纪的中国几乎没有全盘肯定现行的社会秩序的英国柏克式的保守主义,有的只是受民族主义情感所影响,肯认传统文化价值而很少肯认当时的政治秩序的保守主义(陶希圣是一个例外)。

---

　　①　参见[美]艾恺(Guy Alitto):《文化守成主义论》,台北时报出版公司 1986 年版。

　　②　[美]史华兹(BenjaminI.Schwartz):《论保守主义》,载傅乐诗(Charlotte Furth)主编:《近代中国思想人物论——保守主义》,台北时报出版公司 1980 年版,第 20—21、33—34 页。傅乐诗主编的本书英文版《变革的限制——论民国时代的保守主义》一书于 1976 年在美国出版,是西方讨论现当代新儒家之肇端,收录了张灏、艾恺、杜维明等人的论文。

18 世纪末和 19 世纪初,法国启蒙运动的思想家们所确立的正义、理性、自由、真理、民主等"普遍价值"观念传到落后、保守、分裂的德国,德国的知识精英如赫尔德(他自己也是启蒙思想家)等却提出"民族精神"的观念与"普遍价值"相对抗,反对把世界文化同化于法国文化的"普遍形式",甚至认为只有区域性、民族性的价值和偶发的原则,而没有什么普遍价值与永恒的原则,只有特殊形式的人类而没有普遍的人类,以此保卫德意志文化传统。我们这里不去讨论赫尔德文化哲学的问题,但有一点必须指出,赫尔德在德意志文化的现代化过程中占有显赫的一席,他的思想对包括法国在内的各国思想家都有一定的影响。

众所周知,日本的近代化大体上经历了从"欧化主义"到"日本主义"到"和洋折衷化"的过程。明治维新运动的头 20 年,日本知识精英强烈主张"全盘西化",甚至在外在形式上模仿西方;以后出现了"国粹保存"思潮(我国国粹派的"国粹"二字来自日本);再以后才走上"西方文化日本化"的道路,在经营方式、引进技术设备等方面都没有全盘照搬先进国家的办法,善于有选择地汲取和改造外来文化思想,甚至转而保存传统的日本生活方式。① 可见"国粹保存"思潮在日本近代(或现代)化的过程中亦是重要的一环。

我们中国现代化过程中的文化保守主义是不是仅仅只起了"反面教员"的作用呢? 不能这样看。文化保守主义同样是中国文化现代化过程中的一个重要的传统,是文化启蒙中不可或缺的一环。理由有三:

第一,对民族文化的反省具有多维性。

对中外文化进行多重的全面的反省,是近代中国文化处于中西文化冲突和新旧文化嬗替之际,多数知识精英所持的态度。早在五四以前,章太炎就十分重视西方的文化学术,以西方文化作为一个主要的参照系,但又不囿于此,又十分尊重中国乃至印度文化自身的发展,将这些异质文化的不同表现,结合各自不同的社会条件认真地分别加以研究。论者指出:"章太炎不为传统文化所禁锢,不对西方近代文化盲从,对这两者都坚持了反省的态度,同时开启了两座闸门:一是激烈批评和反对传统文化尤其是长期占居支配地位的正统文化的闸门;二是怀疑、批评乃至摒斥西方近代文化特别是西方资本主义价值

---

① 参见刘天纯:《论外来文化与"日本文化"》,《社会科学战线》1988 年第 1 期。

取向、行为模式的闸门。双重的反省,有助于寻觅中国文化自身近代化的特殊道路。"①尽管章太炎自己后来也不能驾驭这两股潮流,但至少说明五四思想家的前辈已具有这种慧识:对外来文化和中国文化进行多重反省。

五四时期是多元的外来文化与多元的传统文化相互碰撞、渗透、涵化和整合的时期。五四时期的文化开放及其多元趋向,被后世的史家大大地简约化了。对五四运动持不同甚至相反的评价的研究者,几乎都相当一致地对五四传统作出了单维性的诠释。在我们看来,五四传统或五四思潮显然不仅仅包括自由主义、科学主义、社会主义,而且包括民族主义、文化守成主义(或传统主义);尽管以上每一思潮的内涵相当复杂,边界不易确定,相互搏击又相互发明,相互交叉又相互渗透,变迁频繁,然而这几大思潮的存在及其对后世(尤其是对 20 世纪 80 年代文化大讨论、20 世纪末至 21 世纪初的国学热)的影响却是有目共睹的。

五四文化的多样性,尤其是彼时每一思潮、流派内部与外部争鸣的复杂性,多样的外来文化与多样的本土文化涵摄、结合的丰富性,为我们今天发展新文化提供了多样的选择性和广阔的文化背景。历史的客观进程是永无止境的,传统(包括五四以来近百年的新传统)的多重意义和价值的发现永远不会结束,事实上,它是一个无限的过程。

作为五四主潮的科学主义、自由主义的反传统及全方位开放,冲破桎梏,吸纳西学,具有伟大的历史意义和功绩②,但他们的思想和行动并不能涵盖文化反省的全部意义。反传统,揭露传统的痼癖,鞭笞国民性格的阴暗面是文化反省的首要前提和重要方面;通过洗汰,重新认同传统,发掘其特殊的文化价值,同样是文化反省的重要方面。"百事不如人"的虚无主义尽管事出有因,但毕竟不可能做到健康、全面地体认传统。

既然从"前五四"到五四到"后五四",对中西文化进行双重乃至多重的反省已构成百多年来文化思想史的重要内容,我们当然不能把文化守成主义排

---

① 姜义华:《章太炎与中国文化的新旧嬗替》,《文汇报》1986 年 7 月 22 日。

② 详见郭齐勇:《五四与"文革"二题》,《湖北社会科学》1988 年第 3 期;《文化多元论纲》,《武汉大学学报》1988 年第 2 期。

斥在新传统之外。

第二,"从离异到回归"的导向具有规律性。

无论是从一百多年来各领风骚、相互取代的不同思潮演变的历史过程来看,还是从近现代众多思想家自身思想演变的历史过程来看,从批判到认同,从离异到回归,几成普遍现象。思潮的更迭,不必贬斥为"不是东倒就是西歪"的恶性震荡,实际上每一次循环,都提扬到了新的高度。至于思想家们,如严复、梁启超们的回归,也不必看成是堕落、复旧,他们晚年对东西文化冲突作出的不同回应有着十分复杂的背景和思想内涵。最典型的是孙中山。孙中山晚年反对盲目排斥一切传统,主张好的保存、不好的放弃,主张"发扬吾固有之文化,且吸收世界文化而光大之,以期与诸民族并驱于世界"①。这实际上是他对五四思潮的批判总结。"离异"与"回归"也并非中国土产,中西双方双向对流,各有一部分人背离自己的传统,向对方所扬弃的传统靠近,另一部分人则回过头来重新省视、解释、肯定并重建新的文化传统。② 文化保守主义即出现在这样的震荡之中。

第三,不同时空条件下的启蒙具有特殊性。

五四文化启蒙和思想解放最值得体味的是文化多元格局。这种格局实际上在清末就开始了。扫除蒙昧,启发民智,打破中国中心、华夏中心,以及将中国文化化约为统治阶级文化或儒家文化的痼癖,肯定外来文化的价值,也肯定非统治阶级文化或非儒家正统文化的价值,这在实际上把人们的文化视野、观念从绝对主义、教条主义、一元论式导向了文化相对主义和多元价值观。五四主流派的启蒙呐喊,始于多元,终于一元,打破了一种褊狭,导致了另一种褊狭——不管实际上对国民启蒙有多么巨大的困难,这种思想逻辑的背反,例如把科学讲到唯科学主义的地步,把民主讲到不民主的地步,就不是一种正常现象。

这里还有一个问题:文化传统不同,文化启蒙的内容和方式应当具有不同的特点;世界科技、文化发展的条件不同,文化启蒙和实现工业化的道路、步骤

① 孙中山:《中国革命史》,《孙中山全集》第七卷,中华书局1985年版,第60页。

② 参见章开沅:《从离异到回归》,《东方的黎明》,巴蜀社1988年版;龚书铎:《论孙中山的文化观》,《中国近代文化探索》,北京师范大学出版社1988年版。

也应注意到它的特殊性。

文化保守主义思潮在客观上修正了主流派,坚持中西融通的兼综导向,重视不同民族文化启蒙的不同特点,作出了一定的贡献。

多少年来,在对近代文化和五四文化的研究中,我们总是把主张文化的"西化"或"苏化"的自由主义、科学主义、社会主义思潮看作是进步的、革命的。这无疑是正确的,然而又是不全面的。离开了民族主义、保守主义,上述思潮便失去了张力。不唯如此,在中国现代化的过程中,后者不仅是前者的对立互补要素,而且是民族文化现代化重建的重要动力之一。总之,与自由主义和科学主义相互对立而又相辅相成的文化保守主义,是五四思潮和五四传统不可或缺的一个方面、一个组成部分。

第二节 文化保守主义的发展线索与基本内容

"前五四"时期文化保守主义的著名代表是国粹派——章太炎和刘师培。众所周知,他们是当时社会政治秩序的挑战者。在政治层面上,他们是激进派;在文化层面上,他们则对19世纪90年代中国伦理精神的危机作出了保守主义的回应。他们对外来文化的吸纳和本土文化的阐扬都非常之驳杂。在日本明治维新以后由三宅雪岭、志贺重昂所提倡的"保存国粹可以强国"的思想影响下,1904年冬,刘师培与邓实、黄节组织了"国学保存会",次年初创办了《国粹学报》。1906年,章太炎出狱赴日,号召用国粹激励种性,增进爱国的热肠。不久,东京留学生中成立"国学讲习会",由章太炎主讲;旋又成立"国学振起社",章任社长,钱玄同和鲁迅兄弟参与①。同时,刘师培、章太炎改变《民报》编辑方针,使之变成深奥的国学刊物。在此先后,严复、梁启超转化到绍述国学的立场。

国粹派的基本口号是"学亡则亡国,国亡则亡族",基本思路是以保文化来救国家、救民族,以国粹为立国之根本源泉。国粹派对社会进化、工业化与文化价值和道德理性的背反,表示了困惑和不安。他们从历史、语言、文化与种族的具体而特殊的关系出发,界定"中国性",探寻文化价值之源。他们的

---

① 鲁迅的《文化偏至论》正是这一时期的作品,基本上反映了国粹派和尼采的文化观。

思考,不仅成为 20 世纪文化保守主义的滥觞,而且成为包括胡适、鲁迅、顾颉刚、郭沫若等在内的各派学者的思想资源之一。

五四时期的文化保守主义者,与《新青年》派分庭抗礼的,有大家所熟知的《东方杂志》主编杜亚泉(笔名伧父)及其继任者钱智修和作者陈嘉异,有《甲寅》周刊的主编主撰章士钊(孤桐),有《欧游心影录》的作者梁启超和《东西文化及其哲学》的作者梁漱溟等。1915 — 1927 年发生的东西文化问题论战,就文化保守主义这一方而言,在所谓"东方精神文明"、"西方物质文明"和"回过头去走儒家孔子的道路"等等带有某些谬误的论说之中,仍然包含着部分的真理,例如,揭示帝国主义战争所暴露的人类文明的危机,关于对科学万能论的怀疑,关于发掘传统文化中的不同于西学的价值,关于世界文化比较研究的多元参照,关于人类文化起源、发展路向和现代化道路的多样性及文化的民族性问题等等,不能说没有借鉴意义。其实,杜亚泉为把西方科学教育引入国民教育系统做了大量工作。

1923—1924 年发生的"科学与人生观"论战,站在科学派健将对面的玄学家是极力推行西方民主政治的张君劢、张东荪,以及林宰平、梁启超(中间偏玄)等。科学派的丁文江、唐钺、吴稚晖、王星拱、胡适等主张实验主义、马赫主义、新实在论,而玄学派则主张倭伊铿、柏格森、杜里舒哲学。从一定意义上说,这场论战是西方哲学界科学主义与人文主义争论的继续。与东西文化问题论战一样,科玄论战的水平不高,不可能解决科学与哲学、科学与人生观、精神文明与物质文明、客观必然与意志自由等等问题,但把这样一些问题提出来讨论,则是我国思想界的一大进步。张君劢的人生哲学和文化哲学提出了纯科学解决不了的人生问题和文化、历史问题,认为中国经济、政治、文化的改造,不能忽视道德修养,应防止西方文明的流弊,协调精神文明与物质文明,似不能完全加以否定。

1922 年创刊的《学衡》杂志,在十多年内(1933 年停刊)聚集了一批文学和史学界精英,成为文化保守主义的重镇①。《学衡》宗旨为"论究学术,阐求

---

① 《学衡》的主编是吴宓,参与者有梅光迪、刘伯明、柳诒徵、汤用彤等;主要撰稿人还有王国维、陈寅恪、蒙文通、胡先骕、张荫麟、郭斌和、释太虚、缪凤林、刘盼遂、郑鹤声、刘永济、景昌极等。

真理,昌明国粹,融化新知,以中正之眼光,行批评之职事,无偏无党,不激不随"。但在实际上,《学衡》对新文化运动的主流派提出了尖锐的批评。其中,吴宓、梅光迪、汤用彤提出的"东西历史民性的差异性"问题,选择中西文化真正的精华加以融会贯通的问题,摒弃浅薄、狭隘的学风问题,都有积极的意义。他们对中西文化做过切实的研究,有透辟的分析,因而多从学理上主张既"保存国粹又昌明欧化",既反对菲薄国学又反对保守旧化,批评双方引进的西学(如前者引进的杜威、罗素,后者引进的柏格森、倭伊铿),"均仅取一偏,失其大体",主张忠实全面地介绍、阐扬包括柏拉图、亚里士多德和孔子、墨子、庄子、佛教经典在内的东西方文化精粹①。《学衡》连载的缪凤林的《中国民族西来辨》、柳诒徵和陆懋德分别撰著的《中国文化史》,都有极高价值②。

"学衡"派沿着"国粹"派的思路,更加强调政治的根本在于道德;在文化哲学的取向上,"学衡"派推崇白璧德(1.Babbitt)、穆尔(P.E.More)、薛尔曼(S.P.Sherman)等美国的新人文主义者。白璧德等人提倡人文道德、反对文艺与生活中粗浅滥污、浮靡颓废之趋势,拒斥科学一元论,认为文化与人生的规律根本不同于自然与生物的规律。

1925 年成立,维持了 4 年之久的清华国学研究院也是其中的重镇。该院主持者是吴宓,先后执教的导师有王国维、梁启超、赵元任、陈寅恪。该院风格兼取中西之长。从该院毕业的学生有 74 人,大多成为人文教学和研究的种子。其著者有王力、刘盼遂、刘节、高亨、谢国桢、姚名达、徐中舒、蒋秉南、姚薇元、姜亮夫等。

自 1905 年清廷废除科举之后,1912 年(民国元年)中华民国首任教育总

---

① 详见梅光迪:《评提倡新文化者》,吴宓:《论新文化运动》,汤用彤:《评近人之文化研究》,缪钺:《与学衡编者书》,分别载于《学衡》1922 年第 1、4、12 期;1926 年第 56 期。

② 侯健在《梅光迪与儒家思想》一文中(《近代中国思想人物论——保守主义》,台北时报出版公司 1980 年版,第 272 页)还介绍了一些《学衡》的盟友,如章太炎、黄侃、吴梅、汪荣宝、朱祖谋、吴芳吉、钱基博等。与《学衡》性质相同的同人刊物,还有《史地学报》(南高,1921—1924)、《湘君季刊》(长沙明德学院,1922)、《国学丛刊》(南高,1923—1926)、《华国月刊》(1923—1926)等;其后还有《国风》、《国命》、天津《大公报》副刊等。又,吴芳吉的朋友,与吴同年生卒的蜀中大学者刘咸炘,字鉴泉,学富五车,中西会通,著《推十书》凡二百三十一种。刘鉴泉亦属于这个阵营。详见业师萧萐父:《刘鉴泉先生的学思成就及其时代意义》,《吹沙二集》,巴蜀书社 2007 年版。

长蔡元培下令废止中小学与师范学校读经,这都是儒学在制度上受到重创的大事件。1919 年五四运动以降,西化狂潮席卷宇内。尽管如此,20 世纪 20 年代至 40 年代,有关国学、儒学的基础教育在公私立中小学中仍普遍受到重视,中小学生的国学基础比较好,公私立大学的中文、国文系也办得很好,甚至连所有的教会大学都相继建立了相当不错的国文系,专门学校例如无锡国学专科学校等就更不用说了。作为通识教育的"大学国文"的课程建构起来并起了重要作用。彼时社会民间文化的空间比较大,在官、民、学三股力量的支持下,20 世纪 20 年代末至抗战前,国学、国医、国药、国艺、国乐、国术、国画、国剧等都兴盛起来,掀起了"国字号"的社会文化运动。这些,恰好是在借鉴西学及中西学合流的背景下产生的,然而,毫无疑问,文化守成主义思潮在其中起了一定的作用。

1935 年 1 月,国民政府官方和陈立夫授意陶希圣、何炳松、王新命、黄文山、萨孟武等十教授发表《中国本位文化建设宣言》(以下简称《宣言》),引起了关于本位文化问题的论战。《宣言》遭到真正的"全盘西化派"的陈序经和主张"充分世界化"的胡适等人的批判。具有强烈官方色彩的《文化建设月刊》(1924—1937)学派在持论基点上与"国粹"、"学衡"和我们下面要谈到的"现代新儒家"有一个很大的区别,即他们是"把价值建立在民族文化本身的现世层面,并且因而他们的现代化理论以科学主义式的混合主义为基础。他们强调科技是历史发展的枢纽,科学思想就是现代社会秩序的自然伴随物,并且主张按照科学标准来调和中西方的精华"①。陶希圣等"文化建设派"政治上的保守主义,认同当今而不是发掘过去,以科学主义而不是以人文主义持论,都表明他们不是文化保守主义的主潮。但应当承认,他们在知识界仍有一定的影响。

作为文化保守主义思潮的主要组成部分,现当代新儒家并非异军突起。孔子在《论语·里仁》中说:"德不孤,必有邻。"从国粹派、东方文化派、玄学派、学衡派、国字号运动到现当代新儒家,有着千丝万缕、错综复杂的联系,以

---

① ［美］傅乐诗:《现代中国保守主义的文化与政治》,《近代中国思想人物论——保守主义》,台北时报出版公司 1980 年版,第 71 页。

上社会文化、学校教育之背景与土壤,孕育了现当代新儒学思潮的产生。

第三节　现当代新儒学思潮及其特点

一、现当代新儒学思潮的历程

现当代新儒学思潮形成于 1915—1927 年发生的东西文化问题论战与 1923—1924 年发生的"科学与人生观"论战期间。最早的代表人物是梁漱溟、张君劢、熊十力、马一浮等。以上也可以视为本思潮发展的第一阶段。以后的三个阶段,时空转移,颇有意思。第二阶段发生在抗战时期与胜利之后的中国大陆,第三阶段发生在 20 世纪 50 年代至 70 年代的中国台湾与香港地区,第四阶段发生在 20 世纪 70 年代至 90 年代的海外(主要是美国),改革开放后又由一些华人学者带回中国大陆。第一阶段可以简称为五四以后的新儒学(家);第二阶段可以简称为抗战时期的新儒学(家);第三阶段可以简称为港台新儒学(家);第四阶段可以简称为海外新儒学(家),改革开放后返输中国大陆。

1986 年开始的十多年间,方克立、李锦全二教授领导了国内三十多位学者参加的一个"现代新儒家思潮研究"课题组,从整理、汇编资料与学案等工作开始,直至专人、专题研究,产生了一大批学术成果。我个人也有幸参与其事。这个课题组选择的研究对象的名单,逐步完善,最后做了《现代新儒学辑要丛书》或专人研究系列丛书的,包括三代 15 人:第一代:梁漱溟、张君劢、熊十力、马一浮、冯友兰、贺麟、钱穆、方东美;第二代:唐君毅、牟宗三、徐复观;第三代:余英时、杜维明、刘述先、成中英。①

近年,刘述先综合诸家,提出了三代四群(15 人)的架构:

第一代第一群:梁漱溟(1893—1988)、熊十力(1885—1968)、马一浮

---

① 详见方克立:《现代新儒学与中国现代化》,天津人民出版社 1997 年版。中国大陆地区学者们有关现代新儒学的资料整理、个案与整体研究的情况,请详见郭齐勇:《近 20 年中国内地学人有关当代新儒学研究之述评》,载《人文论丛》2001 年卷,武汉大学出版社 2002 年版;胡治洪:《近 20 年我国大陆现代新儒家研究的回顾与展望》,载徐洪兴主编:《鉴往瞻来——儒学文化研究的回顾与展望》,复旦大学出版社 2006 年版。

（1883—1976）、张君劢（1887—1969）。

第一代第二群：冯友兰（1895—1990）、贺麟（1902—1992）、钱穆（1895—1990）、方东美（1899—1977）。

第二代第三群：唐君毅（1909—1978）、牟宗三（1909—1995）、徐复观（1903—1982）。

第三代第四群：余英时（1930—　）、刘述先（1934—2016）、成中英（1935—　）、杜维明（1940—　）。

刘述先说："把这个架构与现代新儒家思潮的四波发展配合起来看，就可以大体把握到这一思潮的脉动。"①笔者认为在第三代第四群中还应增加蔡仁厚（1930—　），故本节重点介绍以上 16 人。蔡仁厚继承牟宗三的思想，亦有自己的创获。实际上，现代新儒家阵营中，笔者认为至少还应包括如下人物，即 1949 年以后在美国的陈荣捷（1901—1994），在中国台湾的陈大齐（1886—1983）、谢幼伟（1905—1976）、张其昀（1900—1985）、胡秋原（1910—2004）等人。他们也有非常了不起的，甚至不亚于本节重点介绍之人物的贡献，但因我未展开深入研究，加之与本思潮主将确实有异有同，故本书未及讨论。

这一思潮在五四之后的兴起，前节已经说明。以下我们讲第二阶段：本思潮在贞下起元、民族复兴的抗战期间获得了长足的发展。在此期间，出现了大量的融会中西印思想文化精华的、富有民族特色的史学著作和哲学著作。其中包括熊十力富有原创性的《新唯识论》（语体文本）、《读经示要》；冯友兰的《新理学》等"贞元六书"；贺麟的《近代唯心论简释》；钱穆的《国史大纲》；马一浮的《泰和宜山会语》、《复性书院讲录》；唐君毅的《道德自我之建立》；等等。抗战胜利之后，还有梁漱溟的《中国文化要义》、贺麟的《文化与人生》等。这些著作表明，这一时期的中国知识分子能够以比较健全的心态认识和理解东西文化及其哲学，既不满足于转手稗贩，又不沉溺于盲目陶醉；对于传统文化的认同有了比较清醒的理性的依据，对于现代世界必然之势的认同则增加了情感的强度；在对古今中外文化精髓有了深切了解的前提下，综合熔铸，试图创造出新的文化系统。

---

① 刘述先：《论儒家哲学的三个大时代》，香港中文大学出版社 2008 年版，第 192 页。

这一时期本思潮代表人物的活动主要有：1939—1940 年间，马一浮、梁漱溟、张君劢分别在乐山、北碚和大理创办了旨在弘扬并复兴中华文化的复性书院、勉仁书院和民族文化书院。1941 年，《思想与时代》杂志①创刊号上刊载的贺麟的《儒家思想的新开展》的论文，被台港和海外学者普遍看作是"现代新儒学"或"现代新儒家"的宣言。该文明确提出了"以儒家思想或民族精神为主体去儒化或华化西洋文化"，否则，"中国将失掉文化上的自主权，而陷于文化上的殖民地"；认为民族文化的复兴主要是儒家文化的复兴，"假如儒家思想没有新的前途、新的开展，则中华民族以及民族文化也就不会有新的前途、新的开展"。贺麟认为，五四时代的新文化运动是促进儒家思想新开展的一大转机，因为它"破坏和扫除了儒家的僵化部分的躯壳的形式末节，及束缚个性的传统腐化部分。它并没有打倒孔孟的真精神、真意思、真学术，反而因其洗刷扫除的工夫，使得孔孟程朱的真面目更是显露出来"②。

抗战时期在大后方与《思想与时代》相类似的还有唐君毅与周辅成合办的《理想与文化》，以及《中国文化》（四川璧山，1945 年创刊）、《图书集刊》（四川省立图书馆，1942 年创刊）等。1947 年，牟宗三和徐复观在南京分别创办了《历史与文化》和《学原》，其中尤其是《学原》，成为现代新儒家的重要阵地。

然后我们看第三阶段。1949 年，钱穆、唐君毅、张丕介在香港创办"新亚书院"；徐复观在香港创办《民主评论》；1951 年，王道在香港创办《人生》杂志。现代新儒家以此为基地，在中国文化"花果漂零"之际，于艰难困苦中"再植灵根"，弘扬儒学。

移居港台的文化保守主义者，昔年在大陆，尔后在港台的著述，是五四以后我国文化宝库的一个重要部分。如钱穆的《先秦诸子系年》、《中国近三百年学术史》、《中国学术思想史论丛》、《朱子新学案》等，徐复观的《两汉思想

---

①　《思想与时代》杂志，由迁徙到遵义的浙江大学张荫麟等发起创办，主事者还有张晓峰（其昀）、谢幼伟等。张荫麟 1942 年 10 月去世后，该刊由谢幼伟主编，先后在贵阳印行了 40 期，复员后于 1946 年 12 月在杭州复刊。这一刊物经常发表熊十力、钱穆、冯友兰、贺麟、贺昌群、朱光潜、洪谦、周一良、韩德培、缪钺、唐君毅等人的文章。

②　贺麟：《儒家思想的新开展》，《贺麟全集·文化与人生》，上海人民出版社 2001 年版，第 12 页。

史》、《中国人性论史》、《中国艺术精神》等,唐君毅的巨著《中国哲学原论》等,牟宗三的《才性与玄理》、《佛性与般若》、《心体与性体》等,方东美的《原始儒家道家哲学》、《中国大乘佛学》、《华严宗哲学》、《新儒家哲学十八讲》等,在中国文化和中国哲学的研究方面,作出了巨大的贡献。

港台新儒学运动中最著名的事件,是 1958 年 1 月张君劢、唐君毅、牟宗三、徐复观联名发表的《中国文化与世界——我们对中国学术研究及中国文化与世界文化前途之共同认识》的宣言。该宣言主要是针对西方人对中国文化的误解而发的,但反映了流寓海外的华人知识分子发自肺腑的"忧患意识"。该宣言认为,"中国文化问题,有其世界的重要性";中国文化不是"死物"、"国故",乃是"活的生命之存在","今日还有真实存在于此历史文化大流之中的有血有肉的人",正在努力使人类和中华民族的"客观精神生命的表现",继续发展下去。中国文化虽有多根,且不断与外来文化融合,但它的根本特点乃在于"一本性",即在本原上是一个体系,并有一脉相承之统绪。中国文化的伦理道德思想及实践,不仅是一种外在规范,以维持社会秩序,而且是一种内在精神生活的根据,包含有宗教性的超越感情。由孔孟而宋明理学的心性之学"是中国文化之神髓所在",是人之内在的精神生活的形上学。"我们不能只以一外在的标准,来衡量中国文化之价值,指导中国文化之前途。"将哲学、道德和宗教结合为一的心性之学认为,人的生命含有一生生不已的仁心,由这一点仁心的体证不断扩充,可以由内在接通超越,由有限体证无限,解决人的终极托付的问题,使人达到安心立命的境界。"中国文化依其本身之要求,应当伸展出之文化理想,是要使中国人不仅由其心性之学,以自觉其自我之为一'道德实践的主体',同时当求在政治上,能自觉为一'政治的主体',在自然界、知识界成为'认识的主体'及'实用技术的活动之主体'。这亦就是说中国需要真正的民主建国,亦需要科学与实用技术,中国文化中须接受西方或世界之文化"①。

第一代新儒家中梁漱溟、张君劢、熊十力等反复讨论了中国文化何以未能

① 由唐君毅起草,唐、牟、徐、张讨论并联署的《中国文化与世界宣言》,见《民主评论》和《再生》杂志 1958 年元旦号,又见唐君毅《中华人文与当今世界》(台湾学生书局 1975 年版)等。其英文版有好几种本子,在海外有较大影响。

产生科学与民主的问题,第二代新儒家唐君毅、牟宗三、徐复观等,则提出了以民主政治或民主建国作为"新外王"的第一要务,以科学知识系统作为"新外王"的材质条件,充实中华文化生命的内容,以使中国人的人格有更高的完成,中国民族之客观的精神生命有更高的发展。

他们承认中国文化历史中缺乏西方近代民主制度及科学技术,致使中国未能实现现代化工业化,按照他们的理想方案,实现现代化必须以儒家的道德理想主义为科学与民主立根,以西方的知性和政道补正、扩充和发展儒家内圣之学。他们观照中西文化,认为"综合的尽理精神"的中国文化过分重视道德理性(即"仁心")的"运用表现"和"内容表现",缺少了"分解的尽理精神"的西方文化的"架构表现"的环节,"外延表现"不足,只有道统而无学统(无科学的知识系统),只有治道而无政道(民主政治),这是中国文化的弱点和不足。有鉴于此,牟宗三提出了"三统"之说:道统必须继续,即以内圣心性之学为立国之本;学统必须开出,即吸纳、融摄西方传统,由道德主体转化出知性主体和实用技术活动之主体;政统必须认识,即肯定民主政治发展的必然性,由道德主体转化出政治的主体。①

工业文明、现代化确实给人类带来了许多新的问题,人类的特性及其全面发展的问题,人的生命存在和生活意义的问题,人类产生的种种疏离和困惑的问题,乃至环境污染、生态平衡的问题等等。以"天人合一"模式,"圆而神"的智慧和儒家伦理转出或融摄西方的科学与民主,然后补西方文化之偏弊,救西方文化之自毁,为全人类各民族文化提示一新的方向和模式,这是台港文化保守主义者的主要看法。

20世纪60年代在台湾,也发生了好几起自由主义与保守主义的论战。如1961年年底徐复观与胡适的论争,及由此引发的声势浩大中西文化论战等。但总的来说,自由主义与保守主义相互渗透,这两大派的第二代著名代表殷海光和徐复观于20世纪60年代中期化敌为友,握手言和。殷氏在临终前认同传统文化的价值,徐氏则被公认为是"以自由主义论政,以传统主义卫

---

① 参见牟宗三:《历史哲学》、《道德的理想主义》、《政道与治道》等20世纪50年代的所谓新外王三书,分别为台湾学生书局和广文书局出版。

道”的人杰。

　　现当代新儒家所创制的哲学思想体系在 20 世纪人文哲学体系中占有一定的地位。他们大多数都是文化哲学家,是文化意识宇宙的巨人。他们大多有很高的悟性,是实践型、体验型的哲人。例如,熊十力以《易经》形上学和船山、阳明二王之学与唯识、天台、华严、禅宗思想相渗透的理论体系,高扬了人的主体性和人文生命健动不息的特点。方东美的《生生之德》、《人生哲学》体系,探讨了人的文化生命的情调、美感、悲剧与诗的问题,以宽广的文化视野,研究人的终极关切、人与自然的关系、人的困惑和疏离的问题。唐君毅的《人文精神之重建》、《文化意识与道德理性》、《生命存在与心灵境界》等巨构,从人的生命存在这一最可靠最真实的前提出发,认识人在天、地、人、我之中的存在,理解世界和人生。他的文化哲学体系以人为体,以文为用,以道德理性为核心。他认为,人重于文,如果离开了人而言文(如宗教、如科学),则可能导致反人文或视人如非人;如果离开人之“精神上自作主宰”言自由人权,离开“道德意识”、“人格平等”而言民主,则并不能有助于人之学术文化上的创造与独立人格的形成,或使民主政治化为“分权力”或“分赃”之政治。针对现代社会使人有意或无意忘却、泯失了自己的具体存在,使人成为四分五裂的抽象的人、单面的人(即被异化、物化、外在化了的人),他们凭着对生命存在的体验,及对人的内在的道德自觉、价值自觉、文化自觉的阐扬,打开了一条探寻价值的新路,超越了狭义的民族主义,而具有世界的价值和意义。20世纪哲学的重要问题是人与文化的问题。他们的著作可以与雅斯贝斯、海德格尔、萨特和法兰克福学派的一些巨匠的作品媲美。现当代新儒家学者建构的哲学人类学,在人类存在这一永恒课题的研究上所作出的世界意义的贡献,将逐步被人们所体悟。因为,不论现代化如何推进,人的终极托付,即“内在的安心立命始终是一个不可替代的问题,它不能靠对于一个超越外在的上帝的信仰来解决”①。

　　第四阶段。1949 年以后,钱、方、唐、牟、徐等在香港、台湾地区执教,培养了一大批中国文化的人才。他们的学生中如蜚声海内外的余英时、杜维明、刘

_____

　　① 刘述先:《当代新儒家的探索》,《知识分子》(纽约),1985 年秋季号。

述先、成中英、蔡仁厚等学者是现当代新儒家的第三代代表人物。他们在美国或中国台港地区的知名大学或学术机构执教，思想更加开放，反省现代性与全球化，思考传统与现代、人文与科技、东方与西方、全球化与本土化之间的诸多问题，积极参与文明对话与全球伦理的建构。

受唐、牟、徐的影响，香港新亚书院、台北鹅湖杂志社的同人，成为在台港地区弘扬中华文化与儒家价值的重要力量。继承牟宗三、唐君毅、徐复观的台湾《鹅湖》学派，老一代中有蔡仁厚、王邦雄、曾昭旭等，新一代中有杨祖汉、李瑞全、李明辉、林安梧等。唐君毅的弟子霍韬晦及其法住文化书院致力于在中国香港及东南亚的民间与企业中推广中华传统文化价值。

中国台湾、香港的文化保守主义，主要是新儒家，通过与欧美、大洋洲和东南亚各地学者的广泛交往，在国际学术界已成为不可忽视的流派，在美籍华裔学者和台港学者中已有了第三代代表人物，有了很多国际性的学会和一些同人刊物。台湾《鹅湖》学派、香港法住文化书院等召开了许多国际会议。美籍学者吴森说："当代儒家思想可能是大陆中国之外最有影响和传播最广的思潮，除了它拥有众多的倡导者和拥护者外，它还通过台湾的教育制度，以及在某种范围内，通过香港一些学校的课程设置，保持着它显赫的声望和很高的地位。"①对新儒家持批判态度的台湾学者韦政通说："民国以后的学术思想史，新儒家虽然是一个保守的立场，但往长远看，这个新传统，尤其在哲学方面，会占一个重要地位。"②

按西方学者库恩的范式理论格之，现当代新儒家当然是一个大的学术共同体，其中的学者虽所同不甚其异，但就反思现代化，强调中国文化的主体性，肯定儒学的深层价值及其现代意义来说，不失为一种思想范式。其中，梁、熊、马是一个小的共同体，他们三人的弟子相互流动，并尊梁、熊、马为三圣。熊的弟子唐、牟、徐及其弟子又是一个小的共同体，关系密切。钱穆与余英时也可以视为一个小的共同体。他们与唐牟及其学生的哲学观念论、观念史的路数不同，走的是历史的或思想史的路数。方东美与唐、牟虽同为哲学家，路数也

① 吴森：《中国大陆之外的中国哲学》，《中国哲学史研究》1986 年第 2 期。

② 韦政通：《面对各种冲刷的历史思想使命》，台北《中国论坛》第 15 卷第 1 期（1982 年 10 月）。

不同。新儒家学者的关切也有所区别。杜维明、刘述先关心儒、回、耶教的对话。杜维明重视的是儒学作为世界文化的一种精神资源对于现代人生活和西方、全球之可能发生的影响。刘述先认为,当代新儒家由道统的承担转移到学统的开拓、政统的关怀。成中英强调,应当以批判的理性而不是内在的体验为方法,在客观性的基础上建立知识而不是在主体体验的基础上印证价值,应以知识探讨为价值判断、选择或重建之基础,而不是先肯定价值,再寻求知识手段以实现价值理想。

当代新儒家阵营正在分化、重组的过程中。十多年来有"新儒家"与"新儒学"之辨,有"知识"与"价值"的二分,也有"后牟宗三"、"后新儒学"的崛起。海峡两岸的儒家学者在互动中彼此靠拢、位移的事也多所发生。林安梧的"儒学革命"和"后新儒学",强调重视"气"论,重视客观面,回到船山学,多少受到大陆学者的影响。① 大陆研究者中也在发生分化,亦不乏由同情的理解到对新儒学之价值更加认同者。大陆学者的研究也形成一定的气候。② 港台第四代新儒家、中国大陆儒学新生代很复杂,这里略而不讲。③

二、本思潮主要代表人物的思想形貌与特色

以上主要介绍现当代新儒学思潮所处的时代氛围与学术生态。以下我将对 16 位学者的学术思想作简约述介,整体地把握这些人物的思想形貌与特色,从而使现当代新儒学思潮的形态更加具体地显现出来。需要特别注意的是,他们虽属同一思潮或文化共同体,但作为独立思想家,不同学者的学养、经

---

① 参见林安梧:《儒学革命论——后新儒家哲学的问题向度》,台湾学生书局 1998 年版。

② 2005 年 9 月 9—12 日,由我与同仁发起、筹办并主持的"第七届当代新儒学国际学术会议"在敝校武汉大学举行,出席会议的有来自六个国家及我国两岸三地的 140 位学者,盛况空前。当代新儒家的第三代著名代表人物蔡仁厚、戴琏璋、杜维明、刘述先、成中英等同时到场,实属罕见。会议由武汉大学与台湾《鹅湖》杂志社等单位共同主办。会议论文集即《人文论丛》2006 年卷,由我与胡治洪教授任执行主编,于 2007 年 6 月由武汉大学出版社出版,全书 134 万字。

③ 澳洲学者 John Makeham(梅约翰)2008 年在美国哈佛大学出版英文专著 *Lost Soul——"Confucianism"in Contemporary Chinese Academic Discourse*,讨论了近三十年海外与大陆新儒学,其中有一节:"郭齐勇:作为儒学的复兴主义者"。

历、思想资源、人格风范、致思倾向的个体性、多样性则是不容忽视的。由于每一位人物的思想总是处在其生命的过程中不断发生变迁的,我只能说其主要的归属。

首先,说说第一代第一群的梁漱溟、熊十力、马一浮、张君劢。①

梁漱溟是中国现代著名的社会活动家,又是不断努力将自己思考的结论付诸生命实践的哲学家、思想家。他为了民族文化和精神的出路而学问、思考、生活、奋斗。他顶着西化大潮而上,立志为孔子、释迦牟尼讨回一个公道,在朦胧的中西印文明比较中,表明了一个立场:中国现代化不能沿着西方走过的路亦步亦趋,不能将几千年的文化经验付诸一炬,而要在现代化过程中"批评"地重新拿出自己的老传统。梁氏有其独到的文化哲学观、中国文化观、儒学思想、乡村建设理论、人生哲学。他"援西学入儒",力图"洗出二千年前孔子的真面目",将孔子、儒家的学说,视为活生生的生命的智慧,提醒我们在现代化的过程中要保持道德精神的超越性、相对独立性。他以柏格森生命哲学作为参照,重探儒家生命哲学的意蕴,发明儒学,特别是王阳明及其后学的意义。梁氏将"理性"界定为道德本心,同时又涵盖了人的社会存在的丰富性和完满性,具有融合中西的特点;他为重建儒家生命精神、心性修养与终极关怀作出了巨大的努力,维护了中华文化的基本精神,指出了方向;他虽然出入诸家,点评和比较中、西、印文化,但其最根本的方法却是直觉体验式的反身而诚的探求,而这正是理解其文化哲学的一把钥匙。抗战胜利后,他代表第三党参与最高政治;1950年代初期,他曾与毛泽东"廷争面折";1974年,他公然抗拒"批孔运动"。在历史的脉动和社会思想的复杂冲突中,还原梁漱溟近一个世纪的心路历程,我们认为,梁氏尝试过的教育改革、乡村建设、民主建国、退而闭门著述的过程,曲折而繁复,他以全幅生命开启了儒学现代化之门,最终并未如人所说皈依了佛门。②

熊十力是哲学家。他面对西学的冲击,在传统价值系统崩坏的时代,重建

---

① 我们十分敬重包括现当代新儒家在内的学术前辈,但为行文方便,本书一律直呼其名。

② 参见郭齐勇:《梁漱溟的文化比较模式析论》,《武汉大学学报》1988年第2期;郭齐勇、龚建平:《梁漱溟哲学思想》,湖北人民出版社1996年版。有关梁漱溟的著作,见中国文化书院主编:《梁漱溟全集》共八卷,山东人民出版社1989—1993年陆续出版。

本体论,重建人的道德自我,重建中国文化的主体性。熊十力一生重复得最多的话是:"吾学贵在见体"。"体"是什么？如何去"见"？或者说,什么是人的生命存在的本体、宇宙万物之本根及其生生不息的源头活水？如何以自己的真实的生命去透悟、契接和回应它？这便是中国哲学的本体学和方法学的问题。熊十力正是从这两方面去建构他的哲学体系的。前者叫作"境论",后者叫作"量论"。熊氏《新唯识论》之"境论"就是他的形上学与本体—宇宙论,是针对着"存在危机"与"形上迷失"而创发的哲学体系。熊十力的终极关怀,即在于为人类寻找回失落了的根源与根据。科技理性的膨胀,人文价值的丧失,道德意识的危机,生命本性的困惑,促使他以探寻宇宙人生的大本大源为己任。因此,"重立大本"是熊氏"境论"的要旨。为了"重立大本",又必须"重开大用",由此而展开了"体用不二"的哲学体系。在熊十力看来,法相唯识之学、汉学考据、实证主义、科学主义,如此等等,根本的缺陷在于它们关注的不过是饾饤枝节,从而肢解、掩蔽了对于"宇宙之基源"、"人生之根蒂"的考察和体悟。因此,重新思考人的类存在的危机和人的类本质的发展,重新反省生命的意义和人生的价值,重新寻找"人生本质"和"宇宙本体",并明了二者的关系,就成为哲学家的首要任务。他所谓出入于佛学,实是借助批评佛教唯识学来批评西学,以他所理解的孔子与《周易》的精神,及王阳明、王船山二王之学相结合,建立以"本心"为本体,即用即体,即体即用,"体用不二"的哲学系统,并开出知识论与外王学。而他的机体主义的宇宙论又与怀特海相暗合。他的生命哲学与柏格森不可同日而语。他重建儒学的努力却从未懈怠过,他又有三位优秀的弟子——唐君毅、牟宗三、徐复观,故他在现当代儒学史上的地位是无法动摇的。①

　　马一浮是国学大师、诗人、书法家,梁漱溟称他为"千年国粹,一代儒宗"。其学术特点是深通经学、理学与佛学,经史互通,儒、佛、道三教互释,程朱与陆王调和,圆融会通,了无滞碍。马氏以"一心开二门"的架构方式建构其思想系统。在这两层结构中,核心是本体——心性论,这是根源和根据,是形而上

---

① 参见郭齐勇:《熊十力思想研究》,天津人民出版社 1993 年版;郭齐勇:《天地间一个读书人:熊十力传》,上海文艺出版社 1994 年版。有关熊十力的著作,参见萧萐父主编、郭齐勇副主编,郭齐勇、景海峰、王守常等整理:《熊十力全集》共九卷十册,湖北教育出版社 2001 年版。

的基础;工夫论和六艺论是本体之用(展示、表现、功用),是形而下的层面。马氏以本体言心,此心即性、亦即天、亦即命、亦即理、亦即性德或德性。性德开出两支:一是道德活动,包括修养、实践、行为;二是文化活动,包括文化现象、系统或文化建制。上层(体)是下层(用)的既内在又超越的根据,是本体;同时又是创生出道德活动和文化系统的主体。六艺不仅指《诗》、《书》、《礼》、《乐》、《易》、《春秋》,同时涵盖了今天的自然科学、社会科学、人文学、社会组织与社会文化活动、政治、经济、法律、宗教、哲学、文学、艺术等等。所有这些,都统摄于"性德"即心性本体,它们只是这一本体的展开和表现的形态。本心即性德之体主宰、保证了文化活动、道德活动既具有理想,又具有理性。马氏以"一心开二门"来诠释张载"心统性情"之说,以即用即体、即体即用的方式,扬弃了朱子的理气二元和心性情三分;又以心、性、理的层次分疏,批评了王阳明的直接等同论。性理是体,情气是用;性是心真如门,情是心生灭门。心统性情,兼赅体用。人需要修养践形,使得全气是理,全理是气。他还提出了"性修不二"论,即"全性起修,全修在性"之说。总之,马一浮将儒家易学中的"三易说"(不易、变易、简易)和佛家哲学中的"一心二门","一体二相","体大、用大、相大"等等框架融会统一起来,架构其本体论,从而奠定了现代新儒学的本体——宇宙论、本体——道德论、本体——文化论、本体——知识论的范式。①

张君劢是法学家、社会政治活动家、哲学家,中华民国宪法的起草人,被誉为中国的"宪政之父",一生主张并推动"政治民主化"、"军队国家化",徘徊于政治与学术之间。他早年游学并讲学于德国,中年去过印度,晚年生活在美国,通晓中、西、印哲学与文化,从事中西印文化与哲学的比较研究。在西方文化方面,特重古希腊哲学、德国近现代哲学、现代欧洲文明比较研究的成果。在中国文化方面,重点研究儒学,特别是先秦与宋明儒学。他主

---

① 参见郭齐勇:《侧身天地更怀古,独立苍茫自咏诗——论马一浮的人格境界与哲理诗》,《中国文化》1994 年 2 月总第 9 期;林安梧:《马一浮心性论初探》,载氏著《现代儒学论衡》,台北业强出版社 1987 年版。有关马一浮的著作,见《马一浮集》(共三卷),浙江古籍出版社、浙江教育出版社 1997 年版;《马一浮先生遗稿续编》,台北广文书局 1998 年版;《马一浮先生遗稿三编》,台北广文书局 2002 年版;《马一浮全集》(共六册),浙江古籍出版社 2013 年版。

张协调科学与人文、知识与价值,博采西方学说之长,以儒学思想为主沟通东西文化,复兴中国思想。他认为,儒家思想的特质是:强调知识与道德并重,重历史的延续性和社会的和谐性,重悟性与理解的相应性和全面性。又说,儒家哲学的特性有四个方面:一是道德价值学说;二是以形下为基,进而达于形上,形上形下相通;三是对心灵的调节;四是身体力行。他阐发儒家"万物之有"的多元宇宙观与"致知之心"的修养与认知方法。他认为,先秦儒家与古希腊政治思想可谓出于同根,都认为政治的善恶不离于道德,都主张以德治为政治的基础;儒家思想中不乏民主的种子,如推崇汤武革命、重视民意、选贤任能、言论自由、反对天下为私而主张天下为公等;宋明时代儒家倡导的乡约,符合西方的公民教育和地方自治。他认为,中国思想史上与欧洲文艺复兴相媲美的是宋代的文化。宋初学者勇于疑古、创新;宋代文体多样,诗词、通俗语体文、理学家语录、平话、通俗小说等适合于平民化;各种学术与思想发达,理学与经、史、考据、金石学有很高成就;对美术有浓厚兴趣;活字排印法促使了文化繁荣;尤其是新儒学的兴起,对佛教的抗争,强调理性自主的精神,与欧洲新教与旧教的斗争相类似。张君劢认为,宋明新儒学的思想体系可分为四类:宇宙论;自我反省(性、心、思、知);书院教育;政制。他主张,社会进步、民族复兴的要件是儒学的复兴,儒学复兴则是孔孟以来及宋儒的基本精神的复兴,中华民族精神气节的重建,此乃中国现代化的基础。在政治法律方面,他参照西方宪政与中国实践,谋求中国现代治道与治式,以国家民族为本位,推动民主政治建设及相应的经济、法制、文化、教育与信仰的配置。①

其次,说说第一代第二群的冯友兰、贺麟、钱穆、方东美。

冯友兰是哲学家。冯氏不仅中学的底子厚实,而且曾留学美国,获哥伦比亚大学哲学博士学位。他认为,中国传统哲学的形上学,是好的、真正的形上

---

① 参见郑大华:《民国思想家论》,中华书局 2006 年版。该书收有作者讨论张君劢思想的四篇论文。又请参见郑大华:《张君劢学术思想评传》,北京图书馆出版社 1999 年版。有关张君劢的著作,台湾学生书局、弘文馆等于 20 世纪 80 年代出版数种。中国人民大学出版社于 2006年出版张君劢儒学著作集一套五种,清华大学出版社 2008 年出版的《汉语法学文丛》中有张著两种。

学,它看起来不切实用,然而它却能提高人的境界,指导人生,给人以安身立命、乐天知命之根据,使人受用无穷。经过现代哲学的洗礼,传统形上学完全可以发扬光大。冯友兰哲学的中心范畴是"理"、"气"、"道体"、"大全",学术路数,大体上是《易》《庸》——程朱的路数。他的特点是以柏拉图、新实在论哲学,以西方的逻辑分析方法来重建程朱理学,凸显了逻辑先在的理世界的主宰性。虽然同是重建道德的形上学,却与熊十力恰恰构成对立互补的两极,熊是"仁的本体论"而冯是"理的本体论"。冯氏认为,反思的思想是以人生为对象的,在人生中思想人生的思想,是反思的思想。反思到极致,当然必须超越逻辑、超越经验。但是哲学家必须有系统地表达人类精神的反思,又必须使用逻辑分析方法。正的分析方法与负的体悟方法并不矛盾,倒是相辅相成的。他把人生境界划分为四个等级:自然境界、功利境界、道德境界、天地境界。哲学的任务是帮助人达到道德境界和超道德的天地境界。他的《新理学》等"贞元六书"的创制,经过了 1937—1946 年的历史跨度,晚出之《新原人》与《新原道》无疑是"贞元六书"中最有价值的两部著作。这两部书与冯氏的多种《中国哲学史》,饱含真正体悟人生意境、抉发中国哲学精神的精彩绝伦之论。他的两卷本《中国哲学史》经卜德翻译(在翻译过程中冯氏曾指导卜德糅进了《新原道》的一些内容),半个多世纪了,仍是英语世界不可多得的最好的《中国哲学史》教材。冯友兰对中国文化与哲学不仅有深切的理解,而且最善于深入浅出地表达出来,培养、影响了数代中国哲学的研究者。在"文化大革命"后期批孔运动中,冯氏违心地撰文参与批孔,此乃政治大气候造成的,他晚年曾真诚地作了自我反省与检讨。①

　　贺麟是哲学家、翻译家。贺麟早年留学西方。他的哲学是中学西学、心学理学两面之调解的"理想唯心论",是道德的理想主义和理性主义统一的形上学。贺麟认为,作为宇宙人生之真理、万事万物之准则和真善美永恒价值的"道",即是本体,而精神则是主体。若从体用的观点来说,精神是以道为体而以自然和文化为用的意识活动。他希望中国人能够真正彻底、原原本本地了

---

　　① 参见郭齐勇:《熊冯金贺合论》,《哲学研究》1991 年第 2 期;郭齐勇:《形式抽象的哲学与人生意境的哲学——论冯友兰哲学及其方法论的内在张力》,《中州学刊》1998 年第 3 期。有关冯友兰的著作,见《三松堂全集》(十四卷),附录一卷《年谱》,河南人民出版社 2000 年版。

解、把握、吸收、转化、利用、陶熔西洋文化以形成新的儒家思想、新的民族文化。他反对将儒学或民族文化褊狭化、浅薄化、孤隘化,主张吸收西洋艺术、基督教精华和正宗哲学(苏格拉底、柏拉图、亚里士多德、康德、黑格尔),使儒学艺术化、宗教化、哲学化,更加发挥其指导人生、提高精神生活和道德价值的特殊功用。他建议在哲学上建立"仁的宇宙观"和"仁的本体论"及"诚的宇宙观"和"诚的本体论"。贺麟的理路,是融合陆王、程朱,而以康德批判哲学、黑格尔精神哲学加以提扬和重释。他的哲学不离开生活,在政治方面注重研究决定整个民族命运的命脉与精神,在道德论上持尽性主义或自我实现主义,在人生论上持理想主义。贺麟哲学讨论了心物问题与知行问题。在心物问题上由心物平行说发展到心体物用论,把自然之物和文化之物都看成精神的表现。在知行问题上,他强调了知行之间的动态整合,并据行为心理学、意识现象学和近代哲学的身心学说重新诠释宋儒和孙中山的知行关系学说。在本体方法学上,他在胡塞尔现象学的启发下,提出直觉理智两端互补的学说。他认为,哲学方法是由"前理智的直觉"到"理智的分析"到"后理智的直觉",由"感性直观"到"知性直观"到"理性直观"。他受新黑格尔主义的影响,认为直觉不仅是思维方法,同时是一种生活态度,是精神修养达到的最高境界;直觉也不仅是道德的敏感,而且同时又是超道德的、艺术的、宗教的、哲学的洞见和神契。他大有功于中国之西方哲学的教学与研究事业,培养、影响了两代西方哲学的研究与翻译人才。①

钱穆是国学大师、历史学家,博通经史子集。钱氏在中国文化和中国历史的通论方面,多有创获,尤其在先秦学术史、秦汉史、两汉经学、宋明理学、近代思想史等领域,造诣甚深。他把经学的基本精神归结为:以人文主义精神为中心,肯定人的价值及其意义;注重历史的精神,肯定经学与史学的一致;天人合一精神,此人文精神不反对自然和宗教,相反总是融摄宗教,并使人文措施与自然规律相融和;融合精神,经学本身把文学、史学、宗教、哲学融合在一起;通

---

① 参见郭齐勇:《贺麟前期的中西文化观与理想唯心论试探》,《天津社会科学》1988 年第 1 期;郭齐勇:《论贺麟的中国哲学史研究》,《哲学杂志》(山东)1993 年第 1 期。有关贺麟的著作,有《文化与人生》《哲学与哲学史论文集》及译著多种由商务印书馆或其他出版社出版;《贺麟全集》,由张祥龙教授主持整理、编辑,自 2008 年由上海人民出版社陆续出版。

经致用及重视教育的精神。他能通贯诸子,并以史学观点研治诸子学。他从总体上把握诸子师授渊源,以儒墨两家为轴心疏理诸子,从动态把握诸子之统一。钱氏治理学尤其重视朱熹,建立了庞大的朱子学,用理气一体浑成的道理解决了学者对理气二元或一元的争论,也用心性一体两分的道理,打破了门户之见。他对理学研究的另一个重点是王阳明。钱氏对清代学术思想的研究集中在清代学术与宋明学术之间的关系,以及清代学术的发展与流变上。他认为只有中国历史文化的精神,才能孕育出世界上最悠久最伟大的中国民族,民族精神是族类生活的灵魂和核心。钱氏是一代通儒,他的学问宗主在儒。其儒学观的要点是:(1)肯定儒学在中国历史文化中的主干地位,发挥周公、孔子以来的人文主义;(2)定义儒的广泛性,指出儒家在社会政治、教育师道、经史博古、文章子集之学各方面有全面的发展;肯定心性学说是中国学术的"大宗纲",治平事业是中国学术的"大厚本";(3)阐扬儒学的最高信仰和终极理想,阐释儒家中心思想——"天人合一"、"性道合一"的精义;(4)以开放的心态,破除门户,打破今古文经学、汉学宋学、程朱理学与陆王心学的界限,对儒学史作出了别开生面的建构,提出了儒学史与社会文化史相辅相成、相交相融的儒学发展阶段论;(5)回应 20 世纪诸思潮对儒学的批评,指出儒学是一个不断与时俱进的活传统,是中国现代化的重要精神资源和现代人安身立命的根据。①

方东美是哲学家。方氏兼通中西印、儒释道,早年曾留学美国,中年以后从研究西方哲学回到研究中国哲学,不满西方人对中国哲学的翻译介绍,用英文写了大量论著,阐发中国哲学精义,并从事比较哲学研究,参与国际学术对话及讲学。他是有诗人气质的开放型的学者,对儒家"道统"说、"独尊"论与宋明儒的狭隘门户观等,有着深切的批评,对道家、佛家倍加赞誉,发扬原始儒家、原始道家、大乘佛学、宋明清新儒学四大思想传统与资源的真精神,肯定中国哲学的旁通统贯性,并尊儒家的皇极中道与三才之道、道家的超脱解放之

---

① 参见郭齐勇:《论钱穆的儒学思想》,《学人》第八辑,江苏文艺出版社 1995 年版;郭齐勇、汪学群:《钱穆评传》,百花洲文艺出版社 1995 年版;郭齐勇、汪学群:《钱穆学术思想探讨》,《学术月刊》1997 年第 2 期。有关钱穆的著作,见《钱宾四先生全集》编辑委员会编:《钱宾四先生全集》共三大编 54 巨册,台北联经出版事业公司 1998 年版。

道、佛家的菩提道等。方氏强调《尚书》、《周易》是儒家乃至中国文化的根源，揭示儒家具有广大悉备的创造性的生命精神，直透宇宙大化流衍的创造力，把个人的生命当作中心，再贯彻到宇宙的一切神奇奥妙中，由此形成儒家的"天地之心"也就臻于情、意、理三者，充量和谐。他指出，儒家哲学的特色在于：肯定天道之创造力，充塞宇宙，流衍变化，万物由之而出；强调人性之内在价值，翕含辟弘，发扬光大，妙与宇宙秩序，合德无间。他称儒家是"时际人"，即宇宙、人生真相在时间的历程中展现开来，此为创造的过程。他发挥《周易》"生生"精神①，创建了生命本体论的哲学体系，以"普遍生命"为万物创化的无穷源头，肯定人类生命的超升即从自然人到道德人的转化，即人可以变化气质，超凡入圣，转识成智，达至"全人"的境界。他比较希腊、欧洲、印度、中国之智慧型态，欣赏生生不已、物我融贯与普遍和谐的智慧，强调真、善、美统合与超越的理境。方氏与其他的现当代新儒家的儒学观有不一致的地方，但亦有其深刻的一致性。正如有的专家所说：方东美"肯定了儒家思想乃中国精神文化的主流之一……强调对于中国政治思想来说儒家思想始终是主要的……认为儒家思想对于指导中国人的生活来说是第一位的……认为儒家人格乃中国人纯正的代表……强调恢复儒家精神与复兴中国传统文化的一致性……坚决反对科学主义，具有强烈的人文主义情怀……真诚地认同儒家学说的精神价值，明确地承认儒家学说的现代意义……坚决主张以儒家价值取向来拯救当代的文化意义危机和道德危机，以儒家的价值取向作为未来社会之主导的价值取向。"②

　　再次，说说第二代第三群的唐君毅、牟宗三、徐复观。③

　　唐君毅是哲学家。他是仁者型的人物，具有悲悯意识与宗教情怀，在东方与西方、传统与现代剧烈冲突与交流互动的背景下，用整个生命和全部心血护持着人类和族类的文化理想、道德理性，他充分肯定人类各大文明的原创性，

---

　　①　关于现代新儒家学者对《周易》的借鉴与阐释，请参见郭齐勇：《现代新儒家的易学思想论纲》，《周易研究》2004年第4期。

　　②　蒋国保、余秉颐：《方东美思想研究》，天津人民出版社2004年版，第29页。有关方东美的著作，由《方东美先生全集》编纂委员会整理，台北黎明文化事业股份有限公司于20世纪70年代末到80年代出版了中文书十多种、英文书三种，各种书均冠以"（方）东美全集"的字样。

　　③　参见郭齐勇：《唐牟徐合论》，《学人》第五辑，江苏文艺出版社1994年版。

充分尊重世界各民族文化与宗教精神的合理内核,希冀包容不同的价值理念。
他会通中西,融贯三教,创造性地建构了"性""道"一元、"体""用""相"多面
撑开的文化哲学系统。这一系统,以"道德自我"为中心。但道德的主体性与
文化活动,精神理想与人文世界是有密切关系的。"心之本体"客观化、外在
化为人类文化活动的各侧面、各层次、各系统,包括家庭、社会、经济、政治、哲
学、科学、文学、艺术、宗教、体育、军事、法律、教育等等,包括东西方文化史和
思想史上各方面的成就。唐氏晚年在肯定"道德自我"主导性的同时,将它扩
大为"生命存在",涵盖精神生命不同的内容和不同的活动方面,肯定因此而
相应地具有的不同的心灵境界。他从不同类型的人的生命存在与心灵活动的
广阔内涵出发,架构了弘大而辟的"三向九境"系统。在中、西、印哲学文化对
比研究的基础上,唐氏特重中国哲学史的解读与重构,阐发其不同于西方、印
度的特殊性。他指出,今天最圆满的人文主义,必须是中西会通的人文主义,
以解除现代世界中文化的偏蔽。他对东方宗教的兼容性,对儒学的宗教性与
超越性,对中国哲学"内在超越"特色的发挥,尤有价值。唐氏"心本体论"的
中心贯穿在人文精神论、宗教观、道德哲学、人生论的各方面,在文化之体、用、
相关系上,在"即人生以言人心"与"本人心以论人生"的关系上,尤其在精神
安立、本体理境之追寻的思考或体悟方式上,我们都可以见到德国观念论,尤
其是黑格尔思想的影响。但唐氏的"心"又与黑格尔绝对精神不同。他努力
从事文教事业,曾与友人创办杂志,创办新亚书院,参与校政,教书育人,提携
后学。他又关心社会,参与社会活动,批评当下,是面向未来的公共知识分子
的一员。①

　　牟宗三是哲学家。他是智者型的人物。牟氏对古希腊柏拉图、亚里士
多德等直至莱布尼兹、罗素、怀特海、维特根斯坦、海德格尔等哲学家均有深
度的理解,尤其对康德、黑格尔哲学下了很大的功夫。我们甚至可以说,他
几乎是以毕生的精力会通中西哲学,特别是透过康德来重建儒学。牟氏哲

---

①　参见郭齐勇:《论唐君毅的文化哲学》,《求是学刊》1993 年第 4 期。另请参见单波:《心
通九境——唐君毅哲学的精神空间》,人民出版社 2001 年版。有关唐君毅的著作,由台湾学生书
局于 20 世纪 80—90 年代出版了《唐君毅全集》校订本,共二十余卷。以台版《唐君毅全集》为基
础,九州出版社于 2016 年 8 月出版了《唐君毅全集》新编本,共六编三十九卷。

学以"智的直觉如何可能"作为突破口。依康德的思路,道德以及道德的形
上学之可能与否,关键在于智的直觉是否可能。在西方哲学传统中,智的直
觉没有彰显出来,而在中国哲学中却有充分的显现。中国儒、释、道三家都
肯定智的直觉。牟宗三指出,人现实上当然是有限的存在,但可以因此无限
性的超越者以为体而显其创造性,因而得有一无限性。这正是理想主义之
本质,也正是中国儒、释、道三教之本质。由于有了智的直觉这一主体机能,
有限的人生取得了无限的价值和意义。"道德的形上学"在牟氏看来并不
同于"道德底形上学"。前者指的是由道德的进路来接近形上学,或者说形
上学是由道德的进路来证成;后者的重点在说明道德之先验本性。前者必
须兼顾本体与工夫两面,甚至首先注意工夫问题,然后在自觉的道德实践中
反省澈至本心性体;后者并不涉及工夫论,而只是把这套学问当作纯哲学问
题,不知它同时亦是实践问题。牟宗三建构了两层存有论:本体界的存有论
(无执的存有论)和现象界的存有论(执的存有论)。本体界的存有论与现
象界的存有论相配合,完成一圆实的"道德的形上学"。这两层存有论,是
在成圣成贤的实践中所开展出来的。牟宗三晚年诠释圆教与圆善,译注康
德的第三批判,论证"真善美的分别说与合一说"。牟氏使儒家圆教与康德
圆善相会通。康德三大批判分别讲"真"、"善"、"美",但对于"即真、即美、
即善"的合一境界却没有透悟,而在这一方面,中国智慧却能达到相当高的
境界。牟宗三的工作表明,中西哲学的互释与会通是中国哲学转型的重要
途径之一。他彰显了中国哲学的自主性,提出了诸多有价值的论域与思路,
启迪后学融会中西,创造出新的哲学系统。①

　　徐复观是思想家与思想史家。他是勇者型的人物,早年从政,晚年治学。

---

① 参见郭齐勇:《简论牟宗三的中西文化比较模式》,《现代新儒学研究论集》(一),中国社
会科学出版社 1989 年版;《论牟宗三"两层存有论"的道德形上学》,《天津社会科学》1993 年第 5
期;《牟宗三先生以"自律道德"的理论诠释儒学之蠡测》,《哲学研究》2005 年第 12 期;《牟宗三
先生会通中西重建哲学系统的意义》,《人文论丛》2006 年卷,武汉大学出版社 2007 年版;《牟宗
三的形上学体系及其意义》,《鹅湖》月刊总第 414 期,2009 年 12 月;《牟宗三先生"三统并建"说
及其现代意义——以"开出民主政治"说为中心》,《孔子研究》2016 年第 1 期。有关牟宗三的著
作与译著,见《牟宗三先生全集》编纂委员会整理之《牟宗三先生全集》二十余卷,由台北联经出
版事业公司于 2003 年出版。

他与唐、牟为同道，共同弘扬中国传统文化精神。与唐、牟不同的是：他不是从哲学的路子出发的；对传统与现实的负面，特别是专制主义政治有很多批判；有庶民情结，是集学者与社会批评家于一身的人物。"忧患意识"一说即来自徐氏，指表现在"敬"、"敬德"、"明德"观念中人的精神集中，对事的谨慎、认真的心理状态，由信神而转为人的自觉，乃殷周之际从原始宗教挣脱出来的中国人文精神之跃动。由此凸显的是主体的积极性与理性，自觉反省，对自己行为负责。这种人文精神自始即带有道德的性格。他特重发掘中国历代知识分子对于治道与民生的关切、介入，以天下为己任和以德抗位、道尊于势的传统。他对先秦人性论史、两汉思想史、中国艺术精神与艺术史有深入的研究与独到的见解，其中指导性的乃是一道德史观或心性史观，认为中国文化是由上向下落，由外向内收的"心的文化"，人心是价值之源与生命的导向。他认为孟子性善论是一伟大的发现，每一个人即在他的性、心的自觉中，得到无待于外、圆满自足的安顿。性善证实了人格的尊严，同时即是建立了人与人的相互信赖的基础，也提供了人类向前向上的发展以无穷希望的根据。孟子的王政，即是以人民为主的政治。徐复观比较重视经学与经学史，创造性地诠释礼乐文明。他通过对周秦汉，特别是汉代社会政治结构的探讨，徐氏深刻揭露、鞭笞了专制政治。他特别重视知识分子问题，不仅考察了"史"的原始职务，与祝、卜、巫的关系，尤其论述了史职由宗教向人文的演进，宗教精神与人文精神的交融。他对汉代优秀知识分子以理想指导、批判现实政治的研究，多所弘扬。徐复观肯定中国知识分子的使命感、入世关怀、政治参与和不绝如缕的牺牲精神。他身上即体现了知识分子，特别是人文知识分子，以价值理念指导、提升社会政治的品格。徐复观治学严谨扎实，有考据的功夫，把考据、义理与辞章三者结合得很好。[①]

[①]　参见郭齐勇：《论徐复观的思想史观》，《江汉论坛》1993 年第 6 期；郭齐勇：《徐复观〈两汉思想史〉导读》，《好书》2002 年第 2 期；郭齐勇：《徐复观论礼乐》，《江西社会科学》2004 年第 8 期。有关徐复观的著作，见台湾学生书局、台湾商务印书馆、台湾中研院文哲所出版之各版本。简体字版有上海三联、上海书店、华东师范大学出版社出版的数种，及李维武编《徐复观文集》（五卷本），湖北人民出版社 2002 年版。2014 年，《徐复观全集》由徐复观哲嗣徐武军教授、武汉大学郭齐勇教授、台湾大学王晓波教授、台湾东海大学薛顺雄教授共同主持编辑，共二十五种二十六册，由北京的九州出版社出版。

最后,说说第三代第四群的蔡仁厚、余英时、杜维明、刘述先、成中英。

蔡仁厚是思想家与哲学史家。蔡氏以教书为生,学术研究的重点是中国哲学史,尤其是先秦儒家、宋明理学、现当代新儒学。他弘扬乃师牟宗三"生命的学问"的路向,不废讲学,在平凡的学问生命中体现传统知识分子的人格,光大民族文化的大统。蔡氏服膺唐、牟、徐"慧命相续、返本开新"的宗旨,其特点是最为平实、全面、系统地阐发了从先秦到现当代的儒学之精义。他坚持第一、二代现代新儒家开辟的精神方向,把握儒学的常与变,讨论儒家思想的现代意义以及中国哲学的反省与新生。在中国哲学史的研究上,蔡氏有五阶段论,即先秦为中国文化原初形态的百花齐放,两汉魏晋为儒学转型而趋衰与道家玄理之再现,南北朝隋唐为异质文化的吸收与消化,宋明为儒家心性之学的新开展,近三百年为文化生命之歪曲、冲激与新生。他认为,儒之为儒,不能由王者尽制的外部礼乐(礼教)来规定,而必须由圣者尽伦的成德之教(仁教)来规定,这才能确定儒家之教义与儒者生命智慧的方向。但礼乐文制也很重要,人文教化需要礼。蔡氏发愤考述孔门弟子之志行,又对荀子与朱子之"心"论的关系发表了独到的见解。从孔子到宋儒是其研究重点,包括《中庸》《易传》形上智慧的传续与周濂溪的默契,洛学南传与闽学定位,湖湘学与胡宏《知言》,对朱子的理解,朱子与张栻的论战,朱陆异同与象山实学及对阳明学的疏导等。他重视性理学文献的疏导,讲课时特别喜用自己创制的表式来显示义理脉络与系统的架构。他对韩国、日本性理学特有慧心,又深入研究了儒家之宗教性问题。他认为儒家之为教,是含具宗教意识,能表现宗教的功能作用,也能显发宗教的超越精神,是一个具有宗教性的大教。他参与了与儒学与基督教的对话。蔡氏大有功于现代新儒家前辈义理的阐述,特别是对牟宗三学行的整理与研究。其人其文与其名相应,教书育人,应事接物,尽显仁厚君子之风范![1]

---

[1] 详见蔡仁厚:《儒家思想的现代意义》,台北文津出版社1987年版;蔡仁厚:《儒学的常与变》,台北东大图书公司1990年版;蔡仁厚:《孔子的生命境界——儒学的反思与开展》,台湾学生书局1998年版;蔡仁厚等:《蔡仁厚教授七十寿庆集》,台湾学生书局1999年版;蔡仁厚:《哲学史与儒学论评:世纪之交的回顾与前瞻》,台湾学生书局2001年版;蔡仁厚:《自订学行著述年表(初续卷)》,台中晨星出版有限公司2009年版。

余英时是历史学家、思想家与思想史家。余氏在西方学术界的地位最高。他与其他的现代新儒家不同,他为乃师钱穆的地位及钱氏为什么没有联署1958年新儒家宣言事,甚至为自己的朱子论说等打过笔仗,对现当代新儒家所谓"熊十力一系"唐、牟及其弟子等有过激烈的批评。但我仍坚持把余英时归于这个思想群体,乃是因为,余氏最了不起的地方是严守现代学术本位,从历史学的径路,认真爬梳史料,严谨、深刻、具体地研究了中国文化传统的特色,儒学与中国社会的关系,作为意识形态的儒学与生活方式的儒学的不同,传统与现代,中国现代化过程中儒学的作用,中国传统价值系统在现代的处境等,回应韦伯问题及西方中心论的挑战。平心而论,余氏其人其学恰好彰显了儒的真精神。余氏特重从孔子开始的中国的"士"的传统,研究古代知识阶层的兴起与发展、道统与政统的关系,认定文化和思想传承与创新,自始至终都是士的中心任务,考察儒士承担的文化使命与精神理想如何影响社会,中西知识分子的不同等。他指出:由于中国的超越世界的"道"与现实世界的"人伦日用"之间是一种不即不离的关系,中国的超越世界没有走上西方型的外化之路;孔子代表的"士"有重"理性"的一面,不是静观瞑想的哲学家,也负有宗教性的使命感,但又与承上帝旨意以救世的教主不同。他认为,以中国文化的价值系统而言,儒教始终居于主体的地位;中国的社会良心,必然要落在士阶层上。他缜密地讨论了宋代士大夫的政治文化,认为宋代的士不但以文化主体自居,而且也发展了高度的政治主体的意识。理学家们以各种方式抑制君权,伸张士权,在君民、公私论上有似于西方契约说。他从政治文化的角度系统而全面地检讨了道学(或理学)的起源、形成、演变及性质,将理学放回到它原有的历史脉络中重新加以认识。他讨论了16—18世纪明清社会中商人的地位与思想,从绅商并提、士商相杂中,朱子的道德观念是怎样传播到商人身上的,商人是怎样巧妙地运用传统文化中的、儒佛等宗教伦理中的因素来发展商人精神即"贾道"的。也可以说,他是从历史的径路研究了儒家资本主义。余英时从来不认为传统与现代互不相容,一再论证中国现代化过程中,传统发挥了主动的力量。他认为,20世纪初叶中国传统的解体主要发生在"硬体"方面,作为"软体"的价值系统没有很快消失,而是进入了"死而不亡"的阶段,与许多现代的价值不但相激相荡,也相辅相成。余英时的论说相对于哲学理路的当代新儒家的论说,适成一种互补。①

　　杜维明是思想家、哲学家与人文学家。杜氏艰苦卓绝地在北美"传道、授业、解惑",而且风尘仆仆,席不暇暖,代表儒家与各宗教、思想传统交流对话,开拓了西方儒学论说空间。现代西方思潮与学者对杜维明的影响较大,他与外域学者们不断地对话,受到他们提出的诸多问题的"问题性"或"问题意识"的启发。他始终抓住儒家身心性命之学及其核心价值,不断阐发、挖掘。这不仅是由具体语境造成的,而且是针对着活生生的提问者背后潜藏的"问题意识"的。杜氏的解释理路及论说之创新要点,大体上有这样一些:1.人与天道、自然的"存有的连续"。2.身体的重要性与"践形"和"体知"。3.儒家的"自我"——多重关系网络的中心及其不断扩充与转化。4.道、学、政等向度的展开。5.仁与礼之间的创造张力。6.儒学的宗教性。7."启蒙反思"。8."文化中国"。9."文明对话"。儒家伦理能够为全球文明对话提供资源,而资源发掘工作要靠公众知识分子。10."全球伦理"。杜维明认为,中国的"第二序反思"是儒家所代表的对人本身的反思。这一反思包括具体活生生的个人、自我,个人与群体,人与自然,人与天的关系等四层面。儒学的宗教性就是要在凡俗的世界里体现其神圣性,把它的限制转化成个人乃至群体超升的助源。儒家有它独特的终极关怀,并与社会实践紧密结合,这是一个体现宗教性的特殊形式。以上十点,核心是"儒学创新",内容包括:1.个人自我之中身体、心知、灵觉与神明四层次的有机整合;2.个人与社群乃至社群与社群之间的健康互动;3.人类与自然的持久和谐;4.人心与天道的相辅相成。杜氏认为,对西方现代文明所提出的挑战作出创建性的响应,正是儒学第三期发展的起点。他在"人文精神"、"文明对话"、"文化中国"、"启蒙反思"、"全球伦理"、"东亚价值"等论域中的讨论,关于儒学的宗教性及儒佛、儒耶的对话,关于儒家与自由主义、女性主义的对话和对环境生态伦理的参与问题,关于儒家的"自

────────────

①　详见余英时:《士与中国文化》,上海人民出版社 1987 年版;余英时:《钱穆与中国文化》,上海远东出版社 1994 年版;余英时:《现代儒学论》,上海人民出版社 1998 年版;"余英时作品系列"六种:《朱熹的历史世界》、《论戴震与章学诚》、《方以智晚节考》、《文史传统与文化重建》、《现代危机与思想人物》、《现代儒学的回顾与展望》,三联书店 2004—2005 年版;辛华、任菁编:《内在超越之路——余英时新儒学论著辑要》,中国广播电视出版社 1992 年版。

我"、"内在经验与体知"、"身、心、意、知、物"之关系的创造诠释,关于文化认同与创新、从特殊到普世性的考量,关于现代性、全球化的反思,都与现代和未来的中国与世界有着密切的关联。①

刘述先是哲学家。他的专长是西方文化哲学、宗教哲学与中国儒学,尤其是宋明理学,以及中西比较哲学、比较宗教学。他是讲堂教授与书斋学者,做纯学术研究,但他也以极大的热诚反省现代化与"全球化"带来的诸多问题,积极参与并推动全球伦理的建设,代表儒家参与世界各宗教间的对话,贡献华夏民族独特的智慧、理念与精神。刘氏注重现代神学的成果及面对现代化的儒耶沟通。他取基督教神学家田立克(Paul Tillich)的见解,把宗教信仰重新定义为人对终极的关怀。他指出孔子从未怀疑过超越的天的存在,从未把人事隔绝于天。但孔子强调天道之默运,实现天道有赖于人的努力,人事与天道有不可分割的关系。人自觉承担起弘道的责任,在天人之际扮演了一个枢纽性的角色。但这与西方无神论不同,没有与宗教信仰完全决裂。他强调儒家仁心与生生精神可以作为现代人的宗教信念与终极关怀,通过对传统与现代的多维批判,肯定儒家思想的宗教意涵有着极高的价值与现代的意义。他着力论证、开拓、辩护、推进了"超越内在"说。他对"理一分殊"作出新解:第一,避免执着于具体时空条件下的分殊,陷入教条僵化。第二,鼓励超越理想的落实,接通传统与现代。第三,肯定儒家传统智慧、中心理念与未来世界的相干性。第四,培养哈贝玛斯(J.Habermas)所说的交往理性,求同存异,向往一个真正全球性的社团,同时要反对相对主义,肯定无形的理一是指导我们行为的超越规约原则。刘述先通过"两行之理""理一分殊"的新释,注入了新的信息,使之更有现代性和现实性,肯定超越与内在、理想与现实、传统与现代、科技与人文的有张力的统一。他的研究,不单是哲学思想史的,尤其是哲学性的,是以现代哲学的问题意识与方法论去解读、诠释古代哲学大家的思想遗产,发挥出了一些新的看法。近些年来,刘述先的工作重点是用英文把有关先秦儒学、宋明儒学和当代儒学的智慧、哲思及学术,通过自己的研究介绍给西

①　参见郭齐勇:《论杜维明学术思想》,《中国哲学史》2002 年第 4 期。另请参见胡治洪:《全球语境中的儒家论说:杜维明新儒学思想研究》,北京三联书店 2004 年版。有关杜维明的论著,见郭齐勇、郑文龙编:《杜维明文集》共 5 卷,武汉出版社 2002 年版。

方,这些英文专著都已在西方出版。总之,刘述先重视宗教对话,阐发了儒学的宗教意涵,推进并丰富了"内在——超越"学说,创造性地诠释"理一分殊",积极倡导"两行之理",发挥和发展了儒学"仁"、"生生"与"理"之旨。①

　　成中英是哲学家,国际中国哲学、儒学、易学研究的著名专家与组织者。成氏中西兼通,他的创造性成就主要在以下几个方面:第一,全面把握中西哲学精神,通过对中西哲学的深入比较,探讨了中国哲学的基本特点,并把这些研究成果迅速地与西方哲学界交流对话,促进了中西哲学界的互动。第二,创造性地建构了本体诠释学,融摄了中国传统哲学的洞见,尤其在本体——宇宙论、本体——方法论上继承、转化、发展了中国哲学。第三,以现代视域,特别是以分析的理路在哲学各领域及哲学与其他学科交叉的领域作出了深入而精到的研究,在知识论(包括思维方式论)、伦理学(包括道德哲学和价值论)、美学、管理哲学(特别是把《周易》的哲学原理运用于管理科学)四个方面都有建树与拓展。简言之,成教授在中西哲学比较、本体诠释学及真(知论)、善(仁论)、美、管理诸层面都有卓越的建树。成氏创建"本体诠释学"无疑受到海德格尔、伽达默尔的影响,但更重要的源自中国哲学的主流传统,特别是"道"的本体——宇宙论及有关"道"的体悟、把握的方法学。他认为,《周易》乃是一个基于综合的创造的"观"的思想系统,是与宇宙真实的整体化的过程与过程化的整体密切相应的。今天,人类面临的知识与价值、自由与必然、知与行、天与人、个人与群体等矛盾关系,都在相生相成的发展中,这恰恰需要中国智慧的再发现。成中英倡导中国哲学的现代化与世界化,并为之奋斗了半个世纪。他力图使中国哲学取得理性的语言与形式,使它能够为人类作出普遍化的贡献,即可以把中国哲学的优长(如关于人与自然的及整体的真实关系的深切

---

① 参见郭齐勇:《刘述先先生的学术思想与学术贡献》,《儒学、文化与宗教——刘述先先生七秩寿庆论文集》,台湾学生书局 2006 年版。另请参见:姚才刚:《终极信仰与多元价值的融通——刘述先新儒学思想研究》,巴蜀书社 2003 年版。刘述先的著作有:《理想与现实的纠结》,台湾学生书局 1993 年版;《朱子哲学思想的发展与完成》,台湾学生书局 1995 年版;《当代中国哲学论:问题篇》,美国八方文化企业公司 1996 年版;《儒家思想意涵之现代阐释论集》,台北中研院中国文哲研究所筹备处 2000 年版;《全球伦理与宗教对话》,台北立绪文化公司 2001 年版;《现代新儒学之省察论集》,台北中研院中国文哲研究所 2004 年版。经刘述先先生同意,郭齐勇与胡治洪、姚才刚教授等正在整理、编辑《刘述先文集》十卷本,将由中国人民大学出版社出版。

认知,如深厚的人生与人生的经验与体验)发扬出来,此正是世界哲学现代发展之所需。他认为,中国哲学的世界化是以综合的创造为其基础,以创造的综合为其实现的。他对儒学发展史上的主要代表人物孔子、孟子、二程、朱熹、王阳明、黄宗羲、戴震及现代新儒家有精湛的研究,对儒学与现代新儒学的主要论域与基本理论特质,如儒学与宗教、儒学与知识论、心性哲学、道德哲学、生态哲学、儒学与康德哲学的比较等发表了创新见解,对儒学的当代意义与未来走向,特别是儒学的现代化与世界化有深刻反思。①

以上我们对三代四期16位不同风格、不同学养的学者作了简要评介。我们取多样性的看法,没有把这一思潮狭隘化。

第四节　现当代新儒学思潮的贡献与局限

近代以来,中国遭受西方列强的侵略,处于被动挨打的局面。有些人把失败的最终原因归结为中国文化落后、尤其是儒学落后。这种思潮,在甲午战争之后就产生了,并愈演愈烈,到了五四发展到了一个高峰,形成了一些诸如"打到孔家店"、全盘西化等等极端思想。把前现代文明与现代化绝对对立起来,把中国失败的责任归咎于文化传统是简单粗暴的做法。当时主流派的思想家如胡适、陈独秀等,把西方科学、民主的价值和制度的引进与中国本土的文化思想、制度文明绝对对立起来,把孔孟仁义的价值,把前现代文明中的宗教、伦理、政治、艺术、文学,与西洋思想,视为水火冰炭,绝对两样,断断不能相容。一直到今天,仍然有不少学者把民主、自由、科学的现实诉求与传统文化资源、道德资源打成两橛。西化思潮曾经长期处于强势。近两百年来,中国人遭遇的是从社会结构到意义结构全方位的坍塌、解体,现当代新儒家面对的困境是空前的。儒学从对社会渗透的无所不在,变成海外汉学家列文森(Joseph R.Levenson)在《儒家中国及其现代命运》中所谓博物馆、图书馆或古玩。中国文化的自信力完全坍塌。

---

① 参见郭齐勇:《成中英先生的学术贡献》,载潘德荣主编:《本体与诠释》第5辑,上海社会科学院出版社2005年版。有关成中英的论著,见李翔海、邓克武编:《成中英文集》共四卷,湖北人民出版社2006年版。

在这种形势下,现当代新儒家的思考给我们的启示是多方面的。

现当代新儒家反思现代性,反思唯科学主义,重视人类与中华民族的长久的人文精神与价值理性,其论域、问题意识或思想贡献有:

1.跳出传统文化与现代化二元对峙的模式,并由此反省现代性,重新思考东亚精神文明与东亚现代化的关系问题。东亚现代化不仅仅是对西方冲击的被动反应,传统与现代不仅仅是单线递进的关系。东亚诸国的现代化有自身的内发性,是在世界与东亚、世界与中国互动背景下自身的调适与发展的历程。东亚现代化有自身的精神、制度、人才资源。当代新儒家提出了现代性中的传统、现代性的多元倾向和从民族自身资源中开发出自己的现代性的问题。杜维明指出:"不能只把现代化当作一个全球化的过程,也不能把现代化当作一个同质化的过程,更不能把全球化当作一个西化的过程。正是全球化的意识,使得根源性意识越来越强。也正是这一原因,我们……特别突出现代性中的传统。"①现代性在西方诸国有不同的内涵和特质,其在东亚及世界其他地区也应当有不同的形式、内容与精神。当代新儒家充分重视协调世界思潮与民族精神,整合世界性与根源感、现代性与民族本己性。全球化问题在我国大规模地讨论之先,当代新儒家思潮已经提供了不同于启蒙理性的新的思路,率先体认到现代化不等于西化,不同地域的文明都蕴藏着现代的、普遍的价值,可以进行创造性转化。全球化绝不意味着某一种话语霸权的进一步扩张。在东亚诸国家和地区的现代化过程中,其地域与民族的文化大传统和小传统已经并将继续起着巨大的多重作用,在一定层次或程度上创造并丰富着现代化、现代性的新模式。

2."文明对话"与"文化中国"。梁漱溟在新文化运动末期已经开始了跨文化比较与对话的工作,虽不免粗疏,却代表了一种思路。唐君毅起草的,唐君毅、牟宗三、徐复观、张君劢联署的 1958 年《中国文化与世界宣言》②,虽因强调一本性而遭到不少批评,但平心而论,他们的宣言和其他丰富的有高度学术水准的论著、讲学,具有深刻意义。现代新儒家为跨文化比较、对话和融合

---

① 杜维明:《人文精神与全球伦理》,《杜维明文集》第五卷,武汉大学出版社 2002 年版,第503 页。

② 参见唐君毅:《中华人文与当今世界》,台湾学生书局 1975 年版。

做了大量的工作。文明冲突在历史上和现时代已屡见不鲜,唯其如此,文明对话与沟通才尤显重要。文明对话与沟通如何可能呢? 首先是民族文化精神的自觉自识。如果某种非西方文明或所有的非西方文明失掉了本己性,成为强势文明的附庸,恰恰使文明对话成为不可能之事。第三代新儒家更强调开放性。杜维明指出:"文化与文化的交流,不是零和游戏,不必采取你争我夺的方式,越交流双方的资源就越多。如果以发扬传统精致文化为基础,和西方深刻的价值进行沟通,我们应向两方面开放,要向当代西方而不是狭隘意义上的工具理性和只突出富强价值的西方,而是当代西方之所以成为西方的精神源头充分开放。要了解基督教、犹太教、回教在西方文艺复兴时所起的积极作用,了解古希腊的哲学智慧,了解中世纪的发展对西方的影响。"[1]"文化中国"的问题虽然并非当代新儒家首倡,海内外各方面学者均有论述,但近年来以杜氏阐释最多。事实上,除了地理中国、政治中国、经济中国、军事中国之外,确实有受中国文化不同程度浸润或影响的地域与人群,谓之为"文化中国"未尝不可。这些地域与人群的现代生存样态、价值意识、思维方式、心理结构,的确与多元性的中国文化有千丝万缕的联系,对整个世界未来的多元、良性发展起着积极的作用。

　　3. 儒家价值与全球伦理、环境伦理、生命伦理。20 世纪 90 年代以来,世界宗教、文化学者非常关注世界伦理的问题。这显然必须调动世界各宗教、文化、伦理的资源。鉴于当代纷争的世界需要取得伦理共识与普遍和谐的相处之道,1993 年,天主教背景的孔汉斯(Hans Kung)教授起草的《世界伦理宣言》为 120 位不同宗教的代表所签署。该宣言把包括孔子在内的、世界上各文明、各宗教的原创性的思想家提出的"己所不欲,勿施于人"的原则放到了重要的地位。孔子的这一思想有助于国家间、宗教间、民族间、社群间、个体间的相互尊重,彼此理解与沟通。《世界伦理宣言》能否为联合国所通过,那是另一个问题,但有关此问题的热烈讨论,实属客观需要、大势所趋、理所当然。当代新儒家学者努力参与了全球伦理的建构。刘述先在这一背景下阐扬儒家的"为己之学"及"仁义礼智信"等核心价值观的现代意义。他尤以宋儒"理一分殊"

---

① 杜维明、袁伟时:《关于文化中国若干问题的对话》,《现代与传统》1995 年第 4 期。

的睿识,来解决既尊重差别又平等互待的问题,并接通传统与现代、一元与多元。① 调动儒家资源来参与新的环境伦理、生命伦理的建构亦已成为热点。《中庸》中天、地、人、物各尽其性的原则为历代儒家所重视,这的确是生态与生命伦理的一个重要的生长点。"尽己性、人性、物性即是让天地万物各遂其性,各适其情,即是参赞天道,反之,参赞天道即在于能使自己、他人和天地万物都得到充分的生长发展,得以各尽其性分。"②儒家主张"仁者与天地万物为一体",儒学中的自律、仁爱、不伤害、公义原则等,均有重大的价值和世界意义。

4. 儒学与现代民主、与自由主义的关系。现代新儒家的三代代表人物都重视接纳西方近世以降的自由、民主、法治、人权的价值,多有创获。他们在政治诉求上并不保守,在民主政治的理念与制度建设上,在以德抗位,批评权威方面绝不亚于自由主义者(例如胡适)。梁漱溟、张君劢、徐复观就是其中的佼佼者,熊十力、唐君毅、牟宗三在理论上也有不少建树。③ 自孔孟以来,儒家的政治主张与道德原则相配合,其中可以作为现代民主政治之资源的颇为不少。对政治化的儒学也不必一概否定,而需要做具体的历史的分析。儒学的经世原则,对社会政治的参与与批评,民贵君轻思想,及历史上与之相应的结构、制度,均不能一言以蔽之,咒曰"肮脏的马厩"。对民间社会、自治组织、言论空间,道统、学统、政统、治统的相对制衡,新儒家多有发挥。关于本土政治、法律资源的开发,关于"儒家自由主义"的概念,学术界有多方面的讨论,亦成为当代新儒学的又一向度。我以为,就自由主义者必须具有的独立的批评能力和精神,必须具有的道德勇气、担当精神而言,就自由、理性、正义、友爱、宽容、人格独立与尊严等自由主义的基本价值而言,就民主政治所需要的公共空间、道德社群而言,就消极自由层面的分权、制衡、监督机制和积极自由层面的道德主体性而言,儒家社会与儒家学理都有可供转化和沟通的丰富资源。

---

① 参见刘述先:《儒家思想意涵之现代阐释论集》,台北"中研院中国文哲研究所"2000年版,第225—249页。

② 李瑞全:《儒家生命伦理学》,台北鹅湖出版社1999年版,第65页。

③ 参见李明辉:《儒家视野下的政治思想》,台北台湾大学出版中心2005年版;何信全:《儒学与现代民主——当代新儒家政治哲学研究》,台北"中研院中国文哲研究所"1996年版。

5. 儒学的宗教性与超越性及"内在超越"。这是第二、三代当代新儒家的理论创识。当代新儒家学者不是从制度仪轨的层面而是从精神信念、存在体验的层面肯定儒学具有宗教性的。性与天道的思想亦即儒家的宗教哲学。安身立命的"为己之学"具有伦理宗教的意义。儒家的"天"与"天道"既是超越的，又流行于世间，并未把超越与内在打成两橛。① 关于当代新儒家的"超越内在"说，海内外学者都有不少批评，以为"超越"不能同时是"内在"的。但现当代新儒家与传统儒家在基本品格上是一致的，他们更为关心的不是认识论，而是价值论、本体论问题。这样，"超越"一词也不是在认识论上讲的，而是从本体—境界论上去讲的。所谓的"超越性"指的是神性、宗教性，又可以表示现实性与理想性或者有限性与无限性之间的张力。② 依据"天人合一"这样一种理念，高高在上的天道与人的"良知"、"本心"是相通不隔的，如果"天道"、"天"具有神性，那么，说人之"良知"、"本心"也因此获得神性，应是能够成立的。为何在儒家看来，"宇宙心灵"和"个体心灵"可以浑化为一，原来，所谓"天"，是具有神性意义的天和义理之天，并不是指的外在于人的自在之物，而"天"也是一个本体—价值论的概念，其认识论意味是十分淡薄的。如果从认识论角度来看"尽心、知性、知天"，又把天看成外在的客观存在，便显得难以理解，像"心外无物"这样的说法就只能是疯话了。超越性与宗教性虽不是完全相同的概念，但是在现当代新儒家的心目中，二者是相通的。因为，超越的"天"完全没有认识论意味，而只是价值之源。如果超越性被理解为神性、宗教性，而天人又是相通不隔的，那么，以"内在超越"来解释传统儒家的思想便不是不可理解了。换句话说，超越的价值理想追求，可以通过人的修身增德而在充满人间烟火的红尘中实现。这样一种超越，的确与西学中的超越有所不同。它不需要也很难得到认识论意义上的、实证主义方式的"证实"，而需要的是儒者的身体力行，自证自信。

当然，毋庸讳言，现当代新儒学思潮，特别是唐君毅、牟宗三等有不少局

---

① 参见郭齐勇：《当代新儒家对儒学宗教性问题的反思》，《中国哲学史》1999 年第 1 期。

② 参见李明辉：《当代儒学之自我转化》，台北"中研院中国文哲研究所"1994 年版，第 146 页。又请参见郭齐勇、龚建平：《儒家、儒教，宗教性、超越性》，《中国学术》总第 9 辑，商务印书馆 2002 年版。

限。我们认为,儒家价值系统在现代化中仍然有它的价值和意义,但需要重新定位。中国原有的价值系统早已处在不能不解体、转型、重组的境地,保持狭义"道统"作为"国本"有相当的难度。如何可能? 值得讨论。历史和现实昭示我们,儒家的终极关怀、道德理想主义的某些合理因素保留在新的统一交融的文化体系之中,甚至超越国界保留在全人类的新的文化之中,都是有可能的,但其"内圣外王"的基本结构原封不动地保存下来,却是不可能的。现代生活非常复杂,现实的挑战使我们重建民族文化的主体性与借助、调动儒家道德资源参与当下的合理化建设是甚为繁复的,我们更应走向生活世界,走向民间。正如景海峰所指出的,牟宗三"系统架构得越精巧,就越有可能远离现实",这对我们提出了"深刻反省儒家道德理想主义的现实境遇问题"①。当然,现代新儒家提出的诸多问题,他们的理论建构又都是针对现实社会文化有感而发的,这就值得我们反复咀嚼,悉心理会。

---

① 景海峰:《新儒学与二十世纪中国思想》,中州古籍出版社 2005 年版,第 280 页。

第二章　梁漱溟的文化哲学思想

梁漱溟(1893—1988)字寿铭,广西桂林人,是现代新儒家的开拓者之一,著名思想家与社会活动家。他自学成才,时刻生活在问题之中,在国家民族生死存亡的紧要关头,一生为探求人生的根本问题和中国社会问题而学问、思考、生活、奋斗。在人生问题上用心的结果,使他形成了自己的哲学思想与人生准则,有其不可夺之"志"。于此,不难理解,梁氏在震惊天下的五四运动中居然敢冒天下之大不韪,撰文提议学生领袖应主动向政府当局自首;在三十多年后北京举行的政协会议上为民请命,当众顶撞毛泽东;不久又在著名的"批林批孔"运动中声称"不能批孔",面对淫威,直言"三军可夺帅也,匹夫不可夺志也"。对社会问题用"心思"的结果,又使他给我们留下了对传统文化的价值与意义的思考,以及传统中国如何走向现代文明这样一个跨世纪的课题。

梁漱溟并未把人生问题和社会问题割裂开。在他看来,二者是相即不离地联系在一起的。社会问题的最终解决不可能离开人的生命问题的解决而孤立地进行。相反,循着传统儒家思想路数,社会问题的解决必以个体生命的安顿为前提。而人的生命是文化的,生命的改造与文化的改造是一回事。因此,文化哲学不仅成为他哲学思想的重要组成部分,还是其学术思想的中心。

第一节　意欲——理性

梁漱溟文化哲学思想的基本架构集中于他早期出版的著作《东西文化及其哲学》一书之中。其后,他的思想因对文化问题研究的日益深入和对西方生命哲学的消化吸收,以及个人人生"问题"的某种转向而发生一定程度的变化。大体而言,梁氏文化思想因其哲学基础和论证方式的不同,可分为前后两个时期。下面,我们通过分述梁漱溟文化哲学的前后期的核心概念,即意欲与理性,以此展开对其文化哲学思想的探讨。

一、文化的源泉——意欲

梁漱溟的文化理论的基本构架毕生未变,但其思想的哲学论证则前后有别。在《东西文化及其哲学》时期,他从佛教唯识学的角度出发,将文化形态及其特质归结为意欲以及满足意欲的方式不同所致,以意欲求满足的方式来论证文化。他说:

> 你且看文化是什么东西呢? 不过是那一民族生活的样法罢了。生活又是什么呢? 生活就是没尽的意欲(Will)——此所谓"意欲"与叔本华所谓"意欲"略相近——和那不断的满足不满足罢了。通是个民族通是个生活,何以他那表现出来的生活样法成了两异的采色? 不过是他那为生活样法最初本因的意欲分出两异的方向,所以发挥出来的便两样罢了。然则你要去求一家文化的根本或源泉,你只要去看文化的根原的意欲,这家的方向如何与他家的不同。你要去寻这方向怎样不同,你只要他已知的特异采色推他那原出发点,不难一目了然。①

按梁漱溟的理解,文化是生活的样法,而生活就是无止境的意欲满足与否。因此,意欲的性质、内容以及满足意欲的方式是至关重要的。

意欲指的是什么呢?

人们根据梁漱溟对意欲的用法对它作了较全面的界定。梁氏所谓的意欲,"既是一种盲目的意志,又是一种精神,又是一种趋向、态度及动机,有时又含有一超越的实体的味道,甚至也有纯粹理型的味道,也有如柏格森所提出的'生机力'的意思。笼统地说,'意欲'乃是'万法唯识'的'识'"②。但是,我们认为,就梁氏思想的整体而言,对"意欲"的理解还应该和他所谓的人生中的"问题"联系起来。梁氏的人生是充满"问题"的人生,甚至不同民族的文

① 《梁漱溟全集》第一卷,山东人民出版社 2005 年版,第 352 页。
② 林安梧:《现代儒学论衡》,台北业强出版社 1987 年版,第 59 页。

化在他看来就是面对人生不同的"问题"以及对不同人生"问题"的解决。人们追求"意欲"的满足,是生活,同时也就是不断地求得"问题"的解决。可见,在梁漱溟的眼里,人生必然会面临一些"问题",不同人生阶段使这些问题先后出现,而认真的人,总是会求得这些问题的答案。可以说,不同文化体系就是不同人生阶段比较能为人所接受的人生"问题"的答案。

梁漱溟说:"生活即是在某范围内的'事的相续'。这个'事'是什么? 照我们的意思,一问一答即唯识家所谓一'见分'。一'相分'——是为一'事'。一'事',一'事',又一'事'……如是涌出不已,是为'相续'。为什么这样连续的涌出不已? 因为我们问之不已——追寻不已。一问即有一答——自己所为的答。问不已答不已,所以'事'之涌出不已。因此生活就成了无已的'相续'。这探问或追寻的工具其数有六,即眼、耳、鼻、舌、身、意。凡刹那间之一感觉或一念皆为一问一答的一'事'。"①意欲要求得其满足,必要借助于眼、耳、鼻、舌、身和意这些工具去探问,由此得到的感觉或观念便是所谓的"事","事"之涌出不已就是生活。这样,人追寻"意欲"的满足就是不断地提出"问题"并给"问题"作答。梁氏的"意欲"实则就是作为提问主体的"我"。"我"就是"意欲"。这个差不多成定局的宇宙是由前此的我(意欲)成就的。此时的意欲则是现在的我。前此的我既是现在的我的基础,又是现在的我的"为碍"。其所谓"为碍"也就是人需要用力克服的困难或问题。"所谓生活就是用现在的我对于前此的我之奋斗。""我们的生活无时不用力,即是无时不奋斗,当前为碍的东西是我的一个难题;所谓奋斗就是应付困难,解决问题的。"②

梁氏还对"为碍"此时的我(意欲)的各种因素进行了分析。由于一切不过是"相续",他认为,"为碍"此时之我的,不单是前此的我——真异熟果,还有别的有情,其中真正"为碍"的是别的有情即"他心"——不同于其根身。譬如我要求他人之见爱,或提出一种意见要求旁人同我一致,这时"为碍"的即是"他心"。另外,人们遇到的必须遵循的因果法则,有时也与此时的我相冲

①　《梁漱溟全集》第一卷,山东人民出版社 2005 年版,第 376—377 页。

②　《梁漱溟全集》第一卷,山东人民出版社 2005 年版,第 378 页。

突,特别是像生老病死等问题,更是如此。这样,在梁氏看来,真异熟果——物质世界,他心、客观因果法则等都是"为碍"此时的我的因素,都是要解决的问题或困难。问题的性质不同,困难的程度不同,决定了意欲满足的状况亦不相同。对于物质世界——已成的我——之奋斗是本可满足的,人对物质世界的要求是可以实现的;人对"他心"的奋斗是否可满足则是不一定的,因为"他心"全在我的宇宙之外,我只能制服他的身体而不能制服"他心",无论我怎样努力,"他心"能否使我满足并没有一定把握;人对自己必须遵循的因果必然性的奋斗是不能满足的,因为人不能没有生老病死,不能逃离自然必然性之外。对于这些不同性质的"问题"或"困难",自然要相应以不同的态度和方式去解决,或者说,对于不同性质和内容的"意欲",不可能以同一态度和方式去求得满足。诚如前述,着手解决问题的态度和方式与问题本身是相互关联的。从主观角度说,态度不同,方法就不同。方法不同,"问题"的性质和"困惑"的内容就可能不同。"逐求"的态度产生"向前下手"的方法;"郑重"的态度则产生"向里用力"的方法;"厌离"的态度则产生取消问题本身的方法。这里,首先是态度的决定性意义。一定意义上说,他所谓人类三种不同的态度或路向正是基于其不同性质的"意欲"或"问题"而提出的。

以"意欲"作为文化产生的本体基础,是梁漱溟的一个重要思想。这个思想虽类似弗洛伊德视文化为"原欲"之升华的理论,但其直接来源则是佛教。不过,以"意欲"作为文化的本体基础,并没有使梁氏像佛教那样根本否认其意义,更没有将意欲所导致的"问题"看成是人生的烦恼和痛苦,这就不仅使"向前下手"西方的文化在他的文化哲学中留有一席之地,而且为儒家文化保留了一个优势地位。因为,梁氏所认同的儒家也并不一般地否定人的欲望。"饮食男女,人之大欲存焉"①,这是由人的身体结构所决定的,其中有个体存活与种族蕃衍两大欲求。不过,人类不是普通生物,其欲望也不限于上述两项。固然,不论什么欲望,都是要以承认身体存在为前提的。然而,前提不是目的,人类也不会将满足身体欲望当作根本目的,而要试图对其进行必要的反

---

① (清)阮元刻:《礼记正义》卷二十二,《十三经注疏》,中华书局出版社 1980 年版,第1422 页。

省、批判和超越。最初，梁漱溟认为只有将身体欲望作为反省、批判、否定的佛教出世思想，超越了人的身体欲望。后来，他又认识到儒家也有相近思想。如《孟子》云"形色，天性也；唯圣人然后可以践形"。可见，儒家之学原不外是人类践形尽性之学也。"践形尽性"，使儒家得以超越作为本能的欲望。

梁漱溟以为西方文化是"意欲"向前要求的态度产生的，未必能为人们所接受；而认为儒家主张人心是"卓越乎其身而能为身之主宰的"，则是符合其思想本旨的。

二、民族精神的体证——理性

梁漱溟以意欲作为文化产生的原动力，以满足意欲的不同方式分判文化形态，使得他对文化的理解及论证带有强烈的主观色彩。在受到人们批评之后，他对这种理论的局限有所弥补，重视了对事实的研究。《乡村建设理论》和《中国文化要义》均企图从乡村风俗习惯的深入剖析中，总结出其中国文化的基本特征。梁氏自认为，相对《东西文化及其哲学》而言，《中国文化要义》代表他成熟时期的观点。这一时期，他提出"理性"概念来概括中国文化的根本精神，称中国文化为"理性至上主义"。

从总体上看，梁漱溟的思想仍是一以贯之的。可以说"理性"的雏形就是《东西文化及其哲学》中的"直觉"。不过"直觉"更多地方指的是一种能觉进入所觉的方式，而不像"理性"那样不只是一种认知的方式，而且是行为的方向。当梁氏发现"直觉"难以承担导引人们生活的方向的职责之时，"理性"便取而代之。因此，从"直觉"向"理性"的发展和过渡，就是梁漱溟思想从第一阶段向第二阶段的发展和过渡。

那么，理性又是什么呢？

对于理性，梁漱溟有自己独特的理解。这个理性当然并非西方传统哲学中的"理性"。西方传统哲学将理性视为人们的认识能力（康德），甚或对象世界的本质结构（柏拉图、黑格尔）。梁氏的理性则根本不同。如果说，西方人将理性视为认识事实真理的一种能力或认识的结果的话，那么，梁氏的理性显然指的是生活的真理、人们行为活动的准则或人们寻找生活真理的能力。用梁漱溟自己的话说，就是生活的"对"、"合理"。

从这个角度说,理性是梁氏自青年时代以来一直在寻找的自己行为的"主见"。理性是一种心思作用,是力图在生活中寻找自己行为准则的心思作用。然而,梁氏明确提出理性概念是在 20 世纪 30 年代①。这一思想其实就是从早年的矜尚西方功利主义价值观,到后来归宗天竺出世,然后又标柄直觉生活,最后才终于找到的。这样看来,"理性"可以说是他文化理论的总纲。理性既不与西方的科学与民主对立,又给佛教出世以遥远的将来,且终于定位于儒家的伦理精神。只有从这种意义上,理性才能担当生活的"对"、生活的"合理",以及作为未来人类文化根本精神的基本意蕴。基于此,梁氏经常将理性视为一种心思作用、情感、认知的方式、行为的方向、人的本质、生命努力奋斗的目标等等。

首先,理性是人们的一种平静通达的心理状态。在《中国文化要义》中,梁漱溟指出:"所谓理性,要亦不外吾人平静通达的心理而已。"②"所谓理性,即'平静通晓而有情'之谓也。"③"平静通达",自然是不偏执不迷信,"有情",当然是一种情感态度。所以,从否定的意义上可以说:"理性就是强暴与愚蔽的反面,除了这两样以外的就是理性。"正因为理性不偏不倚,所以它能统摄世界三种文化类型于其中,而并不偏袒哪一家文化。它是人的类本质。从这个意义上,理性就是"中",是"无私"的情感。他说:"不欺好恶而判别自然明切者,是之谓理性。"④

但是,理性并不是固定不变的中立,而是一种超越的态度和批判的精神。因而,即使是西洋近代以来的批判精神、怀疑态度也与它并不对立。梁氏找到理性,经历过一个漫长的人生实践体验过程。在这个过程中,不断找到生活的"对",又不断地超越它,这个过程就是一种超越的态度和批判的精神。"无私"就是不偏袒。

从这种眼光回顾"全盘西化"论者以及保守顽固派,他们自然就是偏颇地

---

① 参见[美]艾恺:《最后一个儒家——梁漱溟与现代中国的困境》,湖南人民出版社 1988 年版,第 190 页。

② 《梁漱溟全集》第三卷,山东人民出版社 2005 年版,第 123 页。

③ 《梁漱溟全集》第二卷,山东人民出版社 2005 年版,第 314 页。

④ 《梁漱溟全集》第三卷,山东人民出版社 2005 年版,第 128 页。

各执一端,是"愚蔽"。虽然梁漱溟从不曾用这个字来批评西化论者,但他说的文化全局观和整体观中必然包含着这种指谓。既然西方文化能发展成为一种世界化,为何中国独不能? 现在你们谈什么理论的都有,为何却丢弃了民族精神而不顾? 这不是"愚蔽偏执"是什么? 顽固保守当然是偏执,那么全盘西化就独能逃脱? 现在,他要从文化的总关系中求各方文化之位置,目的在于禀执"中"的理性精神,对各方文化进行梳理评判,就是为了贯彻理性的"无私"精神。

不过,在梁漱溟心目中,就今天世界范围内的文化而言,真正体现人类理性精神的,只能是代表中国文化的儒家道德哲学。在 1935 年发表于《乡村建设》上的《中国文化的特征在哪里》一文中,梁氏说:"儒家主张人应当绝对服从理性,……在儒家什么也大不过'理性',理性就是'对'。"[1]这个理性,其实也就是儒家哲学中的"仁"、"良知"。他说:孔子"处处教人用心回省,即自己诉诸理性。孟子态度轩豁直抉出理性以示人。其所谓'心之官则思',所谓'从其大体……从其小体',所谓'先立乎其大者,则小者不能夺',岂非皆明白指出心思作用要超于官体作用上,勿为所掩蔽。其'理义悦心、刍豢悦口'之喻,及'怵惕''侧隐'等说,更从心思作用之情的一面,直指理性之所在。最后则说'天为其所不为,无欲其所不欲,如此而已矣!'何等直截了当,使人当下豁然无疑。"[2]显而易见,理性就是儒家传统哲学的"仁心"、"良知"本体。儒家思想从根本上说来就是叫人去寻找自己内心中的"理性","道德的根本在理性"[3]。

这样一来,理性作为人们寻找的"生活的对"和怀疑批判、超越的精神,最后都落实在儒家道德本心之上。儒家的伦理统摄了这些基本意蕴。

在梁漱溟看来,儒家教人就是教其寻找自己心中的"对",而不要迷信。他借日本学者伍来欣造的话说,中国儒家是理性的胜利。儒家不崇拜神,不崇拜上帝,不崇拜天,不看重君主国家权力或多数人民;而只把理性看得最高。作为理性,它不仅是人们行为活动的准则、判别是非善恶的标准,而且是人的

①　《梁漱溟全集》第五卷,山东人民出版社 2005 年版,第 702 页。
②　《梁漱溟全集》第三卷,山东人民出版社 2005 年版,第 132 页。
③　《梁漱溟全集》第五卷,山东人民出版社 2005 年版,第 701 页。

奋斗目标。他说："儒家主张人应当绝对服从理性,是非好歹、对与不对,均靠自己判断。"①理性是教人行为做事的一种现实力量,如"人而无信,不知其可也!""临财毋苟得,临难毋苟免!"就是这样。

最后,梁漱溟认为,理性就是一种向上心,一种不断求取、奋进、超越的精神。向上之心,即中国民族生命赖以开拓的一种精神。向上心,"即不甘于错误的心,即是非之心,好善服善的心,要求公平合理的心,拥护正义的心,……总之,于人生利害得失之外,更有向上一念者是,我们总称之曰:'人生向上'"。②中国儒家精神在梁氏这里被生命哲学化了。他将中国人的理性理解为不断求取、奋进的精神,不仅加进了柏格森生命哲学生命向上奋发的思想,也融进了他个人人生实践中的体验。

柏格森生命哲学的基本精神与梁漱溟个人生活、再加上儒家道德人格的挺立融汇在一起,形成了梁氏理解的中国人的超越奋进的精神。就梁氏本人而论,这种精神是十分可贵的。它就是一种"为理的奔赴"、"不断向上奋进"。这是反映他一直要寻找生活的"对"的人生现实的。他一路涉险过滩,从功利主义到儒家,最后返归孔孟思想,的确是不断向上奋进的。但如果把这一点泛化为中国文化的民族精神,那么,梁氏至少是有些过分夸大了儒家哲学的某一个方面。这就不是本来的儒家,而是20世纪产生的儒家生命哲学了。

总体看来,理性是梁氏儒家生命哲学中一个十分重要的概念,其与理智、本能有清晰的区别,它不仅是梁氏文化哲学思想的总纲,而且是与儒家的道德理性、柏格森生命哲学思想以及他个人的人生实践体验密切相联的一个概念。

第二节　文化比较模式与人生道路

抱着探究中国文化是否废绝、能否复兴的宏愿,梁漱溟投身于文化研究。但中国文化的废绝与复兴的问题并非是个孤立的问题,甚至不仅是中国的问题。要解答这个问题,必须先在东西文化的比较中,找准中国文化的地位。因

---

① 《梁漱溟全集》第五卷,山东人民出版社2005年版,第702页。
② 《梁漱溟全集》第三卷,山东人民出版社2005年版,第133页。

此,梁氏进行了文化比较的研究。基于他的文化哲学基础,梁氏提出了中西文化比较的基本模式。这一模式与他对人生道路的看法密不可分。

什么是"文化"？广义的"文化","就是吾人生活所依靠之一切"①。梁氏正确地指出,包括如何进行生产,其所有器具、技术及相关之社会制度、宗教信仰、道德习惯、教育设施乃至语言、衣食、家庭生活等等,无不属于"文化"的范畴。他认为所谓文化就是一个民族生活的样法,是一个社会过日子的方式。"文化是极其实在底东西,文化之本义,应在经济、政治乃至一切无所不包。"②"全部中国文化是个整底(至少其各部门各方面相联贯)。它为中国人所享用,亦出于中国人之所创造,复转而陶铸了中国人。"③文化是由人类所创造,同时又反过来制约着人们的生活方式。文化是一个相互关联的复杂综合体。

按照这样一个认识,本来可以合逻辑地推出下述结论:每一具体社会的文化都是一定历史条件下的人的物质的和精神的活动方式及其结果。它大体包括着人与物(自然)的关系和人与人(社会)的关系。而这两重关系是共时态的,是同步发展、相互联系、不可分割、动态统一的。

遗憾的是,梁漱溟将人与自然的关系和人与人的关系看成是历时态的、有先后次序的。在《东西文化及其哲学》中,他把古希腊人、古中国人、古印度人在人生态度上的不同,看作是文化路向的根本差异。在他看来,西方人持奋斗的生活态度,西方文化以意欲向前要求为其根本精神;中国人持随遇而安的生活态度,中国文化以意欲自为调和持中为其根本精神;印度人持出世的生活态度,印度文化以意欲反身向后要求为其根本精神。梁氏认为,"由于问题浅深之不等,其出现于人类文化上实应有先后之序。从而人类文化表现,依之应有三期次第不同"④。因此,现在是西方文化成为世界文化的时代,将来是中国文化翻身成为世界文化的时代,其后则是印度文化翻身成为世界文化的时代。上述思想,曾被胡适在《读梁漱溟的〈东西文化及其哲学〉》一文中批评为笼统、武断,把复杂的文化问题套入一个"整齐好玩"的简单的公式的"主观的文

---

① 《梁漱溟全集》第三卷,山东人民出版社 2005 年版,第 9 页。
② 《梁漱溟全集》第三卷,山东人民出版社 2005 年版,第 91 页。
③ 《梁漱溟全集》第三卷,山东人民出版社 2005 年版,第 32 页。
④ 《梁漱溟全集》第三卷,山东人民出版社 2005 年版,第 560 页。

化轮回说"。梁氏在《答胡评〈东西文化及其哲学〉》里则批评胡氏更为笼统、武断,企图把世界各国文化放在一个类型的文化的历史发展之中,泯灭了不同民族文化的不同类型和特异色彩。胡、梁二氏对于文化的时代性有着完全不同的理解。胡氏认为西方近代文化的精神即是世界文化的时代精神,而梁氏则认为西方文化属于人类第一期文化(在20年代尚未完成),而古中国人"文化早熟",遽然超越之。他说:"第一问题即人对物的问题;第一态度即向外用力底态度。现在总说作:从身体出发。第二问题即人对人的问题;第二态度即转而向内用力底态度。现在总说作:从心(理性)出发。"①向外界争生存当然是人类面临的第一位问题。梁氏认为文化之发生以至开展,最先是环绕着生存问题这一一中心,当然是正确的。但是,把改造客观环境的种种活动笼统地说成是"从身体出发",把与此相关的认识活动说成是"自然趋向",则是不全面的。梁氏进而把人结成社会,把人与人的关系,看成是超越身体而有其心的相联相通之道,把人的社会关系化约为心对心的关系,把宗教、礼俗、法律、道德等等都看作是人的心思的层面,则更加令人惶惑了。

梁漱溟认为:"所谓文化实包有以上这两面;由于这两面之逐渐开展而社会得以发育成长。通常应该是这两面彼此辗转增上,循环推进底。……今社会在经济上实现其一体性,人与人不复有生存竞争,而合起来控驭自然界时,实为文化发展上一绝大转折关键,而划分了前后期。"②第一期的成就在发达身内身外种种工具(包括知识技能),第二期则在社会经济高度发展的基础上展开心的一面。"故第一期假如可称为身的文化,第二期正可称为心的文化。第一期文化不过给人打下生活基础;第二期才真是人的生活。"③

梁漱溟对于人类文化史的分期并没有人类学和历史学的依据,因此我们可以说,这是一种主观的文化哲学。而这种主观的文化哲学,正是梁氏进行中西文化比较的理论基础。他说:"西洋文化是从身体出现,慢慢发展到心底;中国却有些径直从心发出来,而影响了全局。前者循序而进,后者便是

---

①　《梁漱溟全集》第三卷,山东人民出版社2005年版,第260页。
②　《梁漱溟全集》第三卷,山东人民出版社2005年版,第265页。
③　《梁漱溟全集》第三卷,山东人民出版社2005年版,第265—266页。

早熟。"①

梁氏进一步用"理智"与"理性"、"有对"与"无对"等范畴,比较中西文化。"理智者人心之妙用;理性者人心之美德。后者为体,前者为用。虽体用不二,而为了认识人心,有必要分别指出之。"②他认为,"理智"只是人之"知","理性"才包括人之"情"与"意";"理智"是求生命的工具,"理性"才是生命的本身。人生的价值不仅仅在于"智慧向外用",客观地观察分析,获得自然科学知识;同时还在于向内直觉体悟,反求自身,以己度人,追求道德理想人格和丰富的情感、审美的意境。生活最重要的不是"理智",而是包含情趣、情感的"理性"。

"只有理性是人类生命'无对'一面之表现;而其'有对'一面之活动,或运用理智,或不运用理智,却莫非从身体出发。……何谓'有对'? 何谓'无对'? 辗转不出乎利用与反抗,是曰'有对'。……只有超越这些,或发乎向上之心,或发乎同体之情,内有自觉而外无所为,斯乃所谓'无对'。"③"有对"即是与物为对,一切生物均局限于"有对"之中,只有人类才能从"有对"中超脱出来,进入浑然与物同体的理想境界。"人心"、"生命"与宇宙大生命契合无间,没有彼此、主客的对立。"人身是有对性的,妙在其剔透玲珑的头脑通向乎无对……人心之用寻常可见,而体不可见;其体盖即宇宙本体耳。人身虽有限,人心实无限际。"④

梁氏认为,从人类与一切生物所同的"有对性"出发是人生第一态度;向往人类所以异乎一切生物的"无对性"是人生第二态度。近代以来西方文明,大致是顺着身体发展工具的。不超越身体之"有对",而进致人心之"无对",则不能超越功利,不能解决人生意义的苦恼和精神无着落的问题。这样,梁氏以"身的文化"和"心的文化"为轴心,设计了一套中西文化比较的参照系。我把它整理成下表:

西方文化:身的文化——人对物(自然)的关系——人心之妙用(用)——

---

① 《梁漱溟全集》第三卷,山东人民出版社 2005 年版,第 258 页。
② 《梁漱溟全集》第三卷,山东人民出版社 2005 年版,第 603 页。
③ 《梁漱溟全集》第三卷,山东人民出版社 2005 年版,第 259 页。
④ 《梁漱溟全集》第三卷,山东人民出版社 2005 年版,第 655—656 页。

理智——有对——向外——人类第一期文化；

中国文化：心的文化——人对人（社会）的关系——人心之美德（体）——理性——无对——向内——人类第二期文化。

这就是梁漱溟进行中西文化比较的基本模式。依据这一基本模式，他进一步强调中西文化之分途，并以此解释中国之所以没有产生西方近代意义的民主与科学的原因。关于民主，他认为，中国以非宗教的周孔教化为中心，由家族生活而演进为伦理生活，习惯于长幼尊卑、亲疏远近之家族生活，又"纳人群于伦理"，"融国家于社会"，如此一来，政教合一，群己权界不分，民主政治也就无由产生了。关于科学，他说："周孔以来，宗教缺乏，理性早启，人生态度遂以大异于他方。在人生第一问题尚未解决之下，萌露了第二问题暨第二态度，由此而精神移用到人事上，于物则忽略。即遇到物，亦失其所以对物者；科学之不得成就出来在此。既不是中国人拙笨，亦不是文化进步迟慢，而是文化发展另走一路了。"①而西方文化基于向外在自然界的理智探求导出了科学的发展，基于个人的利己态度和明晰的群己权界，开出了民主政治。

由此，梁漱溟得出了关于中西文化内容的具体的比较模式：

西方文化：宗教氛围——集团生活偏胜——个人本位——民主与科学；

中国文化：无宗教生活——家族生活偏胜——伦理本位——无民主与科学。

审视梁氏分析中西文化之异而得出的两个中西文化的比较模式，我们可以较清楚地看到，这一个基于人生道路之异推论出来的模式并不严谨。梁氏的文化比较模式的重心在于确立各文化系统的区别。从文化哲学的方法论上说，是强调多样、特殊，忽视统一、普遍；强调殊异，忽视异中之同。但是，我们不能看不到，在当时"全盘西化"、"百事不如人"的民族虚无主义思潮和处处以西方近代文化作为参照系的文化背景下，这一文化比较模式具有十分了不起的意义。它提出了区别于西方中心论的价值评价标准，在于它肯定了世界文化的多样性和中国文化之不同于西方文化的特殊价值，批判了科学主义对于人的类本质的片面理解和对于生动丰富多层面的文化生命的肢解割裂。

————————

① 《梁漱溟全集》第三卷，山东人民出版社2005年版，第207页。

与梁漱溟处于同一时代的思想家,陈独秀、李大钊、胡适、常乃德等,从一元的单线的发展模式出发,认为西方文化是全世界文化唯一普遍的发展方向、道路和标准。他们充分重视文化的时代性,敏锐地指出东西文化问题乃是古今之异的问题。到了 20 世纪 40 年代,冯友兰进一步以共相与殊相即普遍与特殊的关系,分析东西文化的问题或中国文化的近代化问题。他认为,一般人所说的东西之分,其实不过是古今之异;一般人所说的西洋文化,实际上是近代文化;所谓西化,应该说是近代化。冯氏强调了文化的时代性和世界历史进程的普遍性,强调了产生革命是使"以家为本位的社会"(乡下)迈进"以社会为本位的社会"(城里)的唯一道路。①

梁漱溟在《中国文化要义》中批评了冯说,反过来强调文化的民族性、个性、特殊性。他说:"在文化比较上,西洋走宗教法律之路,中国走道德礼俗之路。""西洋一路正是产生科学之路,中国之路恰是科学不得成就之路。……有人认为中西思想学术之不同,只不过是古今之别,并无中外之异,显见其不然。……在学术上,在文化上,明明是东西流派之分甚早,岂得看作一古一今?"②"文化之形成,既非一元底,非机械底,因此所以各处文化便各有其个性。……中国人的家之特见重要,正是中国文化特强底个性之一种表现,而非为生产家庭化之结果,自亦非生产家庭化的社会之通例,如冯先生所谓'共相'者。"③

在梁氏看来,不应当以西方文化作为普遍的模式和唯一的参照标准;各个民族的文化有着不同的发展道路;近代化并不等于西化。笔者以为,说中西文化的差别是时代的差别(古今之别),对不对呢? 当然是对的。不承认这一点,就无法判断世界范围内不同民族、不同类型的文化的文野高下之分、发展阶段之别。不同地域、不同系统的物质与精神文化都是与时俱进的,但从横向比较来看,当然有先进与落后的区别。衡量这一差别的一般指示器,只能是生产力的发展水平,商品经济的发展水平。工业社会是不可能超越的。当然,时代性不是文化的唯一属性,如果说中西文化的差别仅仅是古今之别,则又是不

---

① 参见冯友兰:《新事论》,《三松堂全集》第四卷,河南人民出版社 2001 年版。

② 《梁漱溟全集》第三卷,山东人民出版社 2005 年版,第 291、271—272 页。

③ 《梁漱溟全集》第三卷,山东人民出版社 2005 年版,第 41 页。

完备的。这里的确有梁漱溟提出的"民族个性"的问题。任何文化发生发展都有其历史时间和社会空间,衡量不同源头、不同发展的各文化系统,除了一般的、统一的时代性尺度之外,还有一个民族性尺度。这里需要有一个时间轴与空间轴、时代性与民族性多维立体交叉的坐标系统。梁漱溟的贡献,就在于他把文化发展的特殊性、民族性问题格外地凸显出来,打破了西方中心主义的锢蔽,没有陷入简单线性的思考模式中。当然,他有时候不免走到另一个极端,把特殊性强调到不恰当的地步。这正是理解他所谓"身的文化"与"心的文化"、"个人本位"与"伦理本位"比较模式的关键。

第三节　中国文化与中国社会

人是文化的,人类社会的根本在于文化。人类社会的诸种特征及其表现形式最终都取决于文化。在中西文化比较中,梁漱溟认为,中国文化由于其理性至上主义,决定了中国社会的基本特征。比如,由于中国文化的根本精神是理性,故而中国社会避免了偏执与愚蔽;由于理性发挥作用的方式是礼俗和自力,故而中国社会形成的力量不靠强制力。基于这种立场,可以说,梁氏实际上仍然是循着他主观文化论切入文化问题的角度来了解中国文化在中国传统社会的具体体现的。

一、家族生活偏胜

团体与个人是西方人面临的老问题。全部西洋史可以说都表现于这一问题上面。西方人之所以总会遇到团体与个人间的矛盾,乃因为他们集团生活偏胜,家族生活相对较弱。相反,中国社会人们于集团生活缺乏,而于家族生活偏胜。这是什么原因呢?在梁漱溟看来,这是由于中国人秉承理性至上,人要担当起自己的全部伦理关系的根本性质所决定的。人的伦理关系其实具体地就直接落实在家族关系上,然后由此以及远。所以古语说,"孝悌为仁之本","亲亲而仁民,仁民而爱物"。无怪乎人们说"天下为一家,中国为一人"。有鉴于中西集团生活与家族生活的殊异,故而中国有所谓"族民"而无西方人所谓"市民",有族自治或乡自治而无西方的市自治。由根本的文化精神所决定的社会构造以及生活环境的差异,从而使中西人民的情操习惯也自然就是两个面目了。西方人在集团生活中,养成遵守社会公德、关心集体、国家等等习惯。但在家族生活中,社会义务与责任的约束要淡薄得多。中国人在家族生活中,养成其对家族伦理的担当精神,对于身家之外的东西则漠不关心,国家集团观念淡薄得很。由此,也就使中国人缺乏团体生活所必需的那些品德,如公共观念、纪律习惯、组织能力、法制精神,也缺乏向集团社会要求民主、平等、自由等权力的观念。中国就是有法律,也难以照章实行。

就社会的细胞家庭而言,梁漱溟认为中国人有自己的特点。他说:"中国是集家而成国,看一个人是某家里的人,而不是如西洋社会以前将人看成是教会的人,以后又把人看成是国家的人。中国人的社会关系是一种伦理关系,人与人都在相关系中有其情谊义务而互以对方为重。中国人天伦骨肉之情最笃切,人人亲其亲,长其长,幼其幼,人与人期于相依而不期于相离。"①在他看来,中国的社会是由家庭为中心而展开的。应该说,这个看法有重要的意义。一则,家庭本身就是属于社会的,是社会的重要支撑。二则,由于中国传统社会的团体组织相对于家庭或者家族而言,始终没有取代后者的重要地位,所以,这个认识相当程度上把握到了中国社会形成的现实背景。三则,家庭在传统社会中不仅起着后代的生养教育作用,而且是其文化传承的载体。由于家庭伦理情谊向政治、经济、文化教育等方方面面的渗透,结果是使社会生活诸方面都发生了深刻的影响,至此与西方社会完全不同。从这个角度看,"伦理本位"之说概括得尤其精当。

所以,孔子弟子有子说:"孝弟也者,其为仁之本与!"②就是将家庭伦理看成是一个人为仁的基本前提或者必要条件。这当然不是说,孝弟就是仁爱或者是所有伦理的最高原则,相当于西方哲学中作为推理出发点的原子式的"逻辑概念",而是说它是为仁在实践上的开始,也是其他道德原则的一个参照。

中国和西方对天下、团体、家庭、个人这几个要素的态度背道而驰。综合

---

① 《梁漱溟全集》第五卷,山东人民出版社 2005 年版,第 706 页。
② (清)阮元校刻:《论语注疏》卷一,《十三经注疏》,中华书局出版社 1980 年版,第 2457 页。

起来,可用下图表示:

中国天下→团体(宗教团体或国家或其他)→家庭……个人,个人→家庭……团体→天下;

西方天下→团体(宗教团体或国家或其他)→家庭→个人,个人→家庭→团体→天下。①

其中"天下"泛指社会或世界人类或国际社会等;"团体"指国家或宗教团体或种族团体或阶级团体等;"家庭"兼家族亲戚等而言;字的大小表明不同文化对该项意识强弱位置轻重之表示。此外,符号→和……表示相互关系,→表示确立了各自作为独立领域的关系,……表示从属关系,未能获得独立的领域。

由此可见,在中国,个人从属于家庭,没有获得独立性;但在西方,个人独立于家庭。再进一步,中国重视天下和家庭,西方重视团体和个人,中国和西方各自培育出不同的文化。西方人更多属于一个团体、国家,而中国人更倾向于家庭和天下。

梁氏特别提出两点是值得注意的:其一,中国传统社会没有像西方基督教那样的宗教,但是,却是"以道德代宗教","伦理有宗教之用";其二,团体与家庭二者不相容。梁漱溟认为,宗教上的差别是"中西文化的分水岭",而自商鞅变法开始,就是力图要冲破家庭对个人的深刻影响力,而直接控制个人,但是,直到晚近,中国仍然被人们称为宗法氛围极其浓厚的国家。正是从这一点,梁漱溟推论出中国社会是"伦理本位"的社会。中国文化,也就是从这种"伦理本位"的社会背景中发展起来的,家庭在社会中的地位举足轻重。

以今人的眼光看,孔子儒家重视人的家庭伦理,虽然有受到传统祖先崇拜信仰影响的一面,但是客观上也有其深刻的理由。除了人们所熟知的传统生产方式——农业耕作是以家庭为单位,即家庭本来就是社会的一个单位或者组成部分之外,梁漱溟的观点还暗示了为人们所忽略的家庭文化和道德意义:家庭对个体成员的评价是远较社会为充分和全面的。社会对个体的评价,主

---

① 图表详见《梁漱溟全集》第五卷,山东人民出版社 2005 年版,第 852 页;《梁漱溟全集》第三卷,山东人民出版社 2005 年版,第 80、164 页。此乃综合图表,简化而成。

要是从分工和适应社会的能力方面着眼的,家庭则将任何人的存在本身看成
是具有充分意义的。因为家庭成员间存在着彼此的血缘关系,往往具有超越
功利的属性,其本身具有一定的客观伦序。这样,家庭实际上在传统社会充当
了一个文化传承的重要角色。

家族主义在近代遭到改良主义者康有为、梁启超的批评。他们提出"破
家界"和"新民"的人生观,试图剔除家庭对个人成长太大的影响,梁漱溟显然
并不赞成这个主张。

总起来看,梁氏对家族生活在中国社会生活中的作用和地位认识是重要
的。无论什么人,大的方面属于某个宗族或者家族,小的方面属于个体小家
庭。宗法观念的基本特征就是注重自然的血缘关系,并在此之上建立一系列
的伦理规范和制度,古时称为"礼"。无论什么人都被血缘和伦理原则编织进
入社会整体。儒家在此基础上,通过对宗法伦理的改造提升,上升为道德理想
和哲学思想,从而维护这个分散的农业大社会的生存和发展。即使在宗法社
会早已被铲除的今天,重视家庭和伦理亲情,仍是中国人的最大特点之一。

二、伦理本位

梁氏认为,道德和法律虽同为维系社会存在与发展的两大基本要素,但
是,它们在中西社会中各自的地位却正好相反。西方的文明不靠宗教维持便
靠武力法律等外在的强制力来维持,然而中国社会既无超世间的人格神式的
宗教信仰,于武力法律等强制力也薄弱,社会秩序照常存在。从西方人的眼光
看来,岂非怪事! 但在中国人看来,则并不足怪。因为旧日的中国虽无宗教,
却是"以道德代宗教",虽法制薄弱,却是"以礼俗代法律"①。对于共产党以
马克思主义的阶级斗争理论解释传统中国,并以之领导中国革命,梁漱溟有不
同的看法。他承认,中国传统社会也不能没有阶级的统治和剥削现象,但是,
他认为,在中国文化根本精神的影响下,其统治与剥削又具有中国的特点。他
说:"社会矛盾(剥削及统治),旧日中国所不能无,但它化整为零,以情代势,
颇得分解缓和。其秩序,虽最后亦不能无藉于国家法律,但它融国家于社会,

---

① 《梁漱溟全集》第三卷,山东人民出版社 2005 年版,第 198 页。

摄法律于礼俗,所以维持之者,固在其个人其社会之自力,而非赖强制之功。"①这种风尚当然应归功于中国人所特有的伦理精神与道德理性。当然,风俗教化一方面启导人自觉,另一方面也有强制之功(通过社会舆论、不成文的习惯等),而不完全是自觉或自律。

中国人偏胜于家族的生活,实际上是以其伦理组织社会,将个人与团体之矛盾消融于家族之中,个人隐没于家庭。假如说西方社会中是个人本位与社会本位的统一的话,那么,中国社会则是伦理本位。为何称中国社会为伦理本位而不是家庭本位呢? 这是因为,伦理关系虽然具体地体现于家族关系之中,但是它却并不止于家族。人实际上生活于各种关系之中。这些关系,即为种种伦理关系。当然,家人父子,是其天然的基本关系,如父母、兄弟、姊妹、夫妇、子女、宗族戚党等等。但随着人的生活向外的开展,就必然会有其四面八方若近若远数不尽的关系。中国人就是以这些伦理来组织一切其他社会关系,并使其他的社会关系也打上了伦理情谊的色彩。如于其师呼曰"师父",于其官长呼曰"父母官",于乡邻朋友,则互以叔伯兄弟相呼,以表某种亲切的情谊,加重其情感与义务。全社会之人,不期而辗转互相联锁起来,无形中成为一种组织,中国自古就有所谓"天下一家"、"四海兄弟"之说。这种组织的纽带就是伦理关系,所以中国社会可说是伦理本位的社会。通过对乡村社会风俗习惯的分析,梁漱溟看到,伦理本位在中国社会的经济、政治、宗教诸方面皆有其表现。他说,伦理关系中,夫妇、父子情同一体,经济上财产不分,具有共财之义;在弟兄、近支亲族间,则有分财之义;亲戚朋友邻里之间,彼此有无相通,有通财之义。梁氏还说,从某一点上看,这种伦理的经济生活,隐然亦有似一种共产,不过不是以一个团体行共产。其相与为共的,视其伦理关系之亲疏厚薄为准,愈亲厚,愈要共产,以次递减。财产不独非个人有,非社会有,抑且亦非一家庭所有,乃为其伦理关系中者所共有。这样一种社会经济伦理的结构,便使中国社会迈不开走向"生产本位"的资本主义之路。政治伦理化也使传统中国的政治结构有自己的特点,如比国君为大宗子,称地方官为父母,视一国如一大家庭。中国人但知有君臣官民彼此间的伦理义务,而不认识国

---

① 《梁漱溟全集》第三卷,山东人民出版社 2005 年版,第 204 页。

民与国家的国体关系。伦理表现于政治理想与途术方面,就是对社会福利与进步,无甚要求,其政治理想是天下太平,其内容就是人人在伦理关系上都各自做到好处,大家相安相保,养生送死而无憾。途术方面则自古倡导"以孝治天下"。就其在社会生活中的地位而言,中国的伦理本位恰如西方的宗教之对于西方社会。中国是伦理宗教化。当然,伦理并非宗教。伦理的宗教化,是就其社会地位及功能作用而言的。所以,中国的伦理本位亦可称为"伦理教"。因为,伦理在中国成为人生的终极关切,成了宗教的替代品,人们为了自己的伦理义务及关系,鞠躬尽瘁,死而后已。"中国人生,便由此得了努力的目标,以送其毕生精力,而精神上若有所寄托。"①这样,中国人的伦理生活就成为了人以不出世的方式而出世的生活。梁氏认为,人的生命本具有相反之两面:一面是从躯壳起念的倾向;另一面是超越躯壳或反乎躯壳的倾向。宗教就代表其超越躯壳反乎躯壳这一方面。宗教作为生命的终极关切之所以具有稳定人生的伟大作用,就因为它超越现实,超越躯壳,不致使人生局于浅近狭小而止。但现在中国人的伦理并不离现实,同样起着宗教的作用,所以是伦理宗教化。他说:"中国之家庭伦理,所以成一宗教替代品者,亦即为它融合人我泯忘躯壳,虽不离现实而拓远一步,使人从较深较大处寻取人生意义。"②

三、职业分途

梁漱溟认为,中国社会没有阶级差别,只有职业分立。为什么这么说呢?这是因为中国缺乏产生阶级对立的条件。他说:"在农业社会如中国者,要讨论其有没有阶级,则土地分配问题自应为主要关键所在。"③他认为,在土地分配问题上,中国社会有两个特点:一是土地自由买卖,人人得而有之;二是土地集中垄断之情形不著。一般估计,有土地的人颇占多数。虽然土地集中垄断的情形南北方有些差异,北方自耕农较多而南方佃农较多,土地一定程度上有垄断的情形,但从全局大势说,与上述所说的两个特点并不相悖。加之中国社会遗产均分,没有机器生产的发明,小规模生产颇有其方便,大规模生产无甚

① 《梁漱溟全集》第三卷,山东人民出版社2005年版,第88页。
② 《梁漱溟全集》第三卷,山东人民出版社2005年版,第88—89页。
③ 《梁漱溟全集》第三卷,山东人民出版社2005年版,第146页。

必要,资本垄断之势更形不成。无垄断即无阶级。人只有职业的不同,没有阶级的对立。梁氏认为,在此社会中,非无贫富、贵贱之差,但升沉不定,流转相通,对立之势不成,因此不谓之阶级社会。经济上无剥削阶级与政治上的无统治阶级是相关联的。中国传统社会有科举取士的制度,官吏来自社会下层,人们不管从事任何职业,都可读书做官,并且统治与被统治亦常有时易位。士农工商四民,乃为组成此广大社会的不同职业。他们彼此相需,彼此配合,至于四民之上的皇帝,不过是"孤家寡人"。梁氏总结道,之所以说中国传统社会阶级不存在,是因为:1. 独立生产者的大量存在;2. 经济上土地与资本皆分散而不甚集中,未形成垄断;3. 政治上科举取士给给人们的机会亦是开放的。

　　当然,梁漱溟承认,阶级存在是社会的一般性,中国传统社会无阶级存在,是其特殊性,不能指出中国的特殊性,而反从其一般性以为说者,不为知中国。新中国成立后,梁氏依然坚持他的中国无阶级之说。不过,他在中国共产党以阶级斗争方式取得政权的事实面前又解释说,中国虽无阶级之存在,但既然中国的革命已属于世界革命的范畴,那也不妨以阶级斗争的方式解决中国问题。①

　　四、融国家于社会

　　梁漱溟认为,中国不属一般类型的国家。从其政治上消极无为的统治表现来看,它缺乏一般国家应有的功能。在国内,老百姓与官府的交涉,仅在纳粮、涉讼两端。这是中国伦理本位职业分途的社会构造所决定的。在国际上,中国缺乏对抗性。它疏于国防,重文轻武,民不习兵,几乎是"无兵之国"。而且,其于户籍地籍一切国势调查,自己通统说不清。中国人还缺乏国家观念而总爱称"天下"。在中国,"国家消融在社会里面,社会与国家相浑融"②。

　　中国不属于一般国家类型,于内不知有阶级,于外不知有国家,阶级意识、国家意识,皆极其缺乏。梁氏说,中国其实是一文化实体,中国社会是一村落社会。因此,不能靠武力、法律等强制力来维系其社会秩序。中国靠什么来维

---

①　参见《梁漱溟全集》第六卷,山东人民出版社2005年版,第865页。
②　《梁漱溟全集》第三卷,山东人民出版社2005年版,第163页。

持其社会机体的正常运转呢？梁氏认为，主要靠教化、礼俗、自力。由此，中国国家显得外弱内强。所谓的教化、礼俗、自力，不过是"人类理性"在社会层面发生作用的机制，因而，中国这一文化实体的实质内容仍是理性。

五、几乎没有宗教的人生

理性早眠在中国人身上，就形成其独特的没有宗教的人生。梁漱溟认为，中国人的确有某些类似宗教的行为，如祭天祀祖之类，而且也有不少外来宗教的存在，如佛教、伊斯兰教、基督教等等。但是，他又说，自古以来的祭天祀祖往往皆已变质，实际上成孔子教化内涵的一部分。即便是那些外来的宗教，又有谁曾真正影响到孔子在中国传统文化与传统社会中的地位呢？它们不仅不能夺得中心地位，而且基本上都要对孔子表示应有的尊重，"表示彼此并无冲突，或且精神一致"。然而，占据人们生活中心地位的孔子教化本身却并非宗教。且是"耻于用暴，勇于服善的雅量"，①它以礼俗的方式导引人们服从自己的理性。孔子教化不崇拜超世间的人格神，但却陶养出人出世的一种超脱精神，使人出而不出，不出而出。因此，周孔教化虽无宗教的外在形式，但却起着宗教一样的稳定人生、勖勉情志的作用。由于孔子教化的强大精神力量，所以中国虽然武功不著，但却疆土日丰，文化所被日广，竟成了世界少有的一个广土众民的国家。中国人不迷信宗教，而服膺理性，便使中国人摈弃了某些狭隘的种族意识、愚蔽和偏执，使其具有很强的涵容性，而少有排他性。因此，在梁漱溟看来，理性是传统中国文化的核心，是中国人人生的归宿。理性——其内容是道德——在人民心中的地位是不可随意动摇的。动摇了理性就动摇了中国传统社会。

由于早年一度醉心佛教，梁氏文化观中总是为宗教留有重要地位。同时，西方的基督教在西方文化中也有举足轻重的地位。基于此，梁氏认为不是宗教的儒家伦理实际上充当了宗教勖勉人的情志气，关怀人生，作为人们世俗生活的归宿的作用。应该说，梁漱溟的这个看法是不能被轻易忽略过去的。因为，完全过着世俗生活又重视情感的中国人，如何能够在充满荆棘的人世间平

---

① 《梁漱溟全集》第二卷，山东人民出版社 2005 年版，第 185 页。

安度过,不能没有精神的支柱和他人的帮助。一个始终存在着争斗和冲突的社会,是按照实力(体力和知识等)来分配社会资源的,必然存在着弱肉强食的血腥。但是,具有自身社会理想的儒家不可能提供天国的梦幻来满足已经丧失天国梦的人们的精神需求,也没有承诺竞争的全面的合理性。它以宗法社会重视的家族伦理加以改造提升,成为了人们的精神追求,并弱化人际间的纷争和平衡社会力量之间的冲突。梁漱溟的理解有合理的一面。虽然,重视家族这一点,在近代遭到诸如康有为、梁启超等人的批评,试图以建立学校和社会机构来替代家庭的某些功能,但是,时至今日,家庭的功能也不能被全部取代。因为,社会和集团对人的评价,永远没有家庭来的深刻和全面。

总之,梁漱溟的中国文化观和文化比较观,始终没有摆脱早年胡适所批评的"笼统"、"主观"乃至"武断"的痕迹。文化是很复杂的、自我生成而又流动变化的。其精神实质和外在表现及流变,需要从不同的途径、运用多种方法来进行研究。从深浅层次的方面说,文化有雅文化与俗文化、大众文化与精英文化之分;从影响的角度看,有主流文化与支流旁系之分、本土文化和外来文化之别;从其表现方面说,有显型文化和隐型文化之分、物质文化和精神文化之别;从领域划分,则有政治文化、经济文化、文学艺术、伦理道德、宗教与教育、军事、风俗习惯等等的分别。但是,从梁氏的文化观和比较文化观来看,毫无疑问,他主要是以儒家为主流文化的中国传统文化与西方文化进行比较,或者说是以儒家文化及其历史影响来阐释和理解中国传统文化。如果说后期他的文化观有什么大的变化的话,那就是更多地联系了中国的传统社会,增加了从政治和社会结构方面的实证分析。这样一来,他就仍然难免忽略了中国古代文化的复杂性和立体交叉的性质。事实上,中国古代不仅一度有灿烂的诸子百家争鸣,还有源远流长的儒道互补和儒、道、释的竞长争高,政治上有所谓儒法互补等等。至于民间大众文化,在梁漱溟那里也是按照他的文化观来进行剪裁的。为了他的比较的需要,这些细节当然都被省略了。

不过,我们还是要承认,梁漱溟以理性来解释中国的传统文化,不仅抓住了其根本精神,而且使他的上述文化观与比较文化观存在的偏颇有所弥补。因为,正是理性成长和发展的需要,使这个民族的文化具有了包容与成长的性质,也具有自我怀疑、否定与批判的品格。

第四节　梁漱溟文化哲学思想的意义

梁漱溟是我国文化哲学和比较文化研究的开拓者。人们可以对他的有关论著提出种种批评，但人们不能不肯定他的筚路蓝缕之功。他在文化哲学上将东西文化问题作为中国现代化道路上头等重要、迫在眉睫的问题来对待，在现代新儒家中具有开创之功。可以说，他的文化哲学作为 20 世纪新人本主义的始初环节属于"全球保守主义"思潮的一部分。

梁氏对东西文化问题的思考是深刻的，远远超过了同时代的复古保守主义和自由主义西化派。他以哲学家敏锐的智慧感受到西方人正为涤除现代的愚昧、科学的异化、人的机械化而全力以赴，认为中国不要因目前的解救燃眉之急而重蹈现代西方社会的老路。中国目前问题的解决要与世界时代的潮流相合拍，它必须急走几步而避免总是在人后面亦步亦趋。可惜的是，没有人认为中国文化必然是面临这样的双重任务的。连新文化运动中最稳健杰出的人物李守常竟"不识得题目"，只是将其委诸于未来的事业。至于另一位科学与民主的斗士陈独秀，则要对中国传统"横扫直摧"，直冲大洋的彼岸。平心而论，新文化运动在当代中国确曾起到唤醒民众觉悟、解放思想的作用。这是不容置疑的。然而，由新文化运动推波助澜而蓬蓬勃勃发展起来的全盘西化之风，以不可遏制的势头使不少人以为"真经"必在西天，缺乏必要的冷静。这在今天看来却是非常偏颇的。梁漱溟在这样一种欧风美雨狂啸的艰难时刻挺身而出、横空出世，做狮子吼，"替孔子讲个明白"！"替释迦讲个明白"！这一举动不仅需要远见卓识，而且需要一种敢冒天下之大不韪的勇气！这是非常值得肯定的。

作为一位儒者，梁漱溟积极进取，"援西学入儒"，力图"洗出二千年前孔子的真面目"；他强调中国文化的民族性、特殊性，认为中国在现代化的过程中不应该丢弃民族的文化精神与思想资源；他将孔子儒家的学说，视为生命的智慧，提醒我们在现代化的过程中要保持道德精神的超越性、相对独立性等等思想，都是具有启发意义的。

当然，作为一位哲学家，由于抱志"为生活而学问"，"不欲为学问而学问",梁漱溟的哲学思想并没有构架起精致的逻辑体系;他以人生切入复杂的文化问题的研究也难保准确全面。但从总体来看,这并不妨碍梁漱溟作为现代新儒家开创者即逻辑起点的地位,也不影响他所提出的问题的深度与力度。即使在今天,他提出的儒家传统的现代化问题依然是一个异常艰巨的任务。

第三章　熊十力的本体论哲学

熊十力(1885—1968),原名继智、升恒,号子真、漆园,湖北黄冈人,他是20世纪中国最具有原创性的哲学思想家,也是一位特立独行、无所依傍的怪杰。他一生涵濡着平民性格,从未接受过旧式或新式的系统的正规化教育,由贫瘠的鄂东乡间,自学成才。他早年投身于辛亥革命和护法运动,中年慨然脱离政界,潜心研究哲学,曾从欧阳竟无研习法相唯识之学,继被蔡元培礼聘为北京大学讲席,后不满于佛法,自创《新唯识论》,重建儒学,成为"后五四时期"现代新儒学思潮的哲学奠基人。

熊十力对于现代新儒学的最大贡献,乃在于奠定了这一思潮的哲学形上学之基础。简要地说,他的全部工作,就是面对西学的冲击,在儒学价值系统崩坏的时代,重建儒学的本体论,重建人的道德自我,重建中国文化的主体性。熊氏神解卓特,他发挥中国文化与中国哲学的基本精神和基本价值,融会中、印、西思想,建树了以"仁心"为本体,以"体用不二"、"翕辟成变"、"生生不息"和"冥悟证会"为宗纲,冶本体论、宇宙论、人生论、价值论、认识论、方法论于一炉的博大的"新唯识论"的哲学体系。熊氏哲学具有自身的特色:重人文,尊生命;反空无,箴寂灭;主健动,阐变易;严思辨,倡体悟;一理欲,明道德;合天人,扬本体。

熊氏一生著述宏富,关于他的著述的整理与出版,最重要的成果是由萧萐父任主编、郭齐勇任副主编,郭齐勇、景海峰、王守常、蔡兆华等人搜集、点校,由湖北教育出版社于2001年出版的《熊十力全集》。

第一节　体用不二与翕辟成变

熊十力一生重复得最多的话是："吾学贵在见体"。什么是"体"？如何去"见"？或者说,什么是人的生命存在的本体、宇宙万物之本根及其生生不息的源头活水？如何以自己的真实的生命去透悟、契接和回应它？这便是儒家哲学的本体学和方法学的问题。熊氏正是从这两方面去建构他的哲学体系的。

一、重立大本,重开大用

熊十力的终极关怀,即在于为人类寻找回失落了的自我。科技理性的膨胀,人文价值的丧失,道德意识的危机,生命本性的困惑,促使他以探寻宇宙人生的大本大源为己任。西方的实证主义,印度的唯识法相之学和中国的汉学考据,在他看来,其根本缺点在于它们关注的不过是饾饤枝节,从而掩蔽了对于"宇宙之基源"、"人生之根蒂"的考察和体悟。因此,重新思考人的类存在的危机和人的类本质的发展,重新反省生命的意义和人生的价值,重新寻找"人生本质"和"宇宙本体",并明了二者的关系,就成为哲学家的首要任务。

熊氏从儒家哲学的思想资源里发掘并重建了"大本大源"。他认为,哲学的根本任务即是"明示本体",哲学"以本体论为其领域"。他所说的"本体"是什么呢？"仁者本心也,即吾人与天地万物所同具之本体也。""盖自孔孟以迄宋明诸师,无不直指本心之仁,以为万化之源、万有之基。即此仁体,无可以知解向外求索也。"①"本心即万化实体,而随义差别,则有多名:以其无声无臭,冲寂之至,则名为天;以其流行不息,则名为命;以其为万物所由之而成,则名为道;以其为吾人所以生之理,则名为性;以其主乎吾身,则谓之心;以其秩然备诸众理,则名为理;以其生生不容已,则名为仁:以其照体独立,则名为知;

---

① 《熊十力全集》第三卷,湖北教育出版社 2001 年版,第 397—398 页。

以其涵备万德,故名明德。""阳明之良知即本心,亦即明德。"①可见熊十力之
"本体",不是"自然本体",而是生生不已的、刚健运动的"生命本体",同时又
是内在的"道德自我"即"道德主体"。也就是说,人的生命创造活动、道德自
我完善的活动,即是"本体"及其实践,即是人的最高本质,它涵盖了天地万
物,主导着自然宇宙。

按照儒家的看法,人的存在必须以在世界上实现最高的善(至善)为必
然目的。熊十力在这里强调的儒学之"本体",尤其是心学之"本体",不是
超绝的本体,而是合天地万物于一体,将宇宙人生打成一片之整体。这样的
"一体之仁",可以推广到鸟兽、草木、瓦石。也就是说,通过内在于人的"仁
心"或"明德"之体,即人的精神生命与道德意识的运动或感通,人的生命与
宇宙大生命能够回复成一体。但是,人之生命与宇宙大生命回复成一体的
中间环节是"用",也即是工夫,即是道德实践或社会实践。熊氏强调的就
是道德(或社会)践履与良知、仁心的一致,工夫与本体的一致,外王与内圣
的一致。

本体论,又称存有论或形上学,是关于最高存在问题的探讨,亦即是关于
人与世界之关系的探讨。这种探讨,在不同的时代和不同的民族,或同一民族
的不同学派,有不同的侧重面,代表了不同的文化精神和价值取向。从原始儒
学到宋明儒学,其实是有其本体论的,不过前人没有用这个名称,没有刻意从
这个角度去阐发它。

熊十力大谈本体论问题,尤其是把儒家哲学的内核——内圣之学中所探
讨的心性关系问题、道德哲学的问题、人的安身立命的基础和终极寄托的问题
(用现在的话来说,是关于人的存在的问题),把从孔孟到程朱陆王关于这些
问题的回答,加以系统化、体系化,同时又投注了自己的生活体验,投注了自己
的感情和全部生命,从而在中国儒学史上第一次公开地以"本体论"的名目标
志他的儒家哲学体系。

创制了严整细密的哲学体系,又使用了本体论的名称,这就是"新儒家"
之所以"新"、"现代儒学"之所以"现代"之处(这当然是外在的、表层的)。仅

---

① 《熊十力全集》第三卷,湖北教育出版社 2001 年版,第 636、630 页。

仅是这一点，熊十力就遭到了许多批评。吕澂说："玄哲学、本体论、宇宙论等云云，不过西欧学人据其所有者分判，逾此范围，宁即无学可以自存，而必推孔、佛之言入其陷阱，此发轫即错也。"①梁漱溟则认为，熊氏的失败在于癖好哲学这一把戏，即意在吸收西方哲学之长，自逞其才，以建立其本体论、宇宙论等等理论体系，背离了中国文化之反躬向内、践形尽性的根本②。因为反躬向内、践形尽性这些儒学的根本，是要靠体验和实践的，是不需要理论体系的。熊氏则不以为然，他正是要把这一套理论体系化，而且正是要对不可言说之体悟、践履的内圣修己之学加以言说。他甚至把儒家本体理论之建构与民族尊严、与中国哲学的现代化和世界化联系了起来，认为"此土著述，向无系统……而浅见者流，不承认此土之哲学或形而上学得成为一种学"，菲薄固有，一意袭外人肤表，因此亟须建立继承"东方哲学的骨髓与形貌"，吸纳西方知识论和科学思想，"对于宇宙人生诸大问题无不网罗融合"的"系统严谨之体制"③。

熊十力认为，哲学就是本体论。他所穷究的"玄学的本体论"或"玄学的真理"，与"科学的真理"是根本不同的。"盖哲学之究极诣，在识一本。而此一本，不是在万殊方面，用支离破碎工夫，可以会通一本也。科学成功，却是要致力于支离破碎。……所以于科学外，必有建本立极之形而上学，才是哲学之极诣。哲学若不足语于建本立极，纵能依据一种或几种科学知识出发，以组成一套理论，一个系统，要其所为，等于科学之附庸，不足当哲学也。"④在熊氏看来，不懂得人的生命本体和道德主体，仅仅依一种科学，如物理学或生物学中的一种学说去解释宇宙万化之源或生命之源，则未免以管窥天。熊氏的《新唯识论》是从建本立极处来谈本体的。就这一角度而言，梁漱溟的批评是不适当的，因为熊氏不仅没有背离，反而发展了儒家内圣之学的根本。

因此，熊十力强调"一本"，强调"见体"、"究体"，他认为，非如此，宇宙论只能认识现象，不识万化之源、万物之本；人生论无有归宿，不能参究生命本

①　《熊十力全集》第八卷，湖北教育出版社 2001 年版，第 427 页。

②　参见《熊十力全集》附卷上，湖北教育出版社 2001 年版，第 742—743 页。

③　《熊十力全集》第四卷，湖北教育出版社 2001 年版，第 178 页。

④　《熊十力全集》第四卷，湖北教育出版社 2001 年版，第 5 页。

性,从有限的生活内容体悟无限;道德无内在根源,只能成为一种外在的法规;知识论没有源泉,治化论也没有基础。熊氏以他的本体论统摄了宇宙论、人生论、知识论、治化论等等。他自诩其《新唯识论》将此融成一片,抓住了穷究宇宙实体的一本性这个核心,从而继承了中国哲学的传统。这一传统,张东荪解释为:"其道德观念即其宇宙见解,其宇宙见解即其本体主张,三者实为一事,不分先后"①。尽己性以尽物性,宇宙从属人生,从深解人生真相透悟大自然的真情,在人生日用间提撕人,令人身体力行,以至于知性知天,这便是所谓"圣学血脉"。熊氏所说的"一本"和"见体"(即彻见真实的存在),所本所见的,既是生生不息、翕辟开阖的宇宙本体,又是人之所以为人的真宰。因此,宇宙本体不是超越于人类而独在的,吾人之真性遍为天地万物本体,天地万物之本体即是吾人真性。价值之源就在吾人心中。由此观之,儒学本体论不仅讨论宇宙生化的过程和根源,尤其关怀人性及其全面发展的问题,人存在的意义、价值和功能的问题。

儒学本体论或熊十力重建的儒学本体论有如下两个特点:

第一,以西学作为参照,包括亚里士多德和斯宾诺莎的实体学说,乃至黑格尔的"绝对精神",都有作为外缘的、离开主体客观独存的实体,或超越于主体和客体的"第一因"、"主宰者",君临万物之上的造物主、神天、上帝。儒学本体论则相反,即反对"把本体当作是离我的心而外在的物事",反对"凭理智作用",向外界去寻求或建立本体。这就是万物本原与吾人真性的"不二"说。"孔子曰:'人能弘道,非道弘人。'(言人能弘大其道,道不能弘大吾人。道者,即本体或真性之称。真性虽是吾人所固有,而吾人恒迷执小己以障蔽之,则真性虽自存,却不能使吾人弘大。必吾人内省,而自识本来面目,存养而扩充之,则日用云为之际,皆是真性炽然流行,是则人能弘大其道。)斯义广大渊微至极,其否认有超越吾人与天地万物而独尊之神道,使神道不复能统治吾人。哲学精神至此完全脱去宗教尽净,遂令人道天道融合为一,不可于人之外觅天也。"②循着思孟和陆王心学的"尽心则知性、知天"的路线,熊氏将宇宙本体

---

① 《熊十力全集》第四卷,湖北教育出版社 2001 年版,第 174 页。
② 《熊十力全集》第六卷,湖北教育出版社 2001 年版,第 320—321 页。

(或实体)内化为心性本体,并对"天人合一"、"孔颜乐处"、"浑然与天地万物同体"的人生境界作了本体论(即道德形上学)的论证。

第二,以佛学作参照,熊十力高扬了《周易》形上学的生生不息、尊生健动的学说。他说:"佛氏谈本体,只是空寂,不涉生化;只是无为,不许说无为而无不为;只是不生灭,不许言生。……详核佛氏根本大义,却是体用条然各别……此盖出世法之根本错误。"①熊十力之本体学说,不仅重立心性之本体,尤其重开本心之大用。根据他的"体用不二"、"即体即用"的学说,由即流行即主宰的本体开出了"翕辟成变"的宇宙论,积极入世、自强不息的人生论。生命本体或心性本体是活泼泼的有内在动力的本体,其变动不居、流行不息的特征和能动的、改造自然和社会的功能,决非静止的、"耽空滞寂"的自然本体或绝对精神所可比拟,同时又不是柏格森之生命冲动所能取代的,因为柏氏之冲动只是本能、习气,是盲目的,它不是生命的本质、自觉的本心和道德的力量。要之,熊十力关于世界意义和人类存在意义的终极思考,奠定了现代新儒学之道德形上学(或道德的理想主义)的基础;其重立大本、重开大用的"体用不二"的架构,成为第二代现代新儒家"保内圣、开新外王"的滥觞。

二、深于知化,长于语变

熊十力形上学之主要思想渊源是《易经》和《易传》之能动变化、生生不息的学说。他同时也继承了先秦道家、魏晋玄学、宋明理学之大化流行、即体即用、天人合一的思想,并且以佛学之境界论、自我意识和刹那生灭、瞬息变化的观念强化了《周易》哲学的动态性和能动性。他所亲身经历的清末民主主义革命,使他切身体验到革故鼎新和变化日新的氛围。他服膺王船山哲学,将其概括为"尊生以箴寂灭,明有以反空无,主动以起颓废,率性以一情欲";又以类似的语言概括自己的哲学:"吾平生之学,穷探大乘,而通之于《易》。尊生而不可溺寂,彰有而不可耽空,健动而不可颓废,率性而无事绝欲。此《新唯识论》所以有作,而实根柢《大易》以出也。(上来所述,尊生、彰有、健动、率性,此四义者,于中西哲学思想,无不包通,非独矫佛氏之偏失而已。王船山

---

① 《熊十力全集》第四卷,湖北教育出版社2001年版,第8—9页。

《易外传》颇得此旨,然其言散见,学者或不知综其纲要。)魏晋人祖尚虚无,承柱下之流风,变而益厉,遂以导入佛法。宋儒受佛氏禅宗影响,守静之意深,而健动之力,似疏于培养;寡欲之功密,而致用之道,终有所未宏。"①

熊十力哲学本体论与宋明理学(包括理学和心学)的最大区别,就在于它强调了"健动之力"和"致用之道",坚持"由用知体","即用显体",以欲明性,以有反无,由此彰显本体(本心、仁体)是实实在在存在着的,是人类文化与宇宙之生生不息的终极根源。

熊十力哲学内蕴的勃勃生机确非他的前辈、同道和门生所能企及。他的"体用不二"论、"翕辟成变"论之"深于知化"和"长于语变",为世所公认。

所谓"体用不二"论,简单地说,首先是肯定本体的唯一性;其次是肯定本体的能动性和变易性;再次是肯定本体与功能的一致性。熊氏借助于佛教的缘起论,认为所有的物理现象、心理现象,都是没有自性、没有实体的,人们不过是将这些假象执着为真实存在。熊氏进一步指出,真实存在的只有一个本体,它既是宇宙的心,又是一一物各具的心;既是宇宙万象的本原,又是人们反求自识的绝对真理。与佛教不同,熊氏又认为,本体与现象不是隔碍的,本体显现为大用,本体不在现象之外或现象之上,就在生生化化的物事之中。本体最重要的特性是"无不为"、"变易"、"生灭"。"本体"范畴同时就是"功能"范畴,不能在功能之外另求本体。体用之间、理气之间,没有谁先谁后的问题(无论是逻辑上的还是时间上的)。《新唯识论》不否认物理世界、现象界、经验界或所谓日常生活之宇宙,但所有这些,都是本体大化流行的显现。没有物理、现象世界,亦无从彰显本体。

熊十力说"体用不二"之论是"自家体认出来的",并自诩这一理论克服了西洋、印度哲学视本体超脱于现象界之上或隐于现象界之背后的迷谬,救正了多重本体或体用割裂的毛病。他自谓:"潜思十余年,而后悟即体即用,即流行即主宰,即现象即真实,即变即不变,即动即不动,即生灭即不生灭,是故即体而言用在体,即用而言体在用。"②"夫体之为名,待用而彰,无用即体不立,

---

① 《熊十力全集》第三卷,湖北教育出版社 2001 年版,第 916 页。郭按:王船山(夫之)的《易外传》即《周易外传》。

② 《熊十力全集》第四卷,湖北教育出版社 2001 年版,第 79—80 页。

无体即用不成。体者,一真绝待之称;用者,万变无穷之目。"①这就是说,良知是吾人与天地万物所同具的本体,天地万物是良知的发用流行。抹杀了天地万物,也就是抹杀了能够显现出天地万物之"本心"的功能,那么,这唯一的本体也就只能束之高阁,形同死物。

熊十力对于"实体"范畴作了如下规定:本体应是绝对的、全的、圆满无缺、无始无终、超越时空的,是万理之原、万德之端、万化之始;其显现为无穷无尽之大用,应说是变易的,然大用流行,毕竟不改易其本体固有的生生、健动种种德性,应说是不变易的,如此等等。总之,熊氏借鉴天台宗"圆融三谛"和华严宗"一即一切、一切即一"的思辨模式,甚至袭用其"水波"之喻,说明本体不是宇宙万有的总计、总和或总相,而是宇宙万有的法性,每一物(现象)都以一元(本体)之全体为其所自有,而不仅仅占有全体之一分,犹如每一个水波都是整个大海的显现。本体是结构与功能的统一,无待与有待的统一,不易与变易的统一,主体与客体的统一,主宰与流行的统一,本质与现象的统一,整体与过程的统一,绝对与相对的统一。熊氏哲学本体论的最高范畴充满着人性,具有人格特征,是理论理性、实践理性和情感的统一。这个绝对本体充满着活力,具有最大的功能。由此观之,价值真正之终极根源只在每个人的本心。只要除去私欲、小我的束缚或掩蔽,圆满自足的生命本性或宇宙的心(亦是一一物各具的心,亦是个体的心或个体的理性)就具有极大的创造性,足以创造世界和改变世界。

所谓"翕辟成变"论,乃是其"体用不二"论的逻辑发展。熊十力之"本体"或"实体"内部隐含着矛盾与张力(如心与物,生命、精神与物质、能力),两极对待,蕴伏运动之机,反而相成,才有了宇宙的发展变化。"翕"与"辟"都是实体的功能,"翕"是摄聚成物的能力,由于它的积极收凝而建立物质世界,"辟"是与"翕"同时而起的另一种势用,刚健自胜,不肯物化,却能运用并主宰"翕"。实体正是依赖着一翕一辟的相反相成而流行不息的。翕势凝敛而成物,因此翕即是物;辟势恒开发而不失其本体之健,因此辟即是心。翕(物)、辟(心)是同一功能的两个方面,浑一而不可分割。这两种势能、两种活力相

---

① 《熊十力全集》第八卷,湖北教育出版社 2001 年版,第 151 页。

互作用,流行不已。但这两方面不是平列的,辟包含着翕,翕从属于辟,辟势遍涵一切物而无所不包,遍在一切物而无所不入。"翕和辟本非异体,只是势用之有分殊而已。辟必待翕而后得所运用,翕必待辟而后见为流行、识有主宰。"①

　　熊十力认为,吾与宇宙同一大生命,自家生命即是宇宙本体。因此,所谓"辟"即是生命,即是心灵,即是宇宙精神,生化不息,能量无限,恒创恒新,自本自根。"翕辟成变"论反对在变动的宇宙万象之外去寻求"能变者",反对离开人去寻求天的变化,始则以精神性的生命本体作为万化之源、万有之基,继则指出这一绝对待的精神本体就是"心力",就是人的能动性和创造力。"翕辟成变"论所强调的"变",是改造物质世界和改造社会。他认为,具有创造世界功能的,不是什么不死的灵魂或超然的上帝,而是活泼泼的主观精神。吾人一切以自力创造,有能力,有权威,是自己和世界的主人。因此,熊氏认为,维护"人道之尊",必须破除出世、破除造物主、破除委心任运思想,自强不息,积极入世。"天行健,明宇宙大生命常创进而无穷也,新新而不竭也。君子以自强不息,明天德在人,而人以自力显发之,以成人之能也。"否则,"人将耽虚溺寂,以为享受自足,而忽视现实生活,不能强进智力以裁成天地,辅相万物,备物致用,以与民群共趋于富有日新之盛德大业。"②"识得孔氏意识,便悟得人生有无上的崇高的价值,无限的丰富意义,尤其是对于世界,不会有空幻的感想而自有改造的勇气。"③熊十力以这种自觉的人本精神,强调以"人道"统摄"天道",珍视人的价值,高扬活生生的生命力量,提倡刚健进取的人生态度。

　　熊十力"体用不二"、"翕辟成变"论,在一定意义上是一种实践本体论,是本体与实践的辩证统一论。陆王心学的心本论是一种道德扩充论,其"本心"、"良知"是一切道德行为的根据,而人与天地万物浑然之一体,是其延长或扩充的起点与终点。熊十力心本论,则在一定程度上具有了社会实践的意义,其本体是自然合目的性的"至善",本体是依靠其实践来实现的。由于近代思想的影响和他本人的民主革命的实践,他没有把实践仅仅局限在修身养

---

① 《熊十力全集》第三卷,湖北教育出版社 2001 年版,第 102 页。
② 《熊十力全集》第三卷,湖北教育出版社 2001 年版,第 955 页。
③ 《熊十力全集》第三卷,湖北教育出版社 2001 年版,第 135 页。

性的范围之内。在一定的意义上,本体的功用主要表现为文化创造活动。有本体即有文化创造,无文化创造亦无本体。

　　熊十力晚年对于辩证法更加契心。但他提倡的不是唯物论的辩证法,而是中国传统的生命辩证法。在《原儒》中,他说:"然则变化之道,非通辩证法,固不可得而明矣。大地上凡有高深文化之国,其发明辩证法最早者,莫有如中国。"他阐发了宇宙论中的无对与有对、无限与有限、心与物、能与质,以及人生论中的人道与天道、性善与性恶之间的矛盾、对立和动态统一的关系,指出:"辩证法是无往而不在,学者随处体察可也。""学者必通辩证法,而后可与穷神。"①他的哲学著作,通篇强调新故推移,"常创新而不守其故",肯定本体之流行的至健无息、新新而起。从思想范式上来说,熊十力发展了《大乘起信论》"一心开二门"的架构和《周易》、《老子》的"一体两面"的辩证思维模式,以动态整合的"不二"形式,建构了他的哲学本体论,论证了"天人"、"体用"、"翕辟"、"心物"、"道器"、"理欲"、"动静"、"知行"、"德慧与知识"、"成己与成物"、"格物与致知"的辩证统一关系。熊氏辩证法思想在现代新儒家中是最突出的,其辩证思维模式对于第二代现代新儒家亦有极大的影响。

第二节　性智与量智

　　熊十力儒学本体论的另一个十分重要的问题是如何透识本体的问题,这也是熊氏哲学的方法学问题。如何去"见体"? 或者说,如何透识本体? 靠西方哲学认识论的逻辑思辨方法能不能"见体"? 为了解决这些问题,熊氏区分了所谓"科学的真理"与"玄学的真理"、"科学的心理学"与"玄学的心理学"、"量智"与"性智"、"思辨"与"体认",并且进而论证了"玄学方法"。

　　一、科学真理与玄学真理

　　世界上是不是有两重真理? 两条认识路径? 熊十力认为,就真理本身言,无所谓科学与玄学之分,但就学者的研究对象而言,似乎应当作出区别。他

---

　　① 《熊十力全集》第六卷,湖北教育出版社 2001 年版,第 318、323—324 页。

说:"科学尚析观(析观亦云解析),得宇宙之分殊,而一切如量,即名其所得为科学之真理。……玄学尚证会,得宇宙之浑全,而一切如理,即名其所得为玄学之真理。""吾确信玄学上之真理决不是知识的,即不是凭理智可以相应的,然虽如此,玄学决不可反对理智,而必由理智的走到超理智的境地。"①可见,熊氏认为科学有科学的领域,但科学理性不能解决宇宙人生的根本问题。科学各门类的发展,是人类进步的重要条件。但是,人类如果只要科学而不要"反己之学",不警惕科学主义带来的一些负面的影响,抛却了自家本有的主体性和道德人格,人就会变成为非人。如果没有玄学真理,科学真理也失去了基础和依归。

哲学与科学,对象不同,领域不同,因此玄学真理与科学真理是不同层次的真理,获得这些真理的方法迥异。科学主要靠理智,靠精密的解析工夫,玄学则需要通过理智进入超理智的境地,如此才能把握宇宙人生的真谛。熊十力指出:"佛家确是由理智的而走到一个超理智的境地,即所谓证会。到了证会时,便是理智或理性转成正智,离一切虚妄分别相,直接与实体冥为一如。所谓正智缘如,此时即智即如,非有能所,通内外、物我、动静、古今,浑然为一,湛寂圆明。这个才是真理显现,才是得到大菩提。佛家学问,除其出世主义为吾人所不必赞同外,而其在玄学上本其证会的真实见地而说法,因破尽一切迷执,确给予人类以无限光明。……儒家底孔子,尤为吾所归心。孔子固不排斥理智与知识,而亦不尚解析。此其异于印度佛家之点。然归趣证会,则大概与佛家同。孔子自谓默而识之。默即止,而识即观也。止观的工夫到极深时,便是证会境地。"②熊氏有时也使用老子"玄览"之说,指出玄学真理的发现,需要关闭知见,才有玄览之路。知见愈多,"吾人与万物浑然同体的不属形限的本原,乃益被障碍,而无可参透。……我们在本体论方面对于空宗涤除知见的意思是极端印可而且同一主张的"③。可见,熊十力对于儒释道诸家体证本体、归趣证会的方法学是非常推崇的。取得玄学真理,即要达到无主客、物我之分,能所互泯、内外浑然的"真如"或"本体"境界。"玄学真理"不是别的,

---

① 《熊十力全集》第四卷,湖北教育出版社 2001 年版,第 184、187 页。
② 《熊十力全集》第四卷,湖北教育出版社 2001 年版,第 189 页。
③ 《熊十力全集》第三卷,湖北教育出版社 2001 年版,第 164—165 页。

就是"本体真实"。"本体真实"既是"证会"和"体悟"的对象,又是"证会"、"体悟"的结果。

由于中国传统哲学中之"本体"(儒家之"良知、"天道",道家之"道"、"逍遥",佛家之"真如"、"空理"),不是通过时空形式、知性范畴的整理,通过"感性——知性——理性",通过"概念——判断——推理"得出来的,而是超越于关于经验对象的认知方式,当下体证最高对象"本体"的。因此,佛家之"般若智"、"止观"也好,道家之"玄览"也好,儒家之"静观"、"默识"、"逆觉"也好,是人的一种最高的智慧、最高的认识能力。培养这种能力的功夫,不在逻辑思维的训练,而在心性人格之修养。只有下了道德实践的功夫,才能当下体悟本体。

熊十力说:

哲学所究者为真理,而真理必须躬行实践而始显,非可以真理为心外之物,而恃吾人之知解以知之也。质言之,吾人必须有内心的修养,直至明觉澄然,即是真理呈显。如此,方见得明觉与真理非二。中国哲学之所昭示者唯此。然此等学术之传授,恒在精神观感之际,而文字记述,盖其末也。夫科学所研究者,为客观的事理。易言之,即为事物互相关系间之法则。故科学是知识的学问。……哲学所穷究者,则为一切事物之根本原理。易言之,即吾人所以生之理与宇宙所以形成之理。夫吾人所以生之理与宇宙所以形成之理,本非有二。故此理非客观的、非外在的。如欲穷究此理之实际,自非有内心的涵养工夫不可。唯内心的涵养工夫深纯之后,方得此理透露,而达于自明自了自证之境地。前所谓体认者,即此。故哲学不是知识的学问,而是自明自觉的一种学问。但此种意义,极深广微奥,而难为不知者言。须知,哲学与科学,其所穷究之对象不同、领域不同,即其为学之精神与方法等等,亦不能不异。但自西洋科学思想输入中国以后,中国人皆倾向科学,一切依赖客观的方法,只知向外求理,而不知吾生与天地万物所本具之理,元来无外。中国哲学究极的意思,今日之中国人已完全忽视而不求了解。①

---

① 《熊十力全集》第四卷,湖北教育出版社 2001 年版,第 202 页。

这是熊十力与意大利学者马格里尼论中国哲学时所说的。应当指出,熊氏这里所谓"哲学"与"中国哲学",即"性命"或"心性"之学。因此,其研究对象与方法,不仅与自然科学不同,也与一般哲学不同。看来,熊氏不仅把科学真理与玄学真理相区别,而且实际上把中西哲学相区别,把西方哲学等同于科学,这当然是极不准确的。西方哲学中亦有注重体认方法的。大而化之、笼统地作出下面的判断是不严谨的,尽管亦不妨做这种粗线条的比较:"中国哲学有一特别精神,即其为学也,根本注重体认的方法。体认者,能觉人所觉,浑然一体而不可分,所谓内外、物我、一异,种种差别相,都不可得。唯其如此,故在中国哲学中,无有像西洋形而上学,以宇宙实体当作外界存在的物事而推穷之者。西洋哲学之方法,犹是析物的方法,……都把真理当作外界存在的物事,凭着自己的知识去推穷他,所以把真理当作有数量、性质、关系等等可析。实则……真理非他,即是吾人所以生之理,亦即是宇宙所以形成之理。故就真理言,吾人生命与大自然即宇宙是相互融入而不能分开,同为此真理之显现故。但真理虽显现为万象,而不可执定万象,以为真理即如其所显现之物事。真理虽非超越万象之外而别有物,但真理自身并不即是万象。真理毕竟无方所、无形体,所以不能用知识去推度,不能将真理当作外在的物事看待。哲学家如欲实证真理,只有返诸自家固有的明觉(亦名智),即此明觉之自明白了,浑然内外一如而无能所可分时,方是真理实现在前,方名实证。"①

这里所说的"实证",决非西方实证主义的"实证"。恰恰相反,乃是东方哲学的"体认"的意思。熊十力也承认中国哲学"亦有所短者,即此等哲学,其理境极广远幽深,而以不重析物的方法故,即不易发展科学。若老庄派之哲学,即有反科学之倾向"。但他同时也认为:"儒家于形而上学主体认,于经验界仍注重知识。有体认之功以主乎知识,则知识不限于琐碎,而有以洞彻事物之本真;有知识以辅体认之功,则体认不蹈于空虚,而有以遍观真理之散著。"②

总之,玄学真理是关乎宇宙人生根源的大道理,这种道理是不远于吾人

---

① 《熊十力全集》第四卷,湖北教育出版社2001年版,第198—199页。

② 《熊十力全集》第四卷,湖北教育出版社2001年版,第199—201页。

的。因此,从一定意义上来说,对于这种真理的认识,其实是一种自明白了。熊氏所说的玄学真理与科学真理的区别在此。

准此,熊十力提出了所谓"科学的心理学"与"哲学的心理学"的区别。他认为,科学的心理学注重实测,以神经系统为基础解释心理现象,但科学的心理学的实验却不能解释人类的高级心灵——仁心。"心的发展,必至乎仁,始不受锢于形气的个体而流行充塞乎宇宙。""若夫高级心灵,如所谓仁心,则惟有反己体认而自知之耳,诚非实测术所可及也。""哲学的心理学,其进修以默识法为主,亦辅之以思维术。默识法,反求吾内部生活中而体认夫炯然恒有主在,恻然时有感来,有感而无所系,有主而不可违,此非吾所固有之仁心欤?"①

这就是说,科学手段和方法,包括生理学、心理学、神经科学或脑科学的理论和实验,并不是万能的,其适用范围是有限的。哲学的心理学,即中国传统的心性之学,把人提升到宇宙本体的高度,从而确立人的本质、地位和价值,主张在现实人生中达到自我完成、自我实现,恢复人的道德本性,同时也就发挥了自然界赋予人的内在潜能,达到人与宇宙的无限性的统一。人们的道德意识,人们对于完满人格的追求,人类的主体性、创造性,人之所以为人的道理,人的安身立命的根据,人的终极关怀,所有这些,不可能用层层剥蕉的分析方法、思维术或实验手段来解决,只能由高一层次的玄学本体论及玄学方法来解决。这种玄学方法论,就是道德实践基础上的"默识"、"内省"、"反己体认"、"反求自识"、"自明自了"。至于科学真理与玄学真理、科学心理学与玄学心理学的契合、互补与汇通,熊氏则较少论及,这不能不是一大缺憾。

二、性智与量智、体认与思辨

熊十力严辨哲学之知与科学之知,认为这是分属不同层次的认识。在自然科学领域里,需要向外探索,以理性思维为主要方法;在玄学范围里,需要的是反省自求,起主要作用的是一种超乎理性思维的"觉"和"悟"。前者是"为学日益"的"量智",后者是"为道日损"的"性智"。

"性智"是对于"体"的认识,"量智"是对于"用"的认识。"性智"相当于

---

① 《熊十力全集》第七卷,湖北教育出版社 2001 年版,第 220—221 页。

"德性之知","量知"相当于"见闻之知"。但熊氏很少使用宋明理学家的这一对范畴。有没有"不萌于见闻"的"德性之知"呢？看来这是一个十分复杂又难于解说的问题。按照唯科学主义的看法，西方经验主义和理性主义的看法，当然不承认我国道家、释家和儒家的"玄览"、"顿悟"、"明心"、"见性"、"静观"、"默识"等等。但是，奇怪的是，即使在西方，哲学家们似乎越来越肯定人类的确有超越于经验主义和理性主义之上的认识方式。其实，人有多重的本质、多层次的生活，也有多样的认识宇宙和认识自身的方式。尼采以降，无论是生命派哲学家还是现象学哲学家，无论是存在主义还是解释学，一种主要的趋向倒是把"逻各斯主义"的传统"悬置"起来，超越语言、逻辑的局限，穿透到它的背后，去体究、省悟"人心之本体"，证会那些先于认识、先于逻辑的东西。体悟、洞观、神契，有没有呢？人类的"本性良知"有没有呢？"良知"或"性德"的当下呈现有没有呢？承认它们是不是就违背了科学，就是唯心主义呢？

　　熊十力对于这个问题的思考是有借鉴意义的。尽管他和他的同道几乎与近代以降中国思想家们引进科学、形式逻辑、理性精神，强调精确、严密的思考方式这一主潮背道而驰，似乎脱离了时代，无视中国人思维方式改造的必要性和迫切性，但从长远的历史眼光来看，他在本体学和方法学上的重建与重振，以一种多元的视角审视人本身，与严复、胡适、金岳霖辈的工作，互补互济，相得益彰。

　　不知道大家注意了没有，熊十力在"本体—宇宙论"中老是讲"合"，讲"不二"，讲本体与现象不能剖成两片；而在"认识—方法论"上却老是讲"分"，讲"二之"，讲对本体的认识与对现象的认识有两套方法，不能混淆。再细看一下就会发现，他在这里讲"分"是要从科学、理性认识中摆脱出来，是要肯定"本体方法学"的独立性。他讲"分"并不是目的，最终还是"合"，是以关于本体的认识（性智）去涵盖、代替关于现象的认识（量智）。

　　熊十力关于"性智"和"量智"之分疏的意义就在于：如果以经验界的一套认识方法去认识本体，所得出的结论必定是"物自体"不可知。与康德哲学相反，中国哲学家认为"物自体"不在现象之外，甚至不在吾身之外，可以直接地当下体悟。肯定"本体"可知，肯定人有最高的般若智，是熊氏"量论"的核心。

现在我们看一看熊氏关于"性智"与"量智"的界定。他说:"性智者,即是真的自己的觉悟。此中真的自己一词,即谓本体……即此本体,以其为吾人所以生之理而言,则亦名真的自己。量智是思量和推度,或明辨事物之理则,及于所行所历、简择得失等等的作用故,故说明量智,亦名理智。此智元是性智的发用,而卒别于性智者。因为性智作用,依官能而发现,即官能得假之以自用。"①"性智"是不待外求的"具足圆满的明净的觉悟",而作为"思量和推度"的"量智",不过是"性智的发用"而已。"性智是本心之异名,亦即是本体之异名。见体云者,非别以一心来见此本心,乃即本心之自觉自证,说名见体。此义确定,不可倾摇。玄学究极在此,如何说不纯恃性智或体认耶?"②"性智"又称"证会"、"证量"、"体认"、"现量"。"量智"又称"思辨"、"思议"。

熊十力认为,"量智"只是一种向外求理之工具。这个工具用在日常生活的宇宙,即物理的、经验现象的世界之内,是有效的,但如果不慎用之,在解决形而上学的问题时,也以它作根据,把仁心本体当作外在的境物来推求,那就大错而特错了。玄学及其方法则不停留在这一步,它需要从性智上涵养工夫。"量智只能行于物质的宇宙,而不可以实证本体。本体是要反求自得的。本体就是吾人固有的性智,吾人必须内部生活净化和发展时,这个智才显发的。到了性智显发的时候,自然内外浑融(即是无所谓内我和外物的分界),冥冥自证,无对待相(此智的认识,是能所不分的,所以是绝对的)。"③

按熊十力的看法,穷理到极至的地方,是要超脱理性思辨而归趣证会。所谓"证会",是"冥冥契会而实无有能所可分者"。到这种境界,必须涤除知见,直任寂寥无匹的性智恒现在前。这就是儒者所谓"天人合德"的境界。熊氏说,"证会"、"默然自喻",才是学问的极诣,而理性思辨和言辞议论毕竟是低层次的。他肯定了理性思辨的作用,但规范了它的效用范围,逾此即无效。他说:"我并不曾主张废绝思议。极万有之散殊而尽异可以观同;察众理之通贯而执简可以御繁;研天下之几微而测其将巨;穷天下之幽深而推其将著。思议的能事,是不可胜言的,并且思议之术日益求精,稽证验以观设臆之然否,求轨

①　《熊十力全集》第三卷,湖北教育出版社 2001 年版,第 15—16 页。
②　《熊十力全集》第三卷,湖北教育出版社 2001 年版,第 528 页。
③　《熊十力全集》第三卷,湖北教育出版社 2001 年版,第 23 页。

范以定抉择之顺违,其错误亦将逐渐减少。我们如何可废思议? 不过,思议的效用,不能无限的扩大。如前所说,穷理到极至处,便非思议可用的地方。这是究玄者所不可不知的。"①即是说,尽管理性思辨的作用很大,但不能用在玄学领域。在"体证本体"方面,理性思辨没有用武之地。

熊十力认为,本体唯是"证会"相应,不是用量智可以推求到的。因为量智起时,总是要当作外在的物事去推度,这便离开了本体而不能冥然自证。因此,他主张区别这两种认识方式。"今云证会者,谓本体之自明白了是也。""夫证会者,一切放下,不杂记忆,不起分别,此时无能所、无内外,唯是真体现前,默然自喻。"②"恃思辨者以逻辑谨严胜,而不知穷理入深处,须休止思辨,而默然体认,直至心与理为一,则非逻辑所施也。恃思辨者总构成许多概念,而体认之极诣,则所思与能思俱泯,炯然大明,荡然无相,则概念涤除已尽也。(概念即有相)余之学,以思辨始,以体认终。学不极于体认,毕竟与真理隔绝。"③按照熊氏的说法,证会或体认,是一种顿超直悟,当下即是,不需要经过感觉、概念、判断、推理,顿然消除了主客、能所、内外、物我的界限。熊氏强调,玄学不废理性思辨,不排斥量智,但必须超越思辨或量智,达到天人合一的性智、证会或体认的境界。玄学境界,也即是玄学方法。这是超越逻辑、祛除言筌、止息思维、扫除概念,排斥记忆、想象、分析、推理诸理性思维活动,精神内敛、默然返照,浑然与天道合一的一种大彻大悟。

首先,这是一种思维状况,即"众里寻他千百度,蓦然回首,那人却在灯火阑珊处"、"恰恰无心用,恰恰用心时"的状态,当下得到了对于生活和生命,对于自然世界和精神世界之最深邃的本质的一种整体的、综合的洞悉。这其实是在多次反复的理性思维的基础上产生的。

其次,这是一种思维方式,其特点是主体直接渗入客体,与客体合一。主体对于最高本体的把握,即采用这种体悟或证会的方式。熊氏强调,这种思维方法,不是站在吾人的生活之外做理智分析,而是投身于日常生活之中的一种感性体验,以动态的直接的透视,体察生动活泼的宇宙生命和人的生命,以及

---

① 《熊十力全集》第三卷,湖北教育出版社 2001 年版,第 146 页。
② 《熊十力全集》第四卷,湖北教育出版社 2001 年版,第 436—437 页。
③ 《熊十力全集》第五卷,湖北教育出版社 2001 年版,第 58 页。

二者的融会。只有切实的经验,与自家的身心融成一体的经验,设身处地,体物入微,才能直接达到和把握真、善、美的统一,顿悟本心仁体。这种体验或证会,破除了对于有限的语言、思辨、概念和推理的执着。

最后,这又是一种道德的和超道德的境界。"从来儒者所谓与天合德的境界,就是证会的境界。吾人达到与天合一,则造化无穷的蕴奥,皆可反躬自喻于寂寞无形、炯然独明之地。"①破对待,一物我,"民胞吾与","天人合一",熊十力追求的是仁者不忧的"孔颜乐处",是一种绝对快乐的崇高精神境界。从形式上看,它是超苦乐、超善恶的顿悟;从实质上看,这种道德直觉功夫是由长期涵养性智累积而成的最敏感的价值判断,顷刻之际,是非善恶壁垒分明。我们每个有良知的人,当下回应社会生活的各方面,亦时常有此种"冲动"和道义担当,我个人亦有这种体验。这正是人之所以为人的光明高洁之处。鲁迅赞美的汉的清流、明的东林的精神,莫能外之。中国哲人历来主张对于道德行为和精神生活,对于真、善、美的价值,靠感性体验来加以把握。这就是所谓"证量境界"。

三、名言与理智的局限

熊十力倾心于这种证会境地,必然对于科学认知与名言概念的局限性有所认识,乃至于不免夸张。他说:"哲学上的用语是非常困难的。语言文字本是表示日常经验的事理,是一种死笨的工具。我们拿这种工具欲以表达日常经验所不能及的,很玄微的、很奇妙的造化之理,其间不少困难是可想而知的。"②名言只能表达具体的、有相状的、局部的物事,而难以表达超物的玄理。本体是不可言说的,因为体无封畛,故非言说所可及;言说所表达的是有封畛的千差万别相状的物事,故用是可说的。熊氏在这里发挥了老庄玄禅思想,看到了名言的局限性,认为抽象的名言限制了活生生的发展着的世界,更不足以表达玄学(超越物之理)。但是,按照熊氏"由用知体"、"即用即体"的思维逻辑,既然"用可言说","体"也应当是可以言说的,如若不然,熊氏何以用鸿篇

---

① 《熊十力全集》第三卷,湖北教育出版社 2001 年版,第 146 页。
② 《熊十力全集》第四卷,湖北教育出版社 2001 年版,第 117 页。

巨制来"发明本心"呢？看来，言说不可言说的，正是哲学家面临的语言学矛盾。但是以科学思维论述玄学思维，以逻辑思维论述后逻辑思维亦是一种方式，与以寓言、诗歌表达并重。

熊十力又说："吾人底理智作用，应日常实际生活的需要，常常是向外去找东西。所以，理智作用不能理会造化的蕴奥。易言之，即不能明了一切物刹那刹那、生灭相续的活跃跃的内容。他总是把捉那刹那刹那、生灭相续所乍现的相状，即是将那本来不住的东西，当作存在的东西来看，于是设定有一切物，便许一切物都是能任持他底自体，且自有轨范，可以令人起解的。故所谓轨持，只于不住的变化中，强作存在的物事来图摹，本不可执为定实。然由此而知识乃非不可能，即科学也有安足处。"①熊十力认为，分析剖解的方法，把流动的视为静止的，把局部的当作整体的，以静、死代动、活，截取一个片段，以偏概全，如何能理会大宇长宙的真谛和造化的蕴奥呢？

熊十力迂阔地把"理智"分为两种：一种是作为"性智"之发用的"量智"；另一种是"性智"障蔽不显时的"量智"。他说："量智云者，一切行乎日用，辨物析理，极思察推徵之能事，而不容废绝者也。但有万不可忽者，若性智障蔽不显，则所有量智，唯是迷妄逐物。纵或偶有一隙之明，要不足恃。人生唯沦溺于现实生活中，丧其神明，以成乎顽然之一物，是可哀可惨之极也。"按照熊氏的理解："玄学见体，唯是性智，不兼量智，是义决定，不应狐疑。""然玄学要不可遮拨量智者，见体以后，大有事在。若谓直透本原，便已千了百当，以此为学，终是沦空滞寂，隳废大用，毕竟与本体不相应。"②

这就是说，必须先立乎其大者，加强人格修养，保任固有性智，不以染习、私意乱之，于此才能体悟万化根源，通物我为一。王阳明《咏良知》诗所说的"无声无臭独知时，此是乾坤万有基"的境地，不是能由量智入手得来的。但在见体之后，达到此种境界之后，又不可废量智。熊十力批评性智障蔽不显时的量智，而主张见体之后，作为性智之发用流行的量智。实际上，量智就是量智，毋须分为先后。为什么性智前就不能有量智呢？为什么"见体"之前的理

---

① 《熊十力全集》第三卷，湖北教育出版社2001年版，第132页。
② 《熊十力全集》第四卷，湖北教育出版社2001年版，第528—529页。

性思考、逻辑分析就一定会遮蔽本体呢？我认为，前性智的量智思维——性智——后性智的量智思维，如此三阶段及其循环，是认知、体悟宇宙本原、人生真谛不可或缺的环节和过程。对于语言和理智的局限看得过重，对于性智与量智，乃至作为性智之发用的量智和性智障蔽不显时的量智，分剖甚严，是熊氏玄学方法的特点，其中蕴伏着熊氏"量论"的矛盾与张力。

四、"本体"不可思，唯在自明自见

本体不可思，不是本体不可知，熊十力哲学与康德哲学不同，承认本体是可知的，即是可以通过道德实践加以体证、体验、冥悟、接近、契合、通达的，但不是可以由理智推断的。

熊十力说："宇宙或一切行是有他底本体的。至于本体是怎样的一个物事，那是我们无可措思的。我们的思维作用是从日常的经验里发展来的，一向于所经验的境，恒现似其相。因此，即在思维共相时，亦现似物的共相。（例如方，是一切方的物之共相，而思维方时，即现似其相。）若思维本体时，不能泯然亡相，即无法亲得本体，只是缘虑自心所现之相而已。须知，本体不可作共相观。作共相观，便是心上所现似的一种相，此相便已物化，（心所现相即是心自构造的一种境象，此即物化。）而不是真体显露。所以说，本体是无可措思的。（此中所谓思，是就通常所谓思维作用而说，别有一种殊胜的思，是能涤除实用方面的杂染而与真理契会者，吾名之冥思。这种思，是可以悟入本体的，当俟'量论'详谈。）"①

这里强调的是，本体不是共相。这是熊十力的一个重要思想。"本体不可思"与"本体非共相"是联系在一起的。也就是说，既然本体不是理智或知识的对象，不是抽象的一般，那么，它就是不可用理智求知的，而只能契合、冥思。冯友兰与熊十力的区别，一个关节点就在这里。冯氏认为本体是"大全"，是一般、共相之"理"，是不在"气"中、不在殊相之中之"理"。熊氏则认为本体是感性具体之"心"，是物我合一的大生命，是天赋人受的道德本性、道德本体。在冯氏看来，不过是一个假设（Postulate），用康德的话来说，是不得

---

① 《熊十力全集》第三卷，湖北教育出版社2001年版，第93—94页。

不有的"设准"。熊十力曾经当面批评了冯友兰的这一说法,指出"良知"是真实的"呈现"。熊氏确认,良知呈现是绝对的真实,不容许有一丝一毫的假设。因此,对于良知本体,只能"亲得"、"亲证"、"体会"、"实践"。这是一种生命体验,是道德实践。

熊十力认为,玄学真理唯在反求而不待外求。为什么这样说呢?因为所谓"本体",即吾人生活的源泉,是至广无际、至大无外、含蕴万有、无所亏欠的,是生天生地和发生无量事物的根源。"我人的生命与宇宙的大生命原来不二,所以,我们凭着性智的自明自识才能实证本体,才自信真理不待外求,才自觉生活有无穷无尽的宝藏。若是不求诸自家本有的自明自识的性智,而只任量智把本体当作外在的物事去猜度,或则凭臆想建立某种本体,或则任妄见否认了本体,这都是自绝于真理的。"①

或者可以说,关于本心仁体的认识,其实是一种自我认识,是一种自明自了。熊十力说,体认或实证,是无所谓方法的。"实证者何?就是这个本心的自知自识。换句话说,就是他本心自己知道自己。不过,这里所谓知或识的相状很深微,是极不显著的,没有法子来形容他的。这种自知自识的时候,是绝没有能所和内外及同异等等分别的相状的,而却是昭昭明明、内自识的,不是浑沌无知的。我们只有在这样的境界中才叫作实证。而所谓性智,也就是在这样的境界中才显现的。这才是得到本体。前面说是实证相应者,名为性智,就是这个道理。据此说来,实证是无所谓方法的。但如何获得实证,有没有方法呢?应知,获得实证,就是要本心不受障碍才行。如何使本心不受障碍,这不是无方法可以做到的。这种方法,恐怕只有求之于中国的儒家和老庄以及印度佛家的。"②

熊十力强调"反求自识"、"反己体认","自得"、"亲证",因为所谓"本体"是不远于吾人的。这种反躬内向、自省,是中国本体方法学的特点。"吾心之本体,即是天地万物之本体。宇宙、人生,宁可析为二片以求之耶?致知之极,以反求默识为归。斯与西洋知识论又不可同年而语矣。总之,中土哲人,其操术皆善反,其证解极圆融。西洋所以发展科学,其长亦在此。"③所谓中土哲人

---

① 《熊十力全集》第三卷,湖北教育出版社 2001 年版,第 22 页。
② 《熊十力全集》第三卷,湖北教育出版社 2001 年版,第 21—22 页。
③ 《熊十力全集》第四卷,湖北教育出版社 2001 年版,第 102 页。

"操术皆善反",指的是孔子所说的"反求"与"默识",孟子所说的"万物皆备于我"、"反身而诚"、"反而求之",张载所说的"善反,则天地之性在焉",庄子所说的"自明自见"。这里说的是反躬、反省,挺立道德自我,一下子把宇宙本体提升为道德本体。所谓中土哲人"证解极圆融",指的是即物即心、即外即内、即动即静、即器即道、即俗即真、即多即一、即现象即实体的学说,与西方分析方法(所谓小知间间)不同。在熊氏看来,前者是发现玄学真理之道,后者是发现科学真理之道。两者具有完全不同的"逻辑"。

熊十力指出:"东方哲人,一向用功于内,涤尽杂染,发挥自性力用。其所谓体认,是真积力久,至脱然离系。本体呈露时,乃自明自见,谓之体认。"①正是在这样的意义上,熊氏认为,本性良知的呈露,不是假设,不能由理智推求,而是一种顿然呈现,自明自见。

熊十力在其著名的《论玄学方法》②一文中指出,东方学术,不论是本土的儒道,还是印度释宗,"要归见体"。而所谓"见体",不是别以一心见本心,而是本心的自觉自证。这是玄学之究极处。在这里,没有量智的插足之地。有一种顿超直悟者,即上根器利者,如佛家宗门大德及颜渊、庄周、僧肇、王弼、程颢、陆九渊、王阳明等,能够"当下亲体承当,不由推求,不循阶级",直指本心,直接见体。另有一些根器钝者,"难免迂回,其触处致力,全凭量智作用,探索不厌支离,徵测尤期破碎。以此综事辨物,功必由斯;以此求道(道谓本体),岂不远而。但使心诚求之,久而无得,终必悟其所凭之具(具谓量智),为不适用。一旦废然(不信任量智有无限的效能),反之即是(反之即得性智)"③。

总之,熊十力认为,"本体"不是外在的,不是由理性分析方法所构画的。《新唯识论》直指本心,通物我、内外,浑然为一,正是孟子所谓"反身而诚"。因此,在方法学上,必须以遮诠即否定的方法,涤除知见、情识,转识成智,以期达到"智的直觉"的本体境界。

熊十力辨析"量智"与"性智",在哲学史上的意义,主要是肯定自在之物可知,肯定人有最高的般若智慧,可以直接地把握宇宙人生的最高本质。这种

---

① 《熊十力全集》第三卷,湖北教育出版社 2001 年版,第 526—534 页。
② 《熊十力全集》第三卷,湖北教育出版社 2001 年版,第 526—534 页。
③ 《熊十力全集》第三卷,湖北教育出版社 2001 年版,第 528 页。

智慧的拥有者,不是超绝的上帝,而是我们自己。就这个意义来说,这是一种人本主义的"本体方法学"。

第三节　性修不二与思修交尽

上节我们评述了熊十力关于玄学真理的认识(性智)与关于科学真理的认识(量智)的定位。前者是一种"人文的睿智",后者是一种"科学的知见"。按照笔者的看法,这两者当然有一些区别,更有辩证的联系。熊十力虽未在二者之间划上鸿沟,然却过于推崇前者,贬抑后者。他在有了这样一些基本看法之后,拟写作"量论",即建构一种体证或契悟"本体"的方法论,但终究未及作,只于晚年拟定了一个简略的"量论"提纲。本节将评述这一提纲,并进而研究熊氏方法学的重要问题——贯通本体与现象,性智与量智的门径。

一、"量论"提纲

首先我们看看熊十力在《原儒》上卷"绪言"中拟定的"量论"提纲。熊氏拟议中的"量论",大约分为两大部分,曰"比量"篇,曰"证量"篇。"比量"借用于因明学而未拘守原意,大体上把据实测而作推求的"理智"之知,说为比量。"证量"则是无能所、内外、同异区别的"性智"境界,是吾人固有的炯然染明、离诸杂染之"本心"的自明自了。

"比量"复分上下。上篇论"辨物正辞"。熊十力认为,"辨物正辞"始于《易》《春秋》,至晚周名学(荀子、墨子及其后学、公孙龙、惠施、韩非等)得以发挥。形式逻辑的方法,重视感觉、实测、格物,通过概念、判断、推理以尽其用,复验之于物理人事,俱为国学所倡,亦可与辩证唯物论相会通。下篇论"穷神知化",则包罗至广,内含宇宙、人生的辩证法与辩证逻辑。熊十力说:"然而变化之道,非通辩证法,固不可得而明矣。大地上凡有高深文化之国,其发明辩证法最早者,莫有如中国。"①从羲皇画卦始,中国辩证法就以其特色著称于世。

---

① 《熊十力全集》第六卷,湖北教育出版社 2001 年版,第 318 页。

　　熊十力在"比量"下篇拟着重论述各种辩证关系,就本体—宇宙论而言,打算论及体与用、无对与有对、无限与有限、心与物、能与质的关系;就人生论而言,打算论及人道与天道、性善与性恶之关系。注意,熊氏提示说,以上所有的对子,都不是平列关系,而是一种统摄关系。"统谓统一,摄谓含受而主领之也。"按照这样一个规定,形成如下公式:A 与 B 相反也,而 A 统摄 B,乃反而相成。例如:"心物,相反也,而心统摄物,乃反而相成";"性善性恶,二说相反也,而善统治恶,乃反而相成。"①余可类推。

　　熊十力指出:"辩证法是无往而不在,学者随处体察可知。""知识论当与宇宙论结合为一,离体用而空谈知识,其于宇宙人生诸大问题不相干涉,是乃支离琐碎之论耳,何足尚哉? 学者必通辩证法,而后可与穷神。""感觉、量智(亦云理智)思维、概念等,所由发展与其功用,在上篇(辨物正辞篇)固应论及,本篇(穷神知化篇)当进一步讨论量智、思维等,如何得洗涤实用的习染而观变化。"②

　　如果说,在"比量"篇的两阶段大体上分别论及形式逻辑与辩证逻辑、理性思维与辩证的理性思维的问题,那么,到"证量"篇所谈的则是非逻辑、非理性的直觉思维的问题。但用"非理性"这个词,熊十力一定不会高兴。因为此篇中心在"论涵养性智",在他看来,这正是正宗的中国式的"理性"。如以"本体理性"、"道德理性"或"实践理性"来概括,相信熊氏可以认同。

　　熊十力说,"性智"是与生俱来的。人初出母胎,堕地一号,隐然呈露其乍接宇宙万象之灵感,这就是"性智"。人生本来潜备无穷无尽德用,是大宝藏,是一切明解的源泉。我们在性智内证时,大明洞彻,外缘不起,浑然与天地万物同体,默然自了,这就是证量境界。到了这一境界,方可于小体而识大体,于相对而悟绝对,于有限而入无限,即人即天,即天即人。"大体"、"天",都是宇宙本体。这是对本体的契合、会悟的境界。

　　怎样才能得到证量境界? 有什么门径? "答曰,思维与修养交致其力,而修养所以立本。思修交尽,久而后有获也。"也就是说,这种洞察力或自己认

---

①　《熊十力全集》第六卷,湖北教育出版社 2001 年版,第 318—322 页。

②　《熊十力全集》第六卷,湖北教育出版社 2001 年版,第 323、324 页。

识自己的能力,不单纯是一个认识论的问题,同时又是一个道德论的问题。涵养人的性智,需要从这两方面下力:"思而无修,只是虚见;修而无思,终无真解。"①

熊十力最后说,所以拟立"证量"一篇,盖有二意。第一,儒、释、道三家,其学皆归本证量,但各家主张却有不同。熊氏希望明其所以异,而辨其得失。他指出,求趣证量的,易流于僧侣主义,倾向出世,乖于大道,不可为训。孔子以人道弘天道,从天地万物浑然一体处立命,故有裁成辅相之功,不以孤往独善为道。第二,熊氏说:"余平生之学,不主张反对理智或知识,而亦深感哲学当于向外求知之余,更有凝神自虑、默然自识之一境……默然之际,记忆、想象、思维、推度等等作用,一切不起,而大明炯然自识……余谈证量,自以孔子之道为依归,深感为哲学者,不可无此向上一着。"②

熊十力留给我们的"量论"提纲,基本上概括了他的认识—方法论的主要内容,值得重视。以下,我们仅就熊氏"证量"中的"性修不二"、"思修交尽"的问题略作讨论。

二、性修不二与思修交尽的修为途径

讲认识论与方法学离不开心性论,认识论与道德价值论有着内在关系,这也是中国哲学的一个特点。熊十力的本体方法学进路大体上不离传统:"中土学者,大抵皆从伦理实践上纯粹精诚超脱小己利害计较之心作用,以认识心体。"③按照他的理解,只有人类能直接通合宇宙大生命而为一,以实显本体世界无上的价值。人性具有包宇宙、挟万有、圆成而实的生命力。但人之有生,不能无惑,人成形禀气之始,就有了此惑,愈沦溺于物欲,愈隔断了与宇宙大生命的通贯。习气掩蔽了人性本具的光明宝藏。因此,欲保持"性智",就不能不加强修养。

考"性修不二"之说,亦渊源于佛教。笔者前曾提到天台宗湛然的《十"不二"门》,其中"修性不二门"指出:"性虽本尔,藉智起修,由修照性,由性发修。

① 《熊十力全集》第六卷,湖北教育出版社 2001 年版,第 325 页。
② 《熊十力全集》第六卷,湖北教育出版社 2001 年版,第 325—326 页。
③ 《熊十力全集》第二卷,湖北教育出版社 2001 年版,第 81 页。

存性则全修成性,起修则全性成修,性无所移,修常宛尔。修又二种:顺修、逆修……"①熊十力的《新唯识论》以儒家"继善成性"说融合改造之,指出:"天人合德,性修不二故,学之所以成也。《易》曰:'继之者善,成之者性'。全性起修名继,全修在性名成。本来性净为天,后起净习为人。故曰:'人不天不因,天不人不成。'故吾人必以精进力创起净习,以随顺乎固有之性,而引令显发。"②今按,据熊氏是书"绪言",这一段文字乃采纳马一浮的意思。

熊十力借佛学的"习气有净有染"之说,加以改造,指出,人要发挥能动作用,必须不断地增养顺性之净习,克服违性之染习,使天赋的本性功能显发出来,达到与天地合德的本体境界。在这里,性修之统一,也即是本体与工夫之统一,天与人之统一。"继"、"成"的前提是人所禀赋的道德理性,"成"、"继"的工夫旨在促进这一圆满具足的道德理性显发、拓展。没有这样的工夫,不能"继善成性",不能"涵养性智",就不可能达到关于本体的认识。因此,能否"见体",与道德人格修养有密切的关系,认识—方法论与心性—修养论难分难解。

熊十力的特点是强调"创"、"动",反对"守"、"静"。他强调,如果不尽人力,不从事学习、修养,则固有的道德本性也不能充分显发扩展。他在《熊子真心书》、《尊闻录》、《新唯识论》文言本中,多处发挥王船山"命日受、性日生","性日生而日成"之说,并且批评包括王阳明在内的宋明儒"过恃天性","纯依天事立言",忽视"人能"对于"天性"的创造,忽视"成能"与"成性"的关联。"吾之为学也,主创而已",然宋明理学家"多半过恃天性,所以他底方法只是减……他们以为只把后天底染污减尽,天性自然显现,这天性不是由人创出来。若如我说,成能才是成性,这成的意义就是创。而所谓天性者,恰是人创出来。""吾言明智与阳明良知说有不同者,彼以良知为固有具足,纯依天事立言;而明智则亦赖人之自创,特就人能言也。""良知一词似偏重天事,明智则特显人能。"③也就是说,熊氏主张积极地利用诸如"良知"之类的萌蘖去努

---

① 石峻等编:《中国佛教思想资料选编》第2卷第1册,中华书局1983年版,第264页。
② 《熊十力全集》第二卷,湖北教育出版社2001年版,第144页。
③ 《熊十力全集》第四卷,湖北教育出版社2001年版,第492—494页。

力创生,而不是以"良知"为固有具足,消极保守之,被动地减去染污之足为害者。他一度主张用"明智"这个词取代"良知",意即"明智"是赖人自创的,而所谓人的"天性"亦无不是人创的。

这是对王阳明"即工夫即本体"理论的改造和发展,在方法学上具有很大的意义。与熊十力健动、生生不已的宇宙本体论和积极人世的人生论相配合,他的认识方法论基于这种创造型的心性论、修养论或工夫论,提出了在后天积极培养"明智"的致思趋向。这就把关于"本体"的认识,从与生俱来、天赋人受、圆满自足的良知本性中略有疏离或松动。或者说,达到关于本体的曲径通幽之道是发挥"人能"、"创起净习"、"不容一息休歇而无创,守故而无新",拓扩固有的道德本性,"成能以成性"。于是,"性智"境界并不是普通人无法企及的。

他提出了"由用知体"、"转识成智"的方法:"玄学之所致力者,不仅在理智思辨方面,而于人生日用践履之中,涵养工夫,尤为重要。前言哲学为思修交尽之学,其义与此相关。""哲学方法,则思辨与体认须并重。余欲为《量论》一书明此义,兹不及详。体认非修养不能臻,故余常以哲学为思修交尽之学。"①"玄学亦名哲学,是固始于思,极于证或觉,证而仍不废思。亦可说,资于理智思辨,而必本之修养,以达于智体呈露,即超过理智思辨境界,而终不遗理智思辨。亦可云此学为思辨与修养交尽之学。"②这就是"思修交尽"的门径。中国特殊的认识—方法论,不单独提知性、理性,把理性思维的培养与道德修养的工夫的交互作用,作为达到或透识宇宙人生的根源、本质、本体境界的"桥"或"船"。因此,在熊氏"量论"提纲中,要特别揭示这个问题,而且强调"修养所以立本":"思而无修,只是虚见,修而无思,终无真解"。我们可以把"思修交尽"作为"用"与"体"、"量智"与"性智"、"生灭"与"真如"相贯通的不二法门。

第四节　熊十力本体论哲学的现代意义

以上我们探讨了熊十力为现代新儒学奠定的哲学本体论的主要内容。如

---

① 《熊十力全集》第五卷,湖北教育出版社 2001 年版,第 13、212 页。
② 《熊十力全集》第三卷,湖北教育出版社 2001 年版,第 548 页。

何评价这一学说呢？

如前所述，熊十力本体论上的睿见，有助于彰显人类终极存在的意义世界，重建人的道德自我，重建人的自尊，肯定人的价值和理想人格。这对于"现代性"之负面，即工具理性过度膨胀、科学技术日益发展所衍生的副作用，例如功利主义、金钱拜物教、权力拜物教的批评，对于人文价值和道德伦理之沦丧的警醒，无疑具有莫大的意义。没有精神主体、道德人格，人只能沦于"无家可归"的境地。的确，现代化不仅仅包括工业化、都市化、科学化，还应当包括人的全面发展，人性的完善，人与自然、人与人、人与内在自我关系的和谐，人有崇高的境界、精神的依归和寄托。因此，作为现代新儒学思想中枢的道德的理想主义在现代化建设过程中是有积极意义的。

对于我们这个民族来说，十分重要的问题是，20世纪在欧风美雨的冲刷之下，我们的民族精神、历史意识、文化情结、价值系统、终极关怀、形上睿智面临着深刻的危机。20世纪是中国传统的文化资源在中国本土上遭到普遍的毁辱和抛弃的时期。只有像熊十力这样少数的文化精英，才能作为中流砥柱，拯救中国文化的危机，抗拒着现代化的负面造成的人类文化或世界文化的腐化。他希冀为中国寻找回失落了的民族精神，为人类寻找回失落了的类的本性和个体的真我。面对着人类的、族类的、个体的存在危机，熊十力在他的生活中，以他自己的生命体验与直感，重新反省了生命的意义和人生的价值，重新探索、反思宇宙人生的大本大源，一扫饾饤枝节的遮蔽，回到了数千年人类哲学史所考察的最根本的问题上来。

在价值迷失的年代，在走向现代化的进程中，熊十力并不是食古不化的缙绅先生，他终身致力于活化民族精神。因此，熊十力哲学是一种体用哲学（或立体开用、明体达用、即体即用、体用不二的哲学）。一方面，他主张"尊生"、"明有"、"主动"、"率性"，强调"用"、"物"、"有"、"坤"的层面，呼唤科学、民主、自由、人权、知识理性，在一定意义上承认力、势、智、利、情、欲的合理性，批判陈腐的、令人窒息的传统社会文化中负面教条的桎梏；另一方面，他重新抉发儒、释、道的人生智慧，启发人们自识"真的自己"，珍视升进向上，清净纯洁、创化不息、开辟无穷的精神生命的"大宝藏"，去执息妄，化解无明，使人的精神得以安顿，人生的追求得以拨正，因此更强调"体"、"心"、"无"、"乾"的层面,重建人性的美善、人道的庄严、人格的独立、人际的和谐、人权的尊重。在民族文化大厦由于内在与外在种种原因崩坏离析之际,再创明天,使之重新挺立于世界民族之林。

熊十力来自民间,来自穷乡僻壤和社会的最下层,亲身体验了20世纪中国人民所遭逢的种种灾难,无穷无尽的动荡和痛苦,从列强的肢解、军阀的混战、日寇的蹂躏、内战的厮杀,直到惨死于灭绝人性的所谓"无产阶级文化大革命"。民间疾苦,笔底波澜。他的人生,他的哲学,他所呼唤并实践的安身立命之道,正是对黑暗卑琐的现实的抗议和对人类理想境界的追求。

熊十力哲学亦有自身的内在矛盾和局限性。作为曾经参加过民主主义革命的斗士,熊氏创制哲学的基点——革命力量的不足使他错误地认为,辛亥革命失败正由于缺乏自信力和主观能动性发挥得不够;作为"后五四时期"的哲学思想家,熊十力创制哲学的另一基点——军阀混战,道德沦丧,革命者亦不在身心上用工夫,再加上西化思潮,菲薄固有,中国文化价值失落,这一切又使他感到要挽救文化危机、道德危机,必须提倡"人道之尊",必须肯定和阐扬中国文化的价值和中国知识分子的自尊。知人论世,熊十力本体论——道德形上学的背景即在如上两个方面。

以道德理性来整饬人心,以民族尊严来激励种性,发起信心,这不仅是宋明理学家,而且也是清末思想家章太炎、谭嗣同们的思想模式。道德可以提示人,使人警醒,使人不懈地追求理想人格,但具体的道德原则并不是永恒的、绝对的,其对社会生活所起的作用和影响也不是万能的,而且道德理想主义的张扬一旦与社会相脱节,就不能有效地促进中国的现代化。民族性是非常重要的,但民族性与世界化必须统一起来,才不至于自外于世界文明的发展大道。

熊十力哲学和现代新儒家的内圣学体系是有意义、有价值、有贡献的,但他们的内圣与外王有很大的矛盾。实际上,这是两种价值系统的矛盾。当然,我们不能苛求一切哲学思想体系都具有现实性,都能为广大群众所接受。哲学的功能并不完全是这样的。历史上的许多哲学思想体系作为人类智慧的结晶,作为人的生命体验的产物,却具有永恒的价值。熊氏哲学也是这样,因为它毕竟在现时代又一次触及人类的终极关怀,阐发了人之所以为人这一古老而常新的课题。

从另一方面来说,熊十力认定人的存在与民族的历史文化不能分开,这是正确的。在世界不同系统的文化日益涵化、整合成为现代文化的今天,尽管文化的民族性是泯灭不了的,但人类文化和人类价值意识的共性必然增加。在这种条件下,随着现代工商业和信息时代而产生的文化价值,诸如平等、自由、权利、正义、竞争、科学、理性、民主、个性等等,作为现时代的历史范畴,毕竟不可能全部在儒学思想资料中古已有之、圆满具足。当然,对这些价值也要分析,不能孤立地、片面地发展。尽管科学技术的日益膨胀造成了人性的异化和人文危机,但这些弊病只能在经济、技术、自然科学的不断发展中加以调治,例如把儒学中的有益成分借鉴、继承、光大,以与现代文化调适。

熊十力并不是守旧者,他对儒学有批评、有改造、有发挥、有创新。他的思想启发我们,对自己民族的思想资源发掘越深,自身的价值越丰富、厚实,我们吸纳西方的、外来文化的或普适价值的能力就越强。任何现代化都是自己文化的现代化。西方价值有很多单面、平面的弊病。我们需要提高自己对自己民族文化的理解能力。作为地方话语的中国文化、儒家文化具有的普适价值,仍需我们剥离出来,护持、培育、光大、弘扬。

第四章 马一浮的心性论与六艺论

马一浮生于 1883 年,卒于 1967 年。他是浙江会稽人,原名福田,后名浮,字一浮,以字行,号湛翁、蠲叟、蠲戏老人。马氏是我国现代著名的国学大师、诗哲、书圣。梁漱溟给马一浮的挽词为"千年国粹,一代儒宗"八字,这八个字可谓盖棺定论,高度概括了马氏的学术地位和人格风范。而早在 20 世纪 40 年代,贺麟即推崇马氏"兼有中国正统儒者所应具备之诗教、礼教、理学三种学养,可谓为代表传统中国文化的仅存的硕果"①。于此约略可见学界对马一浮的道德、学问、文章的推崇。

第一节 马一浮的人品与诗品

现代中国最具有圣贤气象的三大儒者——马一浮、梁漱溟、熊十力,以及他们的弟子门生,构成了一个特殊的文化群落,支撑着吾华道统,赓续着往圣绝学,孕育了现代儒学思潮。他们所当担的历史使命、所弘扬的道义精神、所表现的气节操守、所坚持的终极信念、所缠绕的思想情结、所遭逢的坎坷际遇和悲剧结局,确有共通的一面;然而他们又是个性十分突出的人物,他们对于欧风美雨、民族危亡、时政流弊的回应方式不同,各自的学养、兴趣、爱好、性格、情调、致思趋向、思想表达、生存体验、待人接物、涵泳程度、外王关怀,均迥然有异。其中,马一浮的修养和学问尤显精醇厚重,且更具有隐逸名士的

---

① 贺麟:《当代中国哲学》第 1 章,胜利出版公司 1947 年版。又见《五十年来的中国哲学》,《贺麟全集》,上海人民出版社 2012 年版,第 28 页。《当代中国哲学》于 1989 年新版时更名为《五十年来的中国哲学》。

风采。

马一浮是一个翛然独往、自甘枯淡、绝意仕进、远谢时缘的真正的"士"人,曾被丰子恺尊为"今世的颜回",马叙伦说他"自匿陋巷,日与古人为伍,不屑于世务"。

有趣的是,现今我们知道的马一浮最早的诗作和最晚的绝笔,似乎隐然有一种内在的呼应关系。请看他11岁时,奉母命咏庭前菊花的一首五言律诗:"我爱陶元亮,东篱采菊花。枝枝傲霜雪,瓣瓣生云霞。本是仙人种,移来高士家。晨餐秋更洁,不必羡胡麻。"①再看他85岁时,在"文化大革命"摧残之下以求速去的诀别诗《拟告别亲友》:"乘化吾安适? 虚空任所之。形神随聚散,视听总希夷。沤灭全归海,花开正满枝。(原注:是日花朝。)临崖挥手罢,落日下崦嵫。"②前诗稚嫩,孤傲高洁之情溢于言表;后诗圆融,冷峻飘逸之机深藏不露。然而,岂不正可以互作注脚么? 唯其独立不苟、孤高超脱,即使身受其害、斯文扫地,亦能举重若轻地嘲讽、蔑视那威威赫赫的所谓"全面专政"——当他被赶出家门,又听说李叔同的学生潘天寿遭到非人待遇时,他的回应,只是以生死为平常事,以"沤灭全归海"的隐喻,表明他回复到安身立命的精神故乡的心迹,神态自若地面对崦嵫山。这是何等的气概!

在我看来,马一浮一生确实做到了如陶诗所说的"心远地自偏",与车马喧腾的俗情世界,与功名利禄,保持了相当的距离。诚然,没有距离就没有审美,没有距离就未可求真,没有距离就谈不到趋善,没有距离当然也就不可能有独立的人格和尊严。一般说来,媚俗者当然没有资格被称为"士"人。

马一浮一生抱蝉蜕尘埃之志,垂老弗改。1940年,他在给老友谢无量的一首长诗及其序言中表达了这一志趣。诗曰:"四十年前两狂客,浮玉峰头读道书。雪埋醋卧焦处士,鹤冢篆铭陶隐居。今狂古狂日相遇,常追仙跷执化袪。世事如云旋变灭,老来回首江东墟。……"③而关于青年马一浮于20世

---

① 丁敬涵辑编:《蠲戏斋诗辑佚》,《马一浮全集》第三册,浙江古籍出版社2013年版,第618页。

② 马一浮:《蠲戏斋诗编年集》,《马一浮全集》第三册,浙江古籍出版社2013年版,第617页。

③ 马一浮:《避寇集》,《马一浮全集》第三册,浙江古籍出版社2013年版,第84页。

纪初在杭州的隐居生活,谢无量《春日寄怀马一浮》曰:"若木仁容静,兼山止足深。伯居长简简,朱坐但钦钦。四海干戈在,幽栖日月深。下帘疑罢卜,隐几即援琴。久羡窥颜乐,何繇息跰吟。……"①这真是忧乐圆融、狂狷交至、儒道互补了! 还有佛! 马一浮在近世居士佛学思潮之中的地位是有口皆碑的,苏曼殊对他最为佩服,李叔同(弘一法师)正是在他的影响下弃道学佛,终而皈依佛门的。② 马一浮在 40 年代诗作中亦有不少痕迹:"穷年栖隐迹,壁观近沙门……心生缘有取,佛在但无求";"久矣遗世谛,无复恋丘壑;谁言聚人天,所得惟寂漠;法以从缘空,惑为然疑作";"人境都忘寂与哗,眼中万事本狂花";"寂处观群动,万境常自闲";"默随大化运,已悟浮云空";"已悟生如幻,长疑旅寡亲……浮生劳拟议,山鸟日过庭"③。

马一浮之为马一浮,第一,他始终与热闹非凡的政界或学界保持着空间距离;第二,他始终与科技发达的现代工商潮流保持着时间距离。因此,他总是显得格外的冷静从容,潜光含章,远离荣利,保持己性,深心以传统批判现代。而健康的现代化非常需要这种批判。

以马一浮的中西学养和声望,特别是精通英、法、德、日、拉丁诸种文字,游学欧美日本有年,并翻译过不少西方社会科学与文学作品的资历,蔡元培任民国教育总长时,曾请他出任教育部秘书长。马一浮供职不到半月,就以不善官场酬酢为由辞归。他说:"我不会做官,只会读书,不如让我回西湖。"而深层骨子里则是对"废经"的抗议,他根本不能容忍民国和蔡氏"绌儒术、废六经"的教育方针。蔡元培始任北京大学校长时,首先诚邀马一浮任文科学长,而再次遭到马一浮的谢绝。马一浮致蔡元培书曰:"承欲以浮备讲太学,窃揽手书,申喻之笃,良不敢以虚词逊谢。其所以不至者,盖为平日所学,颇与时贤异

---

① 胡朴安选录:《南社丛选》,解放军文艺出版社 2000 年版,第 679—680 页。

② 从当年马一浮与李叔同往来书信看,民国六七年间是马与杭州定慧寺、地藏庵、海潮寺诸长老游处频繁之时,对天台、华严、禅宗都有兴趣,又曾对尚未出家的李叔同说过:"他日得与仁者并成法侣,亦一段因缘尔……"(详见刘又铭:《马浮研究》,台湾政治大学硕士论文,1984 年 5 月,第 11 页。)

③ 以上诗句见马一浮《江村遣病》、《写怀》、《再和翊云韵》、《宜州景物凋弊》、《桂林赠马君武》、《乌尤山下有小溪》。马一浮:《避寇集》,《马一浮全集》第三册,浙江古籍出版社 2013 年版,第 88、69、61、58、54、71 页。

撰。今学官所立,昭在令申,师儒之守,当务适时,不贵遗世之德,虚玄之辩。若浮者,固不宜取焉。"因遂以"古闻来学,未闻往教"辞谢。① 足见马氏对新学制、新潮流的抵制,对废止尊孔读经的不满。他的立异,决非与时下有的无聊文人,以立异邀宠,以立异博取浮名,而是从学问中,从心性中自然流出的。1930 年,陈百年欲聘马一浮为北京大学研究院导师,马氏举熊十力代,熊亦坚辞。

马一浮数十年如一日,穷居陋巷,埋首儒释道典籍之中,自得其乐,除与极少数友朋弟子论学外,决不肯出山讲学,屡辞邀聘。只是到了抗战军兴,避寇江西泰和、广西宜山,于颠沛流离之际,才应浙江大学校长竺可桢邀,公开讲学,以复兴民族精神、民族文化为抗敌复国之本。马一浮独标张载(横渠)四句教"为天地立心,为生民立命,为往圣继绝学,为万世开太平",希望诸生"竖起脊梁,猛著精彩,为往圣继绝学,为万世开太平",希望诸生"竖起脊梁,猛著精彩,依此立志,方能堂堂的做一个人"。"中国今方遭夷狄侵陵,举国之人动心忍性,乃是多难兴邦之会。若曰图存之道,期跂及于现代国家而止,则亦是自己菲薄。今举横渠此言,欲为青年更进一解,养成刚大之资,乃可以济塞难。须信实有是理,非是姑为鼓舞之言也。""……择之精而守之笃,乃有以自足乎己而弗迁。故曰'若性命肌肤之不可易也'。如是则富贵贫贱不足以挠其志,推而至于夷狄患难,皆有以自处而不失其所守,由是而进于道术,以益臻乎美善之域不难矣。""近来有一种流行语,名为现实主义,其实即是乡原之典型。乡原之人生哲学曰:'生斯世也,为斯世也,善斯可矣。'他只是人云亦云,于现在事实盲目的予以承认,更不加以辨别。此种人是无思想的,其唯一心理就是崇拜势力。势力高于一切,遂使正义公理无复存在,于是言正义公理者便成为理想主义。若人类良知未泯,正义公理终不可亡。不为何等势力所屈服,则必自不承认现实主义,而努力于理想主义始。因现实主义即是势力主义,而理想主义乃理性主义也。所以要'审其所由',就是行为要从理性出发,判断是非,不稍假借,不依违两可,方有刚明气分,不堕柔暗。宁可被人目为理想主义,不

---

① 马镜泉:《马一浮传略》,《中国当代理学大师马一浮》,上海人民出版社 1992 年版,第163 页。

可一味承认现实,为势力所屈。"①这里所说的,不仅对当时反侵略有意义,而且具有永久的价值。在理与势、理想与现实之间,知识分子的职分就是坚持理想、批评现实中一切负面,而决不与它们同流合污。正如马一浮所说,乡原,人云亦云,屈从迷失于一时、有尽的势力、潮流和眼前利益,舍弃长远的正义公理,舍弃理想与理性主义,流荡失守,眩目移神,乃立己、立国的大敌。不能疏离、批判现实,即不能创造未来。对现代化,对汹涌澎湃之商潮,吾亦作如是观。

1939—1941 年间,马一浮创设书院于乐山(嘉定)乌尤寺内,自任主讲而不愿为院长,重申:"天下之道,常变而已矣。唯知常而后能应变,语变乃所以显常。……今中国遭夷狄侵陵,事之至变也;力战不屈,理之至常也。当此塞难之时,而有书院之设置,非今学制所摄,此亦是变;书院所讲求者在经术义理,此乃是常。""盖人之习惑是其变,而德性是其常也。观变而不知常,则以己徇物。往而不返,不能宰物而化于物,非人之恒性也。""不自反而责人者必至丧己。骛广者易荒,近名者亡实。扬己矜众,并心役物,此皆今日学者通病,其害于心术者甚大。"②足见民族复兴的根本为造就刚大贞固之才,寻找并安立吾人与吾族的精神资源与终极根据。学者贵在持守自立之道,不为风会所诱、淫威所移。在变与常、物与己之间,马一浮找到了守常应变、坚持自主性、反对被物欲宰制的正道。1941 年,因国民党政府教育部要书院填报讲学人员履历及所用教材,以备查核。这在一般人看来并不是一件了不得的事,然而马一浮却十分愤慨,认为这是士人的奇耻之辱,乃致书教育部,责以侵凌师道尊严,违背当年以宾礼相待的诸言,当即辞去讲席,停止讲学,遣散书院诸生,遂以刻书为业。为筹集经费,马一浮决定"鬻字刻书",不受官方一粟一币。③ 在

---

① 马一浮:《泰和宜山会语》,《马一浮全集》第一册,浙江古籍出版社 2013 年版,第 4、7、41、42—43 页。

② 马一浮:《复性书院讲录》,《马一浮全集》第一册,浙江古籍出版社 2013 年版,第 84—85 页。

③ 此时有《蠲戏老人鬻字刻书启》,并有诗三首,其一为:"未能袖手说无为,纵使攒眉不断悲。卖卜何心非弃世,学书有道在临池。五升且置先生饭,三反犹胜十倍师。休怪老夫多谬误,只因病废始求医。"(马一浮:《蠲戏斋诗编年集》,《马一浮全集》第三册,浙江古籍出版社 2013 年版,第 141 页。)

他亲自主持下,先后精刻精校木版"群经统类"、"儒林典要"计28种38样。

马一浮风骨嶙峋,早在20年代曾断然拒绝了盘踞江浙、窃取"东南五省统帅"之职的军阀孙传芳的登门造访。抗战初期,马氏入川创办复性书院前夕曾受到蒋介石接见(这是他一生唯一的一次见蒋,因蒋当时是所谓"抗战领袖"),会见中马一浮拈出"诚"、"虚"(一说为"恕")二字劝蒋,希望蒋"虚(似为恕)以接人,诚以开务,以国家复兴为怀,以万民忧乐为念",强调"诚即为内圣外王之始基"。据说蒋对这种劝诫甚为不快。事后,友人问及对蒋之印象,马的评价甚有意趣,亦甚为确当:"英武过人,而器宇褊狭,乏博大气象。举止庄重,杂有矫糅。乃偏霸之才,偏安有余,中兴不足。方之古人,属刘裕、陈霸先之流人物。"①

1950年春,马致云颂天函指出:"仆智浅业深,无心住世。所欠者,坐化尚未有日耳⋯⋯"②1953年9月,梁漱溟与毛泽东之间为农民生活等问题顿起冲突,周恩来曾打电话到上海找沈尹默,托沈赶赴杭州邀马一浮去京婉劝梁漱溟自我检讨,以缓和气氛,避免僵局。马一浮坚决拒绝去京劝梁,说:"我深知梁先生的为人,强毅不屈。如他认为理之所在,虽劝无效。"③周恩来和陈毅对马一浮甚为敬重、关怀,陈毅尤能以后学态度尊重马,马、陈之间有过书信往还和诗词唱和。尽管如此,马平日与友人言谈中绝不提及这些事。马赠毛的诗联为:"使有菽粟如水火,能以天下为一家";赠周的诗联为:"选贤与能讲信修睦,体国经野辅世长民";赠陈的诗中亦有"能成天下务"和"要使斯民安衽席"

---

① 乌以风编述:《马一浮先生学赞》,1987年6月自印本。又见任继愈:《马一浮论蒋介石》,《中国当代理学大师马一浮》,上海人民出版社1992年版,第67页。按,我在这里还参考了朱渊明《忆马一浮先生》(香港《中国学人》,1971年6月)、关国煊《马浮》(《民国人物小传》第5册,台北传记文学出版社1982年版)和杨玉清《关于熊十力》(《玄圃论学集》,北京三联1990年版)。朱、关断定马见蒋为1936年春夏间,似有误。乌、任、杨将会见时间判为1939年春马撤离宜山(一说桂林)路过重庆将去嘉定之时,与贺麟对笔者的回忆一致。杨文说:马见蒋时以"诚恕"二字奉献,蒋听了很不悦,意思是说,这一套是我教训别人的,你今天竟拿来教训我。

② 马一浮致云颂天,庚寅惊蛰后二日,笔者所见为手稿复印件。另参见马一浮:《与云颂天》,《马一浮全集》第二册,浙江古籍出版社2013年版,第787页。

③ 马镜泉:《马一浮传略》,《当代理学大师马一浮》,上海人民出版社1992年版,第194—196页。

等句①。不难看出,其中仍隐含有士人对政治家的规劝之意。而使马一浮晚年受到极大精神创伤的一件事,是他的弥甥、供职于浙江省图书馆的丁慰长(大姐明璧与姐丈丁皓的孙子)因被错划为右派,不堪凌辱,1959 年偕妻携子(不满周岁)投太湖自沉。马一浮 21 岁遭丧妻之痛后,终身未续娶,无有子嗣,对丁慰长兄妹尤为钟爱,长期生活在一起。关于慰长的随屈原游,虽家人对一浮老人一再封锁,告之因犯错误到西北劳动,但老人心中已明白一切,至死仍在呼唤慰长回杭。这个打击是致命的,震荡是惨烈的。② 反观马一浮之暮年,不能以偶然之热闹场面和表面文章为据,其深心是孤独和寂寞的。他曾自比幽花:"三月心斋学坐忘,不知行路长春芳。绿荫几日深如许,尚有幽花冉冉香。"③他又曾发出"谁与问鸿蒙"之叹:"语小焉能破,诗穷或易工。百年驹过隙,万事水流东。尚缓须臾死,因观毕竟空。栋桡方欲折,谁与问鸿蒙?"④他早已达到不将不迎、不知"悦生""恶死"的"撄宁"状态,即"天地与我并生,万物与我齐一"的本体境界,因而能如钱钟书所说,终其身在荒江白屋之中与古人、与二三素心人为伍,遗世独立,自成一格。"翛然成独往","莫向他人行处行"⑤。朝市之显学定是俗学,他是不屑一顾的。"回首望苍梧,虞舜今难求。感此将谁语? 吾欲追许由。"⑥

最能表达马一浮心迹的,是他修改数次才定稿的《自题碑文》:"孰宴息此山陬兮? 昔有人曰马浮。老而安其惸独兮,知分定以忘忧。学未足以名家兮,

---

① 参见马镜泉:《马一浮传略》,《当代理学大师马一浮》,上海人民出版社 1992 年版,第194—196 页。

② 此事在马一浮故旧中口耳相传,笔者曾听梁漱溟、王星贤(培德)、张立民遗孀丁磊华等多人说过,尤其是丁慰长的妹妹丁敬涵告之甚详。

③ 丰子恺之子华瞻回忆,马一浮撰并书之此诗,约在 1955 年即挂在丰家(日月楼)。我在贺麟家亦看到马以此诗书赠贺氏,另一首为"夜半雷惊宿鸟飞,巢居风暖客忘归。深山五月黄梅雨,坐看行云度翠微。"均书于庚子(1960 年)长夏。

④ 这一佚诗被马一浮研究所暂定为 1966 年所作,似尚待考。另参见马一浮:《蠲戏斋诗编年集》,《马一浮全集》第三册,浙江古籍出版社 2013 年版,第 616 页。

⑤ 参见《避寇集》中的《杂感》、《渔樵相和歌》。后者仿宋人邵雍,嘲讽有近于俚,然志隐而音谐,庶几沧浪之遗响。曰:"莫向他人行处行(渔唱),捞虾漉舰当平生(樵答);北山虎豹南山雾(渔唱),河水千年几度清(樵答)。"马一浮:《避寇集》,《马一浮全集》第三册,浙江古籍出版社2013 年版,第 72、64 页。

⑥ 马一浮:《避寇集》,《马一浮全集》第三册,浙江古籍出版社 2013 年版,第 54 页。

或儒墨之同流。道不可为苟悦兮,生不可以幸求。从吾好以远俗兮,思穷玄以极幽。虽笃志而寡闻兮,固没齿而无怨尤。惟适性以尽年兮,若久客之归休。委形而去兮,乘化而游。蝉蜕于兹壤兮,依先人之故丘。身与名其俱泯兮,曾何有夫去留?"①这就是掉背孤行、独立不苟的马一浮人格。

关于马一浮之学术定位,佛耶,道耶,儒耶,程朱耶,陆王耶?学界众说纷纭,各执一端。我意马氏非佛非道,亦佛亦道;非程朱非陆王,亦程朱亦陆王。马一浮是大师级的人物,弘通百家,岂偏得一术,滞其所执?然而马氏思想宗主在儒,他是一真正的博大的儒者。但他决不排斥诸子百家,力图综会融通。他推崇儒家"六艺",而通过他的诠译,六艺论已绝非原本。且看他的诗作中透露的消息。②

"未许全生学《马蹄》,每因《齐物》问王倪。禽栖鲁阙三冬暖,车到襄城七圣迷。凿后灵根亡渼滓,西来密意绝町畦。相逢莫话曹溪月,但乞新诗石上题。""少室山前雪正深,栖栖鲁叟尚援琴。纵教吸尽西江水,难觅当年断臂心。""百年信须臾,何事求神仙。……墨者急世用,老氏任自然。二途俱不涉,宴卧秋山巅。"

"全生幸就闲,寂观悟屯蒙。目击知道存,耳顺知民聪。斯人信吾与,万物将毕同。胡为异肝胆,爱恶成相攻。及春犹泮奂,散策欣所逢。……物情不终暌,感至理自通。山栖乐行野,群卉何葱苁。遂生会有时,条达来心胸。儒墨岂足异,狂简亦可风。我思唐虞仁,再睹黎民雍。"

"墨氏矜非乐,名家务去尊。并兼仍帝力,仁义总侯门。偶语刑方亟,群雄气可吞。干戈终不戢,智尽数鸡豚。"

"老翁无力止儿哗,一任江头捉柳花。南郭情忘惟隐几,北窗梦醒与添茶。渔樵问对成何事,儒墨桁杨岂异家。莫谓支离难共语,劝君黾勉爱春华。""凡楚存亡众莫哗,汉唐事业等空花。清阴不改惟看竹,上药难求且种

---

① 马一浮:《豫制自题墓辞》,《马一浮全集》第二册,浙江古籍出版社 2013 年版,第279页。

② 以下引诗,依次分别为:《再答无量》、《题传灯录》、《山居与客言近事》、《行野》、《瞑言》、《遣兴用茶字韵》、《再题斗茶集简翊云》、《次韵答无量见怀》、《宜州书怀》、《写怀》、《乌尤山下濠上草堂》,俱见马一浮:《避寇集》,《马一浮全集》第三册,浙江古籍出版社 2013 年版,第82、68、72、76、62、61、63、58、59、71页。

茶。草长莺飞春日梦,水边林下道人家。诸方浩浩商量有,未解周行转法华。""……人间万事云生岫,莫问南华与杂华。"

"寻山载酒客毋哗,开卷搜奇眼未花。二水波澜通海气,三峨云雾育岩茶。春兰秋菊将同调,李耳韩非并一家。独悟四声推沈约,不劳博物问张华。"

"清都恒梦化人居,八表神鸾尚滞予。怒触山摧皆幻业,垂芒夜见是真书。诗亡周礼犹存鲁,禹后南音或在歈。白象青牛俱不驭,弥天处处得逢渠。"

"旅泊同三界,流离惜此辰。……礼乐思存鲁,耕桑亦避秦。……贲育将何补,唐虞岂再淳。心源双树寂,归梦五湖春。世论犹河汉,玄言孰主宾。毗耶成杜口,函谷不逢人。稷下回车远,淹中发简新。千灯仍续焰,一性自相亲。宗旨门前水,生涯甑上尘。……"

"真儒俗所弃,胡为自羁缚。……早知禹鼎铸,宁忧鲁酒薄……"

"世以儒为戏,吾甘俗似僧。松楸知已远,伏腊坐相仍。巢隐容身可,归飞羡鸟能。未忧风雨至,桑下且移镫。"

细品以上各诗,足见马一浮于儒、墨、杨、道、法、名各家及佛家各宗,均有所取有所破,一方面批评夸大各家之异者,未能观其同;另一方面超拔于诸家之上,既不取于白象(佛),又不取于青牛(道),反对支离褊狭、局而不通,深悟各家精义,会通默识,在破除宗派门户的基础上,成一家之言①。力破门户与学有宗主是不矛盾的两件事,马氏学有宗主,宗主在儒。马一浮以宽容博大之心,援中西印各家于儒,创造性地推进了儒家。

由上可见,马一浮学问不名一家,兼涵众妙,却因隐逸恬退,神明内腴,而

_____

① 关于马一浮破除门户(不仅主张破除程朱陆王的门户之见,而且主张破除儒释道及其内部种种门户之争),楼宇烈论证甚详。请参见楼宇烈《理学大师马一浮》一文,收入《中国当代理学大师马一浮》一书。台湾学者刘又铭的硕士论文《马浮研究》判定马一浮以陆王为归,林安梧《马一浮心性论初探》(载林著《现代儒学论衡》,台北业强出版社 1987 年版)又判定马一浮以朱子为归。贺麟《当代中国哲学》对马一浮评价最为地道:"其格物穷理,解释经典,讲学立教,一本程朱,而其返本心性,祛习复性则接近陆王之守约。他尤其能卓有识度,灼见大义,圆融会通,了无滞碍,随意拈取老庄释典以阐扬儒家宗旨,不惟不陷于牵强附会,且能严格判别实理玄盲,不致流荡而无归宿。"要之,马一浮力辟门户,又学有宗主,且自成一格。

颇与时贤异撰。因此学界对马氏儒学思想之研探尚不充分系统。不过,如果通观马一浮的所有著作,就可以看到他有着较为一贯的思想取向、现世关怀、生命境界,发掘、疏通、整理出这些内容,有助于厘清马氏新儒学思想的内在脉络,定位他的思想对于现代新儒学乃至中国现代哲学、思想、学术史上的意义所在。笔者以下拟分三方面述之。

第二节　性德为中心的心性论

心性论是现代新儒学比较主流的思想立场,马一浮的学问也是典型的心性论立场。如果说熊十力的心性论是以"乾元"为中心的本体—宇宙论,那么马一浮的心性论则是以"性德"为中心的本体—工夫论。无论是熊十力所强调的乾元、本体、本心,还是马一浮的性德、性理、性分,都显出心性论是熊马二人思想的根源、基石。不过,两人的心性论各有侧重,熊氏的心性论关注宇宙大化流行的证立,阐扬生生不已、创进不息的宇宙与人生哲学;马氏的心性论则侧重在穷理尽性、复归性德,揭示心性、性德自身的丰富义涵,由此展示出人之成德所必需的工夫论、修养论。可见,熊马二人的新儒学思想可谓同根共源、和而不同、互动互补、适成双璧。

马一浮以本体言心。在他看来,此心即性、亦即天、亦即命、亦即理、亦即性德或德性。这是一系列等值等价的范畴,是中心范畴和最高范畴。马氏从朱子注孟子"尽心——知性——知天"之说入手,综合《大学》、《中庸》、《易传》思想,指出:"天也,命也,心也,性也,皆一理也。就其普遍言之,谓之天;就其禀赋言之,谓之命;就其体用之全言之,谓之心;就其纯乎理者言之,谓之性;就其自然而有分理言之,谓之理;就其发用言之,谓之事;就其变化流形言之,谓之物。故格物即是穷理,穷理即是知性,知性即是尽心,尽心即是致知,知天即是知命。"①整个这一套天命心性理事物相互贯通的看法,看似传统,然实寓新意。因为这不仅统摄了程朱、陆王两派,而且尤其突出了超越性、宗教性、普遍性的存在本体,亦即是内在性、道德性、能动性的活动主体的思想。它

---

① 马一浮:《复性书院讲录》,《马一浮全集》第一册,浙江古籍出版社 2013 年版,第 92 页。

既静止、超时空、如不动,同时又运动、在时空、具体纷陈。它既是常,又是变;既是不易,又是变易;既是主宰,又是流行。而这即不易即变易的简易之理,马一浮将其总括为"性德"。

对于"性德"的义涵,马一浮指出:"德是自性所具之实理,道即人伦日常所当行。德是人人本有之良知,道即人人共有之大路,人自不知不行耳。知德即是知道,由道即是率性,成德即是成性,行道即是由仁为仁。德即是性,故曰性德,亦曰德性。(原注:'即性之德'是依主释,'即德是性'是持业释。)"①事实上,马一浮的"性德"之说较之"道德"一语更能展示出心性的丰富深入的义涵。他认为性德就是仁体,就是善。性德是天道与人道之共同根源,其就超越面而言是"天"、"帝",但性外无天,人外无帝,是内在具足的心体和性体。

马一浮对于性德本身的结构有着丰富微妙的揭示。他指出,"性具万德,统之以仁"②。性德本身洁净精微,但却绝不是完全的静止不动。性德本身是由仁、义、礼、智、中、和等无量无尽的德相之相涵相摄所构成的,而这无尽之"万德"则总摄归为"仁"德。这种别不离总、总不离别、一即一切、一切即一的构造,揭示出性德蕴涵着丰富性与生成性。据此,马氏融合了佛教特别是华严宗的法界流行义,以及先秦乃至宋明理学的心性论,展示出性德的生成与流行。其云:"从来说性德者,举一全该则曰仁,开而为二则为仁知、为仁义,开而为三则为知、仁、勇,开而为四则为仁、义、礼、知,开而为五则加信而为五常,开而为六则并知、仁、圣、义、中、和而为六德。"③这是"性德"本体对道德活动(六德以至万德)的创造和统摄。性德流出六德、万德的过程,就是真、善、美的生发过程,从而贞定生活,创造文化。

而"性德"本体对文化活动的创造和统摄,即开出六艺。六艺不仅指《诗》、《书》、《礼》、《乐》、《易》、《春秋》六部经典,同时涵盖了今天的自然科学、社会科学、人文学、社会组织与社会文化活动、政治、经济、法律、宗教、哲学、文学、艺术等等。所有这些,都统摄于"性德"即心性本体,它们只是这一

---

① 马一浮:《复性书院讲录》,《马一浮全集》第一册,浙江古籍出版社 2013 年版,第 185—186 页。

② 马一浮:《童蒙箴》,《马一浮全集》第四册,浙江古籍出版社 2013 年版,第 14 页。

③ 马一浮:《泰和宜山会语》,《马一浮全集》第一册,浙江古籍出版社 2013 年版,第 15 页。

本体的展开和表现形态。重要的是,性德主体既存有又活动,既是超验的根源又具有理论理性与实践理性相统一的品格。这样,形上世界与形下世界并不是隔绝的。性德之体主宰、保证了文化活动、道德活动既具有理想,又具有理性。据此,马一浮在20世纪三四十年代提出和阐发了他以心性、性德为基础的六艺论思想。六艺论集中体现出他的文化哲学观。对于六艺论,我们将在下章具体阐发。

如果通过体用关系来探析马一浮的心性论,那么可以说,性德是寂然不动之全体,性德所流出的六艺世界、文化世界、生活世界则是感而遂通之大用。而我们虽然可以以体用分说性德与六艺,但实际上性德与六艺乃一体两面,两者乃即体即用、全体大用、体用一源的关系。对此,马一浮借用《大乘起信论》的"一心开二门"(心真如门与心生灭门)来诠释张载"心统性情"之说,从而以即用即体、即体即用的方式,扬弃了朱子理学之末流所造成的理气二元和心性情三分;同时又以心、性、理的层次分疏,批评了王阳明的直接等同论。他说:"心统性情,即该理气。理行乎气中,性行乎情中。但气有差忒,则理有时而不行;情有流失,则性隐而不现耳。故言心即理则情字没安放处。"①"性即心之体,情乃心之用。离体无用,故离性无情。情之有不善者,乃是用上差忒也。若用处不差,当体即是性,何处更觅一性?凡言说思辨皆用也,若无心,安有是?若无差忒,安用学?"②性理是体,情气是用;性是心真如门,情是心生灭门。心统性情,兼赅体用。正因为心有两面(例如,既有道德理性,又有才智爱欲之性;既是道德实践的主体,又是认识、才情气性的主体),因而能够能动地开出两面,因而也需要修养践形,使得全气是理,全理是气。

上述这个思路是马一浮的一大创举。它既是传统的,又为儒、释、道的现代转型提供了一个新的范型。它实际上回应了当代科技商业社会的发展所造成的道德价值失落和人的自我丧失的问题,以根极于天地、来源于本心本性的道德主体统摄包括科技商业在内的文化各层面,而又以修为的工夫论来克服

---

① 马一浮:《尔雅台答问续编》,《马一浮全集》第一册,浙江古籍出版社2013年版,第540页。

② 马一浮:《尔雅台答问续编》,《马一浮全集》第一册,浙江古籍出版社2013年版,第460页。

个体自身及现代生活的流弊，使之更合乎理想和理性。尤其是，马一浮将儒家易学中的"三易说"（不易、变易、简易）和佛家哲学中的"一心二门"，"一体二相"，"体大、用大、相大"等等框架融会统一起来，以不易为性德、本体、心真如，以变易为六艺、大用、心生灭，以简易则表示体用圆融、摄归一心，据此他架构出其本体论，从而奠定了现代新儒学的本体—宇宙论、本体—道德论、本体—文化论、本体—知识论的范例。这是马一浮的一大创造，一大功绩！

凡是熟悉熊十力的境论与量论、牟宗三两层存有论（本体界的存有论和现象界的存有论）的道德形而上学、唐君毅以道德自我统摄一切文化活动的文化哲学体系的人，都不难知道马一浮的理论间架对他们的启迪。① 这当然还需要专文论述。

由于马一浮"心统性情"的心性论以"性德"为中心、根源、关键，并重视反求诸己，回归性德，使得人人性分内所本具之德性不受习气之遮蔽扭曲，因此他特别重视会通儒佛二宗特别是宋明理学的修养工夫论，并形成他的以"复性"为方向的本体—工夫论。他指出，人的气质之偏、习气之蔽很容易遮蔽自心本具之性德，其云："性即体也，本来湛然虚明，只有气质之偏、习染之蔽障碍此性体，故不能发用流行。有时陷于不善，此非性有不善，私欲蔽之，然后有不善也。故学者用力，要在克己。克己便是去蔽工夫，蔽去自能复其初矣。"②据此，克己的修养工夫就是刊落习气、回归性德的过程。"刊落习气"之说，既是对宋明理学"变化气质"工夫的继承和丰富，又是深化和扩展。因为在马一浮看来，气质之偏源于习气，但习气不但造成人在气质上的偏曲，兼且让人在气质之偏的基础上进而形成不如实的知见、知解，从而更深重地固蔽性德。因此，马氏工夫论的主要课题就是要刊落习气。据此，他辩证融合了儒佛的修养工夫，会通佛家《大乘起信论》较为具体系统的"熏习"说，以及理学特别是程朱的"主敬"论，揭示出对各种层面的习气的刊落，皆须以"主敬"为本，"主敬"可谓致知之由、息妄之要、去矜之本。主敬能够涵养正知正觉，以化除知见知解，因此是致知之由；主敬能够止灭妄心妄念，以退藏于密，复归本心，因

① 参见郭齐勇：《熊十力哲学研究》，人民出版社 2011 年版。又参见郭齐勇：《唐君毅、牟宗三、徐复观合论》，载氏著：《中国哲学智慧的探索》，中华书局 2008 年版，第 300—327 页。

② 乌以风：《问学私记》，《马一浮全集》第一册，浙江古籍出版社 2013 年版，第 727 页。

此是息妄之要;主敬能够超化骄肓,完养气质,透显性德,因此是去矜之本。综之,主敬工夫至简至易,但其效用则至深至广,关系到人们是否稳固地回归性德,也关系到性德之全体大用能否通透出来。

以主敬复性的工夫论为基础,马一浮援引了佛教特别是天台宗之说,进而提出其"性修不二"之说。他指出:"全提云者,乃明性修不二,全性起修,全修在性,方是简易之教。(原注:'性修不二'是佛氏言,以其与'理气合一'之旨可以相发,故引之。)性以理言,修以气言。知本乎性,能主乎修。性唯是理,修即行事,故知行合一,即性修不二,亦即理事双融,亦即'全理是气,全气是理'也。"①"学者当知有性德,有修德,性德虽是本具,不因修证则不能显。故因修显性,即是笃行为进德之要。全性起修,即本体即功夫;全修在性,即功夫即本体。修此本体之功夫,证此功夫之本体,乃是笃行进德也。"②只有性与修相统一,本体与工夫相统一,天与人相统一,全提而不偏废,兼摄而不走作,思修交养,知行并进,性德所本具的光明宝藏才得以全体开启,人生生命与宇宙大化才真是契合圆融。以性修不二为基础,他在《复性书院学规》中楷定为学、修养之指南为四条:1. 主敬为涵养之要;2. 穷理为致知之要;3. 博文为立事之要;4. 笃行为进德之要。③

以性修不二为出发点,马一浮对整个宋明理学工夫论的某些取向做了简略但十分深刻的批评。他指出主张顿修路线的陆王学派有"执性废修"偏向,近于"单提直指",因而相对地同情和主张小程、朱子的主敬涵养和格物致知,但对渐修一路也仍有批评。性修不二的立场认为,修养本身并不是目的,因此工夫论以本体论为依归。但不通过修养,则不能显示道德本性。因此,马一浮强调孔子之教,是即工夫即本性(全修在性)、即本体即工夫(全性起修)的。马一浮重视切身体验、从胸襟中流出的实践工夫,认为只有如此,才能进入本体境界。他的性修不二工夫论曾经对梁漱溟、熊十力有所启发,熊氏《新唯识论》文言本的相关部分也采用了马氏的性修不二说。但两人在工夫修养方面

---

① 马一浮:《泰和宜山会语》,《马一浮全集》第一册,浙江古籍出版社 2013 年版,第 34 页。
② 马一浮:《复性书院讲录》,《马一浮全集》第一册,浙江古籍出版社 2013 年版,第 99 页。
③ 详见马一浮:《复性书院讲录》,《马一浮全集》第一册,浙江古籍出版社 2013 年版,第 86—102 页。

都没有马氏这样强调,据此,他曾批评梁漱溟注重事功而忽略心性根源,又批评熊十力骛于辩说而忽于躬行,其意也在于此。①

第三节　六艺论的文化哲学观

前文提到,马一浮的本体—工夫论,是以性德为中心、根源而展开的。以性德为出发,他融会了儒佛"全体大用"、"一心二门"、"心统性情"、"不易"、"变易"、"简易"之论,以继承和超化宋明理学,并多少奠定了现代新儒学的整体方向;同时为保证性德展开为全体大用,他特别强调主敬复性的修养工夫,指出落实主敬工夫,达致性修不二,才是自我培养和提升的不二法门。不过,上述的本体—工夫论虽然是马氏本体—心性论的一个重要的向度,这个面相多侧重在道德实践的层面。事实上,正如前文提到,性德流出真、善、美的意义世界、生活世界、文化世界、生命世界、价值世界,马一浮将这视为"六艺"的世界,他并通过传统《诗》、《书》、《礼》、《乐》、《易》、《春秋》诸教作出阐发,形成其"六艺论"。这个向度则体现出他的文化哲学。

因此,尽管马一浮生前并没有刻意建构庞大的思想体系,但其学术思想的脉络中仍然有那么一个系统。我试用下图加以表示,以期醒目。

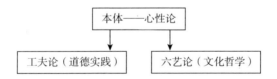

由此可见,这是以"一心开二门"的架构方式建构的思想系统。在这两层结构中,核心是本体—心性论,这是根源和根据,是形而上的基础;工夫论和六艺论是本体之用(展示、表现、功用),是形而下的层面。下层显成两用,即开出以下两支(一支是道德活动,包括修养、实践、行为;另一支是文化活动,包

① 参见梁培宽:《先父梁漱溟与马一浮先生》,《中国当代理学大师马一浮》,上海人民出版社1992年版,第108—112页。另参见郭齐勇:《熊十力哲学研究》,人民出版社2011年版,第100—102页。

括文化现象、系统或文化建制)。上层(体)是下层(用)的既内在又超越的根据,是本体;同时又是创生出道德活动和文化系统的主体。道德活动和文化活动之所以可能,其超验的终极根据和现世的动力源泉,俱在于斯。

六艺论的文化哲学也是从"性德"而申发出来的。以仁为总德的性德流出智、仁、圣、义、中、和等德相,诸多德相自在无碍,交织相涵,流动活泼,是六艺的源泉。其云:"以一德言之,皆归于仁;以二德言之,《诗》《乐》为阳是仁,《书》《礼》为阴是知,亦是义;以三德言之,则《易》是圣人之大仁,《诗》《书》《礼》《乐》并是圣人之大智,而《春秋》则是圣人之大勇;以四德言之,《诗》《书》《礼》《乐》即是仁、义、礼、智;(原注:此以《书》配义,以《乐》配智也。)以五德言之,《易》明天道,《春秋》明人事,皆信也,皆实理也;以六德言之,《诗》主仁,《书》主知,《乐》主圣,《礼》主义,《易》明大本是中,《春秋》明达道是和。"①据此,性德流出诸德,诸德呈现出真、善、美的价值世界的过程,就是六艺的流出过程。这里的"六艺"已不限于经学和学术意义上的"六经"了,他要发掘"六艺"、"六经"的内在融通性,透显"六艺"、"六经"最终归于吾人本具之性德,最终安顿身心,赓续文化。因此他的六艺论不仅仅是"经典诠释",而且还是"本体诠释"。就其作为"本体诠释"而言,他要通过六艺论融合儒佛,展示出本真丰富的本体世界、价值世界、生活世界,以推进甚至超化宋明理学的本体论、心性论。就其作为"经典诠释"而言,他要通过六艺论,楷定国学为"六艺"之学,为经典、经学、经术的研究提供指引,使之枯木逢春,焕发生机。

现先阐发六艺论文化哲学中"本体诠释"的向度。马一浮指出,"六艺"的兴发流行,实即性德的通透、酝酿、流行、彰显、发用。为落实这个道理,他在《复性书院讲录》中吸收了《礼记·孔子闲居》篇中的"五至"(志至、诗至、礼至、乐至、哀至)与"三无"(无声之乐、无体之礼、无服之丧)等思想,展示出性德流出六艺的动态过程。② 这个"六艺"的兴发过程最终成就出生活大用,实现人的丰富、全面、系统的发展。他指出:《诗》以道志而主言,在心为志,发言为诗。凡达哀乐之感,类万物之情,而出以至诚恻怛,不为肤泛伪饰之辞,皆

---

① 马一浮:《泰和宜山会语》,《马一浮全集》第一册,浙江古籍出版社 2013 年版,第 17 页。
② 详见马一浮:《复性书院讲录》,《马一浮全集》第一册,浙江古籍出版社 2013 年版,第 223—248 页。

《诗》之事也。《书》以道事。事之大者,经纶一国之政,推之天下。凡施于有政,本诸身、加诸庶民者,皆《书》之事也。《礼》以道行。凡人伦日用之间,履之不失其序、不违其节者,皆《礼》之事也。《乐》以道和。凡声音相感,心志相通,足以尽欢忻鼓舞之用而不流于过者,皆《乐》之事也。《易》以道阴阳。凡万象森罗,观其消息盈虚变化流行之迹,皆《易》之事也。《春秋》以道名分。凡人群之伦纪、大经、大法,至于一名一器,皆有分际,无相陵越,无相紊乱,各就其列,各严其序,各止其所,各得其正,皆《春秋》之事也。"①经过他的诠释,"六艺"已经成为真、善、美的生活世界内在相通的方方面面内容。事实上,马一浮已经将"六艺"普遍化了。"六艺"不仅仅是儒家经典、经学形态、学术研究,它更是中西人类性德中所本具的生命义涵、文化脉络,只是在他看来,西方思想因为缺乏"性德"的向度,故其对于普遍的"六艺"之道,尚不能识得庐山真面,因此需要国人自尊自重,对自身传统所孕育出来的"六艺"之教有深切理解,然后向全人类讲明。据此,他指出阐扬"六艺"非仅"保存国粹",而是要"使此种文化普遍的及于全人类,革新全人类习气上之流失,而复其本然之善,全其性德之真"②,从而为国人乃至全人类的意义危机贡献解决之途。

当然,除"本体诠释"外,马一浮对于"六艺"还进行了"经典诠释"。前者体现出"六艺"是见性复性、生命安顿、自身成就、个体陶养之学;后者则体现出"六艺"是经典解释、经学研究、学术史观、疏通国学之学。马氏六艺论的文化哲学,应包含"本体诠释"与"经典诠释"两者。在经典诠释上,马一浮对"国学"给予相当重视。他指出,近现代学界对"国学"缺乏脉络清晰、义理融贯的界说,致使国人对自身文化传统隔阂弥甚。据此,在抗战军兴之时,马氏出山讲学,在其讲学记录《泰和会语》的《引端》中,他直接指出他想在国学上"为诸生指示一个途径,使诸生知所趋向,不致错了路头,将来方好致力"③。针对近代以来的"科学保存国故"之说,他首先提示出国学是"有体系"、"活泼泼"、

①　马一浮:《复性书院讲录》,《马一浮全集》第一册,浙江古籍出版社2013年版,第95页。
②　马一浮:《泰和宜山会语》,《马一浮全集》第一册,浙江古籍出版社2013年版,第19页。
③　马一浮:《泰和宜山会语》,《马一浮全集》第一册,浙江古籍出版社2013年版,第2—3页。

"自然流出"、"自心本具"的性命之学、成德之教。①　其后他在这基础上讲"横渠四句教",指出"为天地立心"、"为生民立命"、"为往圣继绝学"、"为万世开太平"是学者立志、弘扬国学的大方向。这是马氏对国学宗旨的把握。

那么,如何理解国学是有体系、有生命的学问? 据此,马一浮要楷定国学的范围。他指出世人要么以国学为传统一切学术,此则难免广泛笼统之嫌;要么依"四部"立名,此又缺乏义理导向,因为"四部"只是图书分类法。因此他要重新"楷定"国学。所谓"楷定",是说自楷一义,自划一界,但并不强人同己,于此可见马一浮学术思想胸襟博大而又自足自信。同时,通过马一浮自己的研探、体会、理解,他楷定国学本为"六艺"之学,"六艺"之学是国学的源头,后世的一切国学形态都是"六艺"之支流,因此都可以为"六艺"所统摄。他根据《庄子·天下篇》《礼记·经解》《汉书·艺文志》的相关观点,指出:"六艺者,即是《诗》《书》《礼》《乐》《易》《春秋》也。此是孔子之教,吾国二千余年来普遍承认一切学术之原皆出于此,其余都是六艺之支流。故六艺可以该摄诸学,诸学不能该摄六艺。今楷定国学者,即是六艺之学,用此代表一切固有学术,广大精微,无所不备。"②

既然马一浮将国学楷定为"六艺"之学,那么他必须解释清楚"六艺"与先秦诸子之学、后世"四部"之学等的关系,阐述这些学问都是"六艺"的支流余裔。他据此申发出"六艺"判教的思想。他认为,《诗》《书》《礼》《乐》本来就是周代的教学科目,后来孔子继承周文,其晚年又特别阐发《易》《春秋》二教,最终形成"六艺"之学。而先秦诸子特别是儒、墨、道、名、法五家,其于"六艺"之道,或得其一端,如老子有得于《易》,庄子有得于《乐》,名家出于《礼》,墨家出于《礼》《乐》,法家则出于《礼》《易》;或有得有失,如老子之于《易》是得多失多,庄子之于《乐》也是得多失多,墨家、法家则是得少失多,名家则是得少失少。因此在义理上诸子之学无疑是"六艺"之支流余裔。另外马氏指出,"四部"分类体现出古人对典籍的分类与界定缺乏义理。就经部而言,

---

① 　详见马一浮:《泰和宜山会语》,《马一浮全集》第一册,浙江古籍出版社 2013 年版,第 3—4 页。

② 　马一浮:《泰和宜山会语》,《马一浮全集》第一册,浙江古籍出版社 2013 年版,第 8 页。

后世的"十三经"之分就是一例。因此他主张通过"六艺"之"宗经论"与"六艺"之"释经论"二门以疏通经部典籍,使之归于义理,摄于"六艺"。史部之学则可通过《诗》、《礼》、《春秋》三门统摄之,他指出:"编年记事出于《春秋》,多存议论出于《尚书》,记典制者出于《礼》。判其失亦有三:曰诬,曰烦,曰乱。"①集部之学主要集中在诗词文章,这当然属于诗教;同时,《诗》与《书》有其内在相通性,古人通过音声可知政事,故集部统为《诗》、《书》所摄。综上,通过对诸子、"四部"之学的疏通,马一浮论证了他以国学为"六艺"之学的观点,彰显出国学或"六艺"之学的脉络性与系统性。

马一浮将国学楷定为"六艺"之学,以此重新诠释"六艺"、"六经",可以说是经学与经典诠释在现代的新发展。我们知道,汉人经学多以《论语》、《孝经》为总摄,宋明理学的经学则以"四书"为总摄;马氏则以心性论为基础,进至对"六艺"、"六经"进行系统诠释。同时,马一浮虽以"六艺"为本,但他特别重视对《论语》、《孝经》、"四书"的继承,并通过"六艺"对之进行疏解。他指出《论语》体现出"六艺"的"微言大义",而《孝经》则是"六艺"的"根本总会"②。这里需要注意的是,马一浮对于《孝经》的深度重视,与熊十力对《孝经》的极度批判,适成相反,值得研究。现在看来,马氏的理解更符合实际。

另外,马一浮不仅通过"六艺"楷定国学,他还进而通过"六艺"对西方和现代一切学术思想作出判摄。他的主要观点是,"六艺"不仅统摄中土一切固有学术,而且完全可以统摄西来一切学术。他指出:"举其大概言之,如自然科学可统于《易》,社会科学(原注:或人文科学。)可统于春秋。因《易》明天道,凡研究自然界一切现象者皆属之;《春秋》明人事,凡研究人类社会一切组织形态者皆属之。""文学、艺术统于《诗》《乐》,政治、法律、经济统于《书》《礼》,此最易知。宗教虽信仰不同,亦统于礼,所谓'亡于礼者之礼'也。"③而

---

① 马一浮:《泰和宜山会语》,《马一浮全集》第一册,浙江古籍出版社2013年版,第13页。

② 参见马一浮:《复性书院讲录》,《马一浮全集》第一册,浙江古籍出版社2013年版,第134、220页。

③ 马一浮:《泰和宜山会语》,《马一浮全集》第一册,浙江古籍出版社2013年版,第17—18页。

哲学则较为复杂一些,因其内部派别万殊,但大体皆为《易》、《礼》、《乐》、《春秋》之遗意而各有所偏者。据此,马一浮通过"六艺"判教将西方、现代的一切学术判摄无遗,后者之于前者可谓各有得失,因此得以为前者所统摄。对此,我们应该如何看待马一浮这种观点呢? 在我看来,说"六艺"统诸子、"四部",还说得过去;但说西来学术亦统于"六艺",则我们实未必能认同。今天西方的自然、社会、人文科学,其实完全是从另外一个路数中发展出来的,仅仅通过预设传统的"六艺"之教为原教,并以此对西学作出统摄、引导、规范,显然有点牵强。当然,我们也可以体察到马氏的用心,他是要针对五四以来的全盘西化思潮,而提出"六艺"统摄西方一切学术的思想的,但这无疑略有矫枉过正之嫌。

综上所述,马氏六艺论特别是其经典诠释部分,以"六经"统摄一切传统之学以至一切西学,当然有迂阔之处。但不管怎么说,他的六艺论与道德理想主义的文化哲学观不仅从中国出发,而且从整个人类出发,从真、善、美的价值追求出发,从人的精神世界的安立和多维发展出发,仍然是有十分重要的意义的。他把"六艺"之教的重点落实在"六艺"之人的培育上,这对现代人素质的提升和宇宙伦理的关怀都有借鉴意义。

第四节　马一浮的哲理诗与诗性人生

马一浮是在学术思想上继承宋明,溯源先秦,海纳百川,气象博大。不过事实上,从前文的部分内容中我们可以直观感受到,马氏的最高成就是诗,尤其是他的哲理诗。他是20世纪中国最大的诗人哲学家。他的诗被方东美、徐复观称赞为"醇而雅"、"意味深纯"①。程千帆说他的诗:"冥辟群界,牢笼万有,玄致胜语,胥出胸中神智澄澈之造。早岁诸什,高华典雅,大类谢公;晚遭播越,亲觏乱离,吐言沉郁顿挫,又与老杜自无意为同而自同者。文质彬彬,理

① 方东美"尤爱马浮诗之醇而雅";徐复观说:"马一浮先生的诗,意味深纯;方先生的诗,规模阔大。哲学性的诗能写得这样成功,在诗史中可谓另开格局。"转引自刘又铭:《马浮研究》,台湾政治大学硕士论文,1984年5月,第41页。又,当代著名美学家宗白华、朱光潜受马一浮影响很深,时相过从。

昧交融,较之晦庵,殆有过之而无不及。其我国为数极少之哲人而兼诗人欤?"①

　　马一浮一生读书刻书,嗜书如命。苏曼殊说他"无书不读",丰子恺说他"把《四库全书》都看完了",朱惠清说他是"近代中国的读书种子"。然而,他却有他独特的书观:"吾生非我有,更何有于书。收之似留惑,此惑与生俱。书亡惑亦尽,今乃入无余。"②书籍、文字、语言乃至思辨,不仅不能代替而且很可能肢解、拘束生命与生活。圣人语默,不在言语文字上纠缠。因此,他常说要走出哲学家的理论窠臼。"乾坤不终毁,斯文恒在兹。聋俗昧希声,贱之固其宜。有生岂免厄,或以昌吾诗。干戈羁旅中,舍是将焉之。忧端尽来际,时人安得知。寥寥弦外音,眇眇无言思。真心寄玄默,欲语难为辞。吾言直土梗,何以宣灵奇。目击道已存,遇雨亡群疑。达者忽有会,旦暮当与期。"③真心玄想,难以为辞。弦外之音,无言之思,只有寄之以诗。然而,"本来无一字,何处是吾诗?""忘言但默成,玄解安可索?"④"暮年诗赋各萧瑟,恣意《思玄》作解嘲。"⑤

　　无限的宇宙情调,人生的本真状态,无法用有限的知性和言辞加以表达。诗何以表达生命的真谛、宇宙的奥境? 叶燮说:"可言之理,人人能言之,又安在诗人之言之;可征之事,人人能述之,又安在诗人之述之,必有不可言之理,不可述之事,遇之于默会意象之表,而理与事无不灿然于前者也。"⑥诗能空、能舍,而后能深、能实,把宇宙生命中的一切理、一切事的最深意义、最高境界呈露出来。

---

　　① 程千帆:《读蠲戏斋诗杂记》,《中国当代理学大师马一浮》,上海人民出版社 1992 年版,第 69—70 页。
　　② 马一浮:《书厄》,收入《避寇集》,《马一浮全集》第三册,浙江古籍出版社 2013 年版,第69 页。
　　③ 马一浮:《希声》,收入《避寇集》,《马一浮全集》第三册,浙江古籍出版社 2013 年版,第70 页。
　　④ 马一浮:《写怀》,收入《避寇集》,《马一浮全集》第三册,浙江古籍出版社 2013 年版,第69 页。
　　⑤ 马一浮:《喜无量见枉乌尤》,收入《避寇集》,《马一浮全集》第三册,浙江古籍出版社2013 年版,第 85 页。
　　⑥ 叶燮:《原诗》,人民文学出版社 1979 年版,第 30 页。

"海沤电拂倏无邻,乘化观缘得暂亲。岂有风轮持世界,但凭愿力向斯人。黍离麦秀终飘泊,谷响泉声孰主宾。留取瓣香酬古佛,衰残何意惜余春。""密行大化中,巧历焉能算?缅想采薇节,仰止川上叹。""静树深如海,晴天碧四垂。一江流浩瀚,千圣接孤危。聚沫观无始,因风阅众吹。虫鱼知已细,何物有成亏。""平怀频沧溟,寂观尽寥廓……定乱由人兴,森然具冲漠。""不住孤峰顶,将寻下泽游。有生皆念乱,无地可埋忧。春草忘言绿,沧江尽日流。残年知物理,任运更何求。""临江倚阁动高吟,怀旧哀时独赏音。浊世观生同久逝,虚舟遇物本无心。群鸥易狎难驯虎,野老相将更入林。河曳山公俱不见,汉阳空忆伯牙琴。"①

宇宙、社会、人生,沧海桑田,变幻无穷,这都是无常。马一浮曾对画师说过:"无常就是常,无常容易画,常不容易画。"②那么诗人之于无常和常呢?"境是无常心是一"③,"能缘所缘本一体"④。诚然,不变中有变易,冲漠中具万象,然而马一浮尤能以无碍之心观物("老夫观物心无碍"),从"寂处观群动","显微在一心",以静观默察面对流动不息的外境,以无常为常,在万象森然之中发现冲漠无朕之境。由此能沉静避俗,保持距离,看破无常,能在无常世间永葆人性之贞常。

"即物能忘我"。天容水色,世态物情,都应与身心修养、穷理尽性联系起来。体悟宇宙天地大生广生之德,"豁然悟生理","触目是菩提"。有生生之仁德,"民吾同胞,物吾与也",与万民同忧患,润物及物,"平怀忧乐觉天宽"。"成沤元自海,噫气强名风。见有天人隔,心知昼夜同。文如虫蚀木,行是鸟飞空。西岭千春雪,何年始欲融。""齐物终忘我,观生未有涯"。"天人在何许,或有龙场苗。……阳明乃古佛,岂与万象凋。于何证良知,冥冥亦昭昭。……廓彼垢染心,默成意已消。""生存岂无道,奚乃矜战克。嗟哉一切

---

① 《寒食谢诸友馈问兼答讲舍诸生》、《旧历丁丑腊月避兵开化除夕书怀呈叶君左文》、《尔雅台》、《郊居述怀兼答诸友见问》、《杂感》、《邵潭秋寄示黄鹤楼……》,俱见《避寇集》,《马一浮全集》第三册,浙江古籍出版社 2013 年版,第 73、48、64、48、72、51 页。

② 丰子恺:《陋巷》,参见《马一浮全集》第六册,浙江古籍出版社 2013 年版,第 351 页。

③ 马一浮:《过大庚岭》,收入《避寇集》,《马一浮全集》第三册,浙江古籍出版社 2013 年版,第 52 页。

④ 马浮为丰子恺缘缘堂题偈。

智,不救天下惑。"①自私用智,都是贪嗔痴,哪能体贴天地万物一体? 而没有对根源性的天的敬畏,泯失天地之道贯注于人心中的良知,哪里会懂得人之贞常。人真正的生存处境,应该是也只能是诗境。在诗境之中,人才成其为人——真善美统一的、大写的人,自由自律的真正主体,又始终与天地万物冥合一体。

关于诗论,他说庾子山诗"索索无真气,昏昏有俗心",正好道出今人通病。"尝谓严沧浪以'香象渡河'、'羚羊挂角'二语说诗,深得唐人三昧。香象渡河,步步踏实,所谓彻法源底也;羚羊挂角,无迹可寻,所谓于法自在也。作诗到此境界,方是到家。"②一是空灵,一是充实,既活泼无碍,又言之有物。这本是诗论,但马一浮笔锋一转,转到做人上来,反对浮浅,主张沉着。空灵与充实,未尝不是人生的二元? 一方面,空诸一切,闲和严静,淡泊超脱,心无挂碍,与俗世暂时绝缘,生命在静默中升华,洒脱任诞,自由自得;另一方面,壮硕充实,真力弥满,丰满自足,参透万象,浸沉到世界人生最底处,即生命本质的伟大意义中,使人生得到最完美、最深刻的展示。

他又说:"作诗以说理为最难。禅门偈颂说理非不深妙,然不可以为诗。诗中理境最高者,古则渊明、灵运,唐则摩诘、少陵,俱以气韵胜。陶似朴而实华,谢似雕而弥素,后莫能及。王如羚羊挂角,杜则狮子嚬呻,然王是佛氏家风,杜有儒者气象。……"③马一浮说他自己作诗,触缘而兴,真俗并举,初非有意安排,拈来便用,自然合辙。但作诗如果只以知解、言语玩弄,不与身心相应,毫无受用。不仅作诗者是创造性思维,诵诗者亦是。"楼子和尚闻山歌而发悟,歌乃与彼无干,即沧浪孺子之歌亦自称口而出,本无寓意,圣人闻之便教弟子作道理会。诗无达诂,本自活泼泼地,不必求其事以实之,过则失之

---

①　《自桂经黔入蜀道中述怀》、《江村遣病》、《寄题王心湛阳明学》、《将避兵桐庐留别杭州诸友》,收入《避寇集》,《马一浮全集》第三册,浙江古籍出版社 2013 年版,第 59、88、85、47 页。

②　马一浮:《尔雅台答问续编》,《马一浮全集》第一册,浙江古籍出版社 2013 年版,第 457 页。

③　马一浮:《尔雅台答问续编》,《马一浮全集》第一册,浙江古籍出版社 2013 年版,第 454 页。

凿矣。"①

由上可见，马一浮之诗论并不限于就诗论诗，而是透豁出诗歌这种微言妙语，乃是植根于性德之感通、存在之觉悟、生命之畅发，因此他特别注重融会儒佛之学以说诗作诗。例如，他继承孔子诗教"温柔敦厚"之风，提出"诗以感为体"、"诗教主仁"②的观点，性德、心体之感通，自在无碍，丰富微妙，直可谓"诗如风雨至，感是海潮生"③。同时，他又融会了中土佛教思想，如通过华严宗"一真法界"之说，显出"一切法界皆入于诗"④、诗与法界互出互入之理，故有诗谓"安诗惟法界，观象见天心"⑤。他还消化了天台宗"开权显实"之论，指出言是筌蹄，得意则忘言；诗是权法，见性则权泯，故有诗谓"自古言皆寄，从心法始生"⑥。另外，当然还少不得禅宗！他特别欣赏禅宗"截断众流"（表性德、本体、不易），"随波逐流"（表法界、现象、变易），"涵盖乾坤"（表即不易即变易、即本体即现象的简易之旨）三句之说，认为诗句之兴发，或表性理，或显法界，或理事双融、境智俱泯，相出相入，丰富微妙，玄通自在，故有诗谓"夜长犹选梦，诗至乃通禅"⑦。综言之，马一浮已然参透、融通儒佛之思理境界，故其说诗作句，博大深纯，精微畅朗，非一般世俗诗人可比；同时又因为他也照顾到诗词本身之律则、脉络、肌理，故亦能超化禅门偈颂、理学家诗因强调说理而略远于诗之倾向，洵为一代诗哲！

总之，人们向往一种诗意的境界。本真的生存乃是诗意的。马一浮的诗，不仅儒雅、豪迈、悲壮，以崇高的"仁"德为向度，同时又有道禅的逍遥、机趣、

---

① 马一浮：《尔雅台答问续编》，《马一浮全集》第一册，浙江古籍出版社 2013 年版，第504 页。

② 马一浮：《复性书院讲录》，《马一浮全集》第一册，浙江古籍出版社 2013 年版，第136 页。

③ 马一浮：《得啬庵见和人日诗再答一首》，《马一浮全集》第三册，浙江古籍出版社 2013 年版，第 157 页。

④ 王培德、刘锡嘏编：《语录类编》，《马一浮全集》第一册，浙江古籍出版社 2013 年版，第647 页。

⑤ 马一浮：《花朝》，收入《避寇集》，《马一浮全集》第三册，浙江古籍出版社 2013 年版，第92 页。

⑥ 马一浮：《啬庵以芜湖暑月郊居杂咏见示》，《马一浮全集》第三册，浙江古籍出版社 2013 年版，第 21 页。

⑦ 马一浮：《有人传示弘一法师吉祥相因题其后》，《马一浮全集》第三册，浙江古籍出版社 2013 年版，第 135 页。

空灵、澄明。"毗耶座客难酬对,函谷逢人强著书。"①这是马一浮为熊十力题署的堂联,20 世纪 30 年代曾挂在北平沙滩银闸胡同熊氏寓所。《维摩诘经》和《道德经》之后,佛典《道藏》不是浩如烟海吗?哲学的不可言说的境界,不是仍然要借助于言说而达成吗?诗的哲学与思的哲学之间的挑战和应战,还将永远继续下去。马一浮怀抱以理想之美改正现实之恶的志向,希望众生转烦恼为菩提,飘逸之中又有人世关怀。不可言说与言说、出世与人世、理想与现实、烦恼与菩提,人生及其哲学总是处在无穷的矛盾之中⋯⋯

① 马一浮:《联对》,《马一浮全集》第三册,浙江古籍出版社 2013 年版,第 787 页。

第五章　钱穆的历史文化思想

　　钱穆(1895—1990)是我国现代著名的史学家、思想家、教育家。钱氏原名恩𬭩,字宾四,民国元年(1912)改名穆。钱家世居江苏省无锡县南延祥乡啸傲泾七房桥村。钱氏家世贫苦,幼时丧父,中学毕业即无力求学,以自学名家。原任小学、中学教员,1930年他由顾颉刚推介,入北平燕京大学执教,从此跻身学术界,历任燕京大学、北京大学、清华大学、北平师范大学、西南联大、武汉大学、华西大学、江南大学等校教授。1949年,钱穆移居香港,并与唐君毅、张丕介等创建新亚书院,任院长。1967年,他离开香港,定居台北,曾被选为台湾"中央研究院"院士。1990年8月30日卒于台北。

　　钱穆博通经史文学,擅长考据,一生勤勉,毕生著书七十余种。他在中国文化和中国历史的通论方面,多有创获,尤其在先秦学术史、秦汉史、两汉经学、宋明理学、清代与近世思想史等领域,造诣甚深,在现代中国学术史上占有重要的一席。他的皇皇大著《先秦诸子系年》、《中国近三百年学术史》、《国史大纲》、《朱子新学案》等,为中国传统文化的创新作出了不可磨灭的贡献,而且自身已成为宝贵的历史遗产,对后世学者已经并必将继续产生着重大影响。钱氏著述经其夫人与弟子整理,编订成《钱宾四先生全集》,1995年始在台北由联经出版公司陆续出版。

第一节　民族与历史

　　钱穆所有研究都环绕着一个中心而展开,这个中心就是中国文化问题。他从历史出发揭示中国民族文化的风貌、特殊性格和人文精神。在他看来,历史、民族、文化有三个名词,实质为一。民族并不是自然存在,自然只是生育人类,而不能生育民族。他指出:"民族精神,乃是自然人与文化意识融合而始有的一种精神,这始是文化精神,也即是历史精神。只有中国历史文化的精神,才能孕育出世界上最悠久、最伟大的中国民族来。若这一个民族的文化消灭了,这个民族便不可能再存在。"①足见一国家的基础建立在其民族与其传统文化上。文化是人类群体生活之总称,文化的主体即民族。民族的生命不是自然物质生命,而是文化的生命、历史的生命、精神的生命。

民族精神是族类生活的灵魂和核心。没有这一灵魂,就没有族类的存在,而民族的精神乃是通过历史、文化展开出来。中国历史文化的精神就是使中华民族五千年一以贯之、长久不衰的精神,是民族生活和民族意识的中心,并贯穿、渗透、表现在不同的文化领域中。就是说,中华民族精神是建立在民族文化的各领域之上,是在民族文化长期熏陶、教化、培育中形成的,具有深刻内在特点的心理素质、思维方式、价值取向,是民族的性格与风貌,是民族文化的本质体现,是民族意识的精华,是整个民族的向心力、凝聚力,是民族共同体的共同信仰与灵魂,是我们民族自强不息的动力与源头活水。钱穆将中国民族精神的内涵归结为:1.人文精神,包括人文化成、天下一家,人为本位、道德中心,天人合一、性道一体、心与理一、用由体来;2.融和精神,包括民族融和、文化融和、国民性格——和合性;3.历史精神,包括历史是各别自我的、以人为中心的历史意识、温情与敬意的心态;等等②。总之,民族精神、历史精神、文化精神是一致的。

五四以来,我国学者围绕着中国文化的新旧递嬗展开了论战,涉及文化学领域。钱穆建构了自己独特的文化学系统。他指出:"文化学是研究人生总体意义的一种学问。自然界有事物,而可以无意义。进入人文界,则一切事物,必有某种意义之存在。每一事物之意义,即在其与另一事物之内在的交互相联处,即在其互相关系处。……因此我们也可说,文化学是研究人生价值的一种学问。价值便决定在其意义上。愈富于可大可久的意义者,则其价值愈

---

① 　钱穆:《中国历史精神》,《钱宾四先生全集》第二十九卷,台北联经出版事业有限公司1998年版,第12页。

② 　参见郭齐勇、汪学群合著:《钱穆评传》第2章,百花州文艺出版社1995年版。

高。反之则愈低。于是我们暂可得一结论：文化学是就人类生活之具有传统性、综合性的整一全体，而研究其内在的意义与价值的一种学问。"①这是从文化与大群人生的密切联系出发界定文化学的。由此可知，钱穆的文化学是人文主义的文化学，这种文化学强调研究的重心是文化系统的价值与意义，尤其是大群人生与历史文化传统的多方面开拓与长期发展的价值与意义。本此，他对文化定义、结构进行界定，指出："文化只是人生，只是人类的生活。"②他根据三类人生，即物质的人生、社会的人生、精神的人生，把文化划分为物质文化、社会文化和精神文化，这三种文化也反映了人文演进的三个时期。他指出，经济、政治、科学、宗教、道德、文学、艺术是组成文化结构的七要素。钱氏特别突出道德与艺术在中国传统文化中的重要地位。可以说，他的文化学始终贯穿着以人为中心的意图，是人文化成的文化学。他还提出了一套研究文化问题应具有的健康心态、观点与方法，包括：从历史与哲学相结合的角度研究文化；研究文化必须善于辨别异同；讨论文化必须从大处着眼，不可单看其细节；讨论文化要自其汇通处看，不应专就其分别处看；讨论文化也应懂得从远处看，不可专自近处看；讨论文化也应自其优点与长处看，不当只从其劣点与短处看；等等。这是钱穆针对数十年来文化研究的偏颇而提出的。

中西文化比较是钱穆文化思想的重要组成部分。他从地理环境、生活方式的不同出发，把世界文化分为游牧文化、商业文化和农耕文化，又指出实质上只有游牧与商业文化和农耕文化两种类型。在他看来，西方文化属于商业文化，中国文化属于农耕文化。商业文化与农耕文化的不同，实质上就是西方文化与中国文化之间的不同。具体表现为：1. 安足静定与富强动进的不同。中国农耕文化是自给自足，而西方商业文化需要向外推拓，要吸收外来营养维持自己。农耕文化是安稳的、保守的，商业文化是变动的、进取的。前者是趋向于安足性的文化，是足而不富，安而不强。后者是趋向于富强性的文化，是富而不足，强而不安。2. 内倾型和外倾型的不同。农业文化起于内在的自足，

---

① 钱穆：《文化学大义》，《钱宾四先生全集》第三十七卷，台北联经出版事业有限公司1998年版，第8—9页。

② 钱穆：《文化学大义》，《钱宾四先生全集》第三十七卷，台北联经出版事业有限公司1998年版，第6页。

故常内倾,商业文化起于内不足,故常外倾。"内倾型文化常看世界是内外协一,因其内自足,而误认为外亦自足";外倾型文化"常看世界成为内外两敌对。因其向外依存,故必向外征服"①。3. 和合性与分别性的不同。中国文化重视"和合性",和内外,和物我;西方人则强调"分别",分内外,别物我。

　　在文化比较中,钱穆只强调两种文化的不同,并没有简单判定优劣高下。他指出:"我们讲文化没有一个纯理论的是非。东方人的性格与生活,和西方人的有不同。……没有一个纯理论的是非,来判定他们谁对谁不对。只能说我们东方人比较喜欢这样,西方人比较喜欢那样。""我们今天以后的世界是要走上民族解放,各从所好的路。你从你所好,我从我所好,并不主张文化一元论,并不主张在西方、东方、印度、阿拉伯各种文化内任择其一,奉为全世界人类作为唯一标准的共同文化。我想今天不是这个世界了,而是要各从所好。""在理论上,我很难讲中国文化高过了西方文化。也可以说,西方文化未必高过了中国文化。因为两种文化在本质上不同……将来的世界要成一个大的世界,有中国人,有印度人,有阿拉伯人,有欧洲人,有非洲人……各从所好。各个文化发展,而能不相冲突,又能调和凝结。我想我们最先应该做到这一步。我不反对西方,但亦不主张一切追随西方。我对文化的观点是如此。"②上引钱氏反对西方文化一元论和中国文化一元论的观点,并不意味着他主张文化相对主义。他针对"西方中心论"提出相容互尊、多元共处,反对绝对主义的价值评价。钱穆不是为比较而比较,他的文化比较,是着眼于世界文化和人类文明的前景的。

　　钱穆通过中西文化比较,展望未来世界文化的格局是多元共处、各从所好、不相冲突、调和凝结。他特别提出了"集异建同"的观点。他说:"世界文化之创兴,首在现有各地各体系之各别文化,能相互承认各自之地位。先把此人类历史上多彩多姿各别创造的文化传统,平等地各自尊重其存在。然后能异中求同,同中见异,又能集异建同,采纳现世界各民族相异文化优点,来会通

---

① 钱穆:《文化学大义》,《钱宾四先生全集》第三十七卷,台北联经出版事业有限公司1998年版,第35页。
② 钱穆:《从中国历史来看中国民族性及中国文化》,《钱宾四先生全集》第四十卷,台北联经出版事业有限公司1998年版,第30—31页。

混合建造出一理想的世界文化。此该是一条正路。若定要标举某一文化体系,奉为共同圭臬,硬说惟此是最优秀者,而强人必从。窃恐此路难通。文化自大,固是一种病。文化自卑,亦非正常心理。我们能发扬自己文化传统,正可对将来世界文化贡献。我能堂堂地做一个中国人,才有资格参加做世界人。毁灭了各民族,何来有世界人? 毁灭了各民族文化,又何来有世界文化?"①钱穆在这里提出"集异建同"的思想,较一般所谓"察异观同"更为深刻。世界文化的前景,绝不抹煞、消融各民族文化之异(个性);相反,世界文化的发展,只可能建立在保留各民族文化的优长,发扬其差异的基础上。

总之,钱穆提出的"农耕文明"与"商业文明"、"安足静定"与"富强动进"、"内倾型"与"外倾型"、"和合性"与"分别性"的区分模型,以认识各自的特殊性,然后再以世界性的视域,集其异,建其同,多元共处,相互尊重,相互吸收,相互融和。这些看法都是值得我们深思的。今天,我们体味钱穆的文化学与文化比较观,获益良多。

第二节　经学与理学

钱穆治学的独到之处是以史学作为贯通之道,这在其经学研究中得到了充分体现。他从史学立场出发,贯通经学,破除门户之见。

关于经学的渊源与发展,钱穆指出:"中国经学应自儒家兴起后才开始。"②但经学的渊源则在儒家产生以前,大概要追溯到春秋以前的几部儒家经书上,这几部经书不仅是中国文化的源头,也是经学思想产生的理论渊源。他不同意今文家所说的孔子作"六经"的观点,认为"孔子以前未尝有《六经》,孔子也未尝造《六经》"③。钱氏用大量史实证明孔子与"六经"无涉,明称"六经"见于《庄子》,后成于王莽。总之,"六经"称谓均汉代经学家所为。这里把

①　钱穆:《中国历史研究法》,《钱宾四先生全集》第三十一卷,台北联经出版事业有限公司1998 年版,第 152 页。

②　钱穆:《中国学术通义》,《钱宾四先生全集》第二十五卷,台北联经出版事业有限公司1998 年版,第 7 页。

③　钱穆:《国学概论》上编,《钱宾四先生全集》第一卷,台北联经出版事业有限公司 1998年版,第 22 页。

后世称为经的儒家典籍与经的称呼区分开来,还孔子与"六经"的真实面貌。钱穆还考察了经学的发展历程,认为两汉经学,其精神偏重在政治。魏晋南北朝和隋唐时期的经学为义疏之学,"十三经"注疏完成在这一时期。宋元明时期的经学,主要是"四书"代替"五经",开启经学新时代。清代经学为考据之学,是经学的终结。

钱穆揭示了经学的精神及其方法,他把经学的基本精神归结为:1.以人文主义精神为中心,肯定人的价值及其意义;2.注重历史精神,以"六经皆史"说明经书本身都是史书,经学与史学一致;3.天人合一精神,此人文精神不反对自然和宗教,相反总是融摄宗教,并使人文措施与自然规律相融和;4.融合精神,经学本身把文学、史学、宗教、哲学融合在一起;5.通经致用及重视教育的精神。他把经学精神与中国文化精神结合起来。他还提出一套考据、义理、辞章三者相结合的治经方法,强调治经应把这三者结合起来。

钱穆治经学最大的贡献在于打破今文经学和古文经学的门户之见。清末康有为在《新学伪经考》中主张一切古经为西汉刘歆伪造,只有今文经学才算是经书,今文经均是孔子托古改制的。康氏的目的是想托古改制,使清代经学转移到经世致用上来,其思想在政治上有积极意义。但不得不说,康氏的治学方式助长了疑古之风。到了民国初年,由康有为所开启的怀疑古文经之风,沿袭至新文化运动,终究酿成一股疑古辨伪学术思潮。这种潮流喜欢说中国古史为后人层累假造,致使造成门户之争,而且对经书乃至先秦古籍产生了普遍怀疑的心理,进而怀疑一切固有的学术文化。这种"怀疑一切"的风气已经严重地戕害了民族精神,极大地损害了中国文化的正常发展。钱穆正是这种条件下力辟古文经和今文经门户之见的。要想扭转风气,匡正学风,就必须追根溯源,匡正新学伪经的谬论,为古文经平反冤屈。于是,钱氏在1929年写成《刘向歆父子年谱》一书。在书中,钱穆大体根据《汉书·儒林传》的史实,考察西汉宣帝石渠阁奏议至东汉章帝白虎观议五经异同120年间的诸博士意见分歧,考证当时经师论学的焦点所在,驳斥了康有为所谓刘歆伪造经书的诸多不通之处,认定绝对不存在刘歆以五个月时间编造诸经以欺骗其父,并能一手掩尽天下耳目之理,也没有如康氏所言——造经是为王莽篡权服务之说。

钱穆以客观史实来解决今古文之争,摧陷廓清道咸以来常州学派今文学家散布的某些学术迷雾。《刘向歆父子年谱》不但结束了清代经学上的今古文之争,平息了经学家的门户之见,同时也洗清了刘歆伪造《左传》、《毛诗》、《古文尚书》、《逸礼》诸经的不白之冤。自从此书问世以后,几十年来,凡是讲经学的都能兼通今古,古文经学家如章太炎和今文经学家如康有为之间的鸿沟已不复存在。学术界已不再固执今文古文谁是谁非的观念。

以上可知,钱穆之所以在经学研究上有建树,"则端在撤藩篱而破壁垒,凡诸门户,通为一家。经学上之问题,同时即为史学上之问题。自春秋以下,历战国,经秦迄汉,全据历史记载,就于史学立场,而为经学显真是"①。现代一般治经学的,通常不讲史学;治史学的,通常不讲经学。钱穆认为,经学上的问题,也即是史学上的问题。钱氏以史学打通经学,把人们从已经僵化的经学中解放出来,开启了经学研究的新风气。

钱穆不仅在经学上开创新风,其理学研究也有独到之处。清代汉学家们尊汉反宋,主要理由是汉代与宋代相比,更接近古代,更能体现孔孟儒家大传统。对此,钱穆并不认同,与此相反,他非常推崇宋明理学,认为与汉儒相比,宋明儒更接近于先秦儒。因为董仲舒"独尊儒术",使先秦平民儒变为王官儒,把儒学经学化、神秘化,失去了儒家真精神,而宋明儒是平民儒,无论在师道、学术,还是在政事方面大有返回先秦儒的风格。他指出宋明儒的最大贡献:"乃由佛转回儒,此乃宋明儒真血脉。"②也就是说,正如先秦儒最后融合诸子百家,扩大儒学一样,宋明儒的最大贡献在于以儒家为主干融合佛老,形成一代新儒学。

钱穆在贯通理学中揭示了理学发展的轨迹。谈及宋学,便会使人想起理学,但在钱穆看来,理学则属宋儒中的后起。在理学之前,已经有一批宋儒,如胡瑗、孙复、徐积、石介、范仲淹、王安石、司马光、欧阳修、刘恕、苏轼等等。这批宋儒的学术被称为宋初儒学,而后来的理学都是从宋初儒学中发展出来的。

---

① 钱穆:《两汉经学今古文平议·自序》,《钱宾四先生全集》第八卷,台北联经出版事业有限公司1998年版,第6页。
② 钱穆:《中国学术思想史论丛》(7),《钱宾四先生全集》第二十一卷,台北联经出版事业有限公司1998年版,第280页。

因此,"不了解宋学的初期,也将不了解他们(即理学)"①。因为韩愈开启的辟佛卫道运动之所以对理学产生影响,成为理学的思想源头,主要是通过初期宋学完成的。就是说,他们重师道、办书院,以及在教育与修养、政事治平、经史博古之学、文章子集之学等多方面的活动和研究,发展了韩愈复兴儒学的努力,成为理学产生的直接原因。如果说初期宋学的涵盖面很广泛,那么北宋理学就不同了,他们的精力只集中于宇宙论和人生论。也就是说,宋初儒学复兴了先秦儒学博大的精神,北宋理学则往内收、往内转了。但钱穆并没有否定理学出现的意义。他认为,要真正达到辟佛卫道的目的,必须建立儒家的宇宙论和人生论,以与佛学的宇宙论和人生论相抗衡。北宋五子周、邵、张、程等及其弟子的贡献,正在于弥补初期宋学内核方面的不足。南渡宋学是理学发展的第二期,主要人物是朱熹和陆象山。朱熹把初期宋学的多方面活动与北宋理学宇宙论、人生论方面的贡献结合起来,达到宋学发展的顶峰。陆象山则另辟蹊径,建立心学系统。至于明代学术,钱氏认为没有超出宋学范围,只沿袭朱陆异同。值得一提的是王阳明,可以说是集理学之大成。至于王门末流,流弊愈深,路向愈窄,则导致理学一蹶不振。

钱穆治理学尤其重视朱熹,建立了庞大的朱子学。他指出:"孔子集前古学术思想之大成,开创儒学,成为中国文化传统中一主要骨干。……朱子崛起南宋,不仅能集北宋以来理学之大成,并亦可谓其乃集孔子以下学术思想之大成。"②这表明,钱穆的研究把朱子放在整个思想史中考察,突出了朱熹在中国思想史后半期的历史地位,同时连带地解决了朱子卒后七百多年来学术思想史上争论不休、疑而不决的一些重要问题。如在思想上,理气论与心性论是一个大问题,钱穆用理气一体浑成的道理解决了学者对理气二元或一元的争论,也用心性一体两分的道理,打破了思想界关于程朱与陆王的门户之见。在学术上,他对朱子的经学、"四书"学、史学、文学、杂学等全方位的研究,再现了朱子作为百科全书式人物的形象。在治学方法上,义理与考据孰重孰轻,也是

---

① 钱穆:《宋明理学概述》,《钱宾四先生全集》第九卷,台北联经出版事业有限公司1998年版,第30页。
② 钱穆:《朱子新学案》,《钱宾四先生全集》第十一卷,台北联经出版事业有限公司1998年版,第1—2页。

学者争论的一个焦点,他用"考据正所以发现义理,而义理亦必证之考据"的方法解决了学者治学方法上出现的偏颇。

钱穆对理学研究的另一个重点是王阳明。他把王阳明置于理学发展史中加以考察。他认为,阳明思想的价值在于他以一种全新的方式解决了宋儒留下的"万物一体"和"变化气质"的问题。具体地说,朱熹主张"万物一体"之理是外在本体固有的,不是我心的意会,因此主张"变化气质"在格物、博览。相反,陆象山认为"万物一体"之理不是外物本身固有的,只有吾心认为如此才是真,因此要先发明本心而后再格物、博览。二者实质是道问学与尊德性之争。王阳明的贡献,"只为要在朱子格物和象山立心的两边,为他们开一通渠"①。王阳明所开的"通渠"就是"良知"。因为良知既是人心又是天理,能把心与物、知与行统一起来,混合朱子偏于外、陆子偏于内的片面性,解决宋儒遗留下来的问题。

钱穆对清代学术思想的研究集中在清代学术与宋明学术之间的关系,以及清代学术的发展与流变上。

关于清代学术与宋明学术的关系,近世学者有两种截然不同的观点。第一种观点认为,清代学术是对宋明学术的全面反动。代表人物是梁启超和胡适。他们主张 17 世纪,最迟 18 世纪以后,中国学术思想史走上了一条与宋明以来相反的道路。这条道路,从积极方面说发展为经学考据学,从消极方面看表现为一种"反玄学"的运动或革命。② 第二种观点比较温和,它并不否定清代学术的创新一面,但强调宋明学术在清代,至少前期仍有自己的生命。持这种观点的有冯友兰和钱穆等。尤其是钱穆,他详细论述了宋明学术与清代学术的关系。他指出:"治近代学术者当何自始? 曰,必始于宋。何以当始于宋? 曰,近世揭橥汉学之名,以与宋学敌,不知宋学,则无以平汉宋之是非。且言汉学渊源者,必溯诸晚明诸遗老。然其时如夏峰、梨洲、二曲、船山、桴亭、亭林、嵩庵、习斋,一世魁儒耆硕,靡不寝馈于宋学。继此而降,如恕谷、望溪、穆

---

① 钱穆:《阳明学述要》,《钱宾四先生全集》第十卷,台北联经出版事业有限公司 1998 年版,第 79 页。

② 参见梁启超:《中国近三百年学术史》,中国书店 1985 年版,第 10 页;《胡适学术文集·中国哲学史》下册,中华书局 1991 年版,第 975 页。

堂、谢山乃至慎修诸人,皆于宋学有甚深契诣,而于时已及乾隆。汉学之名,始稍稍起。而汉学诸家之高下浅深,亦往往视其所得于宋学之高下浅深以为判。道咸以下,则汉学兼采之说渐盛,抑且多尊宋贬汉,对乾嘉为平反者。故不识宋学,即无以识近代也。"①这种观点揭示了清代学术与宋明学术之间的渊源关系。不仅生活在清初的明末遗老,就是乾嘉时期的汉学也多少与宋明学术相关。从思想发展演变的一般规律看,钱穆主张宋明学术在清代仍有延续性的观点是合理的。因为不但前一时期的思想不可能在后一时期突然消失无踪,而且后一时期的新思想也必然在前一时期中孕育,并能从中找到它的萌芽。经钱穆考证即使是清儒的博雅考订之学,也能在宋明学术中找到其思想和方法论之渊源。

　　钱穆考察了清代学术思想发展的过程,以及在不同阶段所呈现的不同特点。清初,明末遗老虽然身处乱世之秋,上承宋明遗绪,在经史子集、政事治平等方面都作出一定贡献,开辟清初学术思想上的一片新天地。但是由于清代统治者的高压,尤其是康熙、雍正、乾隆时期的文字狱愈演愈烈,使得一辈学人不愿涉足于政治领域,转头躲向故纸堆中,去从事一些经学上的考据、训诂、校勘工夫。他们虽然自称汉学,在钱穆看来,其实他们并不了解汉学,汉学家们虽然在整理和编纂古籍方面有所贡献,但没有体现汉代经学的通经致用精神,同时造成经学内部的门户之争。这种门户之争到了晚清越来越激烈,先是今文经与古文经之争,后是今文经内部之争,使经学走上末路。正在这个时期,一直作为经学附庸的诸子学兴起,才开始了清末民初学术思想上的新气象。

第三节　儒学观

　　钱穆博通经史子集,学问宗主在儒,著作等身,堪称当代大儒,其毕生对儒家传统的精神价值抱着深厚的感情,将之作为他自己终身尊奉的人生信仰和行为准则。② 钱氏儒学观的要点是:1.肯定儒学在中国文化中的主干地位,发

---

① 钱穆:《中国近三百年学术史》,《钱宾四先生全集》第十六卷,台北联经出版事业有限公司 1998 年版,第 1—2 页。
② 参见余英时:《犹记风吹水上鳞——钱穆与中国现代学术》,台北三民书局 1991 年版。

挥周公孔子以来的人文主义精神;2. 肯定儒学的最高信仰和终极理想,阐释儒家中心思想——"天人合一""性道合一"的精义;3. 以开放的心态,破除门户,打破今古文经学、汉学宋学、程朱理学与陆王心学的界限,对儒学史作出了别开生面的建构,提出了儒学史与社会文化史相辅相成、相交相融的儒学发展阶段论,以及由子学而经学而史学而文学的转进论;4. 回应 20 世纪诸思潮对儒学的批评,指出儒学是一个不断与时俱进的活传统,是中国现代化的重要精神资源和现代人安身立命的根据。

一、地位:领导精神与思想主干

中国文化精神与民族性格主要是由儒家奠定和陶养的。这一点在钱穆著作中是毫不含糊的。就整部中国历史来说,钱氏强调,中国社会是四民(士、农、工、商)社会,士为四民之首。士的变动可以影响到整个社会的变动。钱穆把中国社会的发展史划分为游士、郎吏、门第、科举等若干阶段。士是人群中能够志道、明道、行道、善道的人。士代表、弘扬、实践、坚守了中国人的人文理想,担当着中国社会教育与政治之双重责任。"此士之一流品,惟中国社会独有之,其它民族,其它社会,皆不见有所谓士。士流品之兴起,当始于孔子儒家,而大盛于战国,诸子百家皆士也。汉以后,遂有士人政府之建立,以直迄于近代。"①钱穆指出,中国古代社会有一个很特殊的地方,不需要教堂牧师和法堂律师,没有发达的法律和宗教,而形成一种绵延长久、扩展广大的社会。这靠什么呢? 主要靠中国人的人与人之道,靠"人"、"人心"、"人道"等等观念,靠士在四民社会中的作用及士之一流品的精神影响。"孔子之伟大,就因他是中国此下四民社会中坚的一流品之创始人。"②中国古代社会,从乡村到城市乃至政府都有士。这个士的形成,总有一套精神,这套精神维持下来,即是"历史的领导精神"。"中国的历史指导精神寄在士的一流品。而中国的士则由周公、孔、孟而形成。我们即由他们对于历史的影响,可知中国历史文化的

---

① 钱穆:《民族与文化》,《钱宾四先生全集》第三十七卷,台北联经出版事业有限公司 1998 年版,第 12 页。

② 钱穆:《民族与文化》,《钱宾四先生全集》第三十七卷,台北联经出版事业有限公司 1998 年版,第 101 页。

传统精神之所在。"①指导中国不断向前的精神被钱氏称为"历史的领导精神"。他通过详考历史、对比中外,肯定地指出,士是中国社会的领导中心,一部中国历史的指导精神寄托在士的一流品,一部中国历史主要是由儒家精神——由周公、孔子、孟子培育的传统维系下来的。在钱穆看来,中国历史的"领导精神"即是人文精神,重视历史的精神,重视教育的精神和融和合一的精神。

钱穆认为,中国传统人文精神源于"五经"。周公把远古宗教转移到人生实务上来,主要是政治运用上;孔子进而完成了一种重人文的学术思想体系,并把周公的那一套政治和教育思想颠倒过来,根据理想的教育来建立理想的政治。经周、孔的改造,"五经"成为中国政(政治)教(教育)之本。经学精神偏重在人文实务,同时保留了古代相传的宗教信仰之最高一层,即关于天和上帝的信仰。中国人文精神是人与人、族与族、文与文相接相处的精神,是"天下一家"的崇高文化理想。中国文化是"一本相生"的,其全部体系中有一个主要的中心,即以人为本位,以人文为中心。传统礼乐教化代替了宗教的功能,但不与宗教相敌对,因此不妨称之为"人文教"。中国文化精神,要言之,只是一种人文主义的道德精神。

中国传统注重历史的精神源于"五经"。周孔重视人文社会的实际措施,重视历史经验的指导作用。尤其孔子具有一种开放史观,并在新历史中寄寓褒贬,这就是他的历史哲学与人生批评。孔子促使了史学从宗庙特设的史官专司转为平民学者的一门自由学问,倡导了经学与史学的沟通。钱穆指出,中国历史意识的中心是人。中国人历史意识的自觉与中国先民,特别是周公、孔子以来的人文自觉密切联系在一起。在中国,特别在儒家,历史、民族与文化是统一的。民族是文化的民族,文化是民族的文化,而历史也是民族和文化的历史。民族与文化只有从历史的角度才能获得全面的认识。中国人对历史的重视,对史学的兴趣及史学之发达,特别是"经世明道","鉴古知今","究往穷来",求其"变"又求其"常"与"久"的精神,来源于儒学。

中国传统注重教育的精神源于"五经"。钱穆认为,中国古人看重由学来

---

① 钱穆:《民族与文化》,《钱宾四先生全集》第三十七卷,台北联经出版事业有限公司1998年版,第121页。

造成人，更看重由人来造成学。中国人研究经学，最高的向往在于学做周公与孔子的为人，成就人格，达到最高的修养境界。中国古代文化及其精神是靠教育薪火相传、继往开来的。中华民族尊师重道的传统由来已久，而儒家则把教育推广到民间，扎根于民间，开创了私家自由讲学的事业，奠定了人文教育的规模和以教立国的基础。中国人教育意识的自觉不能不归功于儒家。

中国传统注重融和合一的精神源于"五经"。中国古人的文化观，以人文为体，以化成天下为用。"五经"中的"天下"观，是民族与文化不断融凝、扩大、更新的观念。中国文化的包容性、同化力，表明中国人的文化观念终究是极为宏阔而适于世界性的。这源于儒家的一种取向，即文化观念深于民族观念，文化界限深于民族界限。中国文化与中国人的性格中的"和合性"大于"分别性"，主张宽容、平和、兼收并蓄、吸纳众流，主张会通、综合、整体、融摄，这些基本上都是儒者所提倡和坚持的价值。①

钱穆得出中国历史文化的指导精神即为儒家精神的结论，是有其可靠的根据的。他极其深入地考察了中国历史思想史，十分肯定地说："中国思想以儒学为主流。""儒学为中国文化主要骨干。"②在先秦思想史上，开诸子之先河的是孔子。孔子的历史贡献，不仅在于具体思想方面的建树，更重要的在于他总体上的建树。他既是王官之学的继承者，又是诸子平民之学的创立者，是承前启后开一代风气的人物。正是这一特殊历史地位，决定了他在先秦诸子学说中的重要作用。整个说来，诸子学标志春秋以来平民阶级意识的觉醒，是学术下移民间的产物。钱氏认为，中国古代，是将宗教政治化，又要将政治伦理化的。换言之，就是要将王权代替神权，又要以师权来规范君权的。平民学者的趋势只是顺应这一古代文化大潮流而演进，尤其是以儒家思想为主。因

---

① 以上详见钱穆：《中国学术通义》，《钱宾四先生全集》第二十五卷，台北联经出版事业有限公司1998年版，第2—6页；《民族与文化》，《钱宾四先生全集》第三十七卷，台北联经出版事业有限公司1998年版，第3、41、59页；《中国历史精神》，《钱宾四先生全集》第二十九卷，台北联经出版事业有限公司1998年版，第200页；《中国文化史导论》，《钱宾四先生全集》第二十九卷，台北联经出版事业有限公司1998年版，第19、120页。

② 钱穆：《中国思想史》，《钱宾四先生全集》第二十四卷，台北联经出版事业有限公司1998年版，第163页；《新亚遗铎》，《钱宾四先生全集》第五十卷，台北联经出版事业有限公司1998年版，第417页。

为他们最看重学校与教育,并将其置于政治与宗教之上。他们已不再讲君主与上帝的合一,而只讲师道与君道的合一。他们只讲一种天下太平、世界大同的人生人道,这就是人道或平民道。在孔孟仁学体系的浸润下,儒家完成了政治与宗教的人道化,使宗教性与神道性的礼变成了教育性与人道性的礼。

钱穆比较了儒、墨、道三家的异同,指出,墨道两家的目光与理论,皆能超出人的本位之外而从更广大的立场上寻找根据。墨家根据天,即上帝鬼神,而道家则根据物,即自然。墨道两家都有很多思想精品和伟大贡献。但无论从思想渊源还是从思想自身的特点来看,儒家都在墨道两家之上。这是因为,儒家思想直接产生于中国社会历史,最能反映和体现中国社会历史的实际和中国人的生活方式、行为方式与思维方式。先秦以后,历代思想家大体上都是以儒家为轴心来建立自己的思想体系并融会其他诸家的。如果说儒家是正,那么,墨道两家是反,他们两家是以批评、补充儒家的面貌出现的。如果说儒家思想多为建设性的进取,那么墨道两家则主要是社会批判性的。

关于先秦学术思想的总结,钱穆认为,这一总结是在秦始皇到汉武帝这一段历史时期内完成的。学术思想的统一伴随着政治上的统一。在政治上,李斯为代表的以法家为轴心的统一,历史已证明是失败的,其标志是秦王朝的灭亡;而董仲舒为代表的以儒家为轴心的统一,则是适应并促进当时社会发展的,是成功的,其标志是汉唐大业。当时在学术上的调和统一有三条路:一是超越于儒、墨、道、法诸家之上;二是以道家为宗主;三是以儒家为宗主。第一条路的代表是吕不韦及其宾客,但他们没有超越诸家之上更高明的理论,没有吸收融和诸家的力量,因此《吕氏春秋》只是在诸家左右采获,彼此折衷,不能算是成功的。第二条路的代表是刘安及其宾客。由于道家思想本身的限制,不可能促进当时历史大流向积极方向前进,因此《淮南子》也不是成功的。第三条路的代表是儒家,即是这一时期出现的《易传》及收入《礼记》中的《大学》、《中庸》、《礼运》、《王制》、《乐记》、《儒行》诸篇的作者们。他们以儒家思想为主,吸收墨、道、名、法、阴阳诸家的重要思想,并把这些思想融化在儒家思想里,成为一个新的系统。例如《易传》、《中庸》,弥补了儒家对宇宙自然重视不够的毛病,吸纳了道家,建构了天道与人道、宇宙界与人生界、自然与文化相合一的思想体系。《易传》、《中庸》吸取老庄的自然观来阐发孔孟的人文观,其宇宙观是一种德性的宇宙观。《大学》《礼运》仍是以德性为本论,把孔孟传统以简明而系统的方式表达了出来,提高了道的地位,融合了道家观念及墨家重视物质经济生活的思想。这不仅表明了儒家的涵摄性,而且表明了儒家在中国思想史上的主干地位,并不是自封的,并不是靠政治力量支撑得来的,而是中国历史与中国社会选择的结果,是自然形成的。其原因在于儒学的性质与中国社会历史实际相适应。①

钱穆指出:"儒家可分先秦儒、汉唐儒、宋元明儒、清儒四期。汉唐儒清儒都重经典,汉唐儒功在传经,清儒功在释经。宋元明儒则重圣贤更胜于重经典,重义理更胜于重考据训诂。先秦以来,思想上是儒道对抗。宋以下则成为儒佛对抗。道家所重在天地自然,因此儒道对抗的一切问题,是天地界与人生界的问题。佛学所重在心性意识,因此儒佛对抗的一切问题,是心性界与事物界的问题。禅宗冲淡了佛学的宗教精神,回到日常人生方面来,但到底是佛学,到底在求清静,求涅槃。宋明儒沿接禅宗,向人生界更进一步,回复到先秦儒身家国天下的实际大群人生上来,但仍须吸纳融化佛学上对心性研析的一切意见与成就。宋明儒会通佛学来扩大儒家,正如《易传》《中庸》会通老庄来扩大儒家一般。宋明儒对中国思想史上的贡献,正在这一点,在其能把佛学全部融化了。因此,有了宋明儒,佛学才真走了衰运,而儒家则另有一番新生命与新气象。"②

钱穆指出:初期宋学十分博大,在教育修养、政治治平、经史之学和文章子集之学上全面发展,颇有回复先秦儒之气象。中期宋学如北宋五子及其门人,博大不足而精深有余。他们面对佛教的挑战,必须致力于建构宇宙论与心性论,此客观情势使然。他们把儒学的基本精神凸显出来,在北宋初期儒家画的龙上点上睛,使北宋学术有了重心。唐以前"周孔"并称,宋以后"孔孟"并称;唐以前是"五经"的传统,宋以后是"四书"的传统。以"四书"义理代替"五经"注疏,以"孔孟"代替"周孔",这是中国儒学传统及整个学术思想史上的一

---

① 以上详见钱穆:《中国思想史》,《钱宾四先生全集》第二十四卷,台北联经出版事业有限公司 1998 年版,第 81—112 页。

② 钱穆:《中国思想史》,《钱宾四先生全集》第二十四卷,台北联经出版事业有限公司 1998 年版,第 163 页。

大转变。这一社会文化现象的内涵是十分丰富的。它表明,儒家文化一方面下移,沟通实际社会大群人生,接近民众,且以自由讲学的民间书院为依托,不失为一再生之道;另一方面又是理论的升华,是从根本上消化释道,进一步把道之宇宙观和释之心性论融摄进来,壮大自己、发展自己。整个宋明学术的趋向和目标"即为重振中国旧传统,再建人文社会政治教育之理论中心,把私人生活与群众生活再组合上一条线。换言之,即是重兴儒学来代替佛教,作为人生之指导。这可说是远从南北朝隋唐以来学术思想史上一大变动"①。

钱穆指出,朱子不仅集理学之大成,不仅集宋学之大成,而且集汉唐儒之大成。他把经史与理学有机结合起来,又在理气论(宇宙论及形上学)与心性论(由宇宙论形上学落实到人生哲学)方面建构了精深的体系。"在中国历史上,前古有孔子、近古有朱子。此两人,皆在中国学术思想史及中国文化史上发出莫大声光,留下莫大影响。旷观全史,恐无第三人堪与伦比。孔子集前古学术思想之大成,开创儒学,成为中国文化传统中一主要骨干。北宋理学兴起,乃儒学之重光。朱子崛起南宋,不仅能集北宋以来理学之大成,并亦可谓其乃集孔子以下学术思想之大成。此两人先后蠹立,皆能汇纳群流,归之一趋。自有朱子,而后孔子以下之儒学,乃重获新生机,发挥新精神,直迄于今。"②以后陆王之学,乃至清儒之学都与朱子有关,承朱子而获新发展。

钱穆以他独特的视角和厚博的史学功夫,平实地又言之凿凿、持之有故地肯定了儒学在中国古代社会生活与思想文化史中的"主流"、"主干"和核心地位,肯定了儒家精神是中国古代社会的"指导精神"或"领导精神"。由上可见,他的看法并不是只凭主观情感而没有客观依据的。

二、精核:最高信仰与终极理想

钱穆指出:"中国传统文化,彻头彻尾,乃是一种人道精神、道德精神。"③

① 钱穆:《宋明理学概述》,《钱宾四先生全集》第九卷,台北联经出版事业有限公司 1998 年版,第 30 页。

② 钱穆:《朱子新学案》,《钱宾四先生全集》第十一卷,台北联经出版事业有限公司 1998 年版,第 1—2 页。

③ 钱穆:《民族与文化》,《钱宾四先生全集》第三十七卷,台北联经出版事业有限公司 1998 年版,第 50 页。

"中国传统人文精神所以能代替宗教功用者,以其特别重视道德观念故。中国人之道德观念,内本于心性,而外归极之于天。"①他认为,孟子"尽其心者,知其性也,知其性,则知天矣"之教,实得孔学真传,而荀子戡天之说,则终不为后世学者所遵守。他强调说:"孟子主张人性善,此乃中国传统文化人文精神中,惟一至要之信仰。只有信仰人性有善,人性可向善,人性必向善,始有人道可言。中国人所讲人相处之道,其惟一基础,即建筑在人性善之信仰上。"②

钱穆指出,整个人生社会唯一理想之境界,只是一个"善"字。如果远离了善,接近了恶,一切人生社会中将没有理想可言。因此,自尽己性以止于至善,是中国人的最高道德信仰;与人为善,为善最乐,众善奉行,是中国人的普遍宗教。由于人生至善,而达至于宇宙至善,而天人合一,亦只合一在这个"善"字上。中国人把一切人道中心建立在一"善"字上,又把天道建立在人道上。"修身齐家治国平天下,全只是在人圈子里尽人道。人道则只是一善字,最高道德也便是至善。因此说,中国的文化精神,要言之,则只是一种人文主义的道德精神。"③道德在每个人身上,在每个人心中。儒家文化希望由道德精神来创造环境,而不是由环境来排布生命,决定人格。道德是每个人的生命,每个人的人格,是真生命、真性情的流露。"这一种道德精神,永远会在人生界发扬光彩。而中国人则明白提倡此一道德精神而确然成为中国的历史精神了,这是中国历史精神之最可宝贵处。"④总之,钱氏认为,道德精神是中国人内心所追求的一种做人的理想标准,是中国人向前积极争取蕲向到达的一种理想人格。

正是在这一前提下,钱穆肯认"中国文化是个人中心的文化,是道德中心的文化,这并不是说中国人不看重物质表现,但一切物质表现都得推本归趋于

---

① 钱穆:《民族与文化》,《钱宾四先生全集》第三十七卷,台北联经出版事业有限公司1998年版,第40页。

② 钱穆:《民族与文化》,《钱宾四先生全集》第三十七卷,台北联经出版事业有限公司1998年版,第40页。

③ 钱穆:《民族与文化》,《钱宾四先生全集》第三十七卷,台北联经出版事业有限公司1998年版,第41页。

④ 钱穆:《中国历史精神》,《钱宾四先生全集》第二十九卷,台北联经出版事业有限公司1998年版,第154页。

道德。此所谓人本位,以个人为中心,以天下即世界人群为极量"①。所谓以个人为中心,以人为本位,则是以个体修身为基元,达到齐家治国平天下的一贯理想。钱穆强调中国传统文化中之人文修养,是中国文化一最要支撑点,所谓人文中心与道德精神,都得由此做起。钱穆引用《大学》所说的"为人君,止于仁;为人臣,止于敬;为人子,止于孝;为人父,止于慈;与国人交,止于信",作为人文修养的主要纲目。他指出:"所谓人文,则须兼知有家庭社会国家与天下。要做人,得在人群中做,得在家庭社会国家乃至天下人中做。要做人,必得单独个人各自去做,但此与个人主义不同。此每一单独的个人,要做人,均得在人群集体中做,但此亦与集体主义不同。要做人,又必须做一有德人,又须一身具诸德。……人处家庭中,便可教慈教孝,处国家及人群任何一机构中,便可教仁教敬。人与人相交接,便可以教信。故中国传统文化精神,乃一切寄托在人生实务上,一切寄托在人生实务之道德修养上,一切寄托在教育意义上。"②

在这里,我们可知儒家人文精神本质上是人的道德精神,而道德精神落脚在每一个体的人,并推广至家、国、天下。也就是说,通过教化和修养,不同个体在家、国、天下等群体中尽自己的义务,彼此相处以德,终而能达到"天下一家"的道德理想境界。钱穆认为,中国文化之终极理想是使全人生、全社会,乃至全天下、全宇宙都变为一孝慈仁敬信的人生、社会、天下、宇宙,这即是人文中心道德精神的贯彻。钱氏认为,知识和权力都是生命所使用的工具,不是生命本身,只有人的道德精神才是人的真生命,也才是历史文化的真生命。因此我们要了解历史文化,也必须透过道德精神去了解。他把道德精神作为推动历史文化的动力和安顿人生的根据。

钱穆用两大命题来概括儒家哲学精义,其一为"天人合一",其二为"性道合一。"

关于"天人合一"。他说:"人心与生俱来,其大原出自天,故人文修养之

---

① 钱穆:《中国历史精神》,《钱宾四先生全集》第二十九卷,台北联经出版事业有限公司1998年版,第200页。

② 钱穆:《民族与文化》,《钱宾四先生全集》第三十七卷,台北联经出版事业有限公司1998年版,第50—51页。

终极造诣,则达于天人之合一。"又说:"中国传统文化,虽是以人文精神为中心,但其终极理想,则尚有一天人合一之境界。此一境界,乃可于个人之道德修养中达成之,乃可解脱于家国天下之种种牵制束缚而达成之。个人能达此境界,则此个人已超脱于人群之固有境界,而上升到宇宙境界,或神的境界,或天的境界中。但此个人则仍为不脱离人的境界而超越于人的境界者,亦惟不脱离人的境界,乃始能超越于人的境界者。"①

钱穆在综合中国经学的主要精神时指出:"一是天人合一的观念,对于宇宙真理与人生真理两方面一种最高合一的崇高信仰,在'五经'中最显著、最重视,而经学成为此一信仰之主要渊源。二是以历史为基础的人文精神,使学者深切认识人类历史演进有其内在一贯的真理,就于历史过程之繁变中,举出可资代表此项真理之人物与事业及其教训,使人有一种尊信与向往之心情,此亦在经学中得其渊源。"②

也就是说,人们可以不脱离现实界而达到超越界,现实的人可以变为超越的人,可以摆脱世俗牵累,达到精神的超脱解放。中国传统认为圣人可以达到这一境界,但圣人也是人,所谓"人人可以为圣人",是人人都可以通过道德修养而上达于天人合一之境界。要做一个理想的人,一个圣人,就应在人生社会实际中去做。要接受这种人文精神,就必须通晓历史,又应兼有一种近似宗教的精神,即所谓"天人合一"的信仰。中国传统文化的终极理想,是使人人通过修养之道,具备诸德,成就理想人格,那么人类社会也达到大同太平,现实社会亦可以变为超越的理想社会,即所谓天国、神世、理想宇宙。在钱穆那里,"天人合一"不仅指自然与人文的统一,而且指现世与超世的统一,实然与应然的统一,现实与理想的统一,尤其是超越与内在的统一,对天道天命的虔敬信仰与对现世伦常的积极负责的统一,终极关怀与现实关怀的统一。

关于"性道合一"。"性道合一"其实也是"天人合一",因为性由天生,道由人成。中国人讲道德,都要由性分上求根源。换句话说,道德价值的源泉,

---

① 钱穆:《民族与文化》,《钱宾四先生全集》第三十七卷,台北联经出版事业有限公司 1998 年版,第 48—49 页。

② 钱穆:《中国学术通义》,《钱宾四先生全集》第三十七卷,台北联经出版事业有限公司 1998 年版,第 14 页。

不仅在人心之中,尤其在天心之中。《中庸》讲"天命之谓性,率性之谓道"。"道"指人道、人生或文化,是对人生、人类文化一切殊相的一种更高的综合。那么"修道之谓教"的教育,也是一种道。中国人讲的"道"不仅仅指外在的文化现象,而且指人生本体,指人生的内在的意义与价值。中国文化最可宝贵的,在其知重道。道由何来呢? 道是人本位的、人文的,但道之大原出于天。"性"的含义,似有动力、向往、必然要如此的意向。"中国传统文化,则从人性来指示出人道。西方科学家只说自然,中国人则认为物有物性,才始有物理可求。西方宗教家只说上帝,中国人则说天生万物而各赋以性。性是天赋,又可以说是从大自然产生,故曰'天命之谓性'。"①中国人最看重人性。中国古人讲"性",超乎物理、生理之上,与西方观念不同。人生一切活动都根于人性,而人性源于天。由天性发展而来的、人心深处的性,是性善之性、至诚之性、尽己之性的"性"。这既有人先起的性,又有人后起的性,是人性及其继续发现和发展。一切由性发出的行为叫作道,既然人性相同,则人道也可相同。"中国人说率性之谓道,要把人类天性发展到人人圆满无缺才是道。这样便叫作尽性。尽己之性要可以尽人之性,尽人之性要可以尽物之性,这是中国人的一番理论。"②

钱穆强调人性不是专偏在理智的,中国人看性情在理智之上。有性情才发生出行为,那行为又再回到自己心上,那就叫作"德"。人的一切行为本都是向外的,如孝敬父母,向父母尽孝道。但他的孝行也影响到自己心上,这就是"德"。"一切行为发源于己之性,归宿到自己心上,便完成为己之德。故中国人又常称德性。……中国人认为行为不但向外表现,还存在自己心里,这就成为此人之品德或称德性。性是先天的,德是后天的,德性合一,也正如性道合一,所以中国人又常称道德。"③

综合以上"天人合一"、"性道合一"之论,可知儒家人文的道德精神是有

---

① 钱穆:《中华文化十二讲》,《钱宾四先生全集》第三十八卷,台北联经出版事业有限公司1998年版,第12页。

② 钱穆:《中华文化十二讲》,《钱宾四先生全集》第三十八卷,台北联经出版事业有限公司1998年版,第16页。

③ 钱穆:《中华文化十二讲》,《钱宾四先生全集》第三十八卷,台北联经出版事业有限公司1998年版,第17页。

其深厚的根源与根据的。其特点有三:第一,这种人文主义是内在的人文主义,由此可以说"中国文化是人本位的,以人文为中心的,主要在求完成一个一个的人。此理想的一个一个的人,配合起来,就成一个理想的社会。所谓人文是外在的,但却是内发的"①。中国文化是性情的,是道德的,道德发于性情,这还是性道合一。第二,中国的人文主义又不是一种寡头的人文主义,"人文求能与自然合一。……中国人看法,性即是一自然,一切道从性而生,那就自然人文合一。换句话说,即是天人合一"②。中国人文主义要求尽己之性、尽人之性、尽物之性,使天、地、人、物各安其位,因此能容纳天地万物,使之雍容洽化、各遂其性。第三,这种人文主义深深地植根于中国原始宗教对于天与上帝的信仰,对于天命、天道、天性的虔敬至诚之中,说人不离天,说道不离性;因而这种人文主义的道德精神又是具有宗教性的。综上所述,内在与外在的和合、自然与人文的和合、道德与宗教的和合,是中国人精神不同于西方人文主义的特点。不了解这些特点,亦无从界定中国民族精神。

钱穆说,中国人的最高信仰,乃是天、地、人三者之合一。借用西方基督教的话来说,就是天、地、人三位一体。天地有一项工作,就是化育万物,人类便是万物中之一。但中国人认为,人不只是被化育,也该能帮助天地来化育。这一信念也是其他各大宗教所没有的。世界上任何一个民族或宗教的信仰,总是认为有两个世界存在,一个是人的、地上的或物质、肉体的世界,一个是神的、天上的或灵魂的世界。中国人则只信仰一个世界。他们认为,天地是一自然,有物性,同时也有神性。天地是一神,但同时也具物性。天地生万物,此世界中之万物虽各具物性,但也有神性,而人类尤然。此世界是物而神、神而物的。人与万物都有性,此性禀赋自天,则天即在人与万物中。人与物率性而行便是道。中国人的观念中,人神合一,人即是神,也可以说人即是天。人之善是天赋之性,人能尽此性之善,即是圣是神。这就是性道合一、人天合一、人的

---

① 钱穆:《中华文化十二讲》,《钱宾四先生全集》第三十八卷,台北联经出版事业有限公司1998年版,第17页。

② 钱穆:《中华文化十二讲》,《钱宾四先生全集》第三十八卷,台北联经出版事业有限公司1998年版,第18页。

文化与宇宙大自然的合一、神的世界与人的世界的合一。人的一切代表着天，整个人生代表着天道。因此，天人合一是中国文化的最高信仰，文化与自然合一则是中国文化的终极理想。①

　　按照钱穆的理解，中国思想史里所缺乏的是宗教；但中国却有一种入世的人文的宗教。儒家思想的最高发展必然常有此种宗教精神作源泉。人人皆可以为尧舜就是这种人文教的最高信仰、最高教义。这种人文教的天堂就是理想的社会，这种人文教的教堂就是现实的家庭与社会。要造成一理想的社会，必先造成人们理想的内心世界，人人共有的心灵生活。这种内在的心地，孔子曰仁，孟子曰善，阳明曰良知。只要我们到达这种心地，这个人就已先生活在理想的社会中。这是这种理想社会的起点。必须等到人人到达这种心地与生活，才是这种社会的圆满实现。这是人类文化理想的最高可能。达到这种心地与生活的人生就是不朽的人生。儒家的这种人生实践又必然带着中国传统的宗教精神，即入世的人文教精神。

　　儒家思想的重心与价值，只是为人类提出一个解决自身问题的共同原则。这些原则本之于人类之心性，本之于社会，本之于历史经验，最为近人而务实。另外，儒家的终极关怀又具有天命根据与冥悟体认的宗教性格。"天"、"天命"、"天道"是宇宙万物、人类生命的本原，是生命意义的价值源头，亦是一切价值之源。儒者彻悟生死和在精神上超越俗世、超越死亡的根据是天、天道、天命及其对人之所以为人的规定。儒者确实有极其浓厚的世间关怀，然而在其世间肯定之中仍有其超越的形而上的要求，即终极的最后的关怀。儒者为捍卫人格尊严而不惜"杀身成仁"、"舍生取义"，儒者"以天下为己任"、"救民于水火"的信念目标和救世献身的热诚，尤其是至诚至信、虔敬无欺的神圣感，尽心知性、存心养性、"夭寿不贰，修身以俟之"的安身立命之道，都表明了他们具有宗教的品格。儒者的使命感、责任感、当担精神、忧患意识和力行实践的行为方式，特别是信念信仰上的终极承担，都有其超越的理据。总之，我们需要重新发掘、体认和诠解儒家"天命论"与"心性论"的精神价值。

---

　　① 详见钱穆：《中华文化十二讲》，《钱宾四先生全集》第三十八卷，台北联经出版事业有限公司1998年版，第108—111页。

像钱穆这样的知识分子,终其生不忘"吃紧做人"。"数十年孤陋穷饿,于古今学术略有所窥,其得力最深者莫如宋明儒。虽居乡僻,未尝敢一日废学,虽经乱离困厄,未尝敢一日颓其志,虽或名利当前,未尝敢动其心,虽或毁誉横生,未尝敢馁其气。虽学不足以自成立,未尝或忘先儒之榘矱,时切其向慕。虽垂老无以自靖献,未尝不于国家民族世道人心,自任以匹夫之有其责。"①他终生坚持儒家的最高信仰和终极理想,直到 96 岁高龄,在临终前三个月还对"天人合一"这一儒家哲学最高命题"专一玩味",因自己最终"彻悟"而感到"快慰"。从钱穆的人生,我们亦可看出儒家人文教的宗教情结对中国士人知识分子精神安立的作用。

三、发展:活的传统与新的走向

钱穆重视儒学在中国古代社会文化生活方式中的客观基础,特别是在水沟地域、农耕文明、统一天下、四民社会、文治政府、廊吏或科举制度背景下的儒家文化绝对不是可有可无的,儒学的产生、发展及其成为中国几千年文明维系的轴心,都是有其客观基础的。

另一方面,与此相应,儒家价值系统是潜存、浸润于广大中国人的日常生活之中的,不过由圣人整理成系统而已。正如余英时所强调的,钱穆将章学诚"圣人学于众人"的观念具体化、历史化了,因此着力研究二千年来随着社会生活客观现实的变化发展而不断更新的儒家文化及其价值系统。

钱穆认为中国儒学经过了六期发展:第一,先秦是创始期。第二,两汉是奠定期,以经学为主,而落实在一切政治制度、社会风尚、教育宗旨以及私人修养之中。第三,魏晋南北朝是扩大期,不但有义疏之学的创立,而且扩大到史学,从此经、史并称。第四,隋唐是转进期,儒学在经、史之外又向文学转进。第五,宋元明是儒家之综汇期与别出期。所谓综汇,指上承经、史、诗文的传统而加以融会;所谓别出,则是理学。第六,清代儒学仍沿综汇与别出两路发展,但内容已大不相同,清儒的别出在考据而不在理学。晚清公羊学的兴起则更

---

① 钱穆:《宋明理学概述·自序》,《钱宾四先生全集》第九卷,台北联经出版事业有限公司1998 年版,第 8 页。

是别出之别出。①

第一个时期是儒学的创始期，指先秦儒学。从孔子以后到孟子、荀子，以及其他同时的儒家，都属于儒学创始时期的代表人物。这一时期百家争鸣，儒家不仅最先兴起，而且也最盛行。它是中国文化的正宗。孔子以前学在官府。儒学是春秋时代学术下移的产物，是由贵族学向平民学转化的产物。他们最看重学校与教育，讲师道与君道的合一，即道与治的合一。君师合一则为道行而在上，即是治世，君师分离则为道隐而在下，即为乱世。儒家所讲的道，不是神道，也不是君道，而是人道。他们不讲宗教出世，因此不重神道，也不讲国家无上与君权至尊，因此也不重君道。他们只讲一种天下太平、世界大同的人生之道，即平民道。钱穆一方面肯定儒家是古代文化思想的继承者，另一方面也肯定儒家是新价值系统的创造者。

第二个时期是儒学的奠定时期，指两汉儒学。儒学从先秦创立起，到两汉时代确立，奠定了以后发展的基础。钱穆不同意所谓先秦学术到了汉代就中断了的说法。他认为，儒家在晚周及汉初一段时间内，已将先秦各家学说吸收融合，冶于一炉。在《易传》、《中庸》、《大学》、《礼运》中，儒家吸收融化了道、墨诸家的思想，把宇宙观与人生观、文化与自然、人道与天道、个体与群体、内在道德自我与外在事功活动等等统一起来，形成了新的价值系统。

两汉儒学为经学。这是因为，就先秦儒家而言，如孔孟所师承的是古代经书传统，所讲的也是经书。两汉以下承孔孟传统而来，自然经学即成儒学。两汉儒学的贡献在于，当时的一切政治制度、经济制度、社会风尚、教育宗旨以及人生修养种种大纲细节，均根据经学而来，同时也对以后的中国文化传统产生了重要影响。

第三个时期是儒学的扩大时期，指魏晋南北朝时期的儒学。学术界一般认为，魏晋南北朝时期是儒学衰败时期。因为这一时期崇尚清谈，老庄玄学盛行，同时又有印度佛教传入。钱穆的观点与众不同，他认为儒学发展到这一时

---

① 详见钱穆：《中国儒学与文化传统》，《钱宾四先生全集》第二十五卷，台北联经出版事业有限公司1998年版。又见钱穆：《中国学术通义》（台湾学生书局1975年版）或《新亚遗铎》（台北东大图书公司1989年版）。

期非但不歧出、不衰败,反而呈扩大趋势。当然,他也承认这一时期儒学的地位不如两汉,但其研究视野、范围比两汉要扩大。"扩大"的意义主要表现在经学本身的注疏。对中国古代经学最大贡献的是"十三经"的注疏与整理。而"十三经"的注疏与诠释多出于这一时代人之手。南北朝时期的经学有南北之区别。北朝人主要侧重《周官》的研究,南朝人重视礼的研究。唐代的义疏之学承接魏晋而来。如果真如一般人所说,魏晋南北朝四百年来只谈老庄玄学,只谈佛学出世,试问如何能继续中国文化遗绪以开启隋唐之盛世呢?另外,儒学扩及到史学方面。史学原本是经学的一部分,如郑玄、王肃、杜预偏重于史学。《宋书》、《南齐书》、《魏书》等均出于此时。受其影响,隋代史学尤盛,无论在数量上还是在质量上,对后世均有很大影响。

第四个时期是儒学的转进时期,指唐代儒学。唐代的经史之学,均盛在唐代初期,系承接魏晋南北朝人的遗产而来。也就是说,隋唐出现的儒学盛运,早在南北朝晚期已培育好了,只不过此时是结下的果实。唐代经学最著名的有陆德明的《经典释文》,孔颖达等的《五经正义》。尤其是《五经正义》乃经学上的一大结集,后来在此基础上陆续增为《十三经注疏》。至于史学方面的著述,如《晋书》、《梁书》、《陈书》、《北齐书》、《周书》、《南史》、《北史》、《隋书》等均为唐初所撰,但主要也多是承袭南北朝人的遗绪。

钱穆强调,在唐代,儒学除经史之学以外,却另有一番转进。他所理解的转进,与前时期所谓的扩大稍有不同。就是说,唐代儒学的新贡献,在于能把儒学与文学汇合,从此在经史之学以外,儒学范围内又包进了文学一门。儒学发展到唐代,先后包容了经、史、子、集之学,为宋代以后儒学进入综汇期打下了基础。

第五个时期是儒学的综汇期与别出期,指宋、元、明儒学。所谓综汇,是指这个时期儒学综通两汉、魏晋南北朝下迄隋唐经史文学,或以儒统摄经史子集之学,经史子集之学包容在儒学范围内。北宋诸儒,如胡瑗、孙复、石介、徐积、范仲淹等具有综汇的特点。他们都能在教育师道、经史文学诸方面兼通汇合,创造出儒学发展史上的一番新气象。他们学问的路向虽有差别,但不超过经史文学范围,只是侧重点不同而已。如王安石偏重经学,司马光偏重史学,欧阳修偏重文学等等。其中不少人在政治上颇有作为。

所谓别出,是指另有一种新儒出现,即别出儒,以区别于上述所说的综汇儒。如周敦颐、张载、程颢和程颐兄弟诸儒。他们与综汇儒不同,他们都不大喜欢作诗文,似乎对文学颇为轻视,也不太注意史学。在经学方面,对两汉以后诸儒治经的功绩,他们都不重视,只看重心性、修养工夫。他们所学所创,后人又称理学。就两汉以后的儒学大传统而言,宋代理学诸儒可以说是儒学中的别出派。到了南宋朱子后起,儒学发生了又一次转变。朱熹是中国学术史上杰出的通儒,在这方面可以说是承续北宋欧阳修一派综汇之儒一脉而来。朱子之学,可以说是欲以综汇之功而完成其别出之大业者,即想使理学的别出回归于北宋综汇诸儒。朱熹有两个反对者,一是吕东莱的史学,另一是陆象山的心学。在钱穆看来,陆象山的心学可以说是别出中的别出者。如果说周敦颐、张载、二程兄弟是别出之儒,那么陆象山则是别出儒之别出儒了。但以后儒学朱子一派得势,他们兼通经史文学,继续北宋综汇诸儒的思想。

近代学人讲儒学史时,往往忽略了两个时代,一为魏晋南北朝,另一为元代。钱穆则不同,不仅强调了魏晋南北朝时期的儒学特色(如上所述),而且也突出了元代儒学的贡献之处。元代讲经史之学主要继承朱熹的思想,成就可观。朱子的《四书章句集注》自元代起成为科举必读之书。明代开国的政治、经济、文化等都渊源于元代,好像隋唐的盛运渊源于南北朝一样。中国儒学在衰乱之世仍然能够守先待后,开启新的一代,显现出它的重要作用,这是中国文化与中国儒学的特殊伟大精神的作用。

钱穆把明代初期与唐代初期进行比较,认为两者有相似之处。明儒有《五经四书性理大全》,正如唐初有《五经正义》。这是根据元代朱子学说传衍而来,此后也成为明代科举的教科书。明初过后,儒学不能急速进行新创造,经学不见蓬勃发展,史学方面对于新史的撰述也很少见。明代与唐代的兴趣多着眼于事功上。明代文学所倡导的是秦汉的文学,在诗的方面拟古主义盛行,他们没有把握到唐代杜甫、韩愈以后的儒学纳入了诗文之一趋势。论及理学,自然以王阳明为主。陆象山之学是理学中之别出,而王阳明则可以说是别出儒中最登峰造极的人物。在钱穆看来,从宋代理学,尤其是二程、陆象山到王阳明,使儒学别出又别出,别出得不能再别出了。工夫论上则易简再易简,易简得不能再易简了。最后发展到王学末流,明代的儒学与明代的政治一样终结了。

第六个时期是清代儒学的综汇期与别出期。钱穆尽管也把这一时期的儒学发展称为综汇与别出,从名称上与第五期儒学相同,但其内容不同。最先如晚明三大儒顾亭林、黄梨洲、王船山,都又走上经史文学兼通并重即北宋综汇诸儒之路,成为一代博通大儒。这三个人中,顾亭林大体本程朱,主要是朱熹路向;王船山在理学方面虽然有不同程朱而尊张载之处,但为学路向还是朱子遗统;黄宗羲宗王阳明,但他的学术与王船山、顾亭林一样,主张多读书,博通经史,注重文学。他们三人大同小异,与北宋综汇儒属一路。当时儒学贡献是多方面的。如史学方面:其一,学术史与人物,清儒的碑传集,是一种创造新文体;其二,章学诚所提倡的方志学,这是历史中的地方史或社会史。在经学上,从顾亭林到乾嘉盛世的戴东原,此时经学之盛如日中天。但最先是由儒学治经学,其后则渐渐离开儒学而经学成为别出,又其后则渐渐离开经学而考据成为别出,这是清儒经学三大转变。宋代别出儒只尊孟子,此下即直接伊洛。清代别出之儒只尊"六经",从许慎、郑玄以下直接清儒。到了晚清今文学公羊派,可谓登峰造极,在"五经"中只尊《春秋》,在三传中只尊《公羊》,可以说是别出中的别出了。

钱穆关于儒学的分期及其所持的标准颇具特色。他显然认为儒学一直在不断发展和扩大之中,并不仅仅限于心性之学或者考据之学的范围之内,而是在社会政事、经史博古、文章子集的各方面沿着先秦儒的博大范围扩张。他把贯通与综汇作为正潮,而所谓"别出",是在某一方面突破性的发展。"别出"也很重要,无论是向"心性"还是向"考据"方面"别出",实际上都丰富了儒学的内容,最终也融入扩大与综汇的大潮。因此,钱氏所谓儒学史上的别出与综汇是相互联系的,别出的是综汇基础上的别出,又以一定的综汇为归宿。他没有把儒学狭隘化、简单化。儒学所以成为中国文化的主潮,是由儒学的基本精神、广博范围、历史发展客观地确立的,而不是什么人的一厢情愿。因此,某些儒家文化的攻之者与辩之者,其实都把儒学简单化了,都把儒学的范围缩小了,都把中国社会与中国历史的发展抽象化了。儒学是几千年中国人的生活方式、行为方式、思维方式、情感方式和价值取向的结晶,不是某人、某派的主观意向或情感所确定的。钱穆坚持的儒学的大传统或中国历史文化的大传统,不是孤立狭窄、单线、片面的,因此他没有门户之见。

钱穆既肯定了儒学的博大范围,又肯定了其心性内核。他认为,儒学是开放的,它吸取、融会了诸子百家(尤其是道家)和外来的佛学,宋明学术即是显例。钱穆关于宋明学术及宋学汉学关系的多层面、多维度的探讨,取得了令人瞩目的多种成果。他关于"不知宋学,则无以平汉宋之是非";"汉学诸家之高下浅深,亦往往视其所得于宋学之高下浅深以为判"①等等结论,都是精彩绝伦的不易之论。

钱穆肯定心性学说是中国学术的"大宗纲",治平事业是中国学术的"大厚本"。他说,中国历史的传统理想是由政治领导社会,由学术领导政治,而学术起于社会下层,不受政府控制。如前所述,这种以人为主,重视人在社会中地位的人本主义精神,蕴含有宗教精神并代替了宗教的功能。中国学术可分为两大纲。"一是心性之学,一是治平之学。心性之学亦可说是德性之学,即正心、诚意之学,此属人生修养性情、陶冶人格方面";"治平之学,亦可称为史学,这与心性之学同样是一种实践之学。但我们也可说心性学是属于修养的,史学与治平之学则是属于实践的。具备了某项心理修养,便得投入人群中求实践。亦贵能投入人群中去实践,来作心性修养工夫。此两大纲,交相为用,可分而不可分。"②

钱穆认为,儒学的真生命、真精神,是推动我们民族及其历史文化发展壮大,克服黑暗,走上光明的原动力,即"生力"。五四以来,很多人把"生力"视为"阻力",视为"包袱"。他批评了毁谤传统儒学精神的思潮是"过激主义"或"过激思想",认为此一思潮"失其正趋","愈易传播流行,愈易趋向极端"。③他屡屡驳斥这一思潮对本国历史的无知和歪曲。例如,笼统地以所谓"封建"概括中国传统社会,以"专制"概括古代政治体制,说"中国比西方落后一个历史阶段"云云,基本上是"袭取他人之格套,强我以必就其范围","蔑视

---

① 钱穆:《中国近三百年学术史》,《钱宾四先生全集》第十六卷,台北联经出版事业有限公司 1998 年版,第 1—2 页。

② 钱穆:《中国历史研究法》,《钱宾四先生全集》第三十八卷,台北联经出版事业有限公司 1998 年版,第 87 页。

③ 参见罗义俊:《钱穆对新文化运动的省察疏要》,《现代新儒学研究论集》(二),中国社会科学出版社 1991 年版。

文化之个性"。他又说:"汉武帝表彰六经,罢黜百家,从此学术定于一尊。此说若经细论,殊属非是。""常有人以为,中国历代帝王利用儒家思想,作为其对人民专制统治的工具。此说更属荒谬。"①钱氏以历史事实驳斥了诸如此类似是而非之论。

儒家学说,不仅是天、地、人、物、我协调发展的理论,不仅有助于保护人类生存的生态环境,而且在人文沉沦的今天,有助于解决人的精神安顿与终极关怀的问题。现代人的心灵缺乏滋养,人们的生命缺乏寄托。而现代化的科技文明并不能代替现代人思考生命与死亡等等的意义和价值的问题。儒学,特别是仁与诚的形上本体论与宇宙论、心性论、人伦关系论、理想人格论、身心修养论、人生价值论等,可以扩大我们的精神空间,避免价值的单元化和平面化,避免西方"现代性"所预设的价值目标的片面性,批判工具理性的恶性膨胀。儒学的安身立命之道可以丰富我们的人生,提升我们的人格,活化性灵,解脱烦恼,缓冲内心的紧张,超越物欲的执着,复活人文理想的追求,使人真正过着人的生活。儒家精神对 21 世纪社会和人生,肯定会起着越来越大的作用。

儒学的生命力仍在民间。儒学本来就具有平民性格,是民间学术。几千年来,它代表着社会的良知,担当着社会的道义,以道统,即以其"领导精神",制约、指导着政统与治统。其依托或挂搭处则是民间自由讲学。随着我国工商现代化的发展,民间书院、民间研究所、民间同人刊物的兴盛已是必然的趋势。儒学一定能适应现代生活的发展,返回于民间,扎根于民间。今天,我们亦需要作类似于由"五经"传统向"四书"传统转移那样的努力。儒学精神的现代转化一定会取得成功。

第四节　钱穆国学研究的贡献与价值

众所周知,通儒是一种理想的境界,不是人人都能达到的,但一个时代总有少数人被推尊为通儒。凡是称得上通儒的都是能破门户之见的学人。钱穆

---

①　钱穆:《中国历史研究法》,《钱宾四先生全集》第三十八卷,台北联经出版事业有限公司1998 年版,第 92 页。

本人就是20世纪国学界的一位通儒,经史子集无不涉猎,而且各有深入。

钱穆最初从文学入手,然后治集部,后转入理学,再从理学反溯至经学、子学,然后顺理成章进入清代考据学。清代经学专尚考据,所谓从训诂明义理,以孔孟还之孔孟,其实是经学的史学化。所以钱穆的最后归属在史学。在解决经学上的今古文之争、先秦诸子师友渊源与流变统一、宋明理学与清代学术关系等一些学术问题时,他都依于史学立场,而为经学、子学、理学、清学显真是。就是说,他无论研究经学、子学、理学,还是清学,均站在史学立场。史学立场为他提供了一个超越观点,使他贯通诸学,博采众长,以平等心观照中国学术史,作出许多创造性的贡献。

20世纪是我国传统精神资源饱受摧残的世纪。反传统主义甚嚣尘上,民族文化被视为现代化的绊脚石。不加分析地毁辱传统,极大地伤害了民族精神之根。在这种潮流面前,钱穆以诲人不倦、著述不倦的一生,以整个的身心、全部的生命,捍卫、弘扬我们中华民族历史文化传统的精华,抗拒着工业化、商业化的现代社会对人性的肢解,抗拒着欧风美雨狂飚突进时代所造成的民族文化生命的衰亡。

钱穆倡导对中华民族历史文化传统满怀"温情与敬意"的态度,反对偏颇的民族虚无主义。他主张吸收、融合世界各国文化新精神以求"变"求"新",同时致力于发掘中国文化系统的独特性,对中国文化的生命力抱着无比坚定的信心。他致力于重建中华人文精神,重建中国人对中华民族的感情和对中国历史的尊重,坚信中国文化调整和更新的动力必定源自自身文化系统的内部。钱穆的生命是与民族历史文化的生命血肉相联的。他的生命洋溢着强烈的责任感和使命感,以民族文化的振兴为己任。

儒学是我们民族精神的主干。钱穆不仅在先秦、汉唐、宋明、近世儒学的各领域中,造诣甚深,创见迭出,是20世纪中国对儒学思想发展史研究作出了重大贡献的大师,而且也是在20世纪坚持、捍卫儒学基本价值、基本精神,推动儒学创造性发展的不可多得的健将。就广义的新儒学阵营而言,钱穆无疑是其中的巨擘。他一再以自己的思想和实践,呼唤一种新的儒学,来为现代中国社会重塑人生理想和人格境界。

钱穆一生把为学与做人紧密地结合起来,更强调如何做人,首先是如何做一个堂堂正正的中国人。他的一生大半是在中华民族危亡和中国文化日渐衰弱的年代中度过的。他不辞辛劳地讲学、办学、教书育人、著书立说，把全部的爱心、全部的情感、全部的智慧、全部的生命都奉献给了中华民族的文化伟业。

他的著作的字里行间浸透了血和泪，浸透了深厚的民族悲情和历史意识，充满了对过去的思念与敬意，对未来的企盼与信心。面对 20 世纪中国文化的困境，即价值系统的崩溃、意义结构的解体、自我意识的丧失、精神世界的危机，钱穆生命的呼应与存在的实感，化成他的学问、业绩、演讲、著作，苦心孤诣，感天撼地。在他晚年出版的《新亚遗铎》中，尤其是在他的晚年定论和临终遗言中，对"天人合一"最终彻悟。[①] 这种信念和诉求，可以说充盈于内外，化成了他的身心性命。他的学问与他的生命浑成一体！

儒学在现代社会的创造性转化有助于促进自然、社会、人生协调和谐地发展，克服民族及人类素质的贫弱化和族类本己性的消解。一个人，一个族类，必然有自己的精神根源与根据，必然有自己终极的信念信仰。儒学资源是 21 世纪中国与世界重要的精神食粮。

---

① 参见《钱穆先生最后的心声——中国文化对人类未来可有的贡献》，见《中国文化》第 4 期，1991 年 8 月。

第六章　张君劢的哲学系统

张君劢(1887—1969),名嘉森,字君劢,一字士林,上海宝山人,20世纪中国著名的思想家,现代新儒家的代表人物之一,一生追求宪政民主建国,因为在《中华民国宪法》的起草和创制中的关键作用而被尊为"中国民国宪法之父"。张氏早年曾留学日本、德国,学习政治经济。1918年陪同梁启超巡游欧洲,期间对德国哲学家倭伊铿(Rudolf Eucken,1846—1926)一见倾心,并追随倭氏学习哲学,同时精研德国魏玛宪法,是为其人生的一大转折。① 1922年撰《国是会议宪草》;1923年挑起著名的"科玄论战"。30年代曾著《立国之道》(又名《政制与法制》),主张修正的民主政治。40年代,著有《中华民国民主宪法十讲》,试图沟通宪政与德性。1949年之后,张君劢寓居海外,着力阐扬儒家传统,沟通中西文化,主张仁智双彰,代表作有研究宋、元、明、清理学的《新儒家思想史》。

纵观张君劢的学思历程,其关注的主要问题是宪政与道德,但是细按下去,其实晚年②的张君劢哲学非常注重道德与知识的并重,这从他回归与推崇康德这一点可以看出来。这让我们想到现代新儒家的另一位代表人物牟宗三,牟氏更是以康德哲学来诠释儒家称著。张、牟两人均推崇康德哲学殆非偶然,其原因则是由于康德哲学主张理论理性与实践理性之全面发展,并以实践

---

① 参见张君劢:《义理学十讲纲要》,中国人民大学出版社2006年版,第176页。

② 据江日新的研究,早在科玄论战时,张君劢就已有道德与知识二者并重的想法,张君劢并不是反科学的玄学鬼,而是对"科学性"有相当深刻的理解,并对本国科学的发展有长远的规划。(参见江日新:《儒家思想与现代世界:"民族复兴之学术基础"的寻求——张君劢的科学概念与研究政策》,载陈明、朱汉民主编:《原道》第七辑,贵州人民出版社2002年版。)

理性为优先,这与儒家主张仁智双彰而仁主智辅的宗旨不谋而合。牟氏曾概括现代新儒家的使命是道统、学统、政统三统并建,具体即道德宗教及文制、知识及其基本精神与特性、民主政治及其基本精神与价值三个部门之疏导与反省。① 张君劢致力于宪政思想研究,反省其背后的哲学基础,同时,注重道德与知识并重,反省其主体根据,这即是一道学政三统并建的立场。需要说明的是,在行文安排上,虽然"宪政思想"与"理学再创"两点可以对应其政统与道统,但是"比较哲学"部分却并不能严格对应其学统——至少不能对应"狭义认识论",而就其在道德与知识两领域中的先验主义立场而言,或许我们可以视之为"广义认识论"。

第一节　宪政思想

张君劢的宪政思想经历了一发展、变化与丰富、明晰的复杂过程,然而其根本原则,虽经苏俄极权与德、意法西斯独裁,而未曾动摇,此根本原则即其民主政治的主张。② 就思想谱系而言,张氏既有英美的政治思想传统,也有德国的渊源,并有折中两者而一之的特征。

一、"修正的民主政治"

20 世纪 30 年代,张君劢提出了"修正的民主政治",试图在国家权力与人民自由之间寻找更好的平衡点。从现实需要来看,这是鉴于国内国外的形势,即抗战的需要,政府效率之提升,使政府与人民互不妨碍。翁贺凯也说,这只是应急之制,是对当时英美民主国家"危机政府"的借鉴,而整体上并未偏离宪政民主的常轨。③ 从历史经验来看,这是鉴于苏俄与意、德左右两种新集团主义(Neo-totalitarianism)之大反动,而欲"求一两得其平之法,即政府不因议

---

① 参见牟宗三:《道德的理想主义》,《牟宗三先生全集》9,台北联经出版事业有限公司 2003 年版,第 196—197 页。

② 参见张君劢:《新版序》,《政制与法制》,清华大学出版社 2008 年版,第 6 页。

③ 参见翁贺凯:《现代中国的自由民族主义——张君劢民族建国思想评传》,法律出版社 2009 年版,第 64 页。

会而动摇,议会不因其权力之过度而自取灭亡"。① 正如高力克所说,张君劢"紧扣自由与权力的矛盾,反思自由主义与极权主义颉颃递嬗的历史逻辑以及中国现代化的现实困境,其新民主方案旨在修正议会政治的自由过度之病,以行政集权矫正议会民主制之效能阙失"②。因此,所谓"修正"并非要走向极权或独裁,而是为了更好地保护民主政治的稳定性与质量。而从学理上看,这种修正主张则未尝不是调和英美与欧陆传统的表现。张氏比较欧陆理性主义的国家观(主要是黑格尔的国家观)与英国经验主义的国家观,即一体的国家观与作为人民对立面而需要监督的国家观,认为不必附和英美人的观点,即不能将世界大战的责任归咎于黑格尔,而应该考虑到 19 世纪德国建国的背景。③ 后面,我们还会看到,在实践的层面,黑格尔的国家观对张君劢宪政思想亦造成很大的影响。

其实,我们还可以把这看成是张君劢之前的宪政思想受到的一次重大考验,因为比较前后,正可以看出,张氏的宪政思想之最本质的、不可缺少的核心部分到底何在。"自民约论起至欧战之日为止,大家认定宪法政治下的不可少的条件是:第一,民主国家必须有宪法,宪法上规定如主权属于人民全体,国家各机关之组织及权限,人民行使权力与政府主持大计,非有宪法上之根据或先例不可,否则便是违法。……第二,有所谓三权分立的原则。……第三,有所谓立法事项,规定于宪法中,为民主国家保护人民权利之重要方法。"张氏之所以特别标出这三个条件,是因为它们"实为民主政治之基本所在,经陆克(按即洛克)、孟德斯鸠等人之鼓吹与人民之要求,始为各国宪法所采纳。到了一九一七年苏俄十月革命以后,把这三点完全打破了。……苏俄、德、意等国今日未尝无所谓宪法,但人民主权行使与其基本权利之享有,可谓全无保障。……简言之,从独裁政治盛行以来,其蓄意破坏者即为三权分立之原则,为立法事项之形式的或实质的废止,此两者之被破坏,亦即是苏俄等国宪法与

---

①　张君劢:《政制与法制》,清华大学出版社 2008 年版,第 92 页。

②　高力克:《一个超越左右的现代性方案——张君劢的"立国之道"》,《华东师范大学学报》2012 年第 2 期。

③　参见张君劢:《黑格尔之哲学系统与国家观》,《民族复兴之学术基础》,中国人民大学出版社 2006 年版,第 143 页。

英法等国宪法根本性质上之不同处"①。由此可见,民主政治之关键在分权制衡以保障人权、宪法。这就是张君劢宪政思想的根本原则,虽经欧战与苏俄、意、德之大反动,亦未曾改变。

二、人权为宪政之基

到 20 世纪 40 年代,经历过两次世界大战与政局的风云变幻,张君劢进一步肯定人权为宪政的基础。"鸦片战争后,欧洲国家踏进我们国土,我们最初所认识的是船坚炮利,最后乃知道近代国家的基础在立宪政治,在民主政治,在以人权为基础的政治。"②这是对历史的回顾,而针对当下正在发生的政治灾难,张氏又说:"就拿人身自由来说,假定政府能随便拘人投于囹圄之中,那么就等于一切人皆丧失自由,谁敢再来对政府有所批评或有所争执。从这一点来说,可以看出人权运动实在是民主政治最重要的基础,因为没有人权,就没有民主政治了。……没有人权,就没有民主政治,素以欧洲各国的宪法上没有不规定人民权利如何如何的条文,可见人权保障,实在是民主政治的基础。"现实中的反面例子则是苏俄与意、德,他们让"大家因此恍然大悟,知道要谈民主,不能离人权。离了人权,就成为共产主义或法西斯主义的独裁"③。

那么,张君劢是如何来界定"人权"的内涵的呢?"到底所谓'人权',其意义何在? 既称为国家,大权操之于国家之手,人民对于政府,不能不服从其命令。但国家无论何种命令,是不是人民都应该服从呢?……孟子尝云:'君之视臣如土芥,则臣视君如寇仇。'……可见国家对于人民,无论权力怎么强大,总要划定一个范围,说这是你的命,这是你的财产,这是你的思想和你的行动范围。在这个范围内,便是各个人民天生的与不能移让的权利。在这范围内,

---

① 张君劢:《政制与法制》,清华大学出版社 2008 年版,第 62—63 页。

② 张君劢:《中华民国民主宪法十讲》,《宪政之道》,清华大学出版社 2006 年版,第136 页。

③ 张君劢:《中华民国民主宪法十讲》,《宪政之道》,清华大学出版社 2006 年版,第 137、156 页。

国家是不能随便干涉强制的。在这范围内，各个人所享有的权利，便叫人权。"①这揭示了生命、思想、财产等基本"人权"的先天性，不可让渡性。更进一步追溯其哲学基础，"所谓人权的意义，在哲学上看即是康德所谓拿人当目的，不拿人当手段、工具，也就是说人类有其独立的人格，政府应待其人民为有人格之人民，不待之如奴隶"②。张君劢的这一说法使得其"人权"概念具有了伦理学意义，因为"人是目的本身"正是康德自律伦理学的口号。同时，张君劢已通过人权而将宪政引向了人的意义世界，宪政成了一种生活方式，从而看到了宪政与德性的关系。③ 其实，按照康德的"法权论"，"定言令式"如果不涉及其动机、存心，那他就是"法权"。④ 康德关于道德与法权关系的思考为我们厘清两者关系提供了一个很好的视角。⑤ 可惜张君劢未能注意到康德法权论，从而未能接引康德哲学这方面的资源，用以对儒家伦理学进行创造性的转化。

三、道德与宪政

当然，上面所论都只是理论上的，尚不是实践的，孟子云："徒善不足以为政，徒法不能以自行。"⑥张君劢的宪政思想不但涉及客观的理论，也涉及我们主体的品质，亦即其实践的方面，并在这里再次建立起了道德与宪政之间的联系。我们前面提到，张君劢受黑格尔的启发很大，他评论黑格尔的国家说："黑氏持国家一体与有机体之说，故于宪法之出于人为而不出于自然长成者，

---

① 张君劢：《中华民国民主宪法十讲》，《宪政之道》，清华大学出版社 2006 年版，第 156—157 页。

② 张君劢：《民主政治的哲学基础》，载《中西印哲学文集》（上），台湾学生书局 1981 年版，第 247 页。

③ 参见王本存：《宪政与德性——张君劢宪政思想研究》，重庆大学 2007 届博士学位论文，第 153 页。

④ 康德：《道德形而上学体系》，李秋零主编：《康德著作全集》第六卷，中国人民大学出版社 2007 年版，第 237—239 页。

⑤ 李明辉注意到康德这一观点对儒家从伦理学到法权进行创造性转化的启示，并将之概括为"不即不离"的关系。（参见李明辉：《儒家视野下的政治思想》，北京大学出版社 2005 年版，第 38—43 页。）

⑥ （清）阮元校刻：《孟子注疏》卷七上，《十三经注疏》，中华书局影印、中华书局 1980 年版，第 2717 页。

以为必不能持久,盖各民族有其民族精神与民族历史,斯宪法应之而生,若视宪法为可以一朝制就者,则其法之宜否,实为一大问题。……宪法之保障,在于民族之总精神,即民族能自知自觉此宪法之必要者,则宪法乃能推行,可知宪法之为物,非若机器之可以一朝采办,实与民族之知识与道德,有不可离之关系矣。"①在实践的维度中,政制的创建关涉到了道德与知识,这正是黑格尔的洞见与对张君劢的启示。很不幸的是,我们国家的宪法虽然早已制定,但因为它的制定者并非真正的民意代表——先觉的知识分子不能算民选代表,而人民的权利意识也不明确,所以在 20 世纪上半叶,宪法一直没起到它应有的作用。

在个人层面,张君劢强调"权利意识"的重要性,在他看来,"要宪法靠得住,就要看人民对宪政的警觉性如何。譬如说有人被政府逮捕了去,人民一定要用一种方法使他放出来,或者使政府下一次不敢非法逮捕。……假定人民对自己的权利及政府的不法横行,一切淡然处之,不以为意;人民的心理如此,宪法是决不会有保障的。……人民对于他的权利的警觉性,乃是宪政的第一块基石"②。如果我们回顾英国《大宪章》的签订历史,就更能明白权利是要靠自己去争取的,这样宪法才不是一纸空文。

此外,张君劢还强调社会精英对整个民族精神的塑造作用,对宪政民主的独特作用。"一个个的政治家的善良操守,构成其集体的道德——或曰国家道德。"③在他看来,这种宪政追求超越了我们日常生活的利害计较,能够担当此种建制的使命者必定其自身先有超越的追求方可。"此政治上之衣食住,靠争衣争食争住来解决它呢,还是大家放松一步,先将上台下台规条解决一下,而全国衣食自在其中呢? ……总之,将争执问题,暂且阁下,而先定今后互相信守之法,此则政治上之唯一办法。而此种办法,决不能望之于争鸡虫得失之人,而端赖乎特立独行之人。换言之,将一身衣食住打算者,决不能与言新

---

① 张君劢:《黑格尔之哲学系统及其国家哲学历史哲学》,《民族复兴之学术基础》,中国人民大学出版社 2006 年版,第 158 页。

② 张君劢:《中华民国民主宪法十讲》,《宪政之道》,清华大学出版社 2006 年版,第 142—143 页。

③ 张君劢:《政制与法制》,清华大学出版社 2008 年版,第 24 页。

政治。何也？说到衣食住,就要打算盘,而政治决不是打算盘的人所担任的。所以我主张政法上的问题,要超脱衣食住以上去解决它,这就是我的政法上的唯心主义。"①像对人权、法律、正义等价值的追求,的确超出我们的现实利益或私利,而是代表一种公利。张氏这种"政法上的唯心主义"不但是德国政治哲学的体现,也是我国政治文化中重视"人"的传统的现代延续。

四、传统儒家与宪政

晚年的张君劢曾撰《新儒家政治哲学》一文,以传统儒家的政治资源来接引民主宪政思想,使后者于本土能够生根发芽。一方面,不同于梁启超以西方权利说为害,张氏主张孝悌慈爱与度量分界并立:"荀子早知德之一端不足致治,乃倡礼义之说以代之。力言争端之不免,而应有度量分界。此与西方之以法律规定各人权利之界者,最为相似。"并列举《孟子》和《明夷待访录》文本中与现代民主宪政精神相似的证据五种:革命权利、重视民意、民选、言论自由、天下为公。② 值得一提的是,张君劢甚至还注意到了儒家传统对西方启蒙思想、人权学说的影响。③ 他以此说明,儒家传统确实与民主宪政有相通之处。但另一方面,张氏也曾撰《中国专制君主政制之评议》,批判钱穆美化中国传统政治,忽视"权力"这一政治哲学中的根本概念,从而不能正视"君主专制"问题。④ 由此可见张氏视野之广,现代性意识之强,以及对于中西政治哲学传统用力之深与研究态度之客观。

第二节　比较哲学

"比较哲学"是不同哲学文化交流的早期形式,就本土经验而言,如佛教

---

① 张君劢:《中华民国民主宪法十讲》,《宪政之道》,清华大学出版社 2006 年版,第340页。

② 参见张君劢:《新儒家政治哲学》,《儒家哲学之复兴》,中国人民大学出版社 2006 年版,第 136、144—147 页。

③ 参见张君劢:《新儒家政治哲学》,《儒家哲学之复兴》,中国人民大学出版社 2006 年版,第 140 页。

④ 参见张君劢:《中国专制君主政制之评议》,台北弘文馆出版社 1986 年版,第 4—10、18 页。

来华,中国学者以道家有无之说"格义"佛家空色之说,再如近现代以来的以西方哲学术语"格义"、"逆格义"或"反向格义"中国哲学。① 张君劢深谙儒家,并且勤于引进西方哲学,"就介绍西方哲学家与哲学流派之多而言,在现代中国哲学家中很少有人能与他相提并论"②。他的这种开放的态度与时代背景决定了他的比较哲学是个重要环节。

一、比较哲学方法论

张君劢对待中西哲学传统,尽量保持一个客观平情的态度,并能够同中见异,异中见同。他一方面反对独立于世界一般哲学之外来研究中国哲学的做法③,另一方面又主张要根据自己的需要来融通中西方哲学,以形成一种新的多元局面,所谓"自力更生中之多形结构"④。我们说,"中国哲学"最初是以"逆格义"的方式下建立的,如谢无量、胡适之与冯友兰的"中国哲学史",然而张君劢批判他们"以西律中"、削足适履,所以张氏特别注意区分中西哲学的特质:"第一,吾国哲学家意在于求善,其所祈向者为一种价值论。……西方哲人所致力者为求真,为认识论。……第二,吾国哲人富于理性,少谈信仰。……因此养成吾国学者之传统,或重义理或事考证。……然在吾国哲学理论背后,亦有一种信念,如孔子云'朝闻道,夕死可矣。'……可名之曰理性的信念(rational conviction)。"⑤张氏明确表示儒家并非宗教:"所谓宗教之要素,不外乎四:(一)信仰,……(二)主宰,耶教以上帝为世界惟一之造物主,不容有他神在旁,故名曰一身,……(三)仪式,……(四)来生,……此四者,求之于孔子教义中,可谓无一而具。"⑥但是,如果我们比较一下他与当代新儒家其

　　① 参见袁保新:《知识与智能——百年来西学东渐对中国哲学的冲击与影响》,《世界哲学》2002年增刊;林安梧:《对于船山哲学几个问题之深层反思——从劳思光对船山哲学的误解说起》,《船山学刊》2003年第4期;刘笑敢:《"反向格义"与中国哲学的困境——以老子之道德诠释为例》,《南京大学学报》2006年第2期。

　　② 郑大华:《论张君劢对西学东传的贡献》,《中国文化研究》2009年第2期。

　　③ 参见张君劢:《中国专制君主政制之评议》,台北弘文馆出版社1986年版,第9页。

　　④ 张君劢:《自序》,《儒家哲学之复兴》,中国人民大学出版社2006年版。

　　⑤ 张君劢:《中华民族精神——气节》,《儒家哲学之复兴》,中国人民大学出版社2006年版,第169页。

　　⑥ 张君劢:《义理学十讲纲要》,中国人民大学出版社2006年版,第8页。

他学者如牟宗三的看法①,则可知,张氏的看法有可商量处,这不在其对儒家的特质之判断,即"理性的信念",而在其对宗教的界定,即以基督教与佛教为范例的定义。

毋庸讳言,注意差异是建构"中国哲学"与比较哲学的前提,但比较之所以能发生则需要有共同点,张君劢认为"虽然东西哲学之间的鸿沟似乎很大,却也有某些共同的特质。哲学终究是期图对人生和宇宙的了悟。因此,途径上容有不同,目的却是一样的"②。具体如孔子与柏拉图虽然议论方式不一样,但所论题材皆为人事则无二致。③　当然,中西哲学的可通约处不只于此,下面我们将展示张氏的更多面向。

二、比较哲学视野下的广义认识论

张君劢的比较哲学可以追溯到其 1923 年的"科玄论战"。最初科玄之异只是西方哲学内部的分工而已,后来对应于本土传统学问则是汉宋之争。因此,张氏说:"然吾确认三重网罗实为人类前途莫大之危险,而尤觉内生活修养之说不可不竭力提倡,于是汉学宋学之得失问题以起。……同为理学之中,而又有朱子、陆王之分。窃尝考之学术史上之公案,其与此相类者,莫若欧洲哲学史上经验派理性派,或曰唯心派唯物派之争。"④如此,科玄论战就有了比较哲学的意义,而道德与知识的关系问题则成为焦点所在。在本书看来,这也是一场包含道德与知识于内的"广义认识论"之争。

在后来的思想发展中,张君劢认为中西哲学"都追求永恒真理,无论是伦理方面或理论知识方面——这种永恒真理在感官上是无法发现的,只有从思想或心灵中才可发现。"⑤为此,他比较康德与孟子说:"现代哲学中康德氏两

---

①　牟宗三认为儒家是"道德的宗教"与"内信内仰"。(参见牟宗三:《心体与性体》(一),《牟宗三先生全集》5,台北联经出版事业有限公司 2003 年版,第 6—8 页。)

②　张君劢:《新儒学思想史》,中国人民大学出版社 2006 年版,第 12 页。

③　参见张君劢:《儒家哲学在历史中之变迁》,《儒家哲学之复兴》,中国人民大学出版社 2006 年版,第 15 页。

④　张君劢:《再论人生观与科学并答丁在君》,《科学与人生观》(一),辽宁教育出版社 1998 年版,第 103、104 页。

⑤　张君劢:《新儒学思想史》,中国人民大学出版社 2006 年版,第 18 页。

大著作,其《实行(践)理性》中之道德论与《纯粹理性》中之超验综合说,一则名之曰断言命令,一则出于心之自动。康氏此项学说使吾人恍然于西方现代哲学虽以近代所发明之科学知识为背景,然其基础初不外乎儒家所谓'心之所同然'之义理。唯'心之所同然'实现于理论方面,乃有康氏之十二范畴,唯'心之所同然'实现于是非善恶之判断,乃有康氏所谓良心。"①在张氏看来,孟子虽然没有认识论,但是他在道德上的先验主义立场必定会让他支持康德在认识论中的先验主义,即如果孟子要是在现代,必定会赞成先验主义的认识论。

当然,两种哲学传统中也都有理性主义与经验主义之争:"现代欧洲哲学以认识为主题,……然认识论中之两派,一曰理性派,二曰经验派,此两派一以理性为主,与孟子所谓人心之同然同,一以五官感觉为主,与荀子所谓五官当薄之言接近。"②孟荀分别代表理性派与经验派。经过比决衡量,在广义认识论上,张君劢本人亦持一种先验主义的立场。他认为:理性派长于数学、逻辑与道德学,而经验派则善于自然科学,此两派不可互排而当互取,孟荀传统亦然。内在德性则以阳明为是,外在物理则以朱子为是。在这样的分判之下,张氏明确表达其哲学系统:"是为唯实的唯心主义。我之系统中,以万物之有为前提,而其论心之所以认识与万物之所以建立,则以心之综合与精神之运行为归宿。"并说:"我知我之思想自有一根骨干,而以唯心论为本,兼采唯实论之长。"③张汝伦评论说:"张君劢的实在论不是建立在主客体二分基础上的西方近代实在论,而是融合了古代中国和古代希腊万物一体思想的实在论。"④就思想资源而言,这个判断比较公允;但是当张君劢强调其哲学以"万物之有为前提"时,他岂非承认"心外有物",他的哲学系统岂非是基于主客而分? 因为若要真正先于主客二分而建立其哲学系统,则须先论心物未分时是何模样,而

① 张君劢:《儒家哲学在历史中之变迁》,《儒家哲学之复兴》,中国人民大学出版社 2006 年版,第 15 页。

② 张君劢:《儒家哲学在历史中之变迁》,《儒家哲学之复兴》,中国人民大学出版社 2006 年版,第 2 页。

③ 张君劢:《新儒家哲学之基本范畴》,《儒家哲学之复兴》,中国人民大学出版社 2006 年版,第 93—99 页。

④ 张汝伦:《张君劢与哲学》,《杭州师范大学学报》2013 年第 6 期。

非既分之后,再论心具备哪些认知的先验条件。

三、比较道德哲学

就道德哲学而言,张君劢认为,儒家伦理讲求义利之辨、排除私欲,与康德伦理学最近,而且对于康德伦理学的三项表达公式,即绝对命令(categorical imperative)之为普遍法则、人是目的本身与自律自主,皆触及到了。① 对这两个传统之互诠,牟宗三有更加详密的论述,可以视为对张氏的诠释之认同、论证与发展。同时张氏还能注意到孟子与康德伦理学的同中之异:"然一则求诸心而自收同然之效,一则一人之所行期于成为自然公例。一为直接性,一为间接性;一为主观责任心,一为客观公例性。"②又云:"说明道德生活的方式有两种:康德的形式主义以及中国人所谓四端观念。康德的方法是从形式立场看这个问题,而中国人的发现则出于人生的主要事实。"③康德与儒家的出发点的确不一样,因为前者是以知识论的进路来探讨道德,因而凸显的是道德法则本身;而儒家是以直觉体验的方式来切入道德,因而凸显的是道德法则的给予者。张氏基本上准确地把握到了康德伦理学与儒家异同的几大要点,避免了削足适履的粗暴诠释。

张君劢服膺康德,不但是因为其伦理学与儒家相近,其先验主义立场与孟子及理学家接近,亦因其道德与知识并举而道德优先的立场与儒家一致。他说:"康德的哲学体系是基于两本书的:……知识是一回事,道德又是一回事。我们知道,康德的方法和儒家一样,因为康德认为道德与科学知识同等重要。我们不认为科学教我们唯一的真理;我们认为,为使人类不因科学之故而牺牲,而要使知识服务人类,则知识必须合乎道德的标准。这就是儒家从整体来衡量知识与生命的方法;这就是新儒家思想的主要方向。"④我们既不可因道

---

① 参见张君劢:《义理学十讲纲要》,中国人民大学出版社 2006 年版,第 164 页;张君劢:《新儒学思想史》,中国人民大学出版社 2006 年版,第 146、123 页。

② 张君劢:《儒家伦理学之复兴》,《儒家哲学之复兴》,中国人民大学出版社 2006 年版,第 114 页。

③ 张君劢:《新儒学思想史》,中国人民大学出版社 2006 年版,第 146 页。

④ 张君劢:《中国现代化与儒家思想复兴》,《儒家哲学之复兴》,中国人民大学出版社 2006 年版,第 73—74 页。

德而忽视知识,更不可因知识而忽视道德。因为前者,促使张氏从倭伊铿、柏格森回到康德;因为后者,张氏反省两次世界大战而亦回到康德:"然自两次大战以还,欧美人深知徒恃知识之不足以造福,或且促成世界末日,于是起而讨论科学之社会的任务。申言之,知识之用,应归于利人而非害人,则道德之价值之重要,重为世界所认识矣。……康氏二者并重,与儒家之仁智兼顾,佛教悲智双修之途辙,正相吻合。"①张君劢这一大分判并不误,他之归宗康德殆非偶然。

与张君劢仁智双彰的立场相应,张氏还主张调和朱子与阳明:"然我以为天下之理,有关于外物者,有关于内心者。其关于内心者,自然如阳明所谓'心即理也……'反是者如徐爱所问,温清定省之类,……此皆属于物理,属于智识,即程朱所谓即物穷理之工,不可少也。……申言之,今之人将朱子学说补充阳明心理一元之论,正所以使两派益臻于尽善尽美而已。"②但是,朱子外求之理并非科学知识,这是很明显的,而阳明虽然主要是向内求理,但并非不知见闻之知,反倒是朱子未能明确区分两者,而阳明能区分,并且不偏废见闻之知,只是主张要有个主次关系。因此,张君劢调和朱王的用意虽好,但却并非基于对朱王的准确了解。

四、比较政治哲学

关于政治思想方面,张君劢说:"东西政治思想之异同,可以一语别之:曰东方无国家团体观念而西方有国家团体观念是矣。惟以团体观念为本,然后知国家之为一体,其全体之表示曰总意(general will),全团体号令所自出曰主权,更有政权活动之方式曰政体,与夫本于团体目的之施为曰行政;反之,其无团体观念者,但知有国中之各种因素,如所谓土地、人民、政治,所谓君君臣臣、父父子子是矣。东方唯无团体观念故,故数千年来儒道法墨各家政治思想之内容,不外二点:曰治术,所以治民之方术也;曰行政、兵刑、铨选、赋税之条例而已。"并说:"一民族之中,其本体曰国家,其活动曰政治,因政治之目的而有

---

① 张君劢:《义理学十讲纲要》,中国人民大学出版社 2006 年版,第 154 页。
② 张君劢:《儒家伦理学之复兴》,《儒家哲学之复兴》,中国人民大学出版社 2006 年版,第 119 页。

所施设,是曰行政。秦以后之中国,但有行政制度之讨论,无所谓政治,更无所谓国家。"①张氏此一对中国传统政治哲学的判断,对牟宗三的影响很大,后者关于传统中国"但有治道而无政道"的断语即可追溯至此。② 此外,张氏亦批评中国传统政治没有强大的法治传统,儒家重视道德而忽视了法治,徒让法家驰骋于其中。③ 可以说,张君劢的比较政治哲学是从批判中国传统政治开始的。

不过,虽然传统政治哲学没有国家团体概念与较好的法治传统,但这并不说儒家思想与西方近代民主宪政思想没有可沟通之处。张君劢认为,"良以儒家学说,(一)尊重人民,(二)限制君权,此二者与民宪国家之保护人权也,议会也,责任内阁也,地方自治也,固无一而非同条共贯者矣。此所以儒家学说与民主精神之勾通,谓为本讲演注意之所在可也"④。又论黄宗羲云:"黄宗羲为孟子信徒,当然认为政治的主要目标应是维护人格尊严及公众福利。……可是,黄氏并未如欧洲卢骚及洛克之所为,建立任何方式的民主或代议政治理论。……人性尊严的观念是儒家基本原则,也是黄宗羲哲学的基本原则,他从这个观念出发,展开了对人权、良心自由、言论自由、法律之前人人平等的观念。中国人所谓道的观念很可能是欧洲人所谓自然法或自然权利观念的滥觞,如果给予适当环境的话,黄宗羲虽为儒者,也可能成为共和理性的

---

① 张君劢:《东西政治思想之比较》,《民族复兴之学术基础》,中国人民大学出版社 2006 年版,第 115、119 页。

② 牟宗三有"中国以往只有治道而无政道"的说法,并有对应到"只有吏治,而无政治"的说法。(参见牟宗三:《政道与治道》,《牟宗三先生全集》10,台北联经出版事业有限公司 2003 年版,第 1 页。)牟宗三亦有坦承:"君劢先生尝谓予言,中国以前只有吏治,而无政治。此语对吾影响甚深。"(牟宗三:《中国数十年来的政治意识——寿张君劢先生七十大庆》,载《生命的学问》,台北三民书局 2013 年版,第 51 页。)又说:"弟复与张君劢先生常来往。他常说中国只有吏治而无政治,中国是一'天下'观念,文化单位,而不是一国家单位。……西方近代之所以为近代之内容,除科学外,属于客观实践方面的,弟大都自黑氏与张君劢先生处渐得其了悟。"(牟宗三:《关于历史哲学——酬答唐君毅先生》,载《历史哲学》附录,《牟宗三先生全集》9,台北联经出版事业有限公司 2003 年版,第 458—459 页。)

③ 参见张君劢:《新儒家政治哲学》,《儒家哲学之复兴》,中国人民大学出版社 2006 年版,第 135 页。

④ 张君劢:《义理学十讲纲要》,中国人民大学出版社 2006 年版,第 54 页。

最早倡导者。"①如此，则张君劢基本上已经自觉到，传统儒家在价值方面是认同人权、民主宪政的，而在制度实践的客观形式方面尚未得到发展，或者说，有"民有"、"民享"而无"民治"思想，但虽然没有而不碍其可以有。

在比较哲学的视野里，中国哲学固然需要学习西方哲学，而这亦未尝否认西方哲学也有向中国哲学学习的必要。张君劢认为，西方哲学过分重视知识，人活在被抽象化的世界里，而存在主义(existentialism)的思潮即是此种传统的反动。② 然而存在主义虽然意识到了这种不足，但是又转向了另一个极端，即不相信理性，"吾人鉴于存在主义中所表示西欧人之彷徨无措，而益觉中国哲学之可贵"。此即"吾国儒家哲学以人生为目的，尤注重于知识与道德之并行不悖"③。道统与学统之并建，是张氏在比较哲学的视野下所反省出者，是他给未来的中国与世界开出的药方。何信全在评论张氏的仁智双彰观时，指出张君劢的观点与哈柏马斯(Jürgen Habermas)的回归启蒙理性之普遍运用观有很大类似性，从而得出张氏思想具有对治现代性弊病之意义的结论。④ 依此，我们亦可把这种意义视为主张道、学、政并建的当代新儒家之共同特征。

第三节　理学再创

晚年的张君劢着力于宋明理学的阐发，而有《新儒家思想史》这一巨著问世。张氏的理学研究当然也是在比较哲学的视域下进行的，但对于宋明理学的历史地位，张君劢与梁启超却有着截然有不同的看法："尝反复思之，吾国思想史中之文艺复兴，与其以清代与欧洲比，不若以宋代与欧洲比。"⑤在张氏

---

① 张君劢:《新儒学思想史》，中国人民大学出版社 2006 年版，第 413 页。

② 参见张君劢:《现代世界的纷乱与儒家哲学的价值》，《儒家哲学之复兴》，中国人民大学出版社 2006 年版，第 28 页。

③ 张君劢:《儒家哲学在历史中之变迁》，《儒家哲学之复兴》，中国人民大学出版社 2006 年版，第 17—18 页。

④ 参见何信全:《张君劢的新儒学启蒙计划:一个现代 VS.后现代视角》，《台湾东亚文明研究学刊》2011 年第 1 期。

⑤ 张君劢:《评梁任公清代学术概论中关于欧洲文艺复兴、宋明理学与戴东原哲学三点》，《中西印哲学文集》(下)，台湾学生书局 1981 年版，第 829—839 页。

看来,理学的根本范畴"理""是指整个宇宙的根本原理,也就是价值和知识领域。它具有自然法则的意义。"具体而言,仁义礼智之"前三者即仁义礼,显然属于价值判断范围。第四个智字,则是一种心智过程,类似西方所谓的知性或知识(intellect or knowledge)"①。在此,张氏对于"理"、"智"这两个概念明显会错了意,将其从价值领域延伸到了知识领域。"天理"虽然是宇宙的根本原理,但只是存有论的原理,而不是知性的范畴或一般概念;"智"也只是道德是非的判断能力,而非认知能力。何况张氏自己也承认宋学并"没有西方思想中特有的知识论"。② 他之所以这么诠释,大概是与其道德与知识并重的立场分不开的,我们后面将看到他特别注意揭示理学中的认知倾向,注重调和朱王。

一、宇宙论

关于理学演变之大体线索,张君劢认为,从周张到二程,探讨的重心是由宇宙论而人生哲学,工夫论则由主静而敬与致知并用的过程;从朱子到陆王则是,合心之自然层与超验层为一,工夫上专重"尊德性"。③

就宇宙论来说,张君劢注意到了张横渠与濂溪、程朱之间的区别,即横渠的世界是实有而非空无的,充满了气;而后者则认为在此之前有一空无阶段,这与黑格尔的辩证逻辑第一步,即无变有,相似。④ 不过张氏的论述前后有相互矛盾的地方,这或许也是周敦颐的宇宙创造论之内在困难:"上帝是理,但是如果没有物质,便不会有存在者。……柏拉图在其对话集《费里巴斯(Philebus)篇》所表达的观念,宇宙的建造者,绝对的善(产生万物并使其善良者)是宋儒宇宙观的起点。"又说:"乾卦的意义更接近柏拉图的创造说,不太接近《旧约·创世纪》,《旧约》中宇宙之创造完全是神的命令。柏拉图给予最高实在的名称——至善——即是'乾'的真义。"⑤此后一观点,已不是无变

①　张君劢:《新儒学思想史》,中国人民大学出版社 2006 年版,第 24 页。
②　张君劢:《新儒学思想史》,中国人民大学出版社 2006 年版,第 129 页。
③　张君劢:《新儒学思想史》,中国人民大学出版社 2006 年版,第 124、149、197—200 页。
④　参见张君劢:《新儒学思想史》,中国人民大学出版社 2006 年版,第 30 页。
⑤　张君劢:《新儒学思想史》,中国人民大学出版社 2006 年版,第 96、103 页。

有,而是从黑格尔、《旧约》的观点转到了柏拉图的宇宙创造论,与牟宗三"动态的实现之理、存在之理"①的观点类似。尤其当张氏注意到,"周敦颐表示乾与诚性质相同。诚亦具有四种属性:元、亨、利、贞。诚即构成宇宙的理。""周敦颐将诚的概念应用到宇宙上。然后将同一概念应用到圣人上。"②在这里,张氏其实已经谈到了周敦颐的"诚"既具有道德意义,又具有宇宙论的意义,但却没有像牟宗三那样以"本体宇宙论"概括之,在这里建立核心概念。这一点也表现在他对于横渠哲学的阐述,他虽然没有把横渠视为唯物主义者,却忽视了横渠打通宇宙论与心性论的隔阂,达到"天道性命相贯通"③的努力。

二、心性工夫论

就工夫论来说,张君劢也注意到了理学中的两种倾向,即存心养性的与格物致知的倾向,前者以周濂溪、程明道与陆象山为代表,后者以程伊川与朱子为代表。但是张氏又认为,明道的定性论与濂溪的主静说,深受禅定功夫影响,乃至说:"他们想建立自己的禅定方法。《定性书》等于中国的禅学。"并且"认为陆九渊可以说是一个仅在方法上的禅家思想信奉者"④。从这里,我们可以看出,一方面,张氏其实已经注意到了濂溪、明道与象山的亲缘性,但遗憾的是,他未曾明显地将之托出;另一方面,他虽然也承认禅与孟子学相似——相信人性、皆可成圣或佛、直诉本心⑤。而却将陆学的方法论(工夫论)仅仅追溯到禅宗,而非进一步追溯到孟子。事实上,象山就自谓其学"因读孟子而自得之"⑥,与禅并没有什么瓜葛,张氏只是据其表面的相似性来臆测罢了,而并无文献证据。

就工夫论中的格致倾向而言,张君劢比较二程而认为,两人的基本原则一

① 牟宗三:《心体与性体》(一),《牟宗三先生全集》5,台北联经出版事业有限公司 2003 年版,第 96—101 页。
② 张君劢:《新儒学思想史》,中国人民大学出版社 2006 年版,第 102 页。
③ 牟宗三认为这不但是横渠哲学的宗旨,亦是宋明儒学的共同课题。(牟宗三:《心体与性体》(一),《牟宗三先生全集》5,台北联经出版事业有限公司 2003 年版,第 437 页。)
④ 张君劢:《新儒学思想史》,中国人民大学出版社 2006 年版,第 136、206 页。
⑤ 张君劢:《新儒学思想史》,中国人民大学出版社 2006 年版,第 78 页。
⑥ 陆九渊:《陆九渊集》卷三十五,钟哲点校,中华书局 2008 年版,第 471 页。

样,但程颐比程颢更属于主知主义者,如黑格尔之于康德。在这样的判别下,张氏认为明道的仁是全德、仁者与物同体的观点,与18世纪英国哲学家约瑟夫·巴特勒(Joseph Butler)的仁慈和上帝之爱类似。而对于伊川"涵养须用敬,进学在致知"双管齐下的方法则说:"他是宋儒中第一个重视认识过程,而认为认知过程和价值判断不同的人。"①因为这种道德上的认知倾向,张氏认为,"对程颐而言,真知与《柏拉图对话集·自辩篇(Apology)》中,苏格拉底所说的话具有同样的意义。苏格拉底说:'一个无不良善的人,不应计生死,只应计是非。'"同时,伊川这种主智倾向也具有知识论的意义:"当他讨论方法问题时,遇到很多因专心探究自己内心范例或全心探究外物——即欧洲哲学和科学上归纳和演绎问题——而起的困难。……程颐的回答暗示现代科学中的归纳法和演绎法。"②除伊川、朱子外,在张氏看来,王船山是明确化了先天固有知识与外来知识的一个哲学家,调和了朱子与阳明,从而对中国思想上的知识论问题有重大贡献。③ 事实上,横渠与阳明皆有区分良知与见闻之知,而且比伊川、朱子更明确,也不亚于船山,可惜张氏忽略了这条线索。他虽然在道德上持陆王立场,而在道德与知识的关系上却没有相应地持陆王立场,这让人怀疑他是否真地理解了双方。

　　就心性论而言,张君劢认为:"小程子所谓'性即理也'无非表示理性主义者的看法,即思想形式先天地存在于心中。"④我们知道陆象山还有"心即理"之说,朱陆之别即关涉到此两大命题,甚至二程之异亦与之有关——陆象山就是明确简别二程哲学的第一人⑤。不过张氏并未从此处着眼,而认为,陆王将朱子的心之自然层与超验层、逻辑认识功能与道德是非功能合而为一;而在方法论上,则直接诉诸本心。⑥ 事实上,他没看到朱子的真正问题是心与理不

①　张君劢:《新儒学思想史》,中国人民大学出版社2006年版,第133—149页。
②　张君劢:《新儒学思想史》,中国人民大学出版社2006年版,第150—151页。
③　张君劢:《新儒学思想史》,中国人民大学出版社2006年版,第434页。
④　张君劢:《新儒学思想史》,中国人民大学出版社2006年版,第18页。
⑤　陆象山云:"孔门惟颜、曾传道,他未有闻,盖颜、曾从里面出来,他人从外面入去……""元晦似伊川,钦夫似明道。伊川蔽锢深,明道却疏通。""二程见周茂叔后,吟风弄月而归,有'吾与点也'之意。后来明道此意却存,伊川已失此意。"(分别见陆九渊:《陆九渊集》,钟哲点校,中华书局2008年版,第443、413、401页。)
⑥　参见张君劢:《新儒学思想史》,中国人民大学出版社2006年版,第32、198页。

一、心性不一,性只是"但理",没有营为、造作的主宰能力,导致道德力量减煞。正因为朱子的性、理只是这样的一个洁净空阔的世界,不能正视四端与七情之别,故引起陆王的反对,而在朝鲜则更成为讨论的焦点,长达五百年的"四端七情之辨"成为朝鲜理学史上一个奇特的学术现象。

三、本体论与形上学

就本体论或形上学而言,张君劢避免了让朱子站队的简单做法,而能就问题的不同层面具体分析:"就研究现象界而言,他是亚里士多德主义者;可是,从他的唯心论而言,又是柏拉图主义者。"①而陆象山则被张氏视作接近费希特(Fichte):"这种将两层次化为一层次之说,并没有使陆九渊接近那些相同是一层次的欧洲经验主义者之说,相反地,却使他接近菲希德(Fichte)那种唯心论者,陆九渊所谓的'心'代替了菲希德所谓的'自我'。"②费希特的"伦理本体论"确实与陆象山的心学有其可互诠之处,可惜张氏未能就此进一步展开。

对于王阳明,张氏几乎进行了最详尽的儒家形上学诠释,并且视其形上学接近贝克莱、黑格尔,而非康德。但是,他却没有比较阳明与接近陆象山的费希特。"我们可以说西哲柏克莱(Berkeley)所谓'存在即被知觉'之说,也同样为阳明先生所发现。"③但是,柏克莱的知觉与王阳明的良知直觉完全是两码事,牟宗三即说,这(存在)依存于心,不是依存于有限的认识心,而是依存于柏克莱最后的神心层次。④ 另外,张君劢认为阳明的形上学"与黑格尔的精神哲学很相似。自然为精神的自我表现提供可塑性的材料"。但"先生的哲学体系与康德'批判哲学'也有很大的不同。先生是彻底的存有论的唯心论者,因此,不承认康德所谓现象与本体之分,也不将知识分为所与(感觉)与组织作用(感性和悟性的形式)两个因素。先生认为知的活动或过程以及心之所

---

① 张君劢:《新儒学思想史》,中国人民大学出版社 2006 年版,第 171—172 页。

② 张君劢:《新儒学思想史》,中国人民大学出版社 2006 年版,第 202 页。

③ 张君劢:《新儒学思想史》,中国人民大学出版社 2006 年版,第 251 页。

④ 参见牟宗三:《从陆象山到刘蕺山》,《牟宗三先生全集》8,台北联经出版事业有限公司 2003 年版,第 187—188 页。

知均为同一实在的一个部分"①。这里张君劢有些混淆,因为阳明并不否定见闻之知的独立性,这就是康德所说的现象界之事;而且阳明的主要兴趣在道德,亦即康德的本体界,这里是没有所谓的感性与知性之分的,因为那是现象界的事。阳明虽说,"良知不萌于见闻,而亦不离于见闻,见闻莫非良知之用"②,但这只是表示,用康德的话来说,现象与本体是可以相即不离的,而没有要混淆两者的意思。有学者说,张君劢已经运用现象与物自身的理论模式来处理知识与道德的关系。③　可是,从张君劢对阳明与康德的区分来看,他并没做到这一步,他甚至也没有了解现象与物自身的区分是先验的而非逻辑的。他只是这样来沟通形上形下两个世界的:"仁的体认与产生万物之根源具有同样的性质,既是精神的,也是经验的,既是形而上的,也是形而下的。"并进一步将之阐释为一种以道德为基础的宇宙目的论:"阳明先生心目中的世界是个意识或道德主体与草木禽兽共生的世界。这个宇宙是有目的的,因为支配这个宇宙的是明觉(意识),在这个宇宙占主要地位的是道德价值。"④这一点倒是跟康德哲学相近。

　　整体而言,张君劢在重建理学的过程中,既没有像冯友兰那样以新实在论来硬套中国哲学,但亦没有像牟宗三那样为中国哲学量身定做核心概念,以之撑开其中国哲学的诠释,而是遍取百家以为我所用。他不但在道德哲学领域持理性主义、唯心主义立场,认可陆王心学,批判戴震的自然主义;而且在知识论方面认为程伊川、朱子、王船山之贡献很重要,与陆王一起,内外不可偏废;在政治哲学方面,肯定黄宗羲的民主共和精神。⑤　总之,即便是在理学重构中,张君劢的道、学、政三统并建的稳健指向也是很明显的。在张氏看来,"基本上,人的理智自主是现代的真正动力。这从不同领域的不同方式中都看得出来"。而这些现代性的特质,儒家传统并不缺乏:"如果人们深究儒家思想

①　张君劢:《新儒学思想史》,中国人民大学出版社 2006 年版,第 262 页。
②　王守仁:《王阳明全集》(上)卷二,吴光等编校,上海古籍出版社 2012 年版,第 80 页。
③　参见李炼:《张君劢的伦理思想研究》,武汉大学 2010 届博士学位论文,第 67 页;赵卫东:《从生命哲学到康德——张君劢先生道德与知识关系思想的演变》,《理论学刊》2005 年第 12 期。
④　张君劢:《新儒学思想史》,中国人民大学出版社 2006 年版,第 265 页。
⑤　参见张君劢:《新儒学思想史》,中国人民大学出版社 2006 年版,第 478、434、413 页。

的根源,显然,儒家思想是基于一些原则的,如理智的自主,智慧的发展,思考与反省的活动,以及质疑与分析的方式。如果这一看法不错,则儒家思想的复兴适足以导致一种新的思想方法,这种新的思想方法将是中国现代化过程中的基础。"①张氏这样一种启蒙理念,其根本精神接近康德,从而其对传统儒家的判断与那些全盘西化论者大异其趣。

第四节　张君劢的理论贡献

综观张君劢哲学,在中西比较哲学与哲学系统建造方面,张氏根本上是一先验主义者,无论是道德哲学,还是认识论。他服膺康德哲学,主张仁智双彰,为未来中国乃至世界的文明发展指明了方向。他的思想经倭伊铿、柏格森而回到康德,与哈伯玛斯(Jürgen Habermas)回归启蒙理性之普遍运用有着相通的旨趣。

在介绍西方哲学文化方面,张君劢一生可谓不遗余力,而其丰富的西方阅历更促使他担负起了这一历史使命。早年,他主要是介绍了倭伊铿的精神生活哲学、柏格森的生命哲学与杜里舒的生机主义哲学,尤其是对于倭伊铿与杜里舒,张君劢的介绍对于中国学者来说,可谓具有开山之功。20世纪30年代初,他又大力地系统介绍黑格尔哲学,使中国学者对黑格尔哲学有了更加全面的了解。后期张君劢还向中国学者们介绍胡塞尔现象学与存在主义哲学。他的这些学术活动具有非常重要的思想史意义,使当时的中国学者受惠无穷。

在重建理学方面,张君劢亦贯彻其比较哲学的方法,他能尽量避免那种削足适履的做法,对西方某家某派的哲学系统不做全盘地移植套用,而是能够做到同中见异、异中见同。一方面,能够保持中国哲学的主体性,比他之前的中国哲学史研究者如谢无量、胡适之与冯友兰都更加接地气,有本土哲学气息。另一方面,张氏亦不忘以西方哲学中较接近的观点来诠释传统,对传统哲学进行现代性的创造性转化。当然,在哲学史的梳理方面,他也没能像后来的牟宗

---

① 张君劢:《中国现代化与儒家思想复兴》,《儒家哲学之复兴》,中国人民大学出版社2006年版,第59、56页。

三那样,建立"量身定制"的、明确的核心概念来定位宋明理学;在哲学系统建造方面,亦未能像牟氏那样建立自己精密的认识论,对良知与认知的转化关系亦语焉不详。对于后者,张氏自己也承认,其哲学工作是断断续续的,不及唐君毅、牟宗三与谢幼伟是长期不断的专心工作。① 不过,张君劢亦有唐、牟、谢等人不能比的地方,此即他"所接触、吸收的现代西方政治经济思想、制度以及实际生活经验之丰富,不仅是其同时代许多人,也是后一辈的牟宗三、唐君毅、徐复观等新儒家所远远无法比拟的"②。这些经验使他能更好地了解西方哲学与民主政治,使他的西学介绍更能保有原汁原味。

在为世人所推崇的宪政思想方面,张君劢对于欧美各国宪法文本与各种政治哲学皆有具体考察,目光如炬,即便是在德、意的独裁,苏俄的极权与英美的民主并存时期,其宪政民主思想的根本原则未曾动摇,甚至把握得更紧。在政治的实践中,张氏注意到了道德与知识的重要作用,不只是空谈理论,在道德意识与政治制度及其创建之间建立了初步的关联。牟宗三赞美张君劢说:"对于民主政体建国之政治意识,一生信守而不渝,梁任公而外,惟张君劢先生能之。……他能保持西方理想主义之正音,他能毅然肯定宋明理学之价值。……他实具有政治家之意识与风格,故其论民主政治决不囿于政治学教授之立场,而能通着历史文化以及哲学上之理想主义。此实为一实践的谋国以忠的民主政体建国之政治家的立场。"③牟氏的评价比较公允,亦道出了当代新儒家这一学术共同体的共同特征,此即内圣、外王两面兼通,并肯定两者之间的某种关联性。这一点,通过与梁启超比较就很明显了。不同于梁启超晚年之转向乾嘉之学,导致其政治哲学成为无根基的,即只是"囿于政治学教授之立场"的;张君劢能够不停留于政治哲学,而能够对之进行哲学性的奠基,寻求政治与道德之间的沟通,使政治不单薄、干枯而接受道德的提挈,另一方面亦不走向泛道德主义,从而为中国知识分子之追求民主政治者提供一极

---

① 参见张君劢:《评梁任公清代学术概论中关于欧洲文艺复兴、宋明理学与戴东原哲学三点》,《中西印哲学文集》(下),台湾学生书局1981年版,第829页。

② 翁贺凯:《张君劢晚年儒家思想复兴论再探析》,《中国文化研究》2009年第2期。

③ 牟宗三:《中国数十年来的政治意识——寿张君劢先生七十大庆》,《生命的学问》,台北三民书局2013年版,第50页。

佳之中西有机结合的典范,此即民主政治可以与传统文化并行不悖,从而缓解了全盘西化论者的极端态度。

　　总之,张君劢不仅是学者,而且还是学者型的政治家,他的政治实践始于其学术,而并在不断地实践中修正其学术,而又不断地以学术调整其实践,从而形成一个良性循环、互动。张君劢是一典型的知行合一、知行相须者,是传统儒家价值的体现者。

第七章　冯友兰的新理学与哲学史

　　冯友兰(1895—1990)，字芝生，河南唐河人，著名哲学家、哲学史家。他与熊十力、梁漱溟等，共同开创了现代新儒学，在现当代新儒学思潮中占有无可替代的重要地位。冯氏天资聪慧，于1915年入北京大学哲学门，毕业后，于1919年赴美留学，入哥伦比亚大学研究生院，师从实用主义哲学家杜威。1923年学成归国，曾任教于中州大学、广东大学、燕京大学、清华大学等校，1952年后任北京大学教授，直至去世。

　　冯友兰一生致力于中国哲学的体悟与创造性转化，他的一贯问题是在文化的中西古今矛盾冲突中重建中国哲学，尤其是形上学。[①] 他认为，中国传统哲学的形上学，是好的、真正的形上学，虽然看起来不切实用，但能提高人的境界，指导人生，给人以安身立命、乐天知命之根据，使人受益无穷。经过现代哲学的洗礼，传统形上学完全可以发扬光大。因此，他一方面综合中西文化，以柏拉图、新实在论哲学，以西方的逻辑分析方法来重建程朱理学，创建了体系宏大的"新理学"；另一方面，他自觉地就其哲学问题所思，不断书写中国哲学史，使中国传统哲学的形上学及其特点凸显出来。这两方面的成果展现为"三史释古今，六书纪贞元"，不仅为中国哲学的现代创作作出了有益的探索，也为中国哲学史学科的创立与发展作出了不可磨灭的贡献。

---

　　① 参见拙作：《熊冯金贺合论》，《哲学研究》1991年第2期；《形式抽象的哲学与人生意境的哲学——论冯友兰哲学及其方法论的内在张力》，《中州学刊》1998年第3期。有关冯友兰的著作，见《三松堂全集》正文十四卷，附录一卷《年谱》，河南人民出版社2001年版。

第一节　新理学与贞元六书

　　冯友兰将自家的哲学体系命名为"新理学",这一理论主要表现于其代表作《新理学》等"贞元六书"。抗日战争时期,冯氏随校南迁,在颠沛流离的生活中目睹民族的危难,深感于历史文化的盛衰,他认为,正处于"贞元之际"的中国文化能够"贞下起元",即抗日战争是中华民族复兴的重大契机,现代中国不会重复晋、宋、明三朝的南渡历史,一定能取得抗日战争的胜利,实现民族文化的复兴。而身为中国文化的继承者,值此存亡绝续之交,自当重思先哲思想,以"为天地立心,为生民立命,为往圣继绝学,为万世开太平"作自期许,探索文化复兴之路,"尽所欲言,以为我国家致太平,我亿兆安身立命之用"①。因此,冯氏自觉地将学问的重心由哲学史的研究转移到哲学创作上来,先后出版了《新理学》(1939 年)、《新事论》(1940 年)、《新世训》(1940 年)、《新原人》(1943 年)、《新原道》(1945 年)、《新知言》(1946 年)六书,对程朱理学"接着讲",形成了自家的"新理学"哲学体系。

　　《新理学》是"新理学"正式问世的标志,在冯友兰哲学中占有关键地位。冯友兰说:

　　"1931 年我在《大公报》的《世界思潮》副刊上,连续发表了几篇《新对话》。1937 年我在《哲学评论》第七卷第三期上,发表了一篇文章,题目是《哲学与逻辑》。在这些文章中,'新理学'的主要观点已有了萌芽。"②

　　"数年来即拟写《新理学》一书,因杂事多未果。去年中日战起,随校南来,居于南岳。所见胜迹,多与哲学史有关者。怀昔贤之高风,对当世之巨变,心中感发,不能自已。又以山居,除授课外无杂事,每日皆写数千字。积二月余之力,遂成此书。数年积思,得有寄托,亦一快也。"③

　　"《新理学》这部书是我在当时的哲学体系的一个总纲。如果把六部书作为一部书看,《新理学》这部书应该题为'第一章:总纲'。所以'新理学'这个

---

①　冯友兰:《新原人·自序》,《三松堂全集》第四卷,河南人民出版社 2001 年版,第 463 页。
②　冯友兰:《三松堂自序》,《三松堂全集》第一卷,河南人民出版社 2001 年版,第 210 页。
③　冯友兰:《新理学·自序》,《三松堂全集》第四卷,河南人民出版社 2001 年版,第 3 页。

名字,在我用起来,有两个意义。一个意义是指我在南岳、蒙自所写的,商务印书馆 1939 年所出的那部书。另一个意义是指我在 40 年代所有的那个哲学思想体系。"①

按冯友兰对自己哲学活动的时期划分,"贞元六书"是其第三期哲学活动的代表作,而《新理学》则为"贞元六书"的首部作品,这不仅是他将前期"新理学"思想的萌芽加以系统化的产物,也是"新理学"的一个总纲。

在《新理学》一书中,冯友兰提出了"新理学"的主要对象和基本内容。他认为,哲学是人对自身精神生活的反思,而反思的范围可以按照精神生活涉及的范围大致分为自然、社会、个人三部分,其中"自然就是中国传统哲学中所说的'天';社会和个人,就是中国传统哲学中所说的'人';人和自然之间的关系就是中国传统哲学中所说的'天人之际'"②。"新理学"即为在中国传统哲学基础上反思"天人之际"的现代中国哲学。在《新理学》一书中,冯氏探讨了自然方面的理、气,社会方面的历史、社会,以及个人方面的圣人,将"新理学"的基本样貌整个地显现出来。其中,他又认为,对于社会和个人的理解总是以对于自然的理解为根据的,因此,《新理学》特别偏重于讲自然观,并将共相和殊相的关系问题作为自然观的主要内容。

《新事论》、《新世训》、《新原人》、《新原道》、《新知言》是《新理学》的拓展与深化,偏重于阐发"新理学"的社会与个人方面。冯友兰运用新理学的观点,对社会问题予以分析而有《新事论》;以新理学谈青年修养,而有《新世训》;运用新理学对人生问题进行分析提出人生四境界说,而有《新原人》;以四境界说衡诸中国哲学发展之趋势,以见新理学在中国哲学中的地位,而有《新原道》;对新理学的哲学方法予以特别说明,区别于维也纳学派,表明新理学在现代世界哲学中的地位,而有《新知言》。这五部书与《新理学》相互呼应,又各有不同的内容,共同构成了冯氏独特的"新理学"哲学体系。

综观"贞元六书"所构成的新理学,其中心范畴是"理"、"气"、"道体"、"大全",范畴体系围绕"理与气"展开。它的形上学路数,大体上是《易传》、

---

① 冯友兰:《三松堂自序》,《三松堂全集》第一卷,河南人民出版社 2001 年版,第 210 页。
② 冯友兰:《三松堂自序》,《三松堂全集》第一卷,河南人民出版社 2001 年版,第 210 页。

《中庸》——程朱的路数。它的特点是以柏拉图、新实在论哲学,以西方的逻辑分析方法来重建程朱理学,凸显了逻辑在先的理世界的主宰性。

按照这一路数,道德秩序和宇宙秩序具有客观性。宇宙、人伦,万物各类,都有分别遵循的原理(道),也有整体的原理(道)。事物若要保持完善的状态,它的运行必须在恰当的地位、限度和时间中进行,人的欲望和情感都满足和表现到恰当的限度。然而并不是所有的人都能遵循这些道和理,因此,必须通过道德知识和道德教育的作用,使人们觉悟,在日常人伦中穷理尽性,最终达到崇高的精神境界。

在一定意义上,我们不妨说,冯友兰哲学是主知主义的道德形上学。形上与形下、理与气、心与性理暂时分离,然后统一起来。理气不离不杂,先分疏,后整合。这种分析型的道德形上模式,强调道德修养、道德境界提升的层次、模型、标准、规范,显得有理性、有秩序。这就为我们提供了进一步分析事实判断与价值判断、实然问题与应然问题的契机。冯氏讲理气形上学,其良苦用心乃在于改造传统笼统、浑沌、不讲逻辑、以价值取代事实的思维模式,具有现实意义。

与陆王——熊氏之生命体验的道德形上学相比,程朱——冯氏之主知的道德形上学,在重视人性之正面的同时,似乎对于人性之负面有所警醒,在重视自主律的道德的同时,又正视道德他律,希冀通过现实自然的低层面,有秩序地上升到道德理想的境界。与即工夫即本体的逆觉之道相比,这是通过工夫达到本体的顺取之道。

实际上,逆觉之道与顺取之道的界限并非那么严格,两者并行而不相悖,并育而不相害。冯友兰并不是完全主知的,而是提倡理智与直觉的结合。他强调:"哲学家对于哲学的主要概念,不仅要有理智的理解,而且要有自觉的感受。""如果认识到真正的哲学是理智与直觉的结合,心学与理学的争论亦可以息矣。"①笔者认为,新理学最有生命力的地方并不是枯燥的、略显呆板的理、气、道体、大全的推衍,而是它的人生哲学;不是它的正的(分析)方法,而

---

① 冯友兰:《中国现代哲学史》,《三松堂全集》第十卷,河南人民出版社 2001 年版,第 650、651 页。

是负的(体认)方法。在"贞元六书"中,晚出之《新原人》与《新原道》对此多有阐发。所以,冯氏新理学也不能完全归于主知主义的道德形上学。

第二节　新理学的内在张力

"贞元六书"构成了冯氏独特的"新理学"哲学体系。大体而言,这六部书有一贯的问题意识,如他认为这六部书,"实际上只是一部书,分为六个章节",主要内容"是对于中华民族的传统精神生活的反思"①。但这六部书的创作经过了 1937 年至 1946 年的历史跨度,证明冯氏哲学思想有一个不断发展深化,乃至突破的过程,因此看似浑成一体,一以贯之,然而仔细品味,可以发现其内在存在矛盾与张力。

一、新理学的"形上"——抽绎的共相

首先我们要指出的是,在《新理学》中,乃至在整个"贞元六书"之中,"形上"、"形上者"、"形而上",是指的哲学抽象后的共相观念,是形式化与逻辑化的产物。冯友兰说:"我们所谓形上、形下,相当于西洋哲学中所谓抽象、具体。上文所说之理是形而上者,是抽象底;其实际底例是形而下者,是具体底。""照我们的系统,我们说它是形下底,但这不是说它价值低。我们此所说形上、形下之分,纯是逻辑底,并不是价值底。"②他认为:抽象者是思的对象,具体者是感的对象;哲学中的观念、命题及其推论,多是形式的、逻辑的,而不是事实的、经验的;哲学只对于真际有所肯定,而不特别对于实际有所肯定。有时,他区别了"形上学底"与"形上底",指出,如宇宙的精神、上帝等,虽是"形上学底",然而并不是形上底,而是形下底。在他的系统中,形上的,是抽绎出的共相,是不含有具体内容的。如果包含有实际所指或价值导向等等内容,冯氏则认为是形下的。因此,他把含有根源性、终极性、无限性、唯一至上性、有创造作为等意思的宇宙的精神、上帝等,亦视为形下的。在他的系统中,

---

① 冯友兰:《三松堂自序》,《三松堂全集》第一卷,河南人民出版社 2001 年版,第 209 页。

② 冯友兰:《新理学》,《三松堂全集》第四卷,河南人民出版社 2001 年版,第 33 页。

形上形下之分不是价值上的高低之分,只是抽象与具体之分,或真际与实际之分、哲学与科学之分。他指出:"真际与实际不同,真际是指凡可称为有者,亦可名为本然;实际是指有事实底存在者,亦可名为自然。……实际又与实际底事物不同。实际底事物是指事实底存在底事事物物,例如这个桌子,那个椅子等。实际是指所有底有事实底存在者。"①他认为哲学对于真际,只形式地有所肯定,而不事实地有所肯定。对真际有所肯定而不特别对于实际有所肯定的,是哲学中之最哲学者。凡对实际有所肯定的哲学派别,即近于科学;对实际肯定得愈多,即愈近于科学。

冯友兰又说:"形上学的工作,是对于经验作逻辑底释义。科学的工作是对于经验作积极底释义。所以,形上学及科学,都从实际底事物说起。所谓实际底事物,就是经验中底事物。这是形上学与逻辑学、算学不同之处。在对于实际事物底释义中,形上学只作形式底肯定,科学则作积极底肯定,这是形上学与科学不同之处。"②他把人的知识分为四种:第一种是逻辑学、算学,这种知识是对于命题套子或对于概念分析的知识。第二种是形上学,这种知识是对于经验作形式释义的知识。知识论及伦理学的一部分(例如康德的道德形上学),即属于此种。第三种是科学,这种知识是对于经验作积极释义的知识。第四种是历史,是对于经验作记述的知识。③ 他说形上学命题除肯定主辞的存在外,对实际事物不作积极肯定。他把伦理学、道德形上学看作是对于经验作形式释义的知识,是值得商榷的,这很难对人的道德行为作本体论的论证,又不融摄道德实践与生命体验,影响了冯氏对中国哲学形上学的探讨。

熊十力批评冯友兰、金岳霖,说:"金冯二人把本体当作他思维中所追求的一种境界来想,所以于无极而太极,胡讲一顿。"又说:"本体不可作共相观。作共相观,便是心上所现似的一种相。此相便已物化,而不是真体显露。所以说,本体是无可措思的。"④熊冯分歧是十分明白的,冯友兰认为本

---

① 冯友兰:《新理学》,《三松堂全集》第四卷,河南人民出版社 2001 年版,第 9—10 页。
② 冯友兰:《新知言》,《三松堂全集》第五卷,河南人民出版社 2001 年版,第 153 页。
③ 参见冯友兰:《新知言》,《三松堂全集》第五卷,河南人民出版社 2001 年版,第 154 页。
④ 熊十力 1938 年 3 月 19 日致居浩然信札,转引自居浩然:《熊十力先生剪影》,台湾《传记文学》第三卷第 1 期。

体是共相,是有层次的,人之所共由的做人之理、之道,但是一个空套子。熊十力则强调"本体非共相",意即本体即性即心即理,亦主亦客,即存在即活动,而不是客观、静态自立的,只存在不活动的。按熊十力的理解,本体不是理智或知识的对象,不是抽象一般,不可用理智相求,而只能契悟、冥会、亲证、实践、体验。

二、范畴疏解:形式的逻辑的,还是价值的意义的?

运用逻辑分析方法析解、重释中国传统哲学范畴,无疑是 20 世纪中国哲学现代化和世界化的前提。冯友兰是这一方面的开山人之一。冯氏哲学体系,亦建立在对传统范畴作分析的基础之上。但是,冯氏对某些中国范畴的逻辑化与形式化,割裂了生活背景,将其中寓含的真意或价值与信念加以排除,不利于传统范畴的解读。好在他并没有把这一方法贯彻到底。否则,根本不可能承担起为道德人生境界作形上学论证的任务。

正是在前面所交代的理论前提下,冯友兰开始了他对传统范畴的抽绎及新理学体系的建构。冯氏用他所学到的西方哲学中的柏拉图、亚里士多德、新实在论的观点与方法对中国哲学范畴所做的解析,既有成功之处,也有不成功之处。不成功则表现在容易肢解甚或曲解传统范畴原有的意蕴。

李约瑟曾批评过冯友兰把宋代理学家的"理"和"气"与亚里士多德的"形式"和"质料"相对等的错误。李约瑟指出:"因为气概括了物质的细小精微状态,其含义比我们使用的物质——能量要丰富得多。""中国人的永恒哲学从来不是机械论和神学,而是有机论和辩证法。"①李氏认为,这是中国儒、墨、道、佛诸家共同的宇宙观念,17 世纪以后西方的有机自然主义曾得到中国宋明新儒家的直接滋润。李氏认为,儒道有机自然主义极具现代气息,其与现代科学宇宙观的合拍之处,比冯友兰认识到的要多得多。② "气"是无形无象,涵沦无涯,能质混一的。"气"在中国哲学中所表达的是自然生命、文化生命、精

---

① 李约瑟:《评冯友兰〈中国哲学史〉》,郭之译自 Science and Society, Vol XIX, No.3, pp. 268—272,《中州学刊》1992 年第 4 期。

② 参见李约瑟:《评冯友兰〈中国哲学史〉》,郭之译自 Science and Society, Vol XIX, No.3, pp.268—272,《中州学刊》1992 年第 4 期。

神生命之流,是机体变化的连续性和不可分割的整体性。"气"依不同存在层次而表现出不同的性状,如形质、动能、生命力、意识、精神、心灵等都是气。气的运动(聚散、屈伸、升降、动静)展现出事物的变化。气论的方式与原子论不类,而更接近于场论。① 由于中西传统哲学家对宇宙观照的方式不同,宇宙论框架不同,因此,套用亚里士多德的个别实体和形式实体、形式——质料学说来理解与之路数不同的中国理气学说,不能不产生误解。《新理学》把所谓"真元之气"理解为"绝对的料",认为"料只是料,若无所依照之理,料根本不能为实际底物";"气之依照理者,即成为实际底事物,依照某理,即成为某种实际底事物";它不仅依理而存在,而且依照动之理而动,依照静之理而静。② 这就消解了有机性、连续性、生命论背景下,"气"的能动性和多样性,而视之为机械论背景下静止、被动的"料"。

朱熹的理气观,视理为"形而上之道也,生物之本也",气为"形而下之器也,生物之具也"③。但在这里,气是产生万物的凭借,且必有气才能产生万物。朱子认为理气不杂不离,不可分开各在一处。"盖气则能凝结造作……若理则只是个净洁空阔底世界,无形迹,他却不会造作,气则能酝酿凝聚生物也。"④这就肯定了两气交感化生万物的作用。程伊川和朱子主张的"动静无端,阴阳无始"⑤之说,《易·系辞传》的"易有太极,是生两仪"和周濂溪《通书》的"二气五行,化生万物"等中国哲学通行的观点,被冯氏认为是事实层面的说法,而不是逻辑层面的说法,加以拒斥。又,朱子并非认为在气之外别有一使气如此之理,在他看来,理、太极不是别为一物,即阴阳而在阴阳,即五行而在五行,即万物而在万物。⑥

关于"理"与"太极",冯友兰强调逻辑概念的抽象性,把理视为一类物、一

---

① 详见拙作《中国哲学史上的非实体思想》,《场与有:中外哲学的比较与融通》(四),武汉大学出版社 1997 年版,第 40—41 页。

② 参见冯友兰:《新理学》,《三松堂全集》第四卷,河南人民出版社 2001 年版,第 44、55—56 页。

③ 《朱子文集·答黄道夫》,中华书局 1985 年版,第 216 页。

④ 黎靖德编:《朱子语类》第一册第一卷,中华书局 1994 年版,第 3 页。

⑤ 《近思录》卷一,中华书局 1985 年版,第 10 页;黎靖德编:《朱子语类》第一册第一卷,中华书局 1994 年版,第 1 页。

⑥ 参见吕思勉:《理学纲要》,上海书店影印本 1988 年版,第 95—96 页。

种事、某种关系之所以然之故及其当然之则,把太极视为众理之全。他在解释"义理之性"时指出:"义理之性即是理,是形上底,某一类事物必依照某理,方可成为某一类事物,即必依照某义理之性,方可成为某一类事物。"①他举例说,飞机必依照飞机之理,即其义理之性,方可成为飞机。他认为,义理之性是最完全的,因为它就是理。如方的物的义理之性就是方的理,是绝对的"方"。就道德之理而言,某社会之一分子的行为合乎其所属于的社会之理所规定之规律,即是道德的。②他对中国道德哲学范畴作出抽象,指出:"所谓仁,如作一德看,是'爱之理'。爱是事,其所依照之理是仁。"又说:"人在某种社会中,如有一某种事,须予处置,在某种情形下,依照某种社会之理所规定之规律,必有一种本然底,最合乎道德底、至当底,处置之办法。此办法我们称之曰道德底本然办法。此办法即是义。"③这种概括无疑是说得过去的,然而又是可以讨论的。上述中国范畴的含义远比这种概括丰富得多,生动得多。

例如关于"理"、"天理"、"太极"范畴,除了所以然之故与当然之则等客观普遍规律之外,更是德性的根源与根据。理的世界同时也是价值世界。程颢指出:"仁者,天下之正理,失正理则无序而不和";程颐指出:"性即理也,天下之理,原其所自来,未有不善。"④朱熹继承此说,指出:"性即理也。当然之理,无有不善者。故孟子之言性,指性之本而言。"⑤又说:"理,只是一个理。理举着,全无欠阙。且如言着仁,则都在仁上;言着诚,则都在诚上;言着忠恕,则都在忠恕上;言着忠信,则都在忠信上。只为只是这个道理,自然血脉贯通。""问:'既是一理,又谓五常,何也?'曰:'谓之一理亦可,五理亦可。以一包之则一,分之则五。'问分为五之序。曰:'浑然不可分。'"⑥

由此可见,理范畴涵括了仁、义、礼、智、信、忠、恕等核心价值观念,涵括了道德生活的体验,而且就在生活实践的当下,不仅仅是客观认知的结果。成中

---

①　冯友兰:《新理学》,《三松堂全集》第四卷,河南人民出版社 2001 年版,第 82 页。

②　参见冯友兰:《新理学》,《三松堂全集》第四卷,河南人民出版社 2001 年版,第 83、110 页。

③　冯友兰:《新理学》,《三松堂全集》第四卷,河南人民出版社 2001 年版,第 115 页。

④　《近思录》卷一,中华书局 1985 年版,第 10、22 页。

⑤　黎靖德编:《朱子语类》第一册第四卷,中华书局 1994 年版,第 67 页。

⑥　黎靖德编:《朱子语类》第一册第四卷,中华书局 1994 年版,第 100 页。

英说:"理兼为宇宙论及价值论的解释及根据范畴。""道德价值如仁、义、礼、智客观化了宇宙及本体论的原则,而理的客观认识内涵也就合客观的认知经验与主观的价值体验为一了。"①但冯友兰《新理学》的原则,如我在前面所详细交代的,必须排除实际内容,包括价值义涵和本体源头,不能对经验作积极的肯定或释义,而只能作抽象的逻辑的释义,因而就消解了"理"、"太极"等所具有的宇宙论、本体论和价值论的丰富性。冯友兰明确说过,《易·系辞传》的"易有太极,是生两仪",周敦颐"分阴分阳,两仪立焉"等所谓的"太极","并不是我们所谓太极,我们所谓太极是不能生者"。②"生生之谓易"的创生性、能动性,被冯氏视为"拖泥带水"或"披枷带锁"。

朱子严守程颐之说,强调仁的创造性。朱子训"仁"为"心之德,爱之理",亦与冯友兰不同。陈荣捷说:"朱子深知此理即天地之心以生万物之理。易言之,朱子复将程颐以生生释仁之义,置于理之基础上。惟有由于天地以生物为心之理,始能生爱。此一结论为儒家伦理予以形而上学之根据。此为最重要之一步,使儒学成为新儒学,同时此亦为最重要之一步,使新儒学得以完成。"③这就不是什么"拖泥带水"。相反,如果剔除了生生之德,不承认仁或爱具有生生不已的创生与造化之性,为宇宙之德的源泉,那么朱子之"理"真成了一个空壳子。刘述先说:"朱子的理诚然是一个净洁空阔的世界。但格物穷理,把握到了理,也就是把握到了价值与存在的根源。这样的理决不是新实在论者由认识论的观点推想出来,'现存'背后的'潜存'。"④

在前引关于"义理之性"的疏释中,冯友兰所说的"形上底",只是形式的、抽象的、逻辑的,因而把道德价值范畴的义理之性与科学原理的飞机之理等量齐观。这不仅妨碍了从价值合理性上理解"理"、"太极"范畴的内容的丰富性和条理性,尤其忽略了这些道德价值的形而上的根据、形上学的源头。我们这里所说的形而上是指超越理据、终极信念,不是冯氏"形而上"的含义。《新理

---

① 成中英:《中国哲学范畴问题初探》,载《中国哲学范畴集》,人民出版社 1985 年版,第81 页。
② 冯友兰:《新理学》,《三松堂全集》第四卷,河南人民出版社 2001 年版,第 60 页。
③ 陈荣捷:《朱学论集》,台湾学生书局 1982 年版,第 12 页。
④ 刘述先:《当代中国哲学论:人物篇》,美国八方文化企业公司 1996 年版,第 113 页。

学》的最哲学的哲学将此作为具体内容予以洗汰。

关于存在论本身有无价值，道德的形上根据本身有无价值，是否中立，那是另一个问题。《诗经·烝民篇》的"天生烝民，有物有则，民之秉彝，好是懿德"，包含了人性及其根据均有善的价值观念。"天"、"道"、"仁"、"诚"、"理"、"太极"范畴的终极性、价值性及其与道德体验、道德直觉的关系，用《新理学》的分析方法是分析不出来的，即使分析出来了也会被抛弃掉。

《新理学》在讨论心性问题时，试图用两种方法来解决人性及孟荀性论的问题，一是形式的、逻辑底，一是实际底、科学的。冯友兰认为中国哲学家自孟荀以下，讨论此问题多是实际底、科学的，即根据实际事实，证明人之本来是善或是恶。在冯氏看来，先秦哲学家除公孙龙之外，都没有作形上形下之分别，孟子所说的性与天、道等，都是形下的（非形式化、逻辑化的）。诚然，冯氏说得对，孟子的天、道、性、仁、诚等观念都不是形式的、逻辑的，具有经验性，然而却不能谓之为实际的、科学的。孟子性善论本身又包含了终极依据，具有先验性、超越性、理想性。孟子之天与《尚书》、《诗经》、孔子之天一样，蕴含有神性意义，是终极性的概念。否则，我们何以理解孟子的"尽心—知性—知天"、"存心—养性—事天"、"知人必先知天"、"上下与天地同流"、"浩然之气""塞于天地之间"和"万物皆备于我"诸说呢？

冯友兰后来在《新原道》中说，孟子的境界可以说是"同天"的境界，尽管用了"可以说是"，然至少纠正了《新理学》对孟子的一些看法，对孟子的理解有所加深。但应注意的是，冯氏在《新原道》中仍说没有法子断定孟子所谓"天地"的抽象程度，仍以抽象程度来判定其形上性。冯氏在《新原道》中又说，孔子和宋明理学家未能分清道德境界与天地境界，尚未能"经虚涉旷"，在"极高明"方面，尚未达到最高的标准，这种说法也是有商讨余地的。究其实质，是冯氏深受柏拉图类型说和新实在论观念的影响，没有把中国范畴最富有实质内容、最富于实存意义的智慧把握好。经冯氏逻辑洗汰之后的"理"、"道体"、"大全"等已成为形式的空套子，失去了中国范畴本身所寓含的价值及根源。

三、空灵虚旷：生存体验的智慧，还是科学抽象的概念？

冯友兰"贞元六书"中所说的玄虚、空灵，尚不是中国哲学儒、释、道三教所说的玄虚、空灵的智慧。冯氏在《新知言》首章《论形上学的方法》的末尾说:"真正形上学底命题,可以说是'一片空灵'。空是空虚,灵是灵活。与空相对者是实,与灵相对者是死。"①他认为,历史的命题是实而且死的,科学的命题是灵而不空的,逻辑学与算学中的命题是空而不灵的,形上学的命题是空而且灵的。"形上学底命题,对于实际,无所肯定,至少是甚少肯定,所以是空底。其命题对于一切事实,无不适用,所以是灵底。"②他以空灵的程度来判断哲学家的形上学是否是真正的形上学,其不空灵者,即是坏的形上学。冯友兰在《新原道》末章《新统》中说,他的"新理学"中的四个观念:理、气、道体、大全,是从四组形式的命题推出来的,即是说,"都是用形式主义底方法得来底。所以完全是形式底观念,其中并没有积极底成分"③。它对于实际,无所肯定。

冯友兰自诩"贞元六书""于'极高明'方面,超过先秦儒家及宋明道学。它是接着中国哲学的各方面的最好底传统,而又经过现代的新逻辑学对于形上学的批评,以成立底形上学。它不着实际,可以说是'空'底。但其空只是其形上学的内容空,并不是其形上学以为人生或世界是空底。所以其空又与道家,玄学,禅宗的'空'不同。它虽是'接着'宋明道学中底理学讲底,但它是一个全新底形上学。至少说,它为讲形上学底人,开了一个全新底路"④。冯氏这里的自我肯定是否太过头了,是另一个问题。我们所注意的是,第一,冯氏新理学的形上学系统与道家、玄学、禅宗之"空"观是不同的;第二,冯氏的空灵,其实只是抽象的形式的逻辑套子;第三,冯氏对道家、玄学、禅宗之"空"观的理解是有问题的。

冯友兰批评宋明道学或理学尚有禅宗所谓"拖泥带水"的毛病。"因此,由他们的哲学所得到底人生,尚不能完全地'经虚涉旷'。"⑤他又说,清代汉学家批评宋明道学过于玄虚,而他自己则批评道学还不够玄虚。这是指宋明道学还是"着于形象"的。如朱子以秩序为理还不够抽象,抽象之理并不是具

① 冯友兰:《新知言》,《三松堂全集》第五卷,河南人民出版社 2001 年版,第 154 页。
② 冯友兰:《新知言》,《三松堂全集》第五卷,河南人民出版社 2001 年版,第 154 页。
③ 冯友兰:《新原道》,《三松堂全集》第五卷,河南人民出版社 2001 年版,第 133 页。
④ 冯友兰:《新原道》,《三松堂全集》第五卷,河南人民出版社 2001 年版,第 126 页。
⑤ 冯友兰:《新原道》,《三松堂全集》第五卷,河南人民出版社 2001 年版,第 127 页。

体事物间的秩序,而是秩序之所以为秩序者,或某种秩序之所以为某种秩序者。从这里我们进一步看出,冯氏把"经虚涉旷"之"虚旷"理解为抽象思维、科学思维,这当然不能与释、道、宋明理学的"虚旷"同日而语。

　　道玄佛禅的空灵虚旷,是空掉外在的执着与攀援,是心灵的净化超升。这是东方人生存体验的智慧和生命的意境。中国人生哲学和审美情趣,是空灵与充实的统一。而空灵、静照、心无挂碍,与世务暂时绝缘,呈现着充实的、内在的、自由自得的生命。空灵、虚旷表达的是精神的淡泊宁静,是道德人格与艺术人格的心襟气象。它与精力弥满的生命充实相辅相成,相得益彰。① 按佛教的看法,真正的本体境界是不能用分别智(后得智),即理智、名相、言语加以表诠的,只有在"言忘虑绝"的境地,所谓言语道断、心行路绝的时候,以无分别智(根本智)的遮诠方式体悟最高的本体,达到最高的境界。

　　冯友兰在《新原人》中有关于"天地境界"的独到阐发非常精彩,但这与他所谓的"经虚涉旷"、"空灵",并无直接联系。如前所述,冯氏所指的空灵、虚旷,只是逻辑的分析与科学的抽象,而不是生命的体验。冯氏《新知言》首章关于科学与形上学关系的说明,关于人类进步三阶段:宗教——先科学的科学——科学的说明,仍是孔德的模式。以进步——落后的二分法和近代科学为尺度、标准来衡估前现代宗教、艺术、道德、哲学等资源,仍是有局限的。这是他受到唯科学主义影响的结果。他在本章引用《世说新语》中钟会与嵇康、《宋元学案》中邵雍与程颐的妙不可言的对话,把言外之意的意会,说成是"形式的答案",似未搔到痒处。

第三节　从正的方法到负的方法

　　《新理学》尝试着重建中国传统形上学,这种尝试是有意义的,然而却是不成功的。其原因乃在于形式的空套子无法寓含价值与信念,无法传达中国哲学的特殊智慧。冯友兰在《新理学》中即已开始为东方体验的方法保留地

---

　　①　参见宗白华:《美学与意境》,《宗白华全集》第二卷,安徽教育出版社1994年版,第345—347页。

位,在《新原人》与《新原道》中,表面上继续贯彻《新理学》的构设,实际上已有所变易。在阐释人生意境时,更加体认中国哲学儒释道的神髓与价值。由于整个"贞元六书"的创制经过了 1937 年至 1946 年的历史跨度,其间作者的哲学思想日臻成熟,因而不断疏离原预设架构,不断防止共相观的局限性,不断从正的(分析)方法走向负的(体认)方法。

《新理学》首章指出:"大全"(或宇宙、大一、天)是不可言说、不可思议的,又指出,"以物为一类而思之,与以一切物为整个而思之,其所思不同。……此所以大全、大一或宇宙,不是经验底观念,而只是逻辑底观念。"①《新理学》末章《圣人章》指出,作者全书所说的"天"(大全)与宋儒不同,不过是一逻辑的观念而已,但此章似相对认同宋儒以宇宙是道德的,以"天"为道德的根源、根据的看法,承认宋儒所说的"知天事天"可回复到"天地万物一体之境界"。作者以下一段话泄漏了天机:"如本章所说之天,亦是宋儒所说之天,则与本书所说之系统不合。如本章所说之天,即本书第一章所说之天,则此所谓天者,不过是一逻辑底观念而已,知天事天,如何能使人入所谓圣域?"②从这里我们就可以看出新理学作者的内在矛盾与紧张。如承认宋儒之"天",则与作者的体系不合,不承认宋儒之天,坚持自己的逻辑的"大全"观,则无法透悟终极的境。作者说他仍坚持自己的看法,以知天为知大全,以事天为托于大全,以大全的观点观物,并自托于大全,则可得到对于经验之超脱和对自己的超脱,达到大智大仁的境界。但他又说,这种说法颇有似于道家,"不过道家是以反知入手,而得大全,其对于大全之关系是浑沌底;我们是以致知入手,而得大全,我们对于大全之关系是清楚底。"③从这里我们就看到了"负的方法"的端倪,虽然作者当时尚未正式提出负的方法。作者实际上对自己单以正的方法(逻辑分析的方法)来论证道德与超道德之境发生了怀疑。在《新理学》末章的最后,我们不难看出作者对穷理尽性、达到超乎经验、超乎自己的境界,进入圣域,觉解天地万物与其超乎自己之自己,均为一体的理解,作者对"我心即天心"与"为天地立心"的认同,均回复到传统哲学,而不复再

---

① 冯友兰:《新理学》,《三松堂全集》第四卷,河南人民出版社 2001 年版,第 28 页。
② 冯友兰:《新理学》,《三松堂全集》第四卷,河南人民出版社 2001 年版,第 192 页。
③ 冯友兰:《新理学》,《三松堂全集》第四卷,河南人民出版社 2001 年版,第 192 页。

有自己的逻辑的、形式的抽象。因为那种抽象与达到圣域,相距何止千万里之遥?! 作者要究"天人之际",阐述"内圣外王之道",然而以逻辑分析、形式抽象的方式,如何能办到?

《新原人》与《新原道》无疑是"贞元六书"中最有价值的两部著作。这两部书虽不免仍有《新理学》的套路和印痕,然而真正体悟人生意境、抉发中国哲学精神的精采绝伦之论,都是从《新理学》原架构与方法脱离,以"原汤化原食"的结果,即以中国人自己的思想解释中国精神,没有附加外在框架。在关于"与天地参"、"与天地一"、"浑然与物同体"、"与物无对"、"合内外之道"等不可思议的儒、释、道最高境界的体验中,冯友兰自身的中国素养克服了西化的释义所造成的隔障。对中国哲学,不分析不行,但分析所造成的"隔"也不行。

熊十力对《新原人》虽也有批评,但对"四重境界"之说,在总体上给予了肯定。熊氏读到《新原人》后,曾有一信给冯友兰。此信虽已无存,然从冯友兰的复书中不难窥见熊十力的评价。熊十力批评冯氏不承认有本体,尤其不承认心为宇宙本体,认为冯氏对"道心"的理解不是其本义。熊十力批评冯氏的"四重境界"说未能包括佛教的"无相之境"。冯氏辩解说,"无相之境"即《新原人》中的"同天之境"。熊十力讲"孔颜之乐不与苦对",冯氏赞叹"此言极精"。熊十力批评《新原人》第四章对孟子的"由仁义行,非行仁义也"的解释错了,冯氏承认"当时引用,未忆及上下文,致与原意不合。若照原意,由仁义行,是天地境界。此是一时疏忽错误,非有意侮圣言也"。在信中,熊十力仍批评《新理学》对理气的讨论"似欠圆融",仍说新理学用现代的逻辑分析方法是"西洋为骨子"。冯友兰承认这一点。冯氏申说:"弟近有取于道家及禅宗者亦以此……弟所得于道家禅宗之启发耳。"①可见冯友兰当时重视道家、禅宗,可视为冯氏"负的方法"正式出台的背景。

所谓"负的方法"是体验人生意境的正道,也是东方哲学的神髓。思与觉

---

① 详见冯友兰:《与熊十力论〈新原人〉书》,《东方》杂志1993年创刊号。蔡仲德整理。陈来在《跋语》中考订此信写作时间当在1943年7月至1945年4月之间,因信中提及作者正在写作《新原道》。由此也可证明作者在《新原道》写作时更进一步浸润于中国儒、释、道之中,更多地离开了新实在论和《新理学》原架构。

解不是不能分析，但到最高境界时必须扫除阶梯，止息思虑。人生的化境，是不能形式化、逻辑化的，也不是能靠形式化、逻辑化达成的。形式化、逻辑化不能承担"贞元六书"为人生境界作形上学论证的任务。此任务实是由中国自身的体验方法完成的。

冯友兰哲学最有生命力的地方并不是枯燥的、略嫌呆板的理、气、道体、大全的推衍，而是他的人生哲学；不是他的正的（分析）方法，而是他的负的（体认）方法。进一步说，冯友兰哲学及其方法不是一个，至少是两个，一个是新实在论的方法学，另一个是中国自身的体道的方法学，其间发生的冲突正是中西文化与哲学之冲突的折射。冯氏成熟的思想，不是新实在论与宋明道学的融会、综合，恰恰相反，是对西学的扬弃，将其放在"技"的层次，而最终皈依中国的正统哲学，提升到"道"的层面，信奉儒、释、道融会一体的境界说与体验、体悟的方法学。

冯友兰《新理学》的尝试是有意义的，然而是不成功的。因此，"贞元六书"自身就无法一以贯之，而作者不能不中途易辙转向。经过冯友兰抽象之后的"理"、"道体"等，已成为形式的空套子，失去了宋明理学乃至中国哲学范畴本身所寓含的价值性与根源性及其生机。冯友兰形式、质料二分的逻辑推衍，并没有为其人生境界说作出本体论的论证或提供形上学的基础。中国哲学之空灵智慧，是把握了价值与存在根源的智慧，与逻辑命题的空套子不可同日而语。这也反映了运用逻辑分析方法于中国思想、命题、范畴的局限。

第四节　冯友兰的学术贡献及其现代意义

冯友兰创建的新理学虽然有其内在的矛盾与张力，但不容否认的是，其中有饱含真正体悟人生意境、抉发中国哲学精神的精彩绝伦之论。如在《新世训》第九篇《存、诚、教》中，冯氏依据宋儒将"敬"作为立身处世的方法，又作为超凡入圣的途径，强调万物一体的境界与宋明道学家的圣域。他又依中国精神与方法把"诚"释为内外合一的境界。在《新原人》第七章《天地》中，冯氏对超越的宗教予以肯定，对孟子之"天民"、"天职"、"天位"、"天爵"，对天地境界中知天、事天、乐天、同天四种境界作出阐释，他还发挥张载《西铭》和明道仁说,对"孔颜乐处"及宋儒体验作再体验。诸如此类的精彩议论是冯氏哲学的生机所在,而富有生机的原因在于冯氏有深厚的中学底子,对中国哲学的精髓和真正的价值有甚深体认,因此他能同情理解中国精神资源并创造出具有原创性的成果。从冯氏两卷本《中国哲学史》到《新原人》、《新原道》,到随心所欲、得心应手的晚年定论,都是他的人生意境哲学及其体道方法的成功范例,也是中国原方法的胜利。

同时,我们认为,冯友兰对中国哲学精神的体认与他对哲学史的建构是分不开的,他善于在哲学史的建构中追问中国哲学精神,并将自身对中国哲学精神的体认通过哲学史的建构深入浅出地表达出来。他的这种学风影响、培养了数代中国哲学的研究者。尤其是他两卷本的《中国哲学史》,经卜德翻译(在翻译过程中冯友兰曾指导卜德糅进了《新原道》的一些内容),半个多世纪了,仍是英语世界不可多得的最好的《中国哲学史》教材。

大体而言,冯友兰对中国哲学精神的体认与哲学史的建构有三个重要时期。第一个重要时期是 20 世纪 30 年代,冯氏对中国哲学精神有所体认,创作了两卷本的《中国哲学史》,为中国哲学史学科的初创树立了里程碑。

在两卷本的《中国哲学史》中,冯友兰提出了追问哲学精神与哲学史建构的关系问题。他说:"研究一时代一民族之历史而不研究其哲学,则对于其时代其民族,必难有彻底的了解。""各哲学之系统,皆有其特别精神,特殊面目;一时代一民族亦各有其哲学。现在哲学家所立之道理,大家未公认其为是;已往哲学家所立之道理,大家亦未公认其为非。所以言研究哲学须一方面研究哲学史,以观各大哲学系统对于世界及人生所立之道理;另一方面须直接观察实际的世界及人生,以期自立道理。故哲学史对于研究哲学者更为重要。"①冯氏认为,哲学精神之自得需观摩以往哲学家之特别精神、特殊面目,即对哲学精神的体认离不开对哲学史的建构。

在哲学史的建构中,冯友兰虽然认为"今欲讲中国哲学史,其主要工作之一,即就中国历史上各种学问中,将其可以西洋所谓哲学名之者,选出而叙述

---

① 冯友兰:《中国哲学史》,《三松堂全集》第二卷,河南人民出版社 2001 年版,第 254 页。

之"①,但他并不完全以西方哲学为唯一的哲学标准,而是以西方哲学为参照,将具有"实质的系统"的中国哲学逻辑地表达出来。这正如陈寅恪、金岳霖在审查《中国哲学史》的报告中所说,冯友兰对哲学史的建构没有以"一种哲学的成见"为标准,而是能够予以同情地理解。因此,冯氏能够根据哲学史与通史发展相适应的原则,将中国哲学的发展平实地推演出来,提出了许多独创的见解,如他认为,中国哲学有三个大时代,即"子学时代"、"经学时代"和正处于创作中的现代;将先秦名家区分为"合同异"与"离坚白"两派;指出二程的哲学思想的差异。

在对中国哲学史予以同情地理解中,冯友兰指出,中国哲学的特点在于偏重人生问题,即"中国哲学家多注重于人之是什么,而不注重于人之有什么"②。中国哲学家多讲内圣外王之道,即追求成为圣人。因此,中国哲学并未将人与宇宙分而为二,其主流并不注重知识问题,亦不注重逻辑的理智分析。他认为,这是中国哲学的弱点。可见,在此时期的冯氏通过对中国哲学史的建构,对以往中国哲学思想的义理和精神有所体会,并肯定之,但他尚不承认中国哲学精神可以有逻辑以外的表现形式,表示其对中国哲学精神的体认隔了一层。

冯友兰对中国哲学精神的体认在 20 世纪 40 年代得到了进一步的发展,他也因此重新建构了中国哲学史。这是冯氏中国哲学精神的体认与哲学史的建构的第二个重要时期。20 世纪 40 年代,冯氏在颠沛流离中对中华民族的传统精神生活予以反思,写成"贞元六书",形成了自家的哲学体系——新理学。其中,《新原人》集中表达了他对中国哲学精神的体认,《新原道》是对哲学史的建构,不仅是两卷本的《中国哲学史》的延续,且较之前更有发展、更中国化了。

冯友兰认为,哲学是人类精神以自身为对象的反思,这一反思不能增进人们对于实际的知识,但能提高人的精神境界。而中国哲学恰恰最关心的问题就是如何提高人的精神境界。他说:

---

① 冯友兰:《中国哲学史》,《三松堂全集》第二卷,河南人民出版社 2001 年版,第 245 页。
② 冯友兰:《中国哲学史》,《三松堂全集》第二卷,河南人民出版社 2001 年版,第 250 页。

中国哲学有一个主要底传统,有一个思想的主流。这个传统就是求一种最高底境界。这种境界是最高底,但又是不离乎人伦日用底。这种境界,就是即世间而出世间底。这种境界以及这种哲学,我们说它是"极高明而道中庸"。……即世间而出世间,就是所谓超世间。……就是所谓"极高明而道中庸"。有这种境界底人的生活,是最理想主义底,同时又是最现实主义底。……世间与出世间是对立底。理想主义底与现实主义底是对立底。这都是我们所谓高明与中庸的对立。……在超世间底哲学及生活中,这些对立虽仍是对立,而已被统一起来。"极高明而道中庸",此"而"即表示高明与中庸,虽仍是对立,而已被统一起来。如何统一起来,这是中国哲学所求解决底一个问题。求解决这个问题,是中国哲学的精神。这个问题的解决,是中国哲学的贡献。[1]

冯氏认为,中国哲学精神追求的是不同职业的人如何在自己的日常生活中成为一个真正的人,达到最高的精神境界——天地境界,达到人之为人所能达到的最高成就——成为圣人。他说,人不可能脱离日常生活,但人不是在本能地生活,而是有觉解地生活,如"人于吃时,自觉他是在吃"[2]。"吃"是"中庸","自觉在吃"即为"高明"。高明与中庸虽然对立,但其实是统一的,不可能在中庸之外另寻高明,在中庸的日常生活中只有不同程度的高明精神境界。

这是冯友兰从中国传统哲学中体认到的中国哲学精神。他依据这一精神对以往的中国哲学思想一一剖析、定位,说明中国哲学发展的趋势,同时又以中国哲学史证明"极高明而道中庸"是中国哲学的精神。他认为"在中国哲学中,无论哪一派哪一家,都自以为是讲内圣外王之道,但并不是每一家所讲底都能合乎'极高明而道中庸'的标准"[3]。同时,他又指出:"以前大部分中国哲学家的错误,不在于他们讲空虚之学,而在于他们不自知,或未明说,他们所讲底,是空虚之学。他们或误以为圣人,专凭其是圣人,即可有极大底对于实际底知识及驾驭实际底才能。或虽无此种误解,但他们所用以描写圣人底话,

---

① 冯友兰:《新原道》,《三松堂全集》第五卷,河南人民出版社 2001 年版,第 5—6 页。
② 冯友兰:《新原人》,《三松堂全集》第四卷,河南人民出版社 2001 年版,第 472 页。
③ 冯友兰:《新原道》,《三松堂全集》第五卷,河南人民出版社 2001 年版,第 7 页。

可使人有此种误解。"①

冯友兰在20世纪40年代所体认到的中国哲学精神是真正的中国哲学精神，正是因为对中国哲学精神有真正的体认，所以他在50年代以后重新研究中国哲学史时，能够不完全为意识形态所左右。可以说，冯氏晚年对中国哲学史的建构不是完全失败的，其中仍有中国哲学精神的光芒闪现。20世纪50年代以后是冯氏中国哲学精神的体认与哲学史的建构的第三个重要时期。

"极高明而道中庸"是冯友兰对中国哲学精神体认的最终表述，他没有将这一表述视为概念的游戏，而是身体力行，将这一理解融合于他的生活之中。20世纪50年代以后，时代给予冯氏的现实是"帮助建设新的社会主义社会"，因此他说："我的努力是保持旧邦的同一性和个性，而又同时促进实现新命。"②基于此，他提出"抽象继承法"，强调为现代中国服务的包括各方面的广泛哲学体系，会需要中国古典哲学作为它的来源之一；他在《中国哲学史新编》的末尾总结认为，从中国哲学的传统看未来，现代社会不会"仇必仇到底"，而是会照着"仇必和而解"这个客观辩证法发展下去。

总言之，冯友兰是哲学家，他的思想是理智与直觉的结合。广义地说，冯友兰其人其书，整个是一部人生哲学；狭义地说，他的人生哲学包括早年的《人生哲学》、中年的《新原道》《新原人》、晚年的《中国哲学史新编》关于原始儒、道、玄学、禅宗和宋明道学之境界的体悟。这些成果有力地证明了中国哲学既内在又超越、极高明而道中庸、既入世又出世、既伦理世界又超越世界的特点。这些成果将继续影响后人。至若冯氏以西方思想附会的新实在论的理学和抗拒日丹诺夫教条不成，不得已以苏联教条主义附会的诸论及在政治高压下的违心之论等③，很快就会被人遗忘。

---

① 冯友兰：《新原道》，《三松堂全集》第五卷，河南人民出版社2001年版，第135页。

② 冯友兰：《三松堂自序》，《三松堂全集》第一卷，河南人民出版社2001年版，第309—311页。

③ 在"文化大革命"后期批孔运动中，冯友兰违心地撰文参与批孔，此乃政治大气候造成的，他晚年曾真诚地作了自我反省与检讨。

第八章　贺麟的理想唯心论

　　贺麟(1902—1992),字自昭,四川金堂人。作为 20 世纪中国深邃的、有创意的、学有专长、孤独苦闷的哲学家、哲学史家、翻译家和教育家,贺麟有着深厚的中西哲学的学养和睿识,其人其学对于中国哲学的贡献是多方面的,有着深远影响的。他早年留学期间,为斯宾诺莎的哲学和人品所倾倒,继则在新黑格尔主义的影响下,倾心于从康德到黑格尔的德国古典哲学。为了向国人介绍西方哲学的正宗,他放弃了唾手可得的哈佛博士学位,在留学的最后一年毅然亲赴德国学习。30 年代至 40 年代,他融合从柏拉图、亚里士多德到康德、黑格尔的理性派哲学及辩证方法,以及新黑格尔主义、唯意志主义和我国宋明理学中的程朱、陆王两派,试图建立一个理想主义和理性主义相结合的哲学体系,确立了他在现当代新儒学思潮中的重要地位。中晚年,为了"西洋哲学中国化"和"中国哲学世界化"的理想,他多用力于西方哲学的研究和翻译,其译著多次再版,影响深远。在垂暮之年,他一再表示他的兴趣在中国哲学史,企盼回到中国哲学之重建和中国哲学史的研究中来,可惜时势所限,生也有涯,这位哲人的智慧未能得到充分的施展。

　　贺麟孜孜矻矻致力于学术研究,他的主要著作有《德国三大哲人处国难时之态度》(1934)、《近代唯心论简释》(1942)、《当代中国哲学》(1947)、《文化与人生》(1947)、《现代西方哲学讲演集》(1984)、《黑格尔哲学讲演集》(1986)等;主要译著有鲁一士的《黑格尔学述》,斯宾诺莎的《伦理学》、《致知篇》,黑格尔的《小逻辑》、《哲学史讲演录》、《精神现象学》等。贺麟的著作已由张祥龙教授主持整理、编辑,自 2008 年由上海人民出版社陆续出版《贺麟全集》。

第一节　中西文化观

作为"后五四"时期的中国哲学代表之一,贺麟反思了中国文化走向近代的坎坷曲折历程,批评了张之洞的"中体西用"论、胡适、陈序经的"全盘西化"论和陶希圣等十教授的"本位文化"宣言,明确提出了"化西"的主张,即以民族文化之精华为主体,"自动地自觉地吸收融化,超越扬弃西洋现在已有的文化"①。

究竟什么是文化的体和用呢?贺麟认为,如果从柏拉图式的绝对的体用观说来,作为宇宙人生真理、万事万物准则的道或价值理念是体,而精神生活、文化、自然,都是道的显现,即是道之用。如果从亚里士多德式的相对的体用观说来,则精神生活、文化与自然都是道的不同层次的表现。低级者为较高级者之用或材料,较高级者为较低级者之体或范型。如此,则"自然为文化之用,文化为自然之体;文化为精神之用,精神为文化之体,精神为道之用,道为精神之体"②。也就是说,道——精神——文化——自然的四层结构中,低层为高层之用,高层为低层之体。文化为自然之体,同时又是道与精神之用。作为意识活动的精神,一方面以道为体,另一方面以自然和文化为用。

贺麟认为,"精神在文化哲学中,便取得主要、主动、主宰的地位。自然也不过是精神活动或实现的材料。所谓文化就是经过人类精神陶铸过的自然,所谓理或道也不过是蕴藏在人类内心深处的法则"③。他把自然作为精神活动的对象和材料,把文化作为人化的自然,把道或理作为非用的纯体或纯范型。只有精神才是体用合一,亦体亦用的真实。因此,道只是本体,而精神乃是主体。

文化的本质是什么呢?贺麟说:"严格讲来,文化只能说是精神的显现,

① 贺麟:《文化的体与用》,《贺麟全集·近代唯心论简释》,上海人民出版社2009年版,第200页。

② 贺麟:《文化的体与用》,《贺麟全集·近代唯心论简释》,上海人民出版社2009年版,第195页。

③ 贺麟:《文化的体与用》,《贺麟全集·近代唯心论简释》,上海人民出版社2009年版,第196页。

也可以说,文化是道凭借人类的精神活动而显现出来的价值物,而非自然物。换言之,文化之体不仅是道,亦不仅是心,而乃是心与道的契合,意识与真理打成一片的精神。"①质言之,文化是对象(自然)的人化(客体主体化),其逻辑的对应面则是人的精神力量的对象化(主体客体化)。文化的本质要由人类精神的本质加以理解。文化以精神为体,以自然为用。而精神是主体与客体之冥然合一。根据黑格尔的精神哲学,加上贺麟自己的"心物合一"哲学的校释,他认为,个人一切的言行和学术文化的创造,是个人精神的显现,一个时代的文化是时代精神的显现,一个民族的文化是民族精神的显现,整个世界的文化是绝对精神(按贺麟的理解是主观精神与客观精神的合一)逐渐实现或显现其自身的历程。

文化的体与用之间有着什么样的关系呢? 贺麟提出了如下三条原则:第一,体用不可分离。无用即无体,无体即无用,没有无用之体,也没有无体之用。他发挥严复的思想,指出近代西方物质文明有其深厚的精神基础,不能谓之有用而无体;宋明理学对于中国社会政治和民族生活具有重大深长的正面和负面、积极和消极的影响,不能谓之有体而无用。第二,体用不可颠倒。体是精神,是本质、规范;用是物质,是表现、材料。不能以用为体,以体为用。第三,各部门文化皆有其有机统一性。

对待西方文化的撞击应取什么样的态度? 首先,贺麟针对"全盘西化"论和"中体西用"论共同的错误——偏于求用而不求体,注重表面忽视本质的弊端,提出深刻理解整全的西洋文化的主张。他说:"研究、介绍、采取任何部门的西洋文化,须得其体用之全,须见其集大成之处。"②学习西方,既要知情于形下的事物,又要寄意于形上的理则,得其整体,才算得对西方文化有深刻彻底的了解,才"不致被动地受西化影响,奴隶式的模仿",而能够"自觉地吸收、采用、融化、批评、创造";他又说:"基于西洋文化的透彻把握,民族精神的创

---

① 贺麟:《文化的体与用》,《贺麟全集・近代唯心论简释》,上海人民出版社 2009 年版,第196 页。

② 贺麟:《文化的体与用》,《贺麟全集・近代唯心论简释》,上海人民出版社 2009 年版,第198 页。

进发扬,似不能谓为西化,更不能谓为全盘西化。"①正如宋明理学不是"佛化"的中国哲学,而是"化佛"的中国哲学;现今的中国文化,也不能是"西化"的中国文化,而只能是"化西"的中国文化。可见,贺麟与"洋务派"、"西化派"不同,他提出了民族主体性的原则,相信中华民族的选择和创造能力,并把这一"化西"的工作"建筑在深刻彻底了解西洋各部门文化的整套的体用之全上面"②。用我们现在的话来说,就是要对西方器物、技艺、制度、思想、心理、习俗,特别是其价值系统和思维方式,来一个全面把握,咀嚼消化,不要引进一点,不及其余,偏于求用而不求体,舍其本,求其末。

其次,针对体用割裂的"中体西用"论,贺麟强调中学西学各有自己的体系,各有其体用,不可生吞活剥,割裂零售。我们认为,文化系统是有机的统一体,异质文化的融合,是整体的、各层面的、长时间的相互渗透的过程。贺麟批评旧瓶新酒的机械凑合,和所谓"中国精神文明"、"西方物质文明"的体用隔碍,当然是正确的。他说:"中国的旧道德、旧思想、旧哲学,决不能为西洋近代科学及物质文明之体,亦不能以近代科学及物质文明为用……中国的新物质文明须中国人自力去建设创造,而作这新物质文明之体的新精神文明,亦须中国人自力去平行地建设创造。"③这实际上提出了打破旧的体和用,在中西文化融通之中,建设新的体和用。

再次,针对1935年1月上海十教授所提出的《中国本位文化建设的宣言》,贺麟指出,我们既不需要狭义的西洋文化,也不需要狭义的中国文化,而应当努力创造有体有用的活文化、真文化。他批评"入主出奴的东西文化优劣论"和"附会比拟的中西文化异同论",明确主张"以自由自主的精神或理性为主体,去吸收融化,超越扬弃那外来的文化和已往的文化。尽量取精用宏,含英咀华,不仅要承受中国文化的遗产,且须承受西洋文化的遗产,使之内在

---

① 贺麟:《文化的体与用》,《贺麟全集·近代唯心论简释》,上海人民出版社2009年版,第199页。
② 贺麟:《文化的体与用》,《贺麟全集·近代唯心论简释》,上海人民出版社2009年版,第200页。
③ 贺麟:《文化的体与用》,《贺麟全集·近代唯心论简释》,上海人民出版社2009年版,第200页。

化,变成自己的活动的产业。特别对于西洋文化,不要视之为外来的异族的文化,而须视之为发挥自己的精神,扩充自己的理性的材料。"①在这样的基础上,重建中国的活文化。

综上所述,贺麟当年以精神为文化之体,自然为文化之用;以精神文明为体,物质文明为用。其用心在于通过"体用"这一思维分析方式,批评对于西方文化挑战所出现的各种不健康心态。他反对流行的物质基础决定上层建筑的说法,也不同意韦伯的精神决定物质的观点,认为精神与物质不是客观的决定与被决定的关系,而是价值意义上的本末关系。

在传统文化与现代化的关系问题上,有鉴于五四新文化运动中出现的"绝对不相容"论和"好就是绝对的好"、"坏就是绝对的坏"的二元价值观,贺麟提出了对海外现代新儒家影响深长的"儒家思想的新开展"的课题。

贺麟文化观的局限在于其过于看重了精英文化中的正统文化,相对轻视了多元的、丰富的非正统文化在中国文化结构和运动中的价值和功能。尽管他也论述过老庄杨墨,然仍有把传统中国文化化约为儒家文化,又把儒家文化仅仅等同于孔、孟、程、朱、陆、王的倾向。因此,他当时对中国文化的前景作出了这样的估价:"根据对于中国现代的文化动向和思想趋势的观察,我敢断言,广义的新儒家思想的发展或儒家思想的新开展,就是中国现代思潮的主潮。……自觉地正式地发挥新儒家思想,蔚成新儒学运动,只是时间早迟、学力充分不充分的问题。"②这是继梁漱溟、张君劢、熊十力之后,对于复兴儒学最系统的论述。贺麟认为:"民族复兴,不仅是争抗战的胜利,不仅是争中华民族在国际政治上的自由、独立和平等,民族复兴本质上应该是民族文化的复兴。民族文化的复兴,其主要的潮流、根本的成份就是儒家思想的复兴,儒家文化的复兴。假如儒家思想没有新的前途、新的开展,则中华民族以及民族文化也就会没有新的前途、新的开展。"③这样,他就把中华民族与中国文化的前

①　贺麟:《文化的体与用》,《贺麟全集·近代唯心论简释》,上海人民出版社 2009 年版,第 201 页。
②　贺麟:《儒家思想的新开展》,《贺麟全集·文化与人生》,上海人民出版社 2011 年版,第 11—12 页。
③　贺麟:《儒家思想的新开展》,《贺麟全集·文化与人生》,上海人民出版社 2011 年版,第 12 页。

途和命运,寄托在儒家思想能否获得新开展上。这是他对于民族危机和文化危机所作出的回应。

贺麟指出:"儒家思想是否复兴的问题,亦即儒化西洋文化是否可能,以儒家精神为体、以西洋文化为用是否可能的问题。中国文化能否复兴的问题,亦即华化、中国化西洋文化是否可能,以民族精神为体、以西洋文化为用是否可能的问题。……如果中华民族不能以儒家思想或民族精神为主体去儒化或华化西洋文化,则中国将失掉文化上的自主权,而陷于文化上的殖民地。"①这里,贺氏强调了民族主体性的原则,但联系前面引述的他对于文化体用的看法,两者似乎表现出文化观上的逻辑矛盾。在前面引述的《文化的体与用》中,可以看到他认为中西文化的融合是体用全相的互流,坚决否定了中学为体西学为用,但在《儒家思想的新开展》里却又主张以儒家精神为体,以西洋文化为用。我们认为,这看似有逻辑表达上的矛盾,但实际上并不相冲突。因为贺麟所体认到的儒家精神是活的,而活的儒家精神不是落入精神物质二元对立中、与物质相对立的主观精神。在文化的复兴重建中,旧有文化与外来文化进行体用全相的互流,其正是要以自身原有的生生不已的主体精神,才能重新建立新的体用,在西方文化中国化的同时完成中国文化的自身转化。因此,贺麟既强调民族主体性,又认为中西文化的融合是体用全相的互流。当然,他将"华化"与"儒化"打上等号,有把民族传统狭隘化的倾向。活的儒家精神是开放的,传统与现代的结合不是儒家思想单独能完成的,而要与其他思想一起共同发挥作用才能实现。

正是因为贺麟体认到的儒家精神是活的,所以他认为五四新文化运动对儒家的"打倒"、"推翻",是"促进儒家思想新发展的一个大转机"②,也就是中国文化获得新生的一个大转机。新文化运动的最大贡献正在于此。他认为,儒家思想之消沉、僵化、无生气、失掉孔孟的真精神和应付新文化需要的无能,早已腐蚀在五四运动以前,曾国藩、张之洞等的提倡和实行,不过只是旧儒家

---

① 贺麟:《儒家思想的新开展》,《贺麟全集·文化与人生》,上海人民出版社2011年版,第13页。

② 贺麟:《儒家思想的新开展》,《贺麟全集·文化与人生》,上海人民出版社2011年版,第12页。

思想之回光反照和最后挣扎。经过了高举科学与民主大旗的五四新文化运动的"净化",儒家思想"僵化部分的驱壳的形式末节,及束缚个性的传统腐化部分"被破坏和扫除,而孔孟的真精神、真意思、真学术,不仅没有被打倒,"反而因他们的洗刷扫除的工夫,使得孔孟程朱的真面目更是显露出来"①。同时,"西洋文化学术之大规模的无选择的输入,又是使儒家思想得到新发展的一大动力"②。这里,贺麟肯定了胡适等人的功绩,认为他们解除传统道德的束缚,实为建设新儒家的新道德做了预备功夫;提倡非儒家思想,正是改造儒家哲学的先行。

贺麟发挥活的儒家精神,一方面充满信心地把儒家思想的现代危机视之为儒学复兴的大转机;另一方面又警惕地认为儒学"如不能经过此考验,度过此关头,它就会消亡、沉沦而永不能翻身"③。基于此,他积极研讨儒家思想吸收、转化西方文化,亦即完成自身转化的途径。首先,与同时代的主流思想一样,他认为西方文化的优长在于科学,但他明确反对把"科学化"作为儒家思想新开展的途径。他批评附会科学来曲解孔孟之学,如以物理、化学概念解释阴阳之说,认为这么做只会使科学与儒学陷于两废。因为在贺麟看来,与西方文化相比,儒家在中国文化中的地位与基督教在西方文化中的地位一样,其与科学分属不同的领域,两者既息息相关,又自有其分界。所以他认为,正如没有基督教化的科学,"我们不必采取时髦的办法去科学化儒家思想","欲充实并发挥儒家思想,似须另辟途径"④。

儒家思想的现代转化途径有什么方向可循呢?贺麟分别从儒学的精英文化形态和世俗文化形态,具体探讨了儒家思想新开展的途径。就儒学的文化学术方面,他反对将儒学偏狭化,主张以儒学原有的理学、礼教、诗教三方面,

---

① 贺麟:《儒家思想的新开展》,《贺麟全集·文化与人生》,上海人民出版社 2011 年版,第 12 页。

② 贺麟:《儒家思想的新开展》,《贺麟全集·文化与人生》,上海人民出版社 2011 年版,第 13 页。

③ 贺麟:《儒家思想的新开展》,《贺麟全集·文化与人生》,上海人民出版社 2011 年版,第 13 页。

④ 贺麟:《儒家思想的新开展》,《贺麟全集·文化与人生》,上海人民出版社 2011 年版,第 15 页。

分别吸收西方文化的哲学、宗教、艺术。其中,他在儒家思想哲学化的途径上身体力行,以西方正宗哲学补正、发挥中国的正统哲学,即是使"苏格拉底、柏拉图、亚里士多德、康德、黑格尔之哲学,与中国孔、孟、程、朱、陆、王之哲学会合融贯"①起来。这条途径被海外现代新儒家如唐君毅、牟宗三等极大地拓展开来,踵事增华,颇有建树。

就儒学的世俗形态方面,贺麟反对资本主义的流弊,大力阐扬传统文化之不同于西学的价值,发挥道德主体人格,主张培养品学兼优的"儒工"、"儒商"和有儒者风度的技术人员,进而期望每个中国人都能在生活修养上具有典型的中国人气味,有一点儒者气象,代表一点纯粹的中国文化,最终造成一个合理、合情、合时的新文明社会。他认为,离开社会政治法律、精神道德、思维方式的现代化而单谈物质工具的现代化,便是舍本逐末。

近代以来,文化认同出现了由"离异"到"回归"的发展过程。中西双方都有一部分人背离自己的传统而向对方接近,紧接着,双方又以重建民族文化为目标,重新发掘、估价并肯定自己的传统。这就是贺麟新儒学思想的文化背景。

贺麟文化观尽管有其局限性,然而其中最可贵的即是对西方文化和中国文化进行了双重反省,既反对"西化派"肤浅芜杂地转手贩卖,又反对"国粹派"盲目自大、抱残守阙。他的这个思想可以说一以贯之,直到1957年1月在著名的北京大学"中国哲学史座谈会"上,他与冯友兰、郑昕、陈修斋等就"开放唯心主义"和"哲学遗产继承"问题提出了与教条主义、民族虚无主义和"全盘苏化"思想不同的看法,并因此而遭到"批判"。② 他全身心地介绍西方哲学之经典、主干,以为改造中国哲学和提高国民的理论思维水平选择一些最基本的思想资料。他以融会中西哲学为己任,并认为如果对于双方有深切了解的话,不能说它们之间有无法沟通的隔阂,有霄壤的差别。他在翻译上力求中国化,认为因袭日本译名"遂使中国旧哲学与西洋的哲学中无连续贯通性,令

---

① 贺麟:《儒家思想的新开展》,《贺麟全集·文化与人生》,上海人民出版社2011年版,第15页。

② 关于这个问题,详见笔者的《我国当代哲学史上的一桩公案》,《郭齐勇自选集》,广西师范大学出版社1993年版。

人感到西洋哲学与中国哲学好像完全是两回事,无可融会之点似的。……我们要使西洋哲学中国化,要谋中国新哲学之建立,不能不采取严格批评态度,徐图从东洋名词里解放出来"①。他不仅希望"西洋哲学中国化",而且希望"中国哲学世界化"。他说:"今后中国哲学的新发展,有赖于对于西洋哲学的吸收与融会,同时中国哲学家也有复兴中国文化、发扬中国哲学,以贡献于全世界人类的责任。"②

贺麟关于复兴儒学的主张值得进一步深究,他在融贯中西、发扬民族精神、打开中国哲学新格局等方面作出的尝试和探讨至今仍有重要借鉴意义。尤其是重温贺氏关于文化讨论应当上升到文化哲学的教诲,对我们今天思考中西文化的比较很有启发新思的作用。他曾说:"我们现在对于文化问题的要求,已由文化迹象异同的观察辨别,进而要求一深澈系统的文化哲学。无文化哲学作指针,而漫作无穷的异同之辨,殊属劳而无功……我们不能老滞留在文化批评的阶段,应力求浸润钻研、神游冥想于中西文化某部门的宝藏里,并进而达到文化哲学的堂奥。"③超越比较中西文化异同优劣的阶段,进入深层次的理论探讨,目前在我国仍是需大用力之处。

第二节 理想唯心论

贺麟试图从康德出发,建构一种凌驾于唯物论与唯心论、主观唯心论与客观唯心论、心学与理学、机械主义与生机主义、科学哲学与人文哲学之上,涵盖宇宙论、认识论、人生论、伦理观的大哲学。这种哲学体系最终能否建树是另一个问题,我们这里首先讨论的是贺氏哲学的出发点——逻辑主体的问题。

---

① 贺麟:《康德名词的解释和学说的概要》,《贺麟全集·近代唯心论简释》,上海人民出版社 2009 年版,第 173—174 页。

② 贺麟:《中国哲学与西洋哲学》,《贺麟全集·近代唯心论简释》,上海人民出版社 2009 年版,第 264 页。

③ 贺麟:《答谢幼伟兄批评三点》,《贺麟全集·近代唯心论简释》,上海人民出版社 2009 年版,第 297—298 页。

一、逻辑主体,沟通主客

贺麟认为,包括印度和中国哲学在内的东方哲学,"非不玄妙而形而上,但却疏于沟通有无、主客的逻辑桥梁,缺少一个从本体打入现象界的逻辑主体"①。这就是说,中国传统哲学尽管也讲主客冥合、天人不二,却难免笼统模糊,原因盖在于缺乏作为主体甚至本体的活动根基、万事万识的前提和基础的"逻辑"。这一"逻辑"的精神何在呢? 可以借用斯宾诺莎的"据界说以思想"和康德的"依原则而认知"两语概括。前者要求根据一物的本性(真观念、共相)来思想,后者要求答复理性所提出的问题。贺氏认为,中国缺乏具有重大影响的科学和社会思潮,"就是因为那些知识并非理性自立法度而去追问自然所得到的一发动全身的普遍规律和知识系统"②。这就是贺麟对于中国哲学的深刻反省。

由此出发,并根据他对于程朱、陆王的理解和综合,他提出了"逻辑之心"的主体说。陆王有"心即理"之命题。贺麟认为程朱之"太极"或"理"也即是"心",即是"主乎身,一而不二,为主而不为客,命物而不命于物的心,又是天地快然生物,圣人温然爱物的仁心,又是知性知天,养性事天的有存养的心"③。值得重视的是,贺氏区别了作为科学对象的"心理之心",与作为哲学对象的、本质上即是自由的、"无待"的"逻辑之心"。后者即是"理性之心","乃一理想的超经验的精神原则,但为经验行为知识以及评价之主体。此心乃经验的统摄者,行为的主宰者,知识的组织者,价值的评价者。自然与人生之可以理解,之所以有意义、条理与价值,皆出于此'心即理也'之心"④。不难看出,贺氏希望用西方哲学表现得较为充分的逻辑理念法度、普遍规律和知识系统之"心"(主体)加强中国哲学表现得较为充分的道德行为、价值评价之"心"(主体)。这一"理念之心"是认识和评价的主体,万事万物的本性精华。万物之色相、意义、条理、价值之所以有客观性,即由于此认识的或评价的主体

---

①　转引自张祥龙:《贺麟传略》,《晋阳学刊》1985 年第 6 期。

②　转引自张祥龙:《贺麟传略》,《晋阳学刊》1985 年第 6 期。

③　贺麟:《朱熹与黑格尔太极说之比较观》,《贺麟全集·近代唯心论简释》,上海人民出版社 2009 年版,第 601 页。

④　贺麟:《近代唯心论简释》,《贺麟全集·近代唯心论简释》,上海人民出版社 2009 年版,第 3—4 页。

有其客观的必然的普遍的认识范畴或评价准则。万物的意义、价值由主体所赋予。由此出发的唯心论,即是"心"与"理"统一(心负荷真理,理自觉于心)的精神哲学。这正是贺麟试图建树的。

贺麟考察了"心即理"的精神哲学在中西哲学史上的流变辙迹。他说,关于"物者理也、性者理也、天者理也、心者理也"的思想,隐约浑朴地居于先秦和古希腊的哲学典籍中了。宋代诸儒与欧洲唯理主义和经验主义诸位大师重新提出了这些问题,从朱熹到陆象山,从笛卡儿、斯宾诺莎、洛克、休谟到康德,不断地探讨、辩难,最终在陆象山和康德那里得到基本解决,开辟了哲学的新方向,即"由内以知外"的途径。在陆象山,"心既是理,理即是在内,而非在外,则无论认识物理也好,性理也好,天理也好,皆须从认识本心之理着手。不从反省心着手,一切都是支离骛外。"①而在康德呢?"一方面把握住理性派的有普遍性必然性的理,一方面又采取了经验派向内考察认识能力的方法,但先天逻辑的方法代替了心理学的方法,对于人类心灵的最高能力,纯理性,郑重地加以批评的考察,因而成立了他的即心即理亦心学亦理学的批导哲学或先天哲学。"②陆象山和康德哲学在方法论上的巨大贡献,在于指明了认识吾心与认识宇宙的关系,要了解宇宙,必须从批评地了解自我的本性、认识的能力着手。

贺麟在这里采取了陆王与康德互释的方法,从比较哲学角度我们可以挑出很多毛病。但贺氏本意在为他的心物不二、心理不二、体用一源、知行合一的哲学寻找哲学史的根据。不过,既然中国哲学缺少一个逻辑主体,需要从康德哲学中引入,那么,陆王心学的"本心"怎么能够与具有先验必然性和普遍性的逻辑主体等量齐观呢? 根本没有经过近代哲学洗礼的陆王心学以吾心之明去格物穷理的方法和明心见性的禅观,与康德批判地透过人类意识去建立有普遍必然性的知识、反对独断地离开主观去肯定客观之间,横亘着整个近代哲学。在寻找本体界的先验逻辑规律方面,宋明理学在何种意义上可以与康

---

① 贺麟:《时空与超时空》,《贺麟全集·近代唯心论简释》,上海人民出版社 2009 年版,第23 页。

② 贺麟:《时空与超时空》,《贺麟全集·近代唯心论简释》,上海人民出版社 2009 年版,第24 页。

德哲学会通、合观,似还需要理论论证。

贺麟认为,他的唯心论不离开生活、文化或文化科学而空谈抽象的心,即既注重神游冥想乎价值的宝藏,又求精神的高洁与生活之切实受用,不落于戏论的诡辩、支离的分析、骛外的功利、蹈空的玄谈。因此,他这种唯心论,"就知识之起源与限度言,为唯心论,就认识之对象与自我发展的本则言为唯性论,就行为之指针与归宿言为理想主义"①。

所谓"心",已如前述。所谓"性",一方面是一物所已具之本质,另一方面又是一物须得实现的理想或范型。"本性"是自整个的丰富的客观材料抽象出来的共相或精蕴。因此,本性是普遍的、具体的。这种具体的共相即是"理"。"唯心论即唯性论,而性即理,心学即理学,亦即性理之学。"②在这里,贺麟把心学与理学等同起来。在道德论上,这种唯心论持尽性主义或自我实现主义,而在政治方面则注重研究决定整个民族命运的命脉与精神。所谓"理想",是超越现实与改造现实的关键,是分别人与禽兽的关键。在人生论上,这种唯心论持理想主义。他认为,"欲求真正之自由,不能不悬一理想于前,以作自由之标准,而理想主义足以代表近代争自由运动的根本精神"③。

总之,贺麟认为他的唯心论在关于宇宙与人生的认识上扬弃了机械观和生机观、科学哲学与人文哲学、唯物史观与唯心史观,调解了自然与精神的对立,使之得到有机的统一。他对自己的理想唯心论确实抱一种理想的态度。然而这个体系终究没有建树起来。以涵盖面更大、包罗至广的"大心"统摄心学与理学,调解二者的对立,似乎没有多大的意义。真正有价值的倒是他提出的认知主体、道德主体和审美主体合一的"逻辑主体"问题。这本是中国哲学的一大特点。运用西方哲学认识论与逻辑学的特长改造中国哲学,发掘其合理的、有价值的内容,确是一件有意义的工作。

---

① 贺麟:《近代唯心论简释》,《贺麟全集·近代唯心论简释》,上海人民出版社 2009 年版,第 6 页。

② 贺麟:《近代唯心论简释》,《贺麟全集·近代唯心论简释》,上海人民出版社 2009 年版,第 6 页。

③ 贺麟:《近代唯心论简释》,《贺麟全集·近代唯心论简释》,上海人民出版社 2009 年版,第 6—7 页。

二、心物平行与心体物用

贺麟哲学视心与物为不可分割的整体,心与物之关系,亦相当于体与用之关系。他说:"严格讲来,心与物是不可分的整体。为方便计,分开来说,则灵明能思者为心,延扩有形者为物。据此界说,则心物永远平行而为实体之两面:心是主宰部分,物是工具部分。心为物之体,物为心之用,心为物的体质,物为心的表现。故所谓物者非他,即此心之用具,精神之表现也。"①

心物平行、一体两面的思想显然来自斯宾诺莎。不过,贺麟揉进了陆王心学,改造了斯氏心物互不相涉论,以心为体、为主宰,物为用、为工具。他把物分为两个层次——作为精神之外化的自然之物和作为精神自觉的活动之直接产物的文化之物。他把心看作是统率性情全体的心(而理不过只是心之性,非心之情)。"心统性情"说是融合了佛学的宋明理学的一个重要思想。贺麟继承了这一思想。贺氏的心物关系说,从表层看是指心物平行、不离不即,然从深层看则是指的心主物从、心体物用、心为决定者,物为被决定者。从此"调解自然和精神的对立,而得到有机的统一,使物不离心而独立,致无体;心不离物而空寂,致无用"②。

心物平行论与心物主从论在逻辑上有相悖之处,昔者谢幼伟已曾指出。③贺氏答辩说:心物平行说是科学研究的前提,在科学上没有主从体用之分,以物释物,以心释心,各自成为纯科学研究的系统。然而,"心物一体说,心体物用,心主物从说乃唯心哲学之真正看法……哲学上不能不揭出心为体物为用之旨"④。也就是说,心物平行说属科学层面,心体物用说属哲学层面,二者有所区别。从哲学上说,心在逻辑上先于物。物的意义、价值及理则均为心所决定。心构成物之所以为物的本质。贺麟并不否定科学意义上的物的存在。如

① 贺麟:《近代唯心论简释》,《贺麟全集·近代唯心论简释》,上海人民出版社 2009 年版,第 4 页。

② 贺麟:《近代唯心论简释》,《贺麟全集·近代唯心论简释》,上海人民出版社 2009 年版,第 8 页。

③ 参见谢幼伟的《何谓唯心论》第三节第二部分,收入贺麟:《哲学与哲学史论文集》,商务印书馆 1990 年版,第 414—415 页;又见《贺麟全集·近代唯心论简释》,上海人民出版社 2009 年版,第 293 页。

④ 贺麟:《答谢幼伟兄批评三点》,《贺麟全集·近代唯心论简释》,上海人民出版社 2009 年版,第 296 页。

黑格尔一样,他把自然之物和文化之物都看成是精神的表现,把物质存在的时空形式看成是自然知识和自然行为所以可能的心中之理则或标准。

三、知行之间,动态整合

在探讨了心物关系之后,贺麟还从理论上和历史上考察了知行关系问题。他认为,宋儒所持的是价值的知行合一观,其中朱熹为理想的价值的知行合一观,王阳明为直觉的率真的价值的知行合一观。价值的知行合一论实即是知行二元论,即先根据常识或为方便起见,将知行分为两件事,然后再用种种努力勉强使知行合一,求两事兼有。从途径上说,一种是由行以求与知合一,一种是由知以求与行合一。

贺麟提出了普遍的自然的知行合一论,统摄价值的知行合一论,为之奠定理论基础。他发挥斯宾诺莎和格林的思想,指出:"一种行为皆含有意识作用,任何一种知识皆含有生理作用。知行永远合一,永远平行,永远同时发动,永远是一个心理生理活动的两面。……只要人有意识活动(知),身体的跟随无论如何也是无法取消的。此种知行合一观,人们称为'普遍的知行合一论',也可称为'自然的知行合一论'。一以表示凡有意识之伦,举莫不有知行合一的事实,一以表示不假人为,自然而然即是知行合一的事实。"[①]

价值的知行合一说认知行合一为"应如此"的价值或理想,而自然的知行合一说则认知行合一乃是"是如此"的自然事实。这首先是因为它们关于知行的界说不同。前者以显行隐知为行,显知隐行为知;而后者以纯意识活动为知,纯生理物理动作为行。

贺麟认为,孙中山的"知难行易"之说不唯是一定的真理,而且与知主行从之说相互发明。但难易是价值问题,主从是逻辑问题。只要在逻辑上将知行主从的问题解决了,则价值上知难行易问题就会迎刃而解。所谓主从关系即是体用关系、目的与手段关系。价值的知行合一说认为知是行的本质,行是知的表现;知是目的,行是工具;知永远决定行,行永远被知所决定。而从自然

---

① 贺麟:《知行合一新论》,《贺麟全集·近代唯心论简释》,上海人民出版社 2009 年版,第 49 页。

的知行合一观来看,知行同时发动,两相平行,本不能互相决定,但贺麟强调,知为行之内在的动因,知较行有逻辑的先在性。肯定知的逻辑的先在性和内在推动力,更圆满地包容了价值的知行合一说。

贺氏的知行合一说,既肯定了身心统一、生理与心理统一,又肯定了知的逻辑的先在性,和知主行从的关系。把知行关系从理论上强调、发挥,并建立缜密学说,从而形成具有近代意义的体系,这是贺麟的功劳。他认为,认识了知行真关系,使道德生活可以得到正确理解。他还指出了用行为心理学、现象学或意识现象学的方法更深入探讨知行问题的道路。这都是值得深思的。

四、直觉理智,两端互补

感性的直观以具体的事物为对象,知性的直观以抽象的共相为对象,理性的直观以具体的共相为对象。这是康德的思想。贺麟据此打破了直觉与理智的对立,并且在胡塞尔现象学的启发下,提出了直觉理智二者辩证统一的原理。相当于康德之感性阶段的认识,他认为是一种前理智的直觉,得到的是混沌的经验而非知识;相当于康德之知性阶段的认识,他认为是理智的分析,得到的是科学的知识;相当于康德之理性阶段的认识,他认为是一种后理智的直觉,得到的是哲学知识。我们不妨制表如下:

前理智的直觉→理智的分析→后理智的直觉

感性直观→知性直观→理性直观

混沌的经验→科学知识→哲学知识

贺麟说:“据此足见直觉与理智乃代表同一思想历程之不同的阶段或不同的方面,并无根本的冲突,而且近代哲学以及现代哲学的趋势,乃在于直觉方法与理智方法之综贯。”①贺氏当时的这一估价,为日后世界哲学发展潮流所证实。

贺麟提出直觉有先理智与后理智之分,又认为直觉、理智、形式逻辑、矛盾思辨各有其用而不相背。他说:“直觉方法一方面是先理智的,一方面又是后

---

① 　贺麟:《宋儒的思想方法》,《贺麟全集·近代唯心论简释》,上海人民出版社 2009 年版,第 77 页。

理智的。先用直觉方法洞见其全,深入其微,然后以理智分析此全体,以阐明此隐微,此先理智之直觉也。先从事于局部的研究,琐屑的剖析,积久而渐能凭直觉的能力,以窥其全体,洞见其内蕴的意义,此后理智的直觉。直觉与理智各有其用而不相背。无一用直觉方法的哲学家而不兼采形式逻辑及矛盾思辨的。同时亦无一理智的哲学家而不兼用直觉方法及矛盾思辨的。"①这里所说的矛盾思辨,即分析矛盾、从矛盾对立之中求得统一的辩证思维方法;这里所说的形式逻辑的方法,即"据界说以思想,依原则而求知"的几何方法;这里所说的直觉方法根据未经或经过形式逻辑的洗礼,划分为前后两种。形式逻辑、矛盾思辨与两种直觉的动态统一,为贺氏哲学的方法学。值得注意的是,20 世纪世界第一流的自然科学家、科学史家和科学哲学家,没有不肯定直觉在科学发现中的巨大作用的,没有不承认直觉与理智是互补的。与贺麟同时代的我国哲学家,讲直觉的颇有不少,然明确地从认识阶段和过程上讲前理智直觉→形式逻辑→辩证思维→后理智直觉,从认识方法上讲这四种方式是相互渗透与补充的,似不多见。

贺麟很强调归纳与演绎、分析与综合等逻辑分析和矛盾思辨方法,但同时又认为,单靠理论分析、范畴推演而无艺术家似的直觉,则不可能真正掌握辩证法。他以超群的透视力,认识到辩证法与文化历史发展的关系,指出黑格尔的消极理性和积极理性的辩证观,是一种洞观或神契。他说:"黑格尔的辩证法本身就是一个对立的统一:是形式与内容的统一;是天才的直观,与严谨的系统的统一;是生活体验与逻辑法则的统一;是理性方法与经验方法的统一。"②这里虽不免有新黑格尔主义的痕迹,但仍包含着部分的真理。辩证法是活生生、多方面的。辩证思维在人类认识史上是扬弃了机械主义的思维方式的积极成果。没有感性体验与理性思辨的结合,没有认知与体知的统一,没有整体的、当下的、瞬时的直接把握,也就谈不上认识辩证法。总之,形式逻辑的方法,矛盾思辨的方法,前或后理智直觉的方法,都是人类对于客观世界的

---

① 贺麟:《宋儒的思想方法》,《贺麟全集·近代唯心论简释》,上海人民出版社 2009 年版,第 74—75 页。
② 贺麟:《辩证法与辩证观》,《贺麟全集·近代唯心论简释》,上海人民出版社 2009 年版,第 118 页。

认识方法,尽管随着认识对象或认识阶段的不同,使用起来各有主从,但从整个认识来看,上述数种方法缺一不可。而且在使用此种方法时,同时含蕴着其他方法的运用,可谓你中有我,我中有你。

贺麟对于中国哲学的生命层面、价值层面、文化层面的体悟能力很强。他关于宋儒的直觉思维方法的讨论,颇能抓住特点。一般人都认为陆王"切己自反"、"回复本心"为直觉方法,贺氏独到之处,即见得朱陆都是直觉,不过朱偏重向外透视体认,陆偏重向内反省本心。朱子的直觉法即是以"虚心涵泳、切己体察"的工夫,达到"豁然贯通焉,则众物之表里精粗无不到,而吾心之全体大用无不明"的直觉境界。贺氏认为,如果说狄尔泰的直观法以价值为对象,以文化生活之充实丰富为目的;柏格森的直观法以生命为对象,以生命之自由活泼健进为目的;斯宾诺莎的直观法以形而上的真理为对象,以生活之超脱高洁、心灵之与理一、与道俱为目的;那么,朱子则兼具这三个方面。

当然,直觉不仅仅是思维方法,同时也是一种生活的态度,是精神修养达到的最高境界;直觉也不仅仅是道德的敏感,而且同时又是超道德的、艺术的、科学的或宗教的、哲学的洞观与神契。这个问题非常复杂。贺氏把中西各家关于直觉的讨论综合起来,通过体悟和分析,形成自己的看法,颇有启发作用。

第三节　中国哲学的新诠

贺麟对于中国哲学的贡献是多方面的、有着深长久远影响的,对此我们在前两节探讨他的中西文化观和理想唯心论时,已略有论及。这里,我们集中对贺麟的中国哲学史特征的研究作一点探讨。

贺麟历来重视中国哲学的研究。他最早公开发表的文字,即是在梁任公指导下写成的《戴东原研究指南》和《博大精深的学者焦理堂》;他由感喟晚年焦循对孔子之虔敬而进一步受梁漱溟影响,服膺王阳明、王心斋的"致良知"教,体悟修德养身的统一;他又通过吴宓受到美国新人文主义的影响,遂以发掘中国人文精神为己任;他到西方求学时只带了一部书——《宋元学案》;留美时写下了《朱熹与黑格尔的太极说之比较观》,后来引起了新的"太极辨";在他的学术生命壮年有为的 20 世纪三四十年代,他对孔孟老庄、程朱陆王的研究有着独到的见解,写下了至今仍脍炙人口的《儒家思想的新开展》、《五伦观念的新检讨》、《宋儒的思想方法》、《宋儒的新评价》、《王船山的历史哲学》、《知行合一新论》等著名篇章;他的中西哲学的学养和睿识,在《近代唯心论简释》、《文化与人生》、《当代中国哲学》等著作中得到淋漓酣畅的发挥;而在他中晚年的翻译业和西方哲学史研究中洋溢出来的中学的功力,至今尚没有人可以比肩。

笔者推重贺麟的中国哲学史研究,乃是因为他特别能体认中国哲学,得其真髓;而没有像胡适等人那样以实证主义等方法、以西方近代哲学作为唯一的参照系,或多或少地肢解、扭曲了中国哲学的风貌和特性;当然更没有像日后奉日丹诺夫唾余为圭臬的棍棒们那样粗暴地践踏这片园地,而这种蹂躏圣贤的流风余韵似乎并没有寿终正寝。相形之下,贺麟数量不多的中国哲学史论却蕴含着深意,不仅表现了一位正直学者的学术良心,而且确能从中品味出中国哲学的个中三昧。

一、"太极"、"仁"、"诚"本体的超越性

中国哲学是否具有超越性,迄今仍有不少争论。贺麟的探讨颇有启发性。他在 30 年代把"太极"界定为"总天地万物之理"或"心与理一之全体或灵明境界",即理气浑全的本体境界。贺氏认为,周敦颐之提出"无极",其作用乃在于提高或确立"太极"之形而上的地位,勿使太极混同于一物。贺麟认定周子《通书》及《太极图说》,"目的在为道德修养奠理论基础,为希贤希圣希天指形上门径。既非物理学,亦非狭义的'后物理学',而是一种'后道德学',或一种先天修养学"①。贺氏与张荫麟辩太极,解释"神妙万物",指出就太极之为宇宙之内蕴因言,则为神,不得以太极之外,别有所谓神也。又以此解朱子"太极者本然之妙,动静者所乘之机",所释甚是。

贺麟解"仁",亦有独见。他指出,如从诗教或艺术方面看,仁即温柔敦厚的诗教,天真纯朴之情;如从宗教观点看,仁即救世济物、民胞物与的宗教热

　　① 贺麟:《与张荫麟兄辩宋儒太极说之转变》,《哲学与哲学史论文集》,商务印书馆 1990 年版,第 391—392 页;又见《与友人辩宋儒太极说之转变》,《贺麟全集·近代唯心论简释》,上海人民出版社 2009 年版,第 247 页。

情,求仁不仅是待人接物的道德修养,抑亦知天事天的宗教功夫;如从哲学方面看,仁乃仁体,为天地之心,为天地生生不已之生机,自然万物的本性,亦即万物一体、生意一般的有机关系和神契境界。"简言之,哲学上可以说是有仁的宇宙观,仁的本体论。离仁而言本体,离仁而言宇宙,非陷于死气沉沉的机械论,即流于漆黑一团的虚无论。"①

贺麟亦从艺术、宗教、哲学三方面释"诚"。《中庸》"不诚无物"、《孟子》"万物皆备于我矣,反身而诚",即是以诚指真实无妄之理或道。诚不仅指实理、实体、实在或本体,亦指宇宙之行健不息或道体的流行。诚又蕴含着宗教的信仰,至诚可以惊天地泣鬼神,感动、贯通天地人神。诚亦即是诚挚纯真的感情,艺术家之忠于艺术不外保持发挥其诚。"从艺术的陶养中去求具体美化的道德,所谓兴于诗,游于艺,成于乐是也。从宗教的精神信仰中去充实道德实践的勇气与力量,由知人进而知天,由希贤、希圣进而希天,亦即是由道德进而为宗教,以宗教以充实道德。在哲学的探讨中,以为道德行为奠定理论基础,即所谓由学问思辨而笃行,由格物致知而诚正、修齐是也。"②

所以,贺麟强调不要忽略了宗教价值、科学价值而偏重狭义的道德价值,不要忽略了天(神)与物(自然)而偏重狭义的人。《中庸》所谓"欲知人不可以不知天",《大学》所谓"欲修身不可以不格物",颇为贺氏所重视,于此才能"反诸吾心而安","揆诸天理而顺"。

撇开贺麟循艺术化、宗教化、哲学化三方面开展儒家思想不论,仅就他对儒学所含宗教精神或宗教情怀的理解而言,这些提示都切合儒学本旨,且极有价值。儒学之"天"、"道"、"性"、"命"及上述"仁"、"诚"、"太极"诸范畴,不仅是调整人与人的关系(道德)的抽象,而且是调整人与天、地、神之关系(宗教)的抽象,以克服人的"上不在天,下不在地,外不在人,内不在我"的荒谬处境。

贺麟尤其指出了由道德上升到超道德或后道德的本体境界和超越意义,

---

① 贺麟:《儒家思想的新开展》,《贺麟全集·文化与人生》,上海人民出版社 2011 年版,第17 页。

② 贺麟:《儒家思想的新开展》,《贺麟全集·文化与人生》,上海人民出版社 2011 年版,第18 页。

这不仅是理解儒学而且是理解释道的枢纽。这里,贺氏给予我们诠释中国哲学史以本体论的维度。人之所以为人,不唯求生存,而且求生存的意义和价值。形而上的意义世界、价值世界及其源头活水,具有神圣意味和超越性,这在我们前述中国哲学的主要范畴中都已包含、蕴藏了。人们对诸如"仁"、"诚"、"太极"等意义或价值世界的把握,主要靠体验、冥契,而不是靠认识。因此,贺麟特别指出宋儒的直觉方法所涵盖的诸多内容。仁者不忧的"孔颜乐处",是一种超功利的绝对精神快乐,其由道德的进路入,而又超出了道德善恶。这种境界才是精神修炼的最高境界。人对这一境界的把握,当然不能指望概念的知识,而只能靠当下的触机。中国哲学所说的生生不已的"人与万物一体"的这样一个宇宙本体,或作为价值之源的天道、天命这一宇宙大生命,不在吾人之外,它通过性与命的积淀、贯通,内在化为人的心性。然而,我们对大小宇宙的贯通,内在宝藏的觉悟,总是在生命与生活的当下,凭灵感的启示,顿然神契、会悟。这难道真是如有人批评的所谓"神秘主义"吗?笔者认为,这里确有"神圣"意味,但绝不是"神秘主义"。没有一种"神圣"的、敬畏的、虔诚的意识,当然就不可能有道德价值秩序,而只可能是各种形式的"无法无天"。

朱子所谓"众物之表里精粗无不到,而吾心之全体大用无不明"之豁然贯通的直觉境界,按贺麟疏解,偏重于向外体认,即以透视式的直觉认识外界的物理或物性,"虚心涵泳,切己体察";另一方面亦以自己体验的工夫,唤醒那原来灵明的本心,与陆象山反省式的直觉不异。贺麟强调,"真正的哲学的直觉方法,不是简便省事的捷径,而是精密紧严,须兼有先天的天才与后天的训练,须积理多学积富,涵养醇,方可逐渐使成完善的方法或艺术。……直觉不是盲目的感觉,同时又不是支离的理智,是后理智的,认识全体的方法,而不是反理智反理性的方法。"[1]直觉法是可以使人得到宋儒所谓"德性之知"或今人所谓"价值的知识"之方法,可以使人达到形而上的、整全的、超越的境界。因此,这一方法才是"本体的方法"。中国儒、释、道的体验直觉,每被近人诟

---

① 贺麟:《宋儒的思想方法》,《贺麟全集·近代唯心论简释》,上海人民出版社 2009 年版,第 77 页。

詈毁辱,现今的哲学史教科书依旧如此。回过头再看贺麟将宋儒的直觉法与基尔凯廓尔·狄尔泰、柏格森、斯宾诺莎等人的直觉法比观,从而对本体方法学予以定位和改进,实在是一大贡献。体认精神文化真、善、美的价值,以价值充实生活,以动态的透视把握内在的自由活泼、变动不居的生命,进而超功利、超时间、超意欲,直透形上本体。贺氏对体认"仁"、"诚"、"太极"之方法的发挥,有助于我们理解中国哲学的超越特质。

二、深悟"心—物"、"知—行"的统一性

中国哲学的"心物一体"、"知行合一"之论是特别能表现中国哲学特征的基本命题,亦为贺麟所看重。他认为,心与物是不可分的整体,为实体之两面:心是主宰部分,物是工具部分。心为物之体,物为心之用。心为物的本质,物为心的表现。他把自然之物和文化之物都看作精神的外化与表现,尤其把文化之物看作精神自觉的活动之直接产物。这些看法都值得商榷。但他当年强调"不能离开文化或文化科学而空谈抽象的心。若离开文化的陶养而单讲唯心,则唯心论无内容,若离开文化的创造、精神的生活而单讲唯心,则唯心论无生命。故唯心论者注重神游冥想乎价值的宝藏,文化的大流中以撷英咀华取精用宏而求精神的高洁与生活之切实受用,至于系统之完成,理论之发抒,社会政治教育之应用,其余事也。如是则一不落于戏论的诡辩,二不落于支离的分析,三不落于骛外的功利,四不落于蹈空的玄谈"①。

贺麟充分理解"人与天地万物同体"和"心物同体"的现代意义,又特别把传统的"心体物用"、"心主物从"之论疏解为理性与理想相结合的理论。这是一大发明。他肯定理性是人之价值所自出,是人之所以为人的本则。人而无理性即失其所以为人。理性为人之本性,在人的一切活动中,如道德、艺术、宗教、科学的生活,政治、社会、经济的活动,皆是理性发展或实现的历程。根据他对"心即理也"、"性即理也"的疏释,他强调不离心而言性,和心、性、理之统一,对传统命题作了近代理性主义的洗刷。他又肯定传统心物之论的理想主

---

① 贺麟:《近代唯心论简释》,《贺麟全集·近代唯心论简释》,上海人民出版社2009年版,第5页。

义之本质。他指出理想主义最足以代表近代争自由运动的根本精神;理想不唯不违背事实,而且可以补助并指导吾人把握事实,驾驭事实;理想乃超越现实与改造现实的关键,且是分别人与禽兽的关键。在他看来,理性乃人之本性,又是构成理想之能力。故用理想以作认识和行为的指针,乃是任用人的最高精神能力,以作知行的根本。他主张以人类精神价值,以理性与理想之统一的主导力量,调节自然与精神的对立,使之得到有机的统一,使物不离心而独立,致无体,心不离物而空寂,致无用,当是真正的哲学应有的职务。

贺麟对"知行合一"说作了精到的研究,他综论了古今中西的知行关系之论,厘清了"知"、"行"与"知行合一"的不同含义。其中,自然的知行合一论与价值的知行合一论对于知行及其合一的界说不同。前者认纯意识活动为知,纯生理物理动作为行;后者认显行隐知为行,认显知隐行为知。前者以每一活动里知行两者自行合一,同时合一;后者则在不同的时间内去求显知隐行与显行隐知之合一。对后者来说,因为知与行间有了时间的距离,故成为理想的而非自然的,因为要征服时间的距离与阻隔,故需要努力方可达到或实现。贺氏认为:"阳明所最着重的知行合一说,虽近于自然的知行合一,而实非自然知行合一。第二,他虽反对高远的理想的分而后合的知行合一,但他们所持的学说,仍是有理想性的,有价值意味的,有极短的时间距离的知行合一说。所以我们可以这样说,价值的知行合一说可分两派,一派为理想的价值的知行合一观,一派为直觉的或率真的价值的知行合一观。前一派以朱子为代表,后一派则是阳明所创立所倡导的。"①

阳明所说见父自知孝,见兄自知悌,见孺子入井自知往救等,即是自动的、率直的、不假造作的、自会如此的知行合一,既非高远的理想,亦非自然的冲动,更非盲目的本能。心与理一的本心,即知即行的良知,就是知行合一的本体或本来体段。如好好色,如恶恶臭,如此直接、当下、迅速。阳明"知是行的主意,行是知的功夫;知是行之始,行是知之成"之论经贺氏改造,由单纯的德行和涵养性方面的知行,推扩应用在自然的知识和理论的知识方面,作为科学

①　贺麟:《知行合一新论》,《贺麟全集·近代唯心论简释》,上海人民出版社 2009 年版,第62 页。

思想以及道德以外的其他一切行为的理想根据。因为"知是行的主意",则知不是死概念,更不是被动的接受外界印象的一张白纸,而是主动的、发出行为或支配行为的主意,一扫死观念、空观念、抽象的观念之说。"行是知的功夫",即系认行为是实现所知的手续或行为是补足我们求真知的功夫之意,意思亦甚深切。

至朱子的知行学说,贺麟分三层解说:其一,批评不知而行、不穷理而言履践,不惟是冥行,甚至简直如盲人然,不知如何去行。其二,认为人之不能行善事,皆由于知不真切,若知得真切时,则不期行而自行,而不得不行。其三,指出若不知而硬行,则少成就而有流弊。总说之,朱子对于知行问题的根本见解,可包括在下列二命题:一是从理论讲来,知先行后,知主行从。二是从价值讲来,知行应合一,穷理与履践应兼备。

贺麟通过宋明儒学知行观的检讨,指出认识了知行的真关系,对道德生活可得一较正确的理解。奠立行为的理智基础,可以帮助我们打破那不探究道德的知识基础的武断的道德学,打破那使由不使知的武断的道德命令,并打破那只就表面指责人,不追溯行为的知识背景的武断的道德判断。并提出以新的意识类型学、行为类型学和意识现象学、行为现象学加以补充,遂使知行学说得以完善。

贺麟在20世纪30—40年代致力于探讨"心—物"之间、"知—行"之间的互动统一,不唯以近代理性精神加以透视,尤其能抉发其中固有的优长和特色。以愚之见,理想与理性统一的"心物合一"观,两种类型的"价值的知行合一观",都是就"仁"、"诚"、"太极"本体的内在性而言,又与它们的超越性密不可分,实际上解释了超越本体的内在化或超越即内在的贯通。就人与世界的基本"共在"关系而言,人与天、地、人、我四重结构或四维空间,在传统哲学中是通过天人、体用、心物、知行之契合来加以沟通和联结的。形而上与形而下的统一,或者天人之际、形上形下之间没有不可逾越的鸿沟,即在于中国哲学由"内在超越"的理路,使天道与心性同时作为价值之源,开掘心性,即靠拢了天道。这不仅没有遮蔽意义之源,反而使"神圣"落实化了。这种落实化的过程,古代学者通过"心物"观、"知行"观表达了出来,贺氏尤能加以发挥和梳理,实为难能可贵。

三、论证传统哲学现代化的可行性

贺麟曾经系统爬梳了 19 世纪末至 20 世纪 40 年代中期的中国哲学,就中国哲学内在的调整与发扬、西洋哲学的绍述与融会等问题做过研究,尤其能身体力行,为传统哲学的现代化作出了贡献。

传统哲学现代化的基础首先是传统哲学内蕴着可现代化的根芽,传统与现代不是绝对对立的,因此,需要我们以同情的理解和理性的批导的心态加以认真的清理。这不仅是贺麟的心态,也是钱穆、汤用彤等前辈学者的心态。如果没有一种"温情与敬意",虚心客观地发"潜德之幽光",设身处地,同情了解古哲,就会厚诬古人,抹杀古代哲学丰富的蕴含,丧失民族文化新开展的信心。

其次,有赖于西方哲学研究的成熟。贺麟经常批评我们对于西人精神深处的宝藏缺乏领略掘发的能力和直捣黄龙的气魄,批评入主出奴、杂乱无选择的稗贩,而主张有系统的原原本本的、够得上学术水准的译述和研究,真正使西方哲学在中国生根并繁荣滋长。这是发展中国哲学的重要前提。对于西方哲学,乃至西方宗教、艺术、科学价值的吸取和融合,对希腊精神和希伯来精神的体认,都有助于我们重新掘发和改造自己的民族精神与民族文化。

再次,选择适当的参照系。在研究中国哲学史的方法论上,贺麟反对附会、肢解。例如,以自然科学的概念附会《易经》的太极阴阳之说,结果会陷于非科学、非儒学。贺氏认为,我们应看到传统哲学与科学的息息相关处,但又要能看到两者的分界处,不必采取时髦方法去科学化儒家思想。贺麟着重发挥、发展传统哲学的人文价值(如以艺术、宗教、哲学掘发诗教、礼教、理学),我以为较之以科学主义的或者实证论的维度透视中国哲学,更为妥帖。至于以唯物主义与唯心主义两军对战史来构设中国哲学史,当然更不能了解中国哲学的底蕴和真谛,已是不言而喻的了。

最后,洗汰传统哲学僵化。摈弃传统哲学中无生气的躯壳的形式末节及束缚个性的腐化部分,得其真精神,以此真精神去促进工商化,大大提高工人、商人的道德水准和知识水准,促进人的素质的提高和人的全面发展,庶可进而造成现代化、工业化的新文明社会。

第四节　贺麟理想唯心论的价值与意义

贺麟哲学,论者一般谓为"新心学"。其实不确,准确地说,贺氏哲学是中学西学、心学理学两面之调解的"理想唯心论",是道德的理想主义的形上学。

贺麟的理路,是融合陆王、程朱,而以康德批判哲学、黑格尔精神哲学加以提扬和重释。可以说,当代港台新儒家实际上是循此路径而发展的。贺氏认为,他的唯心论不离开生活、文化或文化科学而空谈抽象的心,即既注重神游冥想乎价值的宝藏,又求精神的高洁与生活之切实受用,不落于戏论的诡辩、支离的分析、骛外的功利、蹈空的玄谈。因此,他这种唯心论,"就知识之起源与限度言,为唯心论;就认识之对象与自我发展的本则言,为唯性论;就行为之指针与归宿言,为理想主义"①。这种唯心论,在政治方面注重研究决定整个民族命运的命脉与精神,在道德论上持尽性主义或自我实现主义,在人生论上持理想主义。

贺麟认为,民族复兴,本质上应该是民族文化的复兴。因为中国百年来的危机,根本上是一个文化的危机、文化上的失调。中国文化上的国耻,早在鸦片战争以前就出现了。根本原因是儒家思想的腐败、消沉、僵化、无生气、失掉孔孟真精神和应付新文化需要的无能。因此,问题的关键在于中国人是否能够真正彻底、源源本本地了解、把握、吸收、转化、利用、陶熔西洋文化,以形成新的儒家思想、新的民族文化。他反对将儒学或民族文化褊狭化、浅薄化、孤隘化。他主张吸收西洋艺术、基督教精华和正宗哲学(如苏格拉底、柏拉图、亚里士多德、康德、黑格尔),使儒学艺术化、宗教化、哲学化,使儒学更加发皇其指导人生、提高精神生活和道德价值的特殊功用。他建议在哲学上建立"仁的宇宙观"和"仁的本体论"及"诚的宇宙观"和"诚的本体论",这实际上是儒家道德形上学的两种路数,熊十力、冯友兰即是这两种路数的最新代表,贺麟则主张综合之。

---

① 贺麟:《近代唯心论简释》,《贺麟全集·近代唯心论简释》,上海人民出版社 2009 年版,第 6 页。

　　贺麟清醒地看到,中国哲学非不玄妙而形而上,但却疏于沟通有无、主客的逻辑桥梁,缺少一个从本体打入现象界的逻辑主体。"逻辑的心"即逻辑主体,是贺氏哲学的中心范畴。他希望用西方哲学表现得较为充分的逻辑理念法度、普遍规律知识系统之"心",加强中国哲学表现得较为充分的道德行为、价值评价之"心"。这一"理念之心"是认识和评价的主体,万事万物的本性精华。万物之色相、意义、条理、价值之所以有客观性,即由于此认识的或评价的主体有其客观的必然的普遍的认识范畴或评价准则。万物的意义、价值由主体所赋予。由此出发的唯心论,是即心即理、亦心学亦理学的精神哲学。

　　贺麟哲学讨论了心物问题与知行问题。在心物问题上,由心物平行说发展到心体物用论,把自然之物和文化之物都看成精神的表现。在知行问题上,他强调了知行之间的动态整合,并据行为心理学、意识现象学和近代哲学的身心学说重新诠释宋儒和孙中山的知行关系学说。

　　在本体方法学上,贺麟综合了熊十力、冯友兰、金岳霖的方法论,主要是在胡塞尔现象学的启发下,提出直觉理智两端互补的学说。他认为,本体方法或哲学方法是由"前理智的直觉"到"理智的分析"到"后理智的直觉",由"感性直观"到"知性直观"到"理性直观"。"据此足见直觉与理智乃代表同一思想历程之不同的阶段或不同的方面,并无根本的冲突,而且近代哲学以及现代哲学的趋势,乃在于直觉方法与理智方法之综贯。"[1]贺氏以狄尔泰、柏格森、斯宾诺莎的直观法为参照,比照朱熹的直观法,认为朱子实在他们之上。他对于中西哲学的生命层面、价值层面的体悟能力很强,他强调天才的直观与谨严的系统的统一,生活体验与逻辑法则的统一,整体的、当下的、瞬时的直接把握与理性方法的统一,虽不免有新黑格尔主义的痕迹,但仍包含着部分的真理。贺氏在强调充实、发展人生和逻辑、体验、玄思方法之统一上,与熊、冯、金殊途而同归。

　　综上所述,贺麟理想唯心论虽有其自身的内在冲突与紧张,但其吸纳西学,把传统中的有益成分加以现代转化,重建传统形上学,为中国哲学走向世

_____

[1]　贺麟:《宋儒的思想方法》,《贺麟全集·近代唯心论简释》,上海人民出版社 2009 年版,第 77 页。

界提供了可贵的尝试模式。以愚之见,贺麟的理想唯心论与现当代新儒学不仅是传统哲学与现代哲学的中间环节、中国哲学与西方哲学的中间环节、大陆哲学与港台海外华人哲学的中间环节,而且是我们当今学人反思传统、回应现代、呼唤明天的中间环节。我们只能通过他们,而不能绕过他们。他们的价值与意义就在这里。

第九章　方东美的比较哲学

　　方东美(1899—1977)，安徽桐城人。20世纪的中国在文化上呈现出错综复杂、跌宕起伏的面貌，启蒙的声音与救亡的声音彼此缠绕，古今之争与中西之争相互纠葛；天下、国家和个人的命运亦随之沉浮。方东美正是这个时代的见证者。从青少年时期起，方氏在文化问题上便已表现出一种兼容涵摄的态度：一方面，他出身书香世家，受到了纯正的中国传统文化的熏陶，根基牢固；但是，在时代巨变的背景下，传统文化已经不能让他完全满足；而这恰恰成为他向西方文化求索的主要动力。另一方面，方氏接受了几乎是当时在国内所能接受到的最系统的西方文化的教育，游刃有余；然而，他所接受到的西方文化同样不能令他完全信服；故而，在学习西方文化的过程中，他经常有意无意地回望中国传统文化。可以说，在方氏文化观的萌发时期，即已表现出一种"不主一家、超乎其上"的融贯色彩和开放意识。

　　作为20世纪最具原创性的中国哲学家之一，方东美所建构的思想体系具有一个鲜明的特征，即在文化的比较之中择善而从、兼容并蓄。可以说，"比较"既是方氏用以建构其宏大的哲学体系的方法与途径，又已经内化成为其哲学体系的精神特质。正是在这个意义上，方氏哲学可视为一种真正的比较哲学。

　　通过梳理方氏的比较哲学，我们发现其中包含着两个层次的比较：第一层是广义上的比较，即站在世界文化发展全局的高度，比较古希腊、近代欧洲、中国这三种有代表性的文化类型。第二层是狭义上的比较，即站在中国哲学内部，比较原始儒家、原始道家、大乘佛学、宋明理学这四种最典型的文化资源。上述两个层次的比较既相互区别，又彼此联系，共同指向生命精神提升与超越的完美境界，由此展开为广大悉备的生命哲学。

第一节　世界文化视野中的比较

　　方东美首先从世界文化的宏观视野展开他的比较哲学研究，而这也是当时中国知识人的一种较为普遍的治学之道。19 世纪后期以来复杂的思想与文明的冲突、碰撞，促使更多的中国思想精英"睁眼看世界"。到 20 世纪前期，文化比较已经成为中国思想界一个重要的发展面向，很多哲学家都展开了文化、文明的比较研究。仅举梁漱溟、张岱年、冯友兰三位哲学家为例。梁漱溟提出："中国文化印度文化太两样。所谓东方文化的不能混东方诸民族之文化而概括称之，至少，亦是至多，要分中国、印度两文化而各别称之。世以欧洲、中国、印度为文化三大系是不错的。"①梁氏从历时性的、有先后次序的意义上定位古希腊文化、中国文化和印度文化：以古希腊为典范的西方文化的根本精神是意欲向前要求，它的优胜时代正是当代；中国文化的根本精神是意欲自为调和、持中，它在将来的时代将翻身成为世界的主导文化；印度文化的根本精神是意欲反身向后要求，它将是人类文化的最终归宿。② 张岱年主张："世界上不同类型的文化，如中、西、印的文化，亦各有所见，各有所蔽。"③可以说，在中西文化对比的大格局下，重视中、西、印的文化特质与异同，成为这一时期文化比较的主流。与此相区别，冯友兰借用"文化总和体"的范畴提出了"文化类型说"。这一文化理论放弃了按照地域、国家或者民族的标准区分文化的通常做法，而是将人类所有的文化打散，"依据哲学家们对好与不好的不同判断，以及对苦、乐成因的不同理解，把人类历史上的各种人生哲学全部纳入'损道'、'益道'以及'中道'三个系统之中"④。

　　方东美的文化比较更接近梁漱溟、张岱年的文化比较模式。不过，他并没

---

　　① 梁漱溟：《东西文化及哲学》，《梁漱溟全集》第一卷，山东人民出版社 2005 年版，第 391 页。

　　② 参见梁漱溟：《东西文化及哲学》，《梁漱溟全集》第一卷，山东人民出版社 2005 年版，第 383、525—528 页。

　　③ 张岱年：《文化与价值》，新华出版社 2004 年版，第 78 页。

　　④ 田文军：《冯友兰的中西文化观》，《珞珈思存录》，中华书局 2009 年版，第 233 页。

有采用中、西、印文化比较的基本格局,而是集中比较古希腊、近代欧洲、中国这三种文化类型。也就是说,他有意识地区分了西方文化内部古希腊文化与近代欧洲文化的根本差异,主张将它们当作两类不同的文化类型看待;与此同时,他没有将印度文化视为与中西文化鼎足而立的思想资源,仅将大乘佛学纳入中国文化的一个内在的重要成分。

方东美格外重视一般人所说的"西方文化"中的"古希腊文化"与"近代欧洲文化"的本质区别。推究其根源,固然受到了第一次世界大战所触发的时人对于欧洲理性文明的反思的影响,更源于方东美对于西方文化的系统、深刻的理解。方氏青年时期的学术兴趣主要在西洋哲学,他就读的金陵大学是当时国内首屈一指的教会大学,现代西式教育是这所大学的特色与优势。当时,金陵大学的毕业生可同时接受纽约大学的文凭与学位,并可享受与欧美大学同等的待遇,直接升入纽约大学或任何美国大学的研究院而不受限制。方氏在金陵大学接受了初步的西洋哲学的训练,并继而留学美国三年,先后完成硕士论文和博士论文;回国后也主要在各大高校讲授西方哲学。这样的经历使得方东美在对西洋哲学的理解和把握上具有更大的优势。正如曾经受教于方东美的现代新儒学大师唐君毅就曾屡次告诉他人:"中国人中真正搞通西洋哲学的,只有方先生!""当世能通透东西哲学者,吾师以外亦无第二人!"①

从 1924 年回国到 1937 年抗战爆发,是方东美消化西方哲学思想,并开始以比较文化学、比较哲学的视角审视东西方文化的时期。这一阶段,方东美完成和发表了一系列重要哲学论著。在这些著述中,生命的体悟、诗意的抒发与哲学的沉思交相辉映,而方氏哲学体系也开始初建规模。

一、《科学哲学与人生》

早在 1925 年执教东南大学时期,方东美就对几年前爆发的"科玄论战"充满兴趣。1927 年,利用在中央政务学校开设"近代西洋哲学"课的机会,方氏将自己对此问题的思考整理出来,完成了《科学哲学与人生》一书的主体部

① 转引自孙智燊:《述小事,怀大哲:东美先生逝世三十周年纪念》,《传记文学》第 90 卷第 6 期,台北传记文学出版社 2007 年版。

分(前五章)。全书由上海商务印书馆于 1936 年 2 月首次出版。此书是方东美对西方哲学的第一次总结,他在《自序》中阐明写作该书的目的在于揭示西洋思想中所潜藏的哲学意趣:首先,开宗明义,推论哲学思想的成因与功能,并为宇宙观和人生观确立基础;其次,主要介绍古希腊思想的发展,尤其是古希腊宇宙观的特点及其对希腊文化与人们生活的影响;再次,分析近代欧洲思想的是非得失,探寻物质、生物及生理科学的理路,揭示其中的哲学含义;最后,论断古希腊与近代欧洲两种不同的生命精神,并希望能够融摄科学、哲学与艺术的思潮,建构一种统一的理论文化结构。①

　　通过系统分析西方哲学文化的发展进路和短长得失,方东美形成了自己对"科学"与"人生观"关系的看法。方氏不同意"科玄论战"各方将科学对应自然现象、人生观对应社会现象的简单做法,主张应该跳出自然与社会的二分对立,从人生意境出发。人生意境由"理"和"情"两大要素构成,二者"相与浃而俱化",构成生命活动的内容和哲学的对象。他说:"治哲学者得了境的认识,当更求情的蕴发"②,哲学既要探寻人生意境中属于时空方面的理,又要抒发人生意境中属于价值方面的情,也就是要"衡情度理";前者即"穷物之理",后者即"尽人之性"。所以,哲学的任务正是"纵览宇宙理境,发舒人生情蕴"。方氏所谓"理境",约略类似于宇宙的自然客观知识;所谓"情蕴",则是人们对于宇宙人生的价值意识。一旦确立了这一立场,我们就会发现"情"和"理"并非两截,宇宙自身便是情理的连续体,而人生实质上正是情理的集团③。用他的话来说:"我们识得情蕴,便自来到一种哲学化的意境,于是宇宙人生之进程中不仅有事理的脉络可寻,反可嚼出无穷的价值意味。诗人抚摹自然,写象人生,离不了美化,伦理学家观察人类行为,少不了善化。我们所谓情的蕴发即是指着这些美化、善化以及其他价值化的态度与活动。"④当然,需要指出的是,尽管方东美将"情"、"理"并举,但他关注更多的还是"情"。他说:"情、理虽是一贯的,然从其属性上看起,却可分辨清楚。生命以情胜,宇宙以理彰。

　　①　参见方东美:《科学哲学与人生·自序》,台北黎明文化事业股份有限公司 1993 年版。
　　②　方东美:《科学哲学与人生》,台北黎明文化事业股份有限公司 1993 年版,第 15 页。
　　③　参见方东美:《科学哲学与人生》,台北黎明文化事业股份有限公司 1993 年版,第 24 页。
　　④　方东美:《科学哲学与人生》,台北黎明文化事业股份有限公司 1993 年版,第 16 页。

生命是有情之天下,其实质为不断的,创进的欲望与冲动;宇宙是有法之天下,其结构为整秩的,条贯的事理与色相。"①而这,正是人类生命活动的本质意义所在。换言之,"境的认识"并不构成目的,归根结底它还是要服务于"生命之创进",服务于"情的蕴发"。在方东美看来,人类之所以高贵,之所以能"生生不息",正在于人生是"有情之天下",人类总是向往和追求美与善的价值理想。

在《科学哲学与人生》一书中,方东美论述了古希腊哲学与欧洲哲学的关系和差异。他指出,古代希腊是近代欧洲文化之母,一个突出表现就是近代欧洲文化所彰显的科学精神原本就是古希腊人的根性。② 方氏注意到古希腊初期哲学所形成的"物格化的宇宙观",古希腊的哲学家在解释宇宙时,宛如解释具体物象一般,把宇宙当成一件东西看待。这种世界观在希腊思想史上引起了两种反动:一是以苏格拉底为代表的人本主义;二是以柏拉图、亚里士多德为代表的目的的唯神论。③ 近代欧洲则信奉物质科学的宇宙观,其优点固然极多,但缺陷也很明显:它"把全整的宇宙劈成两橛,这方面是物质及其基性,那方面是心灵及其次性"④。结果导致降低了人类在宇宙中的地位,也动摇了科学方法的基础。

1936年春,在中国哲学会南京分会成立大会上,方东美发表了《生命悲剧之二重奏》一文,该文后来也收录到《科学哲学与人生》一书中。文中,方东美根据萧伯纳所言的"生命中两种悲剧:一种是不能从心所欲,另一种是从心所欲"之说,将西方文化进行了概括,认为早期的西方文化,即古希腊人的那种波澜壮阔的生命情调乃是"从心所欲的悲剧",而近代以来欧洲人的那种低昂天地、忧心如捣的生命精神则是"不能从心所欲的悲剧"。⑤

---

① 方东美:《科学哲学与人生》,台北黎明文化事业股份有限公司1993年版,第25页。

② 参见方东美:《科学哲学与人生》,台北黎明文化事业股份有限公司1993年版,第39页。

③ 参见方东美:《科学哲学与人生》,台北黎明文化事业股份有限公司1993年版,第40、68页。

④ 方东美:《科学哲学与人生》,台北黎明文化事业股份有限公司1993年版,第126页。

⑤ 详见方东美:《科学哲学与人生》,台北黎明文化事业股份有限公司1993年版,第197—199页。

二、《生命情调与美感》

1931 年,方东美在中央大学校刊《文艺丛刊》第一卷第一期(创刊号)上发表了论文《生命情调与美感》,后来收录到《生生之德》一书中。在这篇洋溢着诗意与美感的奇文中,方东美从空间、生命情调、美感的角度比较了古希腊、近代西方和中国这三种典型文化。之所以采用此视角,是因为"民族之美感,常系于生命情调,而生命情调又规抚其民族所托身之宇宙"①。宇宙空间乃是一种文化的基本符号;一旦把握住该符号,便可以在众多掩盖物中抽绎出其所代表的文化。

方东美拿出诗人的空灵情怀,以"坐客"之幽情,鉴赏乾坤戏场中几出生命诗戏。他比较古希腊、近代西方、中国三种生命情调:

戏中人物:希腊人;近代西洋人;中国人。

背景:有限乾坤;无穷宇宙;荒远云野,冲虚绵邈。

场合:雅典万神庙;葛特式教堂;深山古寺。

缀景:裸体雕刻;油画与乐器;山水画与香花。

题材:摹略自然;戡天役物;大化流衍,物我相忘。

主角:爱婆罗;浮士德;诗人词客。

表演:讴歌;舞蹈;吟咏。

音乐:七弦琴;提琴,钢琴;钟磬萧管。

境况:雨过天青;晴天霹雳;明月萧声。

景象:逼真;似真而幻;似幻而真。

时令:清秋;长夏与严冬;和春。

情韵:色在眉头;急雷过耳;花香入梦。

素雅朗丽;震荡感激;纤馀蕴藉。②

在方东美看来,作为希腊文化之符号的宇宙乃是有限形体,其构造单位为具体物质,其纵横格局为有限空间。作为西洋文化之符号的宇宙是无穷境界,其物质、时空、数论等观念几经变更,已逐渐脱离具体形态,而近于抽象理想。作为

---

① 方东美:《生生之德》,台北黎明文化事业股份有限公司 1999 年版,第 117 页。

② 参见方东美:《生生之德》,台北黎明文化事业股份有限公司 1999 年版,第 115—116 页。

中国文化之符号的宇宙得二者之长,以有限形质而兼无穷"势用",其物质、时间、空间等观念看似具体,实则玄虚;其发为功用,往往"遣有尽而趣于无穷"①。

方东美又举道家、儒家、杂家三者,展开论列中国文化的宇宙特质和生命美感,特别强调原始道家和原始儒家能参透万象而得其妙用,朗显艺术之空灵意境。② 所以,对于中国文化和生命美感,必须于"诗意词心"中求之。他曾描绘此情形:"尝忆春日踽踽独行西湖九溪十八涧中,目染花痕,耳闻莺声,心满情愁,神滋意想,自觉穷天地之极际,亦不足以位我一人,然身在两山深处,又不觉其境之狭小,盖当是时吾所寄托者,非物质之界限,乃情绪意想所行之境耳。是知中国人之空间,萦情寄意之所也,是亦一无穷矣。"③此种写法,恰如用柏格森的文笔来描摹中国文化的神韵。

三、《哲学三慧》

1937 年,方东美出席南京中国哲学会第三届年会,在会上发表了著名的《哲学三慧》一文。该文于 1938 年 6 月 19 日在重庆版《时事新报》副刊《学灯》上刊出,后来亦收录在《生生之德》一书中。《哲学三慧》的篇幅精短,不过一万二千余字,原本打算作为《生命情调与美感》一文的一篇长序,后来干脆独立成篇。该文在语言形式上吸取了佛经的风格,体例近似莱布尼兹的《单子论》和维特根斯坦的《逻辑哲学论》,例如:

希腊如实慧演为契理文化,要在援理证真。

欧洲方便巧演为尚能文化,要在驰情入幻。

中国平等慧演为妙性文化,要在挚幻归真。④

《哲学三慧》继续了《生命情调与美感》的文化比较风格,综论希腊、近代欧洲和中国这三大智慧类型与文化体系,不仅以整体观考察古希腊理性精神与哲学、艺术,还考察了"文艺复兴"以来西方近现代哲学思潮,并把前述西方思想

---

① 详见方东美:《生生之德》,台北黎明文化事业股份有限公司 1999 年版,第 121—127 页。
② 参见方东美:《生生之德》,台北黎明文化事业股份有限公司 1999 年版,第 127—129 页。
③ 方东美:《生生之德》,台北黎明文化事业股份有限公司 1999 年版,第 132—133 页。
④ 方东美:《生生之德》,台北黎明文化事业股份有限公司 1999 年版,第 140 页。

文化与中国思想文化在整体上加以比较,认为中国文化所主张的"广大和谐之道",正是克服西方文化"主客二元"弊端、解决其"超绝"之虚幻的"解药"。文中,方东美信手拈出"契理"、"尚能"、"妙性"三词,准确点出希腊、近代欧洲、中国三大文化体系的精神特色。三大文化最后指向"三慧一如",而"超人"则是其理想人格,即所谓"全德完人",体现上乘人生智慧与理想。①

《哲学三慧》篇幅虽短,却是了解方东美治学趋向和思想发展的关键之一,可以看作是他的早期思想向中期转折的分水岭。从"承上"来看,无论行文风格、还是气度内涵,均较十年前的《科学哲学与人生》一书有质的飞跃;从"启下"来看,此文为他中期以后的主要著作奠定了基础。

四、《从比较哲学旷观中国文化里的人与自然》

《从比较哲学旷观中国文化里的人与自然》一文是方东美 1960 年在美国任密苏里大学客座哲学教授期间所做的一篇英文演讲稿。该文亦收录在《生生之德》一书中。

在这场演讲中,方东美以这样的开场白开始:"孔子登东山而小鲁,登泰山而小天下。的确,当我们进入一个更高的境界时,便发现原有的世界是如此的狭小。"②接着,方氏论述中国人的观念形式与西方人的观念形式完全不同:西方思想以"逻辑化清晰的分离型"为特性,习惯于采取分离的方式,把那些看似不相融贯的活动事项加以分隔。他引用了印度诗人泰戈尔的话:"古代希腊的文明是孕育在城市围墙之中,其实,整个西方的文明都以砖瓦泥沙所堆砌成的城市为摇篮"。"西方人常以其征服自然的思想自傲,好像我们都是生活在一个敌对的世界中。……因为生活在城墙内,很自然的,我们心灵的视界只限于人的生活和工作,于是造成了人、和孕育我们的宇宙之间的一种人为的分隔"。③

中国文化的最大特色,就是能观照人和世界中生命的全面。中国古代的三大哲学传统,儒、道、墨三家,全都致力于人和自然的合一。中国人在评定文化价值时,常常是一个融贯主义者,而不是一个分离主义者。方东美又向西方

---

① 详见方东美:《生生之德》,台北黎明文化事业股份有限公司 1999 年版,第 140—158 页。

② 方东美:《生生之德》,台北黎明文化事业股份有限公司 1999 年版,第 257 页。

③ 方东美:《生生之德》,台北黎明文化事业股份有限公司 1999 年版,第 259—260 页。

听众介绍了中国哲学思想的源头——《易经》,指出《易经》的基本原理就在于持续的创造性。中国哲学的理性之大用,是旁通统贯的精神统一体。在中国哲学里面,人源于神性,而此神性乃是无穷的创造力,它范围天地,而且是生生不息的。由中国哲学家看,人常在创造的过程中,随着宇宙创造的生力浑浩流转而证验其程度,既是创造者,也是旁观者。在中国哲学里,自然是宇宙普遍生命的大化流衍的境域,是一个和谐的体系,是神圣、幸福的境域。所以中国人深觉我与物、人与物,一体俱化。人也许会失落,但并非偶然的,而是由于他违背了天道。中国哲学里的自然和性禀是一体的。我们以平等的心情待人接物,能够与天地并生,与万物为一,共证创造生命的神奇。他说,我们尊敬生命的神圣。我们站在整个宇宙精神之前,呼吁大家本于人性的至善,共同向最高的文化理想迈进。①

五、《中国形上学中的宇宙与个人》

1964 年 6—8 月,方东美应邀参加了在美国夏威夷大学召开的第四届"东西方哲学家会议"。在会上,他发表了题为《中国形上学中的宇宙与个人》的论文。这篇论文可以看作是方东美宏观比较哲学的最后定论。

在文中,方东美首先声明:他所要讨论的中国形上学,含义迥异于一般所谓的"超自然形上学"。他将西方的形上学界定为"超自然形上学",其特征是人及其所处的宇宙被两种相互排斥的力量剖成两橛,导致了天堂与地狱、灵与肉的对立与冲突。这种形上学也被方东美称作"超绝形上学"②。与此相异,中国的形上学则被他界定为"超越形上学",其特征是:一方面深植根基于现实界,另一方面又腾冲超拔,趋入崇高理想的胜境而点化现实。③ 这其实就是儒家《中庸》所说的"极高明而道中庸"、道家《庄子》所讲的"得处环中,以应无穷"、佛教禅宗的"担柴运水,无非妙道"。因此,中国的本体论摒弃了单纯的二分法,而是认为宇宙与生活于其间的个人,雍容洽化,可视为一大完整的立体式的统一结构。

---

① 详见方东美:《生生之德》,台北黎明文化事业股份有限公司 1999 年版,第 269—279 页。
② 方东美:《生生之德》,台北黎明文化事业股份有限公司 1999 年版,第 283 页。
③ 方东美:《生生之德》,台北黎明文化事业股份有限公司 1999 年版,第 283 页。

第二节　中国哲学内部的比较

在展开世界文化视野中不同文化类型的宏观比较的同时,方东美也开始有意识地反思中国本有的传统哲学资源,并且通过比较研究来揭示不同资源的特质。

从动机上看,方东美将一部分注意力转移到中国哲学内部不同资源的比较,是为了回应印度学者的挑战。1944 年,当中国的抗战正处在紧要关头之际,尚在谋求独立的印度派遣了一支文教代表团来中国访问,到达陪都重庆。代表团的领队是印度哲学家拉达克里希南博士(后来曾于 1962—1967 年任印度总统)。拉达克里希南一向很关注印度文化与西方文化的关系,被视为印度现代哲学史上综合东西方哲学的典范。他来到中央大学,特意拜访了当时传介西洋文化十分出色的方东美教授。在谈到印度人对印度哲学的兴趣与中国人对中国哲学的兴趣时,拉达克里希南向方氏提了一个问题:"从中国人念哲学立场,对于西方之介绍中国哲学是否满意?"①这个问题潜含的意思是:印度学者不满意西方人所介绍的印度哲学,因此包括拉达克里希南在内的许多印度学者站出来向西方介绍自己的哲学文化。

这一问题引起了方东美的深思。他发现就在自己全力介绍西洋哲学的同时,西方学者对中国哲学的介绍却很不令人满意。因为哲学不同于其他的学问,它与一个民族最深层的文化和最基本的精神息息相关。尤其是东方哲学,所讲的智慧是一种"内证圣智",仅靠西方式的经验和逻辑无法从根本上把握。当时中国哲学文化的介绍大都是由西方来华学者所担任。尽管西方也有不少名家致力于介绍中国哲学,可是他们的心灵差别仍然存在,他们的精神与心态还是西方式的,不明白对于中国哲学来说,内在观照要远远重于外在观察。结果,只能在外面兜圈子,不能透入到中国哲学内在的精神,使得误解愈来愈多,直至今天这种让人很不满意的局面。

于是,方东美回答:"西方学界介绍中国哲学的情况让人颇不满意!"拉达

---

① 方东美:《原始儒家道家哲学》,台北黎明文化事业股份有限公司 1993 年版,第 2 页。

克里希南建议道:"阁下何不自著,以英文发表,宏布西方,以增正解?"听闻此言,方氏认为,这实际上是拉达克里希南代表印度学者在向中国学者提出善意的挑战。① 为了中国学者的尊严,更为了中国文化的命运,方氏毅然决定接受这一挑战,要为中国传统文化和哲学担任代言,将中国的哲学智慧完整、准确地介绍到世界上。

担负着这样神圣的使命,方东美开始认真梳理中国文化与哲学传统中的重要资源,因为只有先弄清楚自己的东西,才谈得上向别人推介。从广义上可以说,方氏此后三十多年的学术活动都是对这一挑战的回应,其最直接、最重要的成果,是他后来用纯正的英文完成的两部重要著作——《中国人的人生观》与《中国哲学之精神及其发展》。

不过,方东美之所以花费很大心力总结和比较中国哲学内部各大资源,还有内在的原因,即任何单一学派、单一资源都不能让他完全满意。根据方东美晚年的回忆,他是在"儒家的家庭气氛中长大"②,从 3 岁时就开始读《诗经》,并陆陆续续读完"四书五经"。家学的熏陶和儒家经典的积累,构成方氏学术的根基之一。但是,童年方东美便已表现出不凡的见识。儒家经典并不能让他完全满足,尤其是桐城文派尊崇程朱理学,长于叙事言情,而短于谈玄说理,这让他颇感到遗憾。很快,他发现读《庄子》正好可以弥补这一遗憾,所以,童年的方东美在诵读儒家经典之外,喜欢读《庄子》。方氏哲学儒道并重的博大气象早在儿时即已埋下种子。

1952 年,方东美用英文写了《中国人的人生观》一书(也译作《中国人生观》)。该书在方东美于抗战前夕所做的系列演讲和《中国人生哲学概要》的基础上,进行了大篇幅的增补改动,可以完全看作是一本新书。经过 4 年时间的打磨修订,该书于 1956 年 8 月正式定稿,并由台北联经出版事业公司出版。这部书是方东美对抗战时期印度学者善意挑战的明确回答。在介绍该书的写作原因时,方氏写道:"有关'中国的东西'在西方已经写过很多,表面上看来都是言之有物,令人目眩,对那些爱赶时髦的人尤具吸引力;然而真正的'中

---

① 参见方东美:《中国哲学之精神及其发展》(上),孙智燊译,台北黎明文化事业股份有限公司 2004 年版,译序。

② 方东美:《原始儒家道家哲学》,台北黎明文化事业股份有限公司 1993 年版,第 1 页。

国心灵'却很少有人触及,只有深具慧心的内行人才知其中博大精深,实为一大宝库,除了充满知识、博学、艺术与高雅的传统外,更有无穷的精神能源,但对那些在思想与感受毫无同情的人来说,这宝库却只是一片漆黑,的确,如果面对中国的慧心,西方世界只以俗眼来看,那自会视而不见,错误百出。"①

方东美指出,理解中国文化的关键,在于确立一种"中国的心态";如果没有中国人的心态,便无法进入"中国心灵"的宝库。然而,令人遗憾的是,不仅一些西方学者由于不通中国的语言文字而无法进入"中国心灵",甚至连不少中国人也妄自菲薄、自毁长城,污蔑中国文化的遗产宝藏。因此,方东美用英文写作此书的目的,就是要"激浊扬清,阐扬中国的慧心"。

那么,什么是"中国的心态"呢? 扼要地说,就是深体广大和谐之道,因而了悟世上所有人类与一切生命都能浩然同流,共同享受和平与福祉。其根本要旨便是体会到不论是人或宇宙,都足以生生不息,创进不已。他坚信有了这样的心态和精神,就能够从根本上杜绝灾祸。② 方东美在半个多世纪以前所讲的这些话,直到今天听起来还是那么振聋发聩、启人深思! 对于当代的中国人以及希望了解中国的外国人来说,确立一种健康的"中国的心态",仍然是理解中国文化的前提。

由于此书是用英文来介绍中国哲学思想的精粹,方东美面临着一个严峻的问题:"英文能否贴切地表达中国哲学思想?"对此,方氏一方面希望自己兼具东西方文化学养的背景和出众的英文技巧能有所帮助,另一方面则有意识地选用了柏格森、怀特海等人的一些观念和用语,因为这些西方学者对宇宙之盎然生意的体悟与揭示,同中国的哲学智慧有很多相通之处。柏格森的"创造进化论"将宇宙视作向上的变易大流,而生命冲动的本质就是创造。柏氏的这一思想与中国哲学中《周易》的"天地之大德曰生"的宇宙观恰能契会。而怀特海的"过程——机体哲学"则将包括人在内的所有个体视作参与宇宙创造的主体,从而把宇宙转化成实际存在物合生而成的生命网络,正好可以弥补柏格森对个体生命不够重视的欠缺。所以,方氏将柏格森和怀特海的思想

---

① 方东美:《中国人的人生观》,《中国人生哲学》,台北黎明文化事业股份有限公司1980年版,第77页。

② 参见方东美:《中国人生哲学》,台北黎明文化事业股份有限公司1980年版,第78页。

看作最重要的思想资源。

在书中,方东美对于哲学思考的途径进行了宏观的归纳。他认为,哲学思考至少有三种途径:1. 宗教的途径,透过信仰启示而达哲学;2. 科学的途径,透过知识能力而达哲学;3. 人文的途径,透过生命创进而达哲学。通过一一分析比较,方氏得出结论:宗教和科学的途径都使哲学"无法形成雄健的思想体系","所以,实在说来,人文主义便形成哲学思想中唯一可以积健为雄的途径"①。

1966 年,方东美结束了在美国的讲学,回到台湾。他发现当时台湾的中国青年人的思想出现了很大的偏差,以为现代化就是西方化、美国化,不仅在政治、经济、商业等方面向西方靠齐,连文学、艺术、哲学、宗教也要学美国的。当时的中国青年从文字到思想习惯,都患有一种内在贫乏症。方东美对这一现象感到很震惊,他意识到:要从根本上解决台湾的中国青年妄自菲薄、鄙视本民族文化的幼稚病,就必须对中国自有的精神宝藏进行一番挖掘和整理工作,给他们提供优质而可口的精神食粮。方东美正式下决心放下已经教授了大半辈子的西洋哲学,改而专门教授中国哲学。从此,方氏学术兴趣彻底地转向中国传统文化。自 1966 年 10 月起,在 10 年时间里,方东美三度系统地讲授中国哲学,从上古哲学、魏晋玄学、隋唐大乘佛学、宋明新儒学依次讲下来,内容涵括中国哲学的全部。在讲授课程的同时,方东美也开始了对中国哲学资源的全面总结,先后完成《原始儒家道家哲学》、《华严宗哲学》、《中国大乘佛学》、《新儒家哲学十八讲》、《中国哲学之精神及其发展》等一系列著作。

与现代新儒学的其他思想家不同,方东美不仅不认为思孟以来的心学是儒学的主流,甚至也不赞成仅仅把儒家思想作为中国文化的正统。早期的方东美曾一度将原始儒家、原始道家、原始墨家视作中国文化的主干。通过重新梳理中国哲学思想的发生发展历程,方东美晚年调整了早期的结论,提出中国哲学思想主要有四大传统:原始儒家、原始道家、大乘佛学和宋明理学。

---

① 方东美:《中国人的人生观》,《中国人生哲学》,台北黎明文化事业股份有限公司 1980 年版,第 81—85 页。

一、原始儒家

方东美特别强调要在"儒家"之前加上"原始"这一形容词。他发现许多学者在研究孔孟思想时，往往不从孔孟思想的本身来着想，而是透过宋代以后的新儒家(这是方东美对宋明理学的界定)的思想眼光来看，这就难免会有很大的出入。

他系统地考察了儒家思想发展的脉络，认为：两汉固然是政治武功昌明的时期，但就儒学的发展看，却是精神堕落的时期；这一时期产生的几乎都是"杂家"，而没有一位创造性的思想家。三国两晋南北朝时期社会糜烂、思想颓废，儒学的成就更是乏善可陈。唐代的儒家思想依旧相当贫乏，只知道把两汉经生的成就囫囵吞枣下去，然后拿着政府的命令规定注疏。直到宋代以后，儒学才出了一批大学问家、大思想家。不过，宋代儒学的思想内容与两汉相比已经有了很大的出入，与先秦儒家思想相比，差异就更大。宋儒的思想受到道家、佛家思想的很多影响，在很大程度上已经偏离了先秦儒家的精神，所以只能叫作"新儒家"。如此说来，只有以孔、孟、荀为代表的原始儒家思想才能真正体现儒家思想的真精神。

方东美批评了胡适、冯友兰等学者的哲学史观，认为他们实际上受了19世纪以来西方实证主义的浅薄历史观的影响，将孔子、老子以前的历史当作不可信的神话。他指出，从甲骨文的记载看，殷代以及之前的夏代都应该是真实的历史。因此，他以更开阔的历史视野将原始儒家的精神历程分为两个时期：第一期是儒家承受一套原始初民的上古思想遗迹，并企图将其纳入理性哲学的时期；第二期是儒家继承了另一套久远的传统，创建一个体大思精的思想体系，从而肯定人性的崇高峻极和天地的大美庄严，并使二者雍容洽化、合德无间，将完美的真理推至于无穷境界。

就第一期而言，儒家主要继承了古已有之的《尚书·洪范》篇的精神传统。《洪范》是《尚书》中极重要的一篇，它主要阐释了"五行"和"皇极"这两个观念。"五行"观念的作用主要在为中国后来的科学思想和哲学思想提供一条线索，即殷周时代生活上的物质资料发展到春秋时代已经演化为自然哲学和宇宙论，在战国时代又发生了一次"堕落性"的转变，由自然思想变作神话思想，与阴阳观念一起组合成一套神秘化的历史哲学模式，一直影响到两汉。① 与"五行"观念相比,方东美更为看重"皇极"这一观念的价值,这也是方氏哲学的一大贡献。他认为汉儒将"皇极"解作"大中"固然没有错,但实质上并未将其中的哲学意义真正揭示出来。他发现中外很多民族的古老观念里,都有一个"大中的象征符号",这一符号具有重要的精神价值,可视作远古人类所信仰的一种根本精神符号,蕴含了原始初民"归根复命"、"返归永恒"的超越性追求。② 周代礼乐文明的建立,象征着宗教的衰退和道德的兴起。而"皇极"所代表的"大中"精神也逐渐从宗教性的神秘信仰抽象为宇宙价值上的最高标准,从而成就神圣的人格。这就是从上古社会的宗教衰退中而产生的德治主义,以道德理想取代了神权政治。此时,"皇极"已经不仅仅是一个抽象的本体论、价值论的标准,同时也成为人们现实生活中的最高道德标准。

就原始儒家精神历程的第二期来看,儒家主要继承了《周易》的精神传统。关于《周易》作者问题,方东美的意见是:在没有确切证据驳倒前,仍应尊重旧说。他接受了"伏羲画八卦、周文王演为六十四卦并作卦爻辞、孔子作《易传》"的看法,认为《易传》是由孔子发动,再由孔门弟子的历代易学专家(如商瞿)完成的。方东美指出,《易经》原是一部颠扑不破的历史文献,本身蕴含着一套层叠相状的历史发展架构格式。在《易之逻辑问题》一文中,方氏指出:汉代易学家们最重要的思想是旁通之说,但"旁通之理应当从卦象去求,不应当从易辞去求,……应当由易之取象演卦着手,然后再从卦与卦间的逻辑关系,试求通辞"③。虞翻等人未能自始至终贯彻"旁通之理",根本上导致了逻辑的错乱;清代易学家焦循注意克服了这一问题,使得他的易学在整体上超越了汉代易学。最后,方东美创造性地用现代逻辑手段解析了六十四卦的产生过程。此外,《易经》还有一套完整的卦爻符号系统和一套文辞的组合;前者的推演步骤均依照谨严的逻辑法则,后者凭借语法交错连绵的应用而

---

　　① 参见方东美:《原始儒家道家哲学》,台北黎明文化事业股份有限公司 1993 年版,第71—75 页。

　　② 参见方东美:《原始儒家道家哲学》,台北黎明文化事业股份有限公司 1993 年版,第100、117 页。

　　③ 方东美:《生生之德》,台北黎明文化事业股份有限公司 1999 年版,第 3 页。

发掘卦爻间彼此意义的衔接贯穿。① 方氏认为,《易经》的这些特质,使它成为一种"时间论"的序曲或导言,并可以由之引申出一套形上学原理来解释宇宙秩序。原始儒家继承了《易经》的时间性特质,并演成《易传》,从而将《周易》从一部历史书变成哲学书。原始儒家由《周易》这里得来的,是一套以生命为中心的哲学体系和一套以价值为中心的本体论系统。②

二、原始道家

原始道家是中国哲学的又一重要精神资源。同对"儒家"的限定一样,方东美认为也应该在"道家"前面加上"原始"这一形容词。在论及战国以后的道家学说时,方氏明确地指出神仙之学、方术之学、黄老之术、黄生之学和道教,尽管号称与道家有关,但是没有哲学智慧。他认为只有老子、庄子等原始道家,才能代表道家的真正哲学智慧。

在具体阐述老子的思想智慧时,方东美将老子哲学的关键范畴——"道"——划分为"道体"、"道用"、"道相"、"道征"四个层面。③ 在逐一解析这四个层面后,他得出结论:老子的根本哲学,不能够拿寻常的本体论来概括,而应当在本体论上面再有所谓的超本体论。不同于原始儒家从"有"出发来追寻宇宙的终极本体,老子主张要自"有"至"无",追寻更高、更远、更深的宇宙真相。这实际上超越了儒家哲学的本体论,所以可以称作"超本体论"。"超本体论"体现了道家穿透相对价值,提升生命精神的特点。④

不过,方东美对庄子哲学的关注度要更高一些。他认为,庄子的哲学将老子哲学系统中因"无"、"有"之对立而出现的种种疑难困惑一扫而空。如果说

---

① 参见方东美:《原始儒家道家哲学》,台北黎明文化事业股份有限公司 1993 年版,第125 页。

② 参见方东美有关原始儒家的论述,亦详见方东美:《中国哲学之精神及其发展》(上),孙智燊译,台北黎明文化事业股份有限公司 2004 年版,第 55—67、123—141、162 页。

③ 参见方东美:《原始儒家道家哲学》,台北黎明文化事业股份有限公司 1993 年版,第168—170 页。

④ 参见方东美:《原始儒家道家哲学》,台北黎明文化事业股份有限公司 1993 年版,第190—191 页;亦参见方东美:《中国哲学之精神及其发展》(上),孙智燊译,台北黎明文化事业股份有限公司 2004 年版,第 173—179 页。

老子哲学追寻的是"玄之又玄"、"损之又损"的"无"之极境的话,庄子的哲学则既保留了生命精神向上超拔提升的一面,又让这精神在抵达"寥天一"的极境后,回过头来反照人间世。① 这就是庄子所说的"圣人者,原天地之美而达万物之理"。具体地说,一方面,庄子的精神遗世独立,宛如《逍遥游》中的大鹏鸟,直上云霄九万里,背负青天,"独与天地精神往来",遍历层层生命境界。另一方面,这超越的生命精神还要回向人间世,"提其神于太虚而俯之",将层层现实境界一一点化。

三、中国大乘佛学

方东美还正式将大乘佛学作为中国哲学的根源性资源之一。不过,他眼中的中国大乘佛学,并非纯宗教意义上的佛学,而是亦宗教亦哲学,甚至是极高等的哲学。②

华严宗可以作为中国大乘佛学的代表。方东美认为,佛学发展到唐代的华严宗哲学,才标志着真正的机体统一的哲学思想体系成立。华严宗的要义,首先在于融合宇宙间万法一切差别境界,将人间世的一切高尚业力,与三世诸佛的一切功德成就,均汇总而统摄于"一真法界"。华严宗所宣示的"一真法界",最后将佛与众生的差别化解了,心佛众生都是同样的精神。③ 因此,华严哲学可视为集中国佛学思想发展之大成,华严宗为中国大乘佛学发展的最高峰。方氏十分看重华严哲学圆融互渗的特色。就《华严经》的逻辑结构来看,条贯分明,宇宙万象密接连锁。因此,整个世界的森罗万象绝非如近代西洋哲学所描绘的孤立系统,而是一个有机体的统一。方东美进而指出,华严宗的这种"具足整体"的智慧,可以医治希腊人的心灵分裂症,也可以医治近代西洋心物能所对立的分裂症,甚至可以医治佛学在印度所产生的心灵分裂症。

华严宗以一套圆融互渗的机体主义哲学,将一切万有的差别性、对立性、

---

① 参见方东美:《原始儒家道家哲学》,台北黎明文化事业股份有限公司 1993 年版,第 187—188 页;亦参见方东美:《中国哲学之精神及其发展》(上),孙智燊译,台北黎明文化事业股份有限公司 2004 年版,第 183—185 页。

② 参见方东美:《华严宗哲学》(上),台北黎明文化事业股份有限公司 1981 年版,第 1 页。

③ 参见方东美:《华严宗哲学》(上),台北黎明文化事业股份有限公司 1981 年版,第 207—208 页。

矛盾性等统会起来,形成一个广大和谐的体系。方东美特别点出华严哲学的圆融精神与中国传统哲学的"生生而和谐"精神的相通之处,认为华严宗体系所成就的理想唯实论,博大精深,极能显扬中国人在哲学上所表现的广大和谐性,所以,他将华严哲学称为"广大和谐的哲学"①。

四、宋明理学

中国哲学的最后一大主潮,是被方东美称为"新儒家"的宋明理学。方氏的这一界定本身就很耐人寻味:一方面,他认定宋明理学是有别于原始儒学的新阶段;另一方面,他承认相对于汉唐而言,宋明时期的儒学发展取得了很高的成就,能够卓然独立。

方东美将宋明新儒家划分为三派,认为它们在形上学方面各有发展:第一派是唯识论形式的新儒学,代表人物是北宋五子和南宋的朱熹;第二派是唯心论形式的新儒学,代表人物是陆象山和王阳明;第三派是自然主义的新儒学,代表人物是王廷相、王夫之、颜元和李塨。② 这三派其实也代表了宋明理学发展的三个阶段。尽管三派各有侧重,但它们的理论归趣都在原始儒家的孔、孟、荀思想。

方东美肯定了宋明新儒学的哲学成就。他说,宋儒们面对的是汉唐以来儒学式微和五代已降道德沦丧的窘迫状况。但他们并没有气馁,而是继承原始儒家"天人合德"、"天人合一"、"天人不二"的观念传统,发挥"备天地,府万物"的精神。在做人方面,他们建立了道德人格,以挽救人伦颓丧的弊端;在学术方面,他们努力恢复学术正统,企求衔接先秦儒学的思想精神,成立所谓"道统之传"。正是在这个意义上,他们所开创的学术思潮可以被称作"新儒家哲学"。方氏将宋儒评价为"大的理想主义者",他们坚守道德理性,最有知识分子的气节和尊严,表现出立身治学的伟大风范。③

────────────

① 参见方东美:《华严宗哲学》(上),台北黎明文化事业股份有限公司 1981 年版,第 149 页。

② 参见方东美:《新儒家哲学十八讲》,台北黎明文化事业股份有限公司 1993 年版,第 100 页。

③ 参见方东美:《新儒家哲学十八讲》,台北黎明文化事业股份有限公司 1993 年版,第 94—100 页。

不过,方东美对宋明新儒学的理论缺陷也给予了严厉地批判。就学术传统来说,宋明新儒学并未能完全继承原始儒学的真精神,而是受道家、佛家思想影响很深。因此,在一定意义上,宋明新儒学是对原始儒家思想的误解。另外,宋儒们高扬道德理性精神,却将其发展到极端。他们过分执着于偏颇的理性,而对于人类具有善性的欲望、情绪、情感、情操,都一概抹杀了。① 因此,宋明新儒学始终是一种偏颇的哲学,它不能够同文学、诗歌、艺术以及开阔的文化精神结合起来,很容易造成一种萎缩的哲学思想体系。他们将孔子所告诫的"意"、"必"、"固"、"我"这四种毛病占全了,容易导致一种理性的霸权,这就是后来戴震所指责的"以理杀人"。方东美批评最甚的,是宋儒的"道统"观念。宋明诸儒均声称自己获得了孔孟之真传,以真理自诩,指责对方为异端。他们不仅攻击非儒学的思想,而且对儒学内部的其他派别也毫不留情地攻讦。方氏很反感这种"虚妄的道统"观念,认为这种打着"道统"旗号争"正统"的现象体现了宋明新儒学的固陋和狭隘。这也表明,宋儒们在精神境界上已远不如原始儒家那样宽宏博大。②

方东美认为,相比较于中国哲学史上的其他思想资源,上述四大传统具有以下共同特色:第一,它们都遵从"旁通统贯"的原则,有其"一以贯之"之道;第二,它们都不拘执于知识,而特重"转识成智",追寻智慧的达成;第三,它们都看重人格的超升③。方氏认为此四大精神传统共同代表了中华民族的哲学成就。

不过在很多时候,方东美并没有将宋明理学纳入比较的视野中,而是集中对儒、道、佛三者展开比较研究。在《中国形上学中的宇宙与个人》一文中,方氏引英国剑桥大学康佛教授的名言,指出只有集"先知、诗人与圣贤"于一身的人,才可与言中国哲学的奥蕴。④ 由于个人的性分差异,难免在三者的组合

① 参见方东美:《新儒家哲学十八讲》,台北黎明文化事业股份有限公司 1993 年版,第77—78 页。

② 参见方东美:《新儒家哲学十八讲》,台北黎明文化事业股份有限公司 1993 年版,第21—23 页。

③ 参见方东美:《中国哲学之精神及其发展》(上),孙智燊译,台北黎明文化事业股份有限公司2004 年版,第4 页。

④ 参见方东美:《生生之德》,台北黎明文化事业股份有限公司 1999 年版,第 285 页;亦参见方东美:《中国哲学之精神及其发展》(上),孙智燊译,台北黎明文化事业股份有限公司 2004年版,第4 页。

上有所偏向。原始儒家偏向于"圣贤"型,他们以一种"时际人"的身份出现,故特重"时"(如孔子被称作"圣之时者");原始道家偏向于"诗人"型,他们以一种"太空人"的身份出现,故特重"虚"与"无";佛家偏向"先知"型,他们"兼时、空而并遣",故特重"不执"与"无往"。[1]

在一一介绍了原始儒家、原始道家、佛家的三种典型中国形上学形态后,方东美得出结论:从中国哲学家的眼光看,必须立足现实世界,然后超越一切相对的性相差别,才能使本体境界的全体大用得到充分的彰显;故应当将现实世界点化为理想型态,将其纳于至善完美的最高价值统会。[2]

第三节　广大悉备的生命哲学

从根本上讲,方东美的比较哲学乃是一种生命哲学;无论广义的"比较",还是狭义的"比较",都只不过是他建构广大悉备的生命哲学的手段与过程。方氏幼承家学,尤以博综著称,兼中、印、希、欧四大文化宗传,统科、哲、艺、教四大学术领域,集儒、道、释、西四大思想源流于一身。他曾这样总结自己的学术:"我的哲学品格,是从儒家传统中陶冶;我的哲学气魄,是从道家精神中酝酿;我的哲学智慧,是从大乘佛学中领略;我的哲学方法,是从西方哲学中提炼。"[3]而他一生的学术目标,就是要将中国的儒、释、道传统,以及更广泛的中国、古希腊、近代欧洲的文化资源梳理统会,融化为一种生命的学问。

方东美是一个敏感的人,他格外关注生命。方氏曾经描述过中学时期所做的一个梦:一天夜里,他梦见了自己的姐姐;不过,与平日不同,梦境中的姐姐在路旁的草地上飞掠而过;当方氏欲仔细分辨时,具体情形又缥缈不清。第二天早上醒来,方东美觉得心绪不宁,于是请假要回家一趟。结果,在归家的途中,他遇上了姐姐的灵柩——姐姐正是在昨天夜里离开人世的!直至晚年,

---

① 参见方东美:《中国哲学之精神及其发展》(上),孙智燊译,台北黎明文化事业股份有限公司 2004 年版,第 4 页。

② 参见方东美:《生生之德》,台北黎明文化事业股份有限公司 1999 年版,第 287—288 页。

③ 转引自孙智燊:《述小事,怀大哲:东美先生逝世三十周年纪念》,《传记文学》第 90 卷第 6 期,台北传记文学出版社 2007 年版。

方东美说到此事,还屡屡说道"梦不虚",感叹"世上不能思议的事多矣"！这一灵异的梦境也启迪少年方东美开始严肃地思考"生命精神"这一终生关注的问题。

从思想上看,柏格森的生命哲学对方东美的比较哲学有着深刻的影响。亨利·柏格森(被方翻译成"博格森")是20世纪上半叶著名的犹太裔法国哲学家,他启发了威廉·詹姆斯和怀特海,而且对法国思想也有相当大的影响。柏格森所倡导的生命哲学在20世纪初期曾经风行一时。当时的很多中国知识分子喜欢柏格森哲学,如张东荪、李石岑,乃至熊十力等,都曾致力于研究柏格森生命哲学。在杜威的建议下,中国还一度向柏格森发正式邀请函,请他来中国讲学。可惜由于柏格森此时已年逾花甲,健康状况不太好,无缘前来。

回顾20世纪前期中国引进的西方哲学思想,我们发现其中有不少耐人寻味之处:一方面,大量地引进了詹姆斯、杜威、罗素等人的学说,这可以看作是对唯科学主义信仰论的支持;另一方面,又引进了柏格森的思想,这体现了对精神主义信仰观的声援。这种左右兼顾的态度,正好反映了当时中国知识界的困惑与彷徨。

在大学读书期间,方东美就对柏格森生命哲学很感兴趣,并于1919年在《少年中国》月刊第一卷第七期发表了自己的初步研究成果——《博格森生之哲学》一文。文章虽然有些稚嫩,但方东美对柏格森的欣赏已表露无遗。

柏格森哲学最让方东美感兴趣的有两点:一是柏格森对生命精神的高度关注;二是柏格森在阐释思想时所采用的方法。

柏格森哲学是以生命哲学的形式呈现在世人面前的,高度关注生命精神是它的最大特色。柏格森之倡导生命哲学,在很大程度上乃是对当时流行的现代科学主义文化思潮的批评和反动。在他看来,科学和理性只能把握相对的运动和实在的表皮,并不能真正把握绝对的运动和实在本身。后者只能通过"直觉"才能体验和把握到。所以,他主张用"直觉"而非"理性分析"来追寻本体性的存在。由柏格森所倡导的这种以精神性的体认、领悟来把握抽象实在的方法,被称作直觉主义。

直觉主义体认方法是由生命所具有的本原意义决定的。柏格森指出,生命及其创化乃是世界的本原,世界的一切都是生命创化的结果。因此,真正的实在既非物质,也非理念或意志,而是存在于时间之中不断变化运动着的"流",柏格森将其称之为"绵延"。柏格森进一步分析了"绵延"的特征,指出:"绵延"作为一种"流",乃是各种状态、各种因素不断渗透、不断交替展现的过程,是一种不间断的、不可分割的活动。从性质上看,此种活动是心理的而非物质的,是时间的而非空间的。正因为如此,这种时间上的心理的"绵延"构成了宇宙的本质。①

方东美十分关注柏格森用来论证"绵延"之本质的"生命冲动"这一概念。在柏格森看来,"绵延"从根本意义上看,只不过是一种不可遏止、不可预测的"生命的冲动"。这是一种主观的非理性的心理体验,但同时也是创造万物的宇宙意志。从这一思想中,我们很容易看到尼采对柏格森思想的影响。受尼采的启发,柏格森将"生命冲动"创造万物的过程描述为向上和向下这两个面向:就向上的一面看,"生命冲动"本能地向上喷发,产生出精神性的事物,其中包括人的自由意志、灵魂等;就向下的一面看,"生命冲动"向下坠落,产生出无机界、惰性的物理的事物。对于这种神秘的"生命冲动",任何理性都是束手无策的;此时,只有依靠与生命本性相一致的"直觉",才能完整地体察到整个宇宙生命的创化流行。

柏格森生命精神的论述具有强烈的唯心主义和神秘主义的色彩,受到深受科学主义熏陶的罗素的严厉批评。但对于背负着悠久中华传统文化的方东美来说,无论是"绵延"与"流",还是"生命冲动"与"直觉",都只会让他感到亲切,——毕竟,中国文化在很大程度上就是以"直觉"、"体悟"为特质的!《周易》所说的大化流衍、生生不息,庄子所描摹的绝世逍遥之游,禅宗所崇尚的神秘而曼妙的直觉体验,这一切的一切,都让方氏能跨越障碍,把握住柏格森生命哲学的真实意涵。而这,也正是罗素望洋兴叹、无能为力的。

柏格森在阐释自己思想主张时所采用的方式方法同样让方东美心醉不已。柏格森自小酷爱文学,而对生命精神的关注,帮助他能更加细微地扑捉住心灵每一丝颤动和每一朵火花。出于对直觉的信任,柏格森往往放弃哲学界通行的要领法或抽象法,放弃理性和分析的努力,而是更多地采用感性美妙的

---

① 详见[法]亨利·柏格森:《创造的进化论》,陈圣生译,漓江出版社 2012 年版。

语言和柏拉图、培根式的言说方式,用充满色彩和比喻的华美词章以及充满灵性的生命体悟来触动读者的心弦。

在方东美眼中,柏格森是一位具有诗人气质的哲人。这恰好与方氏同样欣赏的另一位著名思想家、印度诗人泰戈尔形成完美的呼应——在方氏看来,泰戈尔乃是一位具有哲人气质的诗人。

或许是方东美本人也是一个感性而敏锐的思想家,抑或是因为方氏自幼文学才华就十分出众,总之,他对柏格森采用诗意的灵性语言阐释思想的这一特点,不仅不像罗素那样苛责批评,反而"于心有戚戚焉"!观乎方氏后来的著作、演讲,或天马行空、灵气逼人,或妙喻连连、启人深思,颇有柏格森之遗风!1922 年,方氏将自己研究柏格森思想的心得写成题为《柏格森生命哲学之评述》的英文硕士论文。该文以翔实的材料、严谨的学风、华美的语言、独特的视角,与柏氏之心灵遥相契会。他的指导老师,著名的柏格森、怀特海研究专家麦奇威教授读罢论文后,大加赞赏,认为方东美的论文不仅内容十分充实精彩,就连文笔也极为优美生动。麦奇威教授还将此文递交系里其他教授和研究生传阅。

方东美对生命精神的关注与他理解中西形上学并建构自己的形上学体系的哲学工作密不可分。20 世纪以来,西方逻辑实证主义盛行,鼓吹"消解本体"、"拒斥形上学";不少学者还没有弄清楚这一观念的来龙去脉,就一窝蜂地跟着鼓噪。方氏不为所动,仍把研究的重心放在形上学。在他看来,要想理解一个民族的精神实质,首先应该了解这个民族哲学的形上学;形上学的途径,也就是哲学的途径。在梳理中国哲学的四大资源后,方东美进一步探寻中国哲学的实质,指出:不同于西洋哲学的"超绝形上学",中国哲学的智慧是一种"超越形上学"。他还认为,中国哲学的形上学不仅具有"超越"的形态特质,而且兼具"内在"的形态特质,"中国形上学表现为一种'既超越又内在'、'即内在即超越'之独特形态,与流行于西方哲学传统中之'超自然或超绝形上学'迥乎不同"①。这是他对《中国形上学中的宇宙与个人》一文的重要

---

① 方东美:《中国哲学之精神及其发展》(上),孙智燊译,台北黎明文化事业股份有限公司2004 年版,第 3 页。

发挥。

方东美又进一步提出:中国哲学"内在超越形上学"乃是通过生命精神层层提升、上下回向而实现的。所以,超越形上学也可以叫作"生命本体哲学"。对生命精神的关注是方东美哲学自始至终的一大特色。少年时期梦见姐姐在草地上飞翔的离奇梦境,青年时期对柏格森、怀特海哲学的垂青,以及诗人那独有的敏感与直觉,都促使方氏将生命精神作为贯穿于宇宙和人生各种境界之间的一条红线。

方东美引述苏格拉底称颂雅典修辞学家和辩论家 Isocrates 的话:"此人之中有哲学!"然后将此句式改变为"中国哲学之中有位人!"并以此作为中国哲学的重要特征。在他看来,中国的哲人不仅是冷静的思想家,而且在他的生命中还有高贵的人性、丰富的情绪和伟大的理性。甚至中国文化本身,就是一种以"生命"为本体的文化,经典的汉语文本都洋溢着生命的大美。方东美从《周易》思想中提取出"生生"的精神来代表中国文化之普遍生命的本性。在他看来,宇宙正是普遍生命流行的境界,天为大生,万物资始;地为广生,万物咸亨,合此天地生生之大流,遂成宇宙。其中生气盎然充满,旁通统贯,毫无窒碍。我们人类立足于宇宙中,秉承此普遍生命的"生生之德",奋进不已,时时创新,与天地广大和谐,与人人同情感应,与物物协调浃合,所以无一处不能顺应此普遍生命,而与之全体同流。

方东美还尝试从心理学的角度评价这种"生生之德"的生命本体哲学。他认为弗洛伊德前期以揭示的人的理性行为作为特征的心理学属于"浅层心理学";弗洛伊德后期以揭示人的非理性行为作为特征的心理学属于"深层心理学";而中国的以不断提高生命价值为特征的生命本体哲学则属于"高度心理学",代表了心理学的新发展和最终出路。①

受到柏拉图晚年寻求最高价值统会的启发,方东美在出入东西方最具代表性的文化长达五十多年后,也提出应该将宇宙与人生的价值和境界进行统会。根据自己的理解,方东美在"人与世界在理想文化中的蓝图"中,把宇宙

---

① 参见方东美:《从宗教、哲学、与哲学人性论看"人的疏离"》,《生生之德》,台北黎明文化事业股份有限公司 1999 年版,第 350 页。

与人生的境界分为六个层次,由下而上依次为:物质境界、生命境界、心灵境界、艺术境界、道德境界和宗教境界。这六大境界不是相互对立、彼此割裂的。生命精神贯穿于这六大境界中,首先成就低一层的境界,然后不停滞,而是将其点化为高一层的境界。如此不断上扬,最终成就了一个旁通统贯、生生不已、峻极于天、上下回向的广大和谐的世界。而人也在这个世界中成就自我,提升为复苏了神性的高贵的人!①

总体上看,方东美的思想渊源不像很多其他思想家那样主线分明,而是多头并进、"旁通统贯"的。正如方东美自述:在家学渊源上,他是个儒家;在资性气质上,他是个道家;在宗教兴趣上,他是个佛家;在治学训练上,他是个西方哲学家。这些本应混乱的思想资源,在他的思想体系中却能融贯为一体。方东美的学术宗旨是:要将中国的儒、释、道传统,以及更广泛的中国、印度、古希腊、近代欧洲的文化资源梳理统会,融化为一种"广大悉备"的生命的学问。

---

① 参见方东美:《从宗教、哲学、与哲学人性论看"人的疏离"》,《生生之德》,台北黎明文化事业股份有限公司 1999 年版,第 340—342 页。

第十章　唐君毅的文化哲学

唐君毅(1909—1978)、牟宗三(1909—1995)、徐复观(1903—1982)是第二代现代新儒学大师。三人同为熊十力的弟子,都不同程度地受到熊氏的接引、点醒。1949年后,唐、牟、徐赴港台从事教育与学术活动,以台湾东海大学、香港新亚书院及《民主评论》杂志为标志,港台地区由此成为现代新儒家的阵地。

唐君毅是四川宜宾人,幼承庭训,深受传统文化陶养。17岁时考入北京大学,不久转入南京中央大学哲学系,师从熊十力、梁漱溟、方东美、汤用彤、金岳霖等人,出入于中西各派哲学文化思潮,后历任南京中央大学、金陵大学、无锡江南大学教席。1949年到港后,他与钱穆、张丕介等人创办亚洲文商专科学校,旋于次年改组为新亚书院,后于1963年并入新成立的香港中文大学,唐氏即受聘为中文大学哲学系讲座教授兼系务委员会主席,并任文学院院长。新亚书院脱离香港中文大学独立成立新亚研究所后,他受聘为该所所长。1975年,唐君毅任台湾大学哲学系客座教授一年。

唐君毅是著名哲学家,一生著述甚丰,主要的哲学与文化著作有《中西哲学思想之比较论文集》、《道德自我之建立》、《人生之体验》、《中国文化之精神价值》、《心物与人生》、《人文精神之重建》、《文化意识与道德理性》、《中国人文精神之发展》、《人生之体验续篇》、《哲学概论》、《中国哲学原论》(含《导论篇》、《原性篇》、《原道篇》、《原教篇》共六册,其中《原道篇》三册)、《中国文化之花果飘零》、《中华人文与当今世界》、《生命存在与心灵境界》。由张君劢、牟宗三、徐复观、唐君毅联署,于1958年元旦同时发表在《民主评论》和《再生》杂志上、具有世界性影响的《中国文化与世界》宣言,也是由唐君毅负责起草;该宣言收入《中华人文与当今世界》之中。现有霍韬晦主编、台湾学生书局出版的《唐君毅全集》。

第一节 道德自我的挺立与撑开

唐君毅是 20 世纪中国最著名的人文学者之一,牟宗三说他是"文化意识宇宙中的巨人"。唐氏特重文化哲学的重建。他的文化哲学的中心观念是"道德自我",即"道德理性"。他在抗战末期出版《道德自我之建立》时即已确立这一中心观念,在 50 年代末出版的文化哲学著作《文化意识与道德理性》中更进一步阐发了这一观念。他将人类一切文化活动统属于一道德自我(或精神自我、超越自我),视文化活动及其成果为道德自我分殊的表现。唐氏指出:

> 一切文化活动之所以能存在,皆依于一道德自我,为之支持。一切文化活动,皆不自觉的,或超自觉的,表现一道德价值。道德自我是一,是本,是涵摄一切文化理想的。文化活动是多,是末,是成就文明之现实的。道德之实践,内在于个人人格。文化之表现,则在超越个人之客观社会。①

这显然是继承、发挥了我国传统的(包括熊十力的)体用、本末、主辅、一多之论。一方面,道德自我的外在化、客观化,即人文世界分殊的撑开,即是一显为多、本贯于末、理想现实化,由此成就了客观的社会文化之各层面。另一方面,人必须自觉于各种文化活动和客观社会文化的诸层面、诸领域,即整个人文世界,无不内在于个人之道德或精神自我,无不在道德或精神自我的统摄、主宰之下。

唐君毅认为,中国文化的缺弱在"由本以成末"的方面,即人文世界没有分殊的撑开,"用"或"外王"的多维展示甚不充分;西方文化的缺弱在"由末以返本"的方面,即人文世界过于膨胀,或沦于分裂,"体"或"内圣"反而黯而不

---

① 唐君毅:《文化意识与道德理性》,《唐君毅全集》卷二十,台湾学生书局 1986 年版,第5—6页。

彰。因此,唐氏之文化哲学试图救治这两种缺失,强调精神自我、道德价值与各种文化活动的贯通。

唐君毅思想是中西道德理想主义的综合和再创。他继承了孟子的性善论和宋儒"本心性以论文化"的传统,明体达用,立本持末,依性与天道立人极,即先立乎其大者,突出德性之本源,以统摄文化之大用。其论列方式或运思方式,则取西方传统——先肯定社会文化之为一客观存在的对象,而后反溯其所以形成之形上根据,由末返本,由用识体。他不仅发挥了孔孟至宋明儒的文化哲学思想,尤其援西学入儒,借助并发挥了德国观念论——康德、费希特、谢林、黑格尔的思想,扩充康德的道德为文化之中心论、道德生活自决论和黑格尔的精神展现为人类文化的意识。但唐氏不取黑格尔层层次第上升、先在原则上决定各种文化领域之高下的直线式历史文化观,而是肯定各种文化活动、文化领域的横面发展和相对价值。唐氏对康德亦有所修正:"着重于指明人在自觉求实际文化理想,而有各种现实之文化活动时,人即已在超越其现实的自然心理性向,自然本能,而实际的表现吾人之道德理性。"①在这里,道德理性所包含的主宰义和超越义,特别是实践义,都凸显了出来。

唐君毅之文化观亦可称为"心化"的文化观,与我们所主张的以社会人的物质生活资料的生产和再生产活动为基础的文化观不同,他把文化活动的本质视为精神活动,视为道德主体的客体化(现实化)与现实存在的主体化(理想化)的统一,外化与内化的统一。他论证了包括家庭、政治、经济、文学、艺术、道德、哲学、宗教、科学、体育、军事、法律、教育等等文化活动,各有独立的领域,殊异的形式和内容,但认为这仅仅是人的各种精神要求与表现,是超越和改造现实的,是超越主客和时空、超越已成自我的,是超越物质世界和人的自然本能欲望的。唐氏文化哲学强调的是,文化活动在根本上是针对现实和个体人的缺弱而引发的,自觉或不自觉地依理性而形成的,涵盖了文化理想,表现了一种道德的价值、人格自身的价值的。没有超越意识,没有价值理想,即没有人类各文化活动和文化成果的产生。唐氏对人文世界的方方面面都有

---

① 唐君毅:《文化意识与道德理性》,《唐君毅全集》卷二十,台湾学生书局1986年版,第15页。

广泛涉猎和深弘而肆的发挥,但出发点则是"道德自我"即道德主体。

唐君毅在建构这一文化哲学时是把文化主体的超越性、主宰性和文化理想的普遍性作为基础的。然而,我们有理由对这一文化观的基础提出批评:文化主体的超越性、自主性和价值理想是如何产生的呢? 人类创造文化的活动,特别是初始的解决吃喝穿住的活动,是如何可能的呢? 一定时空的人类群体的文化活动的发生发展,难道不受一定的外在生态环境及社会文化环境的制约吗? 这种制约难道不是非常现实的根据吗? 诚然,道德理性贯注运行于各种社会文化活动之中,然而能够因此就说道德理性是一切社会文化的基础吗? 在我看来,任何人总是生活在既存的、不容选择的、一定时代、一定人类群体的具体社会环境,首先是前代人所提供的社会基础及其相应的文化氛围之中的。从一定意义上说,广义的"文化",人类学家、民俗学家所说的"大文化"塑模了人,塑造或者规定了人们特定的生产方式、生活方式、行为方式、思维方式、情感方式、价值方式乃至个体的心智、性格。文化重要的产物即是人本身。文化对于人来说乃是一种外在客体,具有独立存在的意义和不可抗拒的力量。人们的任何活动都是由文化环境,特别是累积、承传下来的物质基础、生产方式、风俗习惯及内在的价值系统所决定的,毋宁都是在一定的文化框架、文化范式以内进行的。任何人都不能脱离他所处的客观的文化背景、条件或环境,面对无所不在的特定时空的文化系统与文化现象,人们往往有一种"无所逃于天地之间"的感觉。我们承认一种文化的内在精神使人们的生存模式化,并使这些文化中个人的思想和情感固定化。但是作为造成一定的文化模式的民族的潜意识,并非只是精英文化的积淀,而主要是由与客观的文化紧密相联的小传统所规定的。

然而,任何时代的人类群体或个体,在既定的文化面前果真完全是被决定、无所作为的吗? 难道人们不正是依凭前代或同时代人为他们提供的社会文化舞台,创造出光华灿烂的、威武雄壮的话剧出来的吗? 平心而论,唐君毅文化哲学的意义正在这后一方面。当然,唐氏仍然承认客观现实存在是文化创生、发展的必要条件,承认理想价值的现实化有一个客观过程,承认人类创造文化的活动受到外在诸条件的影响,尽管笔者认为他对这一客观层面强调得还不够。然而,唐氏文化哲学的中心和重心,并不在此。他对文化主体的超越、主宰和文化理想的普遍、指导诸义的肯定,虽不免说过了头,但的确具有一定的意义和价值。

在唐君毅看来,各种文化活动,包括人之生产、交换、分配、消费的经济活动,如无人的精神活动或道德意识为之支撑,即自始不能存在;人们在社会文化活动中的各种冲突,各文化领域的冲突,个体人的不同参与和引起的内心冲突,如无超越意识、道德理想为之调适,只可能导致人性的分裂或异化。他指出,如果离开了道德意识、人格平等而言科学、民主政治、宗教等等,则可能导致反人文或视人如非人。也就是说,唐氏文化哲学的重心不是一般地肯定文化的主体性、创造性,而是特别肯定在文化活动中人的道德的主体性和道德的创造性。唐氏认定,各独立的文化领域、各个体人的文化活动之殊相中都隐含有一共相,即普遍性的理想,也即是"公性"、"仁性"、道德性。在他看来,这不仅是各文化活动赖以发生、存在、发展的根源和动力,而且还是调节者、主宰者。因此,他指出:

> 人类社会中,各人之人格所肯定之当然理想,客观价值意识,与历史精神,若同向某一方向变,则此人类社会文化历史之世界之存在状态,即皆向某一方向变。而此种执持其当然理想、价值意识、历史精神,并加以开辟,使之更广大高远;加以凝聚,使之更为真切笃实;以之直接主宰其内心之意志,以改进于其日常生活,再及于其社会之外表行为者;则为人之自己建立其理想人格之为如何如何之一真实存在之道德精神。此即为人类社会、人文历史世界之核心中的核心,枢纽中的枢纽。[①]

唐君毅以道德理性和理想人格作为文化活动、人文世界的基础之基础、根源之根源、核心之核心、枢纽之枢纽,显然是缺乏人类文化史的根据的,也是不符合文化的发生、承传、发展的客观现实的。不过,同情地理解唐氏的用意,不难发现这是针对着现代社会和现代人的通病的。意义的危机、形上的迷失、存在的惶惑和精神自我的失落,使得唐氏重建人文价值的努力,旨在解决人的终极关怀和安身立命之道的悬置问题。

---

① 唐君毅:《中华人文与当今世界》上册,《唐君毅全集》卷七,台湾学生书局 1988 年版,第 89 页。

第二节　生命存在的"三向九境"

道德自我的挺立与撑开,为唐君毅终身所持守,并无方向上的转变,但却有着深度与广度上的开展。随着他对中国传统思想中有关人性问题了解,他认识到,"道德自我",不过是关于人性的一个方面,当然是最主要、最根本的方面;而人尚有不是纯属于道德活动的人性的表现,如由人的"生命"和"心灵"所表现的人性,就不是"道德自我"所能涵括。毋宁说,"道德自我"并不是独立存在,而是与人的生命存在的各方面相联系的;道德活动亦不是孤零零的,而是与人生其他活动相伴随的。由此出发,在《生命存在与心灵境界》一书中,唐氏将"道德自我"推扩到整个生命存在与心灵活动,展示人生各个层面及其意义和价值,建构了"心通九境"的"生命心灵"体系,不仅对中、西、印各文化精神作了判教式的总结,而且对人生活动的各价值层面、各精神境界作了"弘大而辟"的发挥。

"心通九境"论的一对首要范畴,就是"心"与"境"。"境"与"心"相对,为"心"所现,既涵客观景象,又涵主观意象,故"境兼虚实";"境"有种种,互有界限,故而"境界"又可连用。而"心"则自内说,"灵"则自通外说,合"心灵"为一名,"则要在言心灵有居内而通外以合内外之种种义说"。"心"与"境"构成一种感通关系,"境与心之感通相应者,即谓有何境,必有何心与之俱起,而有何以起,亦必有何境与之俱起",故"心"、"境"是"俱存俱在"、"俱开俱辟"、"俱进俱退"、"俱存俱息"。①

"心"、"境"的感通方式,有种类、次序、层位的不同,由此形成所谓"横观"、"顺观"、"纵观"。横观是生命心灵活动之往来于内外左右,在观种类;顺观是生命心灵活动之往来于前后,在观次序;纵观是生命心灵活动之往来于上下,在观层位。这便是"生命心灵活动的三道路或三方向",或者说"心灵生命之三意向或三志向"。唐君毅说:

---

① 参见唐君毅:《生命存在与心灵境界》上册,《唐君毅全集》卷二十三,台湾学生书局 1986 年版,第 11—13 页。

　　　　然人对外境而求通,则为当下横通;反省今昔之所为,而悔其所不当,
而更自信其所当,以续之于今后,则为前后之顺通;而念此心灵之能通之
能未显,而存于隐,即以此念其存于隐,而显之于此念,亦显此能通之能,
以下潋而上升,则为上下之纵通;则亦有此三面之工夫之可说。①

由于"心"、"境"感通的方式不同,相应而起的境界也就不同。从大处看,可以
分作"客观境"、"主观境"、"超主客观境"。复因"心"对各"境"的反观均有
横、顺、纵三种形式,因此,"客观境"、"主观境"、"超主客观境"又可细分为九
种境界。

　　其一为"万物散殊境"。唐君毅认为:"人之知,初乃外照而非内照,即觉
他而非自觉。"因此,"生命心灵"最初的活动是由内向外的,所开辟的是客观
境界;而在客观境界中,首先接触的是个体事物,由此构成彼此分散而殊异的
个体界。一切关于个体事物的历史地理知识,一切关于个人求生存的欲望,皆
根于此境;对此境反观的结果,便形成一切关于个体主义的知识论、形上学与
人生哲学。

　　其二为"依类成化境"。"生命心灵"从个体界出发,进一步接触的是事物
的种类,由此进入类界。一切关于事物种类,诸如无生物类、生物类以及人类
的知识,皆根于此境;对此境反观的结果,便形成一切关于类的知识论、形上学
与人生哲学。

　　其三为"功能序运境"。"生命心灵"通过对类的把握,进一步深入到万物
内在的因果关系,认识到客观世界乃是一个按功能之次序运行的世界,由此进
入因果界。一切以事物因果关系为中心的自然科学、社会科学知识,一切关于
人类生存于自然和社会的应用科学知识,以及人借手段以达目的的行为及功
名事业心,皆根于此境;对此境反观的结果,便形成一切论说因果的知识论、依
因果观念建立的形上学以及功利主义的人生哲学。

　　其四为"感觉互摄境"。经过以上客观三境之后,"生命心灵"由觉他而进
至自觉。自觉即"生命心灵"知其所知之客体事物之相,乃是主体的感觉;客

体事物之相所在的时间和空间,亦内在于缘感觉而起的主体;而能感觉的主体之间则既各自独立,又相互影响,由此进入主体自觉界。一切缘主观感觉而有的记忆、想象,经验心理学中关于身心关系的知识,关于时空秩序的知识,等等,皆根于此境;对此境反观的结果,便形成一切关于身心关系、感觉、记忆、想象与时空关系之认识论,身心二元论或唯身论、泛心论之形上学,与一切重人与其感觉境相适应以求生存之人生哲学。

其五为"观照凌虚境"。"生命心灵"从自觉于客观世界,进而可以游离于客观世界,从而发现一"纯相之世界",此即以语言文字符号声形等所表示的世界,由此进入意义界。一切由人对纯相或纯意义直观而有之知,皆根于此境;对此境反观的结果,便形成重纯相或纯意义的现象学的知识论,重在发明纯相的存在地位的形上学,以及审美主义的人生哲学。

其六为"道德实践境"。"生命心灵"不止于把握意义世界,而且要形成道德理想以指导自己的行为,从而实现道德生活,建立道德人格,由此进入德行界。一切本于道德良心所知的一般道德观念而形成的伦理学、道德学知识,以及人的道德生活行为、道德人格建立,皆根于此境;对此境反观的结果,便形成一切关于道德良心的知识论,良心之存在地位及其命运的形上学,以及一切重道德的人生哲学。

其七为"归向一神境"。经过以上主观三境之后,"生命心灵"由主观统摄客观进入超主客观境界。"然此超主客,乃循主摄客而更进,故仍以主为主。其由自觉而超自觉,亦自觉有此超自觉者。故此三境亦可称为超主客之绝对主体境"。此后三境的总特点是,"知识皆须化为智慧,或属于智慧,以运于人之生活,而成就人之有真实价值之生命存在"。此中第一境即一神教所皈依的神界。其所谓"神",乃指形而上的最高实体,它作为现实世界的主宰,具备现实世界可能有的一切美德;它落实到人的心中,避免人们将其仅视为现实世界的一种实在,从而避免人们的怀疑和不信。

其八为"我法二空境"。此境既破"我执",又破"法执",即一概破除"生命心灵"对主客世界的种种执障,甚至是对"神"的肯定。由此,"心灵"不仅日进于广大,而且彻入现实世界一切有情生命之内里,对其因执而生的种种烦恼痛苦产生同情,并本着慈悲心怀,以智慧烛照有情生命之无执的本性,从而解除其种种烦恼痛苦,达致救度有情生命的目的。

其九为"天德流行境"。此境凸显人的当下生命存在及其道德践履,同时即是"天德"流行,因此,天人不二之道自本至末、自始至终无所不贯,既不依赖对"神"的信仰,也不需要"我破破他"的救度。这种当下即是的境界,方为灌注着道德理想的人文世界之最高境界①。

这九种境界,即是"生命心灵"所开出的整全的现实人文世界,但自其由"客观境"到"主观境"乃至"超主客观境"的次第升进,即自经验的"我"到理性的"我"乃至超越的"我"的不断超越来看,却仍可见出"心之本体"渗贯其中并导引"生命心灵"的层层提升。这样,唐君毅之将"道德自我"推扩到整个生命存在与心灵活动,并不意味着他对"心之本体"这一中心观念的淡化或弱化,相反,"心之本体"作为价值取向,贯穿于"生命心灵"活动的全过程中,通过这一活动内在的指向性而得到了加强。

简言之,三向即生命存在先向客观境界、次向主观境界、最后向超主客观境界敞开。而心对于境之反观有横观、顺观、纵观三种形式,如此三观与所观三境之体、相、用相应,则构成交相辉映的九境。九境即在客观境中所见或所表现的个体界(万物散殊境)、类界(依类成化境)、因果界(功能序运境);主观境界中所见或所表现的身心关系与时空界(感觉互摄境)、意义界(观照凌虚境)、德行界(道德实践境);超主客境界中所见或所表现的神界(归向一神境)、真法界(我法二空境)、性命界(天德流行、尽性立命境)。这是以生命为主的心灵世界中力求真实存在的过程所表现出来的认识秩序或价值秩序,也即是对宇宙秩序的契合与体验。

应该肯定,唐君毅"心通九境"论是一个颇具包容性的庞大的文化哲学体系,这一体系意在以"心之本体"涵括一切,但最终却导致了以"心之本体"裁断一切,因此,其包容性并未能贯彻到底。但唐氏"三向九境"决非文字游戏或形式架构,他所崇尚的仍然是生命理性或实践理性的创造性与超越性,所抉发的仍然是有限身心的无限性与积极性。在人生超越物欲、超越自身的曲折

---

① 以上参见唐君毅:《生命存在与心灵境界》上册,《唐君毅全集》卷二十三,台湾学生书局1986年版,第47—51页。

历程中,感觉经验、理性知识、逻辑思维、道德理想、宗教信仰等等,都是必经的中间环节;人生活于横向发展的各种境界中表现了它的意义与价值,同时亦有其局限和不足。例如,"个体主义或个人主义的哲学"、"思想与生活之依类成化及知类通达"、"功利主义之人生态度"、"感觉互摄之行为与生活"、"观照的人生态度"等等,前五境所成就的生活,总是要归趋于"道德实践境"以成就道德生活与道德人格,显示人生的最高与最后的价值。他又以"天德流行境"涵盖"归向一神境"与"我法二空境",阐释了儒家道德心性学说给人以安身立命之所在的终极意义。

这样,唐君毅在把"道德自我"推扩为"生命存在",展示了人生各层面、各意义、各价值之后,最终仍归趋于超越的、理想的道德价值,又回到了、守住了他的中心观念。他高扬了道德心灵的超越性、无限性。这种超越观,当然与西方哲学的超越论(或超绝论)不可同日而语。这种超越是一种内在的超越,是归于现世人生的。同时,它又涵盖了西学,包容了人类自身及其与周围世界关系的主客对立状态及认知层面的理解,从而弥补了中学之不足。在揭示了生命存在与心灵境界的不同层面,对如此丰富的诸层面作了理智的、客观的理解之后,唐氏文化哲学的目的,仍是"立人极",成就"成德之教",开拓精神空间。他说:

> 何谓吾人之生命之真实存在? 答曰:存在之无不存在之可能者,方得为真实之存在;而无不存在之可能之生命,即所谓永恒悠久而普遍无所不在之无限生命……吾人之生命,原为一无限之生命;亦不能以吾人现有之一生,为吾人之生命之限极。然此无限之生命,又必表现为此有限极之一生……由吾人之论之目标,在成就吾人生命之真实存在,使唯一之吾,由通于一永恒、悠久、普遍而无不在,而无限;生命亦成为无限生命,而立人极;故吾人论诸心灵活动,与其所感通之境之关系,皆所以逐步导向于此目标之证成。①

在尽性立命之道德实践中,人们有一精神的空间。

---

① 唐君毅:《生命存在与心灵境界》上册,《唐君毅全集》卷二十三,台湾学生书局1986年版,第26—27页。

此空间之量,人可生而即有或大或小之分,然亦可由修养而开拓小以成大。此修养之道,恒非是在一般道德实践之情境中,方加以从事者……乃在平时之不关联于道德实践之心灵之活动。此即如在吾人前所谓观照凌虚境中之观照活动,感觉互摄境中之感觉活动,与反观自觉其感觉之活动,依类成化境中之辨类之判断,依类以生活之活动,及万物散殊境中之观万事万物之个体之散殊,而分别论谓之之活动中,吾人皆可有开拓此心量,以由小至大之道。此诸活动,或关于真理,或关于美,皆不直接关于道德上之善。然真美之自身,亦是一种善。人对真美之境之体验,则为直接开拓上述之精神之空间,以成就尽性立命之道德实践者。①

唐君毅开拓精神空间,成就成德之教,以"立人极"的文化哲学系统,是在融摄、消化了中西哲学之后所建构的理想主义的真、善、美统一的文化哲学系统,其特点是把理想主义和理性主义统一了起来。他主张,人类今后之哲学,仍当本理性以建立理想,而重接上西方近代理性主义、理想主义的传统。同时,他又从中国哲学中发掘下本诸人的性情的生命理性、生活理性、实践理性和不脱离现实世界的崇高理想,从而在当代中国哲学中创发了力图把实然与当然、情感与理性、现实与理想、知与行、仁与智统一起来的哲学系统。正是在这一基础上,唐君毅将传统哲学大大推进了一步,同时找到了一条沟通中西哲学、发展中西哲学的道路:理性主义的理想主义之路。这是他不同于、甚至高于西方生命哲学和存在主义的地方。尽管我们对唐君毅的文化哲学可以从文化的发生学、发展观、本质论、生态学等各层面提出种种不同的意见和批评,但我们仍能理解他的用心,他的文化哲学从形上学、宇宙观上论证了道德理性的地位。

第三节 先秦哲学之新解

在中西印哲学文化对比研究的基础上,唐君毅又重视对中国哲学史、思想史的解读与重构,阐发其不同于西方、印度的特殊性。唐君毅的皇皇巨著《中

---

① 唐君毅:《生命存在与心灵境界》下册,《唐君毅全集》卷二十四,台湾学生书局 1986 年版,第 305 页。

国哲学原论》逾200万言,现为其全集第十二卷至十七卷共六巨册,是他有关中国哲学的系统性的著作。唐氏自己定位:"其性质在哲学与哲学史之间。其大体顺时代之序而论述,类哲学史;其重辨析有关此诸道之义理之异同及关联之际,则有近乎纯哲学之论述,而亦有不必尽依时代之先后而为论者。"①显然,《中国哲学原论》不同于黑格尔的《哲学史讲演录》,也不同于冯友兰的《中国哲学史》与张岱年的《中国哲学大纲》。

《中国哲学原论》虽分《导论篇》、《原性篇》、《原道篇》、《原教篇》,以《中庸》首句的"性"、"道"、"教"排布,但仍是以三册《原道篇》为主轴而展开的。唐君毅指出:"本书(指《原道篇》)与拙著《中国哲学原论》中原理、原心、原名、原辩、原致知格物、原命与原性诸篇,乃分别写成。此道之名之义,原可摄贯此理、心、性、命等名义,而为其中心。然直对此中心之道而论,其详略轻重,又自不同。"②故《原道篇》为一中心之圆,又以建筑为例,指前所著为立柱,而此篇为结顶。

《中国哲学原论》特点是:第一,"视中国哲学为自行升进之一独立传统,自非谓其与西方、印度、犹太思想之传,全无相通之义。然此唯由人心人性自有其同处,而其思想自然冥合"③。第二,视中国哲学为活的生命之物。它不是铺陈排比的中药铺,而是"当用以显义理之流行,如当于人之骨骼之中,更见其血脉。然后中国哲学可成一有生命之物。为显此义理之流行,吾书于述一家之思想义理时,亦或兼及于后世之学者对此一家之义理,如何重加解释,或如何重加估价。如吾之论周秦孔、墨、孟、荀、老、庄诸家,恒于文初,兼略论此各家之学之道,在后世学者之心目中之地位之升降起伏。此亦意在增加'对此一家之思想义理之恒活在世代之人心,而为一有生命之物'之观感"④。

---

① 唐君毅:《中国哲学原论·原道篇》卷一,《唐君毅全集》卷十四,台湾学生书局1986年版,"自序"第7页。

② 唐君毅:《中国哲学原论·原道篇》卷一,《唐君毅全集》卷十四,台湾学生书局1986年版,"自序"第7页。

③ 唐君毅:《中国哲学原论·原道篇》卷一,《唐君毅全集》卷十四,台湾学生书局1986年版,"自序"第11页。

④ 唐君毅:《中国哲学原论·原道篇》卷一,《唐君毅全集》卷十四,台湾学生书局1986年版,"自序"第27页。

唐氏认为,中国哲学之道的义理流行,其精神血脉直贯注于古往今来的人文学术、礼乐风教的各方面,为百姓之所日用而不可须臾离者,遍泽群生,活在民间。

萧萐父标举唐君毅《原论》之"原",赞赏他对中国哲学多样性、丰富性的肯定,以及察其问题之"原"、名辞义训之"原"、思想义理孳生之"原",于诸家之异义者,乐推原其本旨,以求其可并行不悖而相融无碍之处。萧萐父肯定唐氏合各时代诸学术之精神生命之流行,以观其往古及来今的发展与会通的精神,并欣赏"即哲学史以论哲学"的三层进境:初观东西古今哲人异同,次入纯哲学之探究,终于"即哲学而超哲学"的化境。萧萐父特别指出,唐氏《原论》并非记问之学,不止于编列古人遗言,而是深观哲学义理的生命精神,慧命相续,开拓新境,明了其"终始相生,如一圆之象"①。

下文笔者拟就唐君毅对先秦哲学的研究,论述其中国哲学史研究的创见。唐氏有关先秦哲学史的研究,主要体现在《原道篇》(1973 年初版)的卷一、卷二及《导论篇》(1966 年初版)、《原性篇》(1968 年初版)中。唐君毅通过对先秦哲学的研究,确立了中国哲学是不同于希腊、印度、犹太等哲学的独立系统,并肯定其表述上也有一形式系统。唐氏特别研究了"道"这一核心范畴,以"道"为中心,对上古、春秋、战国诸子百家的"道"论作了系统的疏理。他深刻地发掘了上古人文之道,孔子仁道,墨子义道,老子自然之道及其六义,孟子立人之道,庄子至人神人真人之道,荀子成人文统类之道,韩非子之治道,周秦诸子对名言之道,《中庸》之诚道,《礼记》之礼乐之道与天地之道,《易传》之即易道以观天之神道,等等,由此而整理出中国人之"道"论系统。与此相联系,他还认真研究了天道、天命、命等范畴。唐氏开先秦人性论研究之先河,对春秋时期对德言性,孔子对习言性,告子即生言性,孟子即心言性,庄子复心言性,荀子对心言性,《中庸》即性言心,以及乾坤之道、礼乐之源、政教之本等作了系统研究。此外,唐氏还讨论了"心"与"理"范畴,通过对孟子之性情心,墨家之知识心,庄子之灵台心,荀子之统类心,《大学》《中庸》之德性工夫之心,

①　萧萐父:《论唐君毅之哲学史观及其对船山哲学之阐释——读〈中国哲学原论〉》,《吹沙集》,巴蜀书社 2007 年版,第 554—557 页。

等等,展开了系统论述。他对名、言、辨、默的研究也别开生面。

唐君毅全面地研究了先秦哲学的各流派与思潮,以及它们之间复杂的关系。例如关于孔子思想,作者讨论了《虞夏书》《商书》中的一些哲学观念,殷周之际变革、周初王道与人文礼乐、周代及春秋之文德、天道、人道、中和之道与孔子的关系,以及孔、墨、孟之间复杂的理论联系与论辩。又如关于道家思想,作者讨论了道家的起源与原始型态,老子之道与田骈、彭蒙、慎到之道的分途,详论老子之法地、法天、法道、法自然之道,《庄子》内篇中成为至人神人真人之道,《庄子》外杂篇思想及《韩非子》、《管子》中的道家言,等等。关于周秦诸子名辨思潮与语言方式,唐氏都有全面地研究。有关《礼记》《易传》,也研究得很细。以下举唐君毅对孔子、孟子、老子的诠释为例分述之。

关于孔子思想,唐君毅肯定孔子以"仁"统贯诸德,以爱言仁,特别以"感通"解释"仁"之旨。唐氏指出,"仁"含有三方面的感通:"对人之自己之内在的感通、对他人之感通及对天命鬼神之感通之三方面。皆以通情成感,以感应成通。此感通为人之生命存在上的,亦为心灵的,精神的。"①由此而为主观精神、客观精神、绝对精神的感通。"孝弟者,人之生命与父母兄弟生命之感通,即人之生命与他人之生命之感通之始也。……人之行于仁道,皆必以孝弟为先,即以其生命在日常生活中,与父母兄弟之生命相感通为先,再及于爱众亲仁,则无异也。"②"而其工夫之节次,则第一步在志于道、志于仁、志于学。此则要在吾人一己之向往于与他人或天下之感通,而有对人之爱,与求天下有道之志。……其第二步,则为于志道之外,求实有据于德,以依仁而行道。而修德之本在恕,由恕以有忠信,而极于对人之礼敬。……乐且不忧,必本于人之知天命。知天命,则见仁者之生命与天命或天之感通,亦仁者之智之极。……人有与天命及天之感通,亦有与鬼神之感通,以仁及于鬼神,是为仁之至。此则为孔子由下学而求极其上达之功夫之最后一步。"③

① 唐君毅:《中国哲学原论·原道篇》卷一,《唐君毅全集》卷十四,台湾学生书局 1986 年版,第 78 页。

② 唐君毅:《中国哲学原论·原道篇》卷一,《唐君毅全集》卷十四,台湾学生书局 1986 年版,第 83 页。

③ 唐君毅:《中国哲学原论·原道篇》卷一,《唐君毅全集》卷十四,台湾学生书局 1986 年版,第 148—149 页。

关于"敬畏",唐君毅指出:"此恭敬寅畏情,只以一统体之天为所对,亦只以一统体之天命为所对,而人却不知此天命之毕竟为何。此即可称为纯粹的对天命之宗教道德性之敬畏。"①他将这种敬畏分为"畏天命"、"知天命"、"俟天命"三种。

唐君毅认为:"孔子之天非一人格神,亦仍可为所敬畏之一真实之精神的生命的无限的存在。以人物有其生命与精神,则生人物之天,不得为一无生命非精神之存在。天所生之人物无穷,则天不能为有限之存在。……此天之为一真实之存在,亦自有其超越于其所已生之人物之存在之上之意义。此亦不碍天之为人之仁之所感通,人之所敬畏,而亦内在于此人之仁之感通与敬畏之中,而非只一往超越于人与万物之外,以自为一绝对完全之独立自足之真实存在也。"②这与西方神学中以绝对完全、独立自足的概念来规定"天"为一人格神或上帝之说不同,此"天"不是自我封闭的只有超越性、神秘性的人格神,它有感通性、开放性、开拓性。

唐君毅对孔子之"天",乃至中国哲学之"天"的揭示是很有意义的。他指出:"具至德至道之天,必为开朗而向外表现,以发育万物流行于万物,亦内在于一切人物之天。此一天之秘密性、神秘性,唯是由其发育流行之无尽处之所昭显。……故此天,永只在其由隐而显,由微而彰之一历程中,而亦恒内在于其所生之人物之中;亦容吾人之由对此天所生之人物之感通,以与天相感通"③。

由上可知,唐君毅对孔子思想中心"仁"之人道精神的把握,特重其"感通"之义,而这一"感通"的最终一层,是人与天的感通。人的宗教道德性的精神源自于"天",而"天"不在生存、变化、发展、流行的人物之外,就在其中。"天"内在于一切人物之中。在笔者看来,此乃唐氏孔子诠释之胜义,有助于我们加深对"天人合一"、"理一分殊"的命题理解。

---

① 唐君毅:《中国哲学原论·原道篇》卷一,《唐君毅全集》卷十四,台湾学生书局1986年版,第130页。

② 唐君毅:《中国哲学原论·原道篇》卷一,《唐君毅全集》卷十四,台湾学生书局1986年版,第133页。

③ 唐君毅:《中国哲学原论·原道篇》卷一,《唐君毅全集》卷十四,台湾学生书局1986年版,第135页。

关于孟子思想,唐君毅的讨论重哲学史脉络与比较研究。例如从孔墨之不同、孟墨之不同,从中国人性观的发展史,从孟子学史上来讲孟子。在《原道篇》的《孟子之立人之道》(上下)、《原性篇》的首章《中国人性观之方向,与春秋时代之对德言性、孔子之对习言性、告子之即生言性、与孟子之即心言性》中,唐氏集中讨论了孟子思想。他说:"墨子更不见礼乐之足以表现人之情意,以畅通人我之生命,养人仁义之心,使人行仁义之道等价值。此尤与孔子之重礼乐之旨相对反。于是孟子起,重发明孔子之道,乃不得不一方辟墨学之言义之只重归于客观化之实利之思想,亦重发挥孔子以仁言义之旨,乃说仁义皆内在于人心,并重申儒者言丧祭之礼与乐之价值。"①

唐君毅特重孟子的人禽之别,认为这与墨子的以人与天鬼对观,而言人之法天事鬼虽不同,但可以说是将人客观化为天地间之一种的存在而言的,这是墨、孟与孔子的不同。孟子言类,有所承于墨子;孟子合言仁义,亦始于墨子合言仁义。孟子讲人禽之别,初只在"几希",即如后世王夫之在《俟解》中所说的"壁立万仞,止争一线,可弗惧哉"。孟子辨类,其目标在使人自觉其所以为人,以尽人道,而为圣贤。唐氏认为,孟子人禽之辨不同于西方哲学家如亚里士多德之辨万物之类。"孟子言人与禽兽不同类,圣人与我同类,故谓'圣人之于民,亦类也'。此所谓人与圣人同类,乃由'人之自存其与禽兽相异之几希,而充之尽之,以至于极,即是圣人'上说。此乃自人之内在的存有此几希,及人可充之、尽之,以使人逐渐同于圣人之历程上,说我与圣人同类;而非外在的、逻辑的将人与圣人比较,是圣人亦是人类之一分子上,说其为与我同类也。"②

人之异于禽兽之"几希",即人的心性,初见于恻隐、羞恶、辞让、是非之四端之心。"孟子之教,即要人自识此几希,而存养之扩充之,以实成其仁德。……孟子之言仁之端在不安、不忍之恻隐,而言义之端,则在羞恶。……人有此义之端之表现,即见人之能自制自守,亦见人自己之心性,自有其内在

---

①　唐君毅:《中国哲学原论·原道篇》卷一,《唐君毅全集》卷十四,台湾学生书局1986年版,第216页。

②　唐君毅:《中国哲学原论·原道篇》卷一,《唐君毅全集》卷十四,台湾学生书局1986年版,第220页。

的尊严。然此对他人有何利益,初全说不上。墨家之谓'义,利也'于此即显然不能说。然此人之能自制自守,却正是人之不侵犯他人之所有,而亦尊重他人之所有,使人与我各得其利,以及依人我之平等,以立种种义道于客观天下之本原所在。此外,礼之始于辞让,智之始于是非,初亦只直接表现人之不同于禽兽之心性,而亦未必有客观的利人之价值与意义者。"①这是唐氏孟子诠释的始点。

唐君毅认为:"孟子始终把稳住'人之仁义之心之有其端始本原之表现,而由存养扩充,可至无穷无尽'之一义。故此孟子之道,在本质上为一由本而末,由内而外,亦由末反本,摄外于内之一道。"②缘于此,孟子必重视作为人之仁义之原始表现的孝悌之德、丧葬之礼及"与人同乐"之"音乐"。人之为仁义之事,亦必自其根于仁义之心,而为此心之表现。

就义内义外之辨,唐氏认为,"敬长"之义,"此敬亦发自我之主观内在之心性,故不可只视之为外,亦当视之为内,而与仁之为内同也。若视之为内,则内可摄外,义之为客观普遍,亦同时为主观内在之心性,表现于'我与所谓客观对象之特殊关系中',而具特殊性者。依此,则由仁而有之爱,与由义而有之敬,即皆同为主观内在之心性之表现矣。"③"孟子之义,则谓此随客观情境之特殊性,而变吾人之所敬,仍出于吾人之内在之心性,有如冬日饮汤,夏日饮水之事之仍由内发。此则注重在言吾人之内在的心性如敬,原能在特殊的客观情形中,有其种种不同之特殊的主观的表现。此表现为义,此义亦由内发,由内在的心性所决定,而非由客观外在之特殊的客观情形所决定。"④唐氏强调,孟子言道德的内在性,言义内并非排斥客观性的建构,实际是通此主观与客观、普遍与特殊。

---

① 唐君毅:《中国哲学原论·原道篇》卷一,《唐君毅全集》卷十四,台湾学生书局1986年版,第221—222页。

② 唐君毅:《中国哲学原论·原道篇》卷一,《唐君毅全集》卷十四,台湾学生书局1986年版,第224页。

③ 唐君毅:《中国哲学原论·原道篇》卷一,《唐君毅全集》卷十四,台湾学生书局1986年版,第226页。

④ 唐君毅:《中国哲学原论·原道篇》卷一,《唐君毅全集》卷十四,台湾学生书局1986年版,第227页。

就孟子的立人之道,唐君毅抓住其根源性,从心性之原始上,逐步展开讨论,依次涉及"孝弟与行义之道","学者之志及生与义","君子之所乐、所欲与所性","成德之历程","尽心知性以知天、存心养性以事天及立命之涵义","养气与知言之学","王者之政与民之兴起及圣贤豪杰与王者、学者之兴起"等方面。

关于孟子的人性论,唐君毅在青年时代就已指出,孟子不"自生言性"而是"即心言性",然"即心言性"可以统摄"即生言性"之说。他指出:"孟子之言性,乃即心言性,而非即自然生命之欲以言性。……孟子之所以不以耳目口鼻之欲为性,则由其乃求在外,而不同于仁义礼智之心之求在己之故,盖求在外,则非自己所能完成,即不直属于我自己,故君子不谓之性"①。

唐君毅说:"孟子即子女之亲亲敬长之心以言性,明与告子之自然生命之食色言性者,乃自不同方向看人性。此中,人之爱亲敬长之心中,包含对父母兄弟之肯定尊重,即包涵对'依于食色之欲而有之其前之人类自然生命之流行'之肯定尊重。……此即见人之德性心,可统摄人之食色之欲而成就之;人之食色之欲,则不能统摄人之德性心。"②唐氏就"自心"(道德心)对自然生命的涵盖义、顺承义、践履义、超越义四个层面予以发挥。

唐君毅又指出:"孟子之即心言性,乃又即此心之生之以言性。所谓即心之生以言性,乃直接就此恻隐、羞恶、辞让、是非等心之生处而言性。"③"如人有具恻隐不忍之情之心之生,见于对孺子之入井等,孟子即就此心之生,即可扩充为一切不忍人之心,而言人性之有不可胜用之仁。又可由人有具羞恶之情之心之生,见于不食嗟来之食等,孟子即就此心之生,可扩充为一切不屑不洁之心,而言人性有不可胜用义。此中人之恻隐羞恶之情之心之生,而自向于其扩大充实者之所在,即仁义之性之所在,故即心之情而可见性;而其能如

---

① 唐君毅:《中国哲学原论·原性篇》,《唐君毅全集》卷十三,台湾学生书局 1984 年版,第 22、23 页。

② 唐君毅:《中国哲学原论·原性篇》,《唐君毅全集》卷十三,台湾学生书局 1984 年版,第 25—26 页。

③ 唐君毅:《中国哲学原论·原性篇》,《唐君毅全集》卷十三,台湾学生书局 1984 年版,第 28 页。

此自向于其扩充之'能',即才也。"①

　　唐君毅批评傅斯年《性命古训辨证》的"先秦之性皆作生"之说,又批评苏辙的"孟子自归于性无善无恶之论"。孟子之"人性善"当然不能归结为"人向善",但可以统摄"人向善"。唐氏也不同意把孟子的"性善论"解释为人性"已全善"。他说:"自人之恻隐羞恶之心之生处说,此生即自向于扩大充实之义;则心之现有而表现之善,……则亦可不见其小且微,则亦无所谓未善。然此又非谓一般人之有恻隐羞恶之心者,即已全善,而同于圣人之善之谓。因此心之性既向于扩大充实,即心之不自足于现有之表现,而未尝自以为已全善,而可以更为善之证。心之生所以为心之性,非纯自心之现实说,亦非纯自心之可能说,而是就可能之化为现实之历程或'几'说。在此历程或'几'上看,不可言人性不善,亦不可言人性已善,而可言人性善,亦可言人性之可以更为善。"②

　　唐君毅发挥"操存舍亡"意,他指出:"此由心之丧失而有不善,并不证此心之性之不善,而正反证此心之为善之源。……此心之一时梏亡丧失,不碍人之仍具此心者,以此心之舍则亡,固不碍此心之操则存。此心之操则存,即此心之自操自存而自生,以见此心之以生为性者也。此心之自以生为性,而能自操自存,人只须试一自操自存其心,便可当下实证。"③

　　黄俊杰将唐君毅孟子诠释的新义归纳为三个要点:第一是"心学","即心言性";第二,从"心"之自发自动赋"兴"字以新义,特重人之兴起心志以立人;第三,特就人禽之辨,强调人与禽兽不同"类",而使人自觉其为人。黄俊杰认为唐氏直承宋明儒"心学"的立场,强调心之自兴自发,而未正视牟宗三所谓孟子式的具有"自我立法"能力之心,及如何落实在现实世界使它自身客观化的问题,毋宁说唐代(以及某种程度内的牟宗三)专注的是"心"之自我完善而

　　————————

　　① 唐君毅:《中国哲学原论·原性篇》,《唐君毅全集》卷十三,台湾学生书局1984年版,第29—30页。

　　② 唐君毅:《中国哲学原论·原性篇》,《唐君毅全集》卷十三,台湾学生书局1984年版,第30—31页。

　　③ 唐君毅:《中国哲学原论·原性篇》,《唐君毅全集》卷十三,台湾学生书局1984年版,第31—32页。

不是"心"的撑开、落实。至于孟子之外王学的实践问题,则是徐复观的胜场。①

唐君毅肯定孟子的本末、内外的圆成。他不仅"即心言性",强调"仁义内在",又深受船山影响,"即此心之生以言性",重视人性的成长与发展,性善只是应然而非实然,需"扩而充之",这就包含了客观面的流行与实践。

唐君毅论道家思想的基本框架是一系三分途说。就道家与儒、墨之差别说,庄子、老子与慎到等所言之"道"有共同的方面,"即其言道,皆以其生命面对天地万物之全体,而言人之所以应之之道。……孔墨之道,存于人与己,及人与天及鬼神之间,皆初未及于人以外之万物与地。"②相较于先秦其他派别,道家重点讨论了人的生命面对天地万物全体时的因应之道。而道家又主要有三派:一是田骈、彭蒙、慎到;二是老子;三是庄子。"道家之流之慎到、田骈、彭蒙,顺天地万物之转易变化之势,而见天能覆不能载,地能载不能覆,万物皆有所可、有所不可,以去建己之患,用知之累;即已自有其生命之面对天地万物之全体,而应之处之道在。老子之教人于物势之转易之前,自退一步,以凝敛其心知于自己,以观物势之转,自居于虚静柔弱以法地;进而以宽容之心,对天下人利而不害,以法天,以慈孩民;更由'无名天地之始,有名万物之母',以知有此为天地万物之始母之道,而法道,以成其上德与玄德,而由末之粗,至本之精。则又为人之生命面对天地万物之全体,而应之另一道。庄子之道,自其不同于此二者而言,则在其既非面对天地万物转易变化之势,弃知去己,为顺应之道;亦非如老子之自退一步以居虚静,以知观物势,自居柔弱,以曲道自全为始,而要在既化人生命中之心知为神明,以往向于此天地万物之转易变化于前者,即更游心于其中,亦更超越于其外,昭临于其上,以成神明之无所不往,见'天地与我并生,万物与我为一',为其根本。故其神明之运,自始为开展

① 参见黄俊杰:《当代儒家对孟子学的解释——以唐君毅、徐复观、牟宗三为中心》,《孟学思想史论》(卷二),台北"中央研究院"中国文哲研究所筹备处 1997 年版,第 421—463 页。

② 唐君毅:《中国哲学原论·原道篇》卷一,《唐君毅全集》卷十四,台湾学生书局 1986 年版,第 285 页。

的,放达的,六通四辟,而无所不通,无所不往,亦无定所,为其所必适者。"①依《庄子·天下篇》,唐氏发挥道家之三种型态,认为此三型之"道",原自吾人自己面对天地万物之全体之转易变化时,我们可有之所以应对的三种方式。因此,道家之三种型态也是互补而圆成的。

有关老子之"道",唐君毅从纵向与横向作了深入地剖析。从纵面,唐氏依道的虚实面的不同,分析了六个意义。首先是道有虚与实的二面,韩非子以"理"、王弼以"体无"与"自然"来说"道",是倾向于虚方面的,而道教徒以精、气、神的实质来说道,是从实的方面来说的。由此而分析的六个义项是:1. 以道为一切万物所普遍共同遵行的理则,或自然、宇宙的一般律则或根本原理。2. 以道为一实有的存在者,是一形而上性格的存在的实体或实理。3. 就相状而言,与万物相比较,道为无、为虚。4. 道所同于万物的面相是"德",万物分享自道、万物有得于道的方面,即是万物之"德"。5. 以道为标准为目标的修德的方法或生活的方式。这属于应用意义的道,低于"德"的层面。6. 指一种人的心境或人格状态的表状之辞。以上第二种作为形而上的实体的道是实的,而其他则是虚的。从横面,他又据《老子》第二十五章所说的"人法地,地法天,天法道,道法自然",论述老子之道不在一个平面上,而有人由法地而法道、人由法天以法道、人直接法道、人法道之自然的四个层次。道的四层次是正反相涵与次第升进,在一种圆融无碍的大系统之中。

吴汝钧在讨论唐君毅关于老子诠释的专文中指出,唐氏的看法,老子的宇宙观与人生观是冷静而无情味,其道亦是一无善无恶的中性的形而上的存在,亦未尝以仁心仁性对待万物。"唐先生的说法,自是本着一贯的人文精神而立言;即是说,儒家是人文精神的哲学,老子或道家则否。但若太着眼于'人文',而成一种人文主义,一切以人为中心,以人的价值为价值的话,则亦可以引出流弊,过分重视人间而忽视万物,以致不理会我们所生存的环境,认人的生存福利为目的,而周围的环境以至万物只是成就、成全我们的生存福利的工具而已。这便背离了现代所谓的环境伦理或环保伦理,欠缺一种视天地万物

---

① 唐君毅:《中国哲学原论·原道篇》卷一,《唐君毅全集》卷十四,台湾学生书局 1986 年版,第 286、287 页。

为一体的齐物精神了。"①吴汝钧自现代生态伦理的立场批评唐氏,但唐氏在四层次说中已指出:"此即具功利意义之第一层面之言,不如第二层面以上者之具超功利意义者之高;第二层面之连天地万物以为说者,又不若超天地万物,以直就法道为说者之高;而直就法道而说修道为道者,更不如经历修道为道之工夫,并自问种种问题,以求修道工夫之达于安、久、自然之境者之高。……由第一层面进至第二层面矣。人能平不平又能慈,即其心之能容能公。依容公之道以存心者,则更见得此道之自具超越所对之天地万物之意义;即可进而直接法道、体道之超越意义,以'为道日损'而修道,而更本此道,以观天地万物之超越其自己,皆为此道之表现,则进至第三层面矣。至由人之修道之久,而达安且久之自然之境,则更实现道之常久、道之法自然,与天地万物之莫不法自然,而人可自其玄德,以有上德而不德,此即通至最高之第四层次矣。此诸层面中,在前者可升进至在后者,以为在后者之所据,而在后者亦包涵在前者,而较之为高一层面者矣。"②按唐氏的这一解读,亦已包含了今之环保意识,而不致沦为寡头之人文主义。实际上,唐氏是批评寡头的人类中心、人文主义,而极富宗教心灵的。唐氏论儒家人文,亦涵摄自然、科学与宗教。

方克立曾著文详细评介《中国哲学原论》,特别肯定《原论》的范畴研究方法,指出其特点是:1."即哲学史以言哲学,本哲学以言哲学史";2.文字训诂与疏通义理并重;3.注意到中国哲学范畴具有多义性、历史性、矛盾性等特点,试图从"吾人心思之运用"中找到矛盾消解融和之道;4.重视中西哲学范畴比较研究,反对以西方哲学为标准来衡论中国哲学;5.把语义学、分析哲学的方法引进中国哲学范畴研究。③ 当然,唐氏的《中国哲学原论》主要是哲学史而不是范畴史,与张岱年的《中国哲学大纲》旨趣不同。

---

① 吴汝钧:《唐君毅先生对老子的道的诠释:六义贯释与四层升进》,《老庄哲学的现代析论》,台北文津出版社 1998 年版,第 300 页。

② 唐君毅:《中国哲学原论·原道篇》卷一,《唐君毅全集》卷十四,台湾学生书局 1986 年版,第 338—339 页。

③ 参见方克立:《中国哲学范畴研究的宏篇巨制——唐君毅〈中国哲学原论〉评介》,《现代新儒学与中国现代化》,天津人民出版社 1997 年版,第 328—351 页。

　　就先秦哲学史的研究而言,唐君毅的研究方法论启示我们:第一,必须把当时哲学思想各流派、各主要人物的核心思想与言说方式,理清辨明,并对其间的来龙去脉与复杂的联系条分缕析。第二,哲学史的还原并非简单回到各家各派,而是在平实地理解、深度地发掘的基础上,对其作哲学的提升与理论的重构。第三,把握合理的诠释限度,也即正确处理"理解"与"批判"、"继承"与"创新"、"传统"与"现实"等关系问题。

　　上述第三点尤其值得我们重视。只有批判传统才能真正继承传统,但批判必须是全面深入理解基础上的内在性批判,需要以缜密功夫从中国哲学家或思想系统自身的内在理路出发对其做系统梳理,避免将某种特定的思想框架强加在传统中国哲学之上,不由分说,寻章摘句,以简单粗暴的方式来宰制、肢解传统。先在既定地将中国传统执定为粗糙、落后、保守云云,这类所谓批判实与中国思想文化不相干。没有全面真正的继承,就不可能有创新。哲学的创新不仅要有厚重的历史感,具备深厚的理论功底,也要有时代精神,具有深刻的问题意识。创新固然是因应时代的挑战而生,但创新绝非无源之水、无本之木,它一定是对传统批判性的继承。当然,弘大传统文化并不是要昧于社会现实而开历史倒车,相反,传统中有不少我们可用来批判现代性的负面、批判时俗流弊的思想资源。抛弃五四以来相沿成习的对中国文化的某些误解、成见,调动并创造性转化传统文化资源,介入、参与、批判、提升现实,促使传统与现代的互动,这才是应取的态度。

第四节　唐君毅文化哲学的价值与意义

　　唐君毅是 20 世纪中国最著名的人文学者之一,当代新儒家的巨擘。他具有悲悯意识与宗教情怀,在东方与西方、传统与现代剧烈冲突与交流互动的背景下,用整个生命和全部心血护持着人类和族类的文化理想、道德理性,积极参与、推动文明间的理解、沟通与对话。唐氏是一位开放型的儒家学者。他充分肯定人类各大文明的原创性,充分尊重世界各民族文化与宗教精神的合理内核,希冀包容不同的价值理念。唐君毅非常敏感,密切注视,随时体验工业、商业、科技日益发达的现代生活世界的变化,及这些变化带来的正负面价值,警惕并批评随着神性的消解与物欲的泛滥,关注人与天、地、人、我之间发生的异化——上不在天,下不在地,外不在人,内不在己,直面人的生存状态和精神信念的危机。

唐君毅是一位博大的哲学家。他会通中西,融贯三教,创造性地建构了"性""道"一元,"体"、"用"、"相"多面撑开的文化哲学系统。这一系统,以"道德自我"为中心。但道德的主体性与文化活动,精神理想与人文世界是有密切关系的。"心之本体"客观化、外在化为人类文化活动的各侧面、各层次、各系统,包括家庭、社会、经济、政治、哲学、科学、文学、艺术、宗教、体育、军事、法律、教育等等,包括东西方文化史和思想史上各方面的成就。唐氏晚年在肯定"道德自我"主导性的同时,将它扩大为"生命存在",涵盖精神生命不同的内容和不同的活动方面,肯定不同层级的心灵境界。他从不同类型的人的生命存在与心灵活动的广阔内涵出发,架构了弘大而辟的"三向九境"系统——《生命存在与心灵境界》。

唐君毅尤为重视对中华人文精神的诠释与弘扬,他指出人类史上这一特殊的人文精神涵盖了超人文的宗教,不与宗教相对立,也不与自然相对立,不与科学技术相对立。中国传统的人文主义的理想是:以人文化成天下;人文要普遍于自然,人之心可以贯通于自然。人心上有所承于天,下有所贯于地,天、地、人三者合一。通过人的关系,"形上之道"同时亦表现于"形下之器"中。人上通于天,下立于地,而成为"顶天立地"之人。他又阐扬了西方人文精神发展的不同阶段与不同走向,昭示了中西人文精神在现代交相融合的可能性。他指出,今天最圆满的人文主义,必须是中西会通的人文主义,以解除现代世界中的文化的偏蔽。他对东方宗教的兼容性,对儒学的宗教性与超越性,对中国哲学"内在超越"特色的发挥,尤有价值。有的论者认为"内在"与"超越"绝对不相容,其实,如果不是从认识论,而是从价值论,从本体—境界论的维度去看,"超越性"指的是神性、宗教性,在"天人合一"、"天人合德"的论域中,神与人、神圣与凡俗、超越境界与内在的道德生活本来就是统一的。

唐君毅有崇高的人格,博大的胸襟。他常常讲"德量"与"心量"。他的为人与为学是一致的。他是一位伟大的儒者,一生实践儒家精神,立德、立功、立言,真正做到了三不朽! 他勤奋地读书、教书、写书,著书立说,著作等身,且努力从事文教事业,曾与友人创办杂志,创办新亚书院,参与校政,教书育人,提携后学。他又是关心社会,参与社会活动,批评当下,面向未来的公共知识分子的一员。他给我们留下的精神遗产是全面而丰富的。

第十一章　牟宗三的哲学系统

　　牟宗三(1909—1995)，字离中，山东栖霞人，是当代新儒家中具原创性的哲学家。在中西哲学交流、互动的背景下产生的牟宗三哲学是20世纪中国哲学的一个典范。首先，牟氏的哲学论述是现代性的哲学论述，是对中西传统中主流哲学思潮的批判与重建；所反映的仍然是中西古今的文化与哲学之调适上遂的时代课题，是现代化挑战下的人与人性及中国人、中国文化、中国哲学的自觉性与自主性的问题。其次，牟氏哲学有着鲜明的个性，他本其特有的睿智与敏感提出了很多哲学问题，创造性地重释了一些哲学概念，他的独特思考与他所建构的系统最能引起批评与争议。唯其如此，他的哲学智慧的影响力超迈前贤。

　　牟宗三在20世纪50年代的著作《道德的理想主义》、《历史哲学》和《政道与治道》等"外王"三书，主要是对中国文化的反省、批导，着重考虑"开新"的问题，着重论证如何吸取西方文化在科学知识系统、民主政治、人文主义、哲学思维框架等方面的成就和价值。牟氏在60—70年代有关中国哲学的主要著作《才性与玄理》、《佛性与般若》、《心体与性体》、《从陆象山到刘蕺山》等，对传统儒、释、道等思想资源作了相当缜密的、功力深厚的梳理和发挥，同时对心体与性体作了本体论的论证。牟氏道德的形上学的证成，是与他阐发中国哲学、重建内圣之学相一致的。

　　牟宗三的"两层存有论"发端于20世纪60年代的著作，特别是《心体与性体》，完成于70年代的著作《智的直觉与中国哲学》和《现象与物自身》。他在中年已提出"智的直觉"说与"良知坎陷"说，晚年以此作为中西文化或者儒学与康德哲学的重要分界，并且依中国哲学的智慧方向，建立起"执的存有论"与"无执的存有论"。至 80 年代，他又有《圆善论》，以实践理性作开端，把中国先哲实践的智慧学、最高的圆满的善与无执的存有论联系起来，从圆教来看圆善，疏论德福一致，使两层存有论系统的圆成更为真切。《智的直觉与中国哲学》、《现象与物自身》、《圆善论》三书，代表了牟宗三哲学系统的完成。

牟宗三著作经门人整理编校而成《牟宗三先生全集》，汇聚牟氏全部学思历程的精心著述，2003 年由台北联经出版事业公司出版发行。

第一节　改造中学，与现代化相调适

在牟宗三的许多著作中，贯串着他对于中西文化观照的基本思想脉络。牟氏认为自己一直在"默默地耕耘，就是自己读书，教一辈子书，同时念兹在兹，思考一个问题"，即"中国文化的历史发展方向，如何从内省开出外王"。就中国文化的历史发展方向而言，牟氏以为应当"以中国文化命脉为本创建一个大综合"，即"吸纳西方的科学传统、自由民主传统"①。因而从一定意义上说，牟氏关于中国文化和中国哲学的抉发，牟氏的新儒学思想，是建立在他对于中西文化比较研究的基础之上的。他在 20 世纪 50 年代的著作中有明显的以西学价值批评、改造中学的趋向，尤其是在引进西学，倡导知识理性与现代制度建构方面，不遗余力。

一、"综合的尽理之精神"与"分解的尽理之精神"

在牟宗三看来，文化不死是一堆死物，文化是人和族类所创造的，是一个民族的圣贤、豪杰的生命和精神所表现、所灌注的。牟氏常常运用"文化生命"这样一个概念。所谓"文化生命"，指的是民族生命的"创造文化的创造力"，是民族精神兴衰嬗替的动态历程。因此，论文化不能切断它与人的生命和精神的联系。中西文化生命有什么不同呢？牟氏首先从根源上看："中国文化，从其发展的表现上说，它是一个独特的文化系统。它有它的独特性与根源

---

① 牟宗三:《鹅湖之会——中国文化发展中的大综合与中西传统的融合》,《牟宗三先生全集》27,台北联经出版事业公司 2003 年版,第 445—458 页。

性。……这个特有的文化生命的最初表现,首先它与西方文化生命的源泉之一的希腊不同的地方,是在:它首先把握'生命',而希腊则首先把握'自然'。"①

牟宗三认为,中国文化生命里最根源的一个观念形态是"正德、利用、厚生"——一方面"修己",对自己"正德",另一方面"安百姓",对人民"利用、厚生"。古代圣贤以此来调护、安顿自己和人民的生命。中国文化向生命处用心,它对生命的把握,不是生物学层面的把握,而是道德政治层面的把握,以此开辟出中国文化的精神领域:心灵世界或价值世界,也即是开启了后来儒家的"内圣外王"之学。正德是内圣事,律己要严;"利用、厚生"是外王事,对人要宽。而西方文化从根源上说,首先把握的不是生命,而是"自然"。这是希腊文化学术的传统。它不是向生命处用心,而是向客体方面用心,以期把握外在事物之理。西方文化的源头,除了以"物"为本的希腊哲学传统之外,还有以"神"为本的希伯莱宗教传统,肯定一外在的上帝。耶稣即是借自己生命的放弃而回归上帝,以印证上帝的绝对性。因此,以"生命"为中心的中国文化,"很难吞没消解于西方式的独立哲学中,亦很难吞没消解于西方式的独立宗教中"。② 按照牟宗三的理解:"活动于知识与自然,是不关乎人生的。纯以客观思辨理解的方式去活动也是不关乎人生的,即存在主义所说的不关心的'非存在的'。以当下自我超拔的实践方式,'存在的'的方式,活动于'生命',是真切于人生的。而依孔子与释迦的教训,去活动于生命,都是充其极而至大无外的。"③

牟宗三认为,以"生命"为出发点和中心的中国文化系统,是"仁"的文化系统。"它的着重点是生命与德性。它的出发点或进路是敬天爱民的道德实践,是践仁成圣的道德实践,是由这种实践注意到'性命天道相贯通'而开出

---

① 牟宗三:《历史哲学》,《牟宗三先生全集》9,台北联经出版事业公司 2003 年版,第189 页。

② 牟宗三:《中国哲学的特质》,《牟宗三先生全集》28,台北联经出版事业公司 2003 年版,第6 页。

③ 牟宗三:《中国哲学的特质》,《牟宗三先生全集》28,台北联经出版事业公司 2003 年版,第6 页。

的。"①按照他的看法,古代圣哲在调护、安顿我们形而下的自然生命时显出了道德生命,即由心灵所表现的理性生命,这就是内在的仁义和道德性善。如果说,以亲亲、尊尊为基本纲领的周公礼制尚是外在形态的话,那么孔孟的仁义、心性则是内在的道德理性。"这个心性一透露,人之所以为人的'道德主体性'(moral subjectivity)完全壁立千仞地树立起来。上面通天,下面通人。此即为天人合一之道。内而透精神价值之源,外而通事为礼节之文。这一个义理的骨干给周公所制之礼(文)以超越的安立(transcendental justification)。这整个的文化系统,从礼一面,即从其广度一面说,我将名之曰:礼乐型的文化系统,以与西方的宗教型的文化系统相区别。从仁义内在之心性一面,即从其深度一面说,我将名之曰:'综合的尽理之精神'下的文化系统,以与西方的'分解的尽理之精神'下的文化系统相区别。"②

所谓"综合的尽理之精神",按牟宗三的解释,"综合"指"上下通彻,内外贯通";"尽理"即孟子、《中庸》的尽心知性(仁义内在之心性)和荀子的尽伦、尽制(社会体制)的统一。"尽心尽性就要在礼乐型的礼制中尽,而尽伦尽制亦就算尽了仁义内在之心性。而无论心、性、伦、制,皆是理性生命,道德生命之所发,故皆可曰'理'。"③个人内在的实践工夫和外王礼制的统一,即是"综合的尽理"。"其所尽之理是道德、政治的,不是自然外物的;是实践的,不是认识的或'观解的'(theoretical)。这完全属于价值世界事,不属于'实然世界'事。中国的文化生命完全是顺这一条线而发展。"④由此可见,牟氏所说的中国文化的"理性"不是生物生命的冲动,也不是"理论理性"、"逻辑理性",而是"实践理性"或"道德理性",是孔孟之"仁"或"怵惕恻隐之心"。由此而

---

① 牟宗三:《中国哲学的特质》,《牟宗三先生全集》28,台北联经出版事业公司2003年版,第10页。

② 牟宗三:《历史哲学》,《牟宗三先生全集》9,台北联经出版事业公司2003年版,第192页。

③ 牟宗三:《历史哲学》,《牟宗三先生全集》9,台北联经出版事业公司2003年版,第192页。

④ 牟宗三:《历史哲学》,《牟宗三先生全集》9,台北联经出版事业公司2003年版,第192—193页。

表现出使人成为"道德的(或宗教的)存在"的"道德的主体自由"①。

所谓"分解的尽理之精神",按牟宗三的解释,"分解"即是由"智的观解"所规定的,涵有抽象义、偏至义和循着概念推进义,即与前述"综合"之"圆而神"的精神相对立的"方以智"的精神;至若"分解的尽理"之"尽理",大体上是逻辑数学之理,是"认识的心"、"知性主体"或"理论理性",与中国的尽心尽性尽伦尽制所尽之"理"大异其趣。

牟宗三将西方文化系统称为"智"的系统。他认为希腊哲人首先观解自然,推置对象,使之外在化,形成主客对立。其心灵由外而向上翻,即在把握自然宇宙所以形成之理。尽管苏格拉底从自然归到人事方面的真、善、美等概念的讨论,但他是本着智的观解的态度,把这些概念作为外在的事象而讨论的,没有如孔孟归本内心之仁义上。苏格拉底发现了"理型","贞定"了事物和概念;柏拉图循此建树了一个含有本体论、宇宙论的伟大系统;亚里士多德由理型、形式再转言共相、范畴,引生出全部传统逻辑。牟氏认为,这三大哲人暴露了智的全幅领域,外而贞定了自然,内而贞定了思想,奠定了逻辑、数学、科学的基础。牟氏还认为,不唯希腊的学统是"分解的尽理之精神",就是从希伯莱而来的宗教传统下的基督教的精神也是"分解的尽理之精神"。这里的"分解"完全是就耶稣的宗教精神之为隔离、偏至而言的。耶稣为要证实上帝的绝对性、纯粹性、精神性,放弃观实的一切、感觉界的一切,与神合一。按照中国的文化讲,人人皆可以为圣人,而依基督教的文化系统,则只有耶稣是圣子。因为在它那里,如果人人都可以为圣子,那么人间一切现实活动都不可能有了。在基督教文化系统里,天人之间、神人之间是隔离的、分解的,故牟宗三将耶教称为"离教",而把儒教称为"圆教"。牟氏认为,"分解的尽理之精神"表现在文化上,不唯形成以抽象地概念地分解和规定对象的科学,不唯形成神人相距的离教型的宗教,而且通过阶级集团向外争取自由人权,逐渐开出民主政治。所以,西方文化充分表现了使人成为"理智的存在"的"思想的主体自由"

---

① 牟宗三说,中国文化还有一种"综合的尽气之精神",能超越物气之僵固,表现一往挥洒的生命风姿,如英雄豪杰、才士隐逸之流,尽才尽情尽气,表现出使人成为"艺术的存在"(广义的艺术)的"艺术性的主体自由"。详见《历史哲学》第三部第三章。

和使人成为"政治的存在"的"政治的主体自由"。

从中西文化的根源性和内在本质上,牟宗三将二者区分为"综合的尽理之精神"和"分解的尽理之精神"。这里的"综合"和"分解"不是具体层面的,而是最高的抽象。"这是反省中西文化系统,而从其文化系统之形成之背后的精神处说。所以这里所谓综合与分解是就最顶尖的一层次上面说的。"①

牟宗三进行这种比较,意在说明"中国所以不出观逻辑数学科学之故"和"中国过去所以不出现民主政治之故,所以未出现近代化的国家政治法律之故"。这是五四以来直至今日大多数知识精英,包括梁漱溟以降的现代新儒家的提问方式与反省趋向。他们基于中国文化及哲学之现代化的立场,探寻中西文化、哲学会通的内在可能性,无疑有其重要的理论和现实的意义,但需要注意的是这种提问方式与反省趋向有待商榷,因为中国古代的逻辑数学科学与制度文明有自身的路数与特性,以西方主流文化来衡估,容易抹杀中华文明自成一格的发展道路的诸多至今未被人认识的方面及其特殊价值。

关于科学,牟宗三指出,中国传统儒、道、释三家都在超知性一层上大显精彩,在各自追求"仁心"、"道心"和"佛性"的过程中,表现出"智的直觉"——"其直觉是理智的,不是'感觉的';其理智是直觉的,不是辨解的,即不是逻辑的"。② 按照西方哲学的路数,认识外物,形成知识,一方面,需要依靠感觉的直觉提供材料;另一方面,知性活动必须是辨解的,遵守逻辑的理路,使用概念,依赖一些基本的形式条件,如时空、质量、因果等范畴。只有这样,知性的认识才有可能。然而,"在中国文化生命里,惟在显德性之仁学,固一方从未单提出智而考论之,而一方亦无这些形式条件诸概念。同时一方既未出现逻辑、数学与科学,一方亦无西方哲学中的知识论。此一环之缺少,实是中国文化生命发展中一大憾事。……一个文化生命里,如果转不出智之知性形态,则逻辑、数学、科学无由出现,分解的尽理之精神无由出现,而除德性之学之道统外,各种学问之独立的多头的发展无由可能,而学统亦无由成。此中国之所以

---

① 参见牟宗三:《历史哲学》,《牟宗三先生全集》9,台北联经出版事业公司2003年版,第200页。

② 牟宗三:《历史哲学》,《牟宗三先生全集》9,台北联经出版事业公司2003年版,第205页。

只有道统而无学统也"。① 这就是说,中国文化向上透而彻悟生命本源——"仁",亦将认识("智")收摄归"仁",成为"神智",即不经过逻辑、数学,不与外物为对为二的道德生命的体悟,因而不能开出科学知识。按牟宗三的思路,中国文化只是在本源上大开大合,而没有向下撑开,因而带来许多问题。

关于民主,牟宗三认为,中国历史上一方面没有阶级对立②,另一方面没有个性的自觉,没有"在上帝面前人人平等"的最根源而普遍的意识,因而不能像西方那样开出民主政治。根本的问题仍是"综合的尽理之精神",由此出发,道德价值观念的核心是成就圣贤人格,进而在政治上成了一个圣君贤相的"神治"形态。儒者对于君民只有讲"修德"这一个办法,民在国家政治法律方面毫无责任,君则成了一个超越的无限制的"体"。用所谓"德"与"天命靡常"警戒君,实际上表示拿他毫无办法。"如是,中国文化精神在政治方面就只有治道而无政道。……中国以往知识分子(文化生命所由以寄托者)只向治道用心,而始终不向政道处用心。"③如儒家讲"德化的治道"、道家讲"道化的治道"、法家讲"物化的治道",三个系统交替使用,君却总是一个无限体,等同天地和神。这种达于神境的治道总是主观的,系于君相一心,不能通过政道而客观化,人民永远处在被动的睡眠状态中。

牟宗三认为,中国文化生命、理性世界,以道德价值观所主导的"综合的尽理之精神"为主脉,"一是皆以个人姿态向上透而成为圣贤人格、艺术性的人格为基本情调,则人民即不能在政治上自觉地站起来,而成为有个性的个体,即人民可以成为一个伦常上的'道德的存在'(moral being),而不能成为一个'政治的存在'(political being)。如是,不能起来对于皇帝有一政治、法律上的限制,而只有打天下式的革命。因而政道亦不能出现"。④ 牟氏指出,只有

---

① 牟宗三:《历史哲学》,《牟宗三先生全集》9,台北联经出版事业公司2003年版,第206、207页。

② 梁漱溟首倡此说,他认为传统中国是一个"职业分途"、"伦理本位"的社会,缺乏"阶级的分野"。详见梁漱溟:《乡村建设理论》,《梁漱溟全集》第二卷,山东人民出版社2005年版。

③ 牟宗三:《历史哲学》,《牟宗三先生全集》9,台北联经出版事业公司2003年版,第213—214页。

④ 牟宗三:《历史哲学》,《牟宗三先生全集》9,台北联经出版事业公司2003年版,第217页。

当人民成为一个"政治的存在",即政治上觉醒的个体,起而以政治法律的形态限制皇帝,对国家尽公民的责任,进而组织起来,才可以说是现代化的国家。

总之,通过比较,牟宗三分析了"中国文化生命的特质及其发展的限度",认为"它实在是缺少了一环。在全幅人性的表现上,从知识方面说,它缺少了'知性'这一环,因而也不出现逻辑、数学与科学。从客观实践方面说,它缺少了'政道'之建立这一环,因而也不出现民主政治,不出现近代化的国家、政治与法律。"①

牟宗三认为中国文化生命的境界虽高,但在人间实现圣贤人格的道德理性却是不足的。这就是上面所说的,一方面(心觉方面),知性转不出,道德理性封闭在个人道德实践中通不出来,有窒息之虞;另一方面(客观实践方面),政道转不出,近代化的国家政治法律转不出,道德理性也不能广泛地积极地实现出来。牟氏说:"这就表示中国以前儒者所讲的'外王'是不够的。以前儒者所讲的外王是由内圣直接推出来:以为正心、诚意即可直接函外王,以为尽心、尽性、尽伦、尽制即可直接推出外王,以为圣君、贤相一心妙用之神治即可函外王之极致:此为外王之'直接形态'。这个直接形态的外王是不够的。现在我们知道,积极的外王,外王之充分地实现,客观地实现,必须经过一个曲折,即前文所说的转一个弯,而建立一个政道,一个制度,而为间接的实现;此为外王之间接形态。亦如向上透所呈露之仁智合一之心需要再向下曲折一下而转出'知性'来,以备道德理性(即仁智合一的心性)之更进一步的实现。"②牟氏认为,中国文化以往只在向上透一面大开大合,而未向下撑开再转出一个大开大合。"知性方面的逻辑数学科学与客观实践方面的国家政治法律(近代化的)虽不是最高境界中的事,它是中间架构性的东西,然而在人间实践过程中实现价值上,实现道德理性上,这中间架构性的东西却是不可少的。而中国文化生命在以往的发展却正少了这中间一层。"③

---

　　① 牟宗三:《历史哲学》,《牟宗三先生全集》9,台北联经出版事业公司 2003 年版,第218 页。

　　② 牟宗三:《历史哲学》,《牟宗三先生全集》9,台北联经出版事业公司 2003 年版,第219—220 页。

　　③ 牟宗三:《历史哲学》,《牟宗三先生全集》9,台北联经出版事业公司 2003 年版,第220 页。

至此,我们大体可以了解牟氏的文化比较模式:

西方文化:从自然(希腊)或上帝(希伯莱)出发——智的或宗教型的文化系统——分解的尽理的精神——突出理论理性(知性主体)——开出逻辑数学和近代化的国家政治法律;

中国文化:从生命出发——仁的礼乐型的文化系统——综合的尽理的精神——突出实践理性(道德主体)——层次很高的"神智"和"神治",然缺乏中间环节,只有道统而无学统,只有治道而无政道。

按牟宗三的设想,中国文化(以儒家学术为主体)的第三期发扬的内容和形态,即是开出新外王,弥补上面所说的中间一环。

二、"理性之运用表现"与"理性之架构表现"

如前所述,从中西文化系统背后的精神而言,牟宗三将二者区分为"综合的尽理之精神"和"分解的尽理之精神",然就中国文化的表现方式或途径而言,他又将二者区分为"理性之运用表现与架构表现"及"理性之内容的表现与外延的表现",以检讨中国文化在理性之架构表现的缺弱,进而指出这是科学知识系统与民主政治制度不能出现的原因。

在牟宗三看来,中国文化与中国哲学有高度的人生智慧,给人类决定了一个终极的人生方向,其中心是生命,其重点是道德,成圣成佛的实践与成圣成佛的学问是统一的,浑然一体;西方文化与西方哲学则具有高度的逻辑思辨和工巧的架构,其中心是科学,重点是知识,并由此而开出世界近代文化史上光辉的格局。

牟宗三在《政道与治道》(1961年初版)中有专章论述《理性之运用表现与架构表现》及《理性之内容的表现与外延的表现》(都曾于成书前作为单篇论文发表;编入《政道与治道》时,前者为第三章,后者为第八章),发挥了前述《历史哲学》(1955年初版)第三部第二章中关于"综合的尽理之精神"和"分解的尽理之精神"的思想。

所谓"理性之运用表现"中的"理性"是指实践理性,不是抽象的而是具体的人格中的德性;其"运用表现"中的"运用"即指"作用"或"功能";"运用表现"就是指德性之感召或德性之智慧妙用。从人格方面说,圣贤人格感召方

式是直接而当下的,不需要任何媒介、桥梁的。从政治方面说,儒家的德化治
道即是理性之运用,寄托在为政者以身作则、以德化民的基础上。但道德是自
律的。儒者德化皇帝,并希冀出现"圣君贤相"德化下民,但在君主专制中很
难做到,因为没有国家政治法律的架构,既不可能制衡皇帝,又不可能使德化
了的皇帝在人间实现其价值。所以,牟宗三认为,理性之作用表现,在圣贤人
格方面是恰当的、正直的,而在政治方面则是不恰当的、委曲的。从知识方面
说,理性之运用表现为"智的直觉"(即是一种"观照"、"神智"、"圆智"),是超
越知性、体认存在的最高级的智慧和境界,是非经验、非逻辑数学的,古文不能
成就近代科学。

所谓"理性之架构表现"中的"架构",按牟宗三定义:"一、从自己主位中
推开而向客观方面想,自己让开,推向客观方面,依此而说架构;二、推向客观
方面,要照顾到各方面,而为公平合理之鉴别与形成,依此而说架构。在如此
方式下表现道德理性与天理之公,亦可说是道德理性之架构的表现。"①牟氏
认为,"理性之作用表现"是浑全的、整一的,不能撑开,不能与民共之,与时偕
行,即不能"传"和"继",因此不能真实化历史和积极自觉地创造历史。客观
的架构表现虽为次级的,但可以通出去,多方撑开,亦可以说是德性作用的客
观形态。

牟宗三说:"逻辑、数学、科学与近代意义的国家、政治、法律皆是理性之
架构表现之成果。……架构表现的成就很多。中国文化于理性之架构表现方
面不行,所以亦没有这方面的成就。今天的问题即在这里。而架构表现之成
就,概括言之,不外两项:一是科学,一是民主政治。数十年来的中国知识分子
都在闹这个问题。中国为什么不能出现科学和民主政治呢? 我们的答复是理
性之架构表现不够。中国文化只有理性之运用表现。……若论境界,运用表
现高于架构表现。所以中国不出现科学与民主,不能近代化,乃是超过的不
能,不是不及的不能。"②这显然延续并深化了第一代新儒家梁漱溟对此类问

---

①　牟宗三:《政道与治道》,《牟宗三先生全集》10,台北联经出版事业公司2003年版,第
287页。

②　牟宗三:《政道与治道》,《牟宗三先生全集》10,台北联经出版事业公司2003年版,第
56—57页。

题的探讨。①

在牟宗三看来，"理性之运用表现"的特性是"摄所归能"、"摄物归心"。"这二者皆在免去对立：它或者把对象收进自己的主体里面来，或者把自己投到对象里面去，成为彻上彻下的绝对。内收则全物在心，外投则全心在物，其实一也。这里面若强分能所而说一个关系，便是'隶属关系'（subordination）。……而架构表现则相反。它的底子是对待关系，由对待关系而成一'对列之局'（co-ordination）。是以架构表现便以'对列之局'来规定。而架构表现中之'理性'也顿时失去其人格中德性即具体地说的实践理性之意义而转为非道德意义的'观解理性'或'理论理性'，因此也是属于知性层上的（运用表现不展开知性层）。民主政治与科学正好是这知性层上的'理性之架构表现'之所成就。"②

这里涉及中西哲学思维模式的比较。中国思维模式是圆融一体形的，把对象收摄到主体，把主体投射到对象；而西方思维模式是对立二分型的，物我、主客、能所、仁智、群己之间，界限分明，因此，易由独立个性转出民主政治，由逻辑概念转出知识系统。

牟宗三集中讨论了如何从运用表现转出架构表现的问题，并把这个问题提到儒家当前使命和中国文化的现代意义的高度。他认为，儒学要求得第三期（孔、孟、荀到董仲舒为第一期，宋明理学为第二期）发展，关键看它能否开出新外王——科学和民主，并认为，这是"顺着顾（亭林）、黄（梨洲）、王（船山）的理想往前开外王。要求开出下一层来，则学术不能只往上讲，还得往下讲"③，即注重民主政治、科学、事功精神、对列之局这一层面。牟氏说："中国如果不亡于满清，那么依顺明末思想家顾、黄、王等人的思想，走儒家健康的文化生命路线，亦未始不可开出科学和民主。中国向来不反对知识的追求、求知

---

① 梁漱溟从中西文化路径不同、个性特征不同来探讨中国何以没有西方近代意义上的民主、自由与科学，给予牟宗三甚深影响，乃至既说中国文化不能出现科民主，又说中国文化不是不及而是超过西方文化，都颇相似。

② 牟宗三：《政道与治道》，《牟宗三先生全集》10，台北联经出版事业公司 2003 年版，第58 页。

③ 牟宗三：《政道与治道》，《牟宗三先生全集》10，台北联经出版事业公司 2003 年版，"新版序"第 31 页。

的真诚,尤其不反对自由民主的精神。而这也是顾、黄、王等人所要本着生命的学问以要求开展出的。""中国的文化生命民族生命的正当出路是在活转'生命的学问'以趋近代化的国家之建立。中国第一次面对西方,是在南北朝隋唐时代,面对的是印度的佛教文化(对中国说,印度亦可说属于西方)。而现在第二次面对的是西方的科学、民主与基督教的文化。科学与民主,尤其是民主,是近代化的国家之所以为近代化者。我们须本着理性、自由、人格尊严的文化生命来实现它。……我们借镜它、学习它,仍然是各自作各的本分内的事,不能算是西化。中国人并非没有科学上的智慧,只是以往没有向科学的路走。过去走的是正视生命的心性之学一路。"[1]牟氏认为,中国儒、释、道三教都是"生命的学问",不是科学技术,而是道德宗教,重点落在人生的方向,中心是研究心和性。内圣之学有独立的发展,外王方面却未能畅通。中国的学术生命、文化生命绵延不断,只是在清代近三百年间有所窒息、衰竭,但由于"中国民族具有独特的优点,那就是消纳外来思想外来文化的高度融摄能力"[2],故可以顺着顾、黄、王的健康路线,吸纳西方文化,"活转"生命的学问。

这里所说的"活转",就是理性之运用表现转出架构表现。牟宗三以为问题的关键在如何"转"?内圣之运用表现直接推不出外王之架构表现,心性之学直接推不出科学和民主,必须有一些中间环节。他说,这里的"转"或"通"只能是"曲通",是"转折的突变",是自我否定。"由动态的成德之道德理性转为静态的成知识之观解理性。这一步转,我们可以说是道德理性之自我坎陷(自我否定)。经此坎陷,从动态转为静态,从无对转为有对,从践履上的直贯转为理解上的横列。在此一转中,观解理性之自性是与道德不相干的,它的架构表现以及其成果(即知识)亦是与道德不相干的。在此,我们可以说,观解理性之活动及成果都是'非道德的'(不是反道德,亦不是超道德)。"[3]也就是说,道德走向非道德,走向"道德中立",从无所不包的状况中"让开一步",以

① 牟宗三:《中国哲学的特质》,《牟宗三先生全集》28,台北联经出版事业公司2003年版,第95页。

② 牟宗三:《中国哲学的特质》,《牟宗三先生全集》28,台北联经出版事业公司2003年版,第90页。

③ 牟宗三:《政道与治道》,《牟宗三先生全集》10,台北联经出版事业公司2003年版,第64页。

便让科学、政治从中分化出来，出现"科学的独立性"和"政治的独立性"。让科学与心性之学相脱离，政治与道德相脱离，是很重要的一步。"道德理性不能不自其作用表现之形态中自我坎陷，让开一步，而转为观解理性之架构表现。当人们内在于此架构表现中，遂见出政治有其独立的意义，自成一个独立的领域，而暂时脱离了道德，似与道德不相干。在架构表现中，此政体之内各成分，如权力之安排、权力义务之订定，皆是对等平列的，因此遂有独立的政治科学。而人们之讨论此中的各成分遂可以纯政治学地讨论之……"①最后，牟氏强调，这种"脱离"、"让开"是暂时的，是为了名言的方便，我们不能停留在观解理性上，不能局限于政治学教授的立场，最终还是要讲道德实践、人的自觉，最终还是要从人性活动的全部或文化理想上来考虑问题。

可见，通过"运用表现"和"架构表现"的比较，牟宗三希望通过"活转"、"曲通"，由内圣心性之学开出科学的知识系统和民主政治的外王之道。

三、"理性之内容的表现"与"理性之外延的表现"

在《理性之内容表现与外延表现》（收入《政道与治道》一书时为第八章）一文中，牟宗三又创造并使用"理性之内容的表现"与"理性之外延的表现"这两个概念，来表示中西政治文化路数的区别。

牟宗三认为，中国以往的圣哲，只是从最具体最实际的生活关系（人生价值）、社会关系处直下体认"天理"；其政治思想、政治实践上的最高律则是直就人民为一"存在的生命个体"，而注意其具体的生活、价值与幸福，被体认出来的。"不是通过西方所首先表现的政治意义的自由、平等、人权、权利，诸形式概念而立的。此种尊生命、重个体，是理性之内容的表现，而通过政治意义的自由、平等、人权、权利，诸形式概念而来的尊生命、重个体，是理性之外延的表现。中国以前儒者在政治思想上的思路，没有自由、平等、人权、权利这些形式概念，一如在得天下方面没有政权、主权诸形式概念一样，是以没有做到理

---

① 牟宗三：《政道与治道》，《牟宗三先生全集》10，台北联经出版事业公司 2003 年版，第65 页。

性之外延的表现,而只具体地存在地作到理性之内容的表现。"①

不过,这里所谓"内容",是方法上的借用,不是指理性的内容。牟宗三认为,表现理性,有内容地表现之,有外延地表现之。说儒家政治思想内容地表现理性,是说它"对政治一概念本身既没有客观地表现其理性,以成就此概念之自性,复没有在具备客观的内容与外延之政治概念自性下以表现其理性,而单就生活实体上事理之当然,自'仁者德治'之措施与运用上,以表现其理性,故为'理性之内容表现'。此即政治一概念之自性与界域所以不能确立与建立之故。虽能极尽其出入与牵连而显圆通与谐和,然而不能尽其方正与界域,遂显漫荡而软罢。说外延的表现,则内容即限在一定界域中能使一概念当身之自性,因客观的内容与外延之确定而被建立。虽不能尽其具体之牵连与出入,然而可以使人正视每一概念之自性。此虽不免于抽象,然在政治上(乃至科学知识上)却是必须的。此即西方文化生命所走之途径,所表现的理路"②。

这就是说,儒者的政治思想,全幅是由"实际的直觉心灵"而抒发的,这种理性是很实际、很具体、很活泼的理性。这在生活上说是好的,在政治上说是不够的,牟宗三指出,从"得天下"方面说,孟子的"推荐、天与"是纯自然、纯偶然,不能形式地当作一合理的制度而被建立起来;从"治天下"方面说,"仁者德治"的不足在于:可遇而不可求,"人存政举,人亡政息",不能建立真正的法治,只从治者个人一面想,负担过重,开不出"政治之自性"。

牟宗三认为,西方政治文化史有两个关节必须重视:一是"在上帝面前人人平等"——先解放人为一"灵的存在"、"精神的存在",这是宗教的作用;二是自然法和天赋人权——再解放人为一"实际权力的存在"、"政治的存在",每一个人是一权利之主体。前者肯定的是"超越的平等性",是人类解放自己、冲破阶级的限制,实现其世俗地位权利之平等,以及创造其文化、抒发其理想之最根源的精神动力。后者实现的是"内在的平等性",西方历代思想家关于"原始的自然的平等性"的理论,通过人权运动与近代民主政体的建立,人

---

① 牟宗三:《政道与治道》,《牟宗三先生全集》10,台北联经出版事业公司2003年版,第129页。

② 牟宗三:《政道与治道》,《牟宗三先生全集》10,台北联经出版事业公司2003年版,第158—159页。

始由超越的平等性进而获得其"内在的平等性",由精神的存在进而为一"权利主体"的存在。个人权利之争取与获得,即是个人内在精神发展的客观化。牟氏认为,西方政治文化发展的途径是"外延表现"的途径,在权利之争取与实现中,依阶级集团方式争取,靠条约签订而得到权利、自由、主权、政府组织中权利之分配与限制,一是皆为形式概念。

牟宗三指出:"西方人是在这种'外延的表现'所成之种种法律、契约、架构、限制中生存活动,这些是他们的外在的舞台与纲维网。他们是拿这纲维网来维系夹逼着他们个人主观的活动。至于其个人之主观生命如何能内在地处理得顺适调畅,则是他们所不甚着力的,他们的理性主要地是不在这里用。而中国的文化生命,在以往的发展中,则却恰好正在这里用。此即吾所谓'理性之内容的表现'。在'内容的表现'中,则不注意那些形式概念,只注意个人之主观生命如何能内在地处理得顺适调畅。"①例如表现在仁义上,如何"仁精义熟",如何亲亲、仁民、爱物;在政治上,如何齐家、治国、平天下,如何能为王者、仁者等。

牟宗三认为,"理性之内容表现"缺乏西方那些形式概念、法律契约,在建立民主政体上是不够的,但它是有价值的,因为它把握了社会世界的理性律则、政治世界的坚实可靠基础,注意个人主观生命如何顺适调畅,故理性常在自觉提升中;"理性之外延表现"为科学与民主政体所必需然而又是不够的,因为人的"生活之全"并不只是科学与民主政体所能尽。在民主政体已成、形式的自由与权力上的平等已取得之后,个人如何安身立命呢?"人们乃在此外在的纲维网中,熙熙攘攘,各为利来,各为利往,尽量的松弛,尽量的散乱,尽量地纷驰追逐,玩弄巧慧,尽量地庸俗肤浅,虚无迷茫。不复见理性在哪里,理想之根在哪里,人生宇宙之本原在哪里,一方外在地极端技巧与文明,一方内在地又极端虚无与野蛮。此即为近时存在主义者所目击而深引以为忧患者。"②因此,牟氏主张双方互为补充,以"内容的表现"提升并护住"外延的表

---

① 牟宗三:《政道与治道》,《牟宗三先生全集》10,台北联经出版事业公司 2003 年版,第 172 页。

② 牟宗三:《政道与治道》,《牟宗三先生全集》10,台北联经出版事业公司 2003 年版,第 174 页。

现",令其理性真实而不蹈空,常在而不走失;以"外延的表现"充实开扩并确定"内容的表现",令其丰富而不枯窘,光畅而不萎缩。

总之,牟宗三比较中西文化的基本范型,就两大文化系统的基本精神而言,是"综合的尽理之精神"与"分解的尽理之精神";就其表现方式而言,是"理性之运用表现与架构表现"及"理性之内容的表现与外延的表现"。概括出这些基本范型,不是牟氏的目的,他不是为比较而比较,而是为所谓"儒家的现代化"而比较。我们不难看出,上述比较都落在"开外王"而"保内圣"上,以民主政治作为"新外王"的第一要务,以科学知识系统作为"新外王"的材质条件,充实中华文化生命的内容,发展内圣心性之学。以上诸范型,重在疏导中国文化所以不出现科学和民主的原因,以及如何转出知性和政体,下面的范型则重在阐述中国文化的理想的道德主义。

四、"以理生气"与"以气尽理"

牟宗三研读了斯宾格勒的《西方的没落》之后,又以"以理生气"与"以气尽理"这对范畴概括中西文化生命的差异。他说,西方人顺着材质生命之发散,尽量用其才、情、气,即是"以气尽理",成就了多种文化成果,"顺之则生天生地"。"故西人之学问,无论是科学或哲学,都是在才、情、气之扑向对象中完成,即宗教亦在才、情、气之扑向对象(上帝)中完成。故西人特别重天才,亦特别重英雄。"①"中国文化是在'以理生气'之原则下进行,⋯⋯所走的途径乃是'逆之则成圣成贤'的途径,乃由顺生命之凸出之常情途径转了一念,逆回来先由德性以涵润生命与才、情、气,而不欲使之多表现。故西方文化生命之神工鬼斧,繁兴大用,都集中在生命凸出之矢头上,而中国文化之繁兴大用,则在生命背后之悲愿上,溥博渊泉而时出之。集中在矢头上有竭,渊泉时出则无尽。"②牟氏以此解释为什么西方文化周期断灭,而中国文化悠久无尽,源远流长。

---

①　牟宗三:《道德的理想主义》,《牟宗三先生全集》9,台北联经出版事业公司2003年版,第281页。

②　牟宗三:《道德的理想主义》,《牟宗三先生全集》9,台北联经出版事业公司2003年版,第284页。

　　牟宗三在《道德的理想主义》一书(初版于1959年,是书各篇文章发表于1949—1954年之间,是书与《历史哲学》、《政道与治道》大抵是1949—1959年间写成)和《中国哲学的特质》一书(演讲于1962年,初版于1963年)中,都引用了唐君毅《中国文化之精神价值》中的如下的话:"论中西文化精神重点之不同,即中国文化根本精神,为自觉地求实现的,而非自觉地求表现的。西方文化根本精神,则为能自觉地求表现的,而未能真成为自觉地求实现的。此处所谓自觉地求实现的,即精神理想,先全自觉为内在,而自觉地依精神之主宰自然生命力,以实现之于现实生活各方面,以成文化,并转而直接以文化滋养吾人之精神生命自然生命。而此所谓自觉地求表现的,即精神先冒出一超越的理想,以为精神之表现,再另表现一企慕追求理想,求有所贡献于理想之精神活动,以将自己之自然生命力,耗竭于此'精神理想'前,以成就一精神之光荣,与客观人文世界之展开,而不直接以文化滋养吾人之精神生命自然生命。中国文化精神为前者,西洋文化精神为后者。而此亦即中国文化悠久,西方文化无论希腊、罗马,皆一时极显精彩,复一逝不回,唯存于'上帝之永恒的观照'下之故。"①

　　牟宗三说,西方文化"自觉地求表现"即分解的尽理之精神、使用概念的精神、客观化其理性的精神、尊重个人自由的精神、文化之多端发展的精神,一句话,"以气尽理",生命外在的才、情、气充分表现和发展;中国文化"自觉地求实现",是本着德性之理内在地独体地实现于个人之人格,"以理生气",即以德性化才情气,引生真气,不致才穷、情尽、气竭。将本有之心性本体实现之于个人自己身上,即是所谓真能开出生命之源、价值之源、理想之源的内圣工夫。尽管牟氏也主张中西文化的"'以理生气'与'以气尽理','顺之则生天生地'与'逆之则成圣成贤',两者之须谐和统一,相滋相补"②,但从总体上来说是更为肯定内圣之学的价值。

　　　心性之学最大之作用就是"以理生气",此是文化不断之超越原则,

---

① 牟宗三:《道德的理想主义》,《牟宗三先生全集》9,台北联经出版事业公司2003年版,第282页。

② 牟宗三:《道德的理想主义》,《牟宗三先生全集》9,台北联经出版事业公司2003年版,第291页。

亦是实践之超越原则。……根据此原则以观历史文化，是自我作主的态度，是把吾人的生命拉进历史文化中直接承担起来的态度，而不是居于旁观的态度以观文化生命之"始乎阳而卒乎阴"，而撒手而去，悲观以终。因为历史文化总是人创造的，不能说于我无分也。①

牟宗三认为，王船山、熊十力等人的"文化意识"、"历史意识"、"人的价值意识"最强，中国文化的真正的、活的精神表现在这些人的生命实践、德性人格上。他们的生命直是与历史文化大流贯通在一起。中国民族生命、文化生命的发展之所以能生生不息、悠久绵长，即依赖于"以理生气"的原则。这里，"理"即是"仁"，即是"心"，即是仁心引生的无穷的悲情、宏愿或忧患意识。在牟氏看来，西方文化创造的根源是"气"，中国文化创造的根源是"理"（即"仁"）；"气"是现实的，"理"是超越的；"以气尽理"，文化发展可能多姿多彩，但也可能一朝断灭；"以理生气"，文化生命纵不显丰富多彩，然可以不舍昼夜、无穷发展。

牟宗三认为，以"仁"为核心的中国文化之所以具有永久的价值，在于它具有：（1）内在的超越精神；（2）道德的理想主义；（3）儒家的人文主义。

（1）所谓"内在的超越精神"指成圣、成贤的主观实践，既能通向客观方面成就他人，又同时通向超越世界——上达天德、默契天心、印证天道，而归于"天人契合"的境界。儒家道德形而上学将原始宗教彻底的道德化，并将其收摄于道德实践之中，使人道与天道、主观与客观，通而为一。牟宗三认为，这比肯定一超越外在的人格神的西方宗教要有理性得多。"天道高高在上，有超越的意义。天道贯注于人身之时，又内在于人而为人的性，这时天道又是内在的（immanent）。……天道既超越又内在，此时可谓兼具宗教与道德的意味，宗教重超越义，而道德重内在义。在中国古代，由于特殊的文化背景，天道的观念于内在意义方面有辉煌煊赫的进展，故此儒家的道德观得以确定。……西方哲学通过'实体'（entity）的观念来了解'人格神'（personal God），中国则是通过'作用'（functional）的观念来了解天道，这是东西方了解超越存在的不

---

① 牟宗三：《道德的理想主义》，《牟宗三先生全集》9，台北联经出版事业公司 2003 年版，第 286—287 页。

同路径。……此后儒家喜言天道的'生生不息'(《易·系辞》语),便是不取天道的人格神意义,而取了'创生不已之真几'一义。"①牟氏认为,中国思想的中心和重点不落在天道本身,而落在性命天道相贯通上,即是重视"主体性",重视通过自己的觉悟体现天道。孔子以仁、智、圣来遥契性与天道。孔子之"仁"有两大特点:一是"觉",即四端之心,道德心灵;二是"健",即"健行不息",精神上创生不已。"仁"代表了真实的生命、真实的本体和主体。如果说孔子尚是超越的遥契的话,那么,《中庸》则讲内在的遥契,通过仁与诚去体会、领悟天道。超越的遥契着重客体性,内在的遥契则重主体性,经此转进,主体性与客体性取得了真实的统一。这是中国文化(成圣成贤)与西方文化(不是当基督而是当基督徒)的重大区别,也是中国文化生生不息的根源。

(2)所谓"道德的理想主义",牟宗三又称之为"理性的理想主义"或"理想的理性主义",提"以理生气"之"理",即"生动活泼怵惕恻隐的仁心"的内涵。牟氏认为,孔孟的文化生命与德慧生命所印证的"仁心"即是"实践理性"的"理性",它在本质上是至善的,是人间一切理想、一切价值的根源。牟氏指出,孔子启发了人之心性之全德,孟子发挥了"尽心知性知天"的道德形上学,宋明儒顺此路发展,"吾人名此步开拓曰'由人性以通神性',藉以规定人类之理性。吾人亦名此曰普遍之理性,或主动之理性。由此遂成功理想主义之理性主义,或理性主义之理想主义"②。这就是说,怵惕恻隐的仁心,如救孺子出井,是理性的、无条件的、普遍的,是抒发理想,指导吾人行为,令其革故生新的"普遍的理",同时又是"绝对的善";是"道德实践"的先验根据,又是"道德实践"的主体。牟氏认为,西方近代文化积极的成就是民族国家的建立、科学的发展和自由民主的实现,这是文艺复兴和启蒙运动以来的伟大成就,是人类积极精神所孕育,亦表示人类理想的实现。但是19世纪后半期和20世纪以来,文艺复兴和启蒙运动的时代精神、文化理想停滞、消失了,真实的个性与真实的人格丧失,成了"非人格"的存在;科学的发展使得很多人只知科学而不知

---

① 牟宗三:《中国哲学的特质》,《牟宗三先生全集》28,台北联经出版事业公司2003年版,第22—23页。

② 牟宗三:《道德的理想主义》,《牟宗三先生全集》9,台北联经出版事业公司2003年版,第6—7页。

另有价值、德性的学问，人类精神外在化了。于是就有了尼采的"上帝死了"之说，荷尔德林的"上帝隐退"之说和海德格尔《论上帝隐退》一文。牟氏指出，在这精神大堕落、大病痛的时代，海德格尔、萨特等存在主义者企图走一新的方向，但西方文化传统哲学并没有给他们留下一个范型，故他们的摸索有许多未透处。牟氏认为，儒家的道德理想主义，足以担负拨乱反正的任务。通过"实践理性"的理路，矫正时风，遏制今日人类向外趋、向下趋的病痛，上达天德，归于天人契合，始能接近真正的上帝。

（3）所谓"儒家的人文主义"，即儒家的历史文化之道对人性、个性、人格等精神主体的肯定。"古有'人文化成'之成语，此可为儒家人文主义之确界。人文化成者，以人性通神性所定之理性化成天下也。就个人言，以理性化成气质，所谓'克己复礼，天下归仁'也。就社会言，则由理性之客观化而为历史文化以化成天下也。"①牟宗三认为，《荀子》"道者非天之道，非地之道，人之所以道也，君子之所道也"和《中庸》"君子之道，本诸身，征诸庶民，建诸天地而不悖，质诸鬼神而无疑，百世以俟圣人而不惑"，比较能概括儒家人文主义的立场。牟氏详细考察了西方人文主义的发展史，认为德国"狂飙运动"时代的人文主义能深入生命内部，通透生命全幅内容，扩充而为宇宙的生命，与宇宙大生命相融洽，是文艺复兴时代的人文主义所不能及的，但它们共同的缺陷，是未能开出主体之门，未能提炼出"知性主体"和"道德主体"。只有康德，克服并完成了启蒙思想，建立了"知性主体"，并由此往内推进，建立了"道德主体"和"审美主体"，发掘了生命、心灵之最内在的本质，使西方哲学发生了转向。但人文主义的转进，仅仅吸收康德派的道德主体还是不够的，因为康德派限于西方传统的方式，其道德主体只由思辨所及，而没有在实践中印证，只能满足知识条件而不能满足实践条件。因此，牟氏认为，人文主义要求得广泛的发展，必须接上中国儒家文化"怵惕恻隐之仁"的道德实践主体。儒家的实践型的人文主义，也必须接上西方传统，"在道德理性之客观实践一面转出并肯定民主政治，且须知道德理性之能通出去，必于精神主体中转出'知性主体'

---

① 牟宗三：《道德的理想主义》，《牟宗三先生全集》9，台北联经出版事业公司2003年版，第8页。

以成立并肯定科学"①。

据此,牟宗三在《道德的理想主义》中提出了"三统"之说:道统必须继续——肯定道德、宗教的价值,以内圣之学为立国之本;学统必须开出——融摄西方传统,转出知性主体,建立独立的科学知识系统;政统必须认识——肯定民主政治发展的必然性。总之,牟氏认为,"道德的理想主义"必然包含"人文主义的完成";充实中华文化生命,发展儒家内圣之学,是当代儒者的使命。

综上所述,牟宗三关于中西文化的比较研究,可以下图简略示之:

文化生命

中国文化生命	西方文化生命
综合的尽理之精神	分解的尽理之精神
理性之运用表现	理性之架构表现
理性之内容的表现	理性之外延的表现
以理生气	以气尽理

儒学第三期发展:三统并建

五、"三统并建"的现代意义②

牟宗三"三统说"一出,就引起一些误解。他于 1957 年 6 月 5 日在《人生》杂志发表《略论道统、学统、政统》一文,解惑释疑。牟氏解释他所谓"中国只有道统而无学统",不是说中国文化中没有知识系统,而只是把"学"之一词,限在科学一面。科学虽是近代的事,但科学是希腊为学精神所演变出的,所以把希腊精神传统定义为"学统"。他承认羲和之官(古天文律历数学)的传统是中国的学统,但它只是原始形态,未发展为科学、知性形态。关于政统,

---

① 牟宗三:《道德的理想主义》,《牟宗三先生全集》9,台北联经出版事业公司 2003 年版,第 238 页。

② 现当代新儒家的政治哲学详见本书第十七章,本节仅就"三统并建"说的现代意义展开论述。

牟氏解释他所谓"中国只有治道而无政道"，其中"政统"意指"政治形态"或政体发展之统绪，不单指"民主政体"本身，他强调中国以前没有民主政体，不言没有政统，这与"知识之学"的学统不同。他指出："转至民主制是转至近代化的国家政治法律之建立，这是一民族自尽其性的本分事，不是西化的事……言民主、自由，应扣紧民主政体建国说，既不应空头泛讲，亦不应成为忌讳而不敢讲。"①他认为，科学知识系统、民主政体等，是"共法"，是每一民族文化生命在发展中所固有的本分事。

有些论者对牟宗三"新外王"与良知的或实践理性的"自我坎陷"说的批评，或谓"泛道德主义"或谓"缺乏现实性、实践性"云云，大体上是没有细读牟氏这三部著作所致，尤其未能理解牟宗三对科学与政治之独立性的强调，对外王、事功、实学与科学的开拓，对南宋陈亮、叶适事功派的主张与明末黄宗羲、王夫之、顾炎武的政治批判的肯定，对朱子与陈亮论战的评论（关于道德评价与历史评价的关系）等。牟宗三是哲学家，他只能提出一些哲学思考，不能要求他去具体务实。李明辉与罗义俊两位对此都有很好的回应，我赞同他们的看法。② 牟宗三当然重视新时代人的主体性的多维性，后来批评牟氏的傅伟勋教授强调道德主体、知识主体、政治主体、艺术主体的分化，其实此说正来自牟氏。此外，牟宗三的道德主体（实践理性）"自我坎陷"说是一深刻的辩证智慧，这是讲辩证发展的必然性而不是指逻辑的必然性，是黑格尔式的由逆而成的曲通、转折、突变，不是直贯式的由所谓"老内圣"开出"新外王"。

近来大陆学界的某些批评者，认为牟宗三还是沉溺在传统儒家道德至上的旧路子上。如有人将牟氏及当代新儒家归为所谓心性儒学，以区别于所谓政治儒学，似乎当代新儒家只谈心性，没有自己的政治诉求与政治哲学。这种说法始于蒋庆的《政治儒学》。也有人认为牟氏一味依傍西方科学与民主的框架，对中国古代政治文化资源的内蕴认识与发掘不足。例如，柯小刚说：港

---

① 牟宗三：《略论道统、学统、政统》，《生命的学问》，台北三民书局 2009 年版，第 72—73 页。

② 参见李明辉：《论所谓"儒家的泛道德主义"》与《当前儒家之实践问题》二文，参见《儒学与现代意识》，台北文津出版社 1991 年版，第 67—133、19—43 页。又请见罗义俊：《中国文化问题解困的划时代理论——略观对牟先生良知自我坎陷说的批评与我之一回应》，载蔡仁厚等著，江日新主编：《牟宗三哲学与唐君毅哲学论》，台北文津出版社 1997 年版，第 93—139 页。

台新儒家"只是简单接受了自由主义那套普世价值,……没有考察过这些东西是不是西方思想的正脉,……仅限于论证儒家也有这些东西,即便以前没有,但终究可以'开出来'。我认为,这个做法很糟糕。"①这一说法的源头也在蒋庆。

实际上,牟宗三的三统并建说,意在强调学习西方重视"知性主体"开发出学术方面之科学与政治方面之民主体制,以中国政道与事功端在理性之架构表现与外延表现之转出,而从尊生命、重个体的内容表现转出体制上对自由、人权确认的外延表现,可谓抓住了中国走上现代化的根本。这是现当代新儒家与现代社会、生活世界相调适的重要成果。要求民主政治是"新外王"的第一义。牟氏并不是简单直接照搬西方的价值与制度,他肯定道统、良知的指导与参与,超越了西方民主政治,警惕着浅薄、片面、平面化的"民主"弊病的发生。当代新儒家从人的主体心性中发掘普遍的道德法规,并透过康德式的论证,由伦理通向政治,建构普遍法则之治的法治论述,有益于现代社会的健康发展。

在牟宗三看来,"新外王"的关键是"民主政治"。牟氏1979年7月在东海大学的演讲《从儒家的当前使命说中国文化的现代意义》的一个标题是:"儒家的当前使命——开新外王"。他指出:"儒家学术第三期的发展,所应负的责任即是要开这个时代所需要的外王,亦即开新的外王。""要求民主政治乃是'新外王'的第一义,此乃新外王的形式意义、形式条件,事功得靠此解决,此处才是真正的理想主义。而民主政治即为理性主义所涵蕴,在民主政治下行事功,这也是理性主义的正当表现,这是儒家自内在要求所透显的理想主义。""另一方面则是科学,科学是'新外王'的材质条件,亦即新外王的材料、内容。……科学亦可与儒家的理性主义相配合,科学乃是与事功精神相应的理性主义之表现。科学亦为儒家的内在目的所要求者……"②

牟宗三认为,就现代化的要件而言,科学与民主政治相比较,民主政治是

---

① 柯小刚的话,见于曾亦、郭晓东编著:《何谓普世? 谁之价值? 当代儒家论普世价值》,华东师范大学出版社2014年版,第21页。

② 牟宗三:《时代与感受》,《牟宗三先生全集》23,台北联经出版事业公司2003年版,第334、338页。

更为重要的、具有本质意义的:"科学知识是新外王中的一个材质条件,但是必得套在民主政治下,这个新外王中的材质条件才能充分实现。否则,缺乏民主政治的形式条件而孤离(立)地讲中性的科学,亦不足称为真正的现代化。一般人只从科技的层面去了解现代化,殊不知现代化之所以为现代化的关键不在科学,而是在民主政治;民主政治所涵摄的自由、平等、人权运动,才是现代化的本质意义之所在。"①牟氏很了解中国的实际状况,因此特别强调真正的现代化,其根本的关键在于民主政治及其涵摄的自由、平等、人权。他绝不主张浅薄、平面的民主,而是深度的制度化的民主政治。

王兴国指出:"牟氏把'民主政治'视为一个社会现代化的关键与最根本的标准,即使实现了科技的现代化,工农业的现代化,但只要没有'民主政治',就不是一个真正的现代化的社会。所以他提出了'民主政治就是现代化'的著名论断。"②这一论断出自牟氏《生命的学问》。

牟氏认为,以往两千多年,中国文化在道德宗教方面有长足的发展,固然有永恒的价值,但在往现代化发展方面有所不足。他希望沿着顾炎武、黄宗羲、王夫之的理想往前开外王,开出下一个层面来。学术不能只往上讲,还得往下讲,如民主政治、科学、事功精神、对列之局的层面。这属于知性的层面,现实功利的层面。"我们中国人要现代化,正是自觉地要求这个事功精神,并且得从学术的立场,给予事功精神一个合理的安排、合理的证成。"③

这就是牟宗三的"坎陷论"。他指出,道德理性在其作用表现的形态中自我坎陷,让开一步,转为观解理性之架构表现,遂现出政治有其独立的意义,暂时脱离了道德。在架构表现中,政体内的各成分,如权力的安排,权利义务之订定,都是对等平列的,遂有独立的政治科学。牟氏认为,经由良知坎陷而转出的科学、民主虽有其独立的特性,但还是与良知有关联。良知隐退,不直接干预科学与民主,民主与科学确立其独立性。但在民主、科学之研究、发展、运

---

① 牟宗三:《时代与感受》,《牟宗三先生全集》23,台北联经出版事业公司 2003 年版,第339 页。

② 王兴国:《契接中西哲学之主流:牟宗三哲学思想渊源探要》,北京光明日报出版社 2006年版,第 190—191 页。

③ 牟宗三:《时代与感受》,《牟宗三先生全集》23,台北联经出版事业公司 2003 年版,第351—352 页。

用过程中与良知有冲突时,良知由隐而显,以矫正偏颇。偏颇一旦被矫正,良知即再隐退。①

颜炳罡指出:"牟先生以'良知自我坎陷'解决本内圣之学开出新外王问题并不是一具体的操作手段,而是理论的疏导。……牟先生认为由道德理性开出民主与科学有必然性,但这种必然性不是逻辑的必然,亦不是机械的因果必然,而是辩证的必然,实践的必然性。……我们认为近代的民主与科学虽然较早地出现于西方而不是出现于中国,但它标志着人的解放和社会的进步,……是天下之共器,人间之大法,不能为西方所独享。"②颜氏认为,民主与科学在近代的出现展现了人类历史有其必然性,中国文化也会遵循人类文化的共由之路,也一定会走上科学与民主。这也就是普遍性。人类文明当然有普遍性的东西,从社会健康发展来说,是不可逾越的。颜氏指出,牟宗三先生的"良知自我坎陷"说,"将中国文化走向现代化的探讨由'为何'的层面打落到'如何'的领域,即从对中国文化现代化一般性理论探讨深化为现实性道路的寻求"③。可见牟氏的良知坎陷开出民主说,尽管只是理论,但这种理论具有现实、实践的品格,恰好指出了中国的要害。

对于牟宗三的坎陷论,杨泽波予以积极的肯定的评价。他指出,牟氏强调一方面要开出科学与民主,另一方面又必须保留我们自己的优长,由此提出坎陷必须"摄智归仁"的主张。杨泽波说:"坎陷必当向下发展,但这种向下发展不是无限度的,必须有一种向上的道德力量加以提升。这是非常了不起的思想。……经过坎陷而成的民主不应再是西方式的民主,否则他讲坎陷就不需要讲'摄智归仁'了。……他建构坎陷论一方面自然走希望能够以这种方式开出民主,跟上形势的发展,另一方面又强调必须在这个过程中保持儒家政治

---

① 参见王大德:《牟宗三先生良知坎陷说之诠释》,蔡仁厚等著,李明辉主编:《牟宗三先生与中国哲学之重建》,台北文津出版社1996年版,第411页。

② 颜炳罡:《整合与重铸——当代大儒牟宗三先生思想研究》,台湾学生书局1995年版,第20—21页。

③ 颜炳罡:《整合与重铸——当代大儒牟宗三先生思想研究》,台湾学生书局1995年版,第21—22页。

传统的优势。"①杨氏认为,在牟宗三那里,外王是要开的,但内圣也不能丢,不丢掉内圣就是不丢掉儒家的政治传统,不丢掉道德理想主义。他认为只有从这个视角才能真正看清牟氏创立坎陷论的历史意义,这样开出的民主既有别于中国传统政治,又不同于西方现行的民主制度,是一种崭新的政治模式、文明模式。

牟宗三在 20 世纪 50 年代对民主政治之于中国的必要性、紧迫性,比之今天的我国中青年学者们的实际感受要强烈得多。民主政治虽然并不是最好的政治制度,但毕竟是相对来说最不坏的制度。民主政治的要旨是主权在民,人民自由表达决定自己政治、经济和社会制度的意愿,人民的基本权利,尤其是私权,比如思想权、言论权、自由迁移权、财产权、生命权等得到保障;民主政治制度对国家政治权力与社会财产的分配与再分配,要求一依宪法与法律,有监督与制约的机制,相对公开透明也相对公正。同时,民主政治要求有相对大的社会空间,有充分的民间组织参与社会治理,民间自治的程度较高。以上这些方面,儒家文化与儒家型社会有自己的优势。牟氏并不是简单直接照搬西方的价值与制度,他肯定道统、良知的指导与参与,强调摄智归仁,超越了西方民主政治,警惕着浅薄、片面、平面化的"民主"与"民主政治"弊病的发生。

关于儒家资源与民主政治的现代结合,现当代新儒家学者有共同的趋向。例如徐复观说:"我的政治思想,是要把儒家精神与民主政体,融合为一的。"②他们希望有代表大多数人意志的现代政治制度的建设。在现当代新儒家中,他们政治思想的取向,有政治自由主义的,如张君劢、唐君毅、牟宗三、徐复观等,也有社会民主主义的,如熊十力、梁漱溟等。徐复观也有部分的社会民主主义的诉求。牟宗三的政治诉求无疑是民主政治或政治自由主义的,他认为这是普遍的、不可逾越的。

牟宗三关于良知坎陷开出民主政治的思想当然也有自身的局限性。杨泽波批评道:"发展民主不仅要有理论理性,更要关注经济利益,注意恶的问题。

---

① 杨泽波:《贡献与终结:牟宗三儒学思想研究》第一卷《坎陷论》,上海人民出版社 2014 年版,第 242 页。

② 徐复观:《保持这颗不容自己之心——对另一位老友的答复》,《华侨日报》1979 年 3 月 6 日。

只有这样人们才能增强权利意识，发展法权观念，成为独立的政治存在，为开出民主打下坚实的基础。"①

司徒港生曾对牟宗三的政统理论贡献与限制发表过评论，他认为，牟宗三对儒学与民主问题的研究有四大贡献，尤其是，牟氏做的是哲学的工作，其政统理论不但有分析的相关性和规范的意义，更具有转化的潜力。司徒港生指出，牟氏在理论层面的限制是，"颇为简括，只作方向性、纲领性的提示，因此对于不少重要问题都未及论析"，例如，在现代的实存处境下，应该如何理解"政治"这个概念？"民主"是一个歧义的、复杂的概念，我们应如何把握其含义？哪一种模式的民主政体才是值得争取的？究竟民主本身是目的还是工具？公民资格应包括什么内容，与民主是什么关系？② 司徒港生指出，牟氏无疑为儒学（或中国文化）与民主问题的研究奠下了坚实的基础，特别是从哲学性的面向有相当的自觉与贡献。"民主是一件共业，不是单独一人便可促成的。只有在既分工又合作之下，民主政治才可以成为一个实在。但实在之所以能够成为实在，正由于背后有潜能。而牟先生的政统理论，就是为中国民主比开拓潜能，真的意义重大。"③他认为要发展牟宗三或儒家政治理论，应借鉴西方的学术成就，如哈维尔的"实存的革命"和"反政治的政治"，赫尔德的"自主性原则"，哈伯马斯的"公共领域"及后来在西方复兴的"公民社会"等概念。儒家思想、牟氏的思考，与这些概念与理论有相通又超越的地方。

蒋庆关于牟宗三等当代新儒家对西方民主与科学"无条件地完全拥抱"，所谓"良知只可'呈现'而不可'坎陷'"等论断，李明辉驳之甚当！比之蒋庆的政治蓝图，牟宗三的政治自由主义不知要高明且现实多少倍。李明辉说："相形之下，新儒家支持民主之路，反而更能表现'政治理性'。源于近代西方的民主制度尽管带有历史的偶然性，但却在历史的试炼中日趋完善。近百余年来，中国知识分子之追求民主并不完全是由于西方强势文化的压力，显然也

① 杨泽波：《贡献与终结：牟宗三儒学思想研究》第一卷《坎陷论》，上海人民出版社 2014年版，第 244 页。

② 司徒港生：《牟宗三先生的政统理论》，蔡仁厚等著，李明辉主编：《牟宗三先生与中国哲学之重建》，台北文津出版社 1996 年版，第 394 页。

③ 司徒港生：《牟宗三先生的政统理论》，蔡仁厚等著，李明辉主编：《牟宗三先生与中国哲学之重建》，台北文津出版社 1996 年版，第 395—396 页。

有理性选择的成分。"①李明辉指出,承认民主是人类的共法,并无碍于要求将民主的实践与中国的传统资源相结合,并非放弃自己的本性而向西方文化投降。面对当代西方自由主义与社群主义之争,"传统儒学在伦理学的基础与自我观方面与自由主义有可以接榫之处,而在个人与群体的关系及对传统的态度方面又与社群主义同调。……儒家'内在超越'的思想特色为自由主义与社群主义之争论提出了一个可能的化解之道"。② 李氏重视已故蒋年丰的讨论,认为罗尔斯的新自由主义与康德哲学之关系为我们重新评价新儒家的"儒学开出民主"说提供了一个新的视角。

何信全高度肯定当代新儒家的政治思维,尤其称罗尔斯《正义论》,不啻是对当代新儒家1958年《中国文化与世界》宣言的直接呼应。何信全说:"以罗尔斯在当代所建构的自由主义伦理与政治哲学理论观之,当代新儒家定位为康德道德形上学的儒家心性之学,透过康德主义的理论架构与自由主义进行理论的会通,基本上是一个可行的方案。这样的理论会通方案,以胡适与殷海光所代表的中国及战后台湾的自由主义主流论述观之,几乎是很难想象的。"③何氏指出,就罗尔斯的正义理论所揭示的理论方向而言,透过康德的伦理与政治的理论架构,使儒家心性之学与自由主义沟通对话,进而形成某种共识,在理论上是可能的。他说:

> 就当代新儒家在《宣言》中的论述而言,并非依循古典儒家由人的心性接上从修身到德治的内圣外王进路;而是以心性为基础,要在人的主体心性之中,发掘家国天下之普遍的规范法则。这可以说是继承儒家的心性之学传统,并依此一儒学继承,对儒家的政治论述,做了重大的调整与转化,使儒家古典的人治格局,转化而为现代国家的普遍法则之治。④

① 李明辉:《儒家视野下的政治思想》,台湾大学出版中心2005年版,第281页。

② 李明辉:《儒家视野下的政治思想》,台湾大学出版中心2005年版,第236页。

③ 何信全:《自由主义与当代新儒家的政治思维》,蔡仁厚等著,李瑞全、杨祖汉编:《中国文化与世界:中国文化宣言五十周年纪念论文集》,台湾"中央大学"儒学研究中心2009年版,第186—187页。

④ 何信全:《自由主义与当代新儒家的政治思维》,蔡仁厚等著,李瑞全、杨祖汉编:《中国文化与世界:中国文化宣言五十周年纪念论文集》,台湾中央大学儒学研究中心2009年版,第191页。

按何信全的看法,以人的心性作为政治论述的基点,与自由主义政治论述立基于人性论的脉络是一致的;而在人的心性中发掘作为群体生活规范的普遍法则,又可以说立基于宋儒所谓人性"心同理同"之说,与当代自由主义由启蒙传统而来的普遍理性观,颇有异曲同工之妙。当代新儒家的理路是,在人的主体心性中,发掘普遍的道德法规,并透过康德式的论证,由伦理通向政治,建构普遍法则。政治应是道德的政治,而且是在伦常生活中展开的,这才是不悖人性的。伦理教化涉及更为根本的人的德性的成长,高于宪政民主的目的,但绝不会违背,反可以保证宪法肯定的人权、民主形式的普遍性。牟宗三既强调了民主政治架构之于道德的独立性,又在最终层面强调道德对于民主政治的指导。

总之,牟宗三"三统并建"说应予正确理解,其中深具现代意义与价值。首先,牟氏并未停留在儒家旧说上,其内圣学的坚持也重在发展,尤其是其道德的形上学,把儒家道德哲学提到新的高度。其次,牟氏新外王的开出,不是浅层次地重复新文化运动关于科学与民主的描述,而是抓住了学统与政统的自主性建设,且不离道德宗教之指引等关键。最后,就理论与实践层面看,牟氏的三统并建说更具有积极意义与现实意义。

第二节　变传统哲学为现代哲学

牟宗三对古希腊柏拉图、亚里士多德等直至莱布尼兹、罗素、怀特海、维特根斯坦、海德格尔等哲学家均有深度的理解,尤其对康德、黑格尔哲学下了很大的功夫。我们甚至可以说,他几乎是以毕生的精力会通中西哲学,特别是透过康德来重建儒学。牟氏以康德哲学作为中西互释与会通的桥梁或比较的参考系,是非常明智的。这不仅仅是他个人的哲学爱好使然,更重要的是康德哲学与儒学具有可通约性,而且现代哲学即包含了对康德启蒙理性的检讨与反向论述。"牟氏康德"颇为人诟病,然平心静气地去体会,其中蕴含了不少天才的洞见。下面我们来讨论道德自律、智的直觉、现象与物自身、圆善等观念或思想架构,这是牟氏有取于康德,用来阐发儒学,并进而批评康德的基本思想内容。

我们先来看自律道德的问题。康德的"自律"原则的提出,在西方伦理学史上产生了重大影响。在《道德底形上学之基础》中,康德指出:"自律原则是唯一的道德原则","道德底原则必然是一项定言令式。"①在《实践理性批判中》,康德指出:"意志自律是一切道德律和与之相符合的义务的唯一原则;反之,任意的一切他律不仅根本不建立任何责任,而且反倒与责任的原则和意志的德性相对立。……道德律仅仅表达了纯粹实践理性的自律,亦即自由的自律,而这种自律本身是一切准则的形式条件,只有在这条件之下一切准则才能与最高的实践法则相一致。"②所谓意志自律,是指意志为自己立法。自由意志即是服从道德规律的意志。在康德那里,通过"定言令式",把他在《纯粹理性批判》中逻辑可能性的"自由"概念与"自律"联系了起来,从而在实践的意义上赋予了"自由"概念以客观实在性。

牟宗三在《心体与性体》第一册《综论》的第三章专门讨论康德的自律道德与道德的形上学,并与儒家哲学相比较。牟氏在《圆善论》中,继续以"自律"学说诠释孟子的"仁义内在"说。

牟宗三以"自律"这个道德的最高原则,即道德主体的自我立法,来诠释孔子"仁"说、先秦儒家"践仁尽性"之教、孟子"仁义内在",乃至宋明理学家的道德哲学。我们当然可以不用"道德理性"、"道德主体"、"自律"这样一些概念来谈儒家哲学。但我们很清楚,牟氏是着眼于中西哲学的互通性、对话性。在现当代中国,哲学界的师生与研究者主要接受的是西方哲学训练,在这样的背景下,使用这些范畴、名相也未尝不可,关键是要有相应性。

牟宗三特别强调孔子的"仁"不是一个经验的概念,仁说"是依其具体清澈精诚恻怛的襟怀,在具体生活上,作具体浑沦的指点与启发的。我们不能说在这具体浑沦中不藏有仁道之为道德理性、之为道德的普遍法则之意,因而亦不能说这混融隐含于其中的普遍法则不是先验的,不是对任何'理性的存在'(rational being)皆有效的。不过孔子没有经过超越分解的方式去抽象地反显它,而只是在具体清澈精诚恻怛的真实生命中去表现它,因而仁之为普遍的法

---

① 康德:《道德底形上学之基础》,李明辉译,台北联经出版事业公司1991年版,第67页。
② 康德:《实践理性批判》,邓晓芒译,杨祖陶校,人民出版社2003年版,第43—44页。

则不是抽象地悬起来的普遍法则,而是混融于精诚恻怛之真实生命中而为具体的普遍……"①

牟宗三认为,孟子的仁义内在于超越的(非经验的、非心理学的)道德心,是先天固有的、非由外铄我的,这是先天的道德理性,且是具体呈现出来的。在康德,自由意志经由其自律性先验提供的普遍法则,是道德行为的准绳。然而在儒家传统,性体所展现的道德法则,其先验性与普遍性,是随着天命之性而当然定然如此的。孔子说:"无求生以害仁,有杀身以成仁。"②孟子说:"所欲有甚于生,所恶有甚于死";"君子所性,虽大行不加焉,虽穷居不损焉,分定故也";"理义之悦我心,犹刍豢之悦我口";"由仁义行,非行仁义也。"③这当然是无上命令、意志自律。这些都表示道德人格的尊严。在实现自然生命之上,种种外在的利害关系之外,有一超越道德理性的标准,表示了"人的道德行为、道德人格只有毫无杂念毫无歧出地直立于这超越的标准上始能是纯粹的,始能是真正地站立起。这超越的标准,如展为道德法则,其命于人而为人所必须依之以行,不是先验的、普遍的,是什么?"④确如牟宗三所说,儒家的道德哲学,是从道德本心出发的是直下立根于道德理性之当身,不能有任何歧出与旁贷的。

在有关康德自律学说与儒家仁义学说的比较中,牟氏特别注重辨析道德情感的问题。康德将道德情感与私人幸福原则都视为经验原则,后天原则是有待于外,依据纯主观的人性的特殊构造的,认为依此而建立的道德法则没有普遍性与必然性,亦不是严格意义上的道德法则。康德并不是完全排斥道德感,只是不以同情心等情感建立道德律(因为道德律是建立于实践理性的),而是将其视为推动德性实践的原动力。⑤

---

① 牟宗三:《心体与性体》(一),《牟宗三先生全集》5,台北联经出版事业公司 2003 年版,第 121—122 页。

② (清)阮元校刻:《论语注疏》卷十五,《十三经注疏》,中华书局出版社 1980 年版,第 2517 页。

③ (清)阮元校刻:《孟子注疏》,《十三经注疏》,中华书局出版社 1980 年版,第 2752、2766、2749、2727 页。

④ 牟宗三:《心体与性体》(一),《牟宗三先生全集》5,台北联经出版事业公司 2003 年版,第 124 页。

⑤ 参见邝芷人:《康德伦理学原理》,台北文津出版社 1992 年版,第 185—186 页。

牟宗三特别指出,儒家所说的道德感不是落在实然层面上,而是可以上提至超越层面而转为既是具体的又是普遍的道德之情与道德之心,这是宋明儒继先秦儒家大讲性体与心体并使二者合一的原因。他指出,恻隐、羞恶、辞让、是非等,是心,是情,也是理。这个理固是超越的、普遍的、先天的,但不只是抽象的普遍的,而且即在具体的心与情中展现,所以是具体的普遍。王阳明的"良知"既是认识本心的诀窍,也是本心直接与具体生活发生指导、主宰关系的指南针,是"良知之天理"。

牟宗三在《圆善论》中指出,孟子的主要目的在表现道德意义的仁与义皆是内发,皆是道德理性的事,即使含有情在内,此情也是以理言,不以感性之情言。他指出,孟子"性善"之"性",其为本有或固有,不是以"生而有"来规定,乃是就人之为人之实而纯义理地或超越地来规定。"性善之性字既如此,故落实了就是仁义礼智之心,这是超越的、普遍的道德意义之心,以此意义之心说性,故性是纯义理之性,决不是'生之谓性'之自然之质之实然层上的性,故此性之善是定然的善。"①

牟宗三批评康德把"意志自由"视为一假定、"设准",至于它本身如何可能,它的"绝对必然性如何可能,这不是人类理性所能解答的,也不是我们的理性知识所能及的,因而意志的自律只成了空说,只是理当如此,至于事实上是否真实如此,则不是我们所能知的。这样的意志是否是一真实,是一'呈现',康德根本不能答复这问题。但道德是真实,道德生活也是真实,不是虚构的空理论"。②

牟宗三说:"照儒家的义理说,这样的意志自始就必须被肯定是真实,是呈现。……他们是把这样的意志视为我们的性体心体之一德、一作用。这性体心体是必须被肯定为定然地真实的,是就成德成圣而言人人俱有的。人固以道德而决定其价值,但反之,道德亦必须就人之能成德而向成圣之理想人格趋,始能得其决定性之真实。……人在其道德的实践以完成其德性人格底发

---

① 牟宗三:《圆善论》,《牟宗三先生全集》22,台北联经出版事业公司 2003 年版,第 22—23 页。

② 牟宗三:《心体与性体》(一),《牟宗三先生全集》5,台北联经出版事业公司 2003 年版,第 137—138 页。

展上是必然要肯定这性体心体之为定然地真实的,而且即在其实践的过程中步步证实其为真实为呈现。"①在他看来,正宗儒家(小程、朱子学派不在其内)肯定这性体心体为定然的真实的,肯定康德所讲的自由自律的意志即为此性体心体之一德,所以其所透显所自律的道德法则自然有普遍性与必然性,自然斩断一切外在的牵连而为定然的、无条件的。这才能显出意志的自律,即儒家性体心体的主宰性。这道德性的性体心体不只是显为定然命令的纯形式义,只显为道德法则之普遍性与必然性,而且还要在具体生活上通过实践的体现工夫,作具体而真实的表现。

按牟宗三的理解与诠释,康德由道德法则的普遍性与必然性逼至意志的自律,由意志的自律进而肯定"意志之自由",以自由为说明自律的钥匙,然而吾人于自由却不能证明其实在性,只能视之为主观的假定或设准。虽然这一假定有实践的必然性,但不能视之为一客观的肯定。康德区别作为实践理性的意志和感受性的良心。在康德那里,良心不是道德的客观基础,只是感受道德法则、感受义务的影响的主观条件。牟氏认为,康德虽然说到实践理性的动力,但"动力亦虚"。儒家从孟子到宋明心学家则不然,说自律即从"心"说,意志即是心之本质的作用。心之自律即是心之自由。心有活动义,心之明觉活动即自证其实际上、客观上是自由的。这相当于把康德所说的"良心"提上来而与理性融于一②。牟氏认为,道德的根本的动力,即在此超越的义理之心之自己。

牟宗三指出:孟子"仁义内在"说的基本意涵即是道德主体之"自律";康德把理性的自律意志(自由意志)看成是个必然的预设、设准,而无"智的直觉"以朗现之;孟子学中,意志自律即是本心,则其为朗现不是预设,乃是必然。③

李明辉进一步论证了牟宗三的论说,比较全面地诠释了孟子与康德的自律伦理学。李氏区分了康德的"自律"概念与依此概念所建立的伦理学系统。

---

① 牟宗三:《心体与性体》(一),《牟宗三先生全集》5,台北联经出版事业公司 2003 年版,第 141—142 页。

② 参见牟宗三:《圆善论》,《牟宗三先生全集》22,台北联经出版事业公司 2003 年版,第 30 页。

③ 参见牟宗三:《康德的道德哲学》,《牟宗三先生全集》15,台北联经出版事业公司 2003 年版,第 284—285 页。

李氏指出,任何人只要具有纯粹而真切的道德洞识,便会接受在其"自律"概念中所包括的一切内涵。但康德伦理学不止包括这些内涵,它还包括一套独特的系统。"康德伦理学预设理性与情感二分的架构,其道德主体(严格意义的'意志')只是实践理性,一切情感(包括道德情感)均被归诸感性,而排除于道德主体性之外。"①

李明辉指出,孟子虽未使用"善的意志"、"定言令式"等概念,但其肯定道德的绝对性、无条件性上,与康德并无二致。从《孟子·公孙丑上》"孺子将入于井"章可见,"不忍人之心"、"怵惕恻隐之心"所发出的道德要求只能用定言令式来表达,因为它是一种无条件的要求。他分析《离娄下》篇"由仁义行,非行仁义也";"君子以仁存心,以礼存心",即涵有为义务而义务,为道德而道德的意义。李明辉对《告子上》篇的"口之于味"章的"心之所同然者何也? 谓理也,义也。圣人先得我心之所同然耳"加以分析,指出其中涵有道德的普遍性的意涵。同篇中的"天爵"、"良贵"思想,表明孟子对人格之尊严的肯定,与康德把人格称为"目的本身",如出一辙。李氏认为,孟子亦承认这样一种能立法的道德主体,即所谓的"本心";而仁、义、礼、智均是本心所制定的法则,非由外面所强加。其性善义必须由道德主体之自我立法去理解。其"大体"即道德主体。"操则存,舍则亡";"求则得之,舍则失之,是求有益于得也,求在我者也",包含了康德的"自由"的因果性的内容。② 李明辉发挥、推进了牟宗三的诠释。

牟宗三有关孟子学与康德自律道德的比较,是非常有意义的。尽管康德的道德哲学离不开西方哲学的传统,有自身的理论架构,但由"定言令式"出发,从意志之自我立法的意义,从实践理性的优先性,自由与自律相互涵蕴去理解孟子的思想,这种诠释并没有伤害孟子学,相反有助于中西学术的沟通。

第三节　反省西方哲学,重建本体论

牟宗三哲学以"智的直觉如何可能"作为突破口。依康德的思路,道德的

---

① 李明辉:《儒家与康德》,台北联经出版事业公司1990年版,第48页。
② 参见李明辉:《儒家与康德》,台北联经出版事业公司1990年版,第50—71页。

形上学之可能与否,关键在于智的直觉是否可能。在西方哲学传统中,智的直觉没有彰显出来,而在中国哲学中却有充分的显现。中国儒、释、道三家都肯定智的直觉。儒家孟子所谓"本心",张载所谓"德性之知"、"心知廓之"、"心知之诚明",都是讲的道德创生之心,其知也非概念思考知性之知,乃是遍、常、一而无限的道德本心之诚明所发的圆照之知。创生是重其实体义,圆照是重其虚明(直觉)义。这里没有内外、能所的区别。在圆照与遍润之中,万物不以认识对象的姿态出现,乃是以自在物的姿态出现。所以,圆照之知无所不知而实无一知,万物在其圆照之明澈中恰如其为一"自在物"而明澈之,既不多也不少。这里不是通过范畴的静态思考,亦超越了主客对待关系,朗现的就是物之在其自己,并无普遍所谓的认知意义。这是"无限的道德本心之诚明所发之圆照之知,则此知是从体而发(本心之诚明即是体),不是从见闻而发,此即康德所谓'只是心之自我活动'的智的直觉(如果主体底直觉只是自我活动的,即只是智的,则此主体必只判断它自己)。它的直觉只是此主体之自我活动,即表示说它不是被动的、接受的,此显然是从体而发,不从见闻而发之意,也就是说,它不是感触的直觉。因不是感触的,所以是纯智的,在中国即名曰'德性之知',言其纯然是发于诚明之德性,而不是发于见闻之感性也"。① 这种纯然的天德诚明的自我活动,"纯出于天,不系于人",是中国儒家共许之义,然在康德处于西方学术之背景下,却反复说人不可能有这种知。此足见中西两传统之异。

　　按儒学传统,讲道德,必须讲本心、性体、仁体,而主观地讲的本心、性体、仁体,又必须与客观地讲的道体、性体相合一而为一同一的绝对无限的实体。为什么要这样呢?因为所谓道德是依无条件的定然命令而行的。发行无条件的定然命令者,康德名曰自由意志,即自发自律的意志,而在中国的儒者则名曰本心、仁体或良知,而此即吾人之性体。如此说性,是康德乃至整个西方哲学中所没有的。

　　牟宗三指出:"性是道德行为底超越根据……性体既是绝对而无限地普

① 牟宗三:《智的直觉与中国哲学》,《牟宗三先生全集》20,台北联经出版事业公司 2003年版,第242页。

遍的,所以它虽特显于人类,而却不为人类所限,不只限于人类而为一类概念,它虽特彰显于成吾人之道德行为,而却不为道德界所限,只封于道德界而无涉于存在界。它是涵盖乾坤,为一切存在之源的。不但是吾人之道德行为由它而来,即一草一木,一切存在,亦皆系属于它而为它所统摄,因而有其存在。所以它不但创造吾人的道德行为,使吾人的道德行为纯亦不已,它亦创生一切而为一切存在之源,所以它是一个'创造原则',即表象'创造性本身'的那个创造原则,因此它是一个'体',即形而上的绝对而无限的体,吾人以此为性,故亦曰性体。"①

儒者所讲的本心或良知是根据孔子所点醒的"仁"而来的。仁与天地万物一体,仁心体物而不遗,所以仁即是体,即是创造原则。但是,我们如无法妙悟本心,则本心受限制而忘失本性,乃转为习心或成心而受制于感性,梏于见闻,即丧失其自律性。然本心、仁体的本质是无限的,具有绝对普遍性,当我们就无条件的定然命令而说意志为自由自律时,此自由意志必是绝对而无限的,此处不需另外立上帝,只是一体流行,孟子所谓恻隐之心即本心之呈现,所以不能只是一个假设,而是一个事实。

牟氏说:"智的直觉既可能,则康德说法中的自由意志必须看成是本心仁体底心能,如是,自由意志不但是理论上的设准而且是实践上的呈现。智的直觉不过是本心仁体底诚明之自照照他(自觉觉他)之活动。自觉觉他之觉是直觉之觉。自觉是自知自证其自己,即如本心仁体之为一自体而觉之。觉他是觉之即生之,即如其系于其自己之实德或自在物而觉之。智的直觉既本于本心仁体之绝对普遍性、无限性以及创生性而言,则独立的另两个设准(上帝存在及灵魂不灭)即不必要。"②

也就是说,本心仁体不但特显于道德行为之成就,亦遍润一切存在而为其体,因此不仅具有道德实践的意义,而且具有存有论的意义。在道德的形上学中,成就个人道德创造的本心仁体总是连带着其宇宙生化而为一的,因为这本

———————————

① 牟宗三:《智的直觉与中国哲学》,《牟宗三先生全集》20,台北联经出版事业公司 2003年版,第 246 页。

② 牟宗三:《智的直觉与中国哲学》,《牟宗三先生全集》20,台北联经出版事业公司 2003年版,第 258 页。

是由仁心感通之无外而说的。就此感通之无外说,一切存在皆在此感润中而生化,而有其存在。道德界与自然界之悬隔不待通而自通。那么认为牟宗三以混淆存有与价值(境界)的做法来沟通内在与超越之间之关系的说法①,显然是对牟氏形上学思想的严重误解。牟氏指出,我们不能只依智的直觉只如万物之为一自体(在其自己)而直觉地知之,因为这实际上是"以无知知",即对于存在之曲折之相实一无所知。如是,则本心仁体不能不一曲而转成逻辑的我,与感触直觉相配合,以便对于存在之曲折之相有知识,此即成就现象之知识。逻辑的我、形式结构的我是本心仁体"曲致"或"自我坎陷"而成者。两者有一辩证的贯通关系。主体方面有此因曲折而成之两层,则存在方面亦因而有现象与物自体之分别。相对于逻辑的我而言,为现象或对象;相对于本心仁体之真我言,为物自体或自在相。

　　牟宗三又论证了道家与佛家的"智的直觉"。在道家的方式下,智的直觉是在泯除外取前逐之知而归于自己时之无所住无所得之"无"上出现的。这不是不可能的,只是康德也不能够了解这样的智的直觉。但道家的智的直觉侧重在虚寂方面说,其所谓"生之畜之"是消极的"自化"之义,不似儒家由正面凸显本心仁体之创生性。道家所开启的是艺术的观照境界,而不是道德的实践境界。道家所成就的智的直觉的形态,是虚寂圆照的境界,此之谓"无知而无不知"。佛家的智的直觉寄托在圆教之般若智中。般若智的圆智恰与识知相反。识之认知是取相的、有固定的对象和能所的对待。但在圆照下呈现的实相却非对象,不在能所对待的架构之中。佛家缘起性空的智心圆照是灭度的智的直觉。若于此说物自身,则实相、如,即是物自身,即是"无自己"的诸法之在其自己。至于识之执而有定相则当即是所谓现象。牟氏认为真正的圆教在天台宗,在天台,智的直觉始能充分朗现。

　　牟宗三指出,人现实上当然是有限的存在,但是人能以无限性的超越者为体而显出创造性,因而得有一无限性。这正是理想主义之本质,也正是中国儒、释、道三教之本质。由于有了智的直觉这一主体机能,有限的人生取得了无限的价值和意义。儒家讲"义命分立"、"尽性知命"。"儒家说'命',说人

---

　　①　参见郑家栋:《牟宗三》,台北东大图书公司 2000 年版,第 155 页。

的有限性,是偏于消极的限制意义上说,因儒家不以为世界之意义不可知,知之并不妨碍人之尽性尽义,且可是一道德创造之动力。人之有限性虽是道德之必要条件,但人的无限性是道德实践之充足条件。"①

牟宗三说:"智的直觉所以可能之根据,其直接而恰当的答复是在道德。如果道德不是一个空观念,而是一真实的呈现,是实有其事,则必须肯认一个能发布定然命令的道德本心。这道德本心底肯认不只是一设准的肯认,而且其本身就是一种呈现,而且在人类处真能呈现这本心。本心呈现,智的直觉即出现,因而道德的形上学亦可能。"②

儒家从道德上说智的直觉是正面说,佛家道家从对于不自然与无常的痛苦感受而向上翻求"止"求"寂",是从负面说。牟宗三认为这都是从人的实践以建立或显示智的直觉。儒家是从道德的实践入手,佛道两家是从求止求寂的实践入手。其所成的形上学叫作实践的形上学,儒家是道德的形上学,佛道两家是解脱的形上学。形上学,经过西方传统的纡曲探索以及康德的批判检定,就只剩下这实践的形上学,而此却一直为中国的哲学传统所表现。如果只有实践的形上学,则形上学中所表现的最高的实有,无限而绝对普遍的实有,必须是由实践(道德的或解脱的)所体证的道德的本心(天心)、道心(玄照的心)或如来藏自性清净心。除此以外,不能再有别的。人的真实性乃至万物的真实性只有靠人之体证证现这本心、道心或自性清净心而可能。"基本存有论"就只能从本心、道心或真常心处建立。

康德所意想的真正形上学是他所谓"超绝形上学",其内容是集中于自由意志、灵魂不灭、上帝存在这三者之处理。康德认为对于这三者,理论理性是不能有所知的,要想接近它们,只有靠实践理性。通过实践理性的要求,乃不能不设拟这三者,但设拟不是具体真实的呈现,因此康德只能成就一"道德的神学",而不能充分实现"道德的形上学"。康德受西方文化宗教之传统的限制,没有充分完成道德的形上学。因为意志之自由自律,是道德所以可能的先

---

① 吴明:《"彻底的唯心论"与中西哲学会通》,载蔡仁厚等著,李明辉主编:《牟宗三先生与中国哲学之重建》,台北文津出版社1996年版,第104页。

② 牟宗三:《智的直觉与中国哲学》,《牟宗三先生全集》20,台北联经出版事业公司2003年版,第447页。

天根据(本体),这并不错,但这个本体是否能达到"无外"的绝对的普遍性,康德并没有明确的态度。"物自身"这个概念是就一切存在而言,并不专限人类或有理性的存在,但自由自律之意志是否能普遍地相应"物自身"这个概念,康德亦没有明确的态度。① 康德以美学判断来沟通道德界与存在界,并不能从根本上充分地解决两界合一的问题。

康德将"现象"与"物自身"(或译为"智思物"、"物自体")的区分称为"超越的区分"(李明辉译为"先验的区分"),其基本预设在于人的有限性。牟宗三认为,"物自身"不仅是个事实的概念,而且是个有价值意味的概念。"在康德处,人类是决定的有限存在,因此,是不能有'无限心'的。我们不能就人类既可说有限心,同时亦可说无限心。可是如果我们把无限心只移置于上帝处,则我们不能稳住价值意味的物自身。"②因为依康德的说法,"物自身"是对于上帝的"智的直觉"而呈显,而"智的直觉"是创造的,上帝的直觉即是创造,所以上帝的创造是创造物自身而不是创造具有时空的现象。康德不肯将神圣性许给人类,其有关道德的真知灼见则变为虚幻。牟氏揭示了中国哲学由实践而朗现的"无限心"亦即"智的直觉",这就意味着:"吾人通过吾人之道德意识呈露自由无限心,对无限心所发的智的直觉而言,吾人的存在是'物自身'之存在,从吾人'物自身'的身分即可说吾人具有无限与永恒的意义。依儒家义理,人的'物自身'身分(即智思界身分)'实而不虚',这'物自身'是吾人的道德主体,同时是吾人的真实存有。于此,'本体界的存有论',亦曰'无执的存有论',亦曰'道德的形上学'得以

---

① 关于牟宗三对"物自身"概念的诠释,李明辉认为接近于费希特,并认为牟取消理性与直觉的对立,将智的直觉视为实践理性的表现方式,均与费希特相类似(参见李明辉:《牟宗三哲学中的"物自身"概念》,《当代儒学之自我转化》,台北中研院文哲所 1994 年版,第 50—51 页)。赖贤宗认为,牟宗三的道德形上学更像是一种费希特式的和谢林哲学式的观念论诠释,在反思的主体主义,强调智的直觉与主体的能动性方面类似费希特;而在知体明觉直契绝对境界方面类似谢林,总体上更接近并趋于绝对的同一性之神秘的智的直观的谢林(参见赖贤宗:《牟宗三的道德形上学与康德哲学、德意志观念论》,《体用与心性:当代新儒家哲学新论》,台湾学生书局 2001 年版,第 129、162—163 页)。

② 牟宗三:《现象与物自身》,《牟宗三先生全集》21,台北联经出版事业公司 2003 年版,第 15 页。

稳固建立。"①牟氏稳住"物自身"的意义,开出真实的道德界,又进而开存在界,是真正的创慧。

牟宗三认为,顺着中国哲学的传统讲出智的直觉之可能,是康德哲学之自然的发展,亦可以说是"调适上遂"的发展,这才可以真正建立康德所向往的超绝的形上学。

"道德的形上学"在牟宗三看来并不同于"道德底形上学"。前者指的是由道德的进路来接近形上学,或者说形上学是由道德的进路来证成;后者的重点在说明道德之先验本性。前者必须兼顾本体与工夫两面,甚至首先注意工夫问题,然后在自觉的道德实践中反省澈至本心性体;后者并不涉及工夫论,而只是把这套学问当作纯哲学问题,不知它同时亦是实践问题。

因此,牟宗三指出:"宋、明儒者依据先秦儒家'成德之教'之弘规所弘扬之'心性之学'实超过康德而比康德为圆熟。但吾人亦同样可依康德之意志自由、物自身以及道德界与自然界之合一,而规定出一个'道德的形上学',而说宋明儒之'心性之学',若用今语言之,其为'道德哲学'正函一'道德的形上学'之充分完成,使宋明儒六百年所讲者有一今语学术上更为清楚而确定之定位。"②

牟宗三尤其推崇心学系统心性合一的理路,视其为正宗,认为其心性合一之体,"即存有即活动",不似心性离析的理学系统将后天与先天、经验与超越、能知与所知、存有与活动打成两橛,减杀了道德力量,容易丧失其自主自律、自定方向的"纯亦不已"的必然性。

牟宗三依据儒家孟学一系的理路来融摄康德哲学,指出我们的道德意识所呈露的道德本心,就是一自由无限心,而本心的明觉发用,所谓德性之知,就是智的直觉。通过道德的进路,在我们人这有限的存在里,智的直觉不但在理论上必须肯定,而且在实际上必然呈现。就道德主体之为一呈现而不是一假

①　卢雪崑:《康德意志理论中的"两个观点"说——兼述牟宗三先生"智的直觉"说对康德洞识之极成》,载蔡仁厚等著,江日新主编:《牟宗三哲学与唐君毅哲学论》,台北文津出版社 1997 年版,第 195 页。

②　牟宗三:《心体与性体》(一),《牟宗三先生全集》5,台北联经出版事业公司 2003 年版,第 12—13 页。

设而言,道德本心就是道德的实体,是创发纯亦不已的道德行为的超越根据,也是智的直觉的根源。就道德主体的绝对普遍性而言,道德本心不但是开道德界的道德实体,同时还是开存在界的形而上的实体。它既创发了道德行为,就在纯亦不已的道德实践中,遍体万物而不遗,引发"於穆不已"的宇宙秩序。仁心感通天外,与万物为一体;而万物在仁心的明觉感通中,亦即在纯智的直觉中,成其"物之在其自己的存在"。这"物之在其自己",是一个价值概念而不是一事实概念。万物在我们见闻之知、感性、知性的认知活动中,是有一定样相的有限存在,而在无限心无执着的纯智的直觉中,却是"物自身"(即"物之在其自己"),它无时空性,无流变相。

据此,牟宗三建构了两层存有论:本体界的存有论(无执的存有论)和现象界的存有论(执的存有论)。牟氏认为,康德所说的超越的区分,应当是一存有上的区分,但它不是一般形而上学所说的本体与现象之区分,而是现象界的存有论与本体界的存有论上的区分。在现象界的存有论中,现象也是识心之执所执成的。"识心之执就是认知心之执性。执性由其自执与著相两义而见。识心由知体明觉之自我坎陷而成。由坎陷而停住,执持此停住而为一自己以与物为对,这便是执心。……由知体明觉到识心之执是一个辩证的曲折。"[①]识心之执是相对于知体明觉之无执而言的。识心之执既是由知体明觉之自觉地自我坎陷而成,则一成识心之执即与物成对,即把明觉应之物推出去而为其所面对之对象,而其本身即偏处一边而成为认知的主体。因此,其本身遂与外物成为主客之对偶,这就是认识论的对偶性,是识心之执的一个基本结构。在这一基本结构中,客体为现象世界,主体为知性、想象、感性等等。就现象界的存有论和知性的分解而言,西方传统,特别是康德,作出了伟大的贡献,而中国儒、释、道三家则相形见绌。

在牟宗三哲学系统中,本体界的存有论与现象界的存有论相配合,完成一圆实的"道德的形上学"。这两层存有论,是在成圣成贤的实践中所开展出来的。牟氏通过道德实践对有限存在的无限价值作出了本体论的论证,

---

① 牟宗三:《现象与物自身》,《牟宗三先生全集》21,台北联经出版事业公司 2003 年版,第171 页。

其枢纽是把道德本心（或自由无限心或知体明觉）不仅视为开道德界的道德实体，而且视为开存在界的形而上的实体。无执的无限心，通过自我坎陷（自我否定）转出、曲致成为有执的有限心，开出现象界。同一对象，对无限心及其发用（德性之知或智的直觉）而言，是物自身；对有限心及其发用（见闻之知或感触直觉）而言，是现象。在认知之心之外无现象，在智的直觉之外无物自身。由此不难见出，与现代西方哲学对主体性哲学的猛烈批评相反，当代中国哲学却出现一明显的"主体性的转向"①，当然，这首先是中国哲学现代化自身的要求，但这同时也要求中国哲学必须积极回应可能由之导致价值的相对化等问题，这样一种紧张在牟宗三的思想体系中体现得极为突出。

牟宗三的两层存有论大体是依于中国哲学传统而来的，在理论框架上则是中国佛教"一心开二门"的模式，认为真如门相当于康德的智思界，生灭门相当于康德的感触界，又会通康德的两层立法来完成自己的哲学体系。"依康德，哲学系统之完成是靠两层立法而完成。在两层立法中，实践理性（理性之实践的使用）优越于思辨理性（理性之思辨的使用）。实践理性必指向于圆满的善。因此，圆满的善是哲学系统之究极完成之标识。"②康德的两层立法，一是"知性为自然立法"，一是"实践理性（意志自由）为行为立法"。关于前一层立法，牟宗三晚年的《现象与物自身》修正了他早年的《认识心之批判》，将知性作了两层超越的分解：一层是分解其逻辑的性格；另一层是分解其存有论的性格。如是，了解康德所说的"知性之存在论的性格"和"知性为自然立法"，把握和消化从知性自身发出的 12 范畴的超越的决定作用，进而了解康德区分现象与物自身的特别意义，并以中国哲学的智慧，特别是佛教智慧加以观照。

第二步，以孟子—陆王的"仁义内在"、"性由心显"、"心即理"的道德哲

---

① 但必须注意的是，20 世纪中国哲学中的"主体性"概念与西方近代哲学中的"主体性"概念有着明显的不同，关子尹有十分精彩的分析，参见关子尹：《康德与现象学传统——有关主体性哲学的一点思考》，《中国现象学与哲学评论》（第四辑），上海译文出版社 2001 年版，第141—184 页。

② 牟宗三：《圆善论》，《牟宗三先生全集》22，台北联经出版事业公司 2003 年版，"序"第4 页。

学疏解康德的"自律道德"、"自由意志为行为立法",并进而对比儒、释、道和宋明理学为代表的中国智慧与以康德为代表的西方智慧的异同,加以消化和会通,从而肯定人类心灵可以开出两层存有论。

第三步,牟宗三晚年诠释圆教与圆善,译注康德的第三批判,论证"真善美的分别说与合一说"。牟氏通过对《孟子》的诠释,发挥了儒家关于道德的自由无限心的思想,疏导"命"的观念,讨论德福一致的问题,使儒家圆教与康德圆善相会通。所谓德福一致的问题,康德是通过"上帝存在"的设准加以解决的,牟氏取消了三设准,以无限智心取而代之,由无限智心的证成肯定人有智的直觉,进而开出两层存有论。儒、道、天台圆教就在实践之学中。儒家能在其"仁"的创生活动中兼备无为、无执与解心无染之作用。牟宗三认为,康德三大批判分别讲"真"、"善"、"美",但对于"即真、即美、即善"的合一境界却没有透悟,而在这一方面,中国智慧却能达到相当高的境界。"知体明觉"所开显的是绝对的认知、直契道体的直觉。牟氏以"知体明觉"所直契的绝对境界来论述真、善、美的合一。①

第四节　牟宗三哲学建构的意义与启示

牟宗三借助康德、黑格尔哲学等西方哲学的思想架构、概念范畴,以改造、阐发儒、释、道诸家思想,又运用中学智慧,反省、批评西学。他用"自律"道德诠释儒家仁义学说,他有关儒、释、道中的"知体明觉"即"智的直觉"的阐发,他从康德"现象与物自身"的架构开发出的"两层存有论",以及有关"良知坎陷"说与"三统并建"说,都是非常有创意的理论。我们完全可以不同意其中的某些论断与论证方式,但我们不能不细心体察牟氏对古今中西哲学反省批判的能力、睿智与独特的视角,从中获得方法学与问题意识的启迪。

第一,中西哲学的互释与会通是中国哲学转型的重要途径之一。

---

① 参见牟宗三:《真善美的分别说与合一说》,《康德判断力之批判》,《牟宗三先生全集》16,台北联经出版事业公司 2003 年版,第 76—88 页。

哲学,不分东方西方的哲学,所讲的概念或道理,或哲学中的真理都是普遍的,因而可以沟通、会通,而具有可比性、可以通约。牟宗三独立地从英译本翻译了康德的三大批判,对康德的乃至西方的哲学特别是西方理想主义的大传统有透彻的把握。百年来,康德、费希特、谢林、黑格尔的德国观念论哲学为中国几个流派、思潮的哲学家们所借取、发挥,扬弃的方面各不相同。康德的批判哲学表达了人的有限性,其中有关认知的有限性,"我可知道什么",几乎是儒、释、道的老课题,而有关"我应当做什么"、"我可希望什么",乃至最终"人是什么"的发问,与儒、释、道三家讨论的中心,极为相应,只是讨论的进路、方式与结论有所不同。在道德形上学、实践理性方面,可比性更强。故在方法论上,牟氏指出:"对于西方哲学的全部,知道得愈多,愈通透,则对于中国哲学的层面、特性、意义与价值,也益容易照察得出,而了解其分际。这不是附会。"①百年来,在中国哲学学科建立、发展的过程中,不可能不以西方哲学为参照,但选择仍是多样的,即便都选择康德等,诠释者先见决定了诠释路子的差异。

现在我国有的学者反对以任何西方哲学为参照,要讲纯而又纯的中国古代哲学,从解释学的立场看,这当然是不可能的。亦有海外汉学家,例如郝大维与安乐哲,特别强调中西范畴、概念的不可通约,尤其不承认孔子到汉代儒家有超越的层面,对牟宗三"内在超越"说予以强烈批评。正如刘述先所说:"他们拒绝把西方观念强加在中国传统之上,但仍不免因噎废食,恰好掉进了中西隔绝的陷阱里。"②然而中西相互比照、相互发明,不失为很好的方式。牟宗三说:"我能真切地疏解原义,因这种疏解,可使我们与中国哲学相接头,使中国哲学能哲学地建立起来,并客观地使康德所不能真实建立者而真实地建立起来,这也许就是我此书的一点贡献。"③所谓"中国哲学能哲学地建立起来",即以现代话语与现代哲学形态,使中国哲学现代化与世界化,这当然会

① 牟宗三:《中国哲学的特质》,《牟宗三先生全集》28,台北联经出版事业公司2003年版,第8页。

② 刘述先:《作为世界哲学的儒学:对于波士顿儒家的回应》,《现代新儒学之省察论集》,台北"中央研究院"文哲所2004年版,第19页。

③ 牟宗三:《智的直觉与中国哲学》,《牟宗三先生全集》20,台北联经出版事业公司2003年版,"序"第5页。

有损伤,但却是不能不通过的途径。

如西方哲学范畴、术语的问题,在借取中有发展,不能不借取,也不能不增加、渗入本土义与新义。牟宗三说:"中国传统中的三家以前虽无此词,然而通过康德的洞见与词语,可依理而捡出此义。……此之谓'依义不依语','依法不依人'(亦函依理不依宗派)。"①所谓"依义不依语"、"依法不依人",即有很大的创造诠释的空间。

牟宗三说:"你以为中国这一套未必是康德之所喜,是因为你不了解中国这一套之本义,实义,与深远义故。假若中国这一套之本义,实义,与深远义能呈现出来,则我以为,真能懂中国之儒学者还是康德。"②他又说:"以哲学系统讲,我们最好用康德哲学作桥梁。吸收西方文化以重铸中国哲学,把中国的义理撑起来,康德是最好的媒介。……我们根据中国的智慧方向消化康德。"③牟氏把康德的义理吸收到中国来,予以消化而充实自己,他的体系把西方哲学的知解与东方哲学的智慧冶于一炉,相互消融,堪称典范。牟氏以康德作为中西互释的桥梁,这个参考系选择得非常好,除了前述的内在性的互通外,还因为康德哲学恰好是现代哲学的出发点。牟氏的哲学生涯,可以说是力图消化康德,疏解中国传统的智慧方向。当然,康德哲学本身十分复杂,包含了不同诠释的可能,如果根据康德更晚的著作,其实康德并非完全否定意志自由是一事实,而《判断力批判》所提出的自由与自然统一的思想架构,可以说已经是一种一心开二门的思想模型。④

---

①　牟宗三:《现象与物自身》,《牟宗三先生全集》21,台北联经出版事业公司 2003 年版,"序"第 19 页。

②　牟宗三:《智的直觉与中国哲学》,《牟宗三先生全集》20,台北联经出版事业公司 2003 年版,"序"第 7 页。

③　《牟宗三先生在第二届当代新儒学国际会议的开幕演讲》,杨祖汉编:《儒学与当今世界》,台北文津出版社 1994 年版,第 12 页。关于儒家与康德的关系,李明辉在《牟宗三思想中的儒家与康德》一文中说,康德的"善的意志"与儒家的"怵惕恻隐之心"均是道德心之表现,均肯定道德心之真实性;康德肯定实践理性优于理论理性(思辨理性),正可保住儒家的道德理想,成就其"道德的理想主义"。李明辉此说把握了儒学与康德的本质联系(参见李明辉:《当代儒学之自我转化》,台北"中央研究院"文哲所 1994 年版,第 66 页)。

④　详见赖贤宗:《牟宗三的道德形上学与康德哲学、德意志观念论》,《体用与心性:当代新儒家哲学新论》,台湾学生书局 2001 年版,第 135—136 页。

第二,中国哲学的自主性的彰显。

牟宗三说,普遍的哲学观念、概念、道理,是要通过不同的、特殊的民族或个体的生命来表现的,"这就是普遍性在特殊性的限制中体现或表现出来,这种真理是哲学的真理。……由此才能了解哲学虽然是普遍的真理,但有其特殊性,故有中国的哲学也有西方的哲学……虽然可以沟通会通,也不能只成为一个哲学。这是很微妙的,可以会通,但可各保持其本来的特性,中国的保持其本有的特色,西方也同样保持其本有的特色,而不是互相变成一样"。① 与基督教不同,中国的儒、释、道都重视主体,同时照样有客体,问题是如何去考虑主客关系。"中国文化、东方文化都从主体这里起点,开主体并不是不要天,你不能把天割掉。主体和天可以通在一起,这是东方文化的一个最特殊、最特别的地方,东方文化和西方文化不同最重要的关键就是在这个地方。"② 牟氏以过人的哲学智慧,从义理上批判康德,批判海德格尔对康德的批判,开出建立"基本存有论之门",重建了中国哲学的主体性。中国儒、释、道三家均是生命的学问,意在人生的、道德的乃至超越的境界追求。牟氏对三教的境界形上学有独到的见解。更为重要的是,他的两层存有论,是对三教之成圣、成佛、成真人的境界及其入手方法的论证。三教都肯定"智的直觉",证立"自由无限心"既是成德的根据,又是存在的根据,肯定成就人格境界过程中的实践工夫,把境界实践过程中的人的主体性加以提扬,从中觉悟到人的有限性与无限性的关系,肯定人虽有限而可无限,最终上达圆善之境。牟氏两层存有论其实就是实践的形上学。

第三,提出了诸多有价值的论域与思路,启迪后学融会中西,创造出新的哲学系统。

例如关于所谓"智的直觉"、道德形上学作为超越的形上学、"内在超越"与"外在超越"的讨论,恰好是关系到中西哲学根本问题的讨论。其实古希腊、希伯莱、印度、伊斯兰与中国,都有"圣智"的传统,孟子以降中国哲学讲的

---

① 牟宗三:《中西哲学会通之十四讲》,《牟宗三先生全集》30,台北联经出版事业公司2003年版,第8—9页。

② 牟宗三:《中国哲学十九讲》,《牟宗三先生全集》29,台北联经出版事业公司2003年版,第7—8页。

"良知",宋儒的"德性之知",近世熊十力讲"体认"、冯友兰讲"负的方法"、贺麟讲"理智的直觉"、牟宗三讲"智的直觉"直到杜维明讲"体知",都是肯定超越于经验、知性、逻辑、理智的,涉及体悟本体的智慧和生命的终极性关怀。关于"超越"问题,刘述先说:"把中国传统思想了解成为内在超越的型态,决不只是当代新儒家的一家之言谈,它已差不多成为多数学者的共识。……儒家式的内在超越型态的确有其严重的局限性而令超越的信息不容易透显出来。但这并不表示,基督教式的外在超越型态就没有严重的问题。……事实上,外在超越说与内在超越说并不是可以一刀切开来的两种学说。"①诸如此类的问题讨论,在现代中国哲学的本体论、形上学的重建与东西方哲学的比较研究方面,都产生了积极意义。牟宗三哲学也启发我们回应经济全球化挑战,回答现实问题,并提升到哲学的层面。

牟宗三是具有原创性的哲学家,他的哲学智慧与哲学建构是 20 世纪中国重要的哲学遗产,大大深化了中国哲学的内涵,值得我们认真地加以研究。牟氏哲学最大的意义是,有意识地吸收西方智慧,促进中西哲学的交流互动,在互动中逐渐体现了中国文化的自觉,彰显了中国哲学的自主性、主体性。

---

① 刘述先:《论宗教的超越与内在》,见氏著《儒家思想意涵之现代阐释论集》,台北中研院文哲所筹备处 2000 年版,第 173—175 页。

第十二章　徐复观的思想史观

徐复观(1903—1982),原名佛观,湖北浠水人,是著名的思想家与思想史家,与唐君毅、牟宗三同为现代新儒家之重镇。就个性而论,唐是仁者型,牟是智者型,徐则是勇者型的人物。徐氏有很好的国学修养,青年时在武昌的湖北国学馆学国学,曾得到国学大师黄侃的赏识和王葆心的栽培。他长期在军政界任职,曾担任侍从室秘书,授少将军衔。抗战期间,徐复观慕名前往拜谒熊十力,经熊氏"起死回生的一骂",渐从政治圈转向学术界,沉潜于中国历史文化研究。抗战胜利后,徐复观在南京创办学术刊物《学原》。1949年去台后,徐氏埋首书斋,潜心教学、著述。于知命之年才正式转入学界的徐氏,致力于中国思想史的研究,成就斐然。

徐复观一生在学术与政治之间,"以传统主义卫道,以自由主义论政"。他是风骨嶙峋的勇者型的人物,时常批评政治,在政治上主张民主、自由、人权,有道德勇气。他肯定中国知识分子的使命感、入世关怀、政治参与和不绝如缕的牺牲精神。徐氏身上即体现了知识分子,特别是人文知识分子,以价值理念批评、指导、提升社会政治的品格。在文化上,他是中华民族文化根基的执着守护者,曾誓言"要为中国文化当披麻戴孝的最后的孝子"。1949年以后,唐、牟、徐三人客居中国香港、台湾地区,共同弘扬中国传统文化精神。与唐、牟不同的是:徐不是从哲学的路子出发的;对传统与现实的负面,特别是专制主义政治有很多批判;有庶民情结,是集学者与社会批评家于一身的人物。

徐复观出版过三十多部专著、文集,发表过近百篇学术论文和数百篇时论、杂文。他特别表现了儒家的抗议精神。他所留下的大量的"学术与政治之间"的时评,与思想史著作相得益彰,颇能表现他的风骨。徐氏学术代表作是三大卷的《两汉思想史》，以及《中国人性论史》（先秦篇）、《中国艺术精神》、《中国经学史的基础》、《中国思想史论集》及其续编等。2014 年，徐氏著作经整理，集结为《徐复观全集》，由九州出版社刊行。

第一节　忧患意识与心性史观

徐复观说他 50 岁以后才正式做学问，他对先秦人性论史、两汉思想史、中国艺术精神与艺术史有深入的研究与独到的见解，其《中国人性论史》（先秦篇）、《中国艺术精神》、《两汉思想史》等都是了不起的著作。

今天在海峡两岸不绝于耳的"忧患意识"说，即来自徐复观。徐氏把从原始宗教挣脱出来的中国人文精神之跃动、出现，定在殷周之际。"忧患"是"要以己力突破困难而尚未突破时的心理状态"，"乃人类精神开始直接对事物发生责任感的表现，也即是精神上开始有了人地自觉的表现"。"只有自己担当起问题的责任时，才有忧患意识。这种忧患意识，实际是蕴蓄着一种坚强地意志和奋发的精神。……在忧患意识跃动之下，人的信心的根据，渐由神而转移向自己本身行为的谨慎与努力。这种谨慎与努力，在周初是表现在'敬'、'敬德'、'明德'等观念里面。尤其是一个敬字，实贯穿于周初人的一切生活之中，这是直承忧患意识的警惕性而来的精神敛抑、集中，及对事的谨慎、认真的心理状态。"①徐氏指出，这里的"敬"与宗教的虔敬、恐惧不同，是人的精神，由散漫而集中，并消解自己的官能欲望于自己所负的责任之前，凸显出自己主体的积极性与理性作用，是主动的、自觉的、反省的心理状态。以此照察、指导自己的行为，对自己的行为负责。这种人文精神自始即带有道德的性格。徐氏指出，中国人文主义与西方不同，它是立足于道德之上而不是才智之上的。因之所谓忧患意识，作为中国知识分子的一种文化潜意识，给中国思想史打上了深深的烙印。

从中国思想史之主体的这种文化心理、深层意识出发，徐复观思想史研究

---

① 徐复观：《中国人性论史》（先秦篇），《徐复观全集》，九州出版社 2014 年版，第 20—22 页。

特别重视发掘中国历代知识分子对于治道和民生的关切、介入，以天下为己任和以德抗位、道尊于势的传统，特别重视光大中国人文精神、道德价值及其承续性，以此来界定"中国性"，来回应西方文化的冲击和纠正"全盘西化"式的"现代化"的偏失。其中所包含的"花果飘零"、"披麻带孝"的情意结，亦不能不归于对中国文化和世界文化命运与前途的忧患。这种忧患当然不完全是消极的。以周公、孔子和太史公以降，中国精英文化主体的忧患心理、忧患人生及其对文化制品的积淀、贯注为视角，整理中国思想史，我看这是徐氏的一大发明、一大贡献。

忧患意识即是一种道德意识，但不是道德意识的全部和根本。徐氏思想史和艺术精神的研究，指导性的乃是一道德史观或心性史观。徐氏对道德形上学也是非常关注的，只是他没有从哲学家的角度，而是从思想史家的角度来体察而已。① 他对孔子"性与天道"的阐释，关于道德的超验性、普遍性、永恒性及个体内在人格世界中无限的道德要求及其在现世的完成，关于生命主体的无限超越性及天的要求如何转成主体之性的要求，关于孔子仁学何以奠定了中国正统文化的基本性格，似都不能只看成徐氏的"客观"评述。对《中庸》"从命到性"和《孟子》"从性到心"的考察更能证明这一点。他显然把"仁"作为"诚"的真实内容，"诚"作为"仁"的全体呈露；把天人、物我、内外、群己的合一和内在人格世界的完成，作为中国文化最大的特性。徐氏指出：

> 孟子所说的性善，实际便是心善。经过此一点醒后，每一个人皆可在自己的心上当下认取善的根苗，而无须向外凭空悬拟。中国文化发展的性格，是从上向下落，从外向内收的性格。由下落以后再向上升起以言天命，此天命实乃道德所达到之境界，实即道德自身之无限性。由内收以后而再向外扩充以言天下国家，此天下国家乃道德实践之对象，实即道德自身之客观性、构造性。从人格神的天命，到法则性的天命；由法则性的天命向人身上凝集而为人之性；由人之性而落实于人之心，由人心之善，以

---

① 徐复观正视形上学的一个例证，是他在《中国人性论史》(先秦篇)中批评荀子"过早地停顿在经验现象上，而太缺少形上学的兴趣，这便反而阻碍了向科学的追求"(详见《中国人性论史》(先秦篇)，《徐复观全集》，九州出版社 2014 年版，第 260 页)。徐氏认为不能抹杀形上学对科学的启发、推动作用。

言性善；这是中国古代文化经过长期曲折、发展，所得出的总结论。①
他认为，孟子性善之说，是人对于自身惊天动地的伟大发现。

> 有了此一伟大发现后，每一个人的自身，即是一个宇宙，即是一个普遍，即是一个永恒。可以透过一个人的性，一个人的心，以看出人类的命运，掌握人类的命运，解决人类的命运。每一个人即在他的性、心的自觉中，得到无待于外的、圆满自足的安顿，更用不上夸父追日似的在物质生活中，在精神陶醉中去求安顿。这两者终竟是不能安顿人的生命的。②

这是就"内圣"而言的。就"外王"而言：

> 因为孟子实证了人性之善，实证了人格的尊严，同时即是建立了人与人的互相信赖的根据，亦即是提供了人类向前向上的发展以无穷希望的根据。所以表现在政治思想方面，他继承了周初重视人民的传统，而加以贯彻，并进一步确定人民是政治的主体，确定人民的好恶是指导政治的最高准绳。他所说的"王政"，即是以人民为主的政治。他所主张的政治，实际是以人民为主的政治，而并非如一般人所说的只是以人民为本的政治。他代表了在中国政治思想史中最高的民主政治的精神，只缺乏民主制度的构想。③

这里很清楚，徐氏疏理中国人性论史和政治史、思想史的基本视点是心性学的。

我们再看他对艺术史的疏理。在《中国艺术精神》的自叙中，他指出：

> 在人的具体生命的心、性中，发掘出道德的根源，人生价值的根源；不假藉神话、迷信的力量，使每一个人，能在自己一念自觉之间，即可于现实世界中生稳根、站稳脚；并凭人类自觉之力，可以解决人类自身的矛盾，及由此矛盾所产生的危机；中国文化在这方面的成就，不仅有历史地意义，同时也有现代地、将来地意义……在人的具体生命的心、性中，发掘出艺术的根源，把握到精神自由解放的关键，并由此而在绘画方面，产生了许

---

①　徐复观：《中国人性论史》（先秦篇），《徐复观全集》，九州出版社 2014 年版，第 146—147 页。

②　徐复观：《中国人性论史》（先秦篇），《徐复观全集》，九州出版社 2014 年版，第 164 页。

③　徐复观：《中国人性论史》（先秦篇），《徐复观全集》，九州出版社 2014 年版，第 168 页。

多伟大地画家和作品,中国文化在这一方面的成就,也不仅有历史地意义,并且也有现代地、将来地意义。①

徐氏认为,儒道两家,都是为人生而艺术。孔子是一开始便有意识地以音乐艺术为人生修养之资,并作为人格完成的境界,抱着一定的目的加以追求。老庄之"道"呢?

> 若不顺着他们思辨地形上学的路数去看,而只从他们由修养的工夫所到达的人生境界去看,则他们所用的工夫,乃是一个伟大艺术家的修养工夫;他们由工夫所达到的人生境界,本无心于艺术,却不期然而然地会归于今日之所谓艺术精神之上。也可以这样的说,当庄子从观念上去描述他之所谓道,而我们也只从观念上去加以把握时,这道便是思辨地形而上的性格。但当庄子把它当作人生的体验而加以陈述,我们应对于这种人生体验而得到了悟时,这便是彻头彻尾地艺术精神。②

庄子思想即是在自己的精神中求得自由解放,他所谓至人、真人、神人,可以说都是能游的人,即艺术精神呈现了出来的人,艺术化了的人。他们的人生,是艺术的人生。庄子所把握到的人的主体,即作为人之本质的德、性、心,乃是艺术的德、性、心。所谓"心斋"、"坐忘",正是美的观照得以成立的精神主体,也是艺术得以成立的精神主体,也是艺术得以成立的最后根据。而要达到"心斋"、"坐忘",只能有两条路子:一是消解由生理而来的欲望,使欲望及由欲望而来的利害不给心以奴役,于是心便从欲望的要挟和利害的痴迷中解放出来,这是达到无用之用的釜底抽薪的办法。实用的观念无处安放,精神便当下得到自由。二是消解由知识而来的是非,即与物相接时,不让心对物作知识的活动,不让由知识活动而来的是非判断给心以烦扰,于是心便从知识无穷地追逐中得到解放。庄子的超越,是从"不谴是非"中超越上去,面对世俗的是非而"忘己"、"丧我",于是在世俗是非之中,即呈现出"天地精神"而与之往来,这种"即自的超越",将自己融化于任何事物环境中而一无滞碍,恰是不折不扣的艺术精神。

---

① 徐复观:《中国艺术精神》,《徐复观全集》,九州出版社2014年版,"自叙"第3—4页。
② 徐复观:《中国艺术精神》,《徐复观全集》,九州出版社2014年版,第60页。

徐复观指出,儒家发展到孟子,指出四端之心,而人的道德精神的主体,乃昭彻于人类尽有生之际,无可得而磨灭,道家发展到庄子,指出虚静之心,而人的艺术精神的主体,亦昭彻于人类尽有生之际,无可得而磨灭。与西方美学家最大不同之点,不仅在庄子所得是全,而且在庄子体认出的艺术精神,系由人生的修养工夫而得,从人格根源之地所涌现、所转化出来的。

> 儒道两家的人性论的特点是:其工夫的进路,都是由生理作用的消解,而主体始得以呈现;此即所谓"克己"、"无我"、"丧我"。而在主体呈现时,是个人人格的完成,同时即是主体与万有客体的融合。所以中国文化与西方文化最不同的基调之一,乃在中国文化根源之地,无主客的对立,无个性与群性的对立。"成己"与"成物",在中国文化中认为是一而非二。但儒道两家的基本动机,虽然同是出于忧患意识,不过儒家是面对忧患而要求加以救济;道家则是面对忧患而要求得到解脱。①

> 庄子的艺术精神,与西方之所谓"为艺术而艺术"的趋向,并不相符合。尤其是庄子的本意只着眼到人生,而根本无心于艺术。他对艺术精神主体的把握及其在这方面的了解、成就,乃直接由人格中所流出。吸此一精神之流的大文学家、大绘画家,其作品也是直接由其人格中所流出,并即以之陶冶其人生。所以,庄子与孔子一样,依然是为人生而艺术。因为开辟出的是两种人生,故在为人生而艺术上,也表现为两种形态。因此,可以说,为人生而艺术,才是中国艺术的正统。不过儒家所开出的艺术精神,常须要在仁义道德根源之地,有某种意味的转换。没有此种转换,便可以忽视艺术,不成就艺术。……由道家所开出的艺术精神,则是直上直下的;因此,对儒家而言,或可称庄子所成就为纯艺术精神。②

总之,我们看徐复观在阐述中国艺术精神时,充分看到了人生、人格、人性修养与艺术创作的关系,道德精神与艺术精神的关系,肯定艺术精神是从人格根源之地涌现出来的。当然,徐氏并没有把艺术精神完全地从属于道德精神,艺术主体完全地从属于道德主体,这是因为他充分重视了道家与儒家的不同。由

---

① 徐复观:《中国艺术精神》,《徐复观全集》,九州出版社 2014 年版,第 138 页。
② 徐复观:《中国艺术精神》,《徐复观全集》,九州出版社 2014 年版,第 141 页。

此我们想到,以心性史观来筑构思想史、政治史、艺术史是不能自圆的,它可能造成诸多的盲点。同时又使我们想到,艺术主体、认知主体、科技主体、政治或经济活动之主体,并不是由道德主体(良知、本心)坎陷、转出的。在这一点上,他与唐君毅、牟宗三的不同,是显而易见的。徐氏虽批评了儒家文化对于道德主体和道德实践的偏重,限制了思想自由和对客观性之重视,主张仁知双彰、道德与科学并进,但仍然认为中国文化是"心的文化",人心是一切价值之源。这当然也是从形而上的层面来说的。

第二节　批判精神与庶民情结

徐复观在对中国传统专制主义的批判和庶民地位的肯认方面,可谓善承乃师熊十力。徐氏说他作思想史研究的一个目的即是从传统文化中找到可以与民主政治相衔接的地方。"顺着孔孟的真正精神追下来,在政治上一定要求民主,只是在专制政治成立以后,这种精神受到了抑压。在西汉的专制下,大思想家如贾谊、董仲舒,都反对专制,反对家天下。《吕氏春秋》和《淮南子》的政治思想,也都是要求民主的。""我要把中国文化中原有的民主精神重新显豁疏导出来,这是'为往圣继绝学';使这部分精神来支持民主政治,这是'为万世开太平'。"[1]他在《研究中国思想史的方法与态度问题》的专文中指出,长期专制政治压歪并阻遏了儒家思想正常的发展,而儒家思想在长期的适应、歪曲中,仍保持其修正缓和专制的毒害,不断给予社会人生以正常的方向与信心,使中华民族度过了许多黑暗时代,乃由于先秦儒家基于道德理性的人性所建立起来的道德精神的伟大力量。

他自己的实际生活经历,使他在选取、诠释史料上独具慧眼,分析批判传统治道的弊病,深中肯綮。他尤其分析了中国之"士"在民意与君心、道与势的紧张之中的人格伸张或人格扭曲,鞭挞了利禄诱惑所造就的卑贱、无廉耻、寄生、"盗贼"气氛与"奴才"性格,视其为中国文化的限制与悲剧,并展望士人

---

[1]　徐复观:《擎起这把香火——当代思想的俯观》,《论文化》(二),《徐复观全集》,九州出版社 2014 年版,第 854 页。

人格与知识不由外力所左右的前景。他所以推重士人的殉道精神、担当意识、道德勇气和人格尊严，在因为士人代表了社会良知，尤其是庶民的利益和心声。他出身于乡间，他希望人们能听到身心都充满了乡土气的一个中国人（指他自己）在忧患中所发出的沉重呼声。他的《两汉思想史》正是在这种情怀下正视社会客观面的发展，平民姓氏、宗族关系，以及汉代专制制度下庶民的呜咽呻吟。也是基于此点，徐氏特别看重熊十力彰显庶民在穷苦中的志气与品德和熊氏的历史批评，并认为熊氏对历史的解释有一种独特的"庶民史观"。

《两汉思想史》三卷是徐复观于 20 世纪 70 年代陆续出版的代表性巨著，第一卷原名《周秦汉政治社会结构之研究》，是《两汉思想史》的背景篇，后两卷是正篇。徐著《两汉思想史》，通过对周秦汉，特别是汉代社会政治结构的探讨，深刻揭露、鞭笞了专制政治。徐氏着力检讨中国传统政治，批判一人专制。在《封建政治社会的崩溃及典型专制政治的成立》、《汉代专制政治下的封建问题》、《汉代一人专制政治下的官制演变》等长篇专论中，徐复观从制度上详考了中国专制政体的形成与演变，分析了宰相制度被破坏的过程，不仅指出"家天下的法制化"的弊病，而且刻画了专制者的心理状态。他说："一人专制者的心理，即使是自己所建立、所承认的客观性的官制乃至任何制度，皆可由他一时的便宜而弃之如遗。""一人专制，需要有人分担他的权力，但又最害怕有人分担他的权力。这便使宰相首遭其殃。另一方面，则是出于由一人专制自然而然所产生的狂妄心理，以为自己的地位既是君临于兆民之上，便幻想着自己的才智也是超出于兆人之上。这种无可伦比地才智自我陶醉的幻想，便要求他突破一切制度的限制，作直接地自我表现。"①当然，在我们看来，专制者的心理是其次的，决定政治结构的关键尚不在此。政治、经济资源配制的状况，军事的压力，财产与权力分配与再分配的成本和效益的问题，是制度建构与政治架构修正的主要原因。

钱穆对汉代政治的描述与评价（详见《国史大纲》），与徐复观大相径庭。钱穆以历史学家的眼光，指出汉代政治是文士政治，非专制政治，在制度建设

①　徐复观：《两汉思想史》卷一，《徐复观全集》，九州出版社 2014 年版，第 205、206 页。

上奠定了中国政治的格局,其成就大于负面。按钱穆的看法,秦汉以降,中国传统社会使平民通过教育可以参与政治的机制,特别是有"考试"与"铨选"制度为维持政治纪纲的两大骨干,沟通社会与政府,则不可以对两千年历史一言以蔽之曰"专制"、"黑暗"。徐复观曾经老实不客气地著文批判钱穆是"良知的迷惘"。徐指出他自己"所发掘的却是以各种方式反抗专制,缓和专制,在专制中注入若干开明因素,在专制下如何多保持一线民族生机的圣贤之心,隐逸之节,伟大史学家文学家面对人民的呜咽呻吟,及志士仁人忠臣义士,在专制中所流的血与泪"①。

徐复观与钱穆间的公案今且不表,由是大概可以知道徐氏是一位情感奔放的学者。读《两汉思想史》,我们处处可以感受到他的民主政治的情意结。萧公权在《中国政治思想史》中指出,秦汉至清末,以君道为中心,"专制政体理论之精确完备,世未有逾中国者"。② 按萧公权的看法,这两千余年,中国政治体制和政治思想"多因袭而少创造"。而徐复观则充分论证了周室宗法封建解体的原因、过程与秦汉专制政体的形成演变问题,乃至中国姓氏的演变与社会结构、专制政治与宗族的关系等。请注意,徐氏使用的"封建"概念是准确的,是中国古代的原始含义,而我们现在习见的"封建社会"概念是不准确的,是西方史的含义,类似于徐著中"专制政治"的意思。

徐复观对专制政治的检讨,是与他知识分子问题的分析联系在一起的。第一卷有《西汉知识分子对专制政治的压力感》的专论,第二卷有关《吕氏春秋》、陆贾、贾谊、《淮南子》与刘安、董仲舒、扬雄、王充等思想的论述,第三卷有关《韩诗外传》中士的立身处世和"士节"的强调,及有关太史公在《史记》中所表现的史学精神与目的的论述,都涉及知识分子问题。徐氏说:"若不能首先把握到两汉知识分子的这种压力感,便等于不了解两汉的知识分子。若不对这种压力感的根源——大一统的一人专制政治及在此种政治下的社会作一确切的解析、透视,则两汉知识分子的行为与言论,将成为脱离了时间空间

① 徐复观:《良知的迷惘》,《论智识分子》,《徐复观全集》,九州出版社 2014 年版,第400 页。

② 萧公权:《中国政治思想史》下册,《萧公权全集》之四,台北联经文化事业有限公司 1982年版,第 947 页。

的飘浮无根之物,不可能看出它有任何确切意义。"①西汉知识分子为什么反秦?反秦实际上即是反汉。为什么喜欢《离骚》?那是"信而见疑,忠而被谤,能无怨乎"的处境与心境之自况。司马迁的"意有所郁结"的感愤之作,东方朔的《答客难》,扬雄的《解嘲》,班固的《答宾戏》等等,都是压力之下知识分子对命运、遭际的情感抒发。

在第三卷《原史——由宗教通向人文的史学的成立》这一专论中,徐复观不仅考察了"史"的原始职务,与祝、卜、巫的关系,尤其论述了史职由宗教向人文的演进,宗教精神与人文精神的交融。优秀的史官,实际上正是以"代天行道"的宗教精神来执行他的庄严任务。这就是一种"书法"。孔子赞扬的"古之良史"董狐和为了写出"崔杼弒其君"而牺牲的兄弟三史官及前仆后继的史官即是明证。徐氏说:"这不是西方'爱智'的传统所能解释的。因为他们感到站在自己职务上,代替神来做一种庄严的审判,值得投下自己的生命。"②全书对汉代优秀知识分子以理想指导、批判现实政治的研究,甚有独到之见。这也使我们很自然地想到中国知识分子的使命感、入世关怀、政治参与和不绝如缕的牺牲精神。

知识分子,特别是人文知识分子,以价值理念指导、提升社会政治。从《两汉思想史》第三卷《刘向〈新序〉、〈说苑〉的研究》第五节有关刘向针对现实政治、突破现实政治的理想性的讨论和第六节"以士为中心的各种问题"以及第二卷《贾谊思想的再发现》第五节"贾谊政治思想中的现实性与理想性"中,可知儒家政治理念的功能和儒家政治思想不同于、高于法家政治思想的缘由。"以民为本,以民为命,以民为功,以民为力,一切过失,都由君与吏负责,决不能诿之于民。"③徐氏特别肯定"政治以人民为主"的观点,又善于发掘传统政治思想的资源,没有陷于今天自诩为"自由主义者"的某些人的浅薄与狂妄。

徐复观《两汉思想史》充分反映了他的学术创慧。在他以前,很少有人注

---

①　徐复观:《两汉思想史》卷一,《徐复观全集》,九州出版社 2014 年版,第 252—253 页。

②　徐复观:《两汉思想史》卷三,《徐复观全集》,九州出版社 2014 年版,第 215 页。

③　徐复观:《两汉思想史》卷二,《徐复观全集》,九州出版社 2014 年版,第 127 页。

意到《新序》、《说苑》中引用孔子的材料在比例上超过了《韩诗外传》的问题。这一问题，随着今天大量简帛的出土得到照应。我们很遗憾，徐氏写作本书时，只略为了解了一点点长沙马王堆出土的帛书《老子》，尚不可能知道帛书《易传》及儒家与诸子百家的帛书资料，更不可能知道20世纪90年代郭店楚简与上海博物馆购藏楚简中大量丰富的思想史资料。实际上，孔门七十子后学记述、传衍的大量资料，在汉代典籍中得到保留，除前述刘向所编书外，尚有陆贾《新语》、贾谊《新书》，乃至《吕览》、《淮南子》等。地下发掘的竹帛与传统文献对比，诸如《诗》、《书》传衍世系与家派，诗教、书教、礼教与乐教，思孟"五行"，先秦两汉心性论问题，都有了更丰富的材料，而超出于陈说。我们特别注意到，徐氏在没有获悉这些新材料时，由于他苦心研读文献，而有了突破前人的慧识己见。他超越了"疑古派"，依据自己的考据工夫，把五四以来认为不可信赖的文献重新加以定位，大胆地加以证实与运用。举凡有关汉代思想史上的大家和重要典籍，他都有讨论且都有独到的见解而不肯阿附陈说。他尤其重视孔子人文精神在两汉的巨大影响，特别是春秋学的问题，礼乐的问题，天、命、性、道、身、心、情、才等人性论问题的展开等。又如他说，《吕氏春秋》最要者是《十二纪》纪首，其中积淀了汉代以前的宇宙——世界观，又规定了影响了两汉学术与政治。他认为，董仲舒成就的"天"的哲学大系统是当时专制政治趋于成熟的表现，但董氏仍然持守儒家政治理念，批判现实政治，力求限制专制之主及其酷烈的刑法。

　　徐复观的思想史观和方法论，是具有批判性的，他正是在认同中国文化特别是儒家道德理性的同时，擎起它来鞭笞历史上的非理性、非人道的黑暗，但在道、理（这里指道德、良知）与势、事的关系上，他所主张的道、理尊于势、事的原则，仍然是道德史观的。以理想主义的道义原则来评判历史，恐怕并不能理会历史的辩证法的狡狯。人们所应当分析的，难道不正是历史中"理有固然，势无必至"的矛盾与张力吗？难道历史不正是在这种张力和曲折中前进的吗？徐复观以道德心性史观去评价思想史，具有浓厚的理想主义色彩，从根本上来说，并没有脱离我国古代思想史家的老套路，在愤激之中表现出书斋学者的苍白无力。但换一个角度来看，历代知识分子不都是以理想去批评现实、疏导历史吗？没有理想，没有理性，没有心中的郁结以述往事、思来者，只知道媚俗,奔竞或俯仰于利禄,周旋或屈从于权势,那还叫知识分子吗?

第三节　礼与乐:道德性人文精神

在现代新儒家中,相对于其他学者来说,徐复观是比较重视经学与经学史的一位学者。经学是儒学之根。当代新儒学在今天发展的一个面相,即是经典的现代诠释。在这一方面,徐氏有相当的贡献,给我们以多方面的教益与启发。本节旨在论述徐复观对礼乐的诠释。

徐复观对"礼"有系统论述。他认为,"礼"虽有夏礼、殷礼,但只是到了周公,才特别赋予礼之仪节以"礼的观念",即在周初的宗教活动中,特别注意其中所含的人文因素。当然,这些人文因素是与祭祀不可分的。他指出,春秋时代是以"礼"为中心的人文世纪。"通过《左传》、《国语》来看春秋二百四十二年的历史,不难发现在此一时代中,有个共同的理念,不仅范围了人生,而且也范围了宇宙;这即是礼。如前所述,礼在《诗经》时代已转化为人文的徽表。则春秋是礼的世纪,也即是人文的世纪,这是继承《诗经》时代宗教坠落以后的必然发展。此一发展倾向,代表了中国文化发展的主要方向。"[1]

从礼仪中抽绎出来的"礼"的新观念,淡化了宗教的意味,特别是许多道德观念,几乎都是由礼加以统摄的。徐复观从《左传》、《国语》中找到很多资料,特别是关于"敬"、"仁"、"忠信"、"仁义"等观念,与"礼"紧密地联系在一起。

关于"敬"与"礼",徐复观在《中国人性论史》(先秦篇)中举出如《左传·僖公十一年》:"礼,国之干也。敬,礼之舆也;不敬则礼不行"等有关"敬"与"礼"的关系的三条材料。徐氏在答复日本加藤常贤博士的信中指出:"礼之中,必含有敬之精神状态。然敬字之本身,已有演变。敬之原义,或同于向外警戒之'警'。但周初所流行之敬,已多系指内心之敬慎而言。敬与礼相结合,亦由逐渐演变而来。且多出于以敬要求礼,防止礼之太过;并非认为'敬

---

①　徐复观:《中国人性论史》(先秦篇),《徐复观全集》,九州出版社 2014 年版,第 42 页。

系礼之所自出’。亦非谓礼与敬之观念，系同时存在。周初所谓敬，其目的在对于其所敬之对象求能相‘通’。敬天所以求自己之精神能通于天；敬事所以求自己之精神能通于事；敬民，所以求自己之精神能通于民。"①他所强调的是人们对于敬的对象的尊重，特别是内在的精神感通。

关于"仁"与"礼"，徐复观举出《左传·僖公三十三年》晋臼季谓"出门如宾，承事如祭，仁之则也"。徐氏说："这是最先看到有道德意义的仁字，成为以后孔子以礼为仁的工夫之所本。"②他特别加注说："《论语·颜渊》仲弓问仁，子曰‘出门如见大宾，使民如承大祭……’当系由此而来。而答颜渊问仁的‘非礼勿视……’，也是以礼为行仁的工夫。"③在孔子，礼并不仅仅是器物、形式仪节，其内核是仁爱与仁义。

关于"忠信"、"仁义"与"礼"，徐复观引用《左传·成公十五年》楚申叔时谓"信以守礼，礼以庇身"，《左传·昭公二年》晋叔向谓"忠信，礼之器也；卑让，礼之宗也"等等材料，指出："这是把忠信和礼连在一起。"又引用《左传·昭公二十六年》晏子谓"君令，臣共（恭），父慈，子孝，兄爱，弟敬，夫和，妻柔，姑慈，妇听，礼也"，指出："这是把所有的人伦道德，皆归纳于礼的范围之中。"又引用《国语·周语》内史兴说"且礼，所以观忠信仁义也"，认为"这是以礼为一切道德的一贯之道"。他得出结论："春秋时的道德观念，较之春秋以前的时代，特为丰富；但稍一推究，殆无不以礼为其依归。"④

徐复观判定，由监察人的行为，以定人祸福的天命、神，转而为礼，由礼，进而由礼中的道德价值推定人的吉凶祸福，说明礼是当时的时代精神和一般人所共同承认的轨范，有如今日所谓法治的法。

徐复观进而指出，春秋时代以"礼"为中心的人文精神的发展，将古代宗教人文化了，使其成为人文化的宗教，他以六点来加以说明。"第一，春秋承厉幽时代天、帝权威坠落之余，原有宗教性的天，在人文精神激荡之下，演变而成为道德法则性的天，无复有人格神的性质。""此时天的性格，也是礼的性

---

① 徐复观：《中国思想史论集》，《徐复观全集》，九州出版社 2014 年版，第 247 页。
② 徐复观：《中国人性论史》（先秦篇），《徐复观全集》，九州出版社 2014 年版，第 44 页。
③ 徐复观：《中国人性论史》（先秦篇），《徐复观全集》，九州出版社 2014 年版，第 44 页。
④ 徐复观：《中国人性论史》（先秦篇），《徐复观全集》，九州出版社 2014 年版，第 44 页。

格。""第二,此时的所谓天、天命等,皆已无严格地宗教的意味,因为它没有人格神的意味。"①他认为,春秋时代诸神百神的出现,大大减低了宗教原有的权威性,使诸神进一步接受人文的规定,并由道德的人文精神加以统一。"所以中国的诸神,本质上不同于其他原始民族的多神教。这不仅是在作为'教'的作用上,彼此有轻重大小之殊,而主要是因为他们的多神教里没有统一的道德精神。希腊神话的诸神,皆有人的弱点,并互相冲突。而印度、罗马诸国,则皆以淫猥之风俗,杂入宗教仪式之中……这说明他们的神,他们祭神的仪式,缺乏了中国道德地人文精神的背景。"②

在这里,徐复观涉及中外神话、中外经典诠释上的一个重大差别,即人文精神的洗礼、贯注,使得中国神话与外国神话有明显的不同。美国学者韩德森指出:"《旧约》中的上帝残暴不堪,逼得《圣经》注释者常要以'寓言'之说加以掩饰。相形之下,儒学经典以道德为主要考量,在世界文化中可说独一无二。"③

徐复观指出的第三点是,因为中国宗教与政治的直接关连,所以宗教中的道德性常显为宗教中的人民性,神的道德性与人民性,是一个性格的两面。他引用了随季梁的话"夫民,神之主也。是以圣王先成民而后致力于神"④和史嚚的话"国将兴,听于民;将亡,听于神。神,聪明正直而壹者也,依人而行"。⑤我们查《左传·桓公六年》上引材料,还记载了季梁所说的:"所谓道,忠于民而信于神也。思利民,忠也;祝史正辞,信也。今民馁而君逞欲,祝史矫举以祭,臣不知其可也。"这里表达了祝史之官的独立性,不虚称君美,甚至代表民意批评其君。古代祝史之官,逐渐人文化了。其对神的忠诚,是说直话,反映百姓的疾苦。徐复观特重史嚚的"依人而行",指出这四个字"最值得注意。

---

①　徐复观:《中国人性论史》(先秦篇),《徐复观全集》,九州出版社 2014 年版,第 47、48 页。

②　徐复观:《中国人性论史》(先秦篇),《徐复观全集》,九州出版社 2014 年版,第 48 页。

③　转引自李淑珍:《当代美国学界关于中国注疏传统的研究》,台湾"中央研究院"《中国文哲研究通讯》第 9 卷第 3 期,1999 年 9 月。

④　(清)阮元校刻:《春秋左传正义》卷六,《十三经注疏》,中华书局出版社 1980 年版,第 1750 页。

⑤　(清)阮元校刻:《春秋左传正义》卷十,《十三经注疏》,中华书局出版社 1980 年版,第 1783 页。

宗教是要求人依神而行的。依人而行,正说明了宗教人文化以后,神成了人的附庸。而这种话乃出之与神有职业关系的太史之口,则有特别意义"①。徐复观还重视《左传·僖公五年》、《僖公十九年》分别记载的虢宫之奇所说:"非德,民不和,神不享矣。神所凭依,将在德矣。"宋司马子鱼所说:"祭祀,以为人也。民,神之主也。"②他认为这里表现了神的人文化,即对人文道德的凭依;祭祀之礼是为人而不是为神,神乃为人而存在,人乃神的主宰。也就是说,春秋时期的知识人借助神灵,赋予神灵以道德的性格,以道德为评价、赏罚的标准,用以遏制君主,调节贫富差距,维护社会公正。我认为,这涉及"礼"的重要的内涵与功能。这里的"礼",不管是祭祀之礼或是其他之礼,都隐含有"理""义"在其中。

徐复观依据《左传·桓公六年》所载季梁的一段话,指出宗教人文化的第四点:"神既接受当时人文精神的规定,所以祭神也从宗教的神秘气氛中解脱出来,而成为人文的仪节,即是祭祀乃成为人文成就的一种表现。"③

第五点,徐复观从比较宗教学的视域出发,指出世界上各种宗教都反映了人类共同的"永生"的要求,而西方宗教往往指向超现实的"彼岸",中国古代宗教则指转化为"不朽"。这一指示极有价值。徐复观说:"鲁叔孙豹则以立德立功立言为三不朽,是直以人文成就于人类历史中的价值,代替宗教中永生之要求,因此而加强了人的历史地意识;以历史的世界,代替了'彼岸'的世界。宗教系在彼岸中扩展人之生命;而中国的传统,则系在历史中扩展人之生命。宗教决定是非赏罚于天上,而中国的传统,是决定是非赏罚于历史。故春秋时代,史官的'书法',有最大的权威……"④诸如晋太史书"赵盾弑其君",齐太史书"崔杼弑其君",使赵盾、崔杼无可奈何,的确为其他民族所少见。这就是中国的历史精神。人之"永生"不在彼岸,而在于历史的延续。中国人的生命观、世界观、价值观其实是很"理性"的! 梁漱溟在《中国文化要义》中说

---

① 徐复观:《中国人性论史》(先秦篇),《徐复观全集》,九州出版社 2014 年版,第 49 页。

② (清)阮元校刻:《春秋左传正义》,《十三经注疏》,中华书局出版社 1980 年版,第 1795、1810 页。

③ 徐复观:《中国人性论史》(先秦篇),《徐复观全集》,九州出版社 2014 年版,第 50 页。

④ 徐复观:《中国人性论史》(先秦篇),《徐复观全集》,九州出版社 2014 年版,第 51 页。

中华人文的早熟,理性的早启,于此得到印证。

最后,徐复观认为:"天既为道德性之天,神也是道德性的神,则传统的'命',除了一部分已转化而为运命之命以外,还有一部分亦渐从盲目的运命中透出,而成为道德性格的命。……这一方面说明宗教已经是被道德地人文精神化掉了,同时也说明由道德地人文精神的上升,而渐渐地开出后来人性论中性与命结合的道路。"①

由上可知,徐复观对"礼"的考察,则重于"礼"与上古宗教的脱离,"礼"的人文化过程,"礼"中涵盖的道德理性。这是非常精到的。他的阐发,时常以中西宗教文化之比较为依托,更能显示中国"礼"的特性。

徐复观认为,礼乐教化显现了中华人文的深度。如果说,"礼"是人文化的宗教,是道德性人文精神的自觉,那么"乐"则是"仁"的表现,是美与仁的统一。他在《中国艺术精神》中论述了"乐"的本质:"孔子所要求于乐的,是美与仁的统一,而孔子的所以特别重视乐,也正因为在仁中有乐,在乐中有仁的缘故。"②

徐复观重视古代"乐"的内在精神,指出:"尧舜的仁的精神,融透到《韶》乐中间去,以形成了与乐的形式完全融和统一的内容。""仁是道德,乐是艺术。孔子把艺术的尽美和道德的尽善(仁),融和在一起,这又如何可能呢? 这是因为乐的正常地本质,与仁的本质,本有其自然相通之处。乐的正常的本质,可以用一个'和'字作总括。"③先秦、秦汉典籍中,多以"乐"的特质与功能为"和"。"和"本是各种异质的东西的相成相济、谐和统一。《荀子·乐论》所说的"乐和同",《礼记·乐记》所说的"乐者为同","乐者异文合爱者也",《儒行》所说"歌乐者仁之和也",即是说仁者必和,"和"中含有"仁"的意味。仁者的精神状态,即是"乐合同"的境界。《白虎通》说的"乐仁","即是认为乐是仁的表现、流露,所以把乐与五常之仁配在一起,却把握到了乐的最深刻地意义。乐与仁的会通统一,即是艺术与道德,在其

---

① 徐复观:《中国人性论史》(先秦篇),《徐复观全集》,九州出版社 2014 年版,第 51—52 页。

② 徐复观:《中国艺术精神》,《徐复观全集》,九州出版社 2014 年版,第 29 页。

③ 徐复观:《中国艺术精神》,《徐复观全集》,九州出版社 2014 年版,第 30 页。

最深的根底中,同时,也即是在其最高的境界中,会得到自然而然的融和统一;因而道德充实了艺术的内容,艺术助长了、安定了道德的力量"①。徐复观论证,夫子"吾与点也"之叹,昭示了艺术境界与道德境界是可以相融和的。

徐复观阐发了音乐、艺术在政治教化和人格修养上的意义,指出:"乐的艺术,首先是有助于政治上的教化。更进一步,则认为可以作为人格的修养、向上,乃至也可以作为达到仁地人格完成的一种工夫。"②他认为,同样起教化作用,与"礼"相比较,"乐"的教化是顺乎人的情感而加以诱导的,是极积的。"儒家在政治方面,都是主张先养而后教。这即是非常重视人民现实生活中的要求,当然也重视人民感情上的要求。(原注:'礼禁于未然之前',依然是消极的。)乐顺人民的感情将萌未萌之际,加以合理地鼓舞,在鼓舞中使其弃恶而向善,这便是没有形迹的积极地教化。"③按照徐氏的理解,构成音乐(这里指古代"乐")的三要素:"诗"、"歌"、"舞",是直接从人的"心"发出的,主体性很强。他说:"儒家认定良心更是藏在生命的深处,成为对生命更有决定性的根源。随情之向内沉潜,情便与此更根源之处的良心,于不知不觉之中,融和在一起……由音乐而艺术化了,同时也由音乐而道德化了。"④中国的"乐"也不是一般器物与形式,它与人的内在精神、情感紧密联系在一起,由心中流出,乐与乐教起着安顿情欲、支撑道德、修养人的品格、提升人的境界的作用。

关于礼乐与礼乐之教,《荀子·劝学》:"礼之敬文也,乐之中和也。"《礼记·乐记》:"礼节民心,乐和民声……乐者为同,礼者为异。同则相亲,异则相敬。乐胜则流,礼胜则离。""大乐与天地同和,大礼与天地同节……礼者,殊事合敬者也。乐者,异文合爱者也。礼乐之情同,故明王以相沿也。""仁近于乐,义近于礼。乐者敦和……礼者别宜……""乐也者,圣人之所乐也,而可以善民心。其感人深,其移风易俗,故先王著其教焉。"足见礼乐有不同的特

---

①　徐复观:《中国艺术精神》,《徐复观全集》,九州出版社 2014 年版,第 32 页。

②　徐复观:《中国艺术精神》,《徐复观全集》,九州出版社 2014 年版,第 35 页。

③　徐复观:《中国艺术精神》,《徐复观全集》,九州出版社 2014 年版,第 37 页。

④　徐复观:《中国艺术精神》,《徐复观全集》,九州出版社 2014 年版,第 41 页。

性与功能,乐比礼更与人的内在情感相通,二者又相辅相成。总体上说,礼乐教化或礼乐之治,有助于社会安定、人格完善,至少有助于上层社会的文明化与下层社会的移风易俗(亦是文明化的题中应有之义)。

故徐复观指出,中国之所谓人文,乃指礼乐之教,礼乐之治。"观乎人文以化成天下",实即是兴礼乐以化成天下。"儒家的政治,首重教化;礼乐正是教化的具体内容。由礼乐所发生的教化作用,是要人民以自己的力量完成自己的人格,达到社会(原注:风俗)的谐和。由此可以了解礼乐之治,何以成为儒家在政治上永恒的乡愁。"①

徐复观指出"礼乐"有三方面功能或作用。第一,在政治层面上,人把人当人看待,这是理解礼治的基础。第二,在社会层面上,建立一个"群居而不乱"、"体情而防乱",既有秩序,又有自由的合理的社会风俗习惯。第三,在个人修养的层面上,"人的修养的根本问题,乃在生命里有情与理的对立。礼是要求能得情与理之中,因而克服这种对立所建立的生活形态"。"现代文化的危机,根源非一。但人的情感因得不到安顿以趋向横决;人的关系,因得不到和谐,以致于断绝,应当也是主要的根源。我这时提出中国人文的礼乐之教,把礼乐的根源意义,在现代中,重新加以发现,或者也是现代知识分子,值得努力的课题之一。"②徐氏此说值得我们深思,我们的确需要重新发现礼乐的现代价值。

关于"礼乐"的意义,徐复观说它"包罗广大",其中之一"乃在于对具体生命中的情欲的安顿,使情欲与理性能得到谐和统一,以建立生活行为的'中道'。更使情欲向理性升进,转变原始性的生命,以成为'成己成物'的道德理性的生命,由此道德理性的生命,以担承自己,担承人类的命运。这便可以显出中国人文主义的深度,并不同于西方所谓人文主义的深度"③。中国人文主义与西方人文主义确有其不同,中国人文主义不是寡头的人文主义,它不与宗教对立,不与自然对立,不与科学对立,的确有其深度。

徐复观对于"礼教吃人"说予以批评,指出:"即使在封建时代,礼也是维

---

① 徐复观:《中国艺术精神》,《徐复观全集》,九州出版社 2014 年版,第 38 页。
② 徐复观:《中国思想史论集》,《徐复观全集》,九州出版社 2014 年版,第 291、292 页。
③ 徐复观:《中国思想史论集》,《徐复观全集》,九州出版社 2014 年版,第 289 页。

系'人地'地位及人与人的合理关系,而不是吃人的。封建的宗法制度,主要靠亲亲与尊尊两种精神;礼即是把两种精神融合在一起,以定出一套适切的行为规范。这与由法家只有尊尊而没有亲亲的精神所定出的秦代礼仪,绝不相同,在实际上大大缓和了政治中的压制关系。汉儒多反对叔孙通取秦仪以定汉仪,而思另有所制作,其根本原因在此。"①

徐复观认为,"立于礼","约之以礼",以礼来节制人的性格与行为,以礼为"为仁"的工夫,是孔子立教的最大特色之一。"孔子的后学,由古礼以发现礼意,即发现古礼中原有的精神及可能发展出的精神,由此对礼加以新评价,新解释,以期在时代中有实现个人、社会、政治上合理生活方式的实践意义,作了长期的努力;此观于大小戴《礼记》中先秦的遗篇而可见。《春秋三传》亦无不以礼为纲维、为血脉。这不是其他各经所能比拟的。"②汉承秦代刑法、官制之后,社会人伦秩序出现一些问题,叔孙通们的朝仪不可能解决这些问题,因此西汉儒者,自贾谊以降,莫不继先秦儒者,重新诠释礼乐,并借助礼乐之教的推行,补充刑法、政令的单面化,发展民间社会,调整政治、社会与人生。在一定意义上,礼乐是补充、调整、改善单面的刑法或政令的。此有助于文明的建构与保护民间的道德资源。

由上可知,徐复观创造性地诠释礼乐文明,他的贡献是:第一,把"礼"定位为人文化的宗教和道德性人文精神的自觉,发掘了春秋时代"礼学"的内在价值,特别是阐明了"敬"、"仁"、"忠信"、"仁义"等观念与"礼"的密切联系。第二,肯定并发挥"乐"在道德境界与艺术境界会合上的意义。第三,肯定礼乐在政治教化、社会和谐、个人修养上的功用。

如前所述,徐复观的诠释大有利于关于礼乐之教的创造转化,给我们启发良多。礼乐之中有很多东西是人类精神文明的瑰宝。

徐复观对"礼"、"乐"诠释上的不足是,过于强调了其人文主义的价值及其对宗教的疏离,未能深论其对"天"、"天道"、"天命"意涵的保留及其意义,亦未能深论其宇宙论的意义。徐氏一辈人的知识背景仍是五四以降

---

① 徐复观:《中国思想史论集》,《徐复观全集》,九州出版社 2014 年版,第 287 页。
② 徐复观:《中国经学史的基础》,《徐复观全集》,九州出版社 2014 年版,第 157 页。

的启蒙主义,尽管他与他的同道对五四启蒙派的寡头的人文精神论已有相当多的批评。

我们在考察春秋时代的"礼"与"礼乐"时,不能不看到其宗教的、终极层面的根据。在孔子以前,在孔子时代,甚至到战国末年的荀子,无不讨论"礼"的本源的问题。"礼本乎天",这是三代大的文化传统的直接继承。《礼记·礼器》:"礼也者,反本修古,不忘其初者也。""礼也者,反其所自生;乐也者,乐其所自成。"《乐记》:"乐也者,始也;礼也者,报也。"正如杨向奎所说,这首先是对天、上帝、自然的敬礼与还报。① 礼的原始义贯穿下来,成为后来发展的各义项的基础。《左传》关于礼的讨论,关于"礼也"、"非礼也"的评断,更可以看出人事行为的天、上帝、天理的根据。

又,春秋时代"礼"的宇宙论意义也不容忽视。《左传·昭公二十五年》公孙吉引子产所说的"夫礼,天之经也,地之义也,民之行也"。以礼为依归,其实是以天地的秩序为依归。礼是那个时代各国应当共同遵守的义法。据饶宗颐研究,《左传》中"礼"字出现的频率可与印度《梨俱吠陀》中 Rta 一字出现的频率相比拟。《吠陀》的 Rta 指天地的秩序,代表礼仪上道德上的宇宙性的经常之道。"它和'礼'表示天经地义的'礼经',有点相似。一谈到'礼',很容易把它说成礼仪、礼节,把它翻成 ritual,但春秋以来的儒家(如叔向、晏婴)以至初期的法家(如子产)都给予宇宙义。这一点是需要重新认识和加以抉发的。"②人间秩序与宇宙秩序是合拍的。

徐复观的《周官成立之时代及其思想性格》一书,在其思想性格的讨论方面有不少慧见,但在《周官》成立的时代之考察上则有一定的局限与失当。这是一个甚为复杂的问题,自宋代以来就有不少讨论,近人胡适、柳诒徵、钱穆、顾颉刚、杨宽、杨向奎、钱玄等都有专论。但王莽、刘歆的伪造说不一定站得住脚。有关这一问题,有待进一步讨论。

---

① 参见杨向奎:《宗周社会与礼乐文明》(修订本),人民出版社 1997 年版,第 258 页。我们并不同意杨向奎过分夸大礼尚往来的原始商品交换的意义,当另说。

② 饶宗颐:《〈春秋左传〉中之"礼经"及重要礼论》,载陈其泰等编:《二十世纪中国礼学研究论集》,学苑出版社 1998 年版,第 472 页。

第四节　徐复观的贡献与唐牟徐合论

徐复观是从鄂东巴河岸边的穷乡僻壤成长起来的大思想家。他说自己"真正是大地的儿子,真正是从农村地平线下面长出来的"①。在脍炙人口的《谁赋豳风七月篇——农村的回忆》一文中,他将农村看成是中国人生命的源泉。他说自己的生命永远和浠水故地的"破落的垮子"连在一起。20世纪30—40年代,徐复观又长期在军政界任职,并一度接近权力中枢,对现实政治有着切身的体验与深刻的反思。

徐复观早年的农村生活经验,特别是他长期任职军政界的独特人生经历,使得他在学术旨趣上与唐君毅、牟宗三有所不同。徐氏并不是纯粹思辨性的、书斋型的思想家,他无意于形上学体系的建构,现实的中国社会才是他关注的焦点。"为生民立命"是中国士人的基本性格之一。徐氏认为士人是社会的良心,体现着社会的良知,尤其要代表庶民的利益为其发声。徐复观以思想史论、时政杂文,在历史与现实、学术与政治之间孜孜汲汲,沉潜探索,大力发掘中国文化的人文精神,致力于儒家政治理想与现代民主政治的融通。

不惑之年后方转入学术研究的徐复观,在儒家思想与中国知识分子的性格命运、中国传统文化、中国艺术精神等领域,著述宏富,体大思精。徐氏特重发掘中国历代知识分子对于治道与民生的关切、介入,以天下为己任和以德抗位、道尊于势的传统,他对中国文化中的政道治道问题、知识分子问题,作出了独具慧眼、深刻敏锐的阐释。他所著《两汉思想史》、《中国思想史论集》及续编、《中国艺术精神》等都堪称经典。

徐复观是勇者型大儒。儒学就是他的生命与生活!他的人生与他的著作互为注脚。他的人格美透显在他的待人接物等生活的细微末节中。他时常批评现实政治,主张民主自由人权;在文化上主张体认、复兴中国文化,对肆意毁辱中国传统文化的西化派人士展开了毫不留情面的批判与斗争。

---

① 徐复观:《谁赋豳风七月篇——农村的记忆》,《无惭尺布裹头归·生平》,《徐复观全集》,九州出版社2014年版,第5页。

　　当然,唐君毅、牟宗三、徐复观在维护、发掘、发挥、发展中国文化的精神价值和融合中西、重建新儒学上具有一致性;尤其是在肯定"心性之学乃中国文化之神髓所在"上具有一致性。他们学术思想的共识,反映在他们与张君劢联署于 1958 年发表的《为中国文化敬告世界人士宣言》中。

　　该宣言论定中国的心性之学不同于西方心理学、灵魂说或认识论形上学之理论,而是人生道德实践的基础,又随着道德实践的深化而深化。"此心性之学中,自包含一形上学。然此形上学,乃近乎康德所谓的形上学,是为道德实践之基础,亦由道德实践而证实的形上学。而非一般先假定一究竟实在存于客观宇宙,而据一般的经验理性去推证之形上学。……此心性之学,乃通于人之生活之内与外及人与天之枢纽所在,亦即通贯社会之伦理礼法,内心修养,宗教精神,及形上学而一之者。"①心性之学的认同与再创,应是他们最重要的共同点。此外,还有关于中国文化的"一本性"即儒家"道统"说、"返本开新"说、中国文化中的宗教精神说等等。②

　　唐君毅、牟宗三、徐复观的区别也是十分明显的。从学术渊源上看,除都重视先秦、宋明儒学,特别是孟子—陆王心学外,唐偏好黑格尔和华严宗,牟偏好康德和天台宗,徐偏好司马迁和道家;从学术风格上看,唐宽容、圆润,牟严峻、明晰,徐激情、刚强。

　　作为哲学家和哲学史家的唐君毅,哲学方面的创获主要在文化哲学的重建方面,着重诠释、高扬人文精神,对人文世界的方方面面都有广泛涉猎和深弘而肆的发挥。他的文化哲学的出发点是"道德自我",并由此推扩为生命存在与心灵境界,精神主旨是道德的理想主义。唐氏缺乏批判性,对所有的思想资源都缺乏批评,论证的逻辑性不如牟氏清晰。

　　作为哲学家和哲学史家的牟宗三,哲学方面的创获主要在道德形上学方面。通过"智的直觉"建构"两层存有论"的道德形上学系统是他主要的贡献。他透悟康德,借康德来发挥儒学与自己的哲学。在几代现代新儒家学者中,他

---

　　①　唐君毅、牟宗三、徐复观、张君劢:《为中国文化敬告世界人士宣言》,《当代新儒家》,北京三联书店 1989 年版,第 19—21 页。
　　②　参见郭齐勇:《试论五四与后五四时期的文化保守主义思潮》,台湾《中国文化刊》1989年第 121 期。

是学思精严,概念、逻辑明确,最有系统性和深刻见解的一位学者。他把当代新儒家哲学提到目前的最高水平。但他比较偏执,不如唐氏开放宽容,也没有如徐氏那样严厉地批判传统的负面。

作为思想史家的徐复观,对中国思想史的总体,特别是对先秦两汉思想史、中国艺术史下了极大的功夫,有精到的研究。作为"学术与政治之间"的人物,他又政论杂文闻名于世,不仅数量丰富,且其文风雄健,眼光独到,极具批判锋芒,可谓鞭辟入里,在中国现当代思想史上影响甚巨。

徐复观与唐、牟的不同,除了上文讲到的学术旨趣的不同:徐是思想史家,而唐、牟是哲学家;还体现在思想性格上:徐是文化保守主义阵营中最具有现实批判精神、最易于与自由主义思潮相颉颃又相呼应、相融洽的代表人物。与他的性格相应,他的学术论断亦不乏武断之处。

陈昭瑛称徐复观为"激进的儒家",而熊十力与唐、牟则是"超越的儒家";徐氏是以具体的、有血有肉的人为根本去掌握事物,而熊、唐、牟则是从超越的、先验的方面去掌握事物。① 黄俊杰认为,这一对比"虽然不免因过于二分而稍嫌僵硬,但是却很能道出徐与唐、牟的基本差异之所在。唐、牟有心于建构道德形上学的体系,徐复观则有某种反形上学的倾向"。"徐复观注意到中国思想多来自具体的生活体验,而非客观的逻辑推理。"②

徐复观并不反对西方的方法,相反他主张借助西方理论来提高思维水平,以增强对中国思想史料的解析能力,他反对的是用西方哲学的架子生硬地套在中国传统的思想材料上。徐氏在其学术研究过程中当然有缜密的逻辑推理,黄俊杰在此处是强调徐氏反对唯科学主义的方式,反对以西方哲学思辨作为唯一标准衡量中国哲学思想,反对"知识的游戏",忽视了活生生的具体的人及人的生存体验。徐氏是从具体生命、生活上去接近孔子等先圣先贤的,他肯定儒家思想从人类现实生活的正面来对人类负责。

---

① 参见陈昭瑛:《一个时代的开始:激进的儒家徐复观——纪念徐复观先生逝世七周年》,载《台湾文学与本土化运动》,台湾大学出版中心 2009 年版,第 336 页。此文又收入《徐复观文存》,台湾学生书局 1991 年版。

② 黄俊杰:《东亚儒学视域中的徐复观及其思想》,台湾大学出版中心 2009 年版,第 31、33 页。

　　熊十力与他的高足唐君毅、牟宗三、徐复观的关系,及他们师生对中国现代人文精神的重建,是 20 世纪中国哲学史上的一段有趣的佳话和颇有深意的文化现象。① 由于特殊的文化环境,使得熊十力的这三位弟子得以相互支撑,成为现代新儒家第二代的中坚和第三代的师长。唐、牟、徐,从总体上看,三位的时评、论战摧陷廓清,其哲学思想史研究和中西文化比较打下坚实基础,建构、化约成道德形上学,展开、泛化为文化论与文化哲学。三位哲人丰硕的学术成果和积极的学术活动,相互配合,相得益彰,形成流派,影响后学。

---

① 参见郭齐勇:《唐君毅与熊十力》,台湾《鹅湖》月刊,1989 年 2 月,第 164 期。

第十三章　杜维明、刘述先、成中英合论

　　杜维明(1940—　　)，广东南海人，出生于昆明；刘述先(1934—2016)，江西吉安人，出生于上海；成中英(1935—)，湖北阳新人，出生于南京。他们属于现当代新儒家的第三代。他们都曾负笈美国，在美国名校获得博士学位，并都有在美国任教的经历。

　　杜维明原毕业于台湾东海大学。20世纪50年代，台湾的东海大学与香港的新亚书院，是港台地区中国文化的研究传播中心。正因为当时徐复观、牟宗三两位都在东海大学任教，1957年杜维明慕名报考了东海大学，又因徐复观慧眼识贤，杜维明方由外文系转入中文系，并由此确定了自己的学术方向。杜维明长期执教于美国哈佛大学，致力于儒家经典的现代诠释，他以世界文化多元发展的眼光审视儒家传统，力图通过对传统的创造性转化复兴中国文化，他所开拓的"启蒙反思"、"文化中国"、"文明对话"等诸多论域，在国际人文学界影响广远。

　　刘述先、成中英原毕业于台湾大学，同为方东美的弟子。他们于20世纪50年代入台湾大学，以治西方哲学为主，其后赴美留学。因家学渊源，刘述先又颇受熊十力弟子唐君毅、牟宗三、徐复观的影响。他沿着牟宗三、方东美等人的思路，发掘儒家思想的现代意涵，促进传统中国哲学的现代转化。他曾执教于美国南伊利诺大学、香港中文大学，后在台湾"中央研究院"从事研究，并兼任台湾数所大学的讲座教授，积极参与并推动全球伦理的建设与世界各宗教间的对话，在反思、参与和对话中代表中国人与中国文化，贡献出华夏民族独特的智慧、理念与精神。

　　成中英以方东美新儒学思想的传人自认，他契接方东美新儒家哲学的精

神方向,又泛滥于西方哲学传统,最终在整合西方传统的知识哲学和中国传统的价值哲学的基础上创立了"本体诠释学"。成中英长期执教于美国夏威夷大学,他还是著名的管理哲学家,将本体诠释学的文化理念应用于现代管理,将价值理想贯注于现代社会。成中英长年致力于在西方世界介绍中国哲学,他是《中国哲学季刊》、国际中国哲学学会等国际性学术刊物和学术组织的创立者,为中国哲学的现代化和世界化作出了巨大贡献。

第一节 杜维明的启蒙反思与文明对话

杜维明是著名哲学家、思想家。作为第三代当代新儒家的代表人物之一,他集学术研究、培育学生、人文关怀、社会参与于一身,响应当代世界的诸多问题,对西方的现代化与"现代性",对西方以外的"现代性"及现代人的存在危机作出了具有哲学意义的反思,创造性地提炼、转化东亚文化和儒家文明的核心价值观念并将其传播、贡献给人类社会。杜氏是当代最忙碌、最具活力的儒家知识分子,他以全部的身心致力于儒学的创造性诠释和儒学的现代化与世界化的伟业。他不仅艰苦卓绝地在北美"传道、授业、解惑",影响了众多的西方学者与学生,而且风尘仆仆,席不暇暖,来往于北美、西欧、东亚、南亚之间,以仁心、学养、慧解、听德与辩才,通过历史研究及哲学分析,代表儒家与世界各大宗教、各大思想传统,与现代思潮诸流派交流对话,开拓了西方儒学论说空间,并且返输东亚与中土。

一、学术分期及论域

杜维明的学术生涯,大体经历了三个时期或阶段。1966 年至 1978 年为第一个时期。1966 年,他决心鼓起心力对儒家的精神价值作长期的探索,以此作为自己专业上的承诺。他努力诠释儒学传统,并为推进一种既有群体性又有批判性的自我意识而努力。1978 年至 80 年代末为第二个时期,他的关怀重心在阐发儒家传统的内在体验和显扬儒学的现代生命力。这一时期,他所关注并拓展的论域有"传统与现代"、"儒学创新"、"儒学三期"、"工业东亚"、"东亚核心价值"、"轴心文明"等。20 世纪 90 年代迄今为第三个时期,他进一步拓展论说领域，更加关注"文明对话"、"文化中国"、"全球伦理"、"人文精神"、"启蒙反思"、"印度启示"、"新轴心文明"等问题，这些论域与"儒学创新"紧密相关。在多元文化的背景中以及全球化与本土化交互影响的氛围里，如何为儒学第三期发展开拓理论和实践空间，是杜维明1978年以来关注的焦点。面对21世纪，杜氏批评西方的话语霸权，积极参与关于儒学与宗教、儒学与生态环保、儒学与人权以及儒学与政治自由主义、与新马克思主义、与女性主义或女权运动、人文精神、全球伦理的的对话，尊重并响应各方面对儒学和现代新儒家的批评，倡导儒学之活的精神在当代学术、商业、企业、媒体、民间社会、社会运动、政治制度与意识形态等各领域、各层面发挥积极作用，并身体力行。

2010年，杜维明受邀来到新文化运动的策源地北京大学，创立高等人文研究院，出任人文讲席教授。他此番执教北庠，具有重要而特殊的象征意义。我们不妨用杜氏自己的话来说，儒学经过纽约、巴黎、东京最后回到了中国。

二、儒学创新

杜维明亲炙于牟宗三、徐复观与唐君毅，振发于当代新儒家第一代大师熊十力，上溯宋明理学而至原始儒家，从而基于儒家丰富深湛的心性论与天人学而透悟其道德形上学和哲学的人学，由此确立了他在儒家思想谱系中的地位。他又长期身处西方学界，代表儒家发声，与西方主流学术话语沟通辩难持续不断。虽然他指出中国文化有许多"内在富源"都因为在西方传统中找不到适当的范畴来格义，而被遮盖甚至被埋葬，批评所谓科学方法论对于非西方传统的自身问题性、方向性和动力性的漠视与肢解。但他不反对运用西方观念和方法来讨论中国哲学、历史与文化，认为适当借取、灵活运用许多源于西方的观念、方法来解析中国思想很有意义，只是要明了其局限性方能成功。杜维明是开放的新儒家，作为现代强势话语系统的西方学术理论是他阐扬儒学的重要理论参照。

学贯中西的深厚学养，使得杜维明既以现代批导传统，又以传统批导现代。一方面他对儒家思想资源做了大量分疏、厘清及创造性转化的工作；另一方面他又基于儒家包容性的人文主义对近代以来的一元现代性论说、单一富强模式、西方中心主义以及个人/人类中心主义为特征的启蒙心态进行了深层的反思和理论上的扬弃。经过大量艰苦卓绝而又极富开创性的工作,杜维明建构了一个庞大复杂的思想体系。他将"个人"范畴所涵盖的哲学的人学作为理论核心,由此撑开个人—社群—自然—天道这一既凸显主体性又体现包容性人文精神的天人大系统;再以上述统属于"儒学创新"论域的天人大系统作为理论基础,进一步展开最能表现杜维明新儒学思想特色的"启蒙反思"、"文化中国"、"文明对话"等论域。①

　　杜维明对儒学的一个最基本的信念,就是认为它所讲的做人的道理,可以适用于全人类。针对20世纪人类最重大的问题——"人的问题"(人是什么?何为人? 人的意义?),人与超越界、自然界、天下、国家、社群、家庭之关系的疏离(异化),文化与文化之间、宗教与宗教之间、族群与族群之间、个体与个体之间的冲突紧张,杜维明自觉凸显儒家修身、为己之学。他敏锐地发现西方社会当下所面临的种种问题,以他对西方现代人类学、社会学、比较宗教学、神学、分析心理学、历史学和哲学(特别是存在主义、现象学、诠释学与新马克思主义)的深刻理解,通过对韦伯、帕森斯、哈贝马斯,宗教存在主义者马丁·布伯、保罗·蒂利希、马赛尔的批评吸取,通过与史密斯、列文森、史华慈、陈荣捷、狄百瑞、艾律克森、罗伯特·贝拉、赫尔伯特·芬加勒特等思想家师友们的切磋问难,反过来检视、批评并创造性转化儒家思想的诸多层面,尤其是其价值内核。杜维明以儒家的人论(人的观念、人性、人的价值、做人、成人、人际关系、道德自我)为中心,全面而又有重点地阐发了儒家人文资源与东亚价值理念。

　　在一定的意义上,我们可以说,较之儒家学术传统,西方现代学术思想对杜维明的影响更大。他以多元开放、广结善缘的心态和虚怀若谷、宽容豁达的听德,与欧美或亚非的学者们不断地对话,受到他们提出的诸多问题的"问题性"或"问题意识"的启发,再进一步修正自己的看法,又作出新一轮的响应。因此,杜维明始终抓住儒家身心性命之学及其核心价值,不断阐发,不断挖掘,

---

　　① 参见胡治洪:《全球语境中的儒家论说:杜维明新儒学思想研究》,北京三联书店2004年版,"引论"第12页。

不断完善,不断沟通。这不仅是由具体语境造成的,而且是针对着活生生的提问者背后潜藏的"问题意识"的。换言之,他提供给当代世界的是儒家传统的最基本的信息,其论说在一定意义上是儒家对人类所永恒关注的和当下紧迫的那些问题所作出的有自觉性的答复。杜维明反对划地自限,反对自小门户,反对狭隘性,提倡胸量、心量、"仁量",尊重佛教、道教、基督教(广义的)、伊斯兰教等各宗教与思想传统,尊重儒学内部和各国儒学的各种思想传统。正如他多次指出的那样:儒家、儒学不专属于中国;从历史上看,韩国、日本、越南均有自己的儒学传统;从现实上看,随着东亚社区遍及全世界,随着"文化中国"的存在与"文明对话"的深入,儒学作为多元文化中的一支健康的力量,正在积极参与全球现代化的建设。

杜维明认为,儒学的价值取向,在于如何使人深入到身、心、灵、神各个层面进行通盘的反省,在于促进人格的无穷无尽的发展,从个人修身,一直到成圣成贤。在他看来,儒学的意义绝不限于道德实践的范畴,而是有着相当深厚的宗教内涵。圣贤人格作为体现其超越性的最高理想,却可以激励人们进行长期不断的奋斗,成为现实世界中的人体现其生命价值的内在动源。这种理想人格、理想境界的追求,不排斥宗教,且具有深刻的宗教内涵和终极信仰,又可以具体地落实到现实世界的日用伦常、外王事功与自我修养上来。这是儒家的"哲学的人学"。儒家的人文主义与宗教精神并不相悖。

轴心文明时代,世界上几大文明几乎同时出现了"超越的突破"。过去西方学术界把"超越的突破"理解为一元上帝的出现,肯定外在超越的实体,以作为对现实意义世界的最后评判标准。这是以犹太文明的特定模式作为典范的。杜维明认为,以此来理解中国的天、道、上帝,印度的梵天,佛教的涅槃,会出现偏差。后来有思想家对"超越的突破"进行修正,提出以"第二序反思"的出现作为轴心文明的特色。反思的对象可以是超越外在的上帝,也可以是人本身,也可以是自然。他认为,中国的"第二序反思"是儒家所代表的对人本身的反思。这一反思包括具体活生生的个人、自我,个人与群体,人与自然,人与天的关系四个层面。儒学的宗教性就是要在凡俗的世界里体现其神圣性,把它的限制转化成个人乃至群体超升的助源。儒家有它独特的终极关怀,并与社会实践紧密结合,这是一个体现宗教性的特殊形式。儒家的内在资源非常丰富,其宗教性、超越性有特殊的义涵,我们不要在没有深入研究之前就匆匆消解掉了。①

　　在杜维明看来,儒家视域中的"人",是多重关系网络的中心及其不断扩充与转化。他将"自我"比喻成开放的同心圆,即在一个不断扩展的多重关系的圆周中的发展过程:家庭、邻里、各种形式的群体、社会、国家、世界,以至宇宙、超越界等等。这些同心圆的最外一圈是开放的,不是封闭的。个人与家庭、社群、国家、人类、自然、天道之种种关系,在自我的发展中是重要的、不可或缺的。儒家的"自我"是一个流行不已、创造转化的开放系统,因此既能避免孤立绝缘的自我中心,又不丧失个体的独立性;不约化社群,而是要通过社群;通过社群然后才能通天。儒家"自我"的发展是双轨的,一个是横向或平面的扩充,一个是纵向或立体的深化。前者是指仁爱的推展,"从个人到家庭,到社会,到国家,到天下,到后来宋明儒学就可以提出'仁者以天地万物为一体'的观念";后者指主体通过深入把握内在资源而体知形上道德本体,属"掘井及泉"的进路,"是一个深化的过程,从个人的身体到个人的心知,到个人的灵觉、神明"②。以上两个动态过程整合的结果是人格的造就,是天、地、人三材的融合。

　　"体知"是杜维明提出并用以描述儒家身心修养的专门概念。③ "体知"(Embodied Knowing)即以身体之,用我们的身体来感知,是一种将外在世界内化的工夫,是一种整合身、心、灵、神的体验之知。他认为中国哲学没有身心二元的分剖。儒家重视身、形、体及其修养和训练,强调"修身"、"身教"、"身体力行"、"身心之学"和"体察"、"体味"、"体认"、"体会"、"体证"、"体验"、"体之"或"体知",表明用具体的经验在生活中实践,用整个的身心去思考,是成为真实的人的途径。从身(体)、心(知)、灵(觉)、神(明)四层次发展人格的身心性命之学,

---

　　① 　杜维明关于儒学超越性及其宗教向度的讨论,详见《杜维明文集》第四卷《宗教向度》,武汉出版社 2002 年版。

　　② 　杜维明:《儒家哲学与现代化》,《论中国传统文化》,北京三联书店 1988 年版,第104页。

　　③ 　杜维明有关"体知"的论述,详见《论体知》,载杜维明著,郭齐勇、郑文龙编:《杜维明文集》第五卷,武汉出版社 2002 年版。2008 年秋,杜维明在浙江大学主讲"儒家传统的现代转化与创新",后经整理以《体知儒学》(浙江大学出版社 2012 年版)为名出版,"体知"作为儒家的一种独特的认知途径贯穿全书。

是把文化密码建立在生物密码基础上又彻底转化生物实质,使其具有丰富的文化内涵的人学。"体知"超越了西方认识论的结构,包含了脑力智能、心灵与身体,在宗教体验、美学欣赏、道德实践和理性认知中均起着重要的作用。

十分明显,在德性之知方面,杜维明自觉延续了熊十力、牟宗三一系的路数。在熊十力的哲学体系中,"量论"是对本体的一种体证或契悟的方法论,绝非主体认识客体以获取知识那么简单。熊十力终其一生并未写出计划中的"量论",仅在《原儒》绪言中拟定了一个简略的《量论》提纲,但熊氏在"境论"中对本体存在的证明,实际上正是运用了他准备在"量论"中论述的对本体存在认识的理论和方法。也就是说,在熊氏的"境论"中已包含了"量论"的主旨,"量论"的主体部分在"境论"中已得到了相当充分的阐发。① 牟宗三撰有《认识心之批判》(1956年)、《智的直觉与中国哲学》(1971年)、《现象与物自身》(1975年)等都是涉及知识论问题的重要著作。但在牟宗三看来,虽然在哲学系统、哲学概念方面,他比熊氏知道得多,熊氏终其一生未能写出量论,他自己倒是写出几部,但他只是顺着熊氏所呈现的内容真理,将其建立起来的,因此这并不表示他比熊氏高明②。无论是熊十力的性智、量智,还是牟宗三的外延真理、内容真理,均超出了我们通常所理解的认识论或知识论,与主体与客体、道德与知识决然二分的西方知识论有很大不同。杜维明所言的"体知",也超越了一般而言的知识论的范围,而具有本体论、宇宙论和道德实践的意义。"体知"之论沿着熊、牟的线索,往前推进了现代新儒学的知识论。

如果说体知属于工夫论,那么仁体则属于形上学。按儒学传统,讲道德,必须讲本心、性体、仁体,而主观地讲的本心、性体、仁体,又必须与客观地讲的道体、性体相合一,而成为一个同一的绝对无限的实体。此即儒家的道德形上学。与上文讲到的知识论领域一样,在形上学领域,杜维明亦循着孟子学与陆王心学传统,自觉承继熊、牟一系路向。他曾说:"在现代新儒学本体论的创造方面,一般认为,熊先生走了这条路,然后牟先生走了这条路,我们现在要想

---

① 参见楼宇烈:《熊十力"量论"杂谈(三则)》,《玄圃论学集——熊十力生平与学术》,北京三联书店1990年版。

② 详见牟宗三:《熊十力先生追念会讲话》,《时代与感受》,台北鹅湖出版社1995年版,第267页。

再往前走,似乎没有精力和时间,这当然是推托之辞。实际上,我们应该继续熊、牟所走的路。"①在杜维明看来,作为儒学核心范畴的"仁"不仅是个人的道德,也是形上学的实在。"从形而上学的意义来看,这个道德的精神或'仁'的精神按其本质而言是等同于宇宙的精神的。这样,'仁'就是自我修养在道德上和存有论上的基础。'仁'一方面被认为是一种背后的推动力,而在另一方面却被认为是在道德行动之上的意义结构。实际上,'仁'是道德,但在儒学,尤其在孟子的思想中,道德并不局限于伦理的阶段,它也表达了宗教的意义。确实,儒家的伦理观必然地要扩展到宗教领域中去。牟宗三教授证明,'仁'归根到底是作为一个形而上学的是在,他意味着创造力自身。"②杜维明承接熊、牟的路数,将"本心之仁"视为万化之源、万有之基;探讨"诚"的本体意义,认为万事万物无不以"诚"这一终极的"真实的存在"作为其根基;他肯认"良知"既是一个实体存有,又是一个转化活动。

如前所述,人是杜维明"哲学的人学"的核心范畴。显然,人的实存状态一定是特定的社会关系的中心,因此社会政治问题必然是他围绕人而展开的一个重要论域。道、学、政是杜维明社会政治理论的三个主题。所谓"道",是核心价值、终极信念;所谓"学",是学术传承;所谓"政",是经世实践。在中国传统社会中,三者是有机结合、相辅相成的,但以道为本体。在儒家,道德的正当优先于政治上的利害。儒生修养自身,具有道德资源和人格力量,有抗议精神,追求并护持"道"。中国的知识分子是积极入世的,他们历来关切政治,甚至直接投入政治,但不要放弃知识分子的批判精神和独立人格,要转化政治,而不为政治所转。杜维明指出:"在儒家传统中,关心政治、参与社会及对文化的关注,是读书人最鲜明的特征。中国的'士大夫',日本的'武士'以及朝鲜的'两班'(包括文官与武官),他们不仅仅致力于自身的修养,而且担负着齐家、治国乃至平天下的重任。一句话,他们身处其位,就具有凭其权力与声望维护社会秩序的责任。他们都具有这样一个信念,即要改善人类的生活条件,并且更有效地实现太平与繁庶的大同理想。他们为从内部改造世界这

---

① 《康桥清夏访硕儒——杜维明教授访谈录》,《哲学评论》,湖北人民出版社 2002 年版。

② 杜维明:《仁与礼之间的创造性张力》,收入《人性与自我修养》,引文见《杜维明文集》第四卷,武汉出版社 2002 年版,第 18 页。

样一种强烈的道德意识所激发,力图通过一种示范教育,以激励越来越多的人投入到促使人类繁荣的教育进程中去。"①传统中国的社会空间较大,儒生"以天下为己任",关切民生与政治,批评当下,参与社会,重视文化价值。现代知识分子关注公共事务,代表社会发声,因此有"社会的良心"一说。虽然随着时代的发展,公共事务之具体所指已发生改变,但在杜维明看来,二者的基本精神无疑是契合的。儒家的民本思想、抗议精神、批判精神与以德抗位的传统中,有可以与现代政治自由主义相配合的因素。

杜维明反对用归约主义的方式来讨论历史文化问题,他不认为儒家思想是官僚制度、士大夫等社会上层的意识形态,是权威主义的政治文化。在他看来,用所谓大小传统二分的观点来看待大小传统结合、乡村与都市结合、渗透到各不同阶层的生命形态的儒学,大有问题。他认为儒家传统的精神资源来自历史意识、文化意识、社会意识、主体意识、超越意识。杜维明对儒家、儒学的负面也有清醒的认识,有鞭辟入里的分析与相当尖锐的批评。他绝不是冬烘先生。他并不讳言,儒学跟专制政体,跟历史上的官方意识形态有合拍的地方,但儒家有一个最核心的基本理念,即它的批判精神。假如没有批判精神,儒家就死了。

三、启蒙反思、文明对话与杜维明的学术贡献

18 世纪欧洲启蒙运动兴起的时候,欧洲最杰出的思想家们是以中国,特别是儒家传统作为重要的参考系的,他们突出儒家的理性主义,反对神学。19 世纪的启蒙文化是欧洲中心主义的。1987 年以来,特别是 20 世纪 90 年代以来,杜维明反思的"启蒙心态",不是指历史现象,不是指哲学理念,而是指"心灵积习"。这种"心灵积习"在现代中国起了很大的作用。西方"启蒙心态"所代表的人文精神的特性是人类中心主义,强调工具理性,而不是沟通理性,突出实用、功利。例如,富强是价值,不能富强就是非价值。这种人类中心主义的另一层意思是反对神性。②

---

① 杜维明:《人文学科与公众知识分子》,《自然辩证法研究》1999 年第 1 期。收入《杜维明文集》第五卷《文明对话与全球伦理》,武汉大学出版社 2002 年版,第601 页。

② 杜维明关于启蒙反思的论述,详见《杜维明文集》第五卷"二、启蒙反思",武汉出版社 2002 年版。

杜维明认为,五四运动以来,中国知识界主要崇尚的是这种具有排斥性、侵略性的人类中心主义,即反自然、反宗教、反传统、反精神价值的现实主义、功利主义、物质主义、科学主义和单线进步观,而忽视了宗教信仰、社会习俗、人与人之间的交往礼仪、体现爱心的渠道、心性修养、民间艺术等等的存在意义,甚至要消灭汉字、中医、古建筑等,取消具有民族性、民间性的丰富多样的宗教、语言、伦理、艺术、习俗。其实,各种类型的社会资本和文化资本都有深刻的意义与价值。五四以来成为强势的"启蒙心态",不能提供足够的资源,让我们面对 21 世纪。我们应该有更高的人文关怀,有更丰富的意义领域。生态环保、多元宗教的思考有助于我们反思"启蒙心态"。对启蒙价值——个性自由、理性、法治、人权等等,今天都需要作出重新思考和超越,并相应辅以群体公益、同情、礼仪教化、责任等等价值。对具有普遍性的现代性因素——市场经济、民主政治、市民社会、个人主义,在肯定的前提下,也应作出反省、批评与转化。

杜维明深刻检讨启蒙理性、工具理性、人类中心主义,肯定生态环保、女性主义、多元文化和全球伦理思潮对启蒙的挑战,但他充分认识启蒙价值,肯定启蒙精神,肯定五四。他指出:"假若儒家人文精神的重建能继承启蒙精神(自由、理性、法治、人权和个人尊严的基本价值)而又超越启蒙心态(人类中心主义、工具理性的泛滥、把进化论的抗衡冲突粗暴地强加于人、自我的无限膨胀),并充分证成个人、群体、自然、天道,面面俱全的安身立命之坦途,应能为新轴心文明时代提供思想资源:一、个人自我之中身体、心知、灵觉与神明四层次的有机整合;二、个人与社群(家国天下)乃至社群与社群之间的健康互动;三、人类与自然的持久和谐;四、人心与天道的相辅相成。对西方现代文明所提出的挑战作出创建性的响应,正是儒学第三期发展的起点。"[1]

"文明对话"是杜维明开辟的另一个重要议题。[2]在中西文化的碰撞交融中,杜维明身临其境,身处交流对话的第一线,获得巨大的心灵震撼。面对现

---

[1]　杜维明:《新轴心时代的文明对话》,《杜维明文集·自序》,武汉出版社 2002 年版,第 11 页。

[2]　杜维明的文明对话论域,详见《杜维明文集》第五卷"五、文明对话与全球伦理",武汉出版社 2002 年版。

代化的挑战,他的响应不是浮面的、赶潮式的,而是深深地思考了不同地域、种族、民族、宗教、语言、性别、阶层、年龄之间的对话问题,特别是深层次的、不同民族之文化精神资源在当代的调适作用的问题。杜维明认为,轴心时代的主流思潮,如印度的印度教和佛教,中东的犹太教和以后发展出来的基督教及伊斯兰教,希腊哲学,中国的儒家和道教,既是人类共有的精神遗产,又是现代文明的组成要素。文明对话的重点是探讨轴心时代的精神传统和本土宗教之间健康互动的可能。原住民的文化习俗、本土宗教的精神面貌、生命取向,与西方笛卡儿以来心物、身心、主客、天人二分的理念不同,而与轴心文明的基本信仰相近。全球化趋势正激烈加深根源意识并导致本土化的响应,地域、族群、宗教信仰、语言、性别、阶级、年龄的矛盾冲突屡见不鲜,有时甚至相当尖锐,这表明文明间理解、沟通与对话的必要。"9·11"事件发生之后,杜维明对美国政府所奉行的单边主义立场提出了批评。早几年他就指出,新的对话条件已经出现,儒家伦理能够为全球文明对话提供资源,而资源发掘工作要靠公众知识分子。

当我们身处 21 世纪,在全球意识与寻根意识之间,在本土知识(或原住民文化,或非西方、非主流的语言、文化)与全球化之间,我们应以什么样的视角加以照察? 杜维明提供了一种思考维度。他批评将现代化视为西化,将全球化视为同质化、一体化之过程的观点,肯定保持全球化与本土化之张力的意义,肯定多元的语言、文化各自的价值;另一方面,杜氏并没有陷于特殊主义、多元主义、相对主义或所谓后现代主义的境地,反而强调从特殊到普世性,提扬某些特殊知识与文化的世界意义,重视普遍价值。在杜维明看来,作为儒家伦理核心价值的"仁",即忠恕之道够得上是全球伦理,或者说忠恕之道是普世价值的儒家表达①。1993 年开始,世界各地进行了"全球伦理"的讨论。全球主要的宗教代表把"己所不欲,勿施于人"视为人类和平共存的基本原则,并写进《全球伦理宣言》。儒家认为,"己所不欲,勿施于人"是恕道,是人与人之间相处的消极原则,与之对应的积极原则是忠道,即"己欲立而立人,己欲

---

① 杜维明关于本土化与全球化、特殊性与普世性及全球伦理的讨论,详见《杜维明文集》第五卷"五、文化对话与全球伦理",武汉出版社 2002 年版。

达而达人"。儒家的仁爱,正是忠恕之道一体两面的展开。杜维明指出,这两条原则应成为人类"责任宣言"的基本原则。你的生存发展与我的生存发展不是零和游戏,而是宽容、沟通、双赢。他进一步指出,儒家"爱有差等"进而推己及人,恻隐之情的向外推展,及"仁者与天地万物为一体"的观念,应视为人类与自然协调、平衡、和谐的原则。

如果说"文明对话"主要着眼于全球问题,那么"文化中国"则立居于本土资源①。为使儒家传统由花果飘零到灵根再植获具深广的文化心理空间,杜维明又以宏阔的文化视域,不断深化、拓展"文化中国"论域。在他看来,文化的信息与政治、经济、军事的信息同样重要。与政治中国、经济中国、军事中国不同,文化中国的内涵包括三个意义世界,第一个意义世界包括中国(大陆、台湾、港澳)与新加坡,也就是由中国人或华人所组成的社会,第二个意义世界是散布在世界各地的华人社会;第三个意义世界指所有关切中国的国际人士,特别是学术界、政界、工商界、新闻界中研究中国的人士。每一个意义世界内部、三个意义世界之间,正在加强良性健康的互动。正确估价、重新发掘西方的与本土的文化资源,从比较文明的角度讨论全球意识与寻根意识之间的交互影响,全球化与地方化之间错综复杂的关系,有助于克服"精神资源薄弱、价值领域稀少"的病症。单就海峡两岸的大陆与台湾而言,相对于"政治中国"、"经济中国"或"意识形态中国"而言,"文化中国"超越而包容三者,有助于弥合海峡两岸不同政治实体及其不同意识形态所构成的分裂局面。两岸民众有着共同的语言文化、伦理道德和信仰系统,这是"中国"的文化根基。

综上所述,杜维明在"启蒙反思"、"文明对话"、"文化中国"等论域中的讨论,关于儒学的宗教性及儒佛、儒耶的对话,关于儒家与自由主义、女性主义的对话和对环境生态伦理的参与问题,关于文化认同与创新、从特殊到普世性的考量,关于现代性、全球化的反思,都与现代和未来的中国与世界有着密切的关联。

---

① 杜维明关于文化中国的论述,详见《杜维明文集》第五卷"四、文化中国",武汉出版社2002年版。

第二节 刘述先的内在超越与全球伦理

刘述先是学贯中西的学者、著名哲学家与哲学史家,是在国际哲学界颇有影响与活力的开放型的当代新儒家思想的代表人物。他的专长是西方文化哲学、宗教哲学与中国儒学,尤其是宋明理学,以及中西比较哲学、比较宗教学。他有着深厚的中西哲学的底蕴与修养,以发掘儒家思想的现代意涵为职责,努力促进传统中国哲学的创造性转化。刘述先主要是一位讲堂教授与书斋学者,做纯学术研究,但他也以极大的热诚反省现代化与"全球化"带来的诸多问题,积极参与并推动全球伦理的建设与世界各宗教间的对话,在反思、参与和对话中代表中国人与中国文化,贡献出华夏民族独特的智慧、理念与精神。刘述先是一位极有涵养的忠厚长者,宽容、儒雅,但他偶而也因不得已与人辩论,打笔仗,所辩均关乎儒学思想资源的理解与阐发。"予岂好辩哉? 予不得已矣。"他不回避理论争鸣与当代新儒家所面临的挑战。

刘述先早年受方东美影响,中年以后愈来愈转向熊十力、牟宗三的路数,重视对儒家天道及身心性命学说的阐发。他将自己定位为现当代新儒家三代四群学者中之第三代第四群学者,自承自己是熊十力、牟宗三一系的哲学家。但他并未重复熊、牟,而有自己独特的学术贡献。① 刘述先论域宏阔,立论隽永,创见良多,笔者认为其荦荦大者是:他重视宗教对话,阐发了儒学的宗教意涵,推进并丰富了"内在—超越"学说,创造性地诠释"理一分殊",积极倡导"两行之理",继承宋学,发挥发展了儒学"仁"、"生生"与"理"之旨。刘述先的学术思想成果对儒家学说乃至中国传统文化精神的世界化、现代化作出了贡献。

一、宗教对话与儒学的宗教意涵②

刘述先代表儒家,积极推动、参与宗教与伦理对话,注重现代神学的成果

---

① 刘述先自承他受到牟宗三的深刻影响,认同大陆学者对他与牟氏的思想联系是"接着讲"而不是"照着讲"的评价,特别说明他修正了牟氏的"良知之坎陷"说,他自己的贡献在于给"理一分殊"以创造性的阐释,并推动孔汉思倡导的全球伦理与宗教对话(详见刘述先:《论儒家哲学的三个大时代》,香港中文大学出版社 2008 年版,第 238—239 页)。

② 关于刘述先对儒学宗教性问题的反思,详见本书第十四章。

及面对现代化的儒耶沟通。他取基督教神学家田立克（Paul Tillich）的见解，把宗教信仰重新定义为人对终极的关怀。这显然是对"宗教"取一种宽泛的界定方式，因为在田立克看来，人的宗教的祈向是普遍的，每个人都有自己的神、自己的信仰、自己的终极关怀。刘述先从这一视域出发，判定孔子虽然不信传统西方式的上帝，并不表示孔子一定缺乏深刻的宗教情怀，中国传统对于"超越"的祈向有它自己的独特的方式。①

刘述先注意到孔子思想中"圣"与"天"的密切关联及孔子对祭祀的虔诚态度，指出孔子从未怀疑过超越的天的存在，从未把人事隔绝于天。但孔子强调天道之默运，实现天道有赖于人的努力，人事与天道有不可分割的关系。这与当代西方神学思想所谓上帝（天道）与人之间的伙伴关系相类似。人自觉承担起弘道的责任，在天人之际扮演了一个枢纽性的角色。但这与西方无神论不同，没有与宗教信仰完全决裂。孔子所提倡的儒家思想兼顾天人的一贯之道，一方面把圣王之道往下去应用，另一方面反身向上去探求超越的根源。

刘述先认为，进入现代，面临科技商业文明的挑战，儒耶两大传统所面临的共同危机是"超越"的失坠与意义的失落。新时代的宗教需要寻找新的方式来传达"超越"的信息。就现代神学思潮企图消解神化，采用象征语言进路，重视经验与过程，并日益俗世化，由他世性格转变为现世性格来说，儒耶二者的距离明显缩短。在现代多元文化架构下，秉持即凡而圣理念的儒教，比基督教反有着一定的优势，有丰富的睿识与资源可以运用。②

刘述先通过对纳塞（Seyyed Hossein Nasr）思想的讨论，探寻从回教与儒家及多元宗教传统中找到共识与普遍性伦理的问题。③ 他在他的夫人刘安云翻译、他校订的史密士著《人的宗教》的《校订序》中说："人虽向往无穷，却是有

---

① 参见刘述先：《儒家宗教哲学的现代意义》，《生命情调的抉择》，台北志文出版社 1975 年版，第 47—48 页；刘述先：《由当代西方宗教思想如何面对现代化问题的角度论儒家传统的宗教意涵》，《当代中国哲学论：问题篇》，美国新泽西八方文化企业公司 1996 年版，第 85—93 页。

② 参见刘述先：《由当代西方宗教思想如何面对现代化问题的角度论儒家传统的宗教意涵》，《当代中国哲学论：问题篇》，美国新泽西八方文化企业公司 1996 年版，第 98—99 页。

③ 参见刘述先：《新儒家与新回教》，《当代中国哲学论：问题篇》，美国新泽西八方文化企业公司 1996 年版，第 132—133 页。

限的存在。每个人都必须植根于某一传统之内,通过自己时空的限制去表达无穷。"①他又指出:"每一个传统都表现了歧异性,在精神上却有感通,最后指向超越名相的终极真实,始可以产生多元互济的效果。由这样的线索探索下去,每一个传统都可以找到自己不可弃的根源,却又有一条不断超越自己传统故域的线索。"②由此可知,他以比较宗教学的修养与睿智,深刻地阐发了儒家资源的终极性及人在现代的安立问题,发挥了儒家在当代宗教与文明对话中的积极作用。

二、"超越—内在"说

刘述先发展"超越内在"说,充分重视二者的张力,提出"超越内在两行兼顾"的理论。他在《"两行之理"与安身立命》的长文中详细梳理了儒、释、道三家关于"超越"与"内在"及其关系的理论。关于儒家,他认为儒家有超越的一面,"天"是孔子的超越向往,《论语》所展示的是一种既内在而又超越的形态。刘述先指出,孟子从不否认人在现实上为恶,他只认定人为善是有心性的根据,而根本的超越根源则在天。我们能够知天,也正因为我们发挥了心性禀赋的良知和良能。孟子虽倾向于"内在"一方面,但孟子论道德、政事同样有一个不可磨灭的"超越"的背景,由此发展出一套超越的性论。"只不过儒家把握超越的方式与基督教完全不同:基督教一定要把宗教的活动与俗世的活动分开,儒家却认为俗世的活动就充满了神圣性;基督教要仰仗对于基督的信仰、通过他力才能够得到救赎,儒家的圣人则只是以身教来形成一种启发,令人通过自力就可以找到自我的实现。既然民之秉彝有法有则,自然不难理解万物皆备于我,反身而诚,乐莫大焉的境界;而君子所过者化,所存者神,上下与天地同流。《中庸》讲天地参,与孟子的精神也是完全一致的。"③他认为,

① Huston Smith:《人的宗教》,刘安云译,刘述先校订,台北立绪文化事业有限公司1998年版,第27页。

② 刘述先:《全球(世界)伦理、宗教对话与道德教育》,《现代新儒学之省察论集》,台北"中央研究院"中国文哲研究所2004年版,第82—83页。

③ 刘述先:《"两行之理"与安身立命》,《理想与现实的纠结》,台湾学生书局1993年版,第220—221页。

孟子与孔子一样清楚地了解人的有限性,接受"命"的观念,但强调人必须把握自己的"正命"。如此一方面我们尽心、知性、知天,对于天并不是完全缺乏了解;另一方面,天意仍不可测,士君子虽有所担负,仍不能不心存谦卑,只有尽我们的努力,等候命运的降临。

刘述先指出,由孟子始,儒家认为仁心的扩充是无封限的,这一点与田立克之肯定人的生命有一不断自我超越的构造若合符节。儒家这一路的思想到王阳明的《大学问》,发挥得淋漓尽致。大人的终极关怀乃以天地万物为一体,不能局限在形骸之私和家、国等有限的东西上。在阳明那里,人对于无限的祈向实根植于吾人的本心本性,良知的发用与《中庸》所谓"天命之谓性"的本质性的关连是不可以互相割裂的。"儒家没有在现世与他世之间划下一道不可跨越的鸿沟,所体现的是一既内在又超越之旨。由这一条线索追溯下去,乃可以通过既尊重内在又尊重超越的两行之理的体证,而找到安身立命之道。"①

刘述先肯定"仁"是既超越又内在的道,同时强调即使是在孟子至阳明的思想中,天与人之间也是有差距的,并非过分着重讲天人的感通。"孟子既说形色天性,又说尽心、知性、知天,可见通过践行、知性一类的途径,就可以上达于天。这是典型的中国式的内在的超越的思想,无须离开日用常行去找宗教信仰的安慰。但有限之通于无限不可以滑转成为了取消有限无限之间的差距。儒家思想中命的观念正是突出了生命的有限性,具体的生命之中常常有太多的无奈不是人力可以转移的。"②人的生命的终极来源是来自天,但既生而为人就有了气质的限定而有了命限,然而人还是可以就自己的秉赋发挥自己的创造性,自觉以天为楷模,即所谓"正命"、"立命"。天道是一"生生不已"之道,这一生道之内在于人即为人道。儒家"生生"之说体现的是个体与天地的融合。

刘述先认为,自中国的传统看,宇宙间的创造乃是一个辩证的历程。创造

---

① 刘述先:《"两行之理"与安身立命》,《理想与现实的纠结》,台湾学生书局 1993 年版,第226—227 页。

② 刘述先:《"两行之理"与安身立命》,《理想与现实的纠结》,台湾学生书局 1993 年版,第228—229 页。

要落实则必具形,有形就有限制。宋儒分梳"天地之性"与"气质之性"。后者讲的是创造过程落实到具体人的结果,说明人的创造受到形器的、个体生命的、外在条件的制约。但"气质之性"只有返回到创造的根源,才能够体现到"天地之性"的存在。只有体证到性分内的"生生之仁",才能由有限通于无限。儒家强调,吾人接受与生俱来的种种现实上的限制,但又不委之于命,不把眼光局限在现实利害上,努力发挥自己的创造性,不计成败,知其不可而为之,支撑的力量来自自我对于道的终极托付。如此,超越与内在、无限与有限、天与人、天地之性与气质之性、道与器,都是有差别有张力的,两者的统一不是绝对的同一。刘述先认为,只顾超越而不顾内在,不免有体而无用。"而超越的理想要具体落实,就不能不经历一个'坎陷'的历程,由无限的向往回归到当下的肯定。而良知的坎陷乃不能不与见闻发生本质性的关连。超越与内在的两行兼顾,使我有双重的认同:我既认同于超越的道,也认同于当下的我。我是有限的,道是无限的。道的创造结穴于我,而我的创造使我复归于道的无穷。是在超越到内在、内在到超越的回环之中,我找到了自己真正的安身立命之所。"①他重释、发展了牟宗三的"超越—内在"说,强调了二者是有差别的、有张力的、辩证过程的统一,使这一学说成为中国哲学的创新的、有深度的诠释理论。与牟宗三的认识心为"良知的坎陷"说不同,刘述先把"坎陷"的观念普遍化,以卡西尔的文化形式,如神话、宗教、语言、艺术、历史、科学等都是客观化的结果,把道德也视为一种文化形式,同样是客观化或"坎陷"的结果。

三、"理一分殊"说

"理一分殊"的问题,在刘述先的少作《新时代哲学的信念与方法》一书中就开始讨论了。这一问题后来成为他中晚年关注的中心问题。他强调超越理境的具体落实,重新解释"理一分殊",以示儒家宗教哲学的现代性与开放性。他认为,超越境界是无限,是"理一",然其具体实现必通过致曲的过程。后者即是有限,是"内在",是"分殊"。"理一"与"分殊"不可以直接打上等号,不

———————

① 刘述先:《"两行之理"与安身立命》,《理想与现实的纠结》,台湾学生书局 1993 年版,第239 页。

可以偏爱一方,而是必须兼顾的"两行"。兼顾"理一"与"分殊"两行,才合乎道的流行的妙谛。

刘述先重新诠释"理一分殊"有四个方面的意义:

第一,避免执着于具体时空条件下的分殊,陷入教条僵化。他指出,超越的理虽有一个指向,但不可听任其僵化固着。例如,当代人没有理由放弃他们对于"仁"、"生"、"理"的终极关怀,但必须放弃传统天人感应的思想模式、中世纪的宇宙观、儒家价值在汉代被形式化的"三纲"及专制、父权、男权等。"把有限的分殊无限上纲就会产生僵固的效果……徒具形式,失去精神,甚至堕落成为了违反人性的吃人礼教……如果能够贯彻理一分殊的精神,就会明白一元与多元并不必然矛盾冲突。到了现代,我们有必要放弃传统一元化的架构。今天我们不可能像传统那样讲由天地君亲师一贯而下的道统;终极的关怀变成了个人的宗教信仰的实存的选择。"①这有助于批判传统的限制,扬弃传统的负面,打破传统的窠臼。

第二,鼓励超越理想的落实,接通传统与现代。刘述先认为,今日我们所面临的时势已完全不同于孔孟所面临的时势,同时我们也了解,理想与事实之间有巨大的差距。我们要在现时代找到生命发展的多重可能性,采取间接曲折的方式,扩大生命的领域,"容许乃至鼓励人们去追求对于生、仁、理的间接曲折的表现方式,这样才能更进一步使得生生不已的天道实现于人间"②。如此,以更新颖、更丰富的现代方式体现传统的理念。超越境界(理一),好比"廓然而大公"、"寂然不动"、"至诚无息";具体实现的过程(分殊),好比"物来而顺应"、"感而遂通"、"致曲"(形、着、明、动、变、化)。"生生不已的天道要表现它的创造的力量,就必须具现在特殊的材质以内而有它的局限性。未来的创造自必须超越这样的局限性,但当下的创造性却必须通过当下的时空条件来表现。这样,有限(内在)与无限(超越)有着一种互相对立而又统一的辩证关系。我们的责任就是要通过现代的特殊的条件去表现无穷不可测的天

---

① 刘述先:《"两行之理"与安身立命》,《理想与现实的纠结》,台湾学生书局 1993 年版,第236 页。

② 刘述先:《"理一分殊"的现代解释》,《理想与现实的纠结》,台湾学生书局 1993 年版,第170 页。

道。这样,当我们赋与'理一分殊'以一全新的解释,就可以找到一条接通传统与现代的道路。"①

　　第三,肯定儒家传统智慧、中心理念与未来世界的相干性。刘述先通过对朱熹的深入研究指出,"仁"、"生"、"理"的三位一体是朱子秉承儒家传统所把握的中心理念,这些理念并不因朱子的宇宙观的过时而在现时代完全失去意义。朱子吸纳他的时代的宇宙论以及科学的成就,对于他所把握的儒家的中心理念(理一),给予了适合于他的时代的阐释(分殊),获致了超特的成就。② 今天,我们完全可以打开一个全新的境界,以适合于现代的情势。

　　刘述先把儒家的本质概括为孔孟的仁心以及宋儒进一步发挥出来的生生不已的精神,倡导选择此作为我们的终极关怀,并以之为规约理想的原则,同时对传统与现代均有所批判。他认为:"儒家思想的内容不断在变化之中……仁心与生生的规约原则,在每一个时代的表现都有它的局限性,所谓'理一而分殊',这并不妨害他们在精神上有互相贯通之处。"③每一时代的表现,都是有血有肉的。儒家的本质原来就富有一种开放的精神,当然可以作出新的解释,开创出前人无法想象的新局面。这当然只是适合于这个时代的有局限性的表征而已,不能视为唯一或最终的表现。后人可以去追求更新的、超越现代的仁心与生生的后现代的表现。

　　第四,刘述先指出,培养哈贝玛斯(J.Habermas)所说的交往理性,求同存异,向往一个真正全球性的社团,同时要反对相对主义,肯定无形的理一是指导我们行为的超越规约原则。我们所要成就的不是一种实质的统一性,而是卡西尔(E.Cassirer)所谓的"功能的统一性"。"通过现代的诠释,对于超越的理一终极托付并无须造成抹杀分殊的不良的后果。但是对于分殊的肯定也并不会使我们必然堕入相对主义的陷井。这是因为我们并不是为了分殊而分殊,人人都以自己的方式去追求理性的具体落实与表现,虽然这样的表现是有

------

　　① 刘述先:《"理一分殊"的现代解释》,《理想与现实的纠结》,台湾学生书局 1993 年版,第 172—173 页。

　　② 参见刘述先:《"理一分殊"的现代解释》,《理想与现实的纠结》,台湾学生书局 1993 年版,第 167 页。

　　③ 刘述先:《有关儒家的理想与实践的一些反省》,《当代中国哲学论:问题篇》,美国新泽西八方文化企业公司 1996 年版,第 237 页。

限的,不能不排斥了其他的可能性,然而彼此的精神是可以互相呼应的。宋儒月印万川之喻很可以充分表现出这样的理想境界的情致。"①透过对"理一分殊"的诠释,刘述先在绝对主义与相对主义、一元论与多元论之外找到了第三条道路。

刘述先把"理一分殊"的理论与方法运用在"全球伦理"的探求上。他认为,所谓"理一"是肯定有一通贯的道理,但其表现却可以千变万化而显现殊异性。每一个宗教与伦理传统中都有人道、人性等等,这是贯穿世界上各大精神传统的东西,这就是"理一"。各个族群、各种信仰与传统都是"分殊",我们可以由分殊开始,超越各自的局限,尊重人与生俱来的德性,和睦相处。儒家传统中可以与基督教、佛教、伊斯兰教等相通的人道精神是"仁"。孔汉思在《世界伦理宣言》中突出了孔子讲的"己所不欲,勿施于人"的金律,世界各大传统中都可以找到类似的思想,都有类似的"己所不欲,勿施于人"或"己欲立而立人,己欲达而达人"的表达。可见,孔子的思想是一个象征,这个象征指向一个常道。孔汉思对摩西传下来的"四诫"作出新释,我们也可以扬弃"三纲",重新解释以"仁"为核心的"五常"。人类各族群各宗教都可以找到相互贯通、契合的人性、人道精神,找到相互尊重、相接相处之道。②

四、刘述先的学术贡献

刘述先治学,博淹闳肆,学贯中西,著述繁富。在西学方面,刘述先迻译卡西尔《论人》,又以专著《文化哲学的试探》,对斯宾格勒(O.Spengler)、卡西尔作了精到的研究。在中学方面,特别是儒家哲学方面,他有特别杰出的发挥。他对孔子的天道观、孟子的心性论和《周易》经传的义理,有深刻的揭示。他是宋明学术的专家,特别在朱子、王阳明、黄宗羲的研究上,下了很大的功夫。他的《朱子哲学思想的发展与完成》、《黄宗羲心学的定位》等皇皇专著都是现

---

① 刘述先:《"两行之理"与安身立命》,《理想与现实的纠结》,台湾学生书局 1993 年版,第237 页。

② 参见刘述先:《"理一分殊"的规约原则与道德伦理重建之方向》,《全球伦理与宗教对话》,台北立绪文化事业有限公司 2001 年版,第 211—215 页;刘述先:《哲学分析与诠释:方法的反省》,《现代新儒学之省察论集》,台北"中央研究院"中国文哲研究所 2004 年版,第 278—281页。

代学术史上不可多得的精品。他的研究,不单是哲学思想史的,尤其是哲学的,是以现代哲学的问题意识与方法论去解读、诠释古代哲学大家的思想遗产,发挥出了一些新的看法,以贡献给世界。他对当代大儒熊十力、方东美、牟宗三及整个当代儒学思潮也有深入的研究。如前所述,刘述先研究的范围甚广,在与西方学界的对话中,在全球伦理、比较宗教的研究中,都有不少创造性的成果。刘述先有大量的英文论文。其晚年的工作重点是用英文把有关先秦儒学、宋明儒学和当代儒学的智慧、哲思及学术,通过自己的研究介绍给西方,这些英文专著都已在西方出版。

刘述先的研究中心是儒学。他的开放性和西学训练、现代哲学背景等,使他成为了世界性的儒家学者。他在方东美、牟宗三等前辈学者的基础上,有超迈前贤的贡献。他强调儒家仁心与生生精神可以作为现代人的宗教信念与终极关怀,通过对传统与现代的多维批判,肯定儒家思想的宗教意涵有着极高的价值与现代的意义。他着力论证、开拓、辩护、推进了"超越内在"说①,并通过"两行之理"、"理一分殊"的新释,注入了新的信息,使之更有现代性和现实性,肯定超越与内在、理想与现实、传统与现代、科技与人文的有张力的统一。

包括刘述先在内的当代新儒家关于儒学的反思,深化、丰富了我们对儒家精神特质的认识,这本身已成为贡献给现代世界的、极有价值的精神资源。在人的安身立命与终极关怀问题日益凸显而科技又无法替代的今天,这些论说就更加有意义。

刘述先早年在《新时代哲学的信念与方法》一书中提到了建构意义哲学的问题,他认为,"意义"是与"事实"相对的一个观念,在物理世界中,"事实"独立于人的观念而存在;但在人文世界中,"事实"的枢纽却系于人们对之所持的观念之上,人生的事实取决于人类所选取的意义系统(他当时用的名词为"系络")与理想,人抉择了不同的理想,便有不同的事实与之相应,人类的一切文化造就都是活泼的心灵流露出来的意义系统。意义哲学承认最深邃的

---

① 冯耀明对"内在的超越"提出质疑,参见冯文:《当代新儒家的"超越内在"说》,《当代》(台北)1993 年第 84 期。刘述先作文回应:《关于"超越内在"问题的省思》,《当代》(台北)1994 年第 96 期。另参见李明辉:《儒家与康德》,台北联经出版事业公司 1990 年版;李明辉:《儒学与现代意识》,台北文津出版社 1991 年版。

意义系统同样是人性真实所与,从而避免了实证主义的短视与褊狭,也纠正了传统的实在主义只肯定外在的真实而逃避内在的真实的缺陷。他中晚年也谈到建构意义哲学的事,但终究未能写出专书。究其原因,刘述先晚年实际上是透过对中国哲学特别是儒家哲学的现代意义的阐释及与西方宗教、哲学的对话,具体阐发了意义系统,避免了抽象的建构。

第三节　成中英的分析理性与本体诠释

成中英是著名哲学家,第三代现代新儒学的代表人物之一。他早年跟随方东美治希腊哲学,赴美后又长期研究英美分析哲学,同时亦对欧陆哲学广有涉猎。成中英治康德哲学多年,在儒学与康德哲学的比较研究中迭有创见。他对海德格尔哲学亦有精到研究,特别是对伽达默尔诠释学着力甚深,作出了自己的理解与创造。他通过对中西哲学的深入比较,探讨中国哲学的基本特点,并把这些研究成果迅速地与西方哲学界交流对话,促进了中西哲学界的互动。

作为成中英创造性哲学成果的本体诠释学,正是建立在他对中西哲学精神全面、深刻把握的基础上的,尤其是他融摄中国传统哲学的洞见,在本体—宇宙论、本体—方法论上继承、转化、发展了中国哲学。他以现代视域,特别是以分析的理路在哲学各领域及哲学与其他学科交叉的领域作出了深入研究,在知识论、伦理学、美学、管理哲学四个方面多有建树。在管理哲学领域,他的贡献是开拓性的,他将《周易》哲学原理等中国传统智慧运用于管理科学,提出了著名的"C 理论"。

成中英倡导中国哲学的现代化与世界化,他力图使中国哲学取得理性的语言与形式,使它能够为人类作出普遍化的贡献,即可以把中国哲学的优长发扬出来,这正是世界哲学现代发展之所需。他认为,中国哲学的世界化是以综合的创造为其基础,以创造的综合为其实现的。成中英还是国际中国哲学活动的卓越组织者。他即是国际中国哲学会的创会会长,又是英文版《中国哲学季刊》的创办人与主编,推动了中国哲学的国际交流,培养了数代哲学人才。

一、学思历程

纵观成中英的学术生涯,他经过了出乎中国哲学之外而又入乎中国哲学之内,先深入西方哲学的核心而后重建中国哲学,进而倡导整体哲学的学思历程。成中英的哲学启蒙源自方东美,他说:"我正式接触哲学并进入哲学,也是从大学时代开始的。大学中启发我的哲学兴趣并引导我进入哲学堂奥的,是方东美先生。"①方氏治学,融贯中西,统摄百家,气象博大。大至哲学道路、理论立场,小至治学方法、学术态度,方氏都深刻地影响了成中英。方氏及其弟子成中英、刘述先的学术传承与哲学活动,是与熊门一系相印成趣的文化现象,构成现当代新儒学发展的重要组成部分。

从五四以来中国思想与学术的系谱中,我们不难发现成中英的思想渊源。他对中国现当代思想史的发展脉络有着深刻的认识。在他看来,五四诸公对儒学进行猛烈抨击,传统的权威消失殆尽,新的知识权威又未能及时建立,导致文化呆滞、思想真空。因此在所谓"后五四"时代,在继续倡导西化、反对传统的文化心态之外,另有一种回归传统、重建传统的文化心态出现。二者的交迭论争构成了20世纪三四十年代学术界的特色。到了20世纪50年代,渐有新的气象和新的心态出现——"先求理解西方,再回头重建传统"。毫无疑问,这种心态超越了限于批判而无建设的褊狭性。在成中英看来,这种新的气象与心态是以方东美为代表的。他说:"方师对西方哲学探索最深,对中国传统哲学的重建面最广。这与熊十力先生立于传统之上,吸取西学不完全一样。"②成中英认同方氏的学术路向,决定先深入西方哲学的核心,再回头重建中国传统,因此在大学毕业后不久即选择赴美留学。他回忆道:"当时,我已深深自觉到了自己的哲学生命有一种内在的冲力,即切实地深入西方哲学的心脏,作为真正光大中国文化慧命和中国哲学的基础,那时,我也有一种使命感,即必须从西方哲学的灵魂深处,来肯定中国哲学的意义,尤其是普遍意义。"③成中英对中国传统的重建,有着强烈的身份意识与担当精神。

---

① 成中英:《深入西方哲学的核心——我的哲学教育与哲学探索》,成中英著,李翔海、邓克武编:《成中英文集》(第一卷),湖北人民出版社2006年版,第361页。

② 《成中英文集》(第一卷),湖北人民出版社2006年版,第366页。

③ 《成中英文集》(第一卷),湖北人民出版社2006年版,第365—366页。

从 1957 年年初入华盛顿大学攻读硕士学位,到 1963 年 7 月获得哈佛大学哲学博士学位,在这前后近七年的研习中,成中英受到了西方哲学最严格的陶冶和训练,使他得以深入到西方哲学的核心,为他以后创立融贯中西的本体诠释学体系打下了坚实的基础。硕士期间,他以研读现代逻辑、科学哲学、分析哲学及知识论为主,并选定《有关早期摩尔(G.E.Moore)的理论:知觉和认知外物问题》作为硕士论文题目。他分析了早期摩尔的知识论,批判其现象主义的错误,认为对外物的认知有其客观有效性。哈佛期间,他跟随分析哲学大师奎因等名师治现代分析哲学,并以皮尔士及刘易斯的归纳逻辑为题做博士论文。其间他还先修了康德哲学的课程,系统研读了康德著作。

与方东美经历了先治西方哲学,转而治中国哲学,进而归宗儒学的学思历程一样,成中英的志向也并不在于专攻西学的纯学问之路,他念兹在兹的是中国哲学的重建。即使是在留美期间,成中英亦对中国哲学力作耕耘。正如他所说:"我的哲学生命在生长中,除了吸取西方哲学的精华以外,也努力在为中国哲学'培风'。"①成中英出生在"书香世家",其父成惕轩为人为学皆本于儒家。在成中英赴美留学前,其父为了提醒他不要驰入西学而不知返,特赠他一套"五经读本","令其阅览一过,俾知我先哲持躬淑世与夫治国平天下之至理要义"②。家庭的耳濡目染,父亲的言传身教,老师的启蒙引导,使得成中英对中国哲学有着深切的体悟,并始终坚持中国哲学的价值理想。可以说,中国哲学传统构成了成中英哲学研究的"理解起点",他的理论创建在很大程度上得益于从中国哲学传统中获得的深厚资源。

在成中英看来,重建中国哲学的途径在于:"吸收、理解西方哲学,借以解析、批评中国哲学,再用已现代化的中国哲学对西方哲学进行批评与解释。"③面对现代性危机,他主张从知识与价值的平衡互基及互生原理着眼,统一德性和理性,整合人文与科技,成就一种世界性的整体哲学。从这一原理出发,我们亦能够更深入地理会与认知中国传统文化的价值所在,及它以道德而非功利为最终目的,因此也为解救发展科技与经济而陷社会及文化于无序与混乱

① 《成中英文集》(第一卷),湖北人民出版社 2006 年版,第 373 页。
② 《成中英文集》(第一卷),湖北人民出版社 2006 年版,第 366 页。
③ 《成中英文集》(第一卷),湖北人民出版社 2006 年版,第 333 页。

所需。"它的世界性的含义也正是因其面对着西方与世界的知识爆炸、价值失落所引发的社会失衡、文化变质的严重危机。"①成中英创立本体诠释学,倡导整合价值与知识的整体哲学,也正是要用中国哲学的人文精神,来涵润工具理性,以对治因后者过度膨胀而导致的现代病。

二、本体诠释

本体诠释学是成中英最为重要的理论创建,其理论特色在于:在哲学内容上,它要整合西方传统的知识哲学和中国传统的价值哲学,从而统一科学主义传统与人文主义传统;在思维方式上,它既要保有中国哲学"机体理性"之圆融与统贯,又要吸纳西方哲学"机械理性"之明晰与条理。其理想目标则是要建立人类未来整体性的"世界哲学"②。本体诠释学充分体现了成中英出入中西、融通古今的学术志趣。正如他自己所说:"我立足于中西文明交相冲击而科技却日新又新的现代,在历史与世界交会碰撞的时刻,却自然面对与承受了中国历史文化生命的自觉,期盼以现代理性的精神赋予与开拓中国文化的慧命,又渴望以中国文化的智慧之光来启发西方人文世界的灵魂。因之,我数十年的哲学思维的努力也就是从这个角度来审视与衡量。我辨别中西哲学精神的异同,我反思中国儒家的思想价值与智见,我提出分析的重建与综合的探索中国哲学内涵的整体本体宇宙论与整体伦理学,并进行对其在现代世界中的应用性的建构。从这些角度,我是自觉的也是不容已地推演了或展示了我所倡导的中国哲学现代化、世界化与应用化。"③

基于对中西哲学的整体把握,成中英将哲学思考方式分为两类:"一类是面对重大问题以建构知见性的体系为起点、为目标,实现了更多的理论建构;二类是回应不同的问题逐渐并自然地突显为一个话语体系,表达的是更多的深度价值体验。这两类思考方式事实上粗约地刻画了西方与东方思维的异

---

① 成中英:《知识与道德的平衡与整合》,《合内外之道——儒家哲学论·导言》,中国社会科学出版社 2001 年版,第 2 页。

② 参见李翔海:《寻求德性与理性的统一——成中英本体诠释学研究》,台北文史哲出版社 1998 年版,第 9 页。

③ 成中英:《成中英文集·自序》,湖北人民出版社 2006 年版,第 2 页。

同:两者所同者,在不能脱离历史、经验与理论思维来规划与规范个人生命与人类或宇宙全体生命。二者所异者,西方是用自觉的理性或多或少系统地、客观地规范问题、解决问题,可说是先理(知)而后行或理(知)而不即行;在中国或印度思维则表现为个人整个心灵的实感与承担,在反求诸己中表露生命存在的条理与智慧,再启发为人生语言的新义与新境,自然异向于理与气、性与心、知与行的结合,或以之为理解与知识的前提。"①与西方哲学中具有深厚的知识论传统不同,儒学一直没有发展出现代形态的知识论。儒家哲学的当代重建,其中一项重要的任务,即在于扩展儒家心性之学,以容纳现代知识之学。这就要求"吾人必须发展心性形上学为一整合的知识形上学和理性形上学,使其兼具主体和客体两个面向或层次,而且又能融合为一体","而不可划地自限地独立于理性思考的科学宇宙之外"②。在成中英看来,作为整体哲学或世界哲学的本体诠释学,追求德性与理性、价值与知识的平衡统一,不仅具备严格的语言和逻辑方法,这体现了西方知识论传统中的科学精神,而且注重人生意义和价值目标,这代表了中国哲学传统中的人文精神。

　　"本体诠释学"正是针对中西哲学面临着价值与知识之间既相分裂又相希求、整体理性面临着本体与方法之间既相互排斥又相互需要的矛盾而提出来的整体性思考。成中英将本体诠释学的"本体"归结为整体、本源与根源,它既具有西方哲学中客观实在的对象义,也兼括中国哲学中"体验的存在"或"验存"义。诠释有别于解释,解释导向知识,而诠释则导向价值和意义。面对当代哲学中西僵化对立的基本格局,本体诠释学不仅要统一本体与方法,而且要整合知识与价值③。西方哲学素以知识论见长,成就了精确化的知识体系,但纯粹知识并不能解决价值问题。而中国哲学本质上是价值哲学,但忽视了知识的深化与发展。在成中英看来,知识和价值同等重要,不可偏废,因此中西方哲学彼此都应该取人之长,补己之短。

　　如前所述,成中英创立"本体诠释学",英美分析哲学是其重要理论来源之一。他曾说:"我后来发展出来的'本体诠释学',也可以说是基于对奎因思

---

① 《成中英文集·自序》,湖北人民出版社 2006 年版,第 1—2 页。
② 《成中英文集》第二卷,湖北人民出版社 2006 年版,第 407 页。
③ 参见方克立、李翔海:《成中英新儒学思想述评》,《学术月刊》1993 年第 2 期。

想的批判反省,融合中国哲学以及欧洲诠释学的传统,而发展出来的。"①他无疑也受到了大陆哲学的影响,但更为重要的思想资源则是中国哲学传统,特别是"道"的本体—宇宙论及有关"道"的体悟、把握的方法学。中国儒、释、道诸家把宇宙人生之本源与其生存发展之过程联系在一起,是对有机、整体、动态、相互涵摄、大化流行、生生不已、创进不息的宇宙的观法。我们传统的体"道"之方式,也是当下整体的洞观与神契。毋宁说,成中英创立本体诠释学的基础乃是中国哲学,正是中国哲学中的道论使他能在更高的层次上统摄西方哲学,实现二者的和谐统一。

成中英的"本体诠释学"所诠释的本体论的"本体"(原初的真理或实体),"即一个指称产生我们关于世界显现经验的终极实在性的概念。作为本体论,'本体'在中国哲学中被经验和描述为一个万物从其创生的源头以及万物有序地置身于其中的内容丰富的体系。而且它是一个互动的过程,在此过程中万物仍在被创生。在这种意义上,'本体'最好被表现为'道'"。② 他认为,中国哲学对表现万物变化与延续的实在的理解,既是本体论的,又是宇宙论的。这一"本体""是包含一切事物及其发生的宇宙系统,更体现在事物发生转化的整体过程之中。因而'道'之一词是本体的动的写照,而'太极'之一词则为本体的根源涵义,就其质料言本体是'气',就其秩序言本体是'理'。显然,这些中国哲学词汇都有内在的关联而相互解说,形成一个有机的意义理解系统。就其实际运作来说,本体既能作为理解解释事物的观点,又能作为判断行为的根据。"③在成中英看来,此一本体就是真理的本源与整体,真理就是本体的体现于理,体现于价值,是一个意义系统、开放的动态系统,具有丰富的融合与包含能力。

成中英指出:"有一个我们理解'本体'的十分重要的维度:本体像'本心'或孟子思想中的'本性',相对于我们的显现经验是开放的:它是我们在我们

---

① 《成中英文集》(第一卷),湖北人民出版社 2006 年版,第 370 页。
② 成中英:《本体诠释学洞见和分析话语——中国哲学中的诠释和重构》,成中英主编:《本体与诠释:中西比较》第三辑,上海社会科学院出版社 2003 年版,第 43 页。
③ 成中英:《从真理与方法到本体与诠释(代前言)》,成中英主编:《本体与诠释》,北京三联书店 2000 年版,第 5 页。

的感觉和思维中所已经体验到的东西。"①我们作为人,能从创生之源的"本体"吸取创生力而成为有创造性的原因。这是儒家道德形上学的基础。他又认为,就事物与宇宙的整体言,"道"是本体概念,就个别事物与目标而言,"道"却是方法、途径与工夫。这就蕴含有"体用不二"的思想。

成中英所说的"诠释","是就已有的文化与语言的意义系统作出具有新义新境的说明与理解,它是意义的推陈出新,是以人为中心,结合新的时空环境与主观感知展现出来的理解、认知与评价。它可以面对历史、面对现在、面对未来,作出陈述与发言,表现诠释者心灵的创造力,并启发他人的想象力,体会新义,此即为理解。事实上,诠释自身即可被看为宇宙不息创造的实现。"②"道"既在一种逻辑意义上可以描述,又在一种超逻辑的意义上不可描述。"道"作为诠释,不在于把握所有的真理或常道,而在体现道的本体的活动与创造,在于以有限提示无限,以有言提示无言,以有知提示无知,同时促进了对"道"的理解与体会。在这里,"对本体"之道的诠释,或"自本体"的诠释,形成了一个"本体诠释圆环"。成中英的本体诠释学,也即是"道"的语言学或"道说学"。

成中英对柏拉图至笛卡儿的主—客、神—人的二元论,以及泛科学的逻辑实证主义、科学主义、理性主义作了批判,同时也扬弃了柏格森、怀特海、詹姆士、海德格尔的反二元论的传统,批评了解构主义与后现代主义。他认为伽达默尔所寻求的你我一体的理解更能在中国文化中体现。他强调中国哲学传统中潜在的融通与感通精神,反映了天地人内涵的多元合一之道以及本体的真理与价值。真理与其说是知识,还不如说更是价值。"以理解为主体,以融合为主流的中国文化具有丰富的真理性,根植和包含在天人合一、知行合一、内外合一与情境合一的和谐宇宙观里。"③

---

① 成中英:《本体诠释学洞见和分析话语——中国哲学中的诠释和重构》,成中英主编:《本体与诠释:中西比较》第三辑,上海社会科学院出版社 2003 年版,第 44 页。

② 成中英:《从真理与方法到本体与诠释(代前言)》,成中英主编:《本体与诠释》,北京三联书店 2000 年版,第 6 页。

③ 成中英:《从真理与方法到本体与诠释(代前言)》,成中英主编:《本体与诠释》,北京三联书店 2000 年版,第 3 页。

在融创造与综合为一体的本体诠释中,成中英很重视《周易》哲学的"观"。他认为,通过对世界的系统化观察,中国发展出《易经》,由"存在"和"时间"激起的"观"的思考方式,也使这种系统化观察成为可能。"正是在《易经》哲学中,发现了'存在'与'时间'(或存在与时间的家园)及其统一体的基本形而上学的家园,其中,存在物中的'存在'和'存在'中的存在物的展示都是动态的和连续可能的。这就是称之为'象'的象征化世界。"①他特别提示:"理解'观'之为'观',乃在其不预设观点或立场,在长久的时间过程中与在广大空间内涵中认识了及体验了各种事物及各种事物的交互影响关系与转化过程,掌握了生命的发生与成长及其潜在的能力等等,获得了一个机体论的整体系统观念,这就是《周易》哲学的根本思想,也可说就是《周易》哲学典范。"②成中英认为,《周易》乃是一个基于综合的创造的"观"的思想系统,是与宇宙真实的整体化的过程与过程化的整体密切相应的。今天,人类面临的知识与价值、自由与必然、知与行、天与人、个人与群体等矛盾关系,都在相生相成的发展中。这恰恰需要中国智慧的再发现。

三、成中英的学术贡献

成中英涉猎的领域非常广泛,其学术成就与贡献,笔者以为主要在以下几个方面:第一,在中西哲学比较的视域中,阐释中国哲学的基本特点,并立足与中国哲学传统,积极与西方哲学对话,促进了中西哲学的互动。第二,创造性地建构了本体诠释学,融摄了中国传统哲学的洞见,尤其在本体—宇宙论、本体—方法论上继承、转化、发展了中国哲学。第三,在哲学各领域及哲学与管理学等交叉学科,如知识论、伦理学、美学、管理哲学等四个方面都有建树与拓展。这些方面并不是平列的,成中英的学问经历和研究经历有一个发展过程。但今天我们如果从逻辑上来看他的创见,似乎不妨说,其中西比较是学问路径或背景,其本体诠释学是"体",其他四方面为"用"。

---

① 成中英:《论"观"的哲学涵义——论作为方法论和本体论的本体诠释学的统一》,成中英主编:《本体诠释学》第二辑,北京大学出版社 2002 年版,第 47 页。

② 成中英:《中国哲学的综合创造与创造综合——兼论本体诠释学的涵义》,成中英主编:《本体与诠释》,三联书店 2000 年版,第 31 页。

第十四章 现当代新儒家对儒学宗教性问题的反思

　　面对西方精神文化的挑战和某些传教士直至黑格尔以来西方学界视儒学为一般世俗伦理的误导，当代新儒家的主要代表人物，无不重视儒学内部所蕴涵的宗教精神的开掘。从一定意义上说，20世纪儒学的一个重要面相是通过讨论儒学的宗教性问题，一方面与西方精神资源相沟通并对话，另一方面由此而深化对于先秦、宋明儒学等"五经"传统、"四书"传统的认识。扬弃清世汉学，经受五四洗汰之后，始有当代新儒家重新省视东亚精神文明及其价值内核。儒学是一种特殊的人生智慧，是生命的学问。儒学是否是宗教或是否具有宗教性的问题，不仅涉及对"宗教"的界定和对宗教的价值评价，而且涉及对中国传统人文精神的界定与评价。只有超越"绝对他者"的一元神宗教的界定方式，只有超越排斥性的、二分法的寡头人文主义的"启蒙心态"，才能真正理解"儒学是什么"、"儒家的特质是什么"和"儒学精髓与精义是什么"的问题。对于儒家道德所具有的宗教性功能的讨论，只是这场讨论的浮面的前奏，真正有意思的是关于儒家道德实践、儒家安身立命之道背后之超越理据的发掘和发挥。因此，围绕此一问题而展开的"性与天道"、"天人合一"、"超越内在"、"两行之理"、"自我转化"等方面的讨论，成为当代儒学的中心与重心。本章旨在通过对唐君毅、牟宗三、杜维明、刘述先四人关于道德宗教意蕴的研究，展示当代新儒家这一方面的重大贡献，及其给下一世纪中国精神之继承与创新的多重启示。

第一节 现当代新儒家宗教观概述

　　20世纪曾不断发生过儒学究竟是不是哲学或是不是宗教的怀疑与争论，

原因盖在于人们往往以西方思辨哲学或一元宗教作为唯一参照来评释东方儒家思想。20世纪初,唯科学主义盛行,"宗教"在中国近乎成了贬词,与"迷信"打上等号。蔡元培"以美育代宗教";胡适以进化论、生存竞争学说的信仰代宗教;章太炎、梁启超、王国维重佛法而不忍以佛法与宗教等量齐观;欧阳竟无亦说"佛法非哲学非宗教"。唯有处在广州、香港等中西文化接触地带的康南海、陈焕章师徒,面对基督教势力的扩张,欲化儒家为儒教(孔教),但他们有太强的政治功利心,且对宗教的精神价值并无深层理解。

我国知识精英出于救亡图存、求富求强的心结,几乎全都接受了近代西方的启蒙理性,并使之变成20世纪中国的强势意识形态。这就包括了对宗教的贬斥,以及人类中心主义、科学至上,乃至以平面化的科学、民主的尺度去衡量前现代文明中无比丰富的宗教、神话、艺术、哲学、民俗等等。其解释框架是单线进化论,如孔德(A.Comte)的"神学——形上学——科学"的三段论,特别是已成为我们几代人心灵积习的"进步——落后"的二分法。其"成见"、"前识"正是以"排斥性"为特征的(排斥宗教、自然等)寡头的人文主义。

当代新儒家的第一代人物梁漱溟、熊十力等,虽承认宗教,特别是佛法有较高价值,但也受到强势科学主义氛围的影响。故梁氏一面认为佛法能满足宗教的两个条件——神秘与超绝,是真宗教,另一方面又认为宗教是未来人类的人生路向,当今却应力加排斥。梁氏肯定西方科学与宗教有不解之缘,着力讨论中国文化何以没有产生科学与民主的原因。熊氏则力辩儒学不是宗教,严格划清儒学与宗教、儒学与佛学的界限,批评佛教反科学,强调儒学中包含有科学、民主等等。盖因为他们面对的、需要回答的问题是:西学最有价值的是科学、民主,中国文化或儒学中却没有。[1]

当代新儒家的第二代人物唐君毅、牟宗三等,亦只是在20世纪40年代

---

[1] 关于部分华人学者对儒学是否宗教或是否具有宗教性的看法,另请见拙作:《儒学:入世的人文的又具有宗教性品格的精神形态》,《文史哲》1998年第3期。又请见拙作:《中国大陆地区近五年来的儒学研究》,1998年4月3日曾演讲于哈佛大学,并刊载于台北"中央研究院"中国文哲研究所筹备处刘述先主编之《儒家思想在现代东亚:中国大陆与台湾篇》,2000年。文中详细评介了李申的《儒教、儒学和儒者》(《中国社会科学院研究生院学报》1997年第1期)和何光沪的《中国文化的根与花——谈儒学的"返本"与"开新"》(《原道》第2辑,团结出版社1995年版)等。

末、50 年代初才开始肯定宗教的价值。① 移居香港后,他们进一步认识到西文化中最有底蕴和深意的不是别的,恰恰是宗教。同时,在西方宗教意识与宗教价值的启发下,基于与西方文化抗衡与护持中国文化精神的心结,开始以新的视域认识、掘发、诠解儒家、儒学中所蕴含的宗教精神。1958 年元旦唐君毅、牟宗三、徐复观、张君劢四人联名发表《为中国文化敬告世界人士宣言》②,标志新儒家已有成型的一整套关于儒学宗教性的看法。他们认为,中国没有如西方那种制度的宗教教会与宗教战争和政教分离,中国民族的宗教性的超越感情及宗教精神,与它所重视的伦理道德,乃至政治,是合一而不可分的。"天"的观念在古代指有人格的上帝,古人对天的宗教信仰贯注于后来思想家关于人的思想中,成为天人合德、天人合一、天人不二、天人同体的观念。儒家天人交贯的思想一方使天由上彻下以内在于人,一方使人由下升上而上通于天。气节之士杀身成仁、舍生取义即含有宗教性的超越信仰。儒家义理之学、心性之学是打通人的生活之内外、上下、天人的枢纽。在一定意义上,唐牟称儒学为道德的宗教、人文的宗教或成德之教,充分论证其既超越又内在、既神圣又凡俗的特性。要之,第二代新儒家潜在的背景(或潜台词)是:西学最有价值的是宗教,中国却没有宗教的传统。因此,他们从强势的排斥性的启蒙心态中摆脱出来,掘发儒学资源中的宗教精神价值,分析了儒学与世界上其他大的宗教的同一与差异,并开始试图与各宗教对话。

当代新儒家的第三代人物杜维明、刘述先等,具有开放宽容心态,对西方宗教有了更全面的理解。他们在唐、牟、徐的基础上,又借助西方宗教存在主义或其他宗教学家等有关"宗教"的新界定、新诠释,面对西方读者或听众,积极阐发儒学的价值与意义,主动与基督教、天主教、回教对话。他们对神性与人性、道德精神与宗教精神、终极关怀与现实关怀、内在超越与纯粹超越的问

---

① 例如唐君毅说:"直到民三十七年写《宗教意识之本性》一文后,至今五六年,我才对宗教之价值有所肯定,同时认识儒家中之宗教精神。"(唐君毅:《我对于哲学与宗教之抉择——〈人文精神之重建〉后序兼答客问》,收入《人文精神之重建》,《唐君毅全集》卷五,台湾学生书局1988 年版,第 571 页。)

② 《为中国文化敬告世界人士宣言》由唐君毅起草,于《民主评论》及《再生》二杂志之1958 年元旦号同时发表。后收入《唐君毅全集》卷四,台湾学生书局 1991 年版。

题作了进一步探讨,尤其阐发宋儒"身心之学"、"自我"观念与自我实践过程中的本体论意蕴和伦理宗教的特质。面对两种西方模式——科学主义模式与绝对外在的上帝模式的夹击,他们作出了创造性回应,努力与西方神学界沟通,为其提供儒家资源中把超越外在的天道与俗世生活、自我反思连在一起的慧解。

从以上描述不难发现,对儒学内蕴的精神价值各层面的抉发和诠释,与诠释者自身对西方精神价值的理解程度(或方面)密切相关。三代现代新儒家对西学的回应由对抗式的,逐渐转变成理解中的对话、汲取中的发挥。对话亦由被动变为主动。关于儒学是否是儒教,或是否具有宗教性的问题,本来就是从西方文化出发的问题意识。第二代现代新儒家借此阐明中国文化、儒家精神的特质——"内在的超越"的问题。第三代当代新儒家增事踵华,更加主动。总之,当代新儒家不同意把一元宗教的"外在超越"移植过来,而是充分重视儒学在凡俗世界中体现神圣的特点,充分发挥儒学中许多未被认识的珍贵资源。

第二节　唐、牟:道德的宗教

唐君毅是具有悲悯恻怛之心与存在实感的哲学家。他对世界各大宗教都有相当同情的理解,认为当今世界、人类,极需宗教、道德与哲学加以救治,主张宗教间的相互宽容、融通,企盼建立中国的新宗教,由传统宗教精神发展出来,主要由儒家的安身立命之道发展出来。

其一,唐君毅主张超人文与人文的和合。宗教精神是超人文的,宗教家追求现实生命以上的另一生命,肯定超现实世界超人文世界的形上实体,有超越的信仰,由此见宗教的神圣与庄严。同时,一切宗教事业又与人相关,宗教家一般都从事社会人文事业。[1] 因此,宗教也是人文的一支。在现当代,超人文的宗教精神对于人文来讲是必需的。人文世界中的人,可以相信有神。神灵世界的信仰,可以提升人的精神,使我们不致只以物的世界、自然的世界为托

---

[1]　参见唐君毅:《唐君毅全集》卷五,台湾学生书局 1988 年版,第 587 页。

命之所,可以平衡我们精神的物化、自然化和背离人文的趋向,自觉了解人文的价值意义。① 儒家讲极高明而道中庸,使超世间与世间不二,而肯定一切人生人文的价值。儒者不是只有干枯的神的观念,而是通过"仁"的流行,通过人与天、人与人的精神感通以见神,体验神境。儒者的宗教情绪、宗教精神,是通过我们对人伦、人文之爱,通过社会历史文化活动而生发建立的。唐氏的思想,肯定自觉能通贯到超人文境界之人文精神,肯定儒家之人重于文,由人文世界,以通超人文世界之天心天理的修养之路。②

其二,唐君毅主张天知与良知的和合,以良知作为判断宗教信仰的标准。宇宙本源是天知或天心或上帝,但我们不能说天知与良知是绝对分离的二物。良知可说只是天知之呈于我,天知只是良知的充极其量。二者为互相保合关系,而不是因果关系、本体属性关系、创造者与被创造者的关系。良知是人的一切判断的自生之原。"依良知为标准,可以说一切高级宗教中的超越信仰,都出自人之求至善、至真、完满、无限、永恒之生命之要求,求拔除一切罪恶与痛苦之要求,赏善罚恶以实现永恒的正义之要求,因而是人所当有的。""依良知的标准,我们可以说,一切高级宗教中所讲的上帝、阿拉、梵天,在究竟义上,都不能与人的良知为二,而相隔离。"③中国古代实信天为一绝对的精神生命实在。孔子的时代,有郊祀之礼,人民相信天,故孔孟的精神在继天的前提下偏重尽心知性、立人道,融宗教于道德。宋明时期人们不信天神,故宋明儒重立天道,即道德以为宗教。前者承天道以开人道,后者由人道以立天道,都讲天人交贯。④ 儒家讲性与天道、天心与人心的不二。儒教是以人之本心本性即天心天性的天人合一之教。儒家以良知判断和反求诸己的精神,不会走入宗教战争、宗教对抗、宗教迷狂和盲目崇拜。

其三,唐君毅在儒家思想的信仰中,发现宗教性的安身立命之所,是为儒

---

① 参见唐君毅:《唐君毅全集》卷五,台湾学生书局 1988 年版,第 60 页。唐氏认为人文包含宗教,也依赖于宗教。他把宗教界定为人文世界的一个领域,视宗教为"整个人生或整个人格与宇宙真宰或真如,发生关系之一种文化,亦即是天人之际之一种文化"(唐君毅:《心物与人生》,《唐君毅全集》卷二之一,台湾学生书局 1984 年版,第 205 页)。

② 参见唐君毅:《中国文化之精神价值》,台北正中书局 1953 年版,第 392—393 页。

③ 唐君毅:《唐君毅全集》卷五,台湾学生书局 1988 年版,第 589、590 页。

④ 参见唐君毅:《中国文化之精神价值》,台北正中书局 1953 年版,第 388 页。

家教化的基础。这是涵宗教性而又超一般宗教的。① 宗教并不必以神为本，而以求价值的实现过程中的超越、圆满、悠久为本。儒家不同于一般宗教在于它的平凡。儒家精神与一切人类高级宗教的共同点，即是重视人生存在自己之求得一确定的安身立命之地的。儒家肯定根据心灵的无限性、超越性形成的种种宗教信仰，而且能回头见此信仰中的一切庄严神圣的价值，都根于吾人之本心本性。儒者在信仰一超越的存在或境界之外，转而自信能发出此信仰的当下的本心本性。唐氏强调儒家的自我、主体即具有超越性无限性的本心本性。② 儒家由人自觉其宗教精神，有高层次的自知自信。儒家的信仰中，包含着对道德主体自身的信仰，其"重在能信者之主体之自觉一方面，而不只重在所信之客体之被自觉的一方面"③。儒家强调，肫肫之仁种直接蕴藏在吾人的自然生命与身体形骸中，而直接为其主宰。人之仁德充内形外，显乎动静，发乎四肢，而通于人伦庶物、家国天下。尽伦尽制看起来平庸，实际上并不平庸，此中之心性、仁种，既超越于此身形骸之上，又贯彻于身体形骸之中，并达之于社会关系中之他人的精神，对他人的心性、仁种加以吹拂。其他宗教缺乏这种自信，遂不免视此身为情欲、罪恶、苦业的渊薮。儒家则凝摄外向的信仰成自信，自安此身，自立此命，身体力行，由近及远，把仁心一层层推扩出去，由孝亲而敬长，由齐家而治国，而平天下，并及于禽兽草木。仁心的流行，凝聚于具体的人伦关系上，不似基督教、佛教一往平铺的人类观念、众生观念。人在现实的家庭、社会、国家、人类之道德实践的层层推进中，透显了本心本性的超越无限性，并上达一种形上的及宗教性的境界。④

其四，唐君毅重视发掘"三祭"的宗教意义与宗教价值。中国人对天地、祖宗与圣贤忠烈人物的祭祀涵有宗教性。这不是哲学理论，也不是一般道德心理与行为。祭祀对象为超现实存在，祭祀礼仪与宗教礼仪同具有象征意义。

---

① 参见唐君毅：《中国人文精神之发展》，《唐君毅全集》卷六，台湾学生书局 1991 年版，第335 页。

② 参见唐君毅：《唐君毅全集》卷六，台湾学生书局 1991 年版，第 339、365、369—370 页。

③ 唐君毅：《中华人文与当今世界》下册，《唐君毅全集》卷八，台湾学生书局 1988 年版，第67 页。

④ 参见唐君毅：《唐君毅全集》卷六，台湾学生书局 1991 年版，第 372—374 页。

祭祀时，祭祀者所求的是自己生命精神的伸展，以达于超现实的已逝世的祖宗圣贤，及整个天地，而顺承、尊戴祖宗圣贤及天地之德。此敬此礼，可以使人超越于其本能习惯的生活。唐主张复兴祭天地与对亲师圣贤的敬意，对人格世界、宗教精神、宗教圣哲的崇敬。① 通过三祭，报始返本，使吾人的精神回到祖宗、圣贤、天地那里去，展示人的心灵超越现实的局限，具有超越性与无限性，亦使人的心灵兼具保存与创造两面。

其五，唐君毅晚年有融摄世界各大宗教、哲学的《生命存在与心灵境界》的巨构，即心通九境之说。心灵生命次第超升，从客观境界的三境到主观境界的三境再到超主客观境界的三境。通过升进与跌落的反复，通过超升过程中感觉经验、理性知识、逻辑思维、道德理想、宗教信仰之正负作用的扬弃，最终达到"仁者浑然与物同体"的"天人合一"之境。这也就是"天德流行"、"尽性立命"境。在唐氏看来，儒家融摄了西方一神教和佛教，其说最为圆融。达到最终境界的方式是"超越"。"超越"是本体即主体的特质，是主体超越了思维矛盾律的相对相反，超越了主体所表现的活动之用以及一切境物的有限性，达到自我与天道的冥会。当然，在这里，"超越"主要是指内在超越，指心灵的无限性。唐氏所做的是一种广度式的判教工作，对东西方宗教与哲学的主要传统，予以包容和定位。

总之，唐君毅以儒家的"良知"、"仁心"学说作为涵摄各宗教和判教的根据。唐氏肯定儒家由道德向超道德境界的提升，由尽性知命的道德实践向"天人合一"或"天德流行"的无上境界的提升。就终极之境而言，此与基督教的"上帝"、佛教的"涅槃"之境相类似。就达成的路径而言，儒教不走否定现实人生之路，而是走道德实践的路，以此融通种种超越的信仰，把宗教的价值转入人的生命之中。生命心灵由"经验的我"到"理性的我"到"超越的我"，心灵境界由"客观境"到"主观境"到"超主客观"，次第升进，不断超越。每一重境界对生命也是一种限制。但生命心灵具有不断自我超越、自我提升的本性。唐氏进一步把儒家的信仰内化，肯定人能完善自己，肯定而且张大了"合神圣以为一兼超越而亦内在于人心之神圣之心体"②。这实际上是对作为价值之源的，积淀了

---

① 参见唐君毅：《唐君毅全集》卷六，台湾学生书局1991年版，第374—375页。
② 唐君毅：《生命存在与心灵境界》下册，《唐君毅全集》卷二十三，台湾学生书局1986年版，第292页。

"天心天性"的"无限的仁心"、"本心本性"的完满性的信仰。

牟宗三是最具有思辨智慧的哲学家,他对儒学宗教性的问题亦有一番特别的论说。其一,他对儒、佛、耶三教作了粗略的比较。他认为,儒家的悲悯,相当于佛教的大悲心和耶教的爱,三者同为一种宇宙的悲情。耶教的恐怖意识,佛教的苦业意识,从人生负面的罪与苦进入;儒家的忧患意识(借用徐复观的说法),则从人生正面进入。儒家凸显的是主体性与道德性。① "在耶教,恐怖的深渊是原罪,深渊之超拔是救赎,超拔后的皈依为进天堂、靠近上帝,天堂是耶教之罪恶意识所引发的最后归宿。在佛教……由无常而起的痛苦(苦),由爱欲而生的烦恼(业),构成一个痛苦的深渊,它的超拔就是苦恼的解脱,即是苦恼灭尽无余之义的灭谛,而超拔苦恼深渊后的皈依就是达到涅槃寂静的境界。"② 中国人的忧患意识,引发的是一个正面的道德意识,是一种责任感,是敬、敬德、明德与天命等等观念。中国上古"天道"、"天命"等"天"的观念,虽似西方的上帝,为宇宙的最高主宰,但天的降命则由人的道德决定。这就与西方宗教意识中的上帝大异其趣。天命、天道通过忧患意识所生的"敬"而步步下贯,贯注到人的身上,成为人的主体。在"敬"之中,我们的主体并未向上投注到上帝那里去,我们所作的不是自我否定,而是自我肯定。这个主体不是生物学或心理学上的所谓主体,而是形而上的、体现价值的、真实无妄的主体。孔子的"仁",孟子的"性善"都由此真实主体而导出。③

其二,牟宗三通过对"性与天道"的阐释,论述了儒学"超越"而"内在"的特色。他说,天道一方面高高在上,有超越的意义,另一方面又贯注于人身,内在于人而为人之性,因而又是内在的。天道兼具宗教(重超越)与道德(重内在)的意味。在中国古代,由于特殊的文化背景,天道观念在内在意义方面有辉煌的发展。孔子以前就有了性命与天道相贯通的思想传统。孔子以仁、智、圣来遥契性与天道。"天道"既有人格神的意义,更是"生生不息"的"创生不

---

① 参见牟宗三:《中国哲学的特质》,《牟宗三先生全集》28,台北联经出版事业公司2003年版,第13—14页。

② 牟宗三:《中国哲学的特质》,《牟宗三先生全集》28,台北联经出版事业公司2003年版,第15—16页。

③ 参见牟宗三:《中国哲学的特质》,《牟宗三先生全集》28,台北联经出版事业公司2003年版,第16—18页。

已之真几"。天命、天道可以说是"创造性本身"。（然而，"创造性的本身"在西方只有宗教上的神或上帝才是。"本身"就是不依附于有限物的意思。）"天道"是从客观上讲的，"性"是从主观上讲的。这个"性"是人的独特处，是人之所以为人的本质，是人的本体，是创造性本身，而不是生物本能、生理结构、心理情绪所显者。"成圣"是从应然而非实然的层面讲的，意思是正视自己的精神生命，保持生命不"物化"，以与宇宙生命相融和、相契接。"仁"就是精神生命的感通、润泽，层层扩大，以与宇宙万物为一体为终极。"仁"代表了真实的生命，是真实的本体，又是真正的主体。孔子讲"下学而上达"，意即人只须努力践仁，便可遥契天道。古人训"学"为"觉"，即德性的开启或悟发。孔子之"天"仍保持着它的超越性，为人所敬畏。孔子对天的超越遥契，有严肃、浑沌、神圣的宗教意味。

《中庸》、《易传》一系和《孟子》一系，都讲内在的遥契，有亲切、明朗的哲学意味。所谓内在的遥契，即不再要求向上攀援天道，反把天道拉下来，收进自己内心，使天道内在化为自己的德性，把人的地位，通过参天地而为三的过程，与天地并列而为三位一体。故天命、天道观念发展的归属，是主体意义的"诚"、"仁"观念的同一化，由重客体性到重主体性，凸显了"创造性自己"的创造原理、生化原理。①

其三，牟宗三论证了作为宗教的儒教。他说，了解西方文化，不能只通过科学与民主政治来了解，还要通过西方文化的基本动力——基督教来了解；同样，了解中国文化也要通过其动力——儒教来了解。（一）儒教首先尽了"日常生活轨道"的责任。周公制礼作乐，替民众定伦常制度，既是"圣人立教"，又是"化民成俗"。伦常在传统社会是郑重而严肃的，背后有永恒的意义，有道德价值，有天理为根据，不仅仅是社会学、生物学的概念。如父慈子孝、兄友弟恭，是天理合当如此的。（二）儒教之所以为教，与其他宗教一样，还为民众开辟了"精神生活的途径"。它一方面指导人生，成就人格，调节个人内心世

---

① 参见牟宗三：《中国哲学的特质》，《牟宗三先生全集》28，台北联经出版事业公司2003年版，第21—22、29—31、38—41页。又，关于《中庸》、《易传》与《论语》、《孟子》之关系的看法，牟氏日后有所修订，详见《心体与性体》之《综论》部。但就性命天道相贯通，就践仁体道的道德实践而蕴涵的宗教意识和宗教精神而言，《心体与性体》非但没有改易，反而更有所发展。

界;另一方面在客观层担负着创造历史文化的责任,此与一切宗教无异。(三)儒教的特点,其注意力没有使客观的天道转为上帝,使其形式地站立起来,由之而展开其教义,也没有把主观呼求之情形式化为宗教仪式的祈祷;其重心与中心落在"人'如何'体现天道"上。因此,道德实践成为中心,视人生为成德过程,终极目的在成圣成贤。就宗教之"事"方面看,儒学将宗教仪事转化为日常生活之礼乐;就宗教之"理"方面看,儒学有高度的宗教性,有极圆成的宗教精神。孔子的"践仁成仁者",孟子的"尽心知性知天",都是要恢复、弘大天赋予我们人的创造性本身,即精神生命的真义。一般人说基督教以神为本,儒家以人为本。这是不中肯的。儒家并不以现实有限的人为本,而隔绝了天。人通过觉悟和成德过程,扩充本性,体现天道,成就人文价值世界。儒家并不是盲目乐观,不把人的能力看得太高,不认为人能把握天道的全幅意义、无限神秘,也不肯定人能克服全部罪恶;相反,儒家重视修养工夫,在无穷的成德过程中,一步步克服罪恶,趋向超越的天道。①

其四,牟宗三就儒教的特点,阐发了"道德的宗教"说。从前节我们可知,唐君毅并不抹杀道德与宗教的界限,主张通过道德实践走向超越的"天德流行"之境。通过此节,我们亦可知牟与唐都把天道的超越性与仁心的无限性贯通了起来。牟更进一步,直接把儒教界定为道德教、成德之教、人文教。他认为,道家之"玄理"、佛家之"空理"、儒家之"性理","当属于道德宗教者。宋明儒所讲者即'性理之学'也。此亦道德亦宗教,即道德即宗教,道德宗教通而一之者也"。②牟宗三指出,宋明儒之中点与重点落在道德的本心与道德创造之性能(道德实践所以可能之先天根据)上。这种"本心即性"的"心性之学"又叫"内圣之学",意即内而在于个人自己,自觉地道德实践(即圣贤功夫),以发展完成其德性人格。一方面,它与一般宗教不同,其道德的心愿不能与政治事功完全隔开,只退缩于以个人成德为满足。另一方面,"此'内圣之学'亦曰'成德之教'。'成德'之最高目标是圣、是仁者、是大人,而其真实

①　参见牟宗三:《作为宗教的儒教》,《中国哲学的特质》第十二讲,《牟宗三先生全集》28,台北联经出版事业公司2003年版,第97—109页。

②　牟宗三:《心体与性体》第一册,《牟宗三先生全集》5,台北联经出版事业公司2003年版,第6页。

意义则在于个人有限之生命中取得一无限而圆满之意义。此则即道德即宗教,而为人类建立一'道德的宗教'也"。① 牟氏指出,这既与佛教之以舍离为中心的灭度宗教不同,亦与基督教之以神为中心的救赎宗教不同。在儒家,道德不是停留在有限的范围内,不像西方某些学者那样,以道德与宗教为对立的两阶段。牟氏认为"道德即通无限"。意思是说,尽管道德行为有限,但道德行为所依据之实体以成其为道德行为者则无限。"人而随时随处体现此实体以成其道德行为之'纯亦不已',则其个人生命虽有限,其道德行为亦有限,然而有限即无限,此即其宗教境界。体现实体以成德(所谓尽心或尽性),此成德之过程是无穷无尽的。要说不圆满,永远不圆满,无人敢以圣自居。然而要说圆满,则当体即圆满,圣亦随时可至。要说解脱,此即是解脱;要说得救,此即是得救。要说信仰,此即是信仰,此是内信内仰,而非外信外仰以假祈祷以赖救恩者也。圣不圣且无所谓,要者是在自觉地作道德实践,本其本心性体以沏底清沏其生命。此将是一无穷无尽之工作。一切道德宗教性之奥义尽在其中,一切关于内圣之学之义理尽由此展开。"②

其五,牟宗三进一步提出圆教与圆善学说,指出真正的圆教在儒家。牟氏在《智的直觉与中国哲学》《现象与物自身》《圆善论》等巨著中,消化康德,创造性发展儒、释、道三教。他分疏了两层存有论。他认为,康德所说的超越的区分,应当是一存有上的区分(现象界的存有论与本体界的存有论的区分),而不是一般形而上学所说的本体与现象的区分。牟氏又指出,康德不肯承认人有"智的直觉",把"智的直觉"看成上帝的专利,因此他只能就知性的存有论(即"执的存有论")的性格成就现象界的存有论即内在的形上学,而不能成就超绝的形上学,即本体界的存有论("无执的存有论")。中国儒、释、道大都肯定人有智的直觉,以此改造康德哲学,可以完成康德无法完成的超绝的形上学与基本的存有论。此两层存有论是在成圣、成佛、成真人的实践中带出来的。就终极言,是成圣、成佛、成真人:人虽有限而可无限。

---

① 牟宗三:《心体与性体》第一册,《牟宗三先生全集》5,台北联经出版事业公司 2003 年版,第 8 页。
② 牟宗三:《心体与性体》第一册,《牟宗三先生全集》5,台北联经出版事业公司 2003 年版,第 8 页。

　　牟宗三发挥佛教天台宗判教而显之圆教观来会通康德的圆善论,重释中国儒、释、道的精神方向。他指出,基督教认为人有限而不能无限,上帝无限而不能有限,人神之间睽隔不通,因此可称之为"离教"(隔离之教)。佛家的"般若智心",道家的"道心",儒家的道德意义的"知体明觉",都是"无限心"。儒、释、道三教都承认人虽有限而可无限,都把握了"慎独"(在佛家是"修止观",在道家是"致虚守静")这一枢纽,都认为人可通过自己的实践朗现无限心,故称之为"盈教"(圆盈之教)①。牟氏论述了儒、释、道三教的圆教与圆善,指出佛家的圆教是由"解心无染"入,道家的圆教是由"无为无执"入,而儒家则直接从道德意识入。儒家的圆教自孔子践仁知天始,经孟子、《中庸》、《易传》直至宋明儒,得到了大的发展。相比较而言,佛道两家缺乏创生义,不能直贯于万物。儒家"预设一道德性的无限智心,此无限智心通过其创造性的意志之作用或通过其感通遍润性的仁之作用,而能肇始一切物而使之有存在者也"。② 牟氏认为,儒教具有道德创造的意义,纵贯于存在界,十字打开,是大中至正的圆教。道德主体使圆教成为可能,只有在此圆实教中,德福一致的圆善才真正可能。在康德那里,德福一致的实现需要上帝作保证,在儒教这里,按牟氏的说法,是以自由无限心(道德主体)取代了康德的上帝。自由无限心本身就是德福一致之机。上帝对象化为人格神,成为情识所崇拜祈祷的对象。然而,儒教的道德主体(无限智心、自由无限心)却能落实而为人所体现,在道德实践中达到圆圣理境。"圆圣依无限智心之自律天理而行即是德,此为目的王国;无限智心于神感神应中润物、生物,使物之存在随心转,此即是福,此为自然王国(此自然是物自身层之自然,非现象层之自然……)。两王国'同体相即'即为圆善。圆教使圆善为可能;圆圣体现之使圆善为真实的可能。因此,依儒圣智慧之方向,儒家判教是始乎为士,终乎圣神。……由士而贤,由贤而圣,由圣而神,士贤圣神一体而转。人之实践之造诣,随根器之不同以及种种特殊境况之限制,而有各种等级之差别,然而圣贤立教则成始而成终矣。至圣神位,则圆教成。圆教成则圆善明。圆圣者体现圆善于天下者也。

---

　　①　参见牟宗三:《现象与物自身》,《牟宗三先生全集》21,台北联经出版事业公司2003年版,第467—470页。

　　②　牟宗三:《圆善论》,《牟宗三先生全集》22,台北联经出版事业公司2003年版,第319页。

此为人极之极则矣。"①在这里,有士、贤、圣、神四位教。士位教有"尚志"、"特立独行"或《礼记·儒行篇》等。贤位教以"可欲之谓善(此可欲指理义言),……充实之谓美,充实而有光辉之谓大"为代表。圣位教以"大而化之(大无大相)之谓圣"乃至"与天地合其德,与日月合其明","以天地万物为一体"为标志。神位教以"圣而不可知之之谓神","君子所过者化,所存者神,上下与天地同流"为内容。四位教亦可以说是四重境界。

总之,牟宗三关于儒学即"道德宗教"的反思,打通了性与天道、道德与宗教、超越与内在、圆教与圆善,明确提出了儒学即是宗教的看法,奠定了理论基础。

第三节　杜、刘:终极的关怀

杜维明为儒学的源头活水流向世界而不懈陈辞,是目前最活跃的新儒家代表。在主动与世界主要宗教对话的过程中,在新诠儒家传统的过程中,他对儒学的宗教性问题作出了多方面的揭示。

首先,他不同意以一元宗教(超越外在上帝)作为衡量是否"宗教"的普遍标准。他在20世纪70年代初就提出不要把西方文明的特殊性作为人类文化的普遍性。以希腊的哲学思辨、基督的宗教体验作为范式,或以"哲学"、"宗教"的抽象观念来分析儒家,可能会犯削足适履的谬误。他主张把作为哲学或宗教的儒家的问题转化为儒家的哲学性与宗教性问题。在哲学与宗教的交汇处与共通处理解儒家的学术或体验的特征,它恰恰是体验式哲学或智性的宗教。要之,哲学与宗教在西方是两个传统,但在中国乃至东方只是指向同一传统之两面。② 20世纪80年代,杜维明批评了马克斯·韦伯(Max Weber)关

---

① 牟宗三:《圆善论》,《牟宗三先生全集》22,台北联经出版事业公司2003年版,第323—324页。另请参见颜炳罡:《整合与重铸——当代大儒牟宗三先生思想研究》,台湾学生书局1995年版,第350—352页;杨祖汉:《牟宗三先生的圆善论与真美善说》,1997年7月第10届国际中国哲学会(汉城)会议论文。

② 参见杜维明:《儒家心性之学——论中国哲学和宗教的途径问题》,原发表于纽约《联合》杂志,1970年11月;后收入《人文心灵的震荡》,台北时报出版公司1976年版,第29、33—34页。又见《杜维明文集》第一卷,武汉出版社2002年版。

于儒家只是对世界的适应的说法,认为此说"严重地贬抑了儒家的心理整合和宗教超越的能力"①。20 世纪 90 年代,他反驳了中国文化的缺失是没有上帝等说法。他认为,五四时期以为缺科学民主,现在又认为缺宗教传统,都是从西方文化出发的问题意识。前者从启蒙思潮,后者从一元宗教。杜氏既不接受从工具理性的角度来宣扬儒家的所谓无神论,也不赞成以基督教或其他一元宗教的"超越外在"来补救儒家传统的"超越内在"的不足。他对时下一些华人学者一厢情愿地把西方特殊形态的宗教移植过来,或为了开拓一种宗教领域,而把自家文化中还相当有说服力和生命力的价值资源,在没有深入研究之前就消解、遗弃的做法,提出了善意的劝告和批评。② 凡此种种,都是要自立权衡,善待或正视自家资源的特色,避免西方中心论的影响。这都具有方法论的启迪。

其次,在儒家及其心性之学具有宗教性的思考方面,杜维明受到多方面的影响,其中主要有四个方面:第一,他直承唐君毅、牟宗三、徐复观的传统,可谓"接着讲"。第二,他深受宗教存在主义者马丁·布伯(Martin Buber)、保罗·田力克(Paul Tillich)、戈伯·马赛尔(Gabriel Marcel)等人的影响,齐克果(Kirkegaard)也是杜氏感到亲切的人,这对心性之学内蕴的宗教体验层面的发挥不无启发。第三,他受到美国宗教学家史密斯(W.C.Smith)关于宗教的界定及宗教意义、目的研究的影响。史密斯区分了"宗教"与"宗教性",前者指静态结构、客观制度,后者指传统、信仰,特别是某一信仰群体中的成员在精神上的自我认同。后者对作为一种精神传统的宋明儒学的内在层面的揭示颇有补益。第四,他在与当代神学家、宗教学家对话的过程中亦得到启发。

再次,杜维明揭示了"为己之学"的伦理宗教含义,界定了宋明儒学的宗教性。对于韦伯关于儒学缺乏一个超越的支撑点的说法,他反驳道:这实际上是把一种基督教的,从而是外来的解释强加在儒学之上。在儒家,虽并不相信有位超越的人格化的上帝,但相信人性最终是善的,而且有包容万物的神性。

① 杜维明:《儒家论做人》,《儒家思想——以创造转化为自我认同》,台北东大图书公司 1997 年版,第 57 页;后收入《杜维明文集》第三卷,武汉出版社 2002 年版。
② 参见周勤:《儒学的超越性及其宗教向度——杜维明教授访谈》,《中国文化》第 12 期,1995 年秋季号。后收入《杜维明文集》第四卷,武汉出版社 2002 年版。

这种人性是天命所赐,必须通过心的有意识的、致良知的活动才能充分实现。杜氏把这称为"存有的连续性"。天的实体对人绝不是陌生的,能为人的意志、感情和认知功能所领悟。通过心灵的培育和修养,人可以察觉到神发出的最几微的声音,领悟天运作的奥妙。同任何神学证明不同,宋明儒坚持古代"天视自我民视,天听自我民听"的天人互动观念,这规定了宋明儒的宗教性。① 人的自我在其自身的真实存在中体现着最高的超越,这不能理解为孤立的个体与上帝之间的关系。"儒家对人的固有意义的'信仰',是对活生生的人的自我超越的真实可能性的信仰。一个有生命的人的身、心、魂、灵都充满着深刻的伦理宗教意义。具有宗教情操在儒家意义上,就是进行作为群体行为的终极的自我转化。而'得救'则意味着我们的人性中所固有的既属天又属人的真实得到充分实现。"② 作为知识群体或旨趣相近的求道者的终极依据,不是一个作为"全然他者"的超越力量。儒家深信超越作为存在状况之自我,超越现实经验的转化,此转化的界限是使人与天所赋予的本性相符。这种终极自我转化的承诺即包含着某种超越层面。杜氏将宋明儒的宗教性表述为:"它是由人的主体性的不断深化和人的感受性连续扩展的双重过程构成的。在这种情况下,作为群体行为的终极的自我转化必然产生一系列的吊诡:如对自我的培育采取了对自我的主宰的形式:自我为了实现其本性就必须改变它的以自我为中心的结构……"③ 又界定为:一种终极的自我转化,这种转化可以视为作为一种群体行为,以及作为对于超越者的一种忠诚的对话式的回应。简言之,就是在学做人的过程中,把天赋人的自我超越的无限潜力全面发挥出来。④

杜维明指出:"儒教作为宗教性哲学,它所追求的是'立人极'。它主要的

---

① 参见杜维明:《宋明儒学的宗教性和人际关系》,《儒家思想——以创造转化为自我认同》,台北东大图书公司 1997 年版,第 155、149 页;又见《杜维明文集》第三卷,武汉出版社 2002 年版。

② 杜维明:《儒家论做人》,《儒家思想——以创造转化为自我认同》,台北东大图书公司 1997 年版,第 67 页;又见《杜维明文集》第三卷,武汉出版社 2002 年版。

③ 杜维明:《宋明儒学的宗教性和人际关系》,《儒家思想——以创造转化为自我认同》,台北东大图书公司 1997 年版,第 155—156 页;又见《杜维明文集》第三卷,武汉出版社 2002 年版。

④ 参见杜维明:《中与庸:论儒学的宗教性》第五章《论儒学的宗教性》,纽约州立大学出版社 1989 年版;其中译本收入《杜维明文集》第三卷,武汉出版社 2002 年版。

关怀是研究人的独特性从而去理解他的道德性、社会性和宗教性……它的主要任务是在探究怎样成为最真实的人或成为圣人的问题。""儒家的成圣之道是以一个信念为基础的,就是人经由自己的努力,是可以臻于至善的。这样,作为自我修养形式的自我认识,也就同时被认作是一个内在自我转化的行动。事实上,自我认识、自我转化不仅密切相联,而且也是完全结合成一体的。"①

最后,我们综合一下杜维明在儒学宗教性论说中的三项重点与贡献。其一,"自我"——是一个具有深远的宇宙论和本体论含意的伦理宗教观念。伦理宗教领域创造活动的中心是人的主体性。自我是开放的,是各种有机关系网络的动态的中心,是一个具体的人通向整体人类群体的过程。在自我的可完善性中,它不断深化,不断扩展,在修、齐、治、平过程中经历了与一系列不断扩展的社会群体相融和的具体道路。修身的每一阶段都是结构上的限制和程序上的自由之间的辩证关系。自我处境、社会角色的限制亦是自我发展的助缘。在前述过程中不断超越人类学的限制,体现着我们每个人之中的圣性。②其二,"圣凡关系"——儒学宗教性的特点是在现实、凡俗的世界里体现价值、神圣,把现实的限制转化成个人乃至群体超升的助缘。在轴心时代,中国凸显的是儒家为代表的对人本身的反思,即把一个具体活生生的人,作为一个不可消解的存在进行反思。其所涉及的四大层面是:自我、个人与群体、人与自然、人与天。儒家不从自我中心、社会中心、人类中心来定义人,又肯定天地之间人为贵。儒家把凡俗的世界当作神圣的,实然中有应然,高明寓于凡庸之中。这可以为世界各大宗教的现代化提供精神资粮。③ 其三,"体知"——这不是认知领域中的理智逻辑之知,而是修身过程中的德性之知,是一种生命体验,自证自知。人与天、地、人、我的感通是动态的过程而非静态的结构,不可能脱

---

① 杜维明:《从宋明儒学的观点看"知行合一"》,《人性与自我修养》,台北联经出版事业公司,第116—117页。

② 参见杜维明:《儒家思想——以创造转化为自我认同》,台北东大图书公司1997年版,第55、59—60、151—153页;又见《杜维明文集》第三卷,武汉出版社2002年版。

③ 参见周勤:《儒学的超越性及其宗教向度——杜维明教授访谈》,《中国文化》第12期,1995年秋季号;后收入《杜维明文集》第四卷"宗教向度",武汉出版社2002年版。

离天人合一的宏观背景而成为隔绝的认识论。① 杜氏进一步把"体知"疏理为感性的、理性的、智性的、神性的四层次,认为此四层体知交互滋养,是具备灵觉而又可以沟通神明的人的特性。② 总之,杜氏关于身心性命、修养之学的伦理宗教性质的阐释,特别是以上三点,为儒学的现代化和世界化提供了创造性的生长点,值得重视和发挥。

刘述先无疑是当代新儒家阵营在现时代最有哲学修养的学者之一。他代表儒家,积极推动儒学与天主教、基督教、回教等方面的对话,努力参与世界宗教与伦理方面的交流互动。他有关儒学宗教性问题的中英文论文,最早发表于1970—1971年间③,基本论旨至今未有大变,然关于孔孟思想的宗教义蕴,近年来的论著显然有更深入的发掘。

首先,刘述先注重现代神学的成果及面对现代化的儒耶沟通。他取基督教神学家田立克(Paul Tillich)的见解,把宗教信仰重新定义为人对终极的关怀。这显然是对"宗教"取一种宽泛的界定方式,因为在田立克看来,人的宗教的祈向是普遍的,每个人都有自己的神、自己的信仰、自己的终极关怀。当然,问题在于什么样的终极关怀才是真正的终极关怀。刘氏又借鉴现代神学家蒲尔脱曼(Rudolf Bultmann)、巴特(Karl Barth)、魏曼(Henry Nelson Wieman)、赫桑(Charles Hartshorne)、庞豁夫(Dietrich Bonhoeffer)、哈维·柯克斯(Harvey Cox)和孔汉思(Hans Kung)等人的思想,例如消解神化、象征语言的进路、经验神学、过程神学或宗教彻底俗世化的努力等等,进而从当代宗教的角度审视儒家传统的宗教意涵。现代神学扬弃中世纪的宇宙论等形式架

---

① 参见杜维明:《论儒家的"体知"——德性之知的涵义》,刘述先主编:《儒家伦理研讨会论文集》,新加坡东亚哲学研究所1987年版;杜维明:《身体与体知》,台北《当代》月刊1989年3月第35期。两文均收入《杜维明文集》第五卷,武汉出版社2002年版。

② 参见杜维明:《从"体知"看人的尊严》,1998年6月,北京"儒学的人论"国际学术研讨会论文;收入《杜维明文集》第五卷,武汉出版社2002年版。另请参见杜维明与冯耀明有关体知问题的论战,杜维明:《宏愿、体知和儒家论说——回应冯耀明批评"儒学三期论"》(收入《杜维明文集》第五卷,武汉出版社2002年版)和冯耀明:《"儒学三期论"问题——回应杜维明教授》,分别见台北《当代》月刊,1993年11月第91期和1994年1月第93期。

③ 参见刘述先:《儒家宗教哲学的现代意义》,原载台北《中国学人》1970年3月第1期;后收入刘述先:《生命情调的抉择》,台北志文出版社1974年3月初版。英文论文发表于夏威夷《东西哲学》1971年第2期(总第21期)。

构,一面坚持基督信息在现代的相干性,一面接受现代文明的挑战。本来,以传统基督教为模型的宗教观念,根本就不适用来讨论世界宗教(例如,无神的佛教)。从宗教现象学的观点看,宗教的定义必须重新加以修正,必须捐弃传统以神观念(特别是一神教)为中心的宗教定义。上帝可以死亡,但宗教意义的问题不会死亡。对于"他世"的祈向并不是宗教的必要条件,对于"超越"的祈向乃是任何真实宗教不可缺少的要素,对现世精神的注重未必一定违反宗教超越的祈向。

刘述先从这一视域出发,判定孔子虽然不信传统西方式的上帝,并不表示孔子一定缺乏深刻的宗教情怀,中国传统对于"超越"的祈向有它自己的独特的方式。① 他认为:"由孔子反对流俗宗教向鬼神祈福的态度,并不能够推出孔子主张一种寡头的人文主义的思想。事实上不只在他的许多誓言如'天丧予'之类还保留了传统人格神信仰的遗迹,他对超越的天始终存有极高的敬意。"②通过对孔子"天何言哉"等"无言之教"和"三畏"的诠释,他进一步肯定孔子彻底突破了传统:"天在这里已经完全没有人格神的特征,但却又不可以把天道化约成为自然运行的规律……孔子一生对天敬畏,保持了天的超越的性格。故我们不能不把天看作无时无刻不以默运的方式在宇宙之中不断创生的精神力量,也正是一切存在的价值的终极根源。"③刘述先注意到孔子思想中"圣"与"天"的密切关联及孔子对祭祀的虔诚态度,指出孔子从未怀疑过超越的天的存在,从未把人事隔绝于天。但孔子强调天道之默运,实现天道有赖于人的努力,人事与天道有不可分割的关系。这与当代西方神学思想所谓上帝(天道)与人之间的伙伴关系相类似。人自觉承担起弘道的责任,在天人之际扮演了一个枢纽性的角色。但这与西方无神论不同,并没有与宗教信仰完全决裂。孔子所提倡的儒家思想兼顾天人的一贯之道,一方面把圣王之道往下去应用,另一方面反身向上去探求超越的根源。

① 详见刘述先:《生命情调的抉择》,台北志文出版社 1975 年版,第 47—48 页;刘述先:《当代中国哲学论:问题篇》,美国八方文化企业公司 1996 年版,第 85—93 页。
② 刘述先:《当代中国哲学论:问题篇》,美国八方文化企业公司 1996 年版,第 94 页。
③ 刘述先:《论孔子思想中隐涵的"天人合一"一贯之道——一个当代新儒学的阐释》,台北《中国文哲研究集刊》1997 年第 10 期。

　　刘述先认为,进入现代,面临科技商业文明的挑战,儒耶两大传统所面临的共同危机是"超越"的失坠与意义的失落。新时代的宗教需要寻找新的方式来传达"超越"的信息。就现代神学思潮企图消解神化,采用象征语言进路,重视经验与过程,并日益俗世化,由他世性格转变为现世性格来说,儒耶二者的距离明显缩短。儒家本来就缺少神化的传统,至圣先师孔子始终只有人格,不具备神格,阴阳五行一类的宇宙观是汉儒后来附益上去的,比较容易解构。中国语言对于道体的表述本就是使用象征语言的手法。中国从来缺少超世与现世的二元分裂,儒家自古就是现世品格。儒家有一个更注重实践与实存的体证的传统。面对现代化挑战,在现代多元文化架构下,宗教传统必须与时推移作出相应的变化,才能打动现代人的心弦,解决现代人的问题,既落实在人间,又保住超越的层面,使人们保持内心的宗教信仰与终极关怀。在这些方面,儒教比基督教反有着一定的优势,有丰富的睿识与资源可以运用。①

　　其次,刘述先发展"超越内在"②说,充分重视二者的张力,提出"超越内在两行兼顾"的理论。他认为儒家有超越的一面,"天"是孔子的超越向往,《论语》所展示的是一种既内在而又超越的形态。孟子从不否认人在现实上为恶,孟子只认定人为善是有心性的根据,而根本的超越根源则在天。我们能够知天,也正因为我们发挥了心性禀赋的良知和良能。孟子虽倾向在"内在"一方面,但孟子论道德、政事同样有一个不可磨灭的"超越"的背景,由此发展出一套超越的性论。孟子与孔子一样清楚地了解人的有限性,接受"命"的观念,但强调人必须把握自己的"正命"。如此一方面我们尽心、知性、知天,对于天并不是完全缺乏了解;另一方面,天意仍不可测,士君子虽有所担负,仍不能不心存谦卑,只有尽我们的努力,等候命运的降临。

　　刘述先指出,由孟子始,儒家认为仁心的扩充是无封限的,这一点与田立克之肯定人的生命有一不断自我超越的构造若合符节。"仁"既超越又内在,但天与人之间是有差距的。人的生命的终极来源是来自天,但既生而为人就有了气质的限定而有了命限,然而人还是可以就自己的禀赋发挥自己的创造

<hr />

①　刘述先:《当代中国哲学论:问题篇》,美国八方文化企业公司 1996 年版,第 98—99 页。

②　关于刘述先的"内在超越"说、"理一分殊"说的讨论,详见本书第十三章。

性,自觉以天为楷模,即所谓"正命"、"立命"。天道是一"生生不已"之道,这一生道之内在于人即为人道。儒家"生生"之说体现的是个体与天地的融合。

最后,刘述先强调超越理境的具体落实,重新解释"理一分殊",以示儒家宗教哲学的现代性与开放性。他认为,超越境界是无限,是"理一",然其具体实现必通过致曲的过程。后者即是有限,是"内在",是"分殊"。"理一"与"分殊"不可以直接打上等号,不可以偏爱一方,而是必须兼顾的"两行"。兼顾"理一"与"分殊"两行,才合乎道的流行的妙谛。

总之,刘述先沿着牟宗三、方东美等人的思路,强调儒家仁心与生生精神可以作为现代人的宗教信念与终极关怀,通过对传统与现代的多维批判,肯定儒家思想的宗教意涵有着极高的价值与现代的意义。

第四节　比较与综合

唐君毅、牟宗三、杜维明、刘述先关于儒学宗教性问题的反思,深化、丰富了我们对儒家精神特质的认识,这本身已成为贡献给现代世界的极有价值的精神资源。在人的安身立命与终极关怀问题日益凸显而科技又无法替代的今天,这些论说就更加有意义。

他们反思的共同点是承认儒学资源中饱含有超越的理念和宗教精神,尤其肯定了其特点是"内在的超越",即相对于基督教的他在的上帝及其创世说,儒家的"天"与"天道"既是超越的,却又流行于世间,并未把超越与内在打成两橛。基督教相信一个超越的人格神,失乐园之后的人有原罪,需要通过对耶稣基督的他力得到救赎,超世与俗世形成强烈的对比。传统儒家体证的道在日用行常中实现。儒家相信无人格性的道,肯定性善,自己做修养工夫以变化气质,体现天人合一的境界。

他们的反思也各有特色。总体上是唐君毅与牟宗三打基础,杜维明与刘述先循此继进,有所发展。但相比较而言,唐、杜偏重从中国人文精神,从人文学或哲学的人学的角度涵摄宗教;牟、刘则偏重从存有论,从宗教哲学的角度阐明儒学之宗教之旨。唐注意宗教与道德的分别,牟直接指陈儒家即宗教即道德,为"道德宗教"。牟不重视伦理学,杜重视伦理学,更接近徐复观。杜只肯定到儒学具有"宗教性"的程度为止,即先秦、特别是宋明儒学观念中有着信奉精神自我认同的宗教倾向,在超越自我的精神修养中含有本体论和宇宙论的道德信仰。刘则把宗教定义为终极关怀,在此前提下,肯定儒学有极其深远的宗教意蕴。虽然在牟那里,天人也不是绝对同一的,但牟不太注重超越、内在之间的距离,刘则突出了这一点,强调"超越"、"内在"的并行不悖。唐、牟注重儒耶之异,其比较还停留在一般水平上。对耶教等,唐、牟以判教的姿态出现,杜、刘则放弃判教,转向吸收神学新成果,在理解中对话。这看起来似乎是把儒家拉下来了,但却不是消极退缩,而是积极参与,为世界各大宗教的现代化提供儒教的智慧。杜、刘比唐、牟更重视《论语》。杜、刘的批判性、现实性较强。

　　唐君毅的贡献在从存在实感上奠定了儒学所具有的宗教精神的基础,开拓了儒学宗教性研究之领域,揭示了仁心良知、本心本性即宗教性的安身立命之所,发掘了包括"三祭"在内的儒家的宗教价值,设置了"天德流行"、"尽性立命"等超主客观境界。牟的贡献在奠定了儒家道德宗教学说的主要理论基础,特别是从宗教哲学的高度创造性地解读了"性与天道"和相关的内圣、心性学说,融摄康德,架构了"内在的超越"、"有限通无限"、"圆教与圆善"论,凸显了道德的主体性。杜的贡献是在英语世界开辟了儒家论说领域,进一步揭示了"为己之学"的伦理宗教意义,并在儒家的"自我转化"观、"圣凡关系"论和"体知"问题上有全新的发展。刘的贡献在于进一步推进了"内在超越"学说,为儒家宗教精神的现代化和落实化,重新解读"理一分殊",积极倡导"两行之理",发展了"仁"与"生生"之旨。所有这些,对儒家学说乃至中国传统精神的现代转化都有多方面的启迪。

　　我觉得还有一些尚待思考的问题需要提出来作进一步研究。其一,在学理上,当代新儒家主要关心的是心性之学和知识精英士大夫的信仰,而礼乐伦教是传统社会的制度性生活,对儒教设施、组织、祭祀活动、政教关系,特别是历史上民间社会、民心深处的宗教性问题却疏于探讨。在儒家伦范制度中体现了临近终极的强烈情绪和信仰,也渗透了对生死问题的最后意义的解答。不仅在士大夫中,而且在民间,人们并非凭借超自然的力量,而凭借人的道德责任。足见儒家体制对现世的重视,儒家宗教精神对民间的渗透。但小传统中的民间鬼神信仰与儒学信仰毕竟有很大差别。① 对这些问题,尚需作全面的研讨。其二,对儒学宗教性的负面效应,包括伦教之负面,还要作出进一步的检讨与批判。其三,无须讳言,儒学超越性不及,而内在性偏胜。如何从宗教现象学、比较宗教学和儒教史的角度,解答超越性不足所带来的中国文化中的诸多问题。其四,在诠释儒学的宗教意涵上,需要并重经学资源与理学资源。目前特别要加强考古新发现的简帛中的先秦儒学资料的研究。其五,在比较康德与儒学时,充分注意康德的近代知识学与理性主义的背景,此与仁心良知的体验实践路数有着重大区别。其六,本心仁体、自由无限心及知体明觉活动的限制问题,即道德的主体性的限制问题(此还不是"命"之限制性问题),道德的主体性与个体性不能互相替代的问题,作为生命存在的个体全面发展的问题,具体的人作为特殊的人本身才是目的而不是手段的问题,尚需作进一步的疏理。其七,儒家、儒学、儒教之精义能否或在什么意义、什么层次上重返现实社会,并为当代人安身立命的现实可能性的问题,还需要从理论与实践的结合上作出探讨。

---

① 参见郑志明:《当代儒学与民间信仰的宗教对谈》,收入林安梧主编:《当代儒学发展之新契机》,台北文津出版社 1997 年版。

第十五章　现当代新儒家的易学思想

现代新儒家代表人物都十分重视《周易》经传，特别是《易传》，将其作为自己重要的思想资源，予以创造性的诠释与转化。大体上，他们是沿着宋代易学家的理路讲，又在现代所接受到的西方哲学影响下，从形上学、本体论、宇宙论、价值论、方法论的视域来重新解读易学，别开生面。

第一节　熊、马:乾元性理

熊十力的易学思想主要源于王弼的体用观、程伊川之"体用一源，显微无间"说及王船山的《周易内传》、《周易外传》。熊氏自谓根据于且通之于《周易》的"平生之学"的核心，是与船山相通的"尊生而不可溺寂"（或"尊生以箴寂灭"）、"彰有而不可耽空"（或"明有以反空无"）、"健动而不可颓废"（或"主动以起颓废"）、"率性而无事绝欲"（或"率性以一性欲"）。他有取于船山易学的活泼新创、力求实用，但又批评船山之"乾坤并建"有二元论之嫌（其实船山并无二元论，当另说）。

熊十力说他自己四十岁左右"舍佛而学《易》"或"舍佛归易"，其重心是"体用不二"的本体论。他所提倡的《周易》智慧，是以西学与佛学为参照的，即不把形上与形下、本体与现象剖作两片、两界的智慧。其"真元"、"本体"就是"乾知大始"的本心，以"乾元性体"为天地万物、现象世界的本体，是万化之大原、万有之根基，具足万理又明觉无妄。

此体即"仁体"。他以"生生"讲"仁"。"乾"、"仁"都是生德，是生命本体。他说:"生命一词，虽以名辞，亦即为本体之名。……夫生命云者，恒创恒新之谓生,自本自根之谓命。""本体是生生化化流行不息的,儒家《大易》特别在此处发挥。"①他把《易传》生生不已、健动不息的创造性、创新性思想发挥到极致。

熊十力认为,宇宙间有"刚健、纯净、升进、虚寂、灵明及凡万德具备的一种势用,即所谓辟者,与翕俱显,于以默运乎翕之中,而包涵无外。《易》于乾元言统天,亦此义也。乾元,阳也,即辟也……辟之势用,实乃控御诸天体,故言统天。……翕不碍辟也,由坎而离,则知天化终不爽其贞常。而险陷乃生命之所必经,益以见生命固具刚健、升进等等盛德,毕竟能转物而不至物化,毕竟不舍自性,此所以成其贞常也"。②

在熊十力看来,本体之为本体,是内在的有一种生命精神,或曰心,或曰辟,具有生生不已、创进不息的力量,能成就整个世界(宇宙)。他借批评船山易学而发挥了一套生命创进的理论,指出世界(宇宙)的形成与演进并无目的性,不是有上帝或人有意计度、预先计划、预定,当然也不是盲目的冲动,只是生命精神的唯变所适、随缘做主。正因为有随缘做主的明智,物化过程是刚健精神的实现过程,而不是迷暗势力的冲动过程。他借诠释《坎》、《离》二卦,表明生命跳出物质障锢之险陷,而得自遂。在这个意义上,他讲精神本体生命的"举体即摄用"、"即用而显体",讲"生即是命"、"命即是生"。本体有很多潜能,无穷无尽的可能,原因乃在于本体生命的本质是创造变化,这就是乾阳之性,可以由潜而显,化几通畅,现为大用。

熊十力又用华严宗的"海沤不二"与《易纬·乾凿度》的"变易"、"不易"来比喻本体与现象、本体与功能的关系。隐微的常体内具有完备的品质,涵盖了众多的道理,能够展现为大用流行,使现象界开显。本体与功用、现象,变易与不易,海水与众沤是相即不离的关系。

熊十力反对在太极、太易、乾元的头上安头。"乾元性海"可以开发、转化为万事万物,又不离开现象界。乾元本体统摄乾坤、神器、天人、物我。

---

① 熊十力:《新唯识论》(语体文本),《熊十力全集》第三卷,湖北教育出版社 2001 年版,第358、200 页。

② 熊十力:《新唯识论》(语体文本),《熊十力全集》第三卷,湖北教育出版社 2001 年版,第349—350 页。

　　熊十力的本体论是本体—宇宙论,"体用不二"包容了"翕辟成变"。这一讲法源于严复的《天演论》。翕辟是乾元仁体的两大势用,翕是摄聚成物的能力,辟是与翕同时而起的刚健的势用,两者相反相成。此即称体起用,摄用归体。熊氏之晚年定论《乾坤衍》直接以乾坤代翕辟。他视宇宙天体、动植物、人类及人类的心灵的发展,每一刹那,灭故生新,是无穷的过程,无有一瞬一息不疾趋未来。他认为发展总是全体的、整体的发展。他又认为宇宙之大变化根源在乾元内部含藏的相反的两种功能、势用,相交互补互动。乾坤并非两物,只是两种生命力,独阳不变,孤阴不化,变必有对。这些看法与宋代易学十分契合。

　　熊十力依据《周易》讲了一套宇宙论与人生论,此即乾元性体的即体即用、即存有即活动的开显。无其体即无其用,无其用亦无其体。用是现实层面的撑开、变现、转化,体是吾与天地万物浑然同体之真性,是创造性的生命精神,是内在的、能与天地万物相互沟通、交融的灵明觉知。只有道德的人才能性灵发露,良知显现,尽人道而完成天道。

　　熊十力的体用、天人之学又发展为"性修不二"的工夫论与"内圣外王"的政治观。就外王学而言,他讲庶民政治,讲革命,且拿"群龙无首"喻民主政治。

　　马一浮的易学思想带有很深的理学、佛学的印痕。他抓住的核心是"穷理尽性至命","顺性命之理"。其易学思想包括以下内容:

　　首先,将天下学术、天下之道归于"六艺",而"六经"之教、"六艺"之道归之于《易经》之教、之道。他说:"《易》为六艺之原,亦为六艺之归。《乾》、《坤》开物,六子成务,六艺之道,效天法地,所以成身。'以通天下之志',《诗》、《书》是也;'以定天下之业',《礼》、《乐》是也;'以断天下之疑',《易》、《春秋》是也。冒者,覆也。如天之无不覆帱,即摄无不尽之意。知《易》'冒天下之道',即知六艺冒天下之道,'无不从此法界流,无不还归此法界'。故谓六艺之教终于易也。"[①]他又用华严宗一摄一切,一切摄一,一入一切,一切入

―――――――――――

一,一中有一切,一切中有一,交参全遍,圆融无碍的思想,说明《诗》、《书》、《礼》、《乐》、《春秋》之教体者,莫非《易》也。

其次,以"穷理尽性以至于命"和"顺性命之理"为易经、易教之主旨。他说:三材之道所以立者,即是顺性命之理也。儒者不明性命之理,绝不能通"六艺"。他以"性"、"理"思想来说明"六经",特别是《易经》。他说:"学《易》之要,观象而已;观象之要,求之十翼而已。孔子晚而系《易》,十翼之文幸未失坠,其辞甚约,而其旨甚明。"①在概述了汉、宋、清代易学之后,马一浮特别指出:"近人恶言义理,将'穷理尽性'之说为虚诞乎? 何其若是之纷纷也? ……不有十翼,《易》其终为卜筮之书乎?"②他以为要重视象,重视辞,通过"象"以尽其意,通过"辞"以明其吉凶,不能随便说"忘象"、"忘言"。他说:"寻言以观象而象可得也,寻象以观意而意可尽也。数犹象也,象即理也,从其所言之异则有之。若曰可遗,何谓'以言乎天地之间则备'邪? 与其求之后儒,何如直探之十翼?"③他又说,象是能诠,意是所诠。数在象后,理在象先。离理无以为象,离象无以为数。又说:物之象即心之象也。又说:今治《易》者,只在卦象上着例,不求圣人之意,卦象便成无用。

马一浮指出:"圣人作《易》,乃是称性称理。""三才之道所以立者,即是顺性命之理也。凡言理,与道有微显之别。理本寂然,但可冥证,道则著察见之流行。就流行言,则曰三材;就本寂言,唯是一理。性命亦浑言不别,析言则别。性唯是理,命则兼气。理本纯全,气有偏驳,故性无际畔,命有终始。然有是气则必有是理,故命亦以理言也。顺此性命之理,乃道之所行。不言行而言立者,立而后能行也。顺理则率性之谓也,立道即至命之谓也,故又曰'穷理尽性以至于命',此《易》之所为作也。知圣人作《易》之旨如此,然后乃可以言学《易》之道。"④

以上对理与道、性与命的诠释,运用了理学家理气关系的模型。"理"、

①　马一浮:《马一浮集》第一册,浙江古籍出版社、浙江教育出版社1996年版,第421页。

②　马一浮:《马一浮集》第一册,浙江古籍出版社、浙江教育出版社1996年版,第421、422页。

③　马一浮:《马一浮集》第一册,浙江古籍出版社、浙江教育出版社1996年版,第422页。

④　马一浮:《马一浮集》第一册,浙江古籍出版社、浙江教育出版社1996年版,第425页。

"性"为本体,"道"为流行,命则兼气。马一浮又说乾元是性,坤元是命,合德曰人。资始者理,资生者气,总为一理。又说理必顺性命故,离性命无以为理故。但这个"理"并不在吾人之外,不可用客观方法求之于外,不能用分析、计算、比较、推理的方式求得,只能由自己会悟、证悟。因此,在一定意义上,马一浮的"理"即是"心"。

与熊十力类似,马一浮最终把性命之理视为本心,以心遍摄一切法,心即是一切法。三才之道只是显本心本体之大用。圣人作《易》垂教,只是要人识得本心。本心与习心不同,我们不能只随顺习气,失坠本心。

由本体论进入工夫论、修养论,马一浮讲"全性起修"、"全修在性",乾坤合德,故"性修不二"。在性德与修德的关系上,"因修以显性,不执性以废修"。他亦讲成己、成物,认为成物是性分内事,但物之气有不齐,不得不谓之命,圣人尽性至命,所以知其不可而为之。在他看来,"穷理尽性以至于命",是兼性、修而言,兼内圣外王而言;极深研几,即所以崇德广业,开物成务;此即成性、成能、成位。

在体用、性修关系上,熊十力、马一浮有一致性,如对"神无方易无体"、"精义入神"、"各正性命"等的解释,如关于从体起用、摄用归体、本隐之显、推见至隐的解释等。但马氏多用佛学来谈,如佛之三身、圆伊三点等,熊氏则不然。熊马二人无疑接着宋明诸家而讨论易学,重心在本体论。马的讲法更传统一些,熊用了一些现代哲学的讲法。熊着意于本体—宇宙论,马着意于本体—工夫论。

第二节　方东美:生生不已

方东美重视《易》的逻辑问题,他评论了京房、荀爽、虞翻等汉易诸家,认为最重要的是旁通之说,但"旁通之理应当从卦象去求,不应当从易辞去求……应当由易之取象演卦着手,然后再从卦与卦间的逻辑关系,试求通辞"①。他自己曾以现代逻辑手段说明六十四卦的联系。

---

① 方东美:《生生之德》,台北黎明文化事业公司1987年版,第3页。

　　方东美《原始儒家道家哲学》一书,有专章"原始儒家思想——《易经》部分"。他考察了《易》的逻辑及其符号系统的起源与结构,肯定了从符号到道德的转化。方东美认为,《周易》符号和卦爻辞系统是从远古到成周时代的历史产品,后经周公、孔子的诠释,成为人本主义的思想体系,有了道德理性的提升,既保留了原始宗教价值,又转化为道德价值,把神圣世界与现实世界联系起来,成就一人类的生命道德秩序。方氏指出,《周易》只是经孔子、孔孟弟子的系统研究,对这些历史资料以哲学的解释,然后才有了真正的哲学。

　　方东美强调的是,孔子演《易》之"元德"、"元理"是中国文化精神的主脉,是中国智慧的精品。与熊十力、马一浮二人一样,方东美也肯定孔子对《易传》十翼的创制,甚至认为孔子真正的贡献在《易》。他进而指出,通过孔子与子思,孟子才是真正透悟《周易》精神的大师,贯通《易》、《庸》,从一切生命的观点、价值的理想、哲学的枢纽上安排人的地位与尊严。

　　方东美所谓"元德"、"元理",即是"生生之德"、"生生不已"的天地精神。天道的创新精神转化为人性内在的创造性,转化为人文主义的价值系统。在这里,"乾元"是"大生之德","坤元"是"广生之德","天"的生命与"地"的生命合并起来,是一个广大悉备的天地生生之德,即创造性的力量,而人处在天地之间成为天地的枢纽。《周易》是以生命为中心、以价值为中心的哲学体系①。

　　方东美对《易传》的解释,认为这是中国独有的"宇宙—本体论"和"价值中心的本体论"。请注意,方氏的讲法与熊十力不同,熊氏讲的是"本体—宇宙论",而方氏是从宇宙论到本体论再到价值论的理路。

　　方东美在《中国形上学中之宇宙与人》一文中认为:"《易经》一书是一部体大思精而又颠扑不破的历史文献,其中含有:(1)一套历史发展的格式,其构造虽极复杂,但层次却有条不紊。(2)一套完整的卦爻符号系统,其推演步骤悉依逻辑谨严法则;(3)一套文辞的组合,凭藉其语法交错连緜的应用,可以发抉卦爻间彼此意义之衔接贯串处。此三者乃是一种'时间论'之序曲或

---

① 参见方东美:《原始儒家道家哲学》,台北黎明文化事业公司1987年版,第156—160页。

导论,从而引伸出一套形上学原理,藉以解释宇宙秩序。"①他又指出:"《周易》这部革命哲学,启自孔子……其要义可自四方面言:(1)主张'万有含生论'之新自然观,视全自然界为宇宙生命之洪流所弥漫贯注。自然本身即是大生机,其蓬勃生气,盎然充满,创造前进,生生不已;宇宙万有,秉性而生,复又参赞化育,适以圆成性体之大全。(2)提倡'性善论'之人性观,发挥人性中之美善诸秉彝,使善与美俱,相得益彰,以'尽善尽美'为人格发展之极致,唯人为能实现此种最高的理想。(3)形成一套'价值总论',将流衍于全宇宙中之各种相对性的差别价值,使之含章定位,一一统摄于'至善'。最后,(4)形成一套'价值中心观'之本体论,以肯定性体实有之全体大用。"②

　　方东美概括的《周易》的这四点要义,确有见地。他阐发了《周易》哲学的宇宙自然观、人性论、境界论、价值论,特别指出这几者的合一。他指出儒家是"时际人",而"时间"的观念在《周易》中特别明显。

　　就《周易》的宇宙自然观而言,他认为《易传》揭示的是"万有含生论",是自然和谐的化育生机论。此由孔子创发,见之于《象传》、《系辞传》及《说卦传》前两部分。方东美认为,《周易》生生之理中,育种成性、开物成务、创进不息、变化通几、绵延不朽诸义,均值得深究。③　方氏指出,中国人喜欢用"自然"代替"宇宙"。中国人心目中的"自然"(宇宙)与西方人不同,不是物质的、机械运动的,不是可以被宰割(或征服)的经验对象物,而是整体存在界的生存处所,也是万事万物顺其自然的律则律动变化的过程,是万物融通为一的境界。方东美对《易传》宇宙自然观的诠释,肯定其中蕴藏的生机活泼的生命力。他认为,我们的宇宙是生生不已、新新相续的创造领域。任何生命的冲动,都无灭绝的危险;任何生命的希望,都有满足的可能;任何生命的理想,都有实现的必要。"保合太和,各正性命",真是我的宇宙的全体气象。这一"宇宙含生论"或"宇宙有生论",确乎是《周易》哲学所代表的中国哲学的特质。他认为《易纬·乾凿度》也代表了中国哲学的机体主义的特征。所谓中国哲

---

① 方东美:《生生之德》,台北黎明文化事业公司1987年版,第289页。
② 方东美:《生生之德》,台北黎明文化事业公司1987年版,第289—290页。
③ 参见方东美:《中国人生哲学》,台北黎明文化事业公司1980年版,第127—129页。

学的机体主义,即否定人与物、主观与客观的绝对对待,否定世界的机械秩序和由一些元素构成,否认将变动不居的宇宙本身压缩成一套紧密的封闭系统。这是针对西方哲学而言的。①

就《周易》的人性论和境界论而言,方东美认为,据万物含生论之自然观而深心体会之,油然而兴,成就人性内具道德价值之使命感,发挥人性中之美善品质,实现尽善尽美的最高之人格理想,唯人为能。方氏指出,这一意义也是孔子首先创发,见于《乾》、《坤》二卦的《文言》,特别是《象传》曾系统发挥了这一思想。《周易》讲"精进","自强不息",刚健创新不守其故,生意盎然,生机洋溢,生命充实。宇宙大生命与吾人生命彻上彻下、彻里彻外、彻头彻尾,无不洋溢着生机活力,生香活意。人的德性生命、价值理想随之精进而提升。方氏发挥"易简之善配至德",认为在整体存在界的一切人,都是透过生命的实践来达到至善的境界的。当人们凭借其创造生机臻入完美境界,就可以与天地合其德,与神性同其工。这即是理想的精神人格,儒家所谓之"圣人",尽性践形,止于至善。方氏在解释《文言传》时,强调天人合德的至善之境,即为大人、圣人的最高境界。

就《周易》哲学的价值论、境界论与自然观、人性论的关系而言,方东美指出,在中国哲学家看来,自然是宇宙普遍生命大化流行的境域,它本身充满着无穷无尽的大生机。人与自然之间没有任何间隔,因为人的生命与宇宙生命是融为一体的。自然是一和谐的体系,它凭借着神奇的创造力(所谓鬼斧神工、神妙不测),点化了呆滞的物性,陶冶人的性情,提升人的美德。天德施生,地德生化,生生不已,浩瀚无涯。大化流行的生命景象,不是与人了无相涉的。正因为人参与了永恒无限的创化历程,并逐渐地在这一"健动"的历程中取得了中枢的地位,因而个体生命与宇宙生命一样,具有了无限的价值和意义。我们面对着一个创造的宇宙,我们每个人只有同样富有创造精神,才能德配天地。所以,儒家动态流衍的宇宙观,也就是价值中心的本体论,其基点是哲学人类学的。

方东美论《易》,大气磅礴,汪洋恣肆,横贯中西古今,是现代哲学的诠释,

———————

① 参见方东美:《生生之德》,台北黎明文化事业公司 1987 年版,第 284 页。

已超越汉宋易学的分别。他的义理,较之熊十力、马一浮,更无拘束。

第三节　唐、牟:神明之知

牟宗三早年以希腊哲学的形上学、自然本体论来讲中国哲学,特别是用新实在论与数理逻辑来讨论《周易》,重视汉代、清代易学。他早年认为《周易》有四个涵意:第一是数学物理的世界观,即生生条理的世界观;第二是数理逻辑的方法论,即以符号表象世界的"命题逻辑";第三是实在论的知识论,即以象象来界说或类推卦象所表象的世界之性德的知识论;第四是实在论的价值观,即由象象之所定所示而昭示出的伦理意谓。①

其一,牟宗三早期的易学观——对汉易象数的研究。

他提出了关于爻位的五个根本公理:第一,六爻之位各有所象而成一层级性,是谓"六位"公理;第二,六位分为上中下即象天地人,是为"三材"公理;第三,二五居卦之中,而为一卦之焦点或主座,是谓"中"之公理;第四,六爻成为既济式者,是谓"当位"公理;第五,凡当位之爻初四、二五、三上各相应者,是谓"相应"公理。② 牟宗三对爻之位置所反映的六爻之相互关系非常敏感,以上概括是准确的。他的看法,前四条公理均为静态的存在,最后一条"相应公理"则为爻的动用,如初、四爻相应,二、五爻相应,三、上爻相应。由六爻所代表的宇宙论言之,"相应"即是"感通"。汉易通过卦爻象数之路来观阴阳气化之变。

牟宗三有关乾坤升降的讨论,提出气化交感互应的宇宙论,又研究了"据"(阳爻在阴爻之上)、"承"(阴爻在阳爻之下)、"乘"(阴爻居阳爻上者)的意义,互体问题和时空问题等,多有创发。③

牟宗三对胡煦、焦循的研究非常深入,多有心得。熊十力对牟宗三有关胡

---

① 参见牟宗三:《周易的自然哲学与道德函义》,《牟宗三先生全集》1,台北联经出版事业公司 2003 年版,第 6 页。

② 参见牟宗三:《周易的自然哲学与道德函义》,《牟宗三先生全集》1,台北联经出版事业公司 2003 年版,第 54—55 页。

③ 详见邓立光:《象数易学义理新诠——牟宗三先生的易学》,载刘大均主编:《大易集述》,巴蜀书社 1998 年版,第 149—152 页。

煦生成哲学的阐发大为赞赏。关于焦循的易学,牟氏指出,他是由卦爻象数的关系而建立了"旁通情也"的道德哲学。至于焦循《当位失道图》的讨论,"成两既济"与"当位失道"的关系,能否称为"当位律"、"失道律"及其与"旁通律"的关系,焦循的混淆和牟宗三归纳分析之不足,岑溢成的《焦循〈当位失道图〉牟释述补》一文论之甚详。① 当然牟氏对焦氏旁通、相错、时行等卦爻变动的基本原则的提扬,总体上是有很大意义的。

其二,牟宗三的易学观——以"穷神知化"为中心。

牟宗三对《中庸》、《易传》的总体看法是,《易》、《庸》是从天命、天道的下贯,从宇宙论的进路来讲人性的,与孟子"仁义内在",即心说性的道德的进路不一样。

他指出,天命之性总是一种超越意义、价值意义的"性"。《易经·乾象》"乾道变化,各正性命",就是贞定这种性;《易·系辞传》"一阴一阳之谓道,继之者善也,成之者性也",就是成的这种性。《易·说卦传》"穷理尽性以至于命",也是尽的这种性。天、天命、天道下贯而为性的"性",不是材质主义的"气命之性"。《易》、《庸》之学是儒家从天道处说下来的人性论的传统中的"客观性原则"。②

牟宗三认为,《彖》、《象》、《文言》与《系辞》,总名为孔门《周易》方面之义理,代表了儒家精神。其中心思想在"穷神知化"(《系辞下传》云"穷神知化,德之盛也")。《乾彖》、《坤象》集中体现此种精神,特别是"乾道变化,各正性命,保合太和乃利贞"一语,颇值得深究。所谓"知化"者,知天地生化之德("天地之大德曰生"),即知"天道"。所谓"穷神"者,穷生化不测之神也,如"阴阳不测之谓神"、"知变化之道者,其知神之所为乎"、"神无方而易无体"等等③。牟氏反复阐释:"易无思也,无为也,寂然不动,感而遂通天下之故。非天下之至神,其孰能与于此?夫易,圣人之所以极深而研几也。唯深也,故

---

① 岑溢成文载《牟宗三先生与中国哲学之重建》一书,台北文津出版社1996年版,第245—262页。

② 详见牟宗三:《中国哲学特质》第八讲,《牟宗三先生全集》28,台北联经出版事业公司2003年版,第63—64页。

③ 详见牟宗三:《心体与性体》第一册,《牟宗三先生全集》5,台北联经出版事业公司2003年版,第314页。

能通天下之志。唯几也,故能成天下之务。唯神也,故不疾而速,不行而至。"
"蓍之德圆而神,卦之德方以智,六爻之义易以贡。圣人以此洗心,退藏于密,
吉凶与民同患。神以知来,智以藏往,其孰能与于此哉! 古之聪明睿智、神武
而不杀者夫。是以明于天之道,而察于民之故,是兴神物以前民用。圣人以此
斋戒以神明其德夫。"对以上《系辞》话语及相关思想的诠释,牟宗三强调
的是:

其一,"穷神"即"知化",反之亦然。"穷"不是科学求知,不是以器求之;
"知"不是质测、知识之知。"穷神知化"是德性生命的证悟,是发之于德性生
命之超越的形而上之洞见,其根据完全在"仁"。"显诸仁,藏诸用"云云,即根
据"仁"所证悟之天道也。天道并不是蹈空漂荡的冥惑之事,同时要实现出
来,有大用有实功。天道是"仁"亦是"诚",天道的生化秩序(宇宙秩序)也即
是一道德秩序,这是发之于德性生命的必然的证悟。①

其二,《易传》是根据仁体的遍在而言天道即仁道,易道即仁道即生道。
天道是"乾知大始,坤作成物",生化不测之真几、实体。《易》、《庸》根据孔子
的证境而显扬,是内在性的证悟。德行生命的健行,而且又虔诚敬畏地"奉天
时",此即为超越与内在的圆一。②

其三,《易经》之学即是由蓍卦之布算而见到生命之真几。"极深研几"云
云,正是《易》之本义。这就是要透过物质世界上达至精无碍的超越实体。
《易》学正是以生化不测之神或易简之理来体证超越实体的。无论是天道的
生化或是圣心的神明,都可以"无思无为、寂然不动、感而遂通"来形容之。这
就是"寂感真几"。所以,超越实体者即是此"寂感真几",神化与易简是其本
质之属性。这都是由精诚的德性生命、精神生命的升进之所彻悟者。所证悟
的是人生宇宙的本源。所以乾卦象传的"天行健,君子以自强不息"正是儒者
超越智慧之不同于佛、老之处。③

---

① 参见牟宗三:《心体与性体》第一册,《牟宗三先生全集》5,台北联经出版事业公司 2003
年版,第 315—316 页。

② 参见牟宗三:《心体与性体》第一册,《牟宗三先生全集》5,台北联经出版事业公司 2003
年版,第 317—318 页。

③ 参见牟宗三:《心体与性体》第一册,《牟宗三先生全集》5,台北联经出版事业公司 2003
年版,第 321—322、325 页。

　　牟宗三不拘泥于现实功利和具体物象，着力发掘《易》学之中内蕴的理想价值、精神生命，肯定体证本体正是洁净精微的"易教"的本色，促进人们养育心性，达到道德的高明之境。他对《易传》的诠释，与他"内在—超越"的哲学系统是一致的。在他看来，这种境界形上学，这种精神生命力的方向有其普遍性、永恒性与真理性，并永远是具体的普遍。

　　唐君毅有关易学的探讨亦是哲学性的，与牟宗三有很多相近之处。唐氏在《中国哲学原论·原道篇》式及《中国哲学原论·原性篇》中多处论及《易传》。从这些标题："《易传》之即易道以观天之神道"，"《易传》之即继言善、即成言性与本德性以有神明之知"、"运神明以知乾坤之道与即道言性"等等，不难看出唐氏的诠释路向。

　　唐君毅指出，关于"寂静不动"之境而又"感而遂通"，从这一观点看一切天地万物，即见一切天地万物皆由寂而感，由无形而有形，由形而上而形而下，即见一切形而下之有为而可思者，皆如自一无思无为之世界中流出而生而成。知此，即可以入于《易传》之形上学之门。知一切物的生成皆由无形的形而上而有形的形而下，更观一切物生成的"相续"，即见此万物的生成，乃一由幽而明，由明而幽，亦由阖而辟，由辟而阖之历程。《易传》正是由此以言物之阖辟相继、往来不穷，由象而形而器，以成其生生不已。这些器可以为人所制而利用之，其利用之事亦有出有入而变化无穷，至神不测。①

　　唐君毅肯定人有超越于一定时空限制的"神明之知"，即无定限的心知。他说，物之感应变化之道即是易道，而神即在其中，故易道即神道。易无体神无方，不是易道之外别有神道。他发挥"神而明之，存乎其人，默而成之，存乎德行"，"穷神知化，德之盛也"，进而讨论神明之知与德行的关系。

　　他说："人若无自私之心，亦不自私其心为我所独有，将此心亦还诸天地，而观凡此天地之所在，即吾之心知、吾之神明之所运所在，天地皆此心知神明中之天地；则天地之现于前者无穷，此心知神明亦与之无穷。"②

---

　　①　参见唐君毅:《中国哲学原论·原道篇》式,《唐君毅全集》卷十五,台湾学生书局 1993 年版,第 140—145 页。

　　②　唐君毅:《中国哲学原论·原道篇》式,《唐君毅全集》卷十五,台湾学生书局 1993 年版,第 163 页。

唐君毅解释"神妙万物",特别指出这不是说"神超万物",也不是说"神遍在于万物"。为什么呢?因为说"神超万物",以安排计划生万物,则皆有定限而可测者也;说"神遍在万物",乃就万物之已成者而言其遍在。这与言"神妙万物",即就神之运于方生者之不可测是不同的。唐氏在这里把中国哲学(特别是儒学)与一元外在超越的基督教,与泛神论,区别开来。①

唐君毅认定,人们在观照自然界之相互感应时,一面见自然物之德之凝聚,一面求自有其德行,与之相应;自然界启示人当有德行,自然不是纯粹的自然,而是有德行意义的自然(这与方东美的看法十分接近)。中国学者善于随处由自然得其启示于人之德行上的意义。这与《周易·大象传》等易教的影响有关。不仅人之德与天地之德相结合,而且如《周易·贲》之彖辞所说"观乎人文以化成天下"与"观乎天文以察时变"相对应。

就序卦之文而论,唐君毅指出,《周易》之辩证法与西方之辩证法不同。《周易》多蕴含顺承式的发展,西方辩证法多以正反直相转变为第一义。他重视乾阳而坤顺以相承之义。另外,他认为《周易》中所说的正反之相转以见正反之相成,与西方辩证法的事物有内在的矛盾说不同。唐氏之本意,在强调中国哲学的和谐方式的辩证法与西方哲学的斗争方式的辩证法是不同的。

唐君毅亦肯定《大戴礼记》的《本命》所说"分于道谓之命,形于一谓之性",《乐记》的"性命不同"与《易传》的"各正性命"、"穷理尽性以至于命"、"顺性命之理"与《中庸》的"天命之谓性"的重要。这一点亦同于马一浮、牟宗三。

唐君毅认为:"人在其尽性之事中,即见有一道德生活上之自命。此自命,若自一超越于现实之人生已有之一切事之源泉流出,故谓之源于天命。实则此天命,即见于人之道德生活之自命之中,亦即见于人之自尽其性而求自诚自成之中,故曰天命之谓性也。至《中庸》之连天命以论性之思想之特色,亦即在视此性为一人之自求其德行之纯一不已,而必自成其德之性,是即一必归于'成'之性,亦必归于'正'之性,而通于《易传》之旨。此性,亦即彻始彻终,

① 参见唐君毅:《中国哲学原论·原道篇》式,《唐君毅全集》卷十五,台湾学生书局1993年版,第164页。

以底于成与正,而藏自命于内之性命。故人之尽性,即能完成天之所命,以至于命也。是又见《易传》之言'成之者性',言'各正性命','尽性至命',正为与《中庸》为相类之思想型态也。"①此言《易》、《庸》之同。

唐君毅指出,《易传》之"一阴一阳之谓道,继之者善也,成之者性也"、"成性存存,道义之门"、"乾道变化,各正性命,乾知大始,坤作成物"及乾坤之鼓万物之盛德大业等,其思想似纯为以一形上学为先,以由天道而人性之系统。这与《孟子》尽心知性以知天,存心养性以事天,等直下在心性上取证者不同,也与《中庸》由圣人之至诚无息,方见其德其道之同于化育万物之天德天道者,亦似有异。唐氏进而指出,《易传》的阴阳、乾坤并举,尤与《中庸》之举一诚为一贯天人之道者不同。此言《易》、《庸》之异。

唐君毅认为,理解《易传》先道后善而后性的入路是:须先在吾人之道德生活之历程上及吾人如何本此心之神明以观客观宇宙之变化上,有所取证。这即是道德生活之求自诚而自成,即求其纯一无间而相续不已,这就是善善相继的历程。这里是先有继之善,而后见其性之成,故先言继善,而后言成性;非必谓继中只有善而无性,性中只有成而无善,善与性分有先后之谓也。②。

唐君毅指出,吾人之神明能兼藏往与知来,通观往者与来者,即见往者来者皆运于有形无形之间,而由无形以之有形,又由有形以之无形,遂可见一切形象实乃行于一无形象之道上,或形而上之道上,以一屈而一伸。这个无形之道不是虚理,而是能使形"生而显,成而隐"的有实作用的乾坤之道。

总而言之,唐君毅说,乾坤之道与吾人性命的关系有两种论法,《易传》中均有。"穷理尽性以至于命"是第一种论法;"乾道变化,各正性命"是第二种论法。第一种论法是由主体到客体,第二种论法则相反。第一种论法是说,吾人之所以见宇宙有此乾坤之道,依吾人心之神明之知。人能有神明之知,乃出于吾人之心之性和吾人之性命。那么,客观宇宙的乾坤之道,是宇宙对吾人之性命之所呈,而内在于吾人之性命者。人之穷彼客观宇宙之理,亦即所以自尽

---

① 唐君毅:《中国哲学原论·原性篇》,《唐君毅全集》卷十三,台湾学生书局1991年版,第88页。

② 参见唐君毅:《中国哲学原论·原性篇》,《唐君毅全集》卷十三,台湾学生书局1991年版,第83—89页。

性而自至命。

第二种论法是把吾人之性命客观化为与万物的性命同存在于客观宇宙中的性命,亦同为依于乾坤之道之所生之变化以自得自生而自成,以正其自己之一性命者。吾人的性命亦由乾道的变化而后得自生自成而自正者也。

这两种论法互为根据,互为其本。由人以知天与由天以知人,可同归于天人合德之旨,以见外穷宇宙之理与内尽自己之性,皆可以正性命而尽性至命。唐氏的结论是:"《易传》之论性命与乾坤之道,在根底上,仍为一视天人内外之关系为相生而相涵之圆教,而与《中庸》同为一具大智慧之书也。"①

由以上我们知道,以《孟子》为参照,牟宗三认为《易》、《庸》是宇宙论的进路,重心是从天道下贯人性的客观性原理。然而,同样以《孟子》为参照,唐君毅不仅指出了《易》、《庸》之同,又指出了《易》、《庸》之异,虽同样认为《易传》是由天道而人性的系统,但指出其包括了由主体到客体和由客体到主体两方面的原理,此即乾坤并建。牟氏发挥《易传》"穷神知化"的意义,认定是以"仁"为根据的德性生命的证悟。唐氏论"神明之知",则指出其包含有形与无形、形下与形上两面,即道德实践历程、本心神明与客观宇宙变化的相续不已。

第四节　现代新儒家的易学观的意义

冯友兰、徐复观、张君劢等也讨论过《周易》,特别是《易传》,也发挥过《易传》之旨。本章之所以略而不论,是因为他们大体上未曾把对《易传》的诠释与自家的哲学体系或哲学性思考相融,或仅是以思想史家、哲学史家的立场加以阐发的。冯友兰重视《易传》所含有的对待、变化、流行的观念,特别是发展的观点在宇宙观、社会观和人生论上的意义。徐复观重视《易传》的性命思想,认为其在性与命之间介入了阴阳的观念,认为其所言道德,外在的意义较重,与孟子、《中庸》不同。

---

① 唐君毅:《中国哲学原论·原性篇》,《唐君毅全集》卷十三,台湾学生书局1991年版,第96页。

前面我讨论的熊十力、马一浮、方东美、牟宗三、唐君毅五家的周学思想，相互发明者在在皆是。除牟宗三早年外，他们均未(包括牟氏中晚年)理会象数学，均未从学术性路数具体而微地研究易学与易学史。五人的共同之处是，抓住《易传》的一些关键性、哲理性话语予以创造性解读，在现当代重建了《易》的形上学，特别是道德形上学，并从形上易体的存有与活动的两面及其统合上加以发展。

五人所论容或有一些差异，然通而观之，不难发现他们虽出之于宋易又推陈出新，赋予《周易》以现代哲学的意蕴。其价值与意义是：

1. 不再拘束于烦琐的形式系统，亦不拘泥于物化的世界，提扬《周易》所代表的儒家乃至中国哲学的精神方向、价值世界，激励中国人的真、善、美相融通的人生境界的追求，并形成信念信仰，以安身立命。

2. 发挥《易传》的创造精神，撑开"用"、"现象界"、"形下界"和"外王学"，面对西方世界的挑战，面对现代生活而开物成务，崇德广业。此即体用不二、乾坤并建的题中应有之义。

3. 以现代哲学的观念与问题意识重点阐发了《周易》哲学的宇宙论、本体论、生命论、人性论、境界论、价值论及其间的联系，肯定了中国哲学之不同于西方哲学的特性是生机的自然观，整体的和谐观，自然宇宙和事实世界涵有价值的观念，至美至善的追求，生命的学问和内在的体验。

4. 重建本体论和宇宙论，证成超越性与内在性的贯通及天与人合德的意义。重释"穷理尽性至命"、"继善成性"等命题的价值，肯定人有"神明之知"，能"穷神知化"，从而成就了儒家式的道德形上学。

《周易》经传是我国哲学的重要经典，特别是战国晚期以后逐渐形成的七种十篇《易传》，为中国哲学的本体论、宇宙论、人生论、价值论奠定了一种范式。与汉代流行的阴阳家、杂家的气化宇宙论不同，《易传》的思想更加博大精深。在今天，《易传》哲学仍有价值与意义。过去五十多年来，我国大陆学者比较重视《易传》的辩证发展观的价值，外国汉学家则比较重视从过程哲学或宇宙演化图式上来肯定《易传》，这当然都是不错的。相比较而言，现代新儒家学者的诠释，特别能抓住"易道"的本体宇宙论这一关键。也就是说，《易传》最为重大的价值是继承了殷周以来、孔孟以来的大传统，从宗教性的范式转化为宗教与道德结合的范式,把天道、地道、人道三才之道整合为一个大系统。《易传》的精神,从刚健创化的功能体认天道,从承顺宽容的功能体认地道,并把天地之道与人道(人事条理)的感通作为枢纽,从感应配合上体认生生不已的易道。易道的本体宇宙论含括了修人道以证天道,明天道以弘人道的两面,包含了儒家成己成物、内圣外王的"成德之教"①。现代新儒家学者阐释了这种本体宇宙论的体用观,建构了新的哲学模型,借以融摄现代的科学。他们又特别在进德修业、道德实践的理路上,把"道"、"理"、"性"、"命"结合起来,实际上说明了人的道德自由,人所承担的绝对命令和无条件的义务。这就在道德形上学方面留下了更多的发展空间。我们今天仍然要追问天道、自然、社会、人性、个我生命的意义及其终极归属等问题,现代新儒家的阐述对我们发展《周易》哲学的精神具有多重的启发。这本身也是一重要的思想遗产。

---

① 参见戴琏璋:《易传之形成及其思想》,台北文津出版社 1989 年版,第 54、55 页。

第十六章 宋明理学与现当代新儒学

宋明理学是继汉唐儒学之后在儒、佛、道三教融合基础上所形成的一种儒学再塑思潮。由于儒家历来以人伦世教作为自己的头等关怀,因而所谓宋明理学的三教融合特质,也就必然会表现为一种在吸取佛老超越追求智慧的基础上对儒家人伦世教精神的一种重新论证。而在此之前,由于汉唐儒学对儒家人伦世教关怀的论证主要是通过宇宙生化论并以所谓生生之道的方式展开的,而这种论证方式又遭到佛道两家的尖锐批评,因而宋明理学对于儒家人伦世教关怀的论证也就必然要改弦更张,起码要在充分吸取佛老的超越追求精神以及其形上智慧的基础上展开,这就主要表现为一种由原来那种单纯的宇宙生化论视角转变为一种超越的本体论视角。不过,仅就这一点而言,虽然我们也可以说宋明理学主要就表现为一种本体论思潮或超越追求精神,但对于儒家传统的人伦世教关怀而言,其本身却并不局限于所谓本体论的层面,而是有其深沉的人生信仰关怀的;所谓超越的本体伦视角,不过是比原来那种宇宙生化论更接近其超越追求精神而已。而这一过程,既构成了儒学在唐宋时代的思想转型,同时也代表着宋明理学的崛起。

第一节 北宋五子的"造道"追求

所谓宋明理学,首先也就表现为北宋五子前赴后继的"造道"运动与超越的本体追求精神。但北宋五子之"造道"追求并不是一种凭空而起的思潮,而主要是唐中叶以来中国社会与思想文化之转型所不断积累促成的。

在这一过程中,首先是唐末五代以来的藩镇割据以及五代小朝廷的轮番登场,给了北宋统治者以深刻的历史教训,于是,北宋建政之初,便有了"杯酒释兵权"以及其修文偃武的基本国策,这就从根本上防范了武人作乱的可能。接着,又以皇家号召的方式掀起了所谓"文以载道"的文学革命之风,倡导继承唐中叶以来的古文运动,并自觉地从精神上祛除五代以来开始流行的以辞藻之华丽著称而又缺乏真精神的"西昆体",使唐宋思想的转型从社会政治的层面拓展到思想文化的领域。在这一基础上,从反省、批判"时文"到自觉地排距佛老也就成为一种广泛的社会性思潮;与此同时,也唤醒了民间的自由讲学之风。待到仁宗庆历之际,朝廷的政治体制改革、民间的自由讲学之风之相互激荡,首先也就表现为一种"经学复苏"思潮,并很快形成了所谓"学统四起"的格局。对于当时的这一形势,《宋元学案·卷首》中概括说:

> 庆历之际,学统四起。齐、鲁则有土建中、剑颜,夹辅泰山而兴。浙东则有明州杨、杜五子,永嘉之儒志、经行二子,浙西则有杭之吴存仁,皆与安定湖学相应。闽中又有章望之、黄晞,亦古灵一辈人也。关中之申、侯二子,实开横渠之先。蜀有宇文止止,实开范正献公之先。筚路蓝缕,用启山林……①

这就是庆历之际的社会思潮,也是北宋五子崛起的前奏。

与此同时,作为庆历新政之主帅的范仲淹与古文运动之主盟的欧阳修也分别从儒家士大夫之理想人格追求与批评佛老的角度表达了对理学崛起的呼声:

> 不以物喜,不以己悲,居庙堂之高则忧其民,处江湖之远则忧其君。是进亦忧,退亦忧。然则何时而乐耶? 其必曰:先天下之忧而忧,后天下之乐而乐乎! 噫! 微斯人,吾谁与归?②

> 佛法为中国患千余岁,世之卓然不惑而有力者,莫不欲去之。已尝去矣而复大集,攻之暂破而愈坚,扑之未灭而愈炽,遂至于无可奈何。是果不可去邪? 盖亦未知其方也……曰:莫若修其本以胜之。昔战国之时,杨墨交乱,孟子患之而专言仁义,故仁义之说胜,则杨墨之学废。汉之时,百

---

① 黄宗羲:《宋元学案·卷首》,《黄宗羲全集》第三册,浙江古籍出版社 2005 年版。
② 范仲淹:《岳阳楼记》,《范仲淹全集》卷八,凤凰出版集团 2004 年版,第 168—169 页。

家并兴,董生患之而退修孔氏,故孔氏之道明而百家息,此所谓修其本以
胜之之效也。①

"不以物喜,不以己悲"显然是一种超越的理想人格追求;而所谓"先天下之忧
而忧,后天下之乐而乐"一说,也就明确地表达了儒家士大夫"为万世开太平"
的人伦世教关怀。至于欧阳修所谓的"修其本以胜之"一说,也同样明确地表
达了对儒家道学崛起的殷切呼唤。而这一政治与文学联姻的思潮,终于培育
出代表着当时"经学复苏"的"北宋三先生"——孙复、胡瑗、石介,并且也呼唤
出了真正代表着宋明理学崛起的第一代思想家群体,这就是以"造道"追求为
特征的"北宋五子"。

"北宋五子"是指邵雍、周敦颐、张载、程颢、程颐五人,他们既代表着北
宋的第一代思想家群体,同时又是宋明理学理论规模的开创者。他们五人
或为兄弟(如二程)、或为亲戚(如张载与二程)、或为师徒(如周敦颐与二
程)、或长期共居于同一城市(如邵雍与二程)而相互为讲友。在当时,他们
虽然分处不同地域,但却共同展开了一种以超越的形上追求为特征的"造
道"思潮。

北宋五子中最年长的是邵雍(1011—1077),从理学崛起的角度看,邵雍
也处于道学初创之始发环节上。但也正是因为这一点,所以邵雍还不能说是
纯正的儒家,说他是半儒半道式的人物或许更恰当。据说邵雍少时,"自雄其
材,慷慨有大志。既学,力慕高远,谓先王之事为可必致。及其学益老,德益
邵,玩心高明,观于天地之运化,阴阳之消长,以达乎万物之变……"②邵雍一
生所学,即是以"数推"为特征的"物理性命之学",所以说是"观于天地之运
化,阴阳之消长,以达乎万物之变";而他所著的《皇极经世》一书,也主要是以
所谓元会运世之"数推"的方式来说明人类社会的发展演化,这无疑属于一种
宇宙生化论或宇宙演化图式。对此,唐明邦概括说:"邵雍阐发陈抟秘传的
《先天图》……为探讨宇宙衍化而建立别开生面宇宙衍化程式。元会运势乃
其演化流程。一元十二会,十二万余年。以天道之阴阳消长定人事兴衰,论定

① 欧阳修:《本论》上,《欧阳修全集》卷十七,台北世界书局1991年版,第122—123页。
② 程颢:《邵尧夫先生墓志铭》,《邵雍集》,中华书局2010年版,第579页。

宇宙亦有生有灭。人当以天人统一心态对待宇宙衍化。"①萧汉明也评价道："邵雍的学术思想,基本上是以道家为根基整合儒家,而不是以儒家为根基整合道家"。② 这就是说,邵雍实际上是以道家的和光同尘智慧与阴阳消长之数来表达儒家的人伦世教关怀的,或者也可以说邵雍是从道家的和光同尘智慧走向儒家之人伦关怀的表现。从理学思潮的总体走向来看,这自然可以说是北宋五子开始融合儒道的表现。

不过在当时,邵雍"坦夷浑厚,不见圭角"的人生智慧,以及他"清而不激,和而不流"③的处世风范,已表现出一种超然世外的气象。这不仅为还处在萌芽状态的理学思潮,开启了超越追求精神与理想人格培育的面向,还给作为其历史意识主轴的皇王霸伯之说,树立了"道德功力"的评价标准。邵雍就历史评价标准解释说:

> 以道德功力为化者,乃谓之皇矣。以道德功力为教者,乃谓之帝矣。
> 以道德功力为劝者,乃谓之王矣。以道德功力为率者,乃谓之伯矣。④

这即是以"道德功力"贯通皇王霸伯,表明儒家的人伦世教关怀已成为邵雍历史观的价值评价标准。

与邵雍之半道半儒式的隐士风范相比,周敦颐(1017—1073)则一直被公认为是道学开山。这主要表现在:其一,周敦颐的思想具有更强的儒家伦理世教关怀的特色,他已不认同邵雍那种只做隐士的人生取向,而是不辞小官,其最有名的官位居然不过是一名小小的县尉,这就具有了不同寻常的意义。如果说北宋五子是以儒道融合的方式开始其三教合一探讨的,那么周敦颐的儒道融合显然已经具有了更强的儒家色彩,——其积极入世的精神并且不辞小官就是一种典型表现。其二,周敦颐又是北宋五子之殿军——二程的老师,所以也就得到了人们格外的尊崇。再加上其"光风霁月,胸次洒落"的为人

---

① 唐明邦:《邵雍尊儒崇道的先天易学》,《道家文化研究》第二十六辑,三联书店2012年版,第136页。

② 萧汉明:《道家功夫,仙人气象——读邵雍<击壤集>》,《道家文化研究》第二十六辑,三联书店2012年版,第161页。

③ 《宋史·邵雍传》,《邵雍集》,中华书局2010年版,第579页。

④ 邵雍:《观物内篇》第五篇,《邵雍集》,中华书局2010年版,第19页。

气象以及其对佛教学理的钻研①，从而也就使其在理学三教融合的进程中居于更高一个层次。也就是说，周敦颐已经明确地拉开了宋明理学三教融合的大幕。

　　但严格说来，周敦颐仍然属于由佛道而儒家的过渡性人物。这主要是由以下几个方面的原因决定：首先，在理学三教融合的轨道上，虽然周敦颐佛道兼采，而并不同于邵雍那种仅仅"以道家为根基整合儒家"，说明其在北宋理学三教融合的进程中确实居于更高一个层次，但作为理学之根本性特征的三教融合任务，或者说作为理学完成这一任务之根本出发点的天道本体或形上本体意识在周敦颐的哲学中还没有形成；而其本身的"烟霞气"也说明其人生中确实还带有不少佛道两家的思想痕迹。其次，代表周敦颐"造道"之作的《太极图说》也仍然是一种宇宙生化论，虽然这种宇宙生化论后来也曾被朱子诠释为一种宇宙本体论，但作为其始发概念的"太极"却仍然是作为宇宙之始源概念出现的。这一缺弱，只要我们将邵雍、周敦颐与张载哲学中所共同出现的"太极"概念略加比较便可知②，尤其是当张载明确地对"太极"加以所谓"一物两体，气也"③与"一物而两体，其太极之谓与"④的解释与说明时，也就可以清楚地看出周敦颐《太极图说》之宇宙生化论的性质了；至于其以所谓"刚柔善恶中"⑤来规定人性的做法，也典型地表现着其哲学之以气为基的宇宙生化论性质。

　　不过，虽然周敦颐的天道观仍然属于建立在气化生生基础上的宇宙论，但

---

　　①　"周茂叔谓一部《法华经》只消一个艮卦就可了。"（《程氏外书》卷十，《二程集》，北京中华书局1981年版，第408页）另请参见《〈爱莲说〉的佛说因缘》，侯外庐、邱汉生、张岂之：《宋明理学史》，北京人民出版社1984年版，第80—84页。

　　②　邵雍云："太极既分，两仪立矣。阳下交于阴，阴上交于阳，四象生矣。阳交于阴、阴交于阳而生天之四象；刚交于柔、柔交于刚而生地之四象，于是八卦成矣。"（《观物外篇》，《邵雍集》，中华书局2010年版，第107页）又说："太极，道之极也；太玄，道之玄也；太素，色之本也；太一，数之始也；太初，事之初也。"（《观物外篇》，《邵雍集》，中华书局2010年版，第164页）这两处所论，前者显然是对《易传》的解读，而后者则是对汉人宇宙生化论的解释；而这两处解释，如果结合张载对太极的运用，也就足以证明周敦颐《太极图说》之宇宙生化论的性质了。

　　③　张载：《正蒙·参两》，《张载集》，中华书局1978年版，第10页。

　　④　张载：《正蒙·大易》，《张载集》，中华书局1978年版，第48页。

　　⑤　周敦颐："性者，刚柔善恶中而已矣。"《通书·师第七》，《周子通书》，上海古籍出版社2000年版，第32页。

只要一进入其人生论,则其哲学之理想人格追求以及其超越的祈向包括其中所蕴含的形上本体意识就已经明确表现出来了。周敦颐在《通书》中有如下论述:

> 诚者,圣人之本。"大哉乾元,万物资始",诚之源也。"乾道变化,各正性命",诚斯立焉。纯粹至善者也。①
>
> 圣,诚而已矣。诚,五常之本,百行之原也。②
>
> 性焉安焉之谓圣,复焉执焉之谓贤。发微不可见、充周不可穷之谓神。③
>
> 志伊尹之所志,学颜子之所学……④

《通书》是周敦颐融会《易传》与《中庸》之作,而从上述诸条来看,一种超越的理想人格已经明确树立起来。所谓"诚,五常之本,百行之原也"包括所谓"圣人之本"正是就儒家人伦世界之基础及其超越的理想人格而言的;而所谓"性焉安焉之谓圣"以及"复焉执焉之谓贤"一说也无疑是以人所内在的道德善性为基础的;至于"志伊尹之所志,学颜子之所学"则正是儒家理想人格的具体表现。仅从这几点来看,周敦颐作为宋明理学的奠基人即当之无愧。

如果就宋明理学对儒家形上本体意识尤其是对儒家天道本体的充分自觉而言,则不能不首推张载。而当理学发展到张载时,一方面形成了对佛老之学的一种明确的借鉴意识,同时也形成了对其反戈一击的批判意识。这说明,借鉴佛老超越的形上本体智慧与批评佛老二教以空、无为本的人生价值观实际上正是理学三教合一性质的根本特征,而这一特征恰恰是通过张载自觉地"出入佛老"所明确揭示出来的;张载对这一问题的充分自觉尤其表现在其有别于邵雍与周敦颐之不反佛老这一点上。与此同时,当理学思潮发展到张载时,其自身也表现出了一种明确的自我反省与理论推进意识。而所有这些方面,也就首先表现在张载的如下经历以及他对当时思想界之理论现状的反

---

① 周敦颐:《通书·诚上第一》,《周子通书》,上海古籍出版社2000年版,第31页。

② 周敦颐:《通书·诚下第二》,《周子通书》,上海古籍出版社2000年版,第32页。

③ 周敦颐:《通书·诚几德第三》,《周子通书》,上海古籍出版社2000年版,第32页。

④ 周敦颐:《通书·志学第十》,《周子通书》,上海古籍出版社2000年版,第35页。

思中：

> 年二十一，以书谒范仲淹，一见知其远器，乃警之曰："儒者自有名教可乐，何事于兵！"因劝读《中庸》。载读其书，犹以为未足，又访诸释老，累年究极其说，知无所得，反而求之《六经》。①

> 彼语寂灭者往而不返，徇生执有者物而不化，二者虽有间矣，以言乎失道则均焉。②

> 《大易》不言有无，言有无，诸子之陋也。③

对于佛老之学，张载经历了一个"累年究极其说"的过程，他对理学的推进，当然离不开对佛道思想资源的汲取。此后，"出入佛老，返于六经"便成了理学家共同的思想经历。张载终归"反而求之《六经》"，他批评佛老："彼语寂灭者往而不返，徇生执有者物而不化，二者虽有间矣，以言乎失道则均焉"。在他看来，佛道二教虽然有着不同甚或完全相反的表现，但在有悖于儒家的人伦世教上则是共同的。张载对理学思潮本身亦不乏反省，此即他所谓"《大易》不言有无，言有无，诸子之陋也"。这就是说，如果继续沿着有无关系的角度对天道本体作探讨，必然会走向老氏的"有生于无"。邵雍、周敦颐对于天道本体的探讨之所以不彻底，其根源就在于他们坚持"有生于无"的思路，依循这一思路必然会将儒家的天道本体意识归结为所谓"一物两体"的气。在张载看来，这仍然在汉唐儒学宇宙生化论或气化宇宙论的泥淖中打转。

正是在上述认识的基础上，张载从对庄子思想的借鉴与改造出发，从而将"太虚"规定为宇宙天道之本体。请看张载对"太虚"的论述：

> 太虚无形，气之本体，其聚其散，变化之客形尔；至静无感，性之渊源，有知有识，物交之客感尔。客感客形与无感无形，惟尽性者一之。④

> 由太虚，有天之名；由气化，有道之名；合虚与气，有性之名；合性与知

---

① 《宋史·张载传》，《张载集》，中华书局 1978 年版，第 385—386 页。
② 张载：《正蒙·太和》，《张载集》，中华书局 1978 年版，第 7 页。
③ 张载：《正蒙·大易》，《张载集》，中华书局 1978 年版，第 48 页。
④ 张载：《正蒙·太和》，《张载集》，中华书局 1978 年版，第 7 页。

觉,有心之名。①

在庄子哲学中,"太虚"原本是指虚空、空间的意思,比如其所谓的"若是者,外不观乎宇宙,内不知乎太初,是以不过乎昆仑,不游乎太虚"②,本来也就是指广漠的空间而言的。因而,《淮南子》中也有所谓"道始于虚霩,虚霩生宇宙,宇宙生气,气有涯垠"③的说法,说明在中国传统中,"太虚"一直是一个指谓空间的概念;而所谓"气有涯垠"一说也明确地揭示了"气"的有限性。在张载的哲学中,"太虚"虽然仍保留着其空间的原始指谓,如所谓"气块然太虚升降飞扬,未尝止息"④,以及"故云物班布太虚者,阴为风驱,敛聚而未散者也"⑤等种种说法,均是明确指谓空间的。张载的创造主要在于他同时又赋予了"太虚"以"天德"与"至善"的含义,⑥并且还以"至实"与"至一"来规定太虚,⑦这就使得"太虚"成为支撑天地万物生成演化的形上基础——所谓变中之不变者。

在这一基础上,张载就完全可以立足于其太虚本体,从而既以之抗衡于佛

---

① 张载:《正蒙·太和》,《张载集》,中华书局 1978 年版,第 9 页。就儒学与佛教的原生表现而言,儒学自有其生生不息的宇宙生化意识,而佛教的般若智则只是表现其一意超越追求的所谓解脱智慧而已,并不存在所谓独立自在的本体意识,而其所谓的"缘起性空"一说实际上也只是表示"万法无自性"的一种自我否定而已。但在儒佛相互批判的背景下,儒道两家所共同认可的宇宙根源意识也就被提升为一种天道本体意识,而佛教则不断地向着儒学所一直肯定的人伦世教精神靠拢,——禅宗就是一意超越追求的佛教为儒家人伦世教精神所化的表现;至于其超越的般若智,也在不断地为儒学所学习、所借鉴。张载这里所谓的天道本体以及其"客感客形与无感无形,惟尽性者一之"一说,一方面确实表现了其将现实世界的体用化或本体与现象的二重化,但同时也表现了其运用天道本体来支撑儒家人伦世教关怀的指向。——张载所谓的"造道"意识,也就典型地表现在这一点上。

② 《庄子·知北游》,郭庆藩编:《庄子集释》,台北万卷楼图书有限股份公司 2007 年版,第830 页。

③ 《淮南子·天文训》,《诸子集成》第七册,上海书店 1986 年版,第 35 页。

④ 张载:《正蒙·太和》,《张载集》,中华书局 1978 年版,第 8 页。

⑤ 张载:《正蒙·太和》,《张载集》,中华书局 1978 年版,第 7 页。

⑥ 张载云:"天地以虚为德,至善者虚也。虚者天地之祖,天地从虚中来。"(《语录》中,《张载集》,中华书局 1978 年版,第 326 页。)又说:"存心之始须明知天德,天德即是虚,虚上更有何说也。"(《经学理窟·气质》,《张载集》,中华书局 1978 年版,第 269 页。)

⑦ 张载云:"金铁有时而腐,山岳有时而摧,凡有形之物即易坏,惟太虚无动摇,故为至实。"(《语录》中,《张载集》,中华书局 1978 年版,第 325 页。)又说:"静者善之本,虚者静之本。静犹对动,虚则至一。"(《语录》中,《张载集》,中华书局 1978 年版,第 325 页。)

老之空、无本体,同时又以之批评佛老的"体用殊绝"。比如他明确指出:

> 若谓虚能生气,则虚无穷,气有限,体用殊绝,入老氏"有生于无"自然之论,不识所谓有无混一之常;若谓万象为太虚中所见之物,则物与虚不相资,形自形,性自性,形性、天人不相待而有,陷于浮屠以山河大地为见病之说……语天道性命者,不罔于梦幻恍惚,则定以"有生于无"为穷高极微之论。①

> 彼(佛教——引者注)欲直语太虚,不以昼夜、阴阳累其心,则是未始见易,未始见易,则虽欲免阴阳、昼夜之累,末由也已。易且不见,又乌能更语真际! 舍真际而谈鬼神,妄也。所谓实际,彼徒能语之而已,未始心解也。②

在这里,张载既然以太虚作为儒家的天道本体,同时又以之批评佛老不是陷入所谓"'有生于无'"的"自然之论",就是陷于佛教所谓的"物与虚不相资,形自形,性自性,形性、天人不相待而有"式的"体用殊绝";而作为儒家虚气相即的"太虚即气",则始终坚持"有无混一"之体用贯通的原则。这样一来,太虚本体论的提出不仅表明儒家天道本体意识的形成,也为批评佛老奠定了理论基础,又为儒家的生生之道——宇宙生化论提供了一种坚实的本体依据或本体论支撑。正因为太虚本体论的这一作用,才会有关于《正蒙》之作的如下自述:"吾之作是书也,譬之枯株,根本枝叶,莫不悉备,充荣之者,其在人工而已。又如晬盘示儿,百物俱在,顾取者如何尔。"③显然,随着太虚本体论的提出,儒家的天道本体意识就已经明确形成了。

第二节　程朱理学——天理本体之普遍化拓展

在从邵雍、周敦颐到张载的继起探讨中,虽然他们所就就念念的问题在于如何确立儒家人伦世教关怀之形上本体或天道本体,从而既以之作为三教融合的思想基础,同时又以其作为批评佛老的理论武器。但从"太极"到"太虚"

---

① 张载:《正蒙·参两》,《张载集》,中华书局 1978 年版,第 12 页。
② 张载:《正蒙·乾称》,《张载集》,中华书局 1978 年版,第 65 页。
③ 张载:《正蒙·苏昞序》,《张载集》,中华书局 1978 年版,第 3 页。

毕竟都是从实然存在的层面直接提取而来的,比如"太极"就是指阴阳未分之气;而"太虚"虽然被张载明确赋予"天德"、"至善"与"至实"、"至一"的规定,但毕竟存留着广漠之空间的原始指谓,至于"天德"、"至善"的规定也无法直接从空间的角度加以说明。显然,理学关于儒家形上本体的探讨仍有待深化;这一任务主要是通过其后继者二程实现的。

程颢(1032—1085)、程颐(1033—1107)是北宋五子之殿军,也代表着北宋理学探讨的理论归宗,而他们对于宋明理学的最大贡献,首先也就表现在他们对儒家"天理"本体的确立上。比如,程颢就曾明确指出:

> 吾学虽有所受,天理二字却是自家体贴出来。①

程颢的这一说法,表明他所谓的天理本体并非来自师承授受,而是"自家体贴出来",——体究、琢磨出来的。对于当时的理学来说,这是一个意义极大的思想创造。这种意义并不是指一般所谓概念的始发权,因为不仅先秦的《乐记》、《韩非子》早已提到天理概念,而且作为其直接先驱,张载哲学中也同样存在着对天理的大量论说。程颢所谓"自家体贴出来"主要是指他在以往关于天道本体之所谓"太极"、"太虚"探讨的基础上之一个重大的深入,这当然包括对以往探讨的总结与继承。他有别于前人的地方在于,他是以所谓"天理"来概括、总结并取代前人关于天道本体之所有探讨的,这正是其"自家体贴出来"一说的根本含义。正是从这个角度看,我们才能理解程颢"自家体贴出来"的深意。

也正是在这个意义上,我们才能理解二程对于天理的诸多规定,尤其是对天理之形上本体性质的规定与论述,比如:

> 天理云者,这一个道理,更有甚穷已?不为尧存,不为桀亡。人得之者,故大行不加,穷居不损。这上头来,更怎生说的存亡加减?是佗元无少欠,百理俱在。(得这个天理,是谓大人。以其道变通无穷,故谓之圣。不疾而速,不行而至,须默而识之处,故谓之神。)②

> "一阴一阳之谓道",道非阴阳也,所以阴阳者道也,如一阖一辟谓

---

① 程颢、程颐:《程氏外书》卷十二,《二程集》第二册,中华书局1981年版,第424页。
② 程颢、程颐:《程氏遗书》卷二,《二程集》第一册,中华书局1981年版,第31页。

之变。①

> 离了阴阳更无道，所以阴阳者是道也。阴阳，气也。气是形而下者，道是形而上者。形而上者则是密也。②

天理本身之"不为尧存，不为桀亡"的客观自在性质，与人得之的"大行不加，穷居不损"的主体效果，是就天理的客观自在性及其落实与作用效果而言的，这正是程颢论学之一体贯通的特色；至于所谓"变通无穷"以及"不疾而速，不行而至"等等，则是就其存在之遍在性与表现之多样性而言的。至于程颐所谓的"所以阴阳"云云，则是就其作为阴阳之气的形上依据或本体支撑者而言的，这体现着程颐论学之条分缕析的特色，所以他明确指出："气是形而下者，道是形而上者"；至于"形而上者则是密也"一说，主要是指天理（道）之超越于一切具体的存在表现与具体言说的性质。

显然，二程有关天理的论说，都是围绕其形上本体性质展开的，这正代表着北宋五子之"造道"追求。由此出发，究竟应当如何落实儒家的这一形上本体呢？在这一问题上，因为二程兄弟各自不同的探索兴趣与担当面向，形成了两种根本不同的关怀走向。我们来比较如下说法：

> 仁者，以天地万物为一体，莫非己也。认得为己，何所不至？若不有诸己，自不与己相干……故"博施济众"，乃圣之功用。③

> 只心便是天，尽之便知性，知性便知天，当处便认取，更不可外求。④

> 格物穷理，非是要穷尽天下之物，但与一事上穷尽，其他可以类推。至如言孝，其所以为孝者如何，穷理如一事上穷不得，且别穷一事，或先其易者，或先其难者，各随人深浅，如千蹊万径，皆可适国，但得一道入者便可。所以能穷者，只为万物皆是一理，至如一物一事，虽小，皆有是理。⑤

在这两种不同的说法中，前两条显然属于程颢一体贯通性的说法，而后一条则无疑是程颐的观点。很明显，程颢的兴趣一如他所谓"自家体贴出来"的表达

---

① 程颢、程颐：《程氏遗书》卷三，《二程集》第一册，中华书局 1981 年版，第 67 页。
② 程颢、程颐：《程氏遗书》卷十五，《二程集》第一册，中华书局 1981 年版，第 162 页。
③ 程颢、程颐：《程氏遗书》卷二，《二程集》第一册，中华书局 1981 年版，第 15 页。
④ 程颢、程颐：《程氏遗书》卷二，《二程集》第一册，中华书局 1981 年版，第 15 页。
⑤ 程颢、程颐：《程氏遗书》卷十五，《二程集》第一册，中华书局 1981 年版，第 157 页。

一样,完全是一种一体贯通性的表达;而他所谓"万物一体"、"博施济众"、"只心便是天,尽之便知性……当处便认取,更不可外求"云云,都是从对天理的人伦实践性落实与主体性担当着眼的。至于程颐,他对天理的讲说与辨析,不仅突出形而上与形而下的区别,亦重视对天理的认知性把握;至于从格物穷理的角度讲天理,这就更凸显了天理的遍在性与认知性。

二程兄弟的这一区别,在当时也许只是他们不同身份、不同兴趣与不同担当的表现,但在洛学经过三传尤其是经历了从北宋到南宋社会的重大变故之后,二程兄弟的上述差别发展成了理学中两种不同的研究进路。本来,就理学的传播而言,所谓"道南一脉"在当时主要是指程颢一系的思想,但当道南一脉经过三传到朱熹时,形成了一种从程颢向程颐一系的思想转向,进而造就了影响中国社会数百年之久的程朱理学。这一点主要是通过朱熹一生的努力来实现的。

朱熹(1130—1200)是理学的集大成者。他是当时所谓"东南三贤"之一,另两位是张栻、吕祖谦。程颐是北宋五子中最后一位大师,朱熹是东南三贤的精神领袖。朱熹在东南三贤中最年长,仅从年岁上看,他与程颐的思想似乎存在着某种自然接榫的可能。不过,从朱熹父、师思想的传授谱系来看,其父朱松与其师李侗均为程颢的三传弟子,但特殊的生命气质与时代因缘,却推动着朱子从李侗所传授的"默坐澄心"一路走向了程颐特别重视的"格物穷理"一路;与之相应,原来程颢那种对天理的主体性担当与实践性落实一路也就必然会转向对理气关系之形而上与形而下的义理辨析一路了。

关于朱子思想的这一转向,如果从学术进路来看,固然可说是从程颢的主体性承担转向了程颐的义理辨析与客观性认知一路;但如果从儒家经典依据的角度看,也就可以说是从《中庸》转向了《大学》。而从朱子个人的角度看,则主要是从主体之内向澄澈的方向转向了客观的宇宙论建构一路;如果从当时的社会形势来看,则又可以说是从士大夫之主体性担当与主体性落实走向了所谓师儒授受之义理训解的一路。整个这一过程,主要是通过朱子从"中和"旧说向"中和"新说的转向来实现的。① 在这里,我们无需再详辨朱子学

---

① 关于朱子从"中和"旧说向"中和"新说的转向及其意义,请参见牟宗三《心体与性体》第三卷中的"朱子参究中和问题之发展"与"中和新说下之浸润与议论"两章,《牟宗三先生全集》7,台北联经出版事业公司 2003 年版,第 81—254 页。

术转向的前因后果,仅从他一生所建立的极具代表性的理论体系来看,这已表现了他一生的学术转向及其思想路径。

朱子的理气论、心性论与格物致知论是他一生最重要的理论创造与理论建构,但他认为心性关系只是理气关系在人生中的落实与同步推演,因此他的理论建构主要表现在理气论与格物致知论上;而理气论与格物致知论之互逆而又互证的关系,也就可以说是所谓"一圆圈之两往来"的关系。

朱子理气论的内容主要体现在理气关系上,而理气关系又主要表现在理先气后、理静气动、理气不可分割以及理一分殊四个方面。所谓理先气后与理气不可分割两层关系,主要是指理与气的不同存在属性以及二者在事物发展中,以及在人们认识中的不同作用与先后关系。对于这种关系,朱熹说:

> 天地之间,有理有气。理也者,形而上之道也,生物之本也。气也者,形而下之器也,生物之具也。是以人物之生,必禀此理然后有性,必禀此气然后有形。其性其形虽不外乎一身,然其道器之间,分际甚明,不可乱也。①

> 所谓理与气,此决是二物。但在物上看,则二物浑沦,不可分开各在一处,然不害二物之各为一物也。若在理上看,则虽未有物,而已有物之理,然亦但有其理而已,未尝实有是物也。②

在这里,所谓理先气后主要表现在理与气的不同的存在属性上,所谓"形而上之道"与"形而下之器"、"生物之本"与"生物之具"是理与气之间最基本的差别;而从价值评价的角度看,自然也就可以说是理先气后。这种理先气后同时又表现为"在理上看"与"在物上看"两个不同的角度。所谓"在理上看"自然就是从本体与价值评价的角度看;所谓"在物上看",则是从实然世界及其现象与经验的角度看。自然,这同时就包含着理与气之不可分割的一面,朱子明确地说:"天下未有无理之气,亦未有无气之理。"③这说明,如果从现象与经验的层面出发,理与气从来都是"不可分开各在一处"的不可分割的关系,而认识主要是指从理与气之不可分割的现象出发以认识其理先气后的本质。

---

① 朱熹:《答黄道夫》,《朱熹集》卷五十八,四川教育出版社 1996 年版,第 2947 页。
② 朱熹:《答刘叔文》,《朱熹集》卷四十六,四川教育出版社 1996 年版,第 2947 页。
③ 黎靖德编:《朱子语类》卷一,中华书局 1986 年版,第 2 页。

　　至于理静气动,情况则要稍微复杂一些。首先,朱子作为一位天理本体论者,他为什么一定要强调理静气动呢? 这主要是由宋明理学的基本性质决定的。如前所述,宋明理学本质上是一种在儒、佛、道三教融合基础上形成的儒学再塑思潮,而这一再塑的根本任务,就是要完成对儒家人伦世教关怀之超越的本体论论证,从邵雍、周敦颐一直到张载,他们之所以一直徘徊于"太极"与"太虚"之间,是因为他们欲从天道本体的角度来论证儒家的生生之道;而二程天理论的提出,则标志着这一任务的初步完成。这也就是程颢一定要通过对天理之"自家体贴出来"来自我肯定的根本原因。天理的这一形成途径,也就决定它必然要成为支撑儒家人伦世教关怀的形上本体。既然程颐已经明确断言"气是形而下者,道是形而上者",同时又认为"道非阴阳也,所以阴阳者道也",故朱子虽然也可以承认"理与气……在物上看,则二物浑沦,不可分开各在一处",但他也不得不同时坚持:"若在理上看,则虽未有物,而已有物之理"。这就表现着他所谓的理先气后,是就形而上的价值评价而言的,所以朱子说:"理形而上者,气形而下者。自形而上下言,岂无先后!"①

　　一旦从形而上的角度来讨论理气关系,那么理先气后也就成了一个必然的结论。但问题在于,既然"理形而上者,气形而下者",那么理必然要走到所谓"净洁空阔"的地步去;否则,其形而上的性质无从确保。因为在朱子看来,"理无形,气便粗,有渣滓"②,故其理先气后说必然包含着理静气动、理精气粗的结论。请看朱子与其弟子的如下一段讨论:

　　　　或问先有理后有气之说。曰:"不消如此说。而今知得他合下是先有理,后有气邪;后有理,先有气邪? 皆不可得而推究。然以意度之,则疑此气是依傍这理行。及此气之聚,则理亦在焉。盖气则能凝结造作,理却无情意,无计度,无造作。只此气凝聚处,理便在其中……若理,则只是个净洁空阔底世界,无形迹,他却不会造作;气则能酝酿凝聚生物也。但有此气,则理便在其中。"③

这可能是朱子一生中最为费力的一段论说,而其目的是突出天理之"净洁空

　　① 黎靖德编:《朱子语类》卷一,中华书局 1986 年版,第 3 页。
　　② 黎靖德编:《朱子语类》卷一,中华书局 1986 年版,第 3 页。
　　③ 黎靖德编:《朱子语类》卷一,中华书局 1986 年版,第 3 页。

阔"的形上性质。朱子从理气关系对比言说的角度来突出天理"无情意,无计度,无造作"的性质,主要是为了反衬理之"净洁空阔"的形上性质。这不仅可以看出朱子对程颐义理辨析传统的继承,而且对宋明理学之形上理论建构的任务也有着非常清醒的自觉。

至于"理一分殊",它原本就源于程颐对张载《西铭》的一段诠释。朱子完全继承了程颐的这一观点,并且借用佛教月印万川的例子加以具体说明,它是朱子宇宙论架构的一个基本原则,当然也是其理论体系展开的基本原则。朱子哲学中之理气关系、心性关系,都可以通过理一分殊的原则加以说明。

至于朱子的格物致知论,主要是根据理气以及性心关系之赋予性原则展开的一种逆运算或认知式的实现原则。就朱子的格物致知论而言,天理论的遍在性及其赋予性,是理解其认知式的实现的关键。关于天理之遍在性原则,所谓"天下未有无理之气,亦未有无气之理"已经说得非常明确;而"天地之间,有理有气"以及"理也者,形而上之道也,生物之本也。气也者,形而下之器也,生物之具也。是以人物之生,必禀此理然后有性,必禀此气然后有形"也同样说得非常分明。因为理与气的不可分割原则确保着二者的同时并在性:只要发现有气存在的地方,也就必然有理存在于其中,此即所谓"但有此气,则理便在其中"。

不过,朱子关于天理遍在性的讨论却更多也更典型地表现在其关于格物致知说的论述中,因而通过对格物致知的论说,不仅可以理解天理的认知与实现,同时也就反衬着天理的遍在性。请看其对格物致知之必要性的论证:

> 上而无极、太极,下而至于一草、一木、一昆虫之微,亦各有理。一书不读,则阙了一书道理;一事不穷,则阙了一事道理;一物不格,则阙了一物道理。须著逐一件与他理会过。[1]

这里没有必要再去详细引述朱子关于格物致知的论述,他之所以要强调格物,关键在于"上而无极、太极,下而至于一草、一木、一昆虫之微,亦各有理",也就是说,天理是遍在于万事万物的,因而要认知天理,也就必须通过"一草、一木、一昆虫之微"的方式"逐一件与他理会过"。显然,格物致知的无止境性决

---

① 黎靖德编:《朱子语类》卷十五,中华书局 1986 年版,第 295 页。

定于天理的遍在性与无限性本身。

至于朱子从"格物"到"致知",从"致知"再到"诚意"的功夫次第,此处已无须详论,只须解析其中几个关节点及其最终指向。朱子曾借助《大学》的格致诚正与修齐治平八条目,较为系统地论述了天理在人生中的落实及其具体的认知进程与实现过程;而其中最为关键的环节,即"格物"、"致知"与"诚意"三关。关于这三者的关系,朱子说:

> 格物是梦觉关。(格得来是觉,格不得只是梦。)诚意是善恶关。(诚得来是善,诚不得只是恶。)过此二关,上面工夫却一节易如一节了。……又曰:"诚意是人鬼关!"(诚得来是人,诚不得是鬼。)①

> 致知、诚意,是学者两个关。致知乃梦与觉之关,诚意乃恶与善之关。透过致知之关则觉,不然则梦;透得诚意之关则善,不然则恶。致知、诚意以上工夫较省,逐旋开去,至于治国、平天下地步愈阔,却须要照顾得到。②

之所以说"格物"、"致知"是"梦觉关"、"诚意是善恶关"以及"致知、诚意,是学者两个关",原因在于:正是这些关使天理在人的日用伦常中实实在在地显现出来。所以说,通过"格物"、"致知"与"诚意"所构成的"梦觉关"、"善恶关"以及"人鬼关",在完成天理对人生的全面贯彻与彻底统摄的同时,也实现了《大学》所提出的格致诚正与修齐治平任务。

那么,作为人生的修养次第,所谓格物致知的最终指向又是什么呢?这就可以说是克己复礼,天下归仁。而具体的工夫,是通过克去私欲,以实现天理流行。对于这种人生指向,朱子说:

> 为仁者,所以全其心之德也。盖心之全德,莫非天理,而亦不能不坏于人欲,故为仁者,必有以胜私欲而复于礼,则事皆天理,而本心之德,复全于我矣。……又言为仁由己,而非他人所能预,又见其机之在我而无难也。日日克之,不以为难,则私欲净尽,天理流行,而仁不可胜用矣。③

显然,"心之全德,莫非天理"是指谓人之本然的生命,但由于现实人生"不能

不坏于人欲"，所以人生的道德修养，主要是"日日克之，不以为难"；所谓"私欲净尽，天理流行"，则代表人生追求的极至——人生的最高境界。这是朱子对理学的最大贡献。

第三节　陆王心学——道德意识之主体性落实

当朱子以其天理本体论体系完成对人生之贯彻、落实与统一时，南宋理学中也出现了另外一个学派，这就是由陆九渊（1139—1193）所开创的象山心学；从南宋的陆象山到明代的王阳明，构成了宋明理学中的陆王一系。程朱理学与陆王心学是宋明理学中的两大骨干或主要派别。

在以往人们对宋明理学的研究中，程朱理学与陆王心学往往被视为理学中两种根本对立的思想学派。这样的看法当然也有一定的道理，因为从历史的角度看，同时异地讲学的朱子与象山不仅发生过多次争论，而且他们也一直持相互批评的态度；加之黄宗羲在《宋元学案》中又对朱子与象山思想加以"善意"的调和，因而所谓朱陆之门或程朱理学与陆王心学之间的对立关系似乎也就成为宋明学术史中的一种"铁案"了。所以，到章学诚著《文史通义》，还坚持认为："宋儒有朱、陆，千古不可合之同异，亦千古不可无之同异也。"[1]

实际上，对于朱陆之间的本然关系而言，这是一种很大的误解。虽然朱陆之间发生过多次争论，但这种争论只能说是他们不同学术进路的表现，并不表明他们之间有着不可调和的矛盾与对立关系。他们同时讲学时，不同的学术进路必然会发生一定的分歧与对立，但是，如果从整个理学的发展进程来看，二者的分歧与对立仅仅存在于理学发展之不同的逻辑进程之间，充其量也只能说是存在于不同的学术侧重之间，并不具有根本对立的性质。

为什么这样说呢？已如前述，朱子哲学完全可以说是一种宇宙论规模的天理本体论体系，他对理学的重大推进，主要表现在他对天理之遍在性的拓展方面，这也是其宇宙论规模的天理本体论体系所必然包含的内容，天理必然存

---

[1]　章学诚：《文史通义》卷三《朱陆》，叶瑛：《文史通义校注》上，中华书局1985年版，第262页。

在于天地万物之所谓一草一木之间。正因为天理必须遍在于天地万物,因而格物致知就必然要通过"上而无极、太极,下而至于一草、一木、一昆虫之微"来实现,并且必须"逐一件与他理会过"。在宇宙本体论的语境中,朱子的格物致知论自有其必要性与合理性。那么,在这一背景下,朱陆之间的对立究竟表现在哪里呢?虽然人们往往以理学与心学作为其不同为学主张的表现,但象山心学不承认天理的普遍性存在吗?请看象山的如下说法:

> 塞宇宙一理耳,学者之所以学,欲明此理耳。此理之大,岂有限量?程明道所谓有憾于天地,则大于天地者矣,谓此理也。①

> 此道充塞宇宙,天地顺此而动,故日月不过,而四时不忒;圣人顺此而动,故刑罚清而民服。古人所以造次必于是,颠沛必于是也。②

> 此理充塞宇宙,天地鬼神,且不能违异,况于人乎?诚知此理,当无彼己之私。善之在人,犹在己也。③

从这几则引文来看,象山并不反对或否认天理的客观性。不仅不否认,他也像朱子一样明确地坚持天理的客观性存在。故以坚持天理或坚持本心的第一性存在来概括朱陆之间的分歧并不恰当。因为陆象山不仅不否认天理的客观性存在,而且也将客观的天理作为其哲学之根本出发点的。

朱陆的分歧主要存在于由他们的哲学之不同规模所决定的不同进路之间。如前所述,虽然朱子哲学是一种天理本体论,但由于这种本体论是一种宇宙论规模的本体论,因而人要达到对作为宇宙本体之天理的自觉,就必须通过广泛的格物致知来实现。象山虽然也承认天理的客观性,但作为其哲学之根本出发点与其说是一种宇宙论规模,不如说是一种关于人生的道德实践论。对于现实人生的道德实践来说,要从天理的宇宙本体性存在讲到人的现实存在未免不是一种迂阔之论。论道德,最重要的莫过于作为实践之主体的人及其本心。这使得朱子的哲学必须基于客观宇宙万物的生成演化而展开,至少要从"理也者,形而上之道也,生物之本也。气也者,形而下之器也,生物之具也。是以人物之生,必禀此理然后有性,必禀此气然后有形"的构成角度来展

① 陆九渊:《与赵詠道》四,《陆九渊集》卷十二,中华书局1980年版,第161页。
② 陆九渊:《与黄康年》,《陆九渊集》卷十,中华书局1980年版,第132页。
③ 陆九渊:《与吴子嗣》八,《陆九渊集》卷十一,中华书局1980年版,第147页。

开,而象山之学则无须这种宇宙生化论的展开进路,它直接着眼于当下的人生。所以,象山不用讲宇宙的生成演化,他从现实的人出发,直接切入当下的人生:

> 先生居象山,多告学者云:"汝耳自聪,目自明,事父自能孝,事兄自能弟,本无少缺,不比他求,在乎自立而已。"学者于此亦多兴起。①

这表明象山直面当下的人生、当下的人心,他根本没有必要先追溯人的宇宙论构成原则或生成基因,包括理气关系的演化史。象山讲学,是从人的道德本心出发。此人若没有表现出道德本心,并不表明此人没有道德本心,而是道德本心受到了私欲的蒙蔽,因此需要一种内在的启发式的唤醒,根本不必也不需通过对外在的知识追求来唤醒道德本心。那如何唤醒人的道德本心呢? 象山与其弟子杨简关于"如何是本心"的一段对话,颇能说明其中的肯綮:

> 问:"如何是本心?"
>
> 先生曰:"恻隐,仁之端也,羞恶,义之端也,辞让,礼之端也,是非,智之端也。此即是本心。"
>
> 对曰:"简儿时已晓得,毕竟如何是本心?"
>
> 凡数问,先生终不易其说,敬仲(简)亦未省。偶有鬻扇者讼至于庭,敬仲断其曲直讫,又问如初。
>
> 先生曰:"闻适来断扇讼,是者知其为是,非者知其为非,此即敬仲本心。"
>
> 敬仲忽大觉,始北面纳弟子礼。②

这就是决定象山与杨简确立师弟关系的一段对话,象山此说是直指本心式的说法。象山一生始终以"发明本心"作为其讲学宗旨。

所谓发明本心,须承认每一个现实的人都有其内在的道德本心,所谓"心只是一个心,某之心,吾友之心,上而千百载圣贤之心,下而千百载复有一圣贤,其心亦只是如此。心之体甚大,若能尽我之心,便与天同。"③本心是同一的,并同于天。但在现实生活中,如果道德本心无从彰显,那是因为它受到了

---

① 《语录》上,《陆九渊集》卷三十四,中华书局 1980 年版,第 408 页。

② 《象山年谱》,《陆九渊集》,中华书局 1980 年版,第 487—488 页。

③ 《语录》下,《陆九渊集》,中华书局 1980 年版,第 444 页。

私欲的障蔽。针对这种本心受蔽的现象，象山指出："人心有病，须是剥落。剥落得一番，即一番清明，后随起来，又剥落，又清明，须是剥落得净尽方是。"①所谓"剥落"，既是克去私欲的过程，也是发明本心的过程。象山的全部学说，可用"发明本心"来概括；而他具体的讲学，也主要集中在如何唤醒或帮助人们发明本心上。请看象山的如下两段讲学语录：

> 学者须是打叠田地净洁，然后令他发奋植立。若田地不净洁，则奋发植立不得。古人为学即"读书然后为学"可见。然田地不净洁，亦读书不得。若读书，则是假寇兵，资盗粮。②

> 请尊兄即今自立，正坐拱手，收拾精神，自作主宰。万物皆备于我，有何欠阙。当恻隐时自然恻隐，当羞恶时自然羞恶，当宽裕温柔时自然宽裕温柔，当发强刚毅时自然发强刚毅。③

所谓"打叠田地"，是"发明本心"的一种比喻性的说法。"若田地不净洁，则奋发植立不得"，即使是读书学习，若"田地不净洁，亦读书不得。若读书，则是假寇兵，资盗粮"。所谓"收拾精神，自作主宰"，则是在发明本心的基础上，让道德本心充分发用流行于现实生活之中，这样就会"当恻隐时自然恻隐，当羞恶时自然羞恶，当宽裕温柔时自然宽裕温柔，当发强刚毅时自然发强刚毅"。

如果我们将陆象山的发明本心之学与朱子的格物穷理之学略加比较，即可看出二者的一个根本性区别：朱子的宇宙本体论决定了须通过外向的格物穷理才能实现对天理的自觉，象山反是。至于格物穷理是否能够达到这一目的，当然还是一个未知数。也正是从这个角度出发，所以才有了象山对朱子的如下批评：

> 晦翁之学，自谓一贯，但其见道不明，终不足以一贯耳。吾尝与晦翁书云："'揣量模写之功，依仿假借之似，其条画足以自信，其节目足以自安'，此言切中晦翁之膏肓。"④

所谓"揣量模写之功，依仿假借之似"主要就是指朱子试图通过格物穷理的方

① 《语录》下，《陆九渊集》，中华书局 1980 年版，第 458 页。
② 《语录》下，《陆九渊集》，中华书局 1980 年版，第 463 页。
③ 《语录》下，《陆九渊集》，中华书局 1980 年版，第 455—456 页。
④ 《语录》上，《陆九渊集》，中华书局 1980 年版，第 419—420 页。

式来实现对天理的自觉而言的。在象山看来，外向的格物穷理对于内在的道德自觉并不具有必然性。那么，象山的"发明本心"以及其"先立乎其大"对于道德自觉的作用如何呢？象山曾与弟子有过关于荀子解蔽之学的一段讨论，而象山的评价典型地表现了其学说的进路与特色：

> 予举荀子《解蔽》："远为蔽，近为蔽，轻为蔽，重为蔽"之类，说好。先生曰："是好，只是他无主人。有主人时，近亦不蔽，远亦不蔽，轻重皆然。"①

荀子从远近轻重各种不同角度分析人的心理障蔽，但在象山看来，所谓解蔽，最重要的并不在于远近轻重各种不同角度的外在分析，而在于人究竟有没有内在的"主人"。所以他认为："有主人时，近亦不蔽，远亦不蔽，轻重皆然。"这表明象山的全部学说落实在人的道德主体性上。从朱子的外在天理到象山的内在本心，也体现了理学内部的发展。这一内在主体性的转向，由象山开启，王阳明是集大成者。

王阳明(1472—1529)出生于浙江余姚的一个官宦之家，早年他一直沿着朱子的格物穷理之路来设计自己的圣贤追求，但却经历了一系列的失败，后相继陷入所谓词章与佛老之学，直到31岁才"渐悟仙、释之非"②。此后他经过与明初心学家陈献章的弟子湛甘泉之"一见定交，共以倡明圣学为事"③，才有"身心之学"的提出，从而确立了"至是专志授徒讲学"的志向。之后他又陷入政治斗争的旋涡，经历廷杖、系狱的打击，直到远谪贵州的龙场，历经各种生死危机，"乃为石廓自誓曰:吾惟俟命而已"。他在为了摆脱生死忧念的"端居澄默"中，"忽中夜大悟格物致知之旨，寤寐中若有人语之者"，这才有了所谓"圣人之道，吾性自足，向之求理于事物者误也"④的大悟。

在当时，王阳明对龙场大悟主要是通过"圣人之道，吾性自足"的方式加以表达的，由于这一大悟明确地肯定主体的内在自足性，这也指明了一种新的为学方向。他此前一直是按照朱子的格物穷理之路来设计自己的圣贤追求

---

① 《语录》下，《陆九渊集》，中华书局1980年版，第448页。
② 钱德洪:《王阳明年谱》一，《王阳明全集》，上海古籍出版社1992年版，第1225页。
③ 钱德洪:《王阳明年谱》一，《王阳明全集》，上海古籍出版社1992年版，第1226页。
④ 钱德洪:《王阳明年谱》一，《王阳明全集》，上海古籍出版社1992年版，第1228页。

的,现在他意识到"向之求理于事物者误也",这意味着一种幡然悔悟或者说是根本方向的反转,彻底转到主体内在性的方向。几年后,在"与徐爱论学"中,这种"吾性自足"被王阳明明确地以所谓"心即理"的方式加以表达。他说:

> 心即理也。此心若无私欲之蔽,即是天理,不须外面添一分。以此纯乎天理之心,发之事父便是孝,发之事君便是忠,发之交友治民便是信与仁。只在此心去人欲、存天理上用功便是……此心若无人欲,纯是天理,是个纯于孝亲的心,冬时自然思量父母的寒,便自要去求个温的道理;夏时自然思量父母的热,便自要去求个清的道理。这都是那诚孝的心发出来的条件。却是须有这诚孝的心,然后有这条件发出来。①

在这里,所谓"此心若无私欲之蔽,即是天理,不须外面添一分"不仅表明了主体内在的自足性,而且"此心若无人欲,纯是天理"的言说方式,以及"须有这诚孝的心,然后有这条件发出来",也表明王阳明反转了外向格物穷理的路径,明确宣布:"此心若无私欲之蔽,即是天理","本心"即是"天理"所从出的依据和根源。这不仅将天理彻底收摄到人伦道德的范围之内,而且也从根本上改变了天理的存在方式。

在龙场大悟的次年,王阳明就提出了"知行合一"说。这正是对心即理方向的明确推进——将其推进到知行范畴。关于阳明的"知行合一",自黄宗羲著《明儒学案》以来,学界往往从知行相统一的角度来理解之。一般说来,这样的理解也并不算错,因为阳明的"知行合一"无疑包含着这一面向。但如果说阳明的"知行合一"仅是指知与行的前后统一,那就不仅错会了阳明提出知行合一说的本来目的,而且也错会了其命题的本意,因为自古以来,有哪一位儒学家、理学家能不坚持知与行统一的要求呢!

要理解王阳明"知行合一"的本意,首先必须理解其"身心之学"。当阳明开始设帐讲学时,他提出的第一个为学主张就是身心之学。《年谱》记载:"学者溺于词章记诵,不复知有身心之学。先生首倡言之,使人先立必为圣人之志。闻者渐觉兴起,有愿执贽及门者。至是专志授徒讲学。"②显然,身心之学

---

① 王守仁:《语录》上,《王阳明全集》,上海古籍出版社 1992 年版,第 2—3 页。
② 钱德洪:《年谱》一,《王阳明全集》,上海古籍出版社 1992 年版,第 1226 页。

首先是针对当时学界所普遍流行的"词章记诵"现象而提出的,它是一种道德实践之学。但是,阳明为什么一定要将道德实践之学称之为身心之学? 而其身心之学的具体内涵又是什么呢? 他当时并没有作出明确的规定。

15 年后,当王阳明平定了宁藩之乱而又因为《朱子晚年定论》而遭到罗钦顺的尖锐批评时,他再次提到了身心之学,并明确地规定说:

> 世之讲学者有二:有讲之以身心者;有讲之以口耳者。讲之以口耳,揣摩测度,求之影响者也;讲之以身心,形著习察,实有诸己者也,知此则知孔门之学矣。①

"身心之学"既与"口耳之学"对立,又有着"形著习察"的规定,同时还具有孔门"实有诸己"的特征,故须详加辨析。简而言之,这里所谓"身心之学"也就可以说是"身与心"、"内与外"的表里如一之学,这正对应着"口耳之学"及由此而形成的"词章记诵"现象;又由于"身心之学"同时还具有"形著"与"习察"的双向规定,故所谓"形著"也就是一种外在发用或外在落实的指向,而所谓的"习察"则是一种内在自觉的指向。这样看来,"身心之学"是指人的"身与心"、"内与外"两面指向相反而又完全一致的学说。

那么,我们如何理解这种"身与心"、"内与外"指向相反而又完全一致的学说呢? 请先看《孟子》与《大学》中关于"内与外"的规定:

> 有诸内必形诸外。②

> 小人闲居为不善,无所不至,见君子而后厌然,掩其不善而著其善。人之视己,如见其肺肝然,则何益也。此谓诚于中,形于外,故君子必慎其独也。③

很明显,从"有诸内,必形诸外"到"诚于中,形于外"均是就人之表里如一、内外一致而言的,这是儒家的传统。至此,我们可以清楚地看出"慎独"与"形著习察"的"身心之学"及"知行合一"说的内在关联了:它是指人的内外两重世界的完全一致性与同时并在性。

---

① 王守仁:《语录》二(《答罗钦顺少宰书》),《王阳明全集》,上海古籍出版社 1992 年版,第75 页。

② 《孟子·告子下》,《十三经注疏》,中华书局 1980 年版,第 2757 页。

③ 《礼记·大学》,《十三经》,中华书局 1980 年版,第 1673 页。

再从"身心"关系来看,在知行模式之下,主客关系的定位必然会使知与行之间表现为一种先后关系,但"身与心"、"内与外"的关系又是当下一致的,即同时并在与同时并到的关系。在 20 世纪 90 年代新出土的郭店楚简中,"仁"字本来也就被写为"息"。这是王阳明未曾看到的文献,但他倡导的"身心之学"及其"形著"与"习察"的双向规定,"知此则知孔门之学"的明确断言,却不期而然地与孔子的仁学若合符节。孔子的"仁学"本来就是一种身心并在与内外并到的"知行合一"之学,这在郭店楚简《五行篇》中也得到证实:

> 仁形于内谓之德之行,不形于内谓之行。义形于内谓之德之行,不形于内谓之行。礼形于内谓之德之行,不形于内谓之行。智形于内谓之德之行,不形于内谓之行。圣形于内谓之德之行,不形于内谓之行。①

郭店楚简《五行篇》为什么一定要反复强调必须"形于内"呢?并且还认为只有"形于内"才是真正的"德之行",而"不形于内"的"行"充其量不过是一般的行而已。《五行篇》的这一规定正是《中庸》、《大学》明确坚持的"诚于中,形于外"之"慎独"、"诚意"的传统,而不是小人"闲居为不善"之类的"掩其不善,而著其善"的仅仅见之于外的"行"。很明显,仅从"慎独"、"诚意"所体现的"诚于中,形于外"来看,虽然二者主要强调行为的内在根据,但身与心、内与外的一时并到性则是当下现实的。这种主与客、内与外以及知与行的一时并到特征,也可以说是王阳明"知行合一"说的基本含义。这样看来,王阳明的知行合一说也就与其心即理说连成一个有机的整体:主体内在的道德理性必然要通过知行合一的方式表现于日用酬酢之中。

从这个角度看,王阳明的知行合一说,通过《中庸》、《大学》所坚持的身与心、内与外的统一,将"主知"主义传统下的主客、知行的先后之论,一并收摄、统一到"慎独"、"诚意"所坚持的"诚于中,形于外"以及身与心、内与外、知与行的一时并到——所谓"知行合一"上来。正是因为这一原因,王阳明始终坚持"行之明觉精察处,便是知;知之真切笃实处,便是行"②,又说:"知行原是两个字说一个工夫,这一个工夫须著此两个字,方说得完全无弊病。"③这里所

---

① 《郭店楚墓竹简·五行》,文物出版社 1998 年版,第 149 页。

② 王守仁:《答友人问》,《王阳明全集》,上海古籍出版社 1992 年版,第 208 页。

③ 王守仁:《答友人问》,《王阳明全集》,上海古籍出版社 1992 年版,第 209 页。

谓"一个工夫",即是"慎独"、"诚意"的工夫;而它作为一种为学主张,即为"形著"与"习察"一时并到的"身心之学"。

王阳明一生探讨之结晶是致良知之学,何谓致良知呢? 先看良知,他说:"性无不善,故知无不良。"①又说:"尔那一点良知,是尔自家的准则。尔意念着处,他是便知是,非便知非,更瞒他一些不得。"②不难看出,良知不仅表现为至善之性发用流行于是非知觉之间,而且还是人人具有且随时知是知非的内在规矩。正因为如此,才有致良知的如下论述:

> 是非之心,不虑而知,不学而能,所谓良知也。良知之在人心,无间于圣愚,天下古今之所同也。③

> 缘此两字,人人所自有,故虽至愚下品,一提便醒觉。若致其极,虽圣人天地不能无憾,故说此两字穷劫不能尽。④

> 君子之酬酢万变,当行则行,当止则止,当生则生,当死则死,斟酌调停,无非是致其良知,以求自慊而已。⑤

从这些论述来看,良知显然就是人的至善之性直接发用于是非知觉之间的具体表现;而致良知,也就是要将人的"随时知是知非"的道德良知落实于日用酬酢之中。王阳明在其一生中的最后一次出征的途中,专门寄书其子,谆谆告诫说:"吾平生讲学,只是致良知三字……汝于此处,宜加猛醒。"⑥

这样看来,王阳明的"致良知"是将两宋以来的道德理性落实于日用伦常中,由于"致良知"与"心即理"说、"知行合一"说始终保持着一种内在统一的关系,因而也就等于将宋代以来的道德理性彻底落实到愚夫愚妇的"一念倏忽之微"了。作为宋明理学的发展,这是对其道德理性的一种最为彻底的落实。但是,由于阳明心学只关涉道德理性的贯彻与落实问题,而并不关涉人的客观求知问题,因而关于人之客观外向的认识能力包括其知识追求,只有通过明代气学的发展来推进了。所以,对宋明理学而言,能够将支撑儒家人伦世教

---

① 王守仁:《答陆原静书》又,《王阳明全集》,上海古籍出版社 1992 年版,第 62 页。

② 王守仁:《语录》下,《王阳明全集》,上海古籍出版社 1992 年版,第 92 页。

③ 王守仁:《答聂文蔚》,《王阳明全集》,上海古籍出版社 1992 年版,第 79 页。

④ 王守仁:《寄邹谦之》三,《王阳明全集》,上海古籍出版社 1992 年版,第 204 页。

⑤ 王守仁:《答欧阳崇一》,《王阳明全集》,上海古籍出版社 1992 年版,第 73 页。

⑥ 王守仁:《寄正宪男手墨二卷》,《王阳明全集》,上海古籍出版社 1992 年版,第 990 页。

关怀的道德理性高扬为天理良知,并落实于愚夫愚妇日用伦常中的"一念倏忽之微",代表着两宋理学基本任务的完成与落实。

第四节　现代新儒学之返本开新追求

宋明理学代表传统儒学发展的一个高峰。但在明亡以后,由于文化落后的满洲人入主中原,加之明代气学的过渡作用,因而清代学术演变为一种以汉学标宗的乾嘉之学。乾嘉汉学本质上属于那种通过对古代文献进行甄别、整理与考据、训诂式研究的知识追求之学,但由于清儒并没有从根本上放弃儒家传统的"代圣贤立言"的宗旨,也没有放弃人生价值观,只是将其转化为一种以博学多识为特征的博雅与掌故之学,因而他们以这种知识性的汉学来取代并批评宋明理学,这就形成了所谓汉宋之学的对立。待到宋明理学再度崛起,已经是经过鸦片战争、新文化运动之后的现代社会了。这时候,传统儒学面临的挑战,已不再是宋明理学背景下的"词章记诵"现象了,而是西方的"德"、"赛"两先生以及作为其文化背景的自由与平等精神。在这种新的形势下,宋明理学所弘扬之超越的道德理想主义精神一方面遇到了其从未遇到过的挑战,另一方面也得到了一个与西方现代文化相交流、相切磋之再度崛起的机会。这一历史任务,主要是由继承并弘扬宋明理学之道德理想主义精神的现代新儒学来承担的。①

现代新儒学形成于"五四"新文化运动之后,它是对"五四"新文化运动的一种正面回应,也可以说是中国传统儒学在面对西方文化冲击时的自然表现。但在当时,现代新儒学的产生是与辛亥革命的参加者熊十力连在一起的。熊

---

① 对于 20 世纪的宋明理学研究,冯友兰曾有所谓"接着讲"与"照着讲"相区别的说法。在冯氏看来,他属于对宋明理学的"接着讲",而熊十力则代表着对宋明理学的"照着讲"。他对其相互的区别分辨说:"用近代逻辑学的成就,分析中国传统哲学中的概念,使那些似乎是含混不清的概念明确起来,这就是'接着讲'与'照着讲'的分别……这些道理明白了之后,就看出孟子所说的'人之所以异于禽兽者几希'那句话的逻辑意义。'人之所以异于禽兽者',就是人这个普通名词的内涵;一个一个的人,就是这个普通名词的外延。这个道理认识清楚以后,理学的主要概念就都有了。有了这些概念以后,再用宋明道学的有些话相印证,那就是'接着讲'而不是'照着讲'了。"(冯友兰:《中国现代哲学史》,广东人民出版社 1999 年版,第 200—201 页。)

十力早年曾致力于反清革命,经过多年的革命追求之后,他深深地认识到"革政不如革心"①,这才决定以"掉背孤行"的精神钻研佛学,并试图通过儒与佛的会通,以探索中西文化的融合道路。"五四"以后,熊十力任教于北京大学,与梁漱溟、马一浮相为羽翼,为儒学的复兴培养了大量的读书种子。经过数十年苦心孤诣的探索,终于呼唤起一大批有志于复兴儒学的青年才俊,这就形成了所谓现代新儒学;而唐君毅、牟宗三、徐复观则被视为继熊十力、梁漱溟、马一浮之后现代新儒学第二代的代表人物。

由于受时代条件以及个人出身与学养方面的限制,现代新儒学的第一代主要是通过儒与佛的融合来回应西方文化。到了第二代,则是在充分吸取、学习西方哲学的基础上来回应西方文化,他们对宋明理学的研究,也主要是通过借鉴西方哲学而展开的,在这方面,当以牟宗三最具有代表性。《心体与性体》三大册连同《从陆象山到刘蕺山》四册巨著共同构成了他对宋明理学系统的清理性研究。牟宗三之所以被视为现代新儒学之第二代精神领袖就决定于该书,而他广受非议、批评也同样是因为该书。进一步看,无论是褒奖还是非议、批评,《心体与性体》连同《从陆象山到刘蕺山》都代表着 20 世纪中国哲学研究的最高水平。

虽然牟宗三在《序》中自认为是"就宋、明六百年中彼体道诸大儒所留之语言文字视作一期学术先客观了解之,亦是欲窥此学者之一助"②,实际上,人们最不能接受的也就是他所谓的"客观了解之"一说。因为在批评者看来,他所谓"客观了解"恰恰是最不客观的;因而"判教性研究"也就成为研究者对该书的一个基本定性。不过,我们这里也可以为牟宗三作一辩解性的说明:他所谓"客观了解"实际上是指在他对儒家道德理想主义精神特定理解的基础上,对宋明六百年理学史所展开的一种诠释性解读或解读性的诠释;而基于对儒家道德理想主义精神的深入理解,这种解读当然有其客观性。如果说人们并不能接受他对自己独特解读的客观性自诩,那么问题可能并不在于其解读是否客观,而主要在于他对儒家道德理想主义精神的理解是否准确。如果人们

---

① 熊十力:《张纯一存稿序》,《熊十力全集》第一卷,湖北教育出版社 2001 年版,第 7 页。

② 牟宗三:《心体与性体·序》第一册,《牟宗三先生全集》5,台北联经出版事业公司 2003 年版,第 5 页。

并不能否定他对儒家道德理想主义精神的基本理解,那么仅仅指责他解读的非客观性是无法对他进行有效批评的。此中的原因在于,如果从他所理解之客观的道德理想主义精神出发,那么这样的解读与诠释在一定程度上是不可避免的。

牟宗三解读宋明理学最主要的结论是"三系说"。牟氏的基本理据是:首先,根据他对儒家经典的研究,所谓《论语》《孟子》《易传》《中庸》(《大学》地位待定)为儒家经典,是当时儒学复兴的纲领性文献,当然也是判定一位理学家思想谱系的基本标准。因此,只要承认这四部文献的经典地位并据此展开探讨,自然也就可以说是宋明儒之大宗,所以,牟宗三首先根据周敦颐、张横渠与程明道对这四部经典的择取与阐发,从而认为,"由濂溪、横渠而至明道,此为一组。此时犹未分系也"。① 也就是说,这三位都属于儒家圆教规模下宋明儒之大宗。但由此出发,尤其是由对上述儒家经典之不同择取与不同的统一方式出发,宋明理学则被分成了三系:

1. 五峰、蕺山系:此承由濂溪、横渠,而至明道之圆教模型(一本义)而开出。此系客观地讲性体,以《中庸》《易传》为主,主观地讲心体,以《论》《孟》为主。特提出"以心著性"义以明心性所以为一之实以及一本圆教所以为圆之实。于工夫则重"逆觉体证"。

2. 象山、阳明系:此系不顺"由《中庸》《易传》回归于《论》《孟》之路走,而是以《论》《孟》摄《易》《庸》而以《论》《孟》为主者。此系只是一心之朗现、一心之伸展、一心之遍润;于工夫,亦是以"逆觉体证"为主者。

3. 伊川、朱子系:此系是以《中庸》《易传》与《大学》合,而以《大学》为主。于《中庸》《易传》所讲之道体性体只收缩提炼而为一本体论的存有,即"只存有不活动"之理,于孔子之仁亦只视为理,于孟子之本心则转为实然的心气之心。因此,于工夫特重后天之涵养("涵养须用敬")以及格物致知之认知的横摄("进学则在致知"),总之是"心静理明",工夫的

① 牟宗三:《心体与性体》第一册,《牟宗三先生全集》5,台北联经出版事业公司 2003 年版,第48页。

落实处全在格物致知,此大体是"顺取之路"。①
这就是牟宗三对宋明理学的三系划分。在这里,既有着对经典之不同择取与不同统一方式的考虑,同时也有着不同学术进路的考虑。应当承认,仅就他这一划分标准而言,牟氏的分判是比较严谨的。牟氏的划分及其标准,有待商榷处在于:

他将《大学》完全化约为所谓格物致知说。实际上,以格物致知作为《大学》的重心,这只是朱子强调并特别突出的,而王阳明完全对立的观点:"《大学》之要,诚意而已矣"②,可能反而更接近《大学》的原意。

那么,为什么说五峰、蕺山系是"承由濂溪、横渠,而至明道之圆教模型(一本义)而开出"呢? 这就主要在于他们"客观地讲性体,以《中庸》、《易传》为主,主观地讲心体,以《论》、《孟》为主",这完全"是承北宋前三家而言道体性体,承由《中庸》、《易传》回归于《论》、《孟》之圆满发展,即承明道之圆教模型,而言以心著性、尽心成性,以明心性之所以为一圆"③。所以说他们的工夫既重"以心著性"之实践落实义,又重"逆觉体证"之自觉与察识义,因此成就了本体与工夫之双向圆满的规模。从理论上看,牟宗三的这一划分是可以成立的。

至于象山、阳明系,由于其规模与路径主要是以《论》、《孟》统摄《易》、《庸》,而其表现是所谓"一心之朗现、一心之伸展、一心之遍润,故对于客观地自'於穆不已'言道体性体者无甚兴趣,对于自客观面根据'於穆不已'之体而有本体宇宙论的展示者尤无多大兴趣。此方面之功力学力皆差。虽其一心之遍润,充其极,已申(伸)展至此境,此亦是一圆满,但却是纯从主观面申(伸)展之圆满,客观面究不甚能挺立,不免使人有虚欠之感。自此而言,似不如明道主客面皆饱满之'一本'义所显之圆教模型更为圆满而无憾。"④如果我们

---

①　牟宗三:《心体与性体》第一册,《牟宗三先生全集》5,台北联经出版事业公司 2003 年版,第 52—53 页。

②　王守仁:《大学古本序》,《王阳明全集》,上海古籍出版社 1992 年版,第 242 页。

③　牟宗三:《心体与性体》第一册,《牟宗三先生全集》5,台北联经出版事业公司 2003 年版,第 49 页。

④　牟宗三:《心体与性体》第一册,《牟宗三先生全集》5,台北联经出版事业公司 2003 年版,第 51 页。

将牟宗三对象山阳明系之"一心之朗现、一心之伸展、一心之遍润"的评价与
王阳明自己的"依此良知,忍耐做去,不管人非笑,不管人毁谤,不管人荣辱,
任他功夫有进有退,我只是这致良知的主宰不息,久久自然有得力处,一切外
事亦自不能动"①的说法略加比较,则牟氏所谓"一心之朗现、一心之伸展、一
心之遍润"的诠释,十分契合阳明致良知的精神。

　　牟宗三无论是对五峰蕺山系的分析还是对象山阳明系的评价应当说都没
有什么问题,问题恰恰出在伊川朱子系上,而人们对其宋明理学研究的不满也
主要集中在他对伊川朱子系的评价上。那么在牟宗三看来,伊川朱子系的主
要问题在哪里呢? 这可以从三个层面来分析。

　　首先,他对伊川朱子系的评价,最难以让人接受之处,是"别子为宗"一
说。那么,牟宗三为什么要对伊川朱子系作出这样的评价呢? 在他看来,这主
要是因为:

　　　　此一系统,吾名之曰主观地说是静涵静摄之系统,客观地说是本体论
　　的存有之系统,总之是横摄系统,而非纵贯系统,此方是有一点新的意味,
　　此是歧出转向之新,而非调适上遂之新……此自不是儒家之大宗,而是
　　"别子为宗"也,此一系统因朱子之强力,又因其近于常情,后来遂成为
　　宋、明儒之正宗,实则是以别子为宗,而忘其初也。②

这一总体性的评价包含两层意思:其一,伊川朱子系建立了一个并不合于儒家
传统精神的横摄系统(详下);其二,这个横摄系统按其性质来说"是歧出转向
之新,而非调适上遂之新",故为"别子为宗"。

　　那么,伊川朱子为什么一定要建立一个横摄系统呢? 这是由他们对儒家
经典之不同侧重的择取方向决定的,比如前面所引证的"此系是以《中庸》、
《易传》与《大学》合,而以《大学》为主。于《中庸》、《易传》所讲之道体性体只
收缩提炼而为一本体论的存有,即'只存有不活动'之理,于孔子之仁亦只视
为理,于孟子之本心则转为实然的心气之心……此大体是'顺取之路'"。在
牟宗三看来,儒家的四大经典中,若以《中庸》、《易传》为主,自然会走向"以心

　　① 王守仁:《语录》三,《王阳明全集》,上海古籍出版社 1992 年版,第 101 页。
　　② 牟宗三:《心体与性体》第一册,《牟宗三先生全集》5,台北联经出版事业公司 2003 年
版,第 49 页。

著性"之五峰蕺山系;若以《论语》、《孟子》为主,并统摄《易传》、《中庸》,自然会走向"一心之朗现、一心之伸展、一心之遍润"的象山阳明系。但伊川、朱子系却既不是走向前者,也不是走向后者,而是以《大学》为主,所以牟宗三总结说:"彼有取于《中庸》、《易传》者只是由之将道体提炼而为一个存有论的理,而心则沈落与旁落。此一套大体是实在论的心态,顺取之路,与前三家(濂溪、横渠、明道)远矣,亦与先秦儒家《论》、《孟》、《中庸》、《易传》之相呼应远矣。"①

上述讲法涉及对先秦儒家传统精神的不同理解,这也是牟宗三判定伊川朱子系"别子为宗"的根本原因。在牟宗三批评伊川朱子系时,他常提到"横摄系统,而非纵贯系统",并且还常以"只存有不活动"与"即存有即活动"来对二者加以区分。这一区别究竟在哪里呢? 牟宗三在评价伊川朱子系时明确指出:

> 伊川对于客观言之的"於穆不已"之体以及主观言之的仁体、心体与性体似均未能有相应之体会,既不同于前三家,亦不能与先秦儒家之发展相呼应。他把"於穆不已"之体(道体)以及由之而说的性体只收缩、提炼,清楚截截地视为"只是理",即"只存有不活动"的理。(明道亦说理或天理,但明道所说的天理是就其所体悟的"於穆不已"之体说,广之,是就其所体悟的道体、性体、诚体、敬体、神体、仁体、心体皆一说,是即存有即活动者。)他把孟子所说的"本心即性"亦拆开而为心性情三分:性亦只是理,性中只有仁义礼智,仁义礼智亦只是理;仁性爱情,恻隐羞恶等亦只是理;心是实然的心气,大体是后天心理学的心,心与性成为后天与先天、经验与超越的、能知与所知的相对为二……此即丧失《论》、《孟》、《中庸》、《易传》通而为一之境以及其主导之地位,而居主导地位者是《大学》。彼有取于《中庸》、《易传》者只是由之将道体提炼而为一个存有论的理,而心则沈落与旁落。此一套大体是实在论的心态,顺取之路,与前三家(濂溪、横渠、明道)远矣,亦与先秦儒家《论》、《孟》、《中庸》、《易传》之相呼

---

① 牟宗三:《心体与性体》第一册,《牟宗三先生全集》5,台北联经出版事业公司 2003 年版,第48—49页。

应远矣。此一系统为朱子所欣赏、所继承,而且予以充分的完成。①
这既是对伊川朱子系"只存有不活动"进路之根本原因的分析,同时也是对它
的批评。从文献依据上看,其原因在于这一系是以《大学》的格物致知之道来
统摄《中庸》《易传》与《论语》《孟子》的,这就从根本上"丧失《论》、《孟》、
《中庸》、《易传》通而为一之境以及其主导之地位",从而成为一种以主客对待
为基础的"顺取"与"横摄系统"。在这种"横摄系统"或"顺取之路"的基础
上,先秦儒家立基于"於穆不已"之天道生生基础上的道德实践进路,也就必
然由"即存有即活动"的性格,演变为"只存有不活动"的性格了。

这无疑是对伊川朱子系之一种根本性的批评,所谓"别子为宗"说也即由
此而立论。这样的说法,在很多人看来是无法接受的。但是,如果我们承认儒
家的道德理想主义确实建立在天道生生(亦即牟宗三所谓的"於穆不已")的
基础上,那么其这一分判的理论依据显然是充足的;而从理学对于先秦儒家基
本精神之共识以及对儒家经典文献之不同择取方式与不同的统摄路径来看,
得出这样的结论是可以接受的。

那么问题究竟出在哪里呢? 就出在对先秦儒家基本精神的理解上。如前
所述,宋明理学中无论是五峰蕺山系,还是象山阳明系,抑或是伊川朱子系,他
们均对德性的形上根据坚信无疑(即使伊川朱子也不能否认这一点);而伊川
朱子系之转变与开新,就在于他们能够适应时代变化的需要,将这一原本属于
人生信仰方面的内容,转变为一种可以通过格物致知之知识追求来把握的内
容,并诠释为天下士子可以通过读书穷理或格物致知所追求的内容。程朱理
学之所以能够成为宋明理学之主流与主体,正是因为它满足了天下士子的这
一需求;而人们之所以拒斥牟宗三的三系说,包括他对伊川朱子的评价与批
评,也是出于同样的理由。

这就涉及一个更为根本的问题,即儒家的德性传统究竟是一种人生信仰
的内容呢,还是一种知识体系? 程朱理学之所以开新,就在于它能够将儒家传
统的德性信仰系统转化为一种可以通过对象认知加以把握的知识体系,转化

---

① 牟宗三:《心体与性体》第一册,《牟宗三先生全集》5,台北联经出版事业公司 2003 年
版,第48—49 页。

为一种使天下士子可以通过读书穷理与格物致知所追求的思想内容。但在牟宗三看来，这一点虽然"是有一点新的意味，(但)此是歧出转向之新，而非调适上遂之新……此自不是儒家之大宗，而是'别子为宗'也"①。显然，无论我们是尊奉程朱理学为宋明理学中"主知"主义传统的确立者，还是牟宗三所谓的"别子为宗"，实际上是程朱理学包括整个宋明理学中同时并存的两面，只要我们接受一个方面，也就必然要默认另一个方面。

但是，儒学是"生命的学问"，难道它就不需要一定的知识吗？而它又将如何建立自己的知识谱系呢？应当承认，虽然儒家传统精神主要是一种人生信仰，但这种存在于现实人生中的信仰系统却必然需要一定的知识系统来辅助。对于这一问题，从孔子之以"仁"主"智"，到牟宗三通过阐发王阳明思想所提出的"良知坎陷说"，已经有了系统的探讨。

牟宗三作为20世纪中国儒学的理论高峰，其主要贡献表现在哪里呢？关于这一问题，牟门高弟蔡仁厚教授在第11届"当代新儒学"国际学术会议的主旨发言中，对牟宗三关于儒学的历史分期以及其具体特点，包括牟氏的历史贡献做了系统总结。② 显然，在儒学的第三期发展中，牟氏所谓道统之光大、学统的开出与政统之继续，既代表着他对中国儒学历史发展的总结，同时也是他对儒学未来发展的展望。

---

① 牟宗三：《心体与性体》第一册，《牟宗三先生全集》5，台北联经出版事业公司2003年版，第49页。

② 参见蔡仁厚：《牟宗三先生与心性工夫》，《鹅湖》月刊第四十一卷第七期总号第四八七，2016年1月。

第十七章　现当代新儒家的政治哲学

现代新儒家以中国文化的出路问题作为自己的核心关切,着力阐明以儒学为代表的中国传统文化的当代意义。如何在反省传统政治思想的基础上,探寻中国未来的政治方向,自然也是他们哲学思考的重点所在。现代新儒家对该问题的论述,包含了非常丰富的政治哲学资源,特别是牟宗三、徐复观、唐君毅、张君劢的政治哲学思想,尤为引人注目,由于本书有专章论述张君劢的政治哲学,本章即主要以牟宗三、徐复观、唐君毅为中心,探讨现代新儒家的政治哲学。

总括而言,唐君毅、牟宗三、徐复观等的政治哲学思考是在传统与现代双向批判的基础上,探寻一种更具合理性和理想性的民主政治形态,换言之,他们的思考虽以中国问题为出发点,但他们对答案的探求则始终包含某种普遍性的诉求。具体言之,他们以现代民主政治为参照深入反省传统政治思想的不足与缺陷,认为民主政治是儒学进一步发展的内在要求;同时又以儒家整全的人文精神为背景,批评现代民主政治所可能包含的诸多弊病,并寻求克服之道。他们所追求和要证成的毋宁说是一种"儒家式的民主"(Confucian democracy)①,并力图说明这一儒家式的民主不只是可能的,并且也是人类理性应当追求的目标。若以 20 世纪 80 年代以来逐渐兴起的社群主义与以罗尔斯为

①　"儒家式的民主"已成为学界由不同视角加以讨论的热门话题,如安乐哲等即以杜威的实用主义为参照,探讨儒家与民主结合的可能性(参见郝大维、安乐哲:《先贤的民主:杜威,孔子与中国民主之希望》,何刚强译,江苏人民出版社 2004 年版),对安乐哲等之论述的批判性考察,可参考杨贞德:《郝大维与安乐哲论儒家民主》,《台大历史学报》第 31 期(2003 年 6 月),第 293—310 页。

代表的自由主义之间的论争为思想背景,对新儒家的以上论述加以省察,我们可以较为清楚地见出现代新儒家政治哲学的理论特色及其现代意义。本章即顺此一线索对现代新儒家的政治哲学作一总括性的梳理。

第一节　对传统政治思想的批判

牟宗三、徐复观、唐君毅的政治哲学思考,首先表现为对中国传统政治思想的反省和批判,其中牟、徐的论述尤为深入。在牟宗三看来,以儒道两家为代表的中国传统思想,对于政治有其极高的理想,如《礼记·礼运》篇有"大道之行也,天下为公,选贤与能,讲信修睦"的大同理想,此外,儒道两家都向往一切人乃至万物均能各得其所的理想之境,孔子以"老者安之,少者怀之,朋友信之"(《论语·公冶长》)为志,《易传》有"乾道变化,各正性命,保合太和,乃利贞"之说,而道家也有"各适其性,各遂其生"的观念。就此而言,儒道两家所追求的实在是一极度开放和自由的社会,此即《中庸》所谓"万物并育而不相害,道并行而不相悖"。这其实是一种物各付物、"就个体而顺成"的个体主义精神,与近代民主精神是一致的。① 唐君毅即认为民主之应被肯定的两项根本理由是,人与人之人格之平等的肯定以及人与人之个性之差别性的肯定,而民主之基本精神即是一平等的肯定差别的精神。② 然而,问题的关键在于,如何保证这一高远的社会政治理想的落实呢? 由此,我们即可引出牟宗三对传统政治思想的批评。

在孙中山区分政权、治权的基础上③,牟宗三提出政道与治道的区分,以说明传统政治思想的不足。牟宗三认为,政权是指"笼罩一民族集团而总主全集团内公共事务之纲维力"④,政道即是对政权合法性以及政权之维系的解

① 参见牟宗三:《政道与治道》,《牟宗三先生全集》10,台北联经出版事业公司 2003 年版,第 134 页。

② 参见唐君毅:《中华人文与当今世界》下册,《唐君毅全集》卷八,台湾学生书局 1988 年版,第 103 页。

③ 参见孙中山:《三民主义》,《孙中山全集》第九卷,中华书局 1986 年版,第 347 页。

④ 牟宗三:《政道与治道》,《牟宗三先生全集》10,台北联经出版事业公司 2003 年版,第 21 页。

释和说明,相应于不同的政体如封建贵族政治、君主专制政治以及立宪的民主政治,政道自然各有差异。治权则是指"措施或处理公共事务之运用权"①,换言之,治权即是在政权的基础上处理公共事务的权能。依牟宗三之见,理想地言之,或按照中国传统所谓"天下为公"、"天下者乃天下人之天下"的观念,政权乃民族集团或"国家"所共有,它具有超越于任何个人之上的稳定性,因此只有能够真正保证政权为全民所有的政体才是理想的政体,而与之相应的政道才是合理的政道。正是在这一理想的意义上,牟宗三才说"惟民主政治中有政道可言"②,且"就政治型态来说,民主政治是最后的(final)型态"③。

按照牟宗三的论述进路,传统"物各付物"的社会政治理想,只有在一个合理而相应的政体之下,才有实现的可能。在牟氏看来,这样的政体只能是立宪的民主政体,因为只有民主政治才能真正保证政权为民所有,进而保障个体的自由发展。正是在这一意义上,牟宗三认为,中国文化或儒学为实现其自身的理想,必然要求民主政治。循此,牟氏指出,传统政治思想最大的不足就在于,未能相应于上述社会政治理想于政权、政道方面作积极的思考,而将政治思考的重点落在治权与治道方面。因此在治道方面,无论是儒家德化的治道还是道家道化的治道,都有着极高的理想性。传统的治道不只强调选贤与能,并且要求在此治道下,每一个体都能归于自身而有人格上的挺立与完成④,此即上文所谓就个体而顺成之的理想。不过,就制度的层面来看,治道是第二义的,而政道则是第一义的。易言之,只有在合理的政道之下,治道的理想性才能客观化。牟宗三认为,在传统君主专制的政治格局下,政权与治权合一,政权为帝王所有,治权的合理化、客观化,得不到保证,中国文化的政治理想亦无

① 牟宗三:《政道与治道》,《牟宗三先生全集》10,台北联经出版事业公司 2003 年版,第24 页。
② 牟宗三:《政道与治道》,《牟宗三先生全集》10,台北联经出版事业公司 2003 年版,第23页。张汝伦或许因未能留意牟宗三论述的这一前提,对牟氏所谓"中国有治道而无政道"之说提出严厉批评(参张汝伦:《王霸之间——贾谊政治哲学初探》,《政治世界的思想者》,复旦大学出版社 2009 年版,第1—3 页)。
③ 牟宗三:《时代与感受》,《牟宗三先生全集》23,台北联经出版事业公司 2003 年版,第408 页。
④ 牟宗三:《政道与治道》,《牟宗三先生全集》10,台北联经出版事业公司 2003 年版,第32 页。

由实现,这是传统政治最大的困局。而过去知识分子往往只在治道方面强调圣君贤相的观念,以期现实政治能够趋于合理。在牟宗三看来,这并不能从根本上解决问题,不过是"以治道之极来济政道之穷"①。我们当然不能简单地认为牟宗三的分析不过是后见之明,或者说他对传统缺乏同情。牟宗三乃是尝试以现代为参照,对传统政治思想的不足予以透彻的反省,进而在此基础上,寻求出路之所在。事实上,同为现代新儒家第二代代表人物的徐复观,即十分服膺牟宗三的上述分析。②

传统政治思想的不足,具体言之,可由三方面来具体说明。首先,就"得天下"的方面来看,传统儒学基本上是以"天命"和"德"两个观念来说明政权的正当性,但这并不能从形式上客观地保证政权的合理化,因此现实上政权最初总是以"打天下"这种非理性的方式取得,因而始终未能跳出"一治一乱"的怪圈。过去的儒者很少能从政权或政道的角度视"家天下"为不合理,进而"制度地正视之","积极地设法如何实现其公而祛除其私"③。虽则明末顾炎武、黄宗羲、王夫之诸大儒对专制统治之私有极严厉的批评,然而在政道的思考上未能有所突破,其"天下之权,寄之天下人"的理想亦无法落实。其次,就"治天下"的角度而言,过去的儒者为维持"就个体而顺成"的个体原则,强调"唯仁者宜在高位",问题在于仁者是可遇而不可求的,所以其必然导致"人存政举,人亡政息"的局面。这其实就是上文所谓的"以治道之极济政道之穷",因而牟宗三认为,传统政治思想在治天下方面仍是人治主义,当然这是相对于以宪法为第一义之法的法治主义而言的。最后,牟宗三认为传统政治思想一条鞭地由治道方面思考解决政治问题的出路,至其极,必然强调治者之德的无限提升,亦即以圣贤的标准来要求现实的治者。在牟宗三看来,这必然导致"治者担负过重",以及政治被道德所吞没,政治自身的独立性不能确立,因而政治的问题也无法得到真正的解决。

---

① 牟宗三:《政道与治道》,《牟宗三先生全集》10,台北联经出版事业公司 2003 年版,第 54 页。
② 参见徐复观:《学术与政治之间》,台湾学生书局 1980 年版,第 41—42 页。
③ 牟宗三:《政道与治道》,《牟宗三先生全集》10,台北联经出版事业公司 2003 年版,第 148 页。

由上所述,在牟宗三看来,传统政治思想(主要是就儒道两家而言)的不足在于,其未能相应于自身的政治理想,对政权和政道予以透彻的反省,因而不可避免地导致上述种种弊病。徐复观以"二重主体性"这一观念为基础,对此亦有极为透彻的分析。

徐复观认为中国传统的政治思想,除法家外,基本上都有民本的观念,亦即视民为政治的主体。然而现实中的专制政治,政治权力的根源是来自君而非来自人民,因而事实上,君才是真正的政治主体。现实上,这两重主体性之间,总是表现出不同程度的紧张和对立,无法真正调和。在通常的情况下,由于政权为君所掌握,所以君常挟其政治上的最高权力,以压制人民或天下的政治主体性。传统政治思想当然都是希望通过消解君的政治主体性以化解二重主体性之间的矛盾。对比牟宗三的分析,我们不难了解,解决二重主体性之间矛盾的关键,只在相应于民本的观念,对政权和政道有一合理的安排,也就是说只有确立一合理的政道,保证政权为民所有,二重主体性的矛盾才能真正化解。与牟宗三的看法一致,徐复观认为,"只有落在民主政治上",上述矛盾"才能得到自然而然的解决"①。

然而,中国传统的政治思想从来都是在治道一边思考如何化解上述矛盾,因而其中包含有关君道、臣道的各种讨论,简言之,都是希望君或治者能以人民之好恶为好恶、以"无为"来"否定"自己的主体性,换言之,也就是让君将自身的政治主体性消解于民的政治主体性之中。而这实际上是透过提升君之德性的方式来解决现实中的政治问题。在徐复观看来,这在现实上根本就是无从保证的。同时,正如牟宗三所言,这也必然导致"治者担负过重",且忽视政治本身的独立性等问题,因而徐复观说:"人不一定都要做圣人;但硬要把人君绑架上圣人的神龛上去,作一个无欲无为的圣人,这对人君而言,也的确是一种虐待。"②在这样的政治格局下,真正能格君心之非的忠臣、谏臣,常常无法摆脱被杀的悲剧命运。可见,徐复观与牟宗三一样,也认为传统政治思想的不足,在于其思考的重点未能落在政权和政道上面,因而使得其政治理念无法

---

① 徐复观:《学术与政治之间》,台湾学生书局 1980 年版,第 126 页。
② 徐复观:《学术与政治之间》,台湾学生书局 1980 年版,第 125 页。

真正落实。是以徐复观说:"儒家的千言万语,终因缺少人民如何去运用政权的间架,乃至缺乏人民与政府关系的明确规定,而依然跳不出主观愿望的范畴;这是儒家有了民主的精神和愿望而中国不曾出现民主的最大关键所在。"①唐君毅对传统政治思想的反省,与牟、徐的看法大体一致。基本上,唐君毅也认为传统政治思想的缺陷在于未能从政道的层次思考如何从根本上制约君权,而往往诉诸道德意识以解决政治问题,对政治的独立性缺乏充分的认识,唐氏认为,"人之直接的道德意识,可以实现政治上之善,而不能根绝政治上之恶。可以逐渐根绝政治上之恶的政治,不能只是圣王之治与哲学家之治,而只能是民主政治"②。

　　需要说明的是,牟宗三等人对传统政治思想的反省,可以追溯至张君劢早年对相关问题的思考。张君劢于1934年的一次演讲中,透过中西政治思想的对比,明确指出中国并无现代政治意义上的国家观念,因此对于主权、政体等观念皆缺乏自觉的意识,其政治思想的重点基本上都落在具体的治术与行政方面。③ 牟宗三后来亦论及张君劢的这些想法对他产生了很深的影响。④

　　由上所述,牟宗三等对传统政治思想的反省,基本上是以现代民主政治为背景的。或以为,以近代才出现的民主政治批评中国古代的政治思想,近乎苛刻,未能以历史的眼光看待传统政治思想的意义与价值。现代新儒家对传统政治思想在历史中的积极作用,当然有其清醒的意识,他们之所以以现代民主政治为参照来反省传统政治思想,其目的当然不是要否定以儒学为代表的传统文化,恰恰相反,他们的目的是要说明民主政治之于传统特别是儒学的重要意义,借以儒学克服自身的不足、作进一步发展的契机与途径。由牟宗三、徐复观、张君劢、唐君毅于1958年元旦联名发表的《为中国文化敬告世界人士宣言》对此有明确的表述:"中国过去历史中,除早期之贵族封建政治外,自秦以

① 徐复观:《学术与政治之间》,台湾学生书局1980年版,第390页。
② 唐君毅:《人文精神之重建》,《唐君毅全集》卷五,台湾学生书局1988年版,第396页。
③ 参见张君劢:《东西政治思想之比较》,《民族复兴之学术基础》,北京再生社1935年版,第179—192页。
④ 参见牟宗三:《中国数十年来的政治意识——寿张君劢先生七十大庆》,收入《生命的学问》,台北三民书局2009年版,第51页;牟宗三:《历史哲学》,《牟宗三先生全集》9,台北联经出版事业公司2003年版,第458—459页。

后即为君主制度。在此君主制度下,政治上最高之权力,是在君而不在民的。由此而使中国政治本身,发生许多不能解决之问题。……以致中国之政治历史,遂长显为一治一乱的循环之局。欲突破此循环之局之唯一道路,则只有系于民主政治制度之建立。"①

牟宗三等新儒家的意思非常清楚,现代民主政治不只为我们反省自身传统的不足提供了契机和参照,同时更为重要的,民主政治乃是中国文化特别是儒学实现自身理想的重要凭借,也就是说,儒学天下为公、物各付物、就个体而顺成的社会政治理想,只有在民主政治的制度架构下,才有实现的可能。当然,这并非意味他们对民主政治是毫无批判地接受,事实上,现代新儒家尤其是唐君毅对现代民主政治的不足有十分深刻的反省,但他们也认为传统儒学在克服民主政治之不足这一点上,有其重要作用。简言之,对于现代新儒家而言,儒学与民主政治可谓合则双美、离则两伤。

第二节　儒学与民主政治

对于牟宗三等而言,民主政治乃是儒学实现自身的政治理念所不过或缺的凭借和保证,民主政治之于儒学的这种必要性,他们有时以儒学内在地必然要求民主政治的开出或实现说之,如《为中国文化敬告世界人士宣言》即认为过去儒家"天下为公"、"人格平等"等观念,"必然当发展至民主制度之肯定"②,牟宗三所谓的"坎陷说"或"开出说"即是在这一意义上提出的。当然这里所谓的"必然",并非指"因果的必然性",而是指"实践的必然性",李明辉对此有很好的论述。③ 以此为基础,牟宗三等更努力阐发传统儒学中所包含的民主精神,以疏通近代以来不少中国知识分子在价值观念上的纠结。也就是说,他们并不认为儒学是发展现代民主的障碍,相反,儒学中不只包含有

---

①　牟宗三等:《为中国文化敬告世界人士宣言》,李瑞全、杨祖汉主编:《中国文化与世界——中国文化宣言五十周年纪念论文集》,台湾"中央大学"儒学研究中心 2009 年版,第606页。

②　牟宗三等:《为中国文化敬告世界人士宣言》,《中国文化与世界——中国文化宣言五十周年纪念论文集》,第608页。

③　参见李明辉:《儒学与现代意识》,台北文津出版社 1991 年版,第8页。

民主思想的种子,并且儒家的人文精神可以成为民主自由真正的依据。①

　　个人的自由平等,是现代民主政治最重要的基本预设。② 在牟宗三等现代新儒家的论述中,这恰恰是儒家以性善论为基础的人文精神的基本意涵。依唐君毅之见,儒家所体现的人文精神是一种肯定宗教、道德、政治、科学等一切文化之价值的整全的人文精神,而创造这些人文价值的根源,就在于我们的人性。这种"涵盖人文世界之全体"的人性概念,在儒家看来,即是人皆可以为圣人的善性,内在于每一个人的本心之中。唐君毅认为这一性善论实在包含了一种伟大的自由平等的精神:善性为任何人所本有,这是"儒家精神中之大平等精神","践形尽性以显此心之仁,即为仁由己之自由精神","现在西方言民主精神之最后根据,不外人格尊严,人格之平等。则儒家之此精神,不是民主精神又是什么?"③唐君毅因此认为"政权在民"的民主政治制度,亦是"中国固有之道德人格平等之思想当有的含义之一引申"④。徐复观也认为以性善论为基础的中国文化,"真正把握到了人类尊严、人类平等及人类和平相处的根源;当然也是政治上自由民主的根源"⑤。此外,余英时也认为儒家上述理念乃是"中国民主的精神凭藉,可以通过现代的法制结构而转化为客观存在的"⑥。

　　张灏顺西方自由主义发展的历史脉络认为,幽暗意识对于自由民主的演进有极为重要的影响,而儒家性善论的乐观主义则是中国未能发展出民主宪政的思想根源⑦。新儒家对此有完全不同的看法。唐君毅认为,性恶论或原罪说其实更容易导致专制和独裁,因为在这一观点下,人因其原始之罪恶,间

　　① 　参见徐复观:《学术与政治之间》,台湾学生书局1980年版,第171页;唐君毅:《人文精神之重建》,《唐君毅全集》卷五,台湾学生书局1988年版,第418页。

　　② 　参见何信全:《儒学与现代民主——当代新儒家政治哲学研究》,台北"中央研究院"文哲所1996年版,第134页。

　　③ 　唐君毅:《人文精神之重建》,《唐君毅全集》卷五,台湾学生书局1988年版,第416页。

　　④ 　唐君毅:《中国人文精神之发展》,《唐君毅全集》卷六,台湾学生书局1991年版,第35页。

　　⑤ 　徐复观:《中国思想史论集》,台湾学生书局1983年版,第209页。

　　⑥ 　余英时:《从价值系统看中国文化的现代意义》,台北时报文化出版企业有限公司1991年版,第96页。

　　⑦ 　参见张灏:《幽暗意识与民主传统》,新星出版社2006年版,第23—43页。

接地要求透过外在力量的制裁与引导才能为善,因此理论上比较容易导向对专制的肯定,如法家、马基雅维利、霍布斯的思想即为典例。相反,"儒家思想之引申的涵义,则以人性原与天合德,一切政治教化,止于助人之显发生长其本有之人性为止,再不能另有所为。因而在原则上,否定了一切专制之理论根据"①。其实儒家德治的观念特别强调"无为而治",正是以性善论为基础。事实上,同为自由主义代表人物的林毓生即肯定,儒家"仁的哲学"所包含的"道德自主性"的观念,其为性善论的核心意涵,透过创造的转化,可以发展出一套比康德哲学更完美的中国的自由主义。②

当然,新儒家虽然肯定儒家思想中包含有自由、平等等民主的精神,不过他们极为清醒地意识到,儒家所强调的自由、平等基本上仍限制在道德的领域,"始终在政治中伸长不出来"③,人民在政治上的主体地位未能确立,因此现实上无法发展出民主政治。

此外,徐复观透过分析儒家在修己与治人上的区别,强调儒家亦可发展出人权的基本理念。徐氏认为,儒家在修己上总是强调透过对自然生命的转化以提升人的德性生命,换言之,德性人格的完满乃是修己的首要目标;然而在治人方面儒家虽然不否定德性的价值和要求,不过终归是将人民的自然生命的要求放在第一位。牟宗三认为孟子的政治思想也表达了同样的看法:"在政治措施上,就个体而顺成,生存第一",在此基础上更以普遍的人道以教之,此即所谓"先富后教"④。在徐复观看来,儒家这种养与教的观念意在说明"人民自然生命的本身即是政治的目的",其中包含有"天赋人权"的意思:"所谓天赋人权,是说明人的基本权利是生而就有,不受其他任何人为东西的规定限制的。承认人权是出于天赋的,然后人权才成为不可动摇,人的生存才真能得到保障;所以政治的根本目的,只在于保障此种基本人权,使政治系为人民而存在,人民不是为政治而存在。"⑤徐复观的意思当然不是说,中国传统政治

---

① 唐君毅:《人文精神之重建》,《唐君毅全集》卷五,台湾学生书局 1988 年版,第 417 页。

② 参见林毓生:《思想与人物》,台北联经出版事业公司 1983 年版,第 283—284 页。

③ 徐复观:《学术与政治之间》,台湾学生书局 1980 年版,第 462 页。

④ 牟宗三:《政道与治道》,《牟宗三先生全集》10,台北联经出版事业公司 2003 年版,第 138 页。

⑤ 徐复观:《学术与政治之间》,台湾学生书局 1980 年版,第 300 页。

下，人民已具有近代民主政治意义上的权利意识，而是说儒家政治思想内在的包含有尊重人的基本人权的理念，这无疑是较为平实而中肯的看法。①

不止于此，徐复观认为儒家的德化的治道或德治的观念，一定意义上也蕴含了现代宪政的观念。儒家的德治其实是一种"无为而治"，亦即上文所谓物各付物、就个体而顺成的政治理念。这并非是否定政府的存在，而是说政府的权力应该限制在一个必要的范围之内，这与现代宪政主义"限制政府权力，以保障人民自由"的精神是一致的。② 徐复观因此说：儒家强调"以道德的责任感来消融政治的权力"，"对于政治的权力的限制上，也会发生与民主政治相同的结果，民主政治，是从限制政府的干涉开始，德治因其尊重人性，而亦重'简'，重'无为'"③。此外，何信全认为由儒家"道德自主性"的观念也可推导出现代法治原则④。

梳理儒学中所包含的民主精神，就消极面而言，只在说明儒学或中国文化并非发展民主政治的障碍，换言之，以儒学为文化背景发展民主政治是完全可能的；就积极面来讲，则在说明民主政治可助成儒家政治理念的实现。正如上文所分析的，新儒家基本上都批评传统政治思想未能就政治的本性思考如何从制度上合理安排政道的问题，这导致"以治道之极济政道之穷"的困境，因而对政治的独立性缺乏足够的认识。然而问题在于，当我们为了解决政治问题而不得不区分道德与政治，进而以民主政治作为解决政治问题的出路时，这是否表示政治问题就能得到完满地解决呢？ 换言之，民主政治是否有其内在的不足？ 这就涉及新儒家对民主政治的反省和批评。其中，唐君毅对民主政治之不足的批评尤为深刻。

唐君毅首先亦肯定民主政治的必要性，认为"专就今日之世界与中国之

---

① 有关儒家与人权的讨论可参考李明辉：《儒家传统与人权》，收入黄俊杰编：《传统中国文化与现代价值的激荡》，社会科学文献出版社 2003 年版，第 207—229 页；陈祖为：《儒家思想与人权》，《学术月刊》2013 年第 11 期，第 32—40 页。

② 参见何信全：《儒学与现代民主——当代新儒家政治哲学研究》，台北"中央研究院"文哲所，第 142—143 页。

③ 徐复观：《学术与政治之间》，台湾学生书局 1980 年版，第 58 页。

④ 参见何信全：《儒学也能推导出现代法治原则吗？ ——以"道德自主性"为中心的探讨》，《思与言》第 49 卷第 2 期（2011 年 6 月），第 165—195 页。

政治社会问题来说,我们亦除依民主之原则,加以解决之外,亦别无道路"①,因为唯民主政治能最有效地节制人的权力欲。然对民主政治之蔽,唐君毅有极为清醒的认识。首先,在唐君毅看来,民主政治固然以保障人的基本权利为目的,然而以权利为中心之自由民主乃有导致人的价值意识薄弱以及庸俗化的弊病。唐君毅因此认为,若仅由权利意识出发肯定民主政治,"人专注于其所得权利之可被保障一点,则亦可更增其争权利之意识,而政治之事,即仍可成互争权利而分配之之事。此政治制度乃是为人之私欲所利用,而为人之私欲之工具。而人在觉此制度下之法律,对其私欲有所不便时,如彼复念及法律制裁之严刻,而强压制私欲时,亦可造成一精神之局促猥琐。否则仍可力求复在法律规定有未及处,曲解法律,制造法律,以畅遂其私欲。则民主政制度仍不能使其下之社会政治即成为合道德理性要求之最善良之社会政治"②。

如果说自由主义民主政治是现代性的产物,那么唐君毅对民主政治的上述批评本质上即是对以个人主义为基础的现代性的反省和质疑,此与泰勒(Charles Taylor)的反省如出一辙,在泰勒看来,我们所处的时代弥漫着一种自我实现的个人主义,"这种个人主义导致以自我为中心,以及随之而来的对那些更大的、自我之外的问题和事务的封闭和漠然,无论这些问题和事务是宗教的、政治的,还是历史的。其后果是,生活的被狭隘化和平庸化"③。这也就是说,唐君毅对民主政治的上述批评其实包含了他对现代民主政治背后的整个文化背景的反省。因此对新儒家而言,在中国发展民主政治只能是在透过全面重建人文世界以克服现代性危机的前提下,吸纳源于西方的现代民主政治。牟宗三对表现民主政治之精神原则亦即"理性之外延表现"的反省和批评,我们亦应从这一角度来加以理解。牟宗三说:"形式的自由与权利上的平等都过问不着个人主观生命之如何顺适调畅其自己。如是,人们乃在此外在的纲维网中,熙熙攘攘,各为利来,各为利往,尽量地松弛,尽量地散乱,尽量地纷

---

① 唐君毅:《中华认为与当今世界》下册,《唐君毅全集》卷八,台湾学生书局1988年版,第103页。

② 唐君毅:《文化意识与道德理性》,《唐君毅全集》卷二十,台湾学生书局1986年版,第281—282页。

③ 泰勒:《现代性之隐忧》,程炼译,中央编译出版社2001年版,第16—17页。

驰,玩弄巧慧,尽量地庸俗肤浅,虚无迷茫,不复见理性在哪里,理想之根在哪里,人生、宇宙之本源在哪里。"①

　　人之价值意识的消解必然导致民主实践上的诸多弊端,是以唐君毅认为:"民主政治之实践,根本是一选举的抉择。此抉择之能依于差别原则,而不能只依于平等原则。依于平等原则,只能说一切人皆有选举权和被选举权或被选举出之可能。以此原则,可以推翻一切特权阶级。此无问题。然如一切人皆同只有此可能,则一切人皆可被选出,一切人亦皆可不被选出。如果无'差别原则'之加入,则积极的民主政治之实践,仍不能成就。此差别原则,如不依于人对于政治人物本身之才干道德之差别之辨识,则必然只能依于候选者之供宣传之金钱之差别,及善于宣传与否之差别,及其他之偶然的不相干的差别,以为决定;而使民主政治之实践中,并无真实的人与真实的人之政治关系之存在。此是民主政治之实践上最大的困难。"②唐君毅的批评的确是现代民主政治在实践上不得不面对的重大问题,如果公民没有基本的价值意识,而仅以个人的权利、利益为考量,则现代民主政治下的选举,的确无法保证德才兼备之士能被选出。唐君毅之所以强调平等原则与差别原则的结合,根本上是希望在保证人人平等这一民主精神的前提下,促使民主实践朝积极的形态发展,而差别原则在现实中的落实,自然只能以全体公民之价值意识的觉醒与增进为保障。

　　正如前文所述,牟宗三等新儒家学者无不肯定民主政治乃是解决政治问题的根本途径,故他们对民主政治的批评,当然不是像近来大陆某些儒家学者那样,持狭隘的民族主义立场,视民主政治为西方文化的特定产物而否定之。新儒家批评现实中民主政治的不足,根本目的在于寻求一更为合理的民主政治形态,亦即将儒学与民主政治内在地结合起来的儒家式的民主。以下我们即尝试阐述新儒家所构想的儒家式民主的具体意涵。

　　对于新儒家而言,现代西方民主政治之所以存在上述之不足,其实应归根

---

　　①　牟宗三:《政道与治道》,《牟宗三先生全集》10,台北联经出版事业公司2003年版,第174页。

　　②　唐君毅:《中华人文与当今世界》下册,《唐君毅全集》卷八,台湾学生书局1988年版,第138页。

于民主政治背后的精神原则。西方之所以产生现代民主政治,有其特定的社会背景,牟宗三即认为:"在西方,因阶级之对立,而以集团的方式互相争取,互相限制,故易有国家政治意义之主体自由之表现。"①唐君毅认为,这其实也体现了西方特定的人文精神:"唯以西方社会之各种文化力量间,各种社会人文组织间,多敌对冲突,故特能逼出个人求自由之努力,并逼出政治上之民主制度,逐渐使人民获得其基本人权之法律保障。故要说西方之民主精神之本源,当溯之西方社会之多端并行而敌对之人文精神。"②此一人文精神牟宗三以表现为"对列格局"(co-ordination)之"理性之架构的表现"或"理性之外延的表现"说之:"通过阶级对立以争人权、权利、自由、平等,并进而论国家之主权、政府权力之分配与限制等,则是'理性之外延的表现'。"③在唐君毅看来,西方民主政治之所以出现上述庸俗化的弊病,即根源于上述人文精神,因此"西方民主精神,根源于其人文精神,故西方民主精神之本源,即有此不干净处"④。

新儒家的意思非常清楚,西方虽然于特定的社会历史背景下,发展出现代民主政治,然而其根基并不稳固,也就是说其背后的精神基础或价值意识存在不足之处。新儒家之所以努力以儒学为基础,提出儒家式民主的构想,其实是希望在对民主政治予以价值的证成的基础上,"重新奠立民主主义的基础"⑤:"我们今日只有放胆的走上民主政治的坦途:而把儒家的政治思想,重新倒转过来,站在被统治者的立场来再作一番体认。首先把政治的主体,从统治者的错觉中移归人民,人民能有力量防止统治者的不德,人民由统治者口中的'民本'一转而为自己站起来的民主。……总之,要将儒家的政治思想,由统治者为起点的迎接到下面来,变为以被治者为起点,并补进我国历史中所略去的个

①　牟宗三:《时代与感受》,《牟宗三先生全集》23,台北联经出版事业公司2003年版,第317页。余英时亦有类似的分析,参见余英时:《从价值系统看中国文化的现代意义》,台北时报文化出版企业有限公司1991年版,第92—93页。

②　唐君毅:《人文精神之重建》,《唐君毅全集》卷五,台湾学生书局1988年版,第403页。

③　牟宗三:《政道与治道》,《牟宗三先生全集》10,台北联经出版事业公司2003年版,第159页。

④　唐君毅:《人文精神之重建》,《唐君毅全集》卷五,台湾学生书局1988年版,第418页。

⑤　徐复观:《学术与政治之间》,台湾学生书局1980年版,第278页。

体之自觉的阶段:则民主政治,可因儒家精神的复活而得其更高的依据;而儒家思想,亦可因民主政治的建立而得完成其客观的构造。"①

新儒家的上述构想隐含以下思路:民主政治作为一制度架构,当然需要相应的价值观念作为基础,但这些价值观念可以源于不同的文化传统,换言之,我们可以从不同的文化传统出发来寻求民主政治的精神基础,对民主政治的合理性予以不同的价值的证成。上述新儒家从中国文化特别是儒家的立场来说明民主政治的合理性与必要性,并说明儒学中所包含的民主精神,正可视为对这一问题的回应。那么,如何理解儒家式民主的具体意涵呢?我们以牟宗三的相关论述为例来加以说明。

牟宗三分别以理性之内容的表现或理性之运用的表现与理性之外延的表现或理性之架构的表现来说明中西文化之间的差异,因此儒学与民主政治的结合,其实就是理性之不同表现方式之间的融通。以此为基础,牟宗三区分了民主之内容的意义(intensional meaning of democracy)与民主之外延的意义(extensional meaning of democracy)。所谓理性之内容的意义包含以下三点:1.政道上确立推荐、普选("天与"、"人与")之"公天下"观念(随政权而言政道);2.治道上确立"让开散开,物各付物"、"就个体而顺成"之原则(随治权而言治道);3.道德上确立"先富后教"、"严以律己,宽以待人"之教化原则(此含政治上的教化之限度及政治与道德之分际)。② 所谓民主之外延的意义是指作为特定政体型态的民主政治架构及其所包含的自由、平等、权利、法律等形式概念,其构成个人生活于其中的"外在的舞台与纲维网"。③ 由上文所述不难看到,牟宗三所谓民主之内容的意义所包含的基本上是中国文化特别是儒家最核心的价值理念,而民主之外延的意义则是一般意义上的作为外部制度的民主政治的架构及其所内含的诸形式概念。由于民主政治的架构及其相关形式概念完全是中性的,因此这一民主政治本质上所体现的仍是儒家的价值

① 徐复观:《学术与政治之间》,台湾学生书局1980年版,第59—60页。
② 参见牟宗三:《政道与治道》,《牟宗三先生全集》10,台北联经出版事业公司2003年版,第140—141页。
③ 参见牟宗三:《政道与治道》,《牟宗三先生全集》10,台北联经出版事业公司2003年版,第170—171页。

理想,因而根本不存在所谓西化的问题。如果说新儒家有关民主政治乃是落实儒家政治理念所不可或缺的具体途径的论说是合理的话,那么基于儒家价值理想发展民主政治的构想,乃是儒家在当代继续存在和发展的前提。①

在牟宗三看来,民主之形式与内容的关系是:"以内容的表现提撕并护住外延的表现,令其理性真实而不蹈空,常在而不走失;以外延的表现充实开扩并确定内容的表现,令其丰富而不枯窘,光畅而不萎缩。"②牟宗三的意思很清楚,有民主政治作为外在的架构保障,儒家本有的政治理念有落实的可能,而实际中的民主政治实践也可因儒家价值理想的引导而朝更为积极的形态发展,免于泛政治主义的弊病。这样一种民主政治,在牟宗三看来即是顺儒家本有的价值理想所证成和确立的儒家式的民主政治。

唐君毅亦有类似的看法:最完善的政治,应该是在承认民主政制的前提下,复在制度之外能以有效的途径改进个人之政治意识的民主政治,这是一种"兼以道德文化之陶养改进人民之政治意识之民主政治"③。而这实际上是"透过法治民主政制之礼治、人治、德治的政治社会"④。

综上所述,我们可以简要概括新儒家儒家式民主政治的基本意涵。在新儒家看来,民主政治乃是儒家政治理想得以充分实现的制度架构,因而对于儒家而言,民主政治为儒家思想的内在要求,此即牟宗三所谓由儒学发展出民主政治有其实践上的必然性,并且儒学本身即包含有不少民主精神的思想种子,由此可以从价值上对民主政治予以证成。更进一层,在民主政治的制度架构之下,引导个人及社会生活的价值理念仍然是儒家的。这十分类似于李晨阳民主的形式与儒家的内容的说法⑤,不过二者之间存在很大的差异。新儒家

---

① 相关讨论还可参见 Stephen C. Angle, *Contemporary Confucian Political Philosophy*, Polity Press,2012,pp.24—35。

② 牟宗三:《政道与治道》,《牟宗三先生全集》10,台北联经出版事业公司 2003 年版,第175 页。

③ 唐君毅:《文化意识与道德理性》,《唐君毅全集》卷二十,台湾学生书局 1986 年版,第283 页。

④ 唐君毅:《文化意识与道德理性》,《唐君毅全集》卷二十,台湾学生书局 1986 年版,第291 页。

⑤ 参见李晨阳:《民主的形式与儒家的内容——再论儒家与民主的关系》,收入刘笑敢主编:《中国哲学与文化》第十辑,漓江出版社 2012 年版,第 131—145 页。

并非像李晨阳一样,仅仅将民主政治理解为一种我们不得不接受的政治机制,可以与其下的价值理念,完全相互独立。我们由文化哲学中的"整合"观念可以很好地说明这一点。当我们学习模仿某种外来制度的时候,一定要有一个价值上的证立,换言之,一定要有相应的支撑这一制度的价值意识作为基础,制度才有可能真正良好地运作,因此社会在制度和观念两方面才能达成整合,因而进入稳定的状态。① 李晨阳的思路显然太过忽视制度的价值证成问题。此外,还需要说明的是李晨阳将自己的看法与新儒家的思路绝然区分来看,并将新儒家的政治主张理解为是自由主义化的儒家,认为新儒家像自由主义一样把个人的自由和平等放到至高无上的地位,如此一来,儒家就不再是儒家。李晨阳在儒家与民主的问题上,虽然反对蒋庆的原教旨主义立场,不过他对新儒家政治哲学的看法却与蒋庆等人是完全一致的。李晨阳显然误解了新儒家的意思,新儒家虽然试图在传统儒学中寻找现代民主精神的思想资源,因而也十分认同西方民主政治背后所包含的一些自由主义的价值,如自由、平等等等,但是由上文所述我们不难看到,新儒家更倾向于从形式上来理解民主政治以及自由、平等等概念,换言之,他们其实是希望在民主的形式中填充儒家的价值理念。因而说新儒家将儒家自由主义化了,是不太客观的看法。

第三节　与自由主义、社群主义的对话

20 世纪 80 年代以来逐渐兴起的社群主义或共同体主义与以罗尔斯为代表的自由主义之间的论争②,为我们重新反省、定位现代新儒家的政治哲学提供了一个很好的契机。首先,我们来看社群主义批评自由主义的核心论点,进而以此为基础来反观新儒家的政治哲学。参照当代学者的整理和概括,我们不难发现,社群主义与自由主义之间的最大分歧主要体现在自我观及个人与

---

① 参见劳思光:《文化哲学讲演录》,香港中文大学出版社 2002 年版,第 63—65 页。

② 有关社群主义与自由主义之间的论争,可参见石元康:《社群与个体——社群主义与自由主义的论辩》,《从中国文化到现代性:典范转移?》,三联书店 2000 年版,第 89—100 页。

社群的关系两个方面。①

　　按照桑德尔(Michael J.Sandel)的分析,以罗尔斯为代表的当代自由主义的核心主张在于"权利优先于善":"一个正义的社会不寻求推进任何特殊的目的,而是使公民们能够寻求他们自己的目的并与其他人的类似自由相一致;因此,这个社会必须是由那些不预设任何特殊善观念的原则所支配。以上那些规范性原则之所以具有正当性,并不在于它们使社会总体福利最大化,或它们培养了德性,抑或推进了善,而在于他们遵从权利的观念,这种权利观念是一个优先于善并独立于善的道德范畴。"②自由主义的这一主张,是以康德强调道德法则之优先性的自律伦理学为基础的。在康德那里,道德法则不能有任何经验性的条件,其基础只能奠定于主体自身,亦即"一个拥有意志自由的主体","没有经验性的目的"。换言之,康德伦理学突出的是"主体优先于其目的"这一基本立场,这一原则在政治领域即直接导出"权利优先于善"这一主张。因为主体的优先性要求一个社会不能为预设任何特殊善观念的原则所支配,否则它都可能将作为能够自由选择的个体视为客体而非主体,将其视为工具而非本身即为目的。③ 罗尔斯进一步将康德的这一先验道德主体的观念置换为一个"无负荷的自我"或"无约束的自我"的观念。所谓"无约束的自我"是指,这个"我"的身份的认定优先于我所承担的目标或特性,换言之,这个"我"被置于一种超越其经验的位置,并一劳永逸地保证他的身份,或者说"它将我们可能称之为构成性目的的可能性否排除了出去"。因此,"对于无约束的自我而言,对我们的人格而言最为重要的,并不是我们所选择的目的而是我们选择它们的能力"。桑德尔总结说:"只有当自我优先于目的时,权利才能优先于善。只有当我的身份永远不受制于我可能在任何时候所拥有的目

---

　　① 参见 Allen E.Buchanan, Assessing the Communitarian Critique of Liberalism, *Ethics*, Vol. 99No.4(Jul.,1989),pp.852-853;李明辉:《徐复观与社群主义》,《儒家视野下的政治思想》,台北台湾大学出版中心 2005 年版,第 239—242 页;参见石元康:《社群与个体——社群主义与自由主义的论辩》,《从中国文化到现代性:典范转移?》,三联书店 2000 年版,第 90—91 页。

　　② 桑德尔:《公共哲学:政治中的道德问题》,朱东华等译,中国人民大学出版社 2013 年版,第 144 页。

　　③ 参见桑德尔:《公共哲学:政治中的道德问题》,朱东华等译,中国人民大学出版社 2013 年版,第 148 页。

的和兴趣,我才能将自己看作自由独立的、能够选择的主体。"①由桑德尔的论述,我们可以清楚地看到,自由主义权利优先于善的基本主张乃是以哲学上的"无约束的自我"或原子式的个人这一个体主义的原则为基础的。

上述个体主义的基本原则,基本上又决定了个体与社群之间的关系。"由于被理解为无约束的自我,我们当然能够自由地与其他人一起参与志愿者协会,并因此能在合作性的意义上形成共同体。对于无约束的自我而言,那被否定的是任何共同体之成员身份的可能性,这种共同体由那些先行于选择的道德纽带所维系。"②这也就是说,对自由主义而言,社群不过是在契约的基础上所形成的协会性的组织,其成员之间并无共同的目标及共同的价值,社群不过是其成员为达到自己目的的工具,换言之,社群并不具有内在价值,而仅具有工具价值而已。③

在桑德尔看来,自由主义对自我及自我与社群之关系的理解是不真实的,一个不拥有构成性纽带这类东西的人,乃是一个完全没有特征、没有道德深度的人,"因为拥有特征就是了解我进入了一个我既没有召唤也没有掌握的历史当中,它携带着一些既不是出于我的选择也不是出于我的行为的结果,它使我与他人亲疏有别,它使某些目标更加可行,而另一些则并非如此。作为一个自我阐释的存在,我能够反思我的历史并且在这种意义上使自己与之保持一定的距离,然而这一距离总是小心翼翼和暂时的,反思的意义从来不在于从外部来抓住历史本身"④。这也就是说,历史、传统以及社群乃是自我形成的不可或缺的构成性因素,这也就是泰勒所强调的人性并非自足而是嵌入在社会文化脉络中,乃得以认取意义并实践人生。⑤

①　桑德尔:《公共哲学:政治中的道德问题》,朱东华等译,中国人民大学出版社 2013 年版,第 149 页。

②　桑德尔:《公共哲学:政治中的道德问题》,朱东华等译,中国人民大学出版社 2013 年版,第 150 页。

③　参见石元康:《社群与个体——社群主义与自由主义的论辩》,《从中国文化到现代性:典范转移?》,三联书店 2000 年版,第 90—91 页。

④　桑德尔:《公共哲学:政治中的道德问题》,朱东华等译,中国人民大学出版社 2013 年版,第 154 页。

⑤　参见何信全:《儒学与社群主义人观的对比——以孟子与泰勒为例》,《中国思潮与外来文化:第三届国际汉学会议论文集思想组》,台北"中央研究院"文哲所 2002 年版,第 160 页。

　　经由以上对自由主义与社群主义之分歧的梳理,我们可以重新回到现代新儒家的政治哲学上来,以检视其理论特色之所在。从自我观的角度来看,牟宗三等新儒家基本上都承继了传统儒学孟子以至阳明心学一系的基本看法,承认一先验的道德本心作为人的真实主体之所在,虽然在道德本心是否具有形上性格这一点上①,徐复观与唐君毅、牟宗三的看法略有差别②,然就道德本心具有超越于经验的先验性这一点而言,三家并无二致。就这一点来说,新儒家与以罗尔斯为代表的自由主义者之间存在相似之处,而与社群主义者视自我为社群中所形塑而成的看法,存在重大差别。③ 但必须注意的是,这并不意味着,新儒家在哲学上会走向自由主义的个人主义立场。换言之,新儒家绝不会视自我为原子式的个人或所谓的"无约束的自我",正如有论者所指出的,牟宗三等所谓的道德主体或自我,应从人格主义(personalism)而非个人主义(individualism)的角度来加以理解④,唐君毅即曾明确论及这一点⑤。这种人格主义所关涉的是一种特殊的人文精神,牟宗三等新儒家学者对此有较为丰富的论述。

　　依唐君毅之见,"儒家未尝不以个人人格为至尊无上,未尝不重个人之自由。但儒家论个人之人格之至尊无上,必自个人之仁心之无所不涵盖,能成就润泽他人或群体上说。他讲个人自由,必自个人由尽伦常之道,以尽性成己,而真有所自得上说。孤立的个人,弃人文以返自然的个人,与消极的不受一切人伦规范之自由人,非儒家之理想人物""依理说,则儒家精神不同于庄子,

------

　　① 有关道德本心的形上性格,可参见唐君毅:《中国文化之精神价值》,台北正中书局1953年版,第93—98页;牟宗三:《心体与性体》第一册,《牟宗三先生全集》5,台北联经出版事业公司2003年版,第178—187页。

　　② 相关讨论可参见廖晓炜:《当代儒学与西方文化:徐复观、劳思光儒学诠释论析》,收入郑宗义主编:《中国哲学与文化》第十一辑,漓江出版社2014年版,第80—98页。

　　③ 何信全、李明辉等已指出这一点,参见李明辉:《儒家视野下的政治思想》,台北台湾大学出版中心2005年版,第253—255页;何信全:《儒学与社群主义人观的对比——以孟子与泰勒为例》,《中国思潮与外来文化:第三届国际汉学会议论文集思想组》,台北"中央研究院"文哲所2002年版,第164—165页。

　　④ 参见关子尹:《康德与现象学传统——有关主体性哲学的一点思考》,《中国现象学与哲学评论》第四辑,上海译文出版社2001年版,第141—184页。

　　⑤ 参见唐君毅:《中国人文精神之发展》,《唐君毅全集》卷六,台湾学生书局1991年版,第199—200页。

亦即决不全同于一般之西洋式个人自由主义。他必须兼重视内在于个人,而又能超个人之仁心,以成就他人与群体。"①这也就是说,儒家由仁心或道德本心为一切人生而本有这一点来论说人格平等,以及人格的尊严,重视个人的自由,但儒家更强调仁心的实践性,亦即透过具体的道德实践以转化、成就他人与社会,换言之,个体在成就自我的同时亦成就他人与社会,这正是儒家学说中最为本质的成己成物或者说人文化成的精神。反过来讲,舍弃人伦、社会与国家,也就无所谓道德实践,因而也就无所谓自我的实现。就此而言,先验的道德本心虽为人之为人的根本所在,然而人本道德本心以成就自我却不能在社群之外来实现,这也就是说,他人、社会、国家甚至天地万物乃是自我透过道德实践以实现自身所不可或缺的。但必须注意的是,儒家虽然强调个体与社群之间的密切联系,但儒家却也不会因此而将个体淹没于社群之中,儒家同样突出个体的地位,强调个体自身的价值。② 有论者认为,儒家"不仅其出发点是社群本位的,而且其具体的社会与政治策略,也以社会共同善完全取代了个人权利。换言之,儒家不仅无视个人自由与个人权利,而且认为群体或集体的利益与价值可以替代个人的利益与价值"③,这显然是出于对儒家的误解,因而将儒家与自由主义完全对立起来。牟宗三在论及英美思想中的原子性原则(principle of atomicity)时,特别强调它在社会、政治方面的作用,亦即它构成作为民主政治之基础的个体性原则。进一步,牟宗三也认为儒家在社群的脉络中讲自我的道德实践,也是体现出个体主义的精神:"中国人喜欢讲全体,常喜言天地万物为一体、天地与我并生、万物与我为一。但要知道这些话的真正意义,这些思想其实是彻底的个体主义,彻底第尊重个体。并不像我们所了解的一讲全体就把个体抹杀,这都不是儒、释、道三家的思想,这是一般

---

① 唐君毅:《人文精神之重建》,《唐君毅全集》卷五,台湾学生书局 1988 年版,第 196 页。

② 更为详细的论述可参见何信全:《儒家政治哲学的前景:从当代自由主义与社群主义论证的脉络考察》,收入黄俊杰编:《传统中华文化与现代价值的激荡》,社会科学文献出版社 2003 年版,第 195—203 页。

③ 胡伟希:《儒家社群主义略论》,文史哲编辑部:《儒学:历史、思想与信仰》,商务印书馆 2011 年版,第 387 页。

人的误解。"①

徐复观亦有类似的论述。依徐氏之见,儒家以人心之仁作为个体生命的主宰,而在具体人伦关系中的实践或所谓践伦不过就是仁的发用,人心之仁与践伦乃是"内外合一(合内外之道)、本末一致而不可分的",这即是"道德性的人文主义"。换言之,道德的人文主义突出的是人心的实践性,亦即要求在具体的人伦关系中实现自身的道德理想,"内在的道德性,若不客观化到外面来,即没有真正的实践","儒家内在的道德实践,总是归结于人伦。而落到现实上的成就,大体是从三个方面发展,一为家庭,二为政治(国家),三为'教化'(社会)"②。进一步,徐复观对儒家在个体与社群之关系上的基本看法作了极为明确的概括:"儒家精神,是超越而内在的理性主义。在其内的方面肯定了个体;在其超越的方面肯定了全体。全体表现于个体之中,无另一悬空的全体。每一个体涵融全体而圆满俱足,无所亏欠,所以个体之本身即是目的,而非以另一个东西为目的。"③由此可见,儒家所理解的自我从来就是处于各种人伦关系之中的,因此儒家思想当然无法接受自由主义视个体为无约束自我的看法,当然儒家也绝不认为自我完全是社会化的结果,换言之,新儒家均承认"超越于历史与社会之外的道德主体"④。就此而言,有论者认为"儒家的自我不是一个'无负荷之自我',确切地说,它是由所身处并赖以形成其个性的社会机制及社会关系来定义的"⑤这一看法,显然不能成立⑥,因为传统儒学特别是宋明新儒学,不只视自我为超越的道德主体,甚至认为此一道德主

　　① 牟宗三:《中国哲学之会通十四讲》,《牟宗三先生全集》30,台北联经出版事业公司 2003 年版,第 117 页。

　　② 徐复观:《儒家精神之基本性格及其限定与新生》,《儒家政治思想与民主自由人权》,台湾学生书局 2013 年版,第 68—70 页。

　　③ 徐复观:《儒家精神之基本性格及其限定与新生》,《儒家政治思想与民主自由人权》,台湾学生书局 2013 年版,第 91—92 页。

　　④ 李明辉:《儒家视野下的政治思想》,台北台湾大学出版中心 2005 年版,第 256 页。

　　⑤ 卜松山:《社群主义与儒家思想》,《二十一世纪》总第四十八期(1998 年 8 月)。

　　⑥ 近年来,英语世界讨论"儒家社群主义"(Confucian communitarianism)者不少,他们大多都将儒家的"自我"社群主义化,相关讨论可参考 Sungmoon Kim 对儒家社群主义的批判性考察: Sungmoon Kim, The Anatomy of Confucian Communitarianism: The Confucian Social Self and Its Discontent, *The Philosophical Forum*, Volume 42/Issue 2(Summer 2011) , pp.111–130。

体本身乃是完满自足的。新儒家作为传统儒学的忠实信徒,他们对儒学的诠释,自然也代表他们自己的看法。因此,在自我观方面,新儒家其实与自由主义与社群主义均有很大的差异。一定意义上,新儒家的立场或许提供了融合自由主义与社群主义的某种理论可能性。

需要说明的是,新儒家虽然对自由主义理论所预设的无约束的自我持批评态度,但这并不意味他们否认自由主义的全部主张。事实上,对于自由主义所强调的个人平等、权利、政治自由等观念,新儒家基本上都是极为肯定的。并且他们更以此为参照来反省传统儒学之不足。这其实就是徐复观所强调的,他虽然不甘心做一个自由主义者,但始终肯定"一定要通过自由主义"[1]。新儒家所不认同的是仅从消极的意义上来理解自由主义,进而流于自私自利[2],因而更为强调以道德的理想主义来提升自由主义[3],亦即透过个体的道德实践来促进社会、群体的完善。一定意义上,新儒家乃是试图以儒家所本有的人文化成的人文主义精神来吸纳自由主义的基本理念。这与他们对现代民主政治的反省完全是基于同样的考量。

由新儒家对自我的理解,我们不难想到,在社群及其与自我之关系的看法上,新儒家大概很难接受自由主义对社群的工具主义理解,视社群为达成个人目的的手段。[4] 新儒家无疑更为强调自我与家庭、社会、国家等社群之间的紧密联系,因而更近于社群主义的基本立场。

新儒家特别是牟宗三、唐君毅基本上都是从道德本心或理性心灵的角度来看待社群。在他们看来,理性心灵有其实践性,要求在现实世界客观化其自身。这种以理性心灵为基础的实践,"从家庭社会的日常生活起以至治国平天下,所谓以天下为己任,层层扩大,层层客观化,都是在实践中完成,所以是

---

① 徐复观:《为什么反对自由主义》,《学术与政治之间》,台湾学生书局 1980 年版,第457 页。

② 参见牟宗三:《自由主义之理想主义的根据》,《生命的学问》,台北三民书局 2009 年版,第 234 页。

③ 牟宗三《道德的理想主义》(《牟宗三先生全集》9,台北联经出版事业公司 2003 年版)一书对此有极为丰富的论述。

④ 参见唐君毅:《中国人文精神之发展》,《唐君毅全集》卷六,台湾学生书局 1991 年版,第197—200 页。

积极的实践"①。而理性心灵在不同范围的社群中客观化其自身,即展现为人类的文化世界,换言之,理性精神客观化其自身,即是一文化创造的活动。理性心灵作为价值之源,本身即代表普遍的道德理想。然而若无特定的社群组织,理性心灵仅是一抽象的理念,无法展现为具体的文化世界。这也就是说,理性心灵必然以不同的社群组织作为实现自身、创造文化的场域和凭借。因此,牟宗三认为由家庭以至于国家的各种社群组织的存在均有其必然性:"从文化创造,真理的实现方面说,民族的气质,个人的气质,是它的特殊性,是它实现之限制而又是它实现之具体的凭藉,因此,家庭国家就是实现真理创造文化之个体,它们是普遍者与特殊者结合而成的。普遍者作为构成它们的一成分,因而亦即是在它们之中呈现。呈现即实现。实现真理即是创造文化。普遍即是它们的理性根据,即上文所说的'超越的根据'。此即是仁,或道德的理性。我们根据这个理性的实践,既能成就文化的创造,亦能成就家庭国家天下等之肯定。以上的说法,是家庭国家等之形而上学的证明。"②人类之不同于其他物类,就在于其在自然世界之上确立起一文化的、价值的世界。就此而言,文化世界对人类而言是本质性的。牟宗三即在此意义上,说明作为文化创造之凭借的诸社群组织存在的必然性。进一步,由于这些社群组织背后均有超越的理性心灵作为其存在的根据,因此,社群本身不能只是一工具性的存在,毋宁说,社群本身即具有内在的价值。

由上所述,借由社群主义与自由主义之间的对比,我们可以更为清晰地展现新儒家政治哲学的一般特征。就自我观方面而言,新儒家与以罗尔斯为代表的自由主义有其相通性,而就社群及其与自我的关系方面而言,新儒家与社群主义显然有更多会通的可能。当然,新儒家哲学作为一系统性的理论创构,在整体上与自由主义和社群主义均有很大的差异。一定意义上,新儒家的理论努力,提供了在自由主义与社群主义之外发展一种新的政治哲学的可能性,其在自我、社群、民主政治等诸多方面均有其独到的看法。

---

① 牟宗三:《理想主义的实践之函义》,收入《道德的理想主义》,《牟宗三先生全集》9,台北联经出版事业公司 2003 年版,第 51 页。

② 牟宗三:《理想主义的实践之函义》,收入《道德的理想主义》,《牟宗三先生全集》9,台北联经出版事业公司 2003 年版,第 78 页。

第十八章　中国文化精神及其对现代性的批评与调适

　　什么是"中国精神"？这是很难回答的问题。在本章的论述中，我们大体上将其界定为"中国文化的精神"，但"中国文化"也是很难界定的。关于"中国文化"为何？其"精神"为何？可谓众说纷纭，见仁见智。我们认同一种说法，即"哲学是文化的精神（或灵魂）"。本章拟从"中国哲学"的视域出发，探讨"中国文化精神"的问题。"中国哲学"也很复杂，从流派来看有诸子百家、儒释道、宋明理学等，从典籍来说有经史子集与地方文献等，还有不同时空的中华各民族的哲学思潮与思想家，以及口耳相传的思想内容，尤其是反映在民俗小传统中的内容。

　　关于中国传统文化的基本精神与特色，在张岱年、胡秋原等前辈概括的基础上，我曾概括为六点：和而不同，厚德载物；刚健自强，生生不息；仁义至上，人格独立；民为邦本，本固邦宁；整体把握，辩证思维；经世务实，戒奢以俭。①本章拟从儒、释、道家的哲学中抽绎出反映"中国文化精神"的若干特征，尽管儒、释、道诸家及其所属诸流派之间的主张也不尽相同，但它们仍有一些共同的思想倾向。

第一节　中国文化精神

　　如何讨论"中国文化精神"？我们拟从三个方面作一些限定：第一，"中国

---

① 郭齐勇：《中国梦的文化底蕴》，《党建》2014 年第 3 期。

文化精神"是一个特殊性的概念。与普遍性的"世界文化精神"、"人类精神"不一样,也与"美国文化精神"、"法兰西文化精神"不一样,"中国文化精神"是中华民族不同于世界上其他民族、中国文化不同于其他文化的特质之所在。第二,"中国文化精神"是一个历时性的概念。"中国"这个概念,在历史上的文化意味远大于地理与族群意味。从商周到明清,中国的地理版图不断变化,也经历过长时间的分裂和游牧民族的统治,但中国文化始终没有断绝,保持了高度的连续性。因此,"中国文化精神"就其本质而言,应该是中华民族自轴心文明时代以来形成的中国文化的核心要素。第三,"中国文化精神"是一个时代性的概念。历史学家标举过王霸杂用、雄浑博大的"汉唐精神"①,提倡过政事以学校为本的"宋学精神"②,这些都是中国文化精神在一定时空条件下的具体呈现,且在今日仍能给予我们以重要启迪的内容。今天我们立足于现代中国与世界的关系来讨论这一概念的内涵,特别重视中国文化与现代性的关系及其对世界可能的贡献,这里所谓的中国文化精神,应该是中国文化在现代性背景下,能够彰显出来的特别具有活力的主要内容。

综合上述三个方面的限定,"中国文化精神"实际上就是中华民族的"文化基因"。这一概念涵盖了中华民族文化相对于世界上其他族群的不同的、差异性的内容与特征,也涵盖了能够得到不断延续的中国文化的主要内容与特征,同时还表达了现代语境下中国人的诉求与对现代性的回应。准此,我们把"中国文化精神"概括为以下七点:自然生机、普遍和谐、创造精神、秩序建构、德性修养、具体理性、知行合一。

一、存有连续与生机自然

所谓"存有的连续",即把无生物、植物、动物、人类和灵魂统统视为在宇宙巨流中息息相关乃至互相交融的连续整体,这种观点区别于将存有界割裂为神界、凡界的西方形而上学。受此影响,中国古代思想家始终聚焦于生命的学问,没有创世神话,不向外追求第一原因或最终本质等抽象答案,不向超越

---

① 贺昌群:《汉唐精神》,《贺昌群文集》第 3 卷,商务印书馆 2003 年版,第 133 页。
② 钱穆:《中国近三百年学术史》,《钱宾四先生全集》第 16 册,台北联经出版事业公司1998 年版,第 3 页。

的、外在的上帝观念致思,故也不曾如西方哲学那样摇摆于唯物与唯心、主观与客观、凡俗与神圣之间。①所谓"生机的自然主义",指中国哲学认为"自然是一种不断活动的历程,各部分成为一种有生机的整体形式,彼此动态地关联在一起……此种活动的历程是阴与阳的相互变动,在时间的历程中来实现自己"。中国哲学并不强调主体和客体、物体和精神之间的分辨,而是一种自然的相应,互为依藉和补充,在互为依藉和补充以及自然的相应中,就成就和保存了生命与理解。②

长期以来,在西方,一元外在超越的上帝、纯粹精神是宇宙的创造者。人与神、心与物、此岸与彼岸、身体与心灵、价值与事实、理性与情感、乃至如不动的创造者与被它创造的生动活泼的世界,统统被打成两橛。然而中国哲学的宇宙论是生成论而不是构成论,他们认为,世界不是宰制性的建构,而是各种主体的参与。中国哲学的主流是自然生机主义的,没有凌驾于世界之上的造物主。中国哲学是气的哲学而不是原子论的哲学,气的哲学昭示的是连续性的存在,变动不居,大化流行,生机无限。宇宙绝非孤立、静止或机械排列的,而是创进不息、常生常化。由此,人类赖以生存的宇宙是一个无限的宇宙、创进的宇宙、普遍联系的宇宙,其包举万有,统摄万象。对宇宙创化流衍的信念,实际上也正是对人创造能力的信念。

二、整体和谐与天人合一

中国人有着天、地、人、物、我之间的相互感通、整体和谐、动态圆融的观念与智慧。中华民族长期的生存体验形成了我们对于宇宙世界的独特的觉识与"观法"和特殊的信仰与信念,即打破了天道与性命之间的隔阂,打破了人与超自然、人与自然、人与他人、人与内在自我的隔膜,肯定彼此的对话、包含、相依相待、相成相济。与这种宇宙观念相联系的是宽容、平和的心态,有弹性的、动态统一式的中庸平衡的方法论。正如汤一介所言:"普遍和谐"的观念是

---

①　参见杜维明:《试谈中国哲学中的三个基调》,《杜维明文集》第5卷,武汉出版社2002年版,第4页。

②　成中英:《中国哲学的四个特性》,《成中英文集》第1卷,湖北人民出版社2006年版,第18—19页。

"天人合一"的基本命题和"体用一源"的思维模式的产物,包括了自然的和谐、人与自然的和谐、人与人的和谐以及人自身内外身心的和谐,是儒、释、道三家共同的思想旨趣。① "天人合一"体现了中国哲学精神中存有的连续和有机的整体。天是事物存在及其价值的根源,天道有化生万物之德。"大哉乾元,万物资始乃统天。云行雨施,品物流形。……乾道变化,各正性命。保合太和,乃利贞。首出庶物,万国咸宁。"②这正说明中国文化以天道贯人事的特点。"天"是万物的最终依据,"天"不是与地相对的"物质之天",而是作为自然界整体意义的"自然之天"。此外,"天"还有着"道德义理之天",乃至"宗教神性意义"的内涵。正是由于天所具有的多重含义,"天"便不只是指外在于人的自然界,而是一有机的、连续性的、生生不息的能动的、与"人"相关联的不可分的存在。③ 中国人有着对天、天地精神的信仰及对天命的敬畏,并提升自己的境界以"与天地精神相往来"。这种精神上的契合与颖悟,足以使人产生一种个人道德价值的崇高感。由此对天下万物、有情众生之内在价值,油然而生出博大的同情心,进而洞见天地同根,万物一体。儒家立己立人、成己成物、博施济众、仁民爱物之仁心,道家万物与我为一、天籁齐物之宽容,佛家普度众生、悲悯天下之情怀,都是这种精神的结晶。

中国文化重视人与自然之间,各族群、民族之间,人与人之间的和谐统一的关系。所谓"天人合一",包含有经过区分天人、物我之后,重新肯定的人与自然的统一,强调的是顺应自然而不是片面征服、绝对占有自然。中国人在观念上形成了"和而不同"、"协合万邦"、"天下一家"的文化理想,既重视各民族、族群及其文化、宗教的分别性、独特性,又重视和合性、统一性。在人与人的关系问题上,善于化解与超越分别与对立,主张仁爱、和平、和为贵与协调性,有民胞物与的理想,厚德载物,兼容并包,爱好和平,不穷兵黩武,反对以力

---

① 参见汤一介:《中国哲学中和谐观念的意义》,载《新轴心时代与中国文化的建构》,江西人民出版社 2007 年版,第 91 页。

② (清)阮元校刻:《周易正义》卷一,《十三经注疏》,中华书局出版社 1980 年版,第 14 页。

③ 汤一介:《论"天人合一"》,《汤一介集》第 5 卷,中国人民大学出版社 2014 年版,第 58 页。

服人,主张"远人不服,则修文德以来之"①。

三、自强不息与创造革新

中国文化是"尊生"、"重生"、创造日新的文化,所崇拜的"生"即创造性的本身。《周易·系辞上传》:"富有之谓大业,日新之谓盛德,生生之谓易。"宇宙间最高最大的原理就是:一切都在迁流创化中发展着,世界是一个生生不息、日化日新的历程,生长衰亡,新陈代谢,永不停息,"为道也屡迁"。中国的《周易》、儒、道、释诸家尊奉的"道",就是天地自然或人文世界的永恒运动和发展变化,正所谓"变动不居,周流六虚,上下无常,刚柔相易,不可为典要,唯变所适"②。

《周易》中说:"天行健,君子以自强不息;地势坤,君子以厚德载物。"人们效法天地的,就是这种不断进取、刚健自强的精神与包容不同的人、事物与文化、思想的胸怀。人在天地之中,深切体认了宇宙自然生机蓬勃、盎然充满、创进不息的精神,进而尽参赞化育的天职;由此产生了真、善、美统一的人格理想,视生命之创造历程即人生价值实现的历程。在天地宇宙精神的感召之下,人类可以创起富有日新之盛德大业,能够日新其德,日新其业,开物成务。所以《礼记·大学》引述古代经典说:"汤之《盘铭》曰:'苟日新,日日新,又日新。'《康诰》曰:'作新民。'《诗》曰:'周虽旧邦,其命维新。'是故君子无所不用其极。"无论是对我们民族还是个人,我们不能不尽心竭力地创造新的,改革旧的,推陈出新,革故鼎新,这是天地万象变化日新所昭示给我们的真理。此正是王夫之所言:"天地之间,流行不息,皆其生焉者也,故曰'天地之大德曰生'。……今日之日月,非用昨日之明也;今岁之寒暑,非用昔岁之气也。……故人物之生化也,谁与判然使一人之识亘古而为一人? 谁与判然

---

① (清)阮元校刻:《论语注疏》卷十六,《十三经注疏》,中华书局出版社 1980 年版,第2520 页。

② (清)阮元校刻:《周易正义》卷八,《十三经注疏》,中华书局出版社 1980 年版,第 89—90 页。

［使一物之命］亘古而为一物？"①

总之，世界自身的永恒运动、创新、变化、发展，自我更新，自我否定，日生日成，日新其德，革故鼎新，除旧布新，是中国文化的主调。创新的动源，来自世界或事物自身内部的张力或矛盾。中国文化凸显了积极有为、自强不息的精神，强调革故鼎新，创造进取，即人要向天地学习。无数的仁人志士奋发前行，不屈服恶劣的环境、势力与外来侵略者的凌辱压迫，正是这种刚健坚毅的精神使然。

四、德性修养与内在超越

中国文化特别凸显在道德文明层面，并且用道德取代了宗教的功能。儒、释、道、宋明理学四大思想资源与思想传统，最根本处是做人，是强调人的德性修养。这四大思想传统及其内部各流派在根本的目的上并无大的差别，他们彼此的分歧或纷争，主要是修身工夫入路问题。儒家的理想人格是成圣人、贤人、君子，道家的理想人格是成真人、圣人、神人、至人、天人，佛教的理想人格是成菩萨、佛陀，他们的修养要旨表明，生活在俗世、现实之中的人，总要追求一种超脱俗世和现实的理想胜境。儒家的"极高明而道中庸"，佛教的"平常心即道心"都表明了现实与理想的统一。人人皆可为尧舜，人人皆具佛性，是儒家与佛教的最高信仰。实际上，儒、道、佛与宋明理学都是要追求一种理想的高尚的社会，因此其共同点都在培育理想的人格境界，以出世的精神干入世的事业。

这四大思想传统的道德精神并非只停留在社会精英层，相反通过教化，通过民间社会、宗教与文化的各种方式，如蒙学、家训、家礼、戏文、乡约、行规等，把以"仁爱"为中心的五常、四维、八德等价值渗透到老百姓的日用常行之中，成为他们日常生活的伦理。而这些伦理是具体的、有生命的，甚至其中每一个赞扬与责备都包涵很高的智慧。②

---

① （明）王夫之：《周易外传》卷六，《船山全书》第一册，岳麓书社2011年版，第1043—1044页。

② 参见黄勇：《美德伦理学与道德责任：儒家论道德赞扬与责备》，载《儒家思想与当代中国文化建设》，人民出版社2013年版，第370—384页。

　　中国人以仁义为最高价值,崇尚君子人格,肯定"三军可夺帅也,匹夫不可夺志也"①,"富贵不能淫,贫贱不能移,威武不能屈"②的大丈夫精神,弘扬至大至刚的正气,舍我其谁的抱负,乃至"不识一个字,亦须还我堂堂的做个人"③,强调人人都有内在的价值与不随波逐流的独立意志,以"知其不可而为之"的气概,守正不阿,气节凛然,甚至杀身成仁,舍生取义。

　　内在超越的精神是中国传统哲学在面对超越性与内在性问题时展现出来的共同精神。儒家的天道性命之学、为己之学,是"以道德理想的提升而达到超越自我和世俗的限制,以实现其超凡入圣的天人合一境界";道家的道德论和逍遥思想,"以其精神的净化而达到超越自我与世俗的限制,以实现其绝对自由的精神境界";中国禅宗的明心见性、转识成智、见性成佛等中心思想,强调"人成佛达到超越的境界完全在其本心的作用"④。儒、释、道三家都呈现出内在的超越性。内圣外王之道,同样为中国传统哲学中儒、道、释(禅宗)所共有,以此作为达到理想社会的根本办法。

　　五、秩序建构与正义诉求

　　中国文化中不仅有理想胜境,而且有系统的现实社会的治理的智慧与制度。长期以来,中国社会秩序的建构,靠的是"礼治"。"礼治"区别于"人治"、"法治"。"德治"是"礼治"的核心,但"礼治"的范围比"德治"更广。

　　《礼记·乐记》载:"是故先王之制礼乐,人为之节。衰麻哭泣,所以节丧纪也。钟鼓干戚,所以和安乐也。昏姻冠笄,所以别男女也。射乡食飨,所以正交接也。礼节民心,乐和民声,政以行之,刑以防之,礼乐刑政四达而不悖,则王道备矣!"可见"礼"是带有宗教性、道德性的生活规范。在"礼"这种伦理秩序中,亦包含了一定的人道精神、道德价值。荀子推崇"礼"为"道德之极"、

----

　　① (清)阮元校刻:《论语注疏》卷九,《十三经注疏》,中华书局出版社 1980 年版,第2491 页。

　　② (清)阮元校刻:《孟子注疏》卷六,《十三经注疏》,中华书局出版社 1980 年版,第2710 页。

　　③ (宋)陆九渊:《陆九渊集》,中华书局 1980 年版,第 447 页。

　　④ 汤一介:《论老庄哲学中的内在性与超越性》,载《儒道释与内在超越问题》,江西人民出版社 1991 年版,第 13 页。

"治辨之极"、"人道之极",因为"礼"的目的是使贵者受敬,老者受孝,长者受悌,幼者得到慈爱,贱者得到恩惠。在贵贱有等的礼制秩序中,含有敬、孝、悌、慈、惠诸德,以及弱者、弱小势力的保护问题。古代有"一夫授田百亩"的诉求并转化为计口授田制,有养老制度与"移民就谷"等荒政,对灾民、鳏寡孤独与聋哑等残疾人都有救济与保护制度。礼乐文化不仅促进社会秩序化而且有"谐万民"的目的,即促进社会的和谐化并提升百姓的文明水准。

　　一个稳定和谐的人间秩序总是要一定的礼仪规范为调节的,包括一定的等级秩序、礼文仪节。礼包含着法,礼既是道德规范,又是法律制度。儒家主张"明德慎罚"、"德主刑辅"、"一断于法"、"赏当其功,刑当其罪"、"执法必信,司法必平"等公平原则。荀子说:"故刑当罪则威,不当罪则侮;爵当贤则贵,不当贤则贱。古者刑不过罪,爵不逾德。"①同时,荀子又主张不以私情害法,指出:"怒不过夺,喜不过予,是法胜私也。"②他强调"严令繁刑不足以为威","刑弥繁而邪不胜"③。他主张"明刑弼教",不滥用刑,"杀一人刑二人而天下治"④,重视德教。儒家总体上肯定德本刑用,省刑慎罚,反对不教而诛。

　　古代村社组织有十、百家,或称邑、里,或称"社"与"村社"。管理公务的领袖,是由选举产生的三老、啬夫等。公共生活在庠、序、校中进行。庠、序、校是议政、集会与活动的场所,以后变成古代的学校。传统中国是儒家型的社会,是小政府大社会的典型。传统中国的社会管道、中间组织很多,例如以宗族、家族、乡约、义庄、帮会、行会(到近代转化为商、农、工会)等为载体,以民间礼仪、节日与婚丧祭祀活动,村社活动,学校、书院讲学活动,士、农、工、商的交往等为契机,在一定意义上就是社会自治、地方自治的。吕大钧、吕大临兄弟建立的"乡约",范仲淹首创的"义庄",同是地方性的制度,也同具有以"礼"化"俗"的功能。传统中国绝非由政府包打天下,而主要靠血缘性的自然团体及其扩大化的社会各团体来治理社会,这些团体自身就是民间力量,它们也保护了民间社会与民间力量,包含家庭及私人空间。它们往往与政权力量

---

① （清）王先谦:《荀子集解》,中华书局2013年版,第533页。
② （清）王先谦:《荀子集解》,中华书局2013年版,第42页。
③ （清）王先谦:《荀子集解》,中华书局2013年版,第332、618页。
④ （清）王先谦:《荀子集解》,中华书局2013年版,第336页。

相抗衡又相协调,在平衡政权力量的同时,既起到政权力量所起不到的多重作用,如抑制豪强,协调贫富,保障小民生存权,教化民众,化民成俗,安顿社会人心等,又起到慈善机构的作用,救济贫弱,支持农家、平民子弟接受教育等。①

中国人特重教育,强调教育公平,即"有教无类",这为达到"政治公平"起了一定的作用。中国社会等级间的流动较快,这是文官政治的基础。儒家强调知识分子在社会政治中的指导作用,甚至提出士大夫与皇帝共治天下的主张。儒家有其言责,批判与主动建言,为广开言路而抗争。传统民本主义主张:"民为邦本,本固邦宁","天视自我民视,天听自我民听","民之所欲,天必从之","人无于水监,当于民监","民为贵,社稷次之,君为轻"。民本主义肯定人民是主体;保民、养民、教民是人君的最大职务。

六、具体理性与象数思维

中国的理性是具体的理性。《论语》中孔子多是对某个具体的人物、具体的情况作出评判,这一点就与我们现代的学术讨论习惯大不相同。② 西方理性主义的主要特征是人有抽象和演绎的理性能力。中国哲学家承认人是理性的,人可自然地知道实在或道。"实在"和"道"不是逻辑界说的抽象术语,而是普遍地和具体地展现于事事物物中的合理秩序,可以透过直接的经验和广泛的经验层面来了解。中国哲学所展示的具体理性,无论是在认识实践的层面,还是在伦理政治甚至本体论的层面,始终不与经验相离。③ 相对于西方用理性思辩的方式来考察、探究形上学的对象,中国哲学则致力于在人事上推求治乱循环大道,"他人及天地万物即在人之实践追问中构成意义,成为人实践追问所处的意义世界,中国哲学则名之曰人生境界。然而,如此还未足以让人充分彻悟存在,盖最终要安顿人的有限性,人必须将其意义世界再往上一提而

---

① 参见郭齐勇:《再论儒家的政治哲学及其正义论》,《孔子研究》2010 年第 6 期。

② Shun Kwong-loi(信广来), Studying Confucian and Comparative Ethics: Methodological Reflections, *Journal of Chinese Philosophy*, Vol.36, (Aug 2009), p.456.

③ 参见成中英:《中国哲学的四个特性》,《成中英文集》第 1 卷,湖北人民出版社 2006 年版,第 16—18 页。

成对超越之体证及诚信"。① 中国古代不缺乏抽象思维,有明确的概念、范畴。古代辩证思维发达,这属于理论思维,包含了抽象过程。中国思维有两大特征:一是整体观;二是阴阳观。前者从整体上把握世界或对象的全体及内在诸因素的联系性、系统性;后者重视事物内在矛盾中阴阳、一两关系的对立与平衡。

相对于西方用理性思辩的方式来考察、探究形上学的对象,中国哲人重视的是对存在的体验,是生命的意义与人生的价值,着力于理想境界的追求与实践工夫的达成。中国哲学的实践性很强,不停留于"概念王国"。这不是说中国哲学没有"概念"、"逻辑"、"理性",恰恰相反,中国哲学有自身的系统,中国哲学的"道"、"仁"等一系列的概念、范畴,需要在自身的系统中加以理解。中国哲学有关"天道"、"地道"、"人道"的秩序中,含有自身内在的逻辑、理性,乃至道德的、美学的、生态学的含义。其本体论、宇宙论及人道、人性、人格的论说无比丰富,而这些都需要在自身的语言、文化、思想系统和具体的语境中加以解读。

汉民族哲学中有着异于西方的语言、逻辑、认识理论,如强调主观修养与客观认知有密切的关系,如有与汉语自身的特性相联系的符号系统与言、象、意之辨。有的专家说中国有所谓"反语言学"的传统。我的看法恰恰相反,中国有自己的语言学与语言哲学的传统。以象为中介,经验直观与理性直观地把握、领会对象之全体或底蕴的思维方式,有赖于以身"体"之,即身心交感地"体悟"。这种"知"、"感"、"悟"是体验之知,感同身受,与形身融在一起。

中国哲学又具有象数的思维方法。如《周易》原为治历与掌卜之官通天文、察物变所作,尽管万物变动不居,古人却将其归简为数理。而《易》之辞,又能推阐其义,并开显为"尊生、彰有、健动、率性"②不同的天人价值,这即是中国哲学"推天道以明人事"③的智慧。因此,借助象数,古人得以向后人昭示"吉凶悔吝、进退存亡"的道理。既取象比类,又触类旁通;阴阳平衡,刚柔调

---

① 郑宗义:《从实践的形上学到多元宗教观——"天人合一"的现代重释》,载《天人之际与人禽之辨》,《新亚学术集刊》2001 年第十七期,第 65 页。

② 熊十力:《读经示要》,中国人民大学出版社 2009 年版,第 225—253 页。

③ 永瑢等撰:《四库全书总目》卷 1《易类叙》,中华书局 1965 年版,第 1 页。

和;注重生命节律,肯定周期、序列、整体综合与统筹,而"《易》之大用,在乎教人立身处事之道"①,抽象思维始终紧密地联系于人事,所谓"图像为无言之史,谱牒为无文之书,相辅而行,虽欲阙一而不可者也"②。这种象数思维既抽离出至简至约的宇宙运行法则,又"开物成务,冒天下之道"。它不只提供一种思维形式,同时诱导思维内容,它是思维内容同思维形式紧密结合的一种奇特的思维方式。③ 这更与中国哲学所蕴含的经世致用智慧密不可分。

我们要超越西方一般知识论或认识论的框架、结构、范畴的束缚,发掘反归约主义,扬弃线性推理的"中国理性"、"中国认识论"的特色。中国传统的经学、子学、玄学、佛学、理学、考据学等都有自己的方法,这些方法也需要深入地梳理、继承。道家、佛教的智慧,遮拨、破除我们对宇宙表层世界或似是而非的知识系统的执着,获得精神上的自由、解脱,爆发出自己的创造性。道家、玄学、禅宗等巧妙地运用语言,或指其非所指以指其所指,或否定其所指而明其所指,甚至不用语言,以身体语言,以机锋、棒喝,开悟心灵,启发人当下大彻大悟。"中国哲学的特性,例如喜用'隐喻'与'叙事',表达'形象——观念',并与默观、艺术、道德与历史经验不可分割。"④值得我们重视的是,这些"超语言学"的方式是与其语言学相补充、相配合的。

中国哲人把理智与直觉巧妙地配合了起来。从哲学思想方法而言,我们应当看到,直觉与理智乃代表同一思想历程之不同的阶段或不同的方面,并无根本的冲突。当代世界哲学的趋势,乃在于直觉方法与逻辑语言分析方法的综贯。按贺麟的说法,直觉方法一方面是先理智的,一方面又是后理智的。先用直觉方法洞见其全,深入其微,然后以理智分析此全体,以阐明此隐微,这是先理智的直觉。先从事于局部的研究、琐屑的剖析,积久而渐能凭直觉的助力,以窥见其全,洞见其内蕴之意义,这是后理智的直觉。直觉与理智各有其用而不相悖。今天,没有一个用直觉方法的哲学家而不兼采形式逻辑与矛盾

---

① 张舜徽:《四库提要叙讲疏》,台湾学生书局 2002 年版,第 12 页。
② 章学诚著,叶瑛校注:《文史通义校注》,中华书局 1985 年版,第 635 页。
③ 参见唐明邦主编:《周易评注》,中华书局 2009 年版,第 11 页。
④ 沈清松:《中国哲学文本的诠释与英译》,《中国哲学与文化(第二辑)》,广西师范大学出版社 2007 年版,第 74 页。

思辨的;同时也没有一个理智的哲学家而不兼用直觉方法及矛盾思辨的。①所以,东西方思维方式并不是绝对的直觉与理智的对立。西方也有体验型、直觉型的哲学家。我们要善于把东西方各自的理性方法综合起来,只用直觉体会,不要科学分析,是有弊病的。

七、知行合一与简易精神

我国有经世致用精神,强调知行合一,践形尽性,经世济民,兼重文事武备,明理达用,反对空谈高调。知行关系问题是中国哲学家特别重视的问题之一。它所涵盖的是理论理性与实践理性的统一。中国哲学家偏重于践形尽性,力行实践。古代哲学家的兴趣不在于建构理论体系,不是只把思想与观念系统表达出来就达到了目的,而在于言行一致、知行统一,自己所讲的与自家身心的修炼必相符合。他们强调知行的互动,即按照自己的哲学信念生活,身体力行,付诸行动,集知识与美德于一身,不断提升自己的境界。

在朱熹、王阳明和王夫之的知行统合观中,我们可以知道,中国哲学家的行为方式是理想与理性的统一,价值与事实的统一,理论理性与实践理性的统一。② 他们各自强调的侧面容或有所不同,但把价值理想现实化,实践出来,而且从自我修养做起,落实在自己的行为上,完全出自于一种自觉、自愿、自由、自律,这是颇值得称道的。

关于传统知行观的现代改造,首先应由单纯的德行和涵养性情方面的知行,推广应用在自然的知识和理论的知识方面,作为科学思想以及道德以外的其他一切行为(包括经济活动、工商行为及各种现代职业等)的理想根据。其次,这个"知"是理论的系统,不是零碎的知识,也不是死概念或抽象的观念,更不是被动地接受外界印象的一张白纸,而是主动的、发出行为或支配行为的理论。再次,这个"行"不是实用的行为,而是严格意义上的实践。这个实践是实现理想、实现所知的过程,又是检验所知的标准。

---

① 参见贺麟:《哲学与哲学史论文集》,商务印书馆 1990 年版,第 177—184 页。

② 参考 Yong Huang(黄勇),Two Dilemmas of Virtue Ethics and How Zhu Xi's Neo-Confucian Avoids them,*Journal of Philosophical Research*,Vol.36,(2011),pp.247–281。

孔子、老子、《周易》、禅宗、宋明儒等都主张一种"简易"精神,强调大道至简。孔子讲"居敬而行简,以临其民"①。《周易·系辞上》强调"乾以易知,坤以简能;易则易知,简则易从"②,善于在"变易"中把握"不易"的"简易"原则。中国文化强调要言不繁,以简御繁,便于实行。

儒、释、道与宋明理学可以救治现代人的危机,如前所述,它强调用物以"利用厚生",但并不导致一种对自然的宰制、控御、破坏;它强调人文建构,批评迷信,但绝不消解对于"天"的敬畏和人所具有的宗教精神、终极的信念与信仰。中国文化甚至主张人性、物性中均有神性,人必须尊重人、物(乃至草木、鸟兽、瓦石),乃至尽心——知性——知天,存心——养性——事天。至诚如神,体悟此心即天心,即可以达到一种精神的境界,这不会导致宗教迷狂、排他性与宗教战争,而又有安身立命的终极关怀。儒家并不脱离生活世界、日用伦常,相反,恰恰在庸常的俗世生活中追寻精神的超越。外王事功,社会政事,科技发展,恰恰是人之精神生命的开展。因此,中国文化精神可以与现代文明相配合,弥补宗教、科技及现代性的偏弊,与自然相和谐,因而求得人文与宗教、与科技、与自然,调适上遂地健康发展。

第二节　现代性问题及其反思

一、现代性的内涵

"现代性"(modernity)一词,最早出自英语世界,其背景是文艺复兴、启蒙运动乃至西方近代工业革命。从语源学的角度来讲,"现代性"早期主要运用于文学、艺术评论等领域,以和"传统"创作方式和"古典"审美观念相区别。工业革命以后,"现代性"一词逐渐蔓延到经济、社会、政治、文化等领域,从而有了社会学、政治学、经济学等多学科的不同意义。陈嘉明指出,现代性主要是指"一种与现实相联系的思想态度和行为方式,因此它与哲学认识论、方法

---

① (清)阮元校刻:《论语注疏》卷十六,《十三经注疏》,中华书局出版社 1980 年版,第2477 页。

② (清)阮元校刻:《周易正义》卷七,《十三经注疏》,中华书局出版社 1980 年版,第76 页。

论和道德、宗教、政治哲学密切相关"①。陈嘉明主要从哲学角度,探讨了"现代性"的意涵。当然,"现代性"意涵并不局限于此,它已成为今天人们所必须面对的客观境遇。我们认为,"现代性"一词,狭义地讲,一般是指现代商品生产和市场经济的运作方式;广义地讲,"现代性"则是一种在世界范围内业已存在的现代社会生活和组织模式,以及人们在这种模式下的生活方式、社会认知、文化心理、交往规则、思想态度与行为习惯等。

"现代性"根源于西方的启蒙运动。马克思·韦伯将之形容为"祛魅",意为世俗化的社会运动。启蒙运动打碎了"神性",破除了人们对宗教的无意识迷信,使人们的生活世界日益世俗化,它以反思宗教蒙昧和高扬人的价值为宗旨,催生了一系列自由、平等、民主、人权等现代价值观念,形成"现代性"最本质的特征——以理性为内核的主体性意识,它是现代社会经济发展、商品生产、社会运作的思想动源,并蔓延全球,而成为人们生活所必须面对的客观境遇。现代性的展现过程,是重新肯定世俗的生活,但同时也是试图瓦解宗教和信仰的过程。"现代性"是一把双刃剑,自从产生的那一刻起,就伴随着反思。

二、现代性的反思

(一)主体性所导致的道德危机

黑格尔指出"现代世界的原则就是主体性的自由",哈贝马斯同样点明"现代的道德概念是以肯定个体的主体自由为前提的"②。而当现代社会试图寻求自身合法性确证时,无疑将面临一个窘境,即主体性原则是否能充当自身的规约,并且原本通过启蒙运动所阐扬的理性和主体性,能否整合现代社会。罗荣渠认为:"现代性是西方现代化理论对现代工业社会的特征的一种理想型假设,其实质是西方理性主义。"③然而这种"理性主义"与人的情感需求、终极关怀、文化心理却很少发生关联。换言之,现代性所具有的理性主义迫使道德从法律与习俗中独立出来,然而由此产生的现代伦理学建构由于失去了

---

① 陈嘉明等:《现代性与后现代性》,人民出版社 2001 年版,第 3 页。

② [德]哈贝马斯:《现代性的哲学话语》,曹卫东等译,译林出版社 2004 年版,第 22 页。

③ 罗荣渠:《现代化新论》,北京大学出版社 1993 年版,第 39 页。

启示与共识基础,本身便面临着无法自证的危机。因此,伴随着西方教会权势的衰微与个体权利的彰显,现代社会中的道德唯有凭靠"实证论的观点"或"恒久有益的功利主义思考"方能形成新的正当性基础。① 与推阐主体性危机相对,另有学者从社会组织模式探寻个体精神丧失的根源。倘若按照吉登斯的定义,现代性是17世纪从欧洲出现并影响世界的"社会生活或组织模式"②的话,那么在鲍曼看来,这种"组织模式"实际正表现为国家通过建立一套训导人们行为的社会机制而进行的权力扩张③。而当理性裹挟着经济效能、实际利益等标准从道德规范和道德自抑的干扰中解放出来时,道德本身的合法性也只能依靠"社会整合"④等契约义务性质的参考系作为评价标准,个体所本具的道德能力则被剥离并丧失。在古今之争的视域中则不难发现,现代性所具有的普世性更体现于对传统社会运转机制和价值理念的转换。借由世俗化国家理念的传播与浸润,"社会和文化制度以及个体的处身位置处于自己已然不知自身何在的位置"⑤。这种"原子式"的个体一方面以追求自由和权利为最高目的,另一方面也日益与周遭生活世界日益疏离。

　　质言之,无论是人欲恣睢抑或个体道德能力的丧失,两者均指明现代社会危机的核心在于个体的异化。对此,特洛尔奇、施莱尔马赫等试图重塑一种理性的教义学,并希冀由此论证基督教在启蒙时代后对个人主义进行约束的根基与责任。⑥ 如特洛尔奇指出:"一种自律的、以内在信念为基础的道德"⑦已占据主导地位。晚近以来,现代新儒家倡导反求本心的学术也透射出同样的哲学关怀,无论是援引佛性本觉,还是借"天人不二"倡明人类灵性生活向上发展之要求,均无外于借传统三教之理的调适,以证成现代族群中个体的伦理

　　① 参见[德]特洛尔奇:《现代精神的本质》,《基督教理论与现代》,华夏出版社2004年版,第62页。

　　② [英]吉登斯:《现代性的后果》,田禾译,译林出版社2000年版,第1页。

　　③ 参见[英]鲍曼:《立法者与阐释者:论现代性、后现代性与知识分子》,洪涛译,上海人民出版社2000年版,第106页。

　　④ [英]鲍曼:《现代性与大屠杀》,杨渝东、史建华译,译林出版社2002年版,第225页。

　　⑤ 刘小枫:《现代性社会理论绪论:现代性与现代中国》,上海三联书店1998年版,第2页。

　　⑥ 参见刘小枫编:《基督教理论与现代·导言》,华夏出版社2004年版,第24—26页。

　　⑦ [德]特洛尔奇:《现代精神的本质》,《基督教理论与现代》,华夏出版社2004年版,第62页。

责任,从而倡明"本心炯然内证"的道德自决性。实际上,儒家高扬仁心本体刚健、创生的特质,正在于澄清个体不应被人们创造出来的物质世界和人文建制所异化、所遮蔽,以致忘却、沦丧了人之所以为人的根蒂。王阳明指出"天理自然明觉发见"①。我们认为,这一"内在于本心之真诚恻坦"的主旨可以成为调适现代危机的有力内源。儒家肯定主体创生的可能性,并认为道德法则的建立不需外铄而可视为"沛然莫之能御"的良知的朗现。此正如杜维明所言:"儒家的宗教性就是要在这个所谓凡俗的世界里面体现其神圣性,把它的限制转化成个人乃至群体超升的助源,把 conditionality 变成 resource。"②晚近哲人正是基于对现代性的反思,转而重塑并挺立道德主体以调适现代性的疏失。

(二)"传统—现代"二元对立思维

"传统"以及以"传统"为表征的历史文化,长期以来被视为"现代性"的"障碍"。但越来越多的学者指出,将传统和现代性视为对立的两极,是不可取的。将现代化看作是摒弃传统的观点,肇始于马克斯·韦伯、斯宾塞的理论,之后的代表人物 T.帕森斯、W.罗斯托、D.贝尔将这种理论形成"传统—现代化"模式,该思潮认为现代与传统是断裂的,并认为以资本主义生产方式为代表的发展模式,才是现代化的唯一范本,而第三世界不发达的原因在于这些国家本身的社会制度和文化传统不利于现代化的模式。③ 实际上,与其将现代性视为一种特定的历史时期或一套凝固的制度架构,不如看作是一种处于生成中的构想。它并不拒斥传统所进行的反思与批判,而是将它视为社会在自身衍化进程中不断进行的自我调适。正如亨廷顿所言:"任何实际的社会显然融合了传统理想类型和现代理想类型中的一些成分。因此,一切实际社会都处在转变中,或者说都是混合的。"④罗荣渠也指出:"把社会现象按'传

① 王阳明:《传习录》卷 2《答聂文蔚》,《王阳明全集》,上海古籍出版社 2011 年版,第 95 页。

② [美]杜维明:《东亚价值与多元现代性》,中国社会科学出版社 2001 年版,第 40 页。

③ 参见徐远和:《儒家思想与东亚社会发展模式》,广西人民出版社 2002 年版,第 27—47 页。

④ [美]亨廷顿:《导致变化的变化:现代化,发展和政治》,《比较现代化》,上海译文出版社 1996 年版,第 56 页。

统'与'现代'编排成两组相互排斥的特征是虚假的。因为任何现代社会都不可能是纯粹的现代性社会,而是现代性与传统性兼而有之的社会。"①此外,把一切前现代化的东西都归之于"传统",事实上抹煞了传统不论其空间因素和时间因素都存在极大的特殊性与多样性。实际上,从传统到现代是一"连续体",传统与现代并非二元对立。鉴于视现代性与传统为二元对立的弊端,部分学者提出从传统的角度审视现代的主张。杜维明引用张灏的提法,希望"我们不仅要从现代的角度来批判和了解传统;同时,也要从传统的角度来批判和了解现代"②,杜维明将之形容为"用现代'格义'传统,用传统来'格义'现代",这样使得传统和现代性之间,成为一个辩证发展的关系。

我们认为现代性不是僵滞的平面化的概念,而是一个不断与中国文化精神相调适的过程,我们不应拘执于古今之争,以此来推阐自身的合法性,更不宜斩断传统与现代相互融摄的可能性,而应展开中国文化精神所焕发的存有连续的内在机理,本于天人合一的关怀消解古今对峙的紧张。这正是中国文化精神所具有的存有连续与整体和谐的特质。新儒家致力于"新外王"之证成,这绝非丧失文化主体性,而恰恰是中国文化精神在现代重建活动中内在延续力的展现。在 1958 年由唐君毅、牟宗三、徐复观、张君劢四人联署的《中国文化与世界宣言》中,已构想国民自觉其自我成为"道德实践的主体"进而成为"知性的主体"与"政治的主体"③,这正缘于中国文化精神内在超越特质。

(三)"现代性"对人类生存环境的暴虐

1972 年罗马俱乐部出版了米都斯等人撰著的《增长的极限》一书,书中警示尽管在传统农业社会中也曾不断出现生态问题,甚至一定程度的生态失调或危机,但是工业革命之后的生态危机与之相比则完全不可同日而语。④ 美国社会学家芒克雷夫(Lewis W. Moncrief)在 1970 年即指出,生态危机并不是林·怀特(Lynn White)揭示的简要模式,即人类中心传统→科学技术→环境

①　罗荣渠:《现代化新论》,北京大学出版社 1993 年版,第 38 页。
②　[美]杜维明:《现代精神与儒家传统》,上海三联书店 2013 年版,第 123 页。
③　唐君毅:《中华人文与当今世界》,台湾学生书局 1975 年版,第 896 页。
④　参见[美]米都斯:《增长的极限——罗马俱乐部关于人类困境的研究报告》,李宝恒译,四川人民出版社 1983 年版。

恶化,实质上,生态危机与资本主义、技术、民主化、城市化和工业主义的本质有非常复杂的关系。① 德国思想家霍克海默和阿道尔诺强烈抨击现代性商业生产观念支配下的社会运作模式,以及由此带来的技术统治。他们认为技术统治背后的现代科学理性,已沦为一种工具,其使得"科学自我理解的概念与科学观念本身之间产生了矛盾"②,科学日益成为一种"技术训练",缺乏对自身目的的反思。在一定意义上,"现代化"由于没有考虑到自然资源和发展目标之间复杂的关系,其弊病日益显露,其特点是:"片面高扬人的主体性而贬抑客体性","片面追求经济价值而忽视生态价值","片面强调资源的无限性而忽视其有限性","过分推崇科技力量而忽视对科技负面性审视"③。

　　生态系统是一个不断创生的系统,也是一个各类物种和谐共生的生命共同体。《礼记·乐记》说:"人生而静,天之性也;感于物而动,性之欲也。物至知知,然后好恶形焉。好恶无节于内,知诱于外,不能反躬,天理灭矣。夫物之感人无穷,而人之好恶无节,则是物至而人化物也。"④这里的"人欲"指人的私欲,人超越于万物之上不是因为人能用智慧去满足他的私欲,相反的,人能尽性知天,就应该深究其人性的根源。人虽灵慧,但只是一体万殊之一,人应该深感欲求的放纵对人性完善的损害,在对自然资源的取用方面力求做到有理、有节。"天不生,地不养,君子不以为礼"⑤,为满足人类的一己之私而破坏生态系统的行为是不被认可的。"根据儒家形上的认识,不管对人类是否有价值,自然万物都具有它们的内在地位。"⑥因此,"儒家并不把人和自然界对立起来,将自然界视为'异在'的存在,视为人之外的对立面,只从人的'自我意识''精神主体'去解决人的问题。而是把人和自然界联系起来,在人与自

　　①　参见叶平:《回归自然:新世纪的生态伦理》,福建人民出版社 2004 年版,第 66 页。

　　②　[德]马克思·霍克海默、西奥多·阿道尔诺:《启蒙辩证法——哲学断片》,渠敬东、曹卫东译,上海世纪出版集团 2006 年版,第 74 页。

　　③　曾建平:《环境正义——发展中国家环境伦理问题探究》,山东人民出版社 2007 年版,第 28—32 页。

　　④　孔颖达:《礼记正义》卷 37《乐记》,中华书局 1980 年版,第 1529 页上。

　　⑤　孔颖达:《礼记正义》卷 23《礼器》,中华书局 1980 年版,第 1431 页上。

　　⑥　姚新中:《现代环境哲学视野下的儒家生态观》,载庞元正主编:《全球化背景下的环境与发展》,当代世界出版社 2005 年版,第 195 页。

然的不可分离的内在统一中去解决。这是儒学同人类中心主义的最根本的区别"。① 中国文化精神蕴含人与万物一体同源的体悟，天人之间互相融摄，不仅个体对万物持有深切的仁爱、关怀，此外更将整个天地万物都看作是与自己的生命紧紧相连。儒家将人容纳入天地万物之间，肯定天地万物皆有内在价值，要求一种普遍的生态的道德关怀，从儒家"天人合一"的理念看，生态伦理作为一种新的伦理范式，其确立的基础正是建立于对人性的重新反思之上。②

第三节　中国文化精神对现代性的批评与调适

一、中国文化精神对国族主体性的凸显

现代性是多元的，如果没有长期以来形成的多民族统一的中华民族文化的自我认同，中国这样一个多民族的国家就会在全球化的浪潮中、现代化的过程中被"化"掉。相反，正是历史传统与现代社会变化不定的互动，方才构成共同的参照并最终塑造现代品质。③ 正如大卫·哈维所言："每个社会形构都建构客观的空间与时间概念，以符合物质与社会再生产的需求和目的，并且根据这些概念来组织物质实践。"④在现代性推扩的进程中，任何一个走在时代前列的国家，其现代性都呈现为民族性和时代性的统一。梁启超已窥破共和制失其统绪的纷乱局面，而倡导应将统治之主体（国家）与客体（国民）分离的主张。他认为："利害抵触，而必有冲突。此等冲突，即由人民本体而发出者也。以本体所发生之冲突，而还欲以本体调和之，是无异使两造之斗讼者，而自理曲直也。""君主者，则超然于此等种种利害关系之外，而代表大团体之国家，以调和之者也。"⑤诚然，君主立宪制在今日已无可能，然而，凸显它对民主

① 蒙培元：《人与自然——中国哲学生态观》，人民出版社 2004 年版，第 57—58 页。

② 参见崔涛、郭齐勇：《先秦儒家生态伦理思想探讨》，载邓正来主编：《中国社会科学辑刊》2010 年 6 月夏季卷，复旦大学出版社 2010 年版。

③ 参见［以］艾森斯塔特：《反思现代性》，旷新年译，三联书店 2006 年版，第 438 页。

④ 大卫·哈维：《时空之间——关于地理学想象的反思》，《现代性与空间的生产》，上海教育出版社 2003 年版，第 377 页。

⑤ 梁启超：《政治学大家伯伦知理之学说》，《饮冰室合集》第 2 册《文集之十三》，中华书局1989 年版，第 81 页。

的维系功用则颇有意义。强调国族意识并不是以民族主义来对抗现代价值的冲击。①相反,是站在文化守成主义的立场上凸显文化对于维系社会秩序所具有的实质意义。我们必须对自身文化有深切理解,确立文化自主地位,才能真正理解和消化其他民族的优秀文化,以丰富自身。

近代启蒙使得社会与教会的二元对立破裂,私人领域从国家中抽离并渐趋世俗化。针对于此,韦伯试图在世俗化世界中重建清教式的共存性伦理价值基础。②而中国,由于超越世界没有走上外在化、具体化、形式化的途径,且晚近以来,疑经疑古思潮摧毁了经典的神圣性,如何在现代性价值内部重建伦理则愈发迫切。实际上,倘若国家伦理能与多元社会分离,其本身便可成为全体人民及其民族同质的共同体,从而调适个人性的自然权利的伸张,并以民族精神调适现代国民价值的混乱。而这正是现代世俗国家强调民族性伦理的意义所在。简言之,现代社会中,对人性的约束正来自于"民族同质的精神"——民族共同体及其政治实体——伦理国家。就中国而言,凭借国家意志重溯中国精神源泉,正可重新激起吾国本有"内在于一己之心而外通于他人及天地万物"③之精神,重返传统德性政治而超克现代政治的世俗化与秩序的混乱。因此,借助国族意识与中国文化精神的统一对现代民主政治提出批评,绝非重诉等级制或集体主义,而是一方面用更为宽广的中国文化精神融摄现代性与传统的价值冲突,另一方面引导世俗社会中个体价值迷失,这也正是中国文化精神的题中之义。

二、中国文化精神建构社群秩序的意义

近代以来,讨论中国现代转型往往倾向认为中国过重于私领域,亟待向公领域转型进而构建公民社会。如孙中山曾说中国一盘散沙,梁启超则参照福

---

① 事实上,中国自宋以来便已形成文化认同、历史传统和生活伦理的同一性,以及明确的政治管辖空间,因此,具有文明的同一性,并未有近代以来"民族国家"重构这一问题。(参见葛兆光:《宅兹中国》,中华书局 2011 年版,第 41—44 页。)

② 参见施特劳斯:《自然权利与历史》,彭刚译,三联书店 2006 年版,第 62—63 页。

③ 余英时:《从价值系统看中国文化的现代意义》,《中国思想传统的现代诠释》,江苏人民出版社 2003 年版,第 36 页。

泽谕吉说认为中国偏重私德缺少公德。此一偏之辞皆忽视了中国的公领域必然是从私领域完善后推扩所得。其实任公也说："公德者,私德之推也"、"蔑私德而谬托公德,则并所以推之具而不存也"。① 这正是《礼记·祭义》所言"立爱自亲始",也是阳明所谓"冬至一阳生,必自一阳,而后渐至六阳","抽芽、发干、生枝叶"②的譬喻。在中国文化精神中,"亲亲"是"仁民"的基础;"齐家"能力的增长,也可以促进"治国"能力的增长。因此,修齐治平,亲亲仁民爱物正是生命的体证与实践,而非一种逻辑的推导。③ 在儒家,人是一个道德主体,同时也是一种关系性的存在,是在关系中培养与成就自我的。此正是"施于有政,是亦为政"的要义,传统政治并不以公民普遍参与为最高准则,而是致力于社群的维护,从而完成良好的秩序建构。

　　然而余英时认为:"以群体关系而言,中国文化在现代化的挑战下必须有基本改变,是非常显明的。在现代社会中政治与法律都是各自具有独立的领域与客观的结构,决不是伦理——人伦关系——的延长。"④这实际上是误将人伦关系理解为私领域的伦理道德,并将现代政治与德性修养分离。孟子说"徒善不足以为政,徒法不能以自行"⑤;埃德蒙德·柏克强调幸福的追求只有通过"德性",亦即"德性强加给激情的制约"。这正是强调人的意志必须永远置于理性、审慎和德性的统治之下。因此,柏克认为政府的基础不在"虚幻的人权",而在"尊奉义务"。⑥ 显然,余英时正是将良好政治的标准让位于工具理性。而事实上,在现代东亚社会,人情主义原则同专业化官僚是并行不悖的。现代政治的契约关系往往以人情关系呈现,而形式合理性与实质合理性是混合在一起的。⑦ 根据怀特对公民社会的解释,它具有两层意义:首先,"公

---

①　梁启超:《论公德》,《饮冰室合集》第6册《专集之四》,中华书局1989年版,第12页。

②　王阳明:《王阳明全集》卷1《语录一》,上海古籍出版社1992年版,第26页。

③　参见郭齐勇:《中国儒学之精神》,复旦大学出版社2013年版,第180页。

④　余英时:《从价值系统看中国文化的现代意义》,《文史传统与文化重建》,三联书店2012年版,第474页。

⑤　(清)阮元校刻:《孟子注疏》卷七上,《十三经注疏》,中华书局出版社1980年版,第2717页。

⑥　参见[美]施特劳斯:《自然权利与历史》,彭刚译,三联书店2006年版,第48页。

⑦　参见夏光:《东亚现代性与西方现代性:从文化的角度看》,三联书店2005年版,第276页。

民社会"这一概念所描述的"公民权、代议制和法治等原则为基础的国家与社会的关系",在此意义上它是指某种"政治社会";其次,它还被用来表示"中间社会组织",而这个意义上的"公民社会"又可以表示"所有的社会组织"、"资产阶级社会"和"群众性组织"等。① 实际上,这与传统政治架构颇相合。儒家一方面正视贤愚不肖的差别,从而要求选拔士人参与政治,有恤民之担当;另一方面也强调庶民皆应修养德性,能近取譬,从孝亲为始逐步向外推扩,这两方面本身便呈现一种良好的交融互动秩序。

三、中国文化精神对虚无主义的调适

启蒙运动强调对理性的追求与对传统教条的克服,然而当现代性"把极端的怀疑原则制度化,并且坚持所有知识都采取假说的形式"时,却致使"现代性的反思性削弱知识的确定性"②,从而将道德、科学与艺术三者相互区分。正如哈贝马斯所言,当"专家有自己的一片自律范围,也意味着这范围与日常交际解释学的分离"③。可见,现代性不仅导致道德边缘化与道德的法律化,而且导致理论与实践的脱节。而后现代"为了逃脱理性的束缚,但同时也走向了偏离人性的悖情乖离、怪力乱神的行为"④。事实上,除了价值和存在的迷失,精神危机的深沉层面还体现为形上世界的陷落。亨廷顿认为现代政治体与传统政治体之间的差异主要呈现有"理性化的权威,差异性的结构,大众的参与以及由此产生的一种能够实现各种广泛目标的能力"⑤。现代政制借

---

① Gordon White:*Prospects For Civil Society:A Case Study Of Xiaoshan City* 收入于 *China's Quiet Revolution:New Interactions Between State and Society*,Longman Group United Kingdom,1994 年,pp.195–196。转引自夏光:《东亚现代性与西方现代性:从文化的角度看》,三联书店 2005 年版,第 291 页。

② [英]吉登斯:《现代性与自我认同:现代晚期的自我与社会》,赵旭东、方文译,三联书店 1998 年版,第 3、23 页。

③ [德]哈贝马斯:《论现代性》,《后现代主义文化与美学》,北京大学出版社 1992 年版,第 17 页。

④ 成中英:《儒学整体伦理学与世界新文明:伦理整体化与儒学世界化》,《成中英文集》卷 2,湖北人民出版社 2006 年版,第 342 页。

⑤ [美]亨廷顿:《导致变化的变化:现代化,发展和政治》,《比较现代化》,上海译文出版社 1996 年版,第 44 页。

由理性目标的方式重塑社会结构,无疑弱化了个体对自身价值的追求。阿伦·布鲁姆对虚无主义持批判态度,他认为其最显著的表现并不是缺乏坚定的信念,而是本能或情欲方面的混乱。"人们不再相信灵魂中多变而相互冲突的各种倾向有着自然的等级,用来替代自然的传统也已崩溃。"①事实上,这恰恰根源于后现代主义价值取向是以个体为本位来解决人的生命形式及意义的安顿问题。

针对以上问题,具有整体主义取向的中国哲学则能展开调适。中国文化精神所蕴含的人文价值与德性修持不但在个体层面表现为强烈的道德主义、积极的社会关切、稳健的中庸精神、严肃的自我修养,而且表现为人道主义、理性态度、传统忧患的整体性格等。中国哲学中的价值取向代替了宗教的职能,他把理想境界和现实人生统一起来,通过"为仁由己"、"尽心知天"的内倾路径,把事实(或现实)世界与价值(或超越)世界统一起来。超越形上学点化为内在形上学,通过践形尽性的工夫,使价值理想在现实人生中完全地展现出来。儒家提倡的"居敬"、"体仁"、"存养"、"立诚",在现代物欲横流、尘世喧嚣下均具有重要意义。②

四、中国文化精神在形上世界的价值

近代中国仓促转型并接受现代价值,致使古今完全割裂。而中国文化精神所具有的存有连续、整体和谐及天人合一等内容恰能弥合两者间的决裂。在儒家的观念中,形上之天乃是道德的存有。经孔子对于神格天的转化,至子思、孟子遂完成了道德本体论,《中庸》所谓"中也者,天下之大本也","诚者天之道也",即为道德本体论说。儒家坚信,自然、社会乃至人本身,本质上都是道德存在。自轴心突破后,中国的人性便具有超越性并与整个宇宙相照映。由于意识到自己是处于"存有的全体"之中,因此便使人超越小我而进入"己

① 〔美〕艾伦·布鲁姆:《美国精神的封闭》,战旭英译,凤凰出版传媒集团、译林出版社2011年版,第110页。
② 参见郭齐勇:《中华人文精神的重建——以中国哲学为中心的思考》,北京师范大学出版社2011年版,第54页。

达达人"的境界。① 因此，中国的本体并非孤立的自然本体，唯借默识可于"万象而见其浑全，所以有天地万物一体的境界，而无以物累心之患，无向外追求之苦"②。蔡仁厚则认为儒学以常理常道为主，理上超越时空，事上顺时制宜，在现代社会具有重大价值。③ 这正是"理一分殊"内涵所在，儒家所谓的"理一"，超越了我们现实中及历史上的表现，正因其洞见现实中的善恶混杂，因此它指向常道，即我们向往的最高理想，它不是器物的存有，而是道的存有。④ 现实中已有的传统都是"分殊"的表现，人类面对问题的共通性终将超越各种歧异，因此，着重分殊也就是说我们不只要重视建立终极关怀，还要重视道的具体落实的问题，具体落实的诸德性也正是生生之仁德的表现。⑤ 但是由于习气的锢蔽，现实又从来不是一个德性浃洽的世界，而是充斥着悖德乃至罪恶。对于这种现实，儒家秉持道德理想主义，以"吾非斯人之徒与而谁与"的执着责任感，对现实的方方面面进行综合衡虑、动态调适以及道德转化，以期为现世的众生造就一个合乎人伦乃至天伦的境界，这体现了儒家的天道、自然、社群、人生的德智一如的智慧。今天我们要解决中国的现实问题，不仅需调动传统文化资源，更应保持对现代价值的开放性。唯有统摄传统与现代，方可构建解决之道。

　　传统内在于人心之中，是不断被人们理解、复制、批判和重构的动态流程，对其继承应基于主体自觉，按"人事有代谢，往来成古今"的客观进程，对历史中形成的传统进行筛选与评判，找到传统与现代化的历史接合点。⑥ 只有坚信传统蕴含着应时而化的内在生命，坚守中国精神的价值系统，才能走出古今之争的对立格局。正如章学诚所言："所谓好古者，非谓古之必胜乎今也，正

---

　　① 参见余英时：《论天人之际：中国古代思想起源试探》，中华书局 2014 年版，第 35—41 页。

　　② 熊十力：《答马格里尼》，《熊十力全集》第四卷，湖北教育出版社 2001 年版，第 199 页。

　　③ 参见蔡仁厚：《新儒家与新世纪》，台湾学生书局 2005 年版，第 23—27 页。

　　④ 参见姚才刚：《"理一分殊"与文化重建——刘述先教授访谈录》，《哲学动态》2001 年第 7 期。

　　⑤ 参见刘述先：《理一分殊》，上海文艺出版社 2000 年版，第 7 页。

　　⑥ 参见萧萐父：《活水源头何处寻——关于传统文化与现代化之间历史接合点问题的思考》，《吹沙集》，巴蜀书社 2007 年版，第 82—83 页。

以今不殊古,而于因革异同,求其折衷也。"①因此,批评传统与现代的思想弊病,去芜存菁,作出创造性的选择和诠释,正是我们的职责。传统在创造之中,应向未来敞开无穷的可能性。所谓现代化,就是自觉有意识地促进"传统"的这种变迁。"因为我们理解着传统的进展并且参与到传统的进展之中,从而也就靠我们自己进一步地规定了传统。"②《礼记·礼器》有"礼以时为大"之教,阳明亦有"不离日用常行内,直造先天未画前"③。事实上,对传统价值的重新体认正伴随着对现代价值的不断反思,而在中国的现代化进程中,传统、现代两者的相互融摄与调适正源于中国文化精神焕发的内在诉求,中国特色的治国之道也可据此而逐步完善。最终,中国近代文明发展得以构成"连续"与"变革"的统一,而不是"传统"与"现代"的断裂。④ 中国文化精神亦可借此而开显出源头活水,最终脱离西方现代单一度量中国古典精神的尺度,重新树立民族文化的自信。

---

① 章学诚著,叶瑛校注:《文史通义校注》,中华书局 1985 年版,第 351 页。
② [德]伽达默尔:《时间距离的解释学意蕴》,《哲学译丛》1986 年第 3 期。
③ 王阳明:《王阳明全集》卷 20《别诸生》,上海古籍出版社 2011 年版,第 872 页。
④ 参见陈来:《传统与现代:人文主义的视界》,三联书店 2009 年版,第 35—37 页。

主要参考书目

一、现代新儒家著作

中国文化书院学术委员会编:《梁漱溟全集》,山东人民出版社 2005 年版。

萧萐父主编,郭齐勇副主编:《熊十力全集》,湖北教育出版社 2001 年版。

马一浮:《马一浮全集》,浙江古籍出版社 2013 年版。

马一浮:《马一浮集》,浙江古籍出版社、浙江教育出版社 1997 年版。

马一浮:《马一浮先生遗稿续编》,台北广文书局 1998 年版。

马一浮:《马一浮先生遗稿三编》,台北广文书局 2002 年版。

钱宾四先生全集编辑委员会编:《钱宾四先生全集》,台北联经出版事业公司 1998 年版。

张君劢:《中西印哲学文集》(上),台湾学生书局 1981 年版。

张君劢:《中西印哲学文集》(下),台湾学生书局 1981 年版。

张君劢:《中国专制君主政制之评议》,台北弘文馆出版社 1986 年版。

张君劢:《儒家哲学之复兴》,中国人民大学出版社 2006 年版。

张君劢:《新儒学思想史》,中国人民大学出版社 2006 年版。

张君劢:《义理学十讲纲要》,中国人民大学出版社 2006 年版。

张君劢:《民族复兴之学术基础》,中国人民大学出版社 2006 年版。

张君劢:《宪政之道》,清华大学出版社 2006 年版。

张君劢:《政制与法制》,清华大学出版社 2008 年版。

冯友兰:《三松堂全集》,河南人民出版社 2001 年版。

冯友兰:《中国现代哲学史》,广东人民出版社 1999 年版。

贺麟:《近代唯心论简释》,独立出版社 1942 年版。

贺麟:《当代中国哲学》,胜利出版公司 1947 年版。

贺麟:《文化与人生》,商务印书馆 1988 年版。

贺麟:《五十年来的中国哲学》,辽宁教育出版社 1989 年版。

贺麟:《哲学与哲学史论文集》,商务印书馆 1990 年版。

方东美:《科学哲学与人生》,台北黎明文化事业股份有限公司 1993 年版。

方东美:《生生之德》,台北黎明文化事业股份有限公司 1999 年版。

方东美:《原始儒家道家哲学》,台北黎明文化事业股份有限公司 1993 年版。

方东美:《中国人生哲学》,台北黎明文化事业股份有限公司 1980 年版。

方东美:《华严宗哲学》(上),台北黎明文化事业股份有限公司 1981 年版。

方东美:《新儒家哲学十八讲》,台北黎明文化事业股份有限公司 1993 年版。

方东美:《中国哲学之精神及其发展》(上),孙智燊译,台北黎明文化事业股份有限公司 2004 年版。

唐君毅:《中国文化之精神价值》,台北正中书局 1953 年版。

唐君毅:《心物与人生》,《唐君毅全集》卷二之一,台湾学生书局 1984 年版。

唐君毅:《人文精神之重建》,《唐君毅全集》卷五,台湾学生书局 1988 年版。

唐君毅:《中国人文精神之发展》,《唐君毅全集》卷六,台湾学生书局 1991 年版。

唐君毅:《中华人文与当今世界》上册,《唐君毅全集》卷七,台湾学生书局 1988 年版。

唐君毅:《中华人文与当今世界》下册,《唐君毅全集》卷八,台湾学生书局 1988 年版。

唐君毅:《中国哲学原论·原性篇》,《唐君毅全集》卷十三,台湾学生书局 1984 年版。

唐君毅:《中国哲学原论·原道篇》卷一,《唐君毅全集》卷十四,台湾学生书局 1986 年版。

唐君毅:《中国哲学原论·原道篇》卷二,《唐君毅全集》卷十五,台湾学生书局 1986 年版。

唐君毅:《中国哲学原论·原道篇》卷三,《唐君毅全集》卷十六,台湾学生书局 1986 年版。

唐君毅:《文化意识与道德理性》,《唐君毅全集》卷二十,台湾学生书局 1986 年版。

唐君毅:《生命存在与心灵境界》上册,《唐君毅全集》卷二十三,台湾学生书局 1986 年版。

唐君毅:《生命存在与心灵境界》下册,《唐君毅全集》卷二十四,台湾学生书局 1986 年版。

牟宗三:《牟宗三先生全集》,台北联经出版事业公司 2003 年版。

牟宗三:《生命的学问》,台北三民书局 2013 年版。

牟宗三、唐君毅等:《寂寞的新儒家》,台北鹅湖出版社 1996 年版。

徐复观:《徐复观全集》,九州出版社 2014 年版。

徐复观:《学术与政治之间》,台湾学生书局 1980 年版。

徐复观:《中国人性论史》(先秦篇),台湾商务印书馆 1987 年版。

徐复观:《中国艺术精神》,台湾学生书局 1979 年版。

徐复观:《两汉思想史》卷一,台湾学生书局 1979 年版。

徐复观:《两汉思想史》卷二,台湾学生书局 1979 年版。

徐复观:《两汉思想史》卷三,台湾学生书局 1979 年版。

徐复观:《中国思想史论集》,台湾学生书局 1983 年版

徐复观:《中国思想史论集续编》,台北时报文化出版事业公司 1982 年版。

徐复观:《儒家政治思想与民主自由人权》,台湾学生书局 1988 年版。

徐复观:《中国经学史的基础》,台湾学生书局 1996 年版。

徐复观:《徐复观杂文·论中共》,台北时报文化出版事业公司 1980 年版。

徐复观:《徐复观杂文·看世局》,台北时报文化出版事业公司 1980 年版。

徐复观:《徐复观杂文·记所思》,台北时报文化出版事业公司 1980 年版。

徐复观:《徐复观杂文·忆往事》,台北时报文化出版事业公司 1980 年版。

徐复观:《徐复观杂文续集》,台北时报文化出版事业公司 1981 年版。

徐复观:《徐复观最后杂文集》,台北时报文化出版事业公司 1984 年版。

徐复观:《徐复观文录选粹》,台湾学生书局 1980 年版。

徐复观:《徐复观文存》,台湾学生书局 1991 年版。

徐复观:《徐复观杂文补编》,思想文化卷上,台湾"中央研究院"文哲所 2001 年版。

徐复观:《徐复观杂文补编》,思想文化卷下,台湾"中央研究院"文哲所 2001 年版。

徐复观:《徐复观杂文补编》,两岸三地卷上,台湾"中央研究院"文哲所 2001 年版。

徐复观:《徐复观杂文补编》,两岸三地卷下,台湾"中央研究院"文哲所 2001 年版。

徐复观:《徐复观杂文补编》,国际政治卷上,台湾"中央研究院"文哲所 2001 年版。

徐复观:《徐复观杂文补编》,国际政治卷下,台湾"中央研究院"文哲所 2001 年版。

蔡仁厚:《儒家思想的现代意义》,台北文津出版社 1987 年版。

蔡仁厚:《儒学的常与变》,台北东大图书公司 1990 年版。

蔡仁厚:《孔子的生命境界——儒学的反思与开展》,台湾学生书局 1998 年版。

蔡仁厚:《哲学史与儒学论评:世纪之交的回顾与前瞻》,台湾学生书局 2001 年版。

蔡仁厚:《新儒家与新世纪》,台湾学生书局 2005 年版。

蔡仁厚:《自订学行著述年表(初续卷)》,台中晨星出版有限公司 2009 年版。

蔡仁厚等:《蔡仁厚教授七十寿庆集》,台湾学生书局 1999 年版。

余英时:《士与中国文化》,上海人民出版社 1987 年版。

余英时:《犹记风吹水上鳞——钱穆与中国现代学术》,台北三民书局 1991 年版。

余英时:《从价值系统看中国文化的现代意义》,台北时报文化出版事业公司 1991 年版。

余英时:《钱穆与中国文化》,上海远东出版社 1994 年版。

余英时:《现代儒学论》,上海人民出版社 1998 年版。

余英时:《中国思想传统的现代诠释》,江苏人民出版社 2003 年版。

余英时:《文史传统与文化重建》,三联书店 2012 年版。

余英时:《论天人之际:中国古代思想起源试探》,中华书局 2014 年版。

辛华、任菁编:《内在超越之路——余英时新儒学论著辑要》,中国广播电视出版社 1992 年版。

杜维明:《论中国传统文化》,三联书店 1988 年版。

杜维明:《东亚价值与多元现代性》,中国社会科学出版社 2001 年版。

杜维明:《体知儒学》,浙江大学出版社 2012 年版。

杜维明:《现代精神与儒家传统》,上海三联书店 2013 年版。

杜维明:《二十一世纪的儒学》,中华书局 2014 年版。

杜维明著,郭齐勇、郑文龙编:《杜维明文集》,武汉出版社 2002 年版。

成中英主编:《本体与诠释》,三联书店 2000 年版。

成中英:《合内外之道——儒家哲学论》,中国社会科学出版社 2001 年版。

成中英主编:《本体诠释学》第二辑,北京大学出版社 2002 年版。

成中英主编:《本体与诠释:中西比较》第三辑,上海社会科学院出版社 2003 年版。

成中英著,李翔海、邓克武编:《成中英文集》,湖北人民出版社 2006 年版。

刘述先:《生命情调的抉择》,台北志文出版社 1975 年版。

刘述先:《理想与现实的纠结》,台湾学生书局 1993 年版。

刘述先:《朱子哲学思想的发展与完成》,台湾学生书局 1995 年版。

刘述先:《当代中国哲学论:问题篇》,美国八方文化企业公司 1996 年版。

刘述先:《当代中国哲学论:人物篇》,美国八方文化企业公司 1996 年版。

刘述先:《儒家思想意涵之现代阐释论集》,台湾"中央研究院"文哲所 2000 年版。

刘述先:《理一分殊》,上海文艺出版社 2000 年版。

刘述先:《全球伦理与宗教对话》,台北立绪文化事业有限公司 2001 年版;

刘述先:《现代新儒学之省察论集》,台湾"中央研究院"文哲所 2004 年版。

刘述先:《全球伦理与宗教对话》,台北立绪文化事业有限公司 2001 年版。

刘述先:《论儒家哲学的三个大时代》,香港中文大学出版社 2008 年版。

二、现代新儒学研究著作

蔡元培等:《玄圃论学集——熊十力生平与学术》,三联书店 1990 年版。

方克立:《现代新儒学与中国现代化》,天津人民出版社 1997 年版。

毕养赛主编:《中国当代理学大师马一浮》,上海人民出版社 1992 年版。

蔡仁厚等著,李明辉主编:《牟宗三先生与中国哲学之重建》,台北文津出版社 1996 年版。

蔡仁厚等著,江日新主编:《牟宗三哲学与唐君毅哲学论》,台北文津出版社 1997 年版。

蔡仁厚等著,李瑞全、杨祖汉编:《中国文化与世界:中国文化宣言五十周年纪念论文集》,台湾"中央大学"儒学研究中心 2009 年版。

黄俊杰:《东亚儒学视域中的徐复观及其思想》,台湾大学出版中心 2009 年版。

黄俊杰:《孟学思想史论》(卷二),台湾"中央研究院"中国文哲研究所筹备处 1997 年版。

吴汝钧:《当代新儒学的深层反思与对话诠释》,台湾学生书局 2009 年版。

吴汝钧:《老庄哲学的现代析论》,台北文津出版社 1998 年版。

李明辉:《儒家与康德》,台北联经出版事业公司 1990 年版。

李明辉:《儒学与现代意识》,台北文津出版社 1991 年版。

李明辉:《当代儒学之自我转化》,台湾"中央研究院"文哲所 1994 年版。

李明辉：《孟子重探》，台北联经出版事业公司 2001 年版。

李明辉：《儒家视野下的政治思想》，台湾大学出版中心 2005 年版。

张灏：《幽暗意识与民主传统》，新星出版社 2006 年版。

林毓生：《思想与人物》，台北联经出版事业公司 1983 年版。

杨祖汉编：《儒学与当今世界》，台北文津出版社 1994 年版。

林安梧：《儒学革命论——后新儒家哲学的问题向度》，台湾学生书局 1998 年版。

林安梧：《现代儒学论衡》，台北业强出版社 1987 年版。

林安梧：《儒学革命：从"新儒学"到"后新儒学"》，商务印书馆 2011 年版。

林安梧：《牟宗三前后：当代新儒家哲学思想史论》，台湾学生书局 2011 年版。

林安梧主编：《当代儒学发展之新契机》，台北文津出版社 1997 年版。

宋志明：《现代新儒家研究》，中国人民大学出版社 1991 年版。

罗义俊：《生命存在与文化意识：当代新儒家史论》，学林出版社 2009 年版。

罗义俊编：《评新儒家》，上海人民出版社 1989 年版。

陈来：《现代中国哲学的追寻——新理学与新心学》，人民出版社 2001 年版。

陈来：《传统与现代：人文主义的视界》，三联书店 2009 年版。

黄克剑：《百年新儒林——当代新儒学八大家论略》，中国青年出版社 2000 年版。

赖贤宗：《体用与心性：当代新儒家哲学新论》，台湾学生书局 2001 年版。

郑家栋：《现代新儒学概论》，广西人民出版社 1990 年版。

郑家栋：《当代新儒学史论》，广西教育出版社 1997 年版。

郭齐勇：《熊十力思想研究》，天津人民出版社 1993 年版。

郭齐勇：《天地间一个读书人：熊十力传》，上海文艺出版社 1994 年版。

郭齐勇、汪学群：《钱穆评传》，百花洲文艺出版社 1995 年版。

郭齐勇、龚建平：《梁漱溟哲学思想》，湖北人民出版社 1996 年版。

郭齐勇：《郭齐勇自选集》，广西师范大学出版社 1999 年版

郭齐勇：《中国哲学智慧的探索》，中华书局 2008 年版。

郭齐勇：《中华人文精神的重建——以中国哲学为中心的思考》，北京师范大学出版社 2011 年版。

郭齐勇：《熊十力哲学研究》，人民出版社 2011 年版。

郭齐勇：《守先待后：文化与人生随笔》，北京师范大学出版社 2011 年版。

郭齐勇：《中国儒学之精神》，复旦大学出版社 2013 年版。

郭齐勇：《熊十力传论》，中国社会科学出版社 2013 年版。

郭齐勇：《儒学与现代化的新探讨》，商务印书馆 2015 年版。

郭齐勇编：《存斋论学集：熊十力生平与学术》，三联书店 2008 年版。

景海峰：《熊十力哲学研究》，北京大学出版社 2010 年版。

景海峰：《新儒学与二十世纪中国思想》，中州古籍出版社 2005 年版。

景海峰编：《当代新儒家》，三联书店 1989 年版。

景海峰编：《儒家思想与当代中国文化建设》，人民出版社 2013 年版。

田文军:《冯友兰传》,人民出版社 2003 年版。

高秀昌:《冯友兰中国哲学史方法论研究》,北京大学出版社 2010 年版。

李维武:《中国哲学的现代转型》,中华书局 2008 年版。

李维武:《徐复观学术思想评传》,北京图书馆出版社 2001 年版。

李维武编:《徐复观与中国文化》,湖北人民出版社 1997 年版。

蒋国保、余秉颐:《方东美思想研究》,天津人民出版社 2004 年版。

杨泽波:《贡献与终结:牟宗三儒学思想研究》第一卷《坎陷论》,上海人民出版社 2014 年版。

王兴国:《契接中西哲学之主流:牟宗三哲学思想渊源探要》,光明日报出版社 2006 年版。

颜炳罡:《整合与重铸——当代大儒牟宗三先生思想研究》,台湾学生书局 1995 年版。

颜炳罡:《当代新儒学引论》,北京图书馆出版社 1998 年版。

李翔海:《寻求德性与理性的统一——成中英本体诠释学研究》,台湾文史哲出版社 1998 年版。

李翔海:《民族性与时代性——现代新儒学与后现代主义比较研究》,人民出版社 2005 年版。

郑大华:《民国思想家论》,中华书局 2006 年版。

郑大华:《张君劢学术思想评传》,北京图书馆出版社 1999 年版。

翁贺凯:《现代中国的自由民族主义——张君劢民族建国思想评传》,法律出版社 2009 年版。

胡治洪:《全球语境中的儒家论说:杜维明新儒学思想研究》,三联书店 2004 年版。

胡治洪编:《现代思想衡虑下的启蒙理念》,武汉大学出版社 2011 年版。

单波:《心通九境——唐君毅哲学的精神空间》,人民出版社 2001 年版。

姚才刚:《终极信仰与多元价值的融通——刘述先新儒学思想研究》,巴蜀书社 2003 年版。

[美]艾恺著,郑大华等译:《最后一个儒家——梁漱溟与现代中国的困境》,湖南人民出版社 1988 年版。

[美]艾恺:《文化守成主义论》,台北时报文化出版事业公司 1986 年版。

[美]傅乐诗等著,周阳山、杨肃献编:《近代中国思想人物论——保守主义》,台北时报文化出版事业公司 1980 年版。

[美]郝大维、安乐哲:《先贤的民主:杜威、孔子与中国民主之希望》,何刚强译,江苏人民出版社 2004 年版。

John Makeham, *Lost Soul*: "*Confucianism" in Contemporary Chinese Academic Discourse*, Cambridge, Mass.: Published by the Harvard University Asia Center for the Harvard-Yenching Institute, Distributed by Harvard University Press, 2008.

Stephen C. Angle, *Contemporary Confucian Political Philosophy*, Polity Press, 2012.

三、相关著作

孙中山：《中国革命史》，《孙中山全集》第七卷，中华书局 1985 年版。

孙中山：《三民主义》，《孙中山全集》第九卷，中华书局 1986 年版。

梁启超：《中国近三百年学术史》，中国书店 1985 年版。

梁启超：《饮冰室合集》，中华书局 1989 年版。

胡适著，姜义华主编：《胡适学术文集——中国哲学史》，中华书局 1991 年版。

萧公权：《中国政治思想史》，《萧公权全集》之四，台北联经出版事业公司 1982 年版。

陈荣捷：《朱学论集》，台湾学生书局 1982 年版。

贺昌群：《汉唐精神》，《贺昌群文集》第 3 卷，商务印书馆 2003 年版。

宗白华：《美学与意境》，人民出版社 1987 年版。

张岱年：《文化与价值》，新华出版社 2004 年版。

杨向奎：《宗周社会与礼乐文明》，人民出版社 1997 年版。

劳思光：《文化哲学讲演录》，香港中文大学出版社 2002 年版。

萧萐父：《吹沙集》，巴蜀书社 1991 年版。

萧萐父：《吹沙二集》，巴蜀书社 1999 年版。

萧萐父：《吹沙三集》，巴蜀书社 2007 年版。

汤一介：《儒道释与内在超越问题》，江西人民出版社 1991 年版。

汤一介：《新轴心时代与中国文化的建构》，江西人民出版社 2007 年版。

汤一介：《汤一介集》，中国人民大学出版社 2014 年版。

罗荣渠：《现代化新论》，北京大学出版社 1993 年版。

龚书铎：《中国近代文化探索》，北京师范大学出版社 1988 年版。

戴琏璋：《易传之形成及其思想》，台北文津出版社 1989 年版。

黄俊杰编：《传统中华文化与现代价值的激荡》，社会科学文献出版社 2003 年版。

杨祖汉：《儒家的心学传统》，台北文津出版社 1992 年版。

李瑞全：《儒家生命伦理学》，台北鹅湖出版社 1999 年版。

陈昭瑛：《台湾与传统文化》，台湾书店 1999 年版。

陈昭瑛：《台湾文学与本土化运动》，台湾大学出版中心 2009 年版。

潘朝阳：《台湾儒学的传统与现代》，台湾大学出版中心 2008 年版。

石元康：《从中国文化到现代性：典范转移？》，三联书店 2000 年版。

邝芷人：《康德伦理学原理》，台北文津出版社 1992 年版。

蒙培元：《人与自然——中国哲学生态观》，人民出版社 2004 年版。

刘小枫：《现代性社会理论绪论：现代性与现代中国》，上海三联书店 1998 年版。

葛兆光：《宅兹中国》，中华书局 2011 年版。

曾建平：《环境正义——发展中国家环境伦理问题探究》，山东人民出版社 2007 年版。

陈嘉明等：《现代性与后现代性》，人民出版社 2001 年版。

田文军：《珞珈思存录》，中华书局 2009 年版。

徐远和：《儒家思想与东亚社会发展模式》，广西人民出版社 2002 年版。

叶平:《回归自然:新世纪的生态伦理》,福建人民出版社 2004 年版。

夏光:《东亚现代性与西方现代性》,三联书店 2005 年版。

包亚明主编:《现代性与空间的生产》,上海教育出版社 2003 年版。

[德]康德:《道德形而上学体系》,李秋零主编:《康德著作全集》第六卷,中国人民大学出版社 2007 年版。

[德]康德:《道德底形上学之基础》,李明辉译,台北联经出版事业公司 1991 年版。

[德]康德:《实践理性批判》,邓晓芒译,杨祖陶校,人民出版社 2003 年版。

[德]霍克海默、阿道尔诺:《启蒙辩证法——哲学断片》,渠敬东、曹卫东译,上海世纪出版集团 2006 年版。

[德]哈贝马斯:《现代性的哲学话语》,曹卫东等译,译林出版社 2004 年版。

[德]特洛尔奇:《基督教理论与现代》,朱雁冰等译,华夏出版社 2004 年版。

[加]泰勒:《现代性之隐忧》,程炼译,中央编译出版社 2001 年版。

[英]吉登斯:《现代性的后果》,田禾译,译林出版社 2000 年版。

[英]吉登斯:《现代性与自我认同:现代晚期的自我与社会》,赵旭东、方文译,三联书店 1998 年版。

[英]鲍曼:《立法者与阐释者:论现代性、后现代性与知识分子》,洪涛译,上海人民出版社 2000 年版。

[英]鲍曼:《现代性与大屠杀》,杨渝东、史建华译,译林出版社 2002 年版。

[英]霍布斯鲍姆:《传统的发明》,顾航译,译林出版社 2004 年版。

[以]艾森斯塔特:《反思现代性》,旷新年译,三联书店 2006 年版。

[美]布莱克编:《比较现代化》,杨豫、陈祖洲译,上海译文出版社 1996 年版。

[美]施特劳斯:《自然权利与历史》,彭刚译,三联书店 2006 年版。

[美]桑德尔:《公共哲学:政治中的道德问题》,朱东华等译,中国人民大学出版社 2013 年版。

索　引

概　念

人　名

A

B

C

D

责任编辑:方国根　段海宝

图书在版编目(CIP)数据

现当代新儒学思潮研究/郭齐勇 著. —北京:人民出版社,2017.9
　(2021.4 重印)
ISBN 978－7－01－017810－3

Ⅰ.①现…　Ⅱ.①郭…　Ⅲ.①新儒学-研究-中国-现代　Ⅳ.①B261.5

中国版本图书馆 CIP 数据核字(2017)第 141371 号

现当代新儒学思潮研究

XIANDANGDAI XIN RUXUE SICHAO YANJIU

郭齐勇　著

人民出版社 出版发行
(100706　北京市东城区隆福寺街 99 号)

天津文林印务有限公司　新华书店经销

2017 年 9 月第 1 版　2021 年 4 月北京第 2 次印刷
开本:710 毫米×1000 毫米 1/16　印张:32.75
字数:500 千字　印数:2,001-4,000 册

ISBN 978－7－01－017810－3　定价:85.00 元

邮购地址 100706　北京市东城区隆福寺街 99 号
人民东方图书销售中心　电话 (010)65250042　65289539